Was bleibt, sind Fragen

Günter Gaus

Was bleibt, sind Fragen

Die klassischen Interviews

Herausgegeben von
Hans-Dieter Schütt

ISBN 3-360-01012-4
© 2000 Das Neue Berlin Verlagsgesellschaft mbH
Rosa-Luxemburg-Str. 39, 10178 Berlin
Umschlagentwurf und Satz: edition ost
Gesamtherstellung: Kösel, Kempten

Inhalt

Hans-Dieter Schütt
Günter Gaus und die perfekte Beiläufigkeit
von Scheune, Baum und Hügel 8

Günter Gaus
Der Abituraufsatz 53

Die Interviews
Ludwig Erhard (10. April 1963):
Das deutsche Volk vor Schaden zu bewahren 58

Gustaf Gründgens (10. Juli 1963):
Wieso ist das auf mich gekommen? 78

Thomas Dehler (2. Oktober 1963):
Ich bin kein ungläubiger Thomas 92

Martin Niemöller (30. Oktober 1963):
Bruder Niemöller, mußten Sie das gerade so sagen? 114

Edward Teller (11. Dezember 1963):
In dieser Hinsicht keine Gewissenslast 138

Herbert Wehner (8. Januar 1964):
Der Traum vom einfachen Leben 156

Franz Josef Strauß (29. April 1964):
Ich bin ein eigenwilliger Mann 182

Arthur Koestler (27. Mai 1964):
Ich war ein schlechter Kommunist — 210

Erich Mende (24. Juni 1964):
Mein Lebensbuch kann ich überall aufschlagen — 232

Eugen Gerstenmaier (22. Juli 1964):
Der christliche Staatsmann ist kein Missionar — 254

Willy Brandt (30. September 1964):
Realisten, die an Wunder glauben — 286

Hannah Arendt (28. Oktober 1964):
Was bleibt? Es bleibt die Muttersprache — 310

Josef Hermann Abs (25. November 1964):
Wer keine Feinde hat, hat auch keine Freunde — 336

Golo Mann (4. März 1965):
Ich hasse alles Extreme — 362

Konrad Adenauer (29. Dezember 1965):
Ich habe mich nie beirren lassen — 392

Helmut Schmidt (8. Februar 1966):
Ein Mindestmaß an Ehrgeiz ist notwendig — 406

Rudi Dutschke (3. Dezember 1967):
Eine Welt gestalten, die es noch nie gab — 432

Gustav Heinemann (3. November 1968):
Eine Partei ist keine Heimat — 452

Heinrich Albertz (29. Dezember 1985):
Man wälzt den Stein immer wieder nach oben — 474

Anmerkungen zu den Gesprächen — 493

*Wir sind ewig dazu verflucht, unsere Ideen vom Dasein
weder zum Leben zu erwecken noch aufgeben zu können;
und so läuft neben der Erfahrung vom Schlimmen und
Bösartigen der Welt immer die Idee des möglich Guten vor uns
her, wie die Karotte vor dem Mund des Esels,
die ihn laufen macht und die er nie erreicht.*
BENJAMIN KORN

O der Einfall war kindisch, aber göttlich schön.
FRIEDRICH SCHILLER

*Fragt erst bei dem gewichtigen Wort Vaterlandsliebe,
was an eurem Land geliebt wird.
Trösten die heiligen Güter der Nation die Besitzlosen?
Tröstet die heilige Heimaterde die Landlosen?*
ANNA SEGHERS

*Die Grundbedingung (des Handelns) ist das Faktum der Pluralität,
nämlich die Tatsache, daß nicht ein Mensch, sondern viele
Menschen auf der Erde leben und die Welt bevölkern. Zwar ist
menschliche Bedingtheit in allen ihren Aspekten auf das Politische
bezogen, aber die Bedingtheit durch Pluralität steht zu dem, daß
es so etwas wie Politik unter Menschen gibt, noch einmal in
einem ausgezeichneten Verhältnis; sie ist nicht nur die Conditio
sine qua non, sondern die Conditio per quam. Für Menschen
heißt Leben so viel wie »unter Menschen weilen« und Sterben so
viel wie »aufhören, unter Menschen zu weilen«.*
HANNAH ARENDT

Günter Gaus und die perfekte Beiläufigkeit von Scheune, Baum und Hügel

1.
Dies ist, zunächst, eine Beobachtung aus beträchtlicher Ferne. Zum einen: Die Herausgabe exemplarischer Interviews der Reihe »Zur Person« von Günter Gaus geschieht in der Wahrheit eines großen Abstandes zur jeweiligen Erstsendung. Damals, in den 60er Jahren des vergangenen Jahrhunderts, war der Interviewer jung und befand sich in gedeihlich ansteigender Laufbahn. Die Mitschnitte der Sendungen betrachtend, schaue ich in ein fremdes Gesicht. Mit den Ingredienzen Brille und exakt gezogener Scheitel in schmalem Gefilde läßt dieses Gesicht rasch auf einen strebsamen Menschen schließen; die Schwarzweiß-Bilder des Bildschirms verstärken den Eindruck einer Blässe ganz in der Nähe von Gebildetheit, fleißigem Ernst, klug bemessener Zurückhaltung und doch einem Ehrgeiz, der offensichtlich zur rechten Zeit geweckt sowie – was noch wichtiger ist – zur rechten Zeit befriedigt wurde. Aber es ist trotzdem auch ein Gesicht, das bei näherer Betrachtung angenehm wirkt, weil es sich nicht mit Selbstsicherheiten hervortut. Als sei da eine frühe Weisheit vorgefühlt: Wen es in die Öffentlichkeit verschlägt, der muß sich entscheiden, ob er lieber den Neid oder das Mitleid der Umwelt ertragen will. Als sei da eine frühe Ahnung: daß alles Aufstreben zwangsläufig immer auch eine Bewegung ist hin zu einer Fallhöhe, zu einem Fallbewußtsein.

Und die von diesem Journalisten Interviewten? In der Regel waren es aktive, energisch in der Kraft ihrer Karriere stehende Gestalter der politisch-kulturellen Ordnung – oder aber sie zehrten bereits von einer Leistung, die allemal über sie selbst hinauswies.

Ein nächster Aspekt behaupteter Ferne: Wenn man den verlegerischen Standort der vorliegenden Publikation betrachtet und wenn ich mich als 1948 Geborenen und bewußten DDR-Menschen zum Gegenstand des Buches in eine Beziehung setze, welche den ersten, spontanen Gefühlen vertraut – dann trennte und trennt mich von Adenauer, Abs und Mende, um nur drei Protagonisten des Buches zu nennen, weit mehr als nur ein lebenszeitlicher Unterschied. Als diese Fernsehgespräche stattfanden, waren Bundesrepublik Deutschland und Deutsche Demokratische Republik leidenschaftlich miteinander verfeindete Politiksysteme. Für eine bewußte Wahrnehmung der Interviews via Westfernsehen war ich zunächst zu jung und später wohl, den Großteil der Gesprächspartner bedenkend, zu uninteressiert und von politisch gänzlich entgegengesetzter, entschieden ideologischer Ausrichtung.

So rückte auch Günter Gaus erst in mein Bewußtsein, als er Ständiger Vertreter des westdeutschen Staates beim ostdeutschen Pendant war, zwischen den Jahren 1974 und 1981. Es blieb freilich eine höchst flüchtige Bekanntschaft, vermittelt durch gewohnt nichtssagende, leblose Protokollmeldungen der »Aktuellen Kamera«. (Schon der Beginn seiner Amtszeit eine Farce: Gewöhnlicherweise marschierte, wenn ein Botschafter seinen Antrittsbesuch bei Honecker absolvierte, die Ehrenkompanie vorm Staatsratsgebäude auf. Um jedoch das Erklingen des unliebsamen Deutschlandliedes in aller Öffentlichkeit zu verhindern, wurde der Platz vor dem Amtssitz des Staatsrats kurzfristig in eine Baustelle verwandelt – Gaus trat im Hof an, wo dann auch die bundesrepublikanische Hymne, entfernt von möglichem Publikum, intoniert werden konnte.) Für die einen war dieser Beamte damals verhandlungssicherer Helfer auf ihrem erkäuflichen Weg in die Freiheit des Westens, andere erlebten ihn als aufmerksamen, nicht bloß diplomatisch höflichen, sondern wirklich aufgeschlossenen und neugierigen Gastgeber in der streng bewachten Ostberliner Vertretung, Hannoversche/Ecke Friedrichstraße.

Dies beides freilich, Fluchthilfe und Repräsentation in kleinerem Kreis, kam in den Medien der DDR nicht vor; so kam im eigentlichen Sinne Gaus nicht vor – denn über den maßgebenden Rest, das also, was man die tägliche Arbeit eines Unterhändlers nennen konnte, legte sich ohnehin ein vielfach abgesichertes Schweigen.

Unterhändler? Er würde es sicher nicht gern hören. Denn wenn er schon als Unterhändler auftrat (an dessen Amtsende siebzehn mit der DDR abgeschlossene Verträge standen), so war er doch einer, der in vielen Dingen zugleich als sein eigener oberster Dienstherr fungierte. Offenbar mußte er dies, weil man in Bonn – im Gegensatz zu ihm, der sich ins Abenteuer seines Lebens begeben hatte – nicht durchgehend gewillt war, das Außergewöhnliche und Aufregende dieser Premiere eines Ständigen Vertreters beim anderen deutschen Staat zu sehen.

Dann und wann hat er sich wohl arg verletzt oder zumindest belästigt gefühlt durch jenes starre Desinteresse, mit dem man am Rhein die DDR nur als untergeordnete Position auf der politischen Prioritätenliste ansah. Gewiß dachte er gelegentlich, und er denkt es noch immer, daß die Bundesrepublik mehr mit der DDR hätte aushandeln können, zum Vorteil aller Beteiligten, zum Nutzen der Menschen.

Spricht man mit Gaus über dieses Thema, sieht er sich zu notwendiger Einschränkung verpflichtet: »Ich muß aber für mich geltend machen, da ich von Geblüt ein Skeptiker und Pragmatiker, jedoch nicht Ideologe bin, daß mich dies kaum grundsätzlich, sondern lediglich pragmatisch bedrückt hat. Aber es war eben nicht so, daß dem Herzen der Westdeutschen die Menschen der DDR so nahe wohnten, wie das heute nachträglich gern behauptet wird. Ich glaube, ich hatte da mehr Interesse als die meisten Westdeutschen.«

Aus einem redlichen Verhältnis zur Zweistaatlichkeit, die nach seiner Meinung aus »schuldlos Benachteiligten« und »unverdient Bevorteilten« bestand, hatte Gaus streitbare Thesen entwickelt über die unbedingte Notwendigkeit einer westdeutschen Zurückhaltung im vereinnahmenden nationalen Anspruch gegenüber der DDR. Fast sportive Sympathie für die underdogs des deutschen Schicksals brachte Gaus später den Vorwurf ein, er habe Honecker zu sehr hofiert. »Die letzte Witwe der DDR« hat ihn Wolf Biermann genannt, und es sollte nicht wie eine Anerkennung klingen.

Gaus indes leugnet nicht seinen Respekt vor Dissidenten, aber Verträge konnten nur von Staats wegen geschlossen werden, und derjenige, der von dem einen Staat in den anderen entsandt worden war, der mußte freilich, wenn er etwas Konkretes zustandebringen wollte, zuvörderst mit den Vertretern der anderen Republik umgehen. »Die konnten mir gefallen oder auch nicht, aber die landläufige Vorstellung, eigentlich müßte unser Diplomat in dem einen oder anderen Land, wo es mit der Verwirklichung der individuellen und der gesellschaftlichen Menschenrechte nicht so weit her ist, wie es in der DDR immerhin war, lediglich mit der Opposition umgehen – diese Vorstellung verrät einen Realitätsverlust, der mich ängstigt.«

Und er schweigt, und es ist ein selbstbewußtes Schweigen, darüber hinaus ein ehrlich trauriges: Eine weniger geringschätzende Nachrede wäre ihm, natürlich, angenehmer.

Jedenfalls mußte die DDR erst untergehen und Gaus um ein Weiteres ergrauen, damit er sich einem größeren ostdeutschen Fernsehpublikum nachhaltig ins Gedächtnis arbeiten konnte. Die 1990 (im Osten!) wieder aufgenommene Reihe »Zur Person« wurde zum Dokument neuerer Geschichte. Hans Bentzien, Generalintendant des Fernsehens der DDR (später dann, bis zur Abschaltung, wieder Deutscher Fernsehfunk), hatte ihm vorgeschlagen, vor der ersten freien Volkskammerwahl im März 1990 Männer und Frauen dieser politischen Zwischenzeit zu befragen, im wöchentlichen Wechsel, sozusagen nach »westlicher Art«. Spurensuche in einem Land, das sich ins Transit begeben hatte. Gaus erinnert sich gern an die ihn damals überraschenden Freiheiten, die ihm bei diesen Sendungen geschaffen und gelassen wurden, »Freiheiten, die unter bestimmten Umständen nicht mal der Pluralismus kennt, weil auch dort Anstaltshierarchien, Parteiungen und Selbstzensur durchaus verläßlich ihr Werk tun.«

Obwohl der einstige Politiker zu jener Zeit längst wieder als Publizist arbeitete: Nach wie vor war er gezeichnet von den Seelenprägungen seiner tastenden, für ihn ganz und gar spannenden Vermittlerexistenz zwischen zwei einander ausschließenden Welten; so hatte er mit der unerwarteten Vereinigung beider deutscher Länder eine starke Besonderheit seines Lebens eingebüßt. »Alles war gewonnen, alles war verloren, als die Mauer fiel« – mit diesem bezeichnenden Satz beginnt Gaus' Erzählung »Wendewut«. Indem er weiterhin auf Differenzierungsmühe in geschichtlichen Fragen beharrte, wurde er unzeitgemäß und geriet in Einsamkeiten. Der Ständige Vertreter, obschon heimgekehrt in eine essayistische

Existenz, blieb ständiger Vertreter: Geradezu zwangsläufig stand er bald im Sympathiefeld vornehmlich jener, die sich weigerten, in »Mitteldeutschland« (wie Gaus die DDR oft nannte) nichts weiter zu sehen als nur die Geographie für eine verpfuschte politische wie soziale Biographie.

Was fortan bei publizistischen Schnellgerichten, die als Sachwalter der neuen Freiheit aus dem wieder national gesättigten Boden schossen, unter dem Aburteil der Nostalgie firmierte, traf auch Gaus. Als sei er ihr Prediger. Das war er keineswegs, so wie er nie ein Prediger der DDR war. Aber er hatte erkannt: Was unter diesem Begriff der Nostalgie rumorte, war ja keineswegs nur die simple Sehnsucht nach dem »besseren« Gestern. Zum beträchtlichen Teil handelte es sich um einen unbewußten Reparaturversuch verletzter Identität. Was sich da scheinbar rückwärtsgewandt gab, war eine sich selber noch ungewisse Entfremdung, die sich, aus Mauerbeton befreit, jetzt an einer Gegenwart aus nur anderem Beton wundstieß. Was Gaus gerecht behandelt wissen wollte, war also keinesfalls der Ost-Schmollwinkel, sondern ein in der DDR kennengelerntes »Leben ohne jene Kaschierungen, die sich in der Bundesrepublik dank der verkaufsfördernden, scheinbar stilbildenden Orientierung an Oberschichten über Jahrzehnte breit gemacht hatten.«

Mit der Einheit war dem Westen plötzlich ein fremder, aus anderer Lebenskultur kommender Ton kleiner Leute beigemischt, und angesichts dessen glaubte Gaus eine seltsame Abwehrhaltung des klassischen westdeutschen Mittelstandsbürgertums zu entdecken, eine Bereitschaft, den eigenen Klassenstandpunkt nun wieder höher und hartnäckiger zu veranschlagen als jenes offiziell doch so geheiligte nationale Gemeinsamkeitsgefühl. War damit einer allgemein diskreditierten Nostalgie Ost nicht eine allgemein herrschende Nostalgie West an die Seite gestellt?

Was sich breit machte, war eine neue Hochkonjunktur westdeutschen Denkens in den Kopien eines gesicherten und bezeugten historischen Zusammenhangs – der wenig mit einem neuen Deutschland, aber alles mit jener alten Bundesrepublik (einschließlich ihrer Feindbilder) zu tun hatte, die man doch nun eigentlich ebenfalls als geschichtlich abgearbeitet wähnen sollte.

In einer Zeit, in der sich die Gesellschaft Politik als bloße »Staatsform« wünscht, als Hülle oder notfalls Panzer ihrer Sekurität und Prosperität, hat Gaus etwas vom Typus des letzten Bürgers. Dieser sieht sich im entleerten Allgemeinen dazu verurteilt, um seiner Ideale willen eine »Wiederholungsenergie auszubilden« (Walter Benjamin), die aus einem scheinbar intensiv erfahrenen Einst das vormalige Lebensgefühl neu keltern möchte. Die Rückkehr zum Geist einstiger Lebensphasen scheint die inzwischen verflossene Zeit aufzuheben und die täuschende Ahnung zu erwecken, im alten Gedanken wieder der alte, ergo: der Jüngere von einst zu sein.

Nichts anderes ist wohl der geheime Impuls aller Reisen in die eigene Vergangenheit: eine magische Verjüngungskur zu erleben. Die Enttäuschung ist jedoch garantiert. Und so vereinigen sich im letzten Bürger Gaus unwirksame Güte und unbefriedigte Bosheit. Unwirksam letztlich die Güte, mit der er jedes Menschen Recht auf geschichtsheroische Verschonung predigt und den »einzelnen Mann von der Straße als einzig legitimen Herrn der Geschichte« anerkennt; unbefriedigt letztlich seine Bosheit gegen jene Überzeugten, »die in allen Systemen die Lästigsten und Gefährlichsten sind« – und die immer Sieger bleiben und die jedes national sich aufschaukelnde Gebilde höher bemessen als jene, die drin leben müssen.

Die Kanzel des letzten Bürgers steht dort, wo man gut und ungestört gegen den Wind reden kann. In Reinbek bei Hamburg. In einem Fernsehstudio beim Ostdeutschen Rundfunk Brandenburg. Oder in der linken Wochenzeitschrift »Freitag«, einem Blatt »des zweiten Gedankens und der übersichtlichen Abonnentenschaft« (Gaus), wo sich der Interviewer, in klug gesetztem Abstand, auch als einer der besten Leitartikler der Republik ausweist.

Im Gespräch offenbart sich der 71jährige als ein Mann, dessen individuelle Angst vor Zukunft sich aufgrund seines Alters rapide verringert hat, dessen Befürchtungen allgemeiner Art aber immens gewachsen sind. Als öffentlicher Mensch setzte er stets auf die Wirkungen der Vernunft; daß ihm dieses Vertrauen längst abhanden kam, würde er wahrscheinlich in besagter Öffentlichkeit nicht gern zugeben, so, wie man eine fatale Leidenschaft oder Sucht nicht freiwillig gesteht, und wenn, dann nur über das verfremdende, fabulierende Reden in einer dritten, fremden Person (»Wendewut«).

Lebensbestimmend übermannt von Mißtrauen gegenüber dem veröffentlichten Gefühl und anderen heimtückischen Innigkeiten, die den Menschen vom angestammten Boden des Realen wegreißen könnten, bleibt Gaus auch heute ein – wenn es dies denn gibt – gläubiger Rationalist. Der sich dort, wo die Irrationalitäten individuellen Daseins ihre Recht einfordern, vorsichtshalber auch die eigene Person aus der bereits erwähnten beträchtlichen Ferne betrachtet.

Schreiben heißt: sich verbergen. War es dies, was den Journalisten so früh wie letztlich tief ins Interview verstrickte, in die Chance, sich selbst zu meinen, aber nur indirekt, auch dort, wo er schreibend eigene Gedanken formuliert, stets auf Umwegen übers Archetypische einer Generationsaussage? Man lese sein erregendes Buch »Die Welt der Westdeutschen«, und man stößt auf diese geradezu eitel gepflegten Vorkehrungen, die eigene Biographie lediglich als ergänzenden Beleg am Rande zu benutzen, nie als bestimmendes Zeugnis, das dem Sinn auch Sinnlichkeit und einer Erkenntnis den würzigen Geschmack der unverrechselbaren Erfahrung beimengen würde. Er versucht alles Persönliche konsequent auf einen allgemeinen Gedanken zu konzentrieren, er schlägt (und das meint die Interviews wie auch seine Reflexionen) um das Ich einen sorgfältig abgezirkelten Bogen, nicht zu nah und nicht zu weit.

Gaus, Sohn eines Braunschweiger Gemüsekaufmanns, ist in die politische Klasse aufgestiegen, aber seine Philosophie wurzelt in den Herkünften. Er hat den Traum geträumt von einer symbiotischen, ausgleichenden Berührung zweier Öffentlichkeiten, nämlich der politischen Elite mit der in Unauffälligkeit gut aufgehobenen Masse derjenigen, die im repräsentativen demokratischen System ihre Interessen sicher gewahrt sehen dürfen. Das Hoffen auf die bundesdeutsche Realisierung dieses Traums einer Bündnisdemokratie – bei der eine politische Führungsschicht ihre elitären Bedürfnisse nicht unter Mißbrauch von Mehrheiten durchsetzt – hat ihm die Konsequenz erspart, vielleicht irgendwann seine politische Klasse verlassen zu müssen. Seine Tragik: Der beschriebene Traum ging nicht in Erfüllung, die Kluft zwischen beiden Öffentlichkeiten ist inzwischen groß, das repräsentative System hat Demokratie erheblich auf die Betreibung partikulärer Interessen heruntergeschraubt.

Längst betrachtet Gaus dieses repräsentative System als beschädigt; dessen Ausgangspunkt, eine frei wählende Mehrheit, trifft mehr und mehr irreparable Entscheidungen. Er versteht, daß Minderheiten sich dem zu entziehen suchen. Aber sie tun das, notgedrungen, in zunehmendem Maße unter Umgehung demokratischer Regelungen. Deshalb hält sich der Bürger Gaus auch fern von Minderheiten.

Böses Erwachen eines Demokraten: Er muß sich überzeugen lassen von jenen geheimen Beziehungen, deren Natur und Unnatur das Individuum an die Nation fesseln und die nur teilweise dem Bewußtsein zugänglich und von Vernunft begründet werden. Eine gedanklich vollzogene Bindung setzte ja freie Wahl voraus: daß man geschichtslos und unbeeinflußt in einem logisch begründeten Willensakt aus der langen Reihe von Vaterländern sich eines erkürte. Da dies unmöglich ist, muß jedes gesellschaftliche System bei seinen Bürgern mit zwei verschiedenen Bezugssträngen rechnen, die sich leider kaum zu einem haltbaren Tau verweben. Auf der einen Seite materiell-ökonomische Überlegungen, Aufstiegshoffnungen, Sicherheitsbedürfnis, Wohlfahrtswunsch, mittels dessen der Bürger eine Art »Vernunftehe« mit seiner Gesellschaft eingeht – andererseits der irrationale Strang, der ein »illegitimes« Verhältnis knüpft, in welchem Psychosen, Realitätsverlust, Verblendungen ihre verborgene Rolle spielen. Diese Implantate lassen sich offenbar weder durch amtliche Verordnungen, und wie gerade unsere deutsche Geschichte bestens Bescheid gibt, noch durch Aufklärung abschaffen.

Die deutsche Linke, gefesselt an jenes Schicksal der »Vaterlandslosen Gesellen«, das zum Mythos wurde, hat der Rechten den nationalen Gedanken verhängnisvoll freiwillig überlassen. Gaus' Hoffnung im späten Nachkriegsdeutschland bestand darin, eine in diesem Punkt geläuterte, anspruchsenergische Linke würde das Nationale auf eine Weise zurückerobern, die es von geläufigen Gefährdungen freihält; somit würde eine neue Seite nationaler

Identität aufgeschlagen. Das also müsse es geben: »Ein Nationalgefühl zu haben, ohne daß es gleich das schönste, höchste aller Gefühle wäre (...); regionale Bindungen wirken stärker als Vorstellungen vom großen Ganzen; die Muttersprache ist mehr als das Vaterland.« So beschreibt er es 1988 in »Wo Deutschland liegt«. Es ist das Protokoll einer verfehlten Sehnsucht. Das Buch – geschrieben vor der unvorsehbaren Blockaufweichung – endet mit einer seltsam-visionären Frage nach einem national gedämpften Zwei-Welten-Europa, der die bittere Antwort gleich mitgegeben ist: »Ließe sich ein Marshallplan zwischen West- und Osteuropa verabreden, ohne politische Konditionen, aber mit Nutzen für beide Seiten? Könnten in einer atomwaffenfreien Zone, abgesichert von einem europäischen Gleichgewicht (...) in Mitteleuropa, wo auch Deutschland liegt, Ansätze zu Konföderationen auf Teilgebieten sich bilden? So gut wie alles steht solcher gesamteuropäischen Zukunft im Wege. Die Unsicherheiten werden wachsen. (...) Intoleranz, zum Teil schon in Gesetzesform gebracht, Resignation und Irrationalismus werden eine günstige Konjunktur haben. Ich bin in Sorge, Deutschlands Unglück hat sein volles Maß noch nicht erreicht.«

Näher kann man 1988 nicht an die Situation der Jahrtausendwende herankommen. Den Hoffenden Gaus hat die Geschichte nicht bestätigt, den gespenstisch Seherischen und seine derbe Erwartung sehr wohl. Aber die Skeptiker sind nicht gut gelitten, wenn die nationale Begeisterung ungetrübt aufschäumen möchte. Gaus' Bitterkeit ist die Folge eines träumerischen Realismus, der ihn adelt.

So lebt Gaus leise und vergeblich mahnend sein gutbürgerliches Privilegiertsein, jedoch: Er bleibt glücklich geschlagen mit der schmerzhaften Großzügigkeit des unverstellten Blicks. Dazu gehört auch, gegen den Strom zu schwimmen, ohne hinzugucken, ob einer mitschwimmt.

Der Interviewer, der Staatssekretär, der Ständige Vertreter – alles eher unauffällige Positionen. Aber welch ein Feld, um just aus einem gewissen Nebel heraus doch auffällig zu werden! Notwendigen Ehrgeiz und unabdingbaren langen Atem vorausgesetzt. An Gaus kann man studieren, welchen Genuß es bereitet, aber auch welche

Anstrengung es kostet, graue Eminenz und Mittelpunktsgestalt zugleich zu sein; sich klug zu verbergen, aber dennoch Methoden zu entwickeln, um erkannt zu werden und kenntlich zu bleiben. Freilich: Der Ratio frönen zu wollen, dies aber in einem Gewerbe tun zu müssen, dessen erfolgreiche Ausübung mehr und mehr emotionaler Verdeutlichungen und Untermalungen bedarf – es ist ein nicht unerhebliches Lebensproblem. Doch wie sagt Gaus dramaturgisch geschickt in seinen Interviews? »Wir werden darauf kommen.«

2.

In diesem Buch geht es um Anfänge der Reihe »Zur Person«. Es sind Gespräche aus den 60er Jahren, der politischen Ära nach Adenauer. Der Beginn des Interviewprojekts gehörte im April 1963 zur Geburtsstunde des Zweiten Deutschen Fernsehens (später wird die Reihe, bis Anfang 1973, in gleicher Form im Ersten Programm unter dem Titel »Zu Protokoll« gesendet; 1984 folgt im Westdeutschen Rundfunk der ARD »Deutsche«; eine Gesprächsfolge mit Persönlichkeiten aus Ost und West; ein Art Vorhilfeunterricht in Sachen Zusammengehörigkeit).

Bevor »Zur Person« über den Sender ging, gestattete man dem 34jährigen eine Probesendung, für die sich Hanns Werner Richter, Begründer der literarischen Gruppe 47, zur Verfügung stellte. Das Interview mißglückte vollständig; Gaus erinnert sich an Hektik und holpernde Unprofessionalität; es sei kühn vom ZDF gewesen, danach überhaupt noch den eigentlichen Start gewagt zu haben. Zudem zerraschelten die mit dürren, flüchtigen Fragen bekritzelten Papierblätter, die Gaus um- und umwälzte, den gesamten Ton – daraus entstand die Praxis, alle Fragen künftig auf die Pappen von Strumpfhosenpackungen seiner Frau (und deren Freundinnen und Bekannten) zu schreiben.

Die vorliegenden Interviews sind ein Rückblick auf frühe Höhepunkte eines Lebenswerkes. Jedem der Porträts in Frage und Antwort geht seit jeher eine ausführliche Vorbereitung voraus, bei der Gaus geradezu besessen eintaucht in die Welt seines Gastes, und er tut dies auf eine nahezu selbstauflösende Weise, die die Frankfurter Allgemeine Zeitung veranlaßte, ihn den »Robert DeNiro des Journalismus« zu nennen.

Gespräche aus den 60er Jahren jetzt noch einmal zu verlegen (erste Sammlungen erschienen 1964 im Münchner Feder Verlag bzw. 1965 und 1990 bei dtv München sowie 1987 bei Kiepenheuer & Witsch Köln), folgt dem Bedürfnis, sich auf besondere Weise fremder, bundesrepublikanischer Frühgeschichte auszusetzen. Da der kleine im großen deutschen Staat aufgegangen ist, befinden wir Dazu- und Davongekommene uns in einer Fortsetzung, deren Ausgangspunkte nicht Erlebnis, sondern Studiergegenstand sind. Ungebrochenes westdeutsches Interesse an ostdeutscher Geschichte scheint wenig entwickelt, warum soll das in anderer Richtung ebenso sein?

Neunzehn Lebensgeschichten – es ist ein Teil Stoffs, aus dem diese Bundesrepublik entstand. Ich lese in politischen Biographien, die mir tief fremd sind, und entdecke Gewinn in der Spannweite von Unvereinbarkeiten, die auszuhalten und als Teil einer nunmehr wieder gemeinsamen Geschichte zu tragen sind. Was Politiker, Wissenschaftler, Pfarrer und Künstler zu Protokoll geben, hat mit Wohl und Wehe eines gesamten Jahrhunderts zu tun, einem Zeitstrom, dessen Wellen, in welcher Kraft auch immer, auch an unser heutiges Leben schlagen. Edward Teller und Arthur Koestler erweitern das deutsche Blickfeld, und daß mit Heinrich Albertz ein Gesprächspartner von 1985 hinzukommt (aus der Sendereihe »Deutsche«), ist als eine Art Bilanz gedacht, als ein Brückenschlag zwischen CDU- und SPD- und wieder CDU-Regierungszeiten.

Mit geradezu beruhigenden, anheimelnden äußeren Umständen hatte die Entwicklung dieser Bundesrepublik des Kanzlers Adenauer begonnen; aus nazistischer Vergangenheit hatte sich die Gesellschaft eher »innerlich mild« (Gaus) verabschiedet; viele Menschen durften mit bestem Gewissen ungestörte Mehrung des Wohlstandes gleichsetzen mit Vervollkommnung der Demokratie. Daraus war immerhin jenes in seiner Biederkeit geräumige Westdeutschland geworden, das den sozialen Ausgleich, durchaus beispielgebend, zur dauernden strukturellen Funktion und Leistung des Staates erhoben hatte. Durch die Bewegung der 68er und deren Folgen verlor diese Gesellschaft zwar alle falsche Beschaulichkeit und jeden Anschein von neureicher Unschuld, aber man fand in den kommenden Jahren nicht zu einem Gemeinwesen, dessen Zentrum von wirklich weitertreibender Opposition so gestärkt und korrigiert wurde, daß die Integrationskraft der Gesellschaft stabil blieb. Heinrich Albertz: eine mahnende Stimme in Zeiten sich auflösender demokratischer Verläßlichkeiten.

Interviews sind, genau genommen, eine Verlustanzeige. Was der Mensch sagt, steht in natürlichem Widerspruch zu dem, was er tut. Dieser Widerspruch wird, vor allem da, wo sich lutherische Prinzipien tief ins zivilisatorische Verständnis eingegraben haben, ausdauernd bekämpft, heftigst verleugnet und geradezu unbarmherzig für lösbar gehalten. Er ist nicht lösbar. Unsere Sprache, wo sie eine öffentliche Funktion wahrnimmt, signalisiert mehr oder minder den nicht zu tilgenden Abstand zwischen uns selbst und dem Bild, das uns aussagt. Im Augenblick einer an ihn gestellten Frage folgt der Mensch meist einem unausgesprochenen Rechtfertigungs- und Legitimierungsdruck und tut antwortend so, als sei er ausgefüllt von einer einzigen gültigen Meinung. Aber schon dieses Ausgefülltsein ist eine Unwahrheit. Denn es läßt weg, was dieser Meinung in diesem Moment als nicht zuträglich erscheint. Im Interview wird nicht Gebrauch gemacht von allen Zweifeln und Einwänden, in die man hineinkäme, würde man weiterdenken statt antworten. So konditioniert man sich zwischen Verbergungs- und Entblößungssprache für die Gesprächssituation; aber die Chance, in dieser Situation des sich Aussprechenden wirklich gänzlich und unverwechselbar enthalten zu sein, ist aller Erfahrung nach gering. Denn Auskunft tendiert dazu, allgemein zu sein.

Ehe sich nun verhängnisvoll Argumente gegen das Genre des Interviews summieren, das ja immerhin den Kern des vorliegenden Buches bildet: Im Manko freilich liegt zugleich der Reiz. Jedes Gespräch ist eine Feier des Vorläufigen, Zwischenzeitlichen. Vor allem aber ist es ein Verweis darauf, daß es neben der Welt des Faktischen eine Welt der – wie immer zu bewertenden – Vorstellungen gibt, mit denen wir uns erhöhen oder relativieren.

Der skizzierte Widerspruch zwischen der Authentizität alles Gesagten und dem authentischen Ich war dem Interviewer Günter Gaus stets bewußt. Es konnte ihm daher nicht darum gehen, diese Spannung zu umgehen, sondern nur darum, in einer Weise mit ihr umzugehen, die seiner Denkungsart und seinem eigenen Lebenszuschnitt entsprach.

In diesem »nur« allerdings liegt die ganze Kunst; sie zielt auf die unzähligen Abstufungen, in denen besagter Widerspruch möglich und also erzählenswert ist; Abstufungen zwischen dem Extrem einer schmeichelnden Interviewführung und dem anderen Extrem einer Decouvrierung des Gesprächspartners, mit deutlicher Absicht des Fragers, eine intellektuelle Selbstfeier abzuhalten. Gaus' Gespräche pegelten sich nie schlechthin in der lauen, ausgewogenen Mitte zwischen den beiden Polen ein. Sie erlagen nicht den Bequemlichkeiten einer Technik, die man heute Statement nennt; sie enthüllten aber auch nichts, auf daß recht viel Glanz auf den investigativen Erkundiger fiele. Und schon gar nicht mochten sie sich je genügen als reine Dokumentationen einer bestimmten Funktionalität der Porträtierten – obschon diese Interviews, insgesamt um die 250 herum, inzwischen zweifelsohne einen dokumentarischen, ja: Museumswert besitzen und also ihren würdigen Platz erhielten im Haus der Geschichte der Bundesrepublik Deutschland in Bonn (beziehungsreich gerade für Gaus die Adresse: Willy-Brandt-Allee).

Im Grunde fragt Gaus zur Person, damit dem Zuschauer bewußt werde und ihm bewußt bleibe, daß den Entscheidungsfeldern politischen Geschehens nichts mehr und nichts weniger als ein begrenztes Menschenmaß zugrundeliegt. Zeithorizont und biographische Ansätze bilden ja seltsamste Verknüpfungen; diese will der Interviewer einem Publikum nahebringen, das sich über Personen sachkundig macht, aber zugleich jede Sache personenbezogen betrachtet. »Der Mangel an ordnender Kraft gegenüber den Ausblicken und Einsichten, die dem Staatsbürger von den verschiedenen Seiten angeboten werden, ist eine direkte Folge der anhaltenden Unsicherheit über das Wesen des politischen Raumes oberhalb der Gruppensphäre (...) Die weitgehende Beziehungslosigkeit läßt sich allem Anschein nach nur durch einen anderen Vorgang überwinden und in ein Öffentlichkeitsbewußtsein oberhalb der pluralistischen Gliederung verwandeln: durch die Konfrontation mit handelnden Personen. Namen anstelle von Sachbegriffen, Lebensläufe als das überschaubare Beispiel für blaß gewordene Programme: aus diesen Bausteinen entsteht am ehesten noch jener politische Raum, in dem eine Gesellschaft mehr ist als die Addition ihrer Interessen.« (Günter Gaus, 1964).

Aus dem Vertrauen in die rationale Mündigkeit eines von bösen Zeiten belehrten Staatsvolks, aus Faszination über die Möglichkeit, öffentliche Gesittung herzustellen (woran politischer Journalismus mitarbeiten kann), leiteten auch Gaus' Gespräche Hoffnung ab, Hoffnung auf die Souveränität eines Fernsehpublikums, das von den Wirkungen der Aufklärung und den Freuden einer fortgesetzten Bildungs- und Urteilsfähigkeit überzeugt ist.

Diese Einsicht ins komplexe Zusammenwirken von individuellen Beweggründen und gesellschaftlichem Stellungsspiel eines Menschen, dargestellt an einem Interview, sollte bereitwillige Zuschauer zu demokratieförderlicher Meinungssicherheit anregen. Und sie wollte diese Seherschaft mobil halten für streng rationale Welt- und Zeitdeutungen, für Erklärungen einzig und allein diesseits der Vernunft, für ein Wahrheitsgefühl, das sich aus Widersprüchen speist. Das setzt geradezu voraus, daß dieses Publikum souverän hantieren kann mit den Verkündungen und Verdrängungen, Freimütigkeiten und rhetorischen Standards der jeweiligen Öffentlichkeitsperson. Erkannt werden sollen die Verknüpfungen oder Differenzen zwischen Aussageformat und Aussageform, Überzeugung und Temperament, Gesagtem und Gestus, Seelenöffnung und Kalkül – ohne daß der Interviewer mehr als nur seine Fragen ins Feld führt. Von daher: jene über die Jahre hinweg bewahrte stilistische Kargheit der Gesprächssituation und die prononcierte Zurücknahme des Interviewers, immer wieder beschrieben und immer wieder zusammengefaßt im Begriff von Gaus als »bekanntestem Hinterkopf Deutschlands«.

Ebenfalls von daher: jene gleichermaßen über Jahre hinweg beibehaltene Struktur der Porträts, einschließlich des musikalischen Erkennungszeichens, Beethovens Takte für ein Ritterballett; klug und im besten Sinne routiniert operieren diese Gespräche mit den Möglichkeiten von Dramaturgie, von Spannung und Entspannung, und sie wollen auch im Zwischen- oder Nachfragen partout nicht die Grenzlinie überschreiten, hinter der aus einem Interview unweigerlich eine Debatte würde. Dennoch: »Er hat das Zweipersonenstück entworfen« (Günter de Bruyn).

Die Befragungen »Zur Person« wagen, um es verkürzt zu sagen, marginale Teilnahme an einem großen Entwurf von Politik, ganz im emphatischen Sinne Hannah Arendts. »Der Sinn von Politik ist Freiheit«, sagt Arendt. Freiheit in solcher Perspektive ist keine Fähigkeit des einzelnen Subjekts, sondern eine Form des Miteinander-Seins, eine Wirklichkeit, die nur stattfindet, wo mehrere sich treffen. Freiheit nicht als Eigenschaft des isolierten Ich, sondern als eine Chance des kommunikativen Ja-und-Nein-sagen-Könnens, die sich einzig und allein im Miteinander-Reden vieler vollziehen läßt; Grundlage jenes parlamentarischen repräsentativen Systems demokratischer Abläufe und Entscheidungen, das auch der Interviewer Gaus stets für eine große zivilisatorische Errungenschaft, aber zugleich für eine immerwährend zu lösende Aufgabe hielt.

Natürlich verlangt das freie Gespräch, diese Freiheit des Miteinander-Reden-Könnens, anspruchsvolle Voraussetzungen und Garantien. Die wichtigste davon ist die gegenseitige Anerkennung der Beteiligten, so daß nicht materielle Macht das Gespräch entscheidet, sondern die Macht der Argumente; das heißt, es braucht eine sichere Kultur des friedlichen Umgangs und die schätzende Ordnung des Rechts, die allen den Spielraum der Zustimmung oder Ablehnung, des Neuanfangs oder der Fortsetzung verbürgt. Kurz: Jene Freiheit der Kommunikation, die den Ursprung und den lebendigen Grund einer öffentlich-gemeinsamen Welt bildet, ist zugleich davon abhängig, daß sich dieser Raum der Öffentlichkeit stabilisiert und erneuert – in steter Selbstgestaltung durch Traditionen, Kritik und Institutionen (zu denen die Medien gehören).

Daß dies, historisch betrachtet, ein extremer Ausnahmezustand bleibt, ist klar. Normal und realistisch demgegenüber die andere Konstellation, nachweisbar auch in der parlamentarischen Geschichte der späten Bundesrepublik und jener neueren, ungebremst kapitalisierten Berliner Republik (nachlesbar auch in den immer resignativer werdenden Artikeln des Günter Gaus): Politische Macht und Interessengruppierungen haben die Freiheit kommunikativen Handelns ausgehöhlt und der Gesellschaft ihren Willen aufgedrückt. Beträchtliche Teile jener Politik, die geschieht, sind kontrollierenden, ausformenden Zugriffen entzogen. »Fugenlos«, sagt Gaus, »werden die Bedürfnisse des Kapitals inzwischen gleichgesetzt mit den Idealen der Demokratie«. Und ausgerechnet das Fernsehen wurde zu einem Motor dieses Entsittlichung des Öffentlichen.

Mehr und mehr schwang daher in den Gaus-Sendungen das befremdliche Echo einer Vorahnung mit, die sich inzwischen zur Gewißheit auswuchs. Er, der ausgerechnet im fortschrittsdreistesten Medium ein Mann mit Anspruch sein wollte, erlebte den Siegeszug einer Apparatur, die seiner Überzeugung nach die bürgerliche politische Kultur mehr veränderte, »als es das Abschaffen des Dreiklassen-Wahlrechts und die Einführung des Frauenstimmrechts getan haben«. Dieses Medium mit seinem Informationsüberfluß, der die Informiertheit – als Grundvoraussetzung einer kontrollfähigen und entscheidungskompetenten Bürgerschaft – aus dem Felde schlug, bestätigte und beschleunigte den Niedergang des Politischen. So arbeitete das Fernsehen einem fatalen Zentralismus zu, der den Undurchschaubarkeiten von Staats- und anderen heiklen Geschäften längst wieder den Anstrich der Normalität gibt und der unterm offen wehenden Deckmantel freier Wahl und freier Meinung dumpfe einheitliche Stimmungslagen produziert. Fern(bedienungs)steuerung, die letztlich anfällig macht für Verhaltensweisen, die einen wie Gaus bestürzen: Rückzüge in eine selbstgefällige Privatheit, auftrumpfend zynisches Bewußtsein oder anmaßendes Welturteil, das instinktsicher nur der eigenen Unbildung vertraut, unbehelligt vom Bedürfnis nach differenzierter Argumentation.

Das weltzerstückelnde Schalten und Walten des großen Mediums hat es längst geschafft, daß wir Ideenflucht und leichten Wahn für unsere ganz normale Wahrnehmung halten. Ein elektronisches Schaugewerbe führt seinem Publikum die Welt im äußersten und auch lautesten Illusionismus vor, der möglich ist. Alles Geschehen fällt sich fortwährend ins Wort. Was stattfindet, ist ein unablässiges Aufleuchten und Abschießen von Meinungen, Mentalitäten, Menschen. Öffentlichkeit, allesfressende, so der Schriftsteller Botho Strauß, »klettert wie die Wanderatte durch die Leitungsrohre«. Ausgekippt werden Megatonnen von Vernunftabfall.

Und was die Interviewkultur betrifft: Die Unterhaltungen irren dahin, sprunghaft und quer; voll fahriger Schnitte vollzieht sich die Treibjagd des Bunten gegen das Farbige. Das »Regime der telekratischen Öffentlichkeit« – so noch einmal Strauß, der »zwischen einem Schau-Gespräch und einem Schau-Prozeß nur graduelle Unterschiede in der Vorführung von Denunzierten« sieht – sei die unblutigste Gewaltherrschaft und zugleich der umfassendste Totalitarismus. Es läßt keine Köpfe rollen, es macht diese überflüssig. Sein Drill des Vorübergehenden kennte keine Feinde und Untertanen, sondern nur noch Mitwirkende.

Und der Parlamentarismus? »Wer nicht nur genießt«, so Gaus bereits 1972, »sondern über das einigende Band reflektiert, das angeblich vom Fernsehen um Wähler und Gewählte geschlungen wird, der kommt in der Regel zu dem Schluß, das hastig hingeworfene Wort vor der Fraktionstür, die drei simplen Fragen und müden Antworten in der Vorhalle des Plenarsaals vermittelten – direkt übertragen – politische Informationen und Einsichten und machten den Parlamentarismus lebendig: sozusagen die Bundesrepublik als Kantons-Urgemeinde. Der Irrtum ist entlarvend. Er verwechselt politische Kategorien mit Fernsehspielen, einem Quiz beispielsweise: Sie haben drei Sekunden für die Antwort (...) Wer verwehrt eigentlich dem Parlamentspräsidenten die Sperrung des Hohen Hauses für die Direktübertragungen außerhalb des Plenarsaals? Die Unsicherheit ist es, die hierzulande alle Institutionen des Staates und seiner Gesellschaft bestimmt. Der verwöhnte Wechselbalg, das westdeutsche Staatsvolk, könnte einen Schluckauf kriegen.«

Unter dem Aspekt dieser dem Medium von Gaus zugeschriebenen »Kombination aus Unterhaltung und der Selbsttäuschung, es werde Öffentlichkeit hergestellt, wo doch nur Oberfläche sichtbar gemacht wird«, wirken seine Gespräche in ihrer hermetisch dunklen Studioatmosphäre, in ihrer Bewegungsarmut von Kameraführung und Schnitt, in ihrer verhaltenen Plazierung im Programm längst wie ein Organismus, der sich unterm Rauschen der Zeit in ein (noch) sicheres Eckchen duckt. Gaus und die Einsamkeit des Langstreckenfragers.

Ein Vergleich der hier vorliegenden Interviews mit jenen, die im Zuge der politischen Wende 1990 zunächst im Zweiten DDR-Fernsehen, dann im Ostdeutschen Rundfunk Brandenburg gesendet wurden, zeigt eine interessante Entwicklung. Gaus wollte Meinungsbildung anstacheln, sich selber aber nie jenseits katalysatorischer Wirkung offenbaren; er sieht es schon als höchste Zumutung an, daß er seit »Zu Protokoll« am Beginn des jeweiligen Porträts, für einen kurzen Einführungstext, zwanzig Sekunden en face zu sehen ist. Doch zunehmend wurde er zu einem Frager, der den Bedrängungen durch die Biographie seines eigenen Denkens nicht mehr ausweichen kann, nicht mehr ausweichen will. Den Niedergang der Fernsehkultur quittierte Gaus mit der ihm wohl eigenen Sturheit, einfach weiterzumachen, sowie im Vertrauen auf einige Geister in den TV-Anstalten, die sich schnurrender Modernität in den Programmen noch ein wenig verweigern konnten.

Dem Niedergang der politischen Kultur indes war mit Sturheit allein nicht zu begegnen. Ungebremste Kapitalisierung der Welt, Verletzungen des demokratischen Gefüges, generelle fröhliche Verflachung der Politik (gerade auch der sozialdemokratischen!), Verwerfungen im Einheitsprozeß, speziell die Auslieferung von DDR-Geschichte an eine kaum differenzierende westdeutsche Deutungshoheit – dies alles sind Felder, auf denen Gaus eine eigene Lebensbilanz errichten muß.

»Ich frage nur«, sagt er während der Sendung oft beiläufig, fast entschuldigend – aber er fragt nicht mehr nur. Er konfrontiert Gesprächspartner mit seinem eigenen Resümee nach einem ausgiebigen Leben in der »Welt der Westdeutschen«. Die Meinungspassagen in den Fragen nehmen zu. So neutral er sich nach wie vor gibt: Er hält Scherbengericht. Was ihm auf der Seele brennt, sprengt jenes Genre, mittels dessen er einen anderen erzählen läßt – und zwar in selbstauferlegter Pflicht, nicht mit seinem Partner zu streiten und nicht selbst zu argumentieren.

Auch wenn die generell hohe und von Respekt diktierte Gesprächskultur nach wie vor ganz selbstverständlich obsiegt, werden polemische Ansätze gegenüber dem einen oder anderen Porträtsitzenden nicht mehr verschwiegen. Gelegentlich, so der Stand der Dinge, sind die Fragen interessanter als die Antworten, deretwegen die Sendung stattfindet. Gaus scheint das manchmal sogar zu hoffen; viele Fragen sind Ausdruck einer Selbstprüfung in Sachen Neugier und verbliebenem Gesellschaftsinteresse. Die Gesprächspartner ahnen das und entwickeln eine ganz neue Art von Gespanntheit.

Man merkt Gaus an, daß er mit fortschreitendem Alter offenbar immer weniger schwarze oder weiße, sondern zunehmend Grautöne wahrnimmt, und diese sind sehr viel umständlicher zu beschreiben. »Ich kann im übrigen schon lange nicht mehr ungeniert journalistisch tätig sein, ich stelle mir selber zu viele Fragen, bevor ich anderen eine stelle, und ich erschrecke über die fraglose Selbstgewißheit vornehmlich jüngerer Journalisten heutzutage.«

Und noch etwas: Sein Selbstzwang zur monatlichen Regelmäßigkeit der Sendung beschert ihm zunehmend Schwierigkeiten bei der Auswahl von Interviewpartnern. Persönlichkeiten sind rar geworden. Längst wurden aus kantigen Politikern und Kulturgrößen, die noch mit Herzklopfen ein Fernsehstudio betraten, stromlinienförmige Beamte oder Zeitgeistler, die mit allen Wassern des rhetorischen Ausweichmanövers gewaschen sind. Zur Zeit der vorliegenden klassischen Interviews war Politikers Auftritt im Fernsehen, wie ihn Gaus ermöglichte, eine außerordentliche Chance der Selbstdarstellung mit (möglicherweise) nicht zu unterschätzenden Folgen fürs Verhalten des Wahlvolkes (vor dem hier nachzulesenden Interview mit Willy Brandt ging dieser gemeinsam mit Egon Bahr tagelang die Themen und Details durch, die dieser Gaus erfragen könnte). Heute steht ein Fernsehtermin als x-beliebiger Date zwischen einem »Frühstück mit BILD« und der Autogrammstunde in einem Freizeitpark. Die politische Klasse mit ihrer Verpflichtung zur kulturbildenden Elite ist elitär nur noch in ihrer Verweigerungshaltung gegenüber diesem Auftrag.

Die Magie des Charakters: eine verschwindende Größe. Wobei einschränkend hinzugefügt werden soll, und jeder Leser möge mit eigenen Erfahrungen und eigener Bemessung des Verhältnisses von Wort und Tat sein Urteil fällen: Auch Protagonisten dieses Buches waren geschickte Wort-Führer; Gaus selbst benannte im Zusammenhang mit einigen der Porträtierten, obwohl sie »sich noch nicht als Herren des Fernsehens fühlten«, die entsprechenden Charakterisierungen: weitschweifig, verschleiernd, professionell, heuchlerisch. Das wird auch in einer schriftlich fixierten Veröffentlichung der Interviews deutlich, vielleicht sogar noch mehr als in einer Life-Aufnahme. Andererseits besitzt eine Niederschrift jenen Makel, den Gaus jedesmal selbst anmahnte, wenn eine Publikation seiner Fernsehinterviews erfolgte; gemeint ist »der Verlust des Tons, der Sprachmodulationen meiner Partner und des bewegten und oft bewegenden Bildes der Fernsehsendung. Was die Zuschauer der Sendereihe als Leser vermissen werden, ist die im Fernsehen sichtbare Reaktion meiner Gesprächspartner auf Fragen, die ihnen Raum zur Selbstdarstellung geben, und auf Fragen, mit deren Beantwortung sie zögern und bei denen ein Teil der Antwort in Handbewegungen und Sprechpausen liegt.«

3.

Wer sich mit der Arbeit von Günter Gaus befaßt und mit ihm über seine Interviewpartner ins Gespräch kommt, trifft auf eine stilvoll gepflegte Mixtur aus Diskretion und zielsicher eingesetzter Anekdote. Auf der einen Seite der hanseatische Rationalist, der natürlich so selbstbewußt (und auch so selbstsicher) ist, einzig und allein das Werk sprechen zu lassen, andererseits der hochsympathische Erzähler, der mitunter gern aus seiner bestechenden Distanzkultur aussteigt, wie man eine befreiende Pause einlegt. Er bleibt aber kontrolliert, wenn es um Veröffentlichung des Geplauderten geht. Der zeitliche Abstand zu vielen Personen und Ereignissen ist ihm wohl oft noch nicht groß genug. Er hält nichts von Erinnerung, bei der aus zeitgeschichtlicher Reflexion das Nähkästchen wird.

Aber, bei aller selbstschützerischer Zügelung: Natürlich existiert inzwischen ein festes Repertoire an Begebnissen und egophilosophischen Betrachtungen, das einem Journalisten, der zur Gaus-Deutung antritt, mit auf den Weg gegeben wird. Sei es die Abschaffung jenes »abendländischen Leitbildes« des Ikaros (der den Höhenflug riskiert, der Sonne aber zu nahe kommt und abstürzt) zugunsten des Dädalos (der das Fliegen erfand, es aber »auf bekömmlicher Höhe« betreibt), seien es der alte Adam und die alte Eva als Metapher für die Gegebenheit des Menschen, sei es die Wendung vom Staatsvolk der kleinen Leute, sei es die Definition der Nischengesellschaft als dem gewöhnlichen Aufenthalt der Mehrheiten in allen Systemen, sei es das Wort von der Gnade der späten Geburt, das sich Kohls Redenschreiber ohne Erlaubnis vom Urheber Gaus »ausliehen«, oder seien es jüngstens beständige Verweise auf

Geßlerhüte, die zum Zwecke eilfertiger Grußbezeugung allenthalben wieder aufgestellt wurden in Deutschland – Stetiges hat Gaus dafür getan, daß all diese Begriffe und Sinnbilder zum festen Bestandteil dessen wurden, was man mit seinen Namen verbindet. Spontan gefragt, woran er sich in Bezug aufs Atmosphärische bei den »klassischen Interviews« erinnert, antwortet er bereitwillig, und doch spürt man die unablässige Vorsicht, das Geschaffene nicht mit Nebensächlichkeiten zu entwerten.

Das Interview mit *Ludwig Erhard* eröffnete die Reihe »Zur Person«. Für Erhard, so Gaus, sei es ein sehr wichtiges Gespräch gewesen. Ende des Jahres 1963 würde die CDU-Fraktion im Bundestag zu entscheiden haben, wer Kandidat für die Nachfolge Adenauers als Bundeskanzler wird: Ludwig Erhard, Vater des sogenannten Wirtschaftswunders, oder der damalige Außenminister Gerhard Schröder. Für Erhard war das Interview eine Möglichkeit, sich auch denen zu präsentieren, die eher zu Schröder neigten. Obwohl das Porträt damals Wirbel auslöste, vor allem Fragen im Rundfunkrat, ob man so mit einem Politiker umgehen dürfe: Zieht man das Gesamtwerk des Fragers Gaus heran, so bleibt das Gespräch mit Erhard freilich noch befremdlich nah an biografischen Fortläufen. Als wolle sich der Interviewer immer aufs neue erst wieder der Zutraulichkeit seines Partners vergewissern, ehe er ab und zu – einem Überraschungsangriff gleich? – ins Schärfere zielt.

Erhard – das bleibt in dieser Dreiviertelstunde die sonore Stimme der gemäßigten Ansprache. Man hört dem Bundeskanzler in spe die starke Neigung zum Begriff des Volkes und des Vaterlandes an, und Gaus ist so anständig (und diplomatisch?), ihn nicht in jene Zonen des Zwischentons und der kritischen Reflexion zu drängen, in denen Spitzenpolitiker das Gefühl überkommt, sie sollen da aufs Glatteis geführt werden.

Zum Zeitpunkt der Sendung war der Politiker im Urlaub am Tegernsee. Dort gab es aber noch keine Umsetzer, so daß man das ZDF nicht empfangen konnte. Also rief Erhard den damals in München wohnenden Gaus an und fragte, ob er sich das Interview bei ihm zu Hause ansehen könne. Gaus mußte ihm mitteilen, daß er gar keinen Fernseher besitze und auch nicht vorhabe, diesen Zustand zu ändern. »Denn meine Frau und ich hatten mit unserem Leben und speziell den Abenden gänzlich anderes im Sinn, als fern zu sehen (erst als ich zwei Jahre später Programmdirektor wurde, bekam ich notgedrungen, aus Gründen dienstlicher Pflicht, einen Apparat).«

Aber es wurde ein Ausweg gefunden: Gaus organisierte eine Vorführung im Hause seiner Schwiegereltern. Die Erhards kamen vom Tegernsee herüber, auch ein paar Freunde von Gaus waren eingeladen worden. Nun war der Politiker nicht nur Vater des Wirtschaftswunders, sondern auch – was er freilich sehr ungern hörte – ein begnadeter Schnorrer vor dem Herrn. Plötzlich bat der nach Churchill wohl berühmteste Zigarrenraucher ausgerechnet um – eine Zigarre. Es waren aber keine im Hause. Gaus fuhr mit dem Taxi zum Bahnhof und holte blindlings irgendwelche. »Ich hatte keine Ahnung von Zigarren und hätte nie gedacht, daß so ein Spezialist derart lax mit der Sorte umgeht, die er zu rauchen gedenkt. Gerade noch rechtzeitig kam ich zum Beginn des Fernsehinterviews wieder zurück. Erhard sah sich die Sendung an, absolut kommentarlos.« Als er wieder weggefahren war und sich die Befangenheit der Runde löste, sagte einer der eingeladenen Freunde, ein Diplomat aus dem US-Generalkonsulat in München: *A star is born*.

Er ließ natürlich offen, ob er damit den Interviewten oder den Interviewer meinte.

Wenn Gespräche eine Farbe haben, so ist das mit *Gustaf Gründgens* – bleich. Man möchte fast vom Paradoxon eines faszinierenden bleichen Schattens sprechen, der sich auf diesem Interview ausbreitet. Gründgens, nervig-schnarrend, wirkt müde, stillgelegt. Glühend leere Augen. Zu sehen ist ein Aufgestörter, der sich davor fürchtet, als schillerndes, fragwürdiges, hochinteressantes Subjekt in den kollektiven Besitz der Zeit überführt zu werden. Es obsiegt eine traurige Beherrschtheit, der auch Gaus sich verständnisvoll und scheu anheimgibt. Und diese Beherrschtheit untersagt dem Gespräch jeden Tonartwechsel. Gründgens hatte sich lange Zeit geweigert, einem Interview überhaupt zuzustimmen. Letztlich willigte er ein, aber es müsse auf Madeira stattfinden, dort, wo er nach eigenen Worten seinen Lebensurlaub verbrächte. Sein Haus stand in der Inselhauptstadt Funchal, und er verlangte ausdrücklich, daß das Drehteam ihn lediglich für den klar abgesteckten Zeitraum des Interviews behelligen dürfe. Ansonsten habe man ihn gefälligst in Ruhe zu lassen; kein Gespräch davor, keine Plauderei danach. Selbst wenn man außerhalb des Drehtermins einander zufällig auf der Straße begegnete, sollten Gaus und Co. so tun, als kenne man sich nicht.

Damals konnte man noch nicht direkt Madeiras Hauptstadt Funchal anfliegen, das Team – Gaus, Bildregisseur, Redakteur und Tontechniker – mußte also auf einer kleinen Felseninsel landen, von da ging es mit einem Boot drei Stunden über den Atlantik. Das Schiff lief in den Hafen ein, und wer stand am Kai? Gustaf Gründgens! Der Mann, der so brüsk Distanz verordnet hatte, stand da und wartete bereits. Er saß auf dem Altenteil und war mit der nun allwaltenden Ruhe überfordert. Das Gespräch begann mit dem nicht sehr originellen Einstieg, daß Gründgens und Gaus auf dem Balkon stehen, über Insel und Meer schauen und dann hineingehen sollten ins Haus. »Einmal mehr mußte ich feststellen, daß zu den vielen Begabungen, die mir fehlen, auch jene gehört, vor laufender Kamera unverkrampft ein paar Schritte zu gehen. Gründgens amüsierte sich, was mich nur verkrampfter machte. Aber auch diese Reaktion von ihm zeigte: Er war erkennbar froh, daß Leben im Haus war. Plötzlich erfuhr ich im winzigen Detail etwas von dem, das wohl durchaus mit Regie zu tun hatte: Nach dem fünften mißglückten Versuch, einigermaßen locker von diesem Balkon wegzukommen, legte er seine Hand ganz leicht auf meinen Unterarm, wir gingen, er ließ den Arm nicht los, und ich war gelöst wie nie.«

Im Interview selbst kam es zu einer einzigen Panne. Als der Kameramann unterbrach, weil die Kamera den Film nicht zu transportieren schien und er vorsichtshalber eine neue Rolle einlegen wollte, sprang Gründgens wütend auf und lief nach draußen. Gaus hinterher. Etwa zwanzig Minuten brauchte er, um ihn von der sehr hohen Palme zu holen, auf die er geklettert war. Dann ging es aber reibungslos weiter, und es gelang Gaus sogar, sehr beiläufig in einem seiner Fragentexte Erika Mann unterzubringen. Denn Gründgens hatte vorher angekündigt, wenn nach seiner Ehe mit der Tochter Thomas Manns gefragt würde, bräche er das Interview sofort ab. »Nachdem alles Material im Kasten war, wollten wir gemäß unserer Verabredung schleunigst verschwinden, er aber drängte keinesfalls zur Eile, sondern führte uns durch das Haus. Unser Quartier in Funchal war ein altes, sehr um seine Ehrwürdigkeit bemühtes britisches Kolonialhotel; hinter der Pförtnerloge standen Fotos von Churchill, der hier mal seinen Urlaub verbracht hatte. Am nächsten Morgen, ich lag noch im Bett, klingelte das Telefon. Die Rezeption teilte mit, ein Herr Gründgens sei da und ließe anfragen, ob er mit uns frühstücken dürfe ...«

Es ist zu mutmaßen, daß von allen Gesprächspartnern dieses Buches *Thomas Dehler* der heute am wenigsten bekannte Politiker ist. Gaus stimmt dem zu und verweist einmal mehr auf deutschen Fleiß im Vergessen des Charaktervollen. Dehler hat sich oft politisch unklug verhalten, indem er aus seinem Herzen, wie man so sagt, keine Mördergrube machte. Einerseits vermochte er es offenbar, bestimmte Leute allein durch gnadenlose Sachlichkeit und Kompetenz bloßzustellen oder zu beschämen; andererseits sagte man ihm nach, sehr direkt und sehr heftig gewesen zu sein. Gaus beeindruckte die Bereitschaft dieses Mannes, sich wider alle landläufige Regeln selbst zu beschädigen – durch öffentliche Äußerungen, die auf einen streitbaren, vielleicht gar explosiven Kern zielten und nicht auf die Wahrung einer Fassade als oberstem Zweck. Er verzichtete in seiner Berufsausübung als Politiker auf absichernde taktische Verschalungen, er war ein Mensch des offenen Visiers. »Das wollte ich im Interview deutlich machen, und es erzählt nichts Ungutes über die Gegenwart, wenn man sich der politischen Kultur eines Mannes wie Thomas Dehler offenkundig mit dem Gestus der Unwiederbringlichkeit erinnern muß.«

Edward Teller, Vater der Wasserstoffbombe, wurde in New York interviewt. Er war als Physiker sehr erfolgreich und mit diesem Erfolg zugleich ins Zwielicht, in Mittäterschaft geraten. Gaus interessierte der Mensch, der wirklich glückhaft im Reinen mit sich selbst ist, obwohl er eine Massenvernichtungswaffe konstruiert hatte. »Dieser Widerspruch von objektiver Verantwortungslast und subjektiver Gelöstheit hat mich fasziniert.«

Das Gespräch fand im CBS-Studio in Grand Central Station statt, im Hauptbahnhof von New York. Das ZDF-Team war bei der Vorbereitung über die Strenge der US-amerikanischen Gewerkschaftsmitglieder informiert worden, die an den Kameras standen und den

Ton aufnahmen. Es gab ein Zeitlimit der Produktion, das war in diesem Falle 12 Uhr mittags. Wenn der Sekundenzeiger die volle Stunde besiegelte, dann, so hatte man den Deutschen prophezeit, würden mit absoluter Verläßlichkeit die Kameras augenblicklich stillstehen sowie Ton und Licht abgeschaltet. Unbarmherzig, ohne jede Sensibilität für die Situation. Selbst dann, wenn erkennbar die letzte Frage oder sogar schon die letzte Antwort des Interviews liefen, gäbe es kein Pardon, und sei es mitten im Satz. Gaus war gewarnt, und nun trat leider ein, was in solchen Fällen stets eintritt: Man geriet tatsächlich in Zeitverzug. Teller verspätete sich nämlich etwas, »und ich kriegte die Angst nicht mehr los, mit dem Interview nun wirklich nicht fertig zu werden. Die Panik wuchs, je näher ich den Schlußfragen kam, die ich unbedingt noch stellen wollte. Unnatürlich treiben durfte ich aber auch nicht. Was ich jetzt sage, klingt deshalb wie erfunden: Mit Tellers wirklich letztem Wort der wirklich letzten Antwort passierte es – 12 Uhr mittags, die Kameras wurden abgeschaltet, das Licht erlosch. Das war ein wahres Kunststück an Timing. Das jedoch nicht ich zu verantworten habe. Eine Fügung.«

Als Gaus seine Reihe im Jahre 1963 begann, war er noch bei der »Süddeutschen Zeitung« in München angestellt. Eines Abends fand ein Essen bei einem regionalen SPD-Funktionär statt. An jenem Abendessen nahm auch *Herbert Wehner* teil, der gerade eine Inspektionsreise an die Basis hinter sich gebracht und wohl auf seine bekannte Art Zucht und Ordnung wiederhergestellt hatte. Man saß in relativ kleinem Kreise zusammen, und irgendwie kam die Runde auf ein Thema, bei dem auch das Verhalten der bundesrepublikanischen Mehrheit eine Rolle spielte. Dies bewog Gaus, mit Überschwang ein für ihn nun wirklich nicht typisches Wort auszusprechen: Scheißstaat.

Wehner saß ihm gegenüber, hörte das, »und mit einem Gesichtsausdruck, als wolle er seinen Pfeifenstiel abbeißen«, wies er Gaus zurecht und bekräftigte knarrend und polternd die demokratische Leistung der Bundesrepublik. Das Essen ging weiter, und kurz vor der Verabschiedung fragte Gaus den SPD-Politiker, wohl auch, um die vorherige Peinlichkeit wiedergutzumachen, ob er nicht in seine Interviewreihe kommen wolle.

Es war die Zeit, da Wehner in der veröffentlichten Meinung harschen, zum Teil sehr diffamierenden Angriffen wegen seiner kommunistischen Vergangenheit ausgesetzt war und gleichsam wie ein Verräter behandelt wurde. Und so hörte er sich die Bitte an, sagte aber nur, bärbeißig wie immer: »Sie trauen sich ja nicht!«

Gaus ließ das auf sich beruhen, aber wenige Wochen später erneuerte er telefonisch die Anfrage: Es sei nun soweit, und ob er denn komme. »Ich glaube, er war verblüfft.« Ins Studio kam er mit seiner Stieftochter, »Staatssekretärin« Greta, wie es damals etwas spöttisch hieß; bekanntlich hat er sie später geheiratet. Wehner litt an Zucker, er mußte strenge Diät einhalten und durfte lediglich kleine Portionen, über den Tag verteilt, zu sich nehmen. Greta, so erzählt Gaus, holte eine altmodische, proletarische Brotblechbüchse aus jener Aktentasche, die sie stets bei sich trug, und Wehner aß vor der Aufzeichnung seine Stulle.

Nach dem Interview mahnte ihn Greta, er habe noch Fraktionstermine, aber Wehner sah man die Erleichterung an, daß er sich so ausführlich hatte darstellen dürfen, und vielleicht erhoffte er, was dann bald auch tatsächlich eintrat: das Abebben jener ungehörigen Schärfe von Attacken auf ihn. »Aus der Kantine ließ ich noch zwei, drei klare Schnäpse holen, er trank und erzählte; vielleicht war er in jenen Momenten sogar das, was man glücklich nennen darf.«

Wehner hat fast immer und fast überall geraucht. Es selbst sprach von drei Ausnahmen: im Bett, im Bundestagsplenum, im Zuchthaus. Wieso er beim Interview nicht rauchte? »Ich hatte es ihm selbstverständlich angeboten. Sofort knarzte er los: Ich komme jetzt durch Ihre Sendung ohnehin schon sehr ungeladen in fremde Wohnzimmer – soll ich das nun auch noch mit der Pfeife im Maul tun?!«

Wenn man das Interview mit *Franz Josef Strauß* sieht, fällt auf, daß dem CSU-Mann dicke Schweißperlen im Gesicht stehen. »Nein, sie stehen nicht, sie fließen. Mancher Zuschauer hat das als Folge einer großen Zielgenauigkeit meiner Fragen eingeschätzt, als Zeichen also der Bedrängnis, in die Strauß geraten war. Aber es hat einen weit einfacheren Grund. Damals wurde noch sehr viel geraucht in meinen Sendungen, Strauß rauchte Zigarre. Leider hatte er eine erwischt, die überhaupt nicht zog. Mühsam quälte er sich ab mit dem Ding, wollte aber nicht aufgeben. In dieser Situation – was ansonsten kaum der Fall war – tat er mir richtiggehend leid.

Die Schweißperlen prägen also das Interview, sind jedoch nicht meine Leistung.«

Das Gespräch mit *Arthur Koestler* wurde in Paris aufgezeichnet. Es ist eines der aufwühlendsten, eines, bei dem besonders schmerzlich erkennbar wird, daß die Reduzierung auf Lektüre, wie sie hier vorliegt, einen beträchtlichen Verlust an Sinnfälligkeit mit sich bringt. Wie dieser Mann dasitzt, sich immer wieder mit den Händen die Augen reibt, unentwegt raucht (es ablehnt, eine von Gaus' Zigaretten anzunehmen), wie er ein ganz fernes, abgründiges Lächeln auflegt, wie er zwischen Kälte, Arroganz, bitterer Klugheit und Resignation antwortet – das sind Kennzeichen eines zerstörten, tief getroffenen Menschen, der einmal sehr tollkühn gewesen sein und das Feuer gesucht haben muß. Nun, zum Zeitpunkt des Gesprächs, hat er mit der Asche zu tun, die in die Jahre hineingesickert ist. Man spürt: Es ist zunächst schwer für Gaus, einen Rhythmus hineinzubringen, einen Gesprächsfluß. Koestler hat Furcht vor einem rechthabenmüssenden Erwiderungsgespräch, obwohl Gaus als Frager überhaupt nicht in diese Richtung zielt. Es entsteht schnell die natürliche Kluft zwischen dem jungen deutschen Journalisten und dem Mann mit einer Jahrhunderterfahrung. Mitunter scheint Koestler mit Goethe sprechen zu wollen: »Du gleichst dem Geist, den du begreifst, nicht mir.« Und er lächelt und reibt sich die Augen. Man sieht und hört Koestlers Vorsichtsmaßnahmen: bloß keine Beweisführung, bloß keinen Diskurs, bloß keine Theorie. Höchstens persönliche Notwendigkeiten äußern, in denen die Frage mitflüstern darf, ob es anderen mit ihrem Leben auch so gehe. Entkommen, das wär's – dies ist gleichsam der immer wiederkehrende, aber unausgesprochen bleibende Gedanke Koestlers; dies ist die Botschaft seines philosophischen Gleichmuts. Er gibt ein Interview und hätte wohl gern eine Sprechstunde des Schweigens. Man hat ihn eine hohläugige Kassandra genannt, einen jener heterodoxen Denker, deren Irrtümer viel wertvoller sind als die richtigen Erkenntnisse kleiner Geister. Zum ersten und einzigen Mal, so Gaus, habe ihm ein Interviewpartner gegenüber gesessen, der zum Tode verurteilt und also mit einer letztlich unbeschreibbaren Grenzerfahrung konfrontiert worden war. »Unabhängig von dem, was wesentlich das

Leben dieses Mannes ausmachte – nämlich seine Hinwendung und Abkehr vom Kommunismus –, berührt mich diese Tatsache bis heute: daß da jemand saß, dem auferlegt war, auf Grund eines Urteilspruchs zu sterben.«

Warum ein Interview mit *Erich Mende*? »Ach, der sah so schön aus! Wir Journalisten haben uns oft über ihn lustig gemacht, das geriet mitunter zur handfesten Gehässigkeit.« Das Alltagsgeschäft politischer Berichterstattung sucht sich seine Abwechslungen, und jede Zeit erschafft Politiker, die dem Spöttischen geradewegs zuwachsen. Ein paar häßliche Sprüche waren über Mende in Umlauf, etwa über seine ehrgeizige Frau Margot, die ihn allmorgendlich mit den Worten weckte: Erich, steh auf und mach Karriere!

Mende gab im übrigen einen durchaus interessanten politischen Typus im westlichen Nachkriegsdeutschland ab: der aktive Offizier, der mit Links überhaupt nichts im Sinn hatte, sich aber hineinarbeitete in die demokratische Neuordnung. Ein Relikt, das seine eigene Welt überlebt. Einer der Ersten, die zum Frack wieder das Ritterkreuz trugen; lediglich das Hakenkreuz hatte er weisungsgemäß entfernen lassen. »Daß ich ihn für ein Interview haben wollte, lag auch an einem etwas niedriger anzusetzenden Ehrgeiz: Ich wollte einen hochrangigen Politiker dazu bringen, ernsthaft auf die Frage zu antworten, ob er sich ondulieren lasse oder ob sein Haar von Natur aus so kraus sei. Dies war nun wirklich nicht das Hauptmotiv für das Interview, aber ich gebe ehrlich zu: Es war auch nicht der allerletzte Beweggrund.«

Nach dem Interview mit *Eugen Gerstenmaier* – »den ich übrigens nicht wirklich bedrängt hatte mit der Frage, wie sich der christliche Anspruch der CDU, damals das Hohe C genannt, mit der oft sehr unchristlichen Interessenpolitik der Partei vereinbare« – rief der Politiker sonntags mitunter an bei Gaus und fragte, ob er nicht zu ihm kommen und über dies und jenes mit ihm sprechen wolle. Natürlich fühlte sich der junge Bonner Korrespondent geschmeichelt, von einem wichtigen Politiker der Regierungspartei eingeladen zu werden.

Dann wurde Gaus Programmdirektor vom Südwestfunk und arbeitete mit an der Magazinsendung »Panorama«. Es begab sich zu der Zeit, daß Gerstenmaier im Zusammenhang mit Wiedergutmachungszahlungen in Schwierigkeiten geriet. Als Verfolgter des Naziregimes hatte er zugelassen, daß sich diejenigen, die ihm den Anspruch formulierten, ein wenig zu seinen Gunsten verrechneten. (So diplomatisch würde es Gaus wohl ausdrücken). Es gab Aufruhr in der Presse, Gerstenmaier mußte als Bundestagspräsident zurücktreten. Während der Zeit des öffentlichen Wirbels hatte er Gaus beim Südwestfunk in Baden-Baden angerufen, er hielt sich, wie das viele Politiker in solchen Fällen tun, für unschuldig. Gerstenmaier sagte in dem Telefonat, er vertraue Gaus, und er werde deshalb einen Fahrer mit allen Akten des Falles zu ihm schicken. Wenn er, der Journalist, zu dem Schluß käme, Gerstenmaier geschehe Unrecht, solle er die Angelegenheit im Fernsehen öffentlich machen. »Mir war klar, daß dies schwierig sein würde, zum anderen aber wollte ich ihm gegenüber loyal bleiben.«

Wenige Stunden später rauschte der schwarze Mercedes an, und Gaus hatte die Akten auf dem Tisch. Übers Wochenende las er sie und kam zu dem Schluß: »Ich werde ihn anrufen und ihm leider sagen müssen: Ich bin nicht der Meinung, daß ihm Unrecht geschieht. Dieser Not wurde ich enthoben, denn am Wochenende waren die CDU-Abgeordneten des Bundestages in ihren Wahlkreisen unterwegs gewesen, und die allgemeine Stimmungslage in der Partei war darauf gerichtet, daß man Gerstenmaier nicht mehr länger zu halten bereit war.«

Für das Gespräch mit *Hannah Arendt* – sie war ein Widerpart mit großer Grazie – erhielt Gaus den Adolf-Grimme-Preis. Nach wie vor zählt er dieses Interview zu den besten, wichtigsten, ihn persönlich noch immer glücklich stimmenden Sendungen seiner Porträtreihe. Bei der Vorbereitung hatte sich seine Vorstellung verfestigt, er träfe auf einen Blaustrumpf. Das Vorgespräch zerschlug alle Vorurteile. »Eine wunderbare Frau.«

Die Aufzeichnung erfolgte im Studio in München. Noch bevor die Kamera lief und der Ton aufgezogen war, bemerkte Gaus, wie Hannah Arendt zitterte vor Aufregung. Er ließ alle Hoffnung auf ein gutes Interview fahren: Die Frau würde wahrscheinlich zusammenbrechen. Gleich zu Beginn der Aufnahme geschah zudem das Unfaßbare: Eine der Kameras fuhr über einen Nagel, der aus dem Boden ragte. Der Tonmann hörte das kratzende Geräusch und brach sofort ab. Wahrscheinlich hätte sich Gaus selber gar nicht darum geschert, aber TV-Profis sind ja – so verdientermaßen wie anstrengend – erpicht aufs Gesamtkunstwerk.

Überbrückungspause im Nebenzimmer. Warten darauf, daß der Studiofußboden wieder glattpoliert sein würde. Hannah Arendt rauchte viel, Gaus weit mehr. Was sollte aber anderes herauskommen als eine immense Steigerung der ohnehin schon peinigenden Nervosität. Dann begann alles von vorn – und das Gespräch lief phantastisch gelöst und entspannt!

Jahre später, so Gaus, besuchten er und seine Frau Hannah Arendt in New York. Ihr Mann, der Militärhistoriker Blücher, war kurz zuvor gestorben, sie selbst lehrte an der Columbia University. Ihre Wohnung lag auf der Westside, die Arendt machte einen sehr müden, sehr einsamen Eindruck. »Sie war wohl ein wenig aus der Welt gefallen, hatte sich zum Teil selber entfernt, war zum Teil aber auch ausgeschlossen worden. Die Wohngegend war verschattet, umdunkelt; ich erinnere mich, als es zu dämmern begann, an ihre fürsorgliche Bitte, nun doch besser zurück ins Hotel zu fahren. Es hat mich sehr berührt, wie diese großartige Frau da ganz allein in New York saß. Meine Zuneigung zu ihr hängt wohl damit zusammen, daß alles, was mit Emigration und Judentum zu tun hat, sehr heftig in mir umgeht.«

Im Oktober 1964 schreibt Hannah Arendt einen Brief an Karl Jaspers, und sie geht auch auf das Interview ein: »Ich hatte den Eindruck, viel zu spontan gesprochen zu haben, weil ich den Gaus so gut leiden mochte.«

Als *Konrad Adenauer* interviewt wurde, war er bereits nicht mehr Bundeskanzler. (Gaus hat im übrigen sechs bundesdeutsche Regierungschefs vor die Kamera holen können, nur einer fehlt: Kurt Georg Kiesinger. Im Rückblick entbehrlich, sagt Gaus-Freund Egon Bahr.) Neben Kiesinger sind nur Joseph Kardinal Ratzinger und Axel Cäsar Springer zu nennen, die ein Porträt ablehnten. Springer hatte bereits im April 1970 abschlägig auf eine Interview-Bitte des damaligen SPIEGEL-Chefredakteurs Gaus reagiert und begründet: »Offen gesagt verwundert es mich, mit welcher scheinbar nahtlosen Glätte der SPIEGEL einen Mann wie mich mit unqualifizierten Mitteln verhöhnt und verteufelt und ihn dann mit kaum zu begreifender Unbefangenheit zum Gespräch einlädt. Ließe ich mich darauf ein, dann müßte sich die Öffentlichkeit, um deren Aufklärung Sie sich so besorgt zeigen, an ein Catcher-Ensemble erinnert fühlen, das sich auf der Bühne unter die Gürtellinie tritt, um sich danach mit komplizenhaftem Augenzwinkern über die spezifischen Notwendigkeiten des Jobs zu verständigen. Ich bin kein Catcher, lieber Herr Gaus, und ich möchte Sie, der Sie seit geraumer Zeit für den Inhalt des SPIEGEL verantwortlich zeichnen, nicht durch meine Zusage zu einem solchen stempeln.«

Auch Adenauer hatte, als er noch im Amt war, ein Fernsehgespräch abgelehnt. Gaus wollte ihn trotzdem in der Sendung haben. Denn obwohl er politisch mit ihm nie konform ging, obwohl ihm sein Kurs der schnellen und strikten Westbindung stets suspekt geblieben ist, war ihm das staatsmännische Format dieses Mannes doch sehr bewußt. Einen Rheinbund-Fürsten nennt er ihn, der füchsisch begabt und frei von nationaler Schwülstigkeit gewesen sei, und die Kehrseite seiner äußerst bedenklichen Vereinfachungen hätte eben im politischen Genius bestanden, die Dinge auf den entscheidenden Punkt zu bringen. »Von ihm stammt der fatal falsch formulierte Satz: Je einfacher denken, ist oft eine Gabe Gottes. Da drin steckt der ganze Adenauer.«

Das Vorgespräch fand im Bonner Regierungsviertel statt, in einem Zimmer, das man dem ehemaligen Regierungschef gelassen hatte. Adenauer hatte Platz genommen zwischen zwei hohen Bücherstapeln, Exemplaren des ersten Bandes seiner Memoiren, die er, mit Bedacht und ohne vom Gespräch mit Gaus zu lassen, signierte. Er schien geradezu begierig zu sein, die Unterhaltung nicht an ihr Ende kommen zu lassen. Offenbar kümmerte sich niemand um ihn. Man war möglicherweise froh, daß er sich nicht mehr einmischte. Bei Gaus festigte sich langsam der traurige Eindruck, er sitze einem Vergessenen gegenüber. Nach einer Stunde jedoch kam die Sekretärin herein und legte Adenauer einen Zettel hin. Nachdem sie den Raum wieder verlassen hatte, nahm der alte Mann den Zettel und sagte zu seinem Gast: Sie schreibt, ich hätte jetzt einen Termin. Er ließ das Papierchen sinken und fügte hinzu: Ich habe aber gar keinen Termin.

»Zwei Dinge bewegten mich in diesem Moment: die Sekretärin, die dem jungen Mann namens Gaus klar machen wollte, wie begehrt der große alte Mann der deutschen Politik noch immer sei – und Adenauer selbst, der so unerwartet offen zugab, daß da etwas inszeniert werden sollte.«

Während des Interviews hatte Adenauer dann, nach etwa zwanzig Minuten, einen Blackout. »Er sah mich an, aber blicklos. Die Augen waren leer. Es dauerte nur Sekunden, aber die glichen einer Ewigkeit. Ich stand kurz davor, die Aufnahme abzubrechen. Gleichzeitig wußte ich: Das wäre das Ende des Interviews überhaupt. Plötzlich schüttelte er sich, wie ein Pudel, der aus dem Wasser kommt, und alles war in Ordnung. Er hatte sich selbst gar nicht wahrgenommen und begann eine Frage zu beantworten, zu der er bereits zehn Minuten vorher etwas gesagt hatte. Ich fand in meinen Fragekatalog zurück, und wir machten weiter. Diese Stelle – und das ist das erste und einzige Mal in all den Jahren – habe ich herausgeschnitten.

Mit dem, was ich nun anfüge, tue ich den Fernsehleuten jetzt möglicherweise Unrecht, aber viele Indizien und Erfahrungen sprechen für den Verdacht, den ich ausspreche: So wie sich das Medium in seiner fast schon panischen Effekt-Verfangenheit entwickelte, kann man nicht ausschließen, daß so ein Blackout heutzutage das Wichtigste gewesen und also auf jeden Fall gesendet worden wäre. Möglicherweise sogar mehrmals, als werbender Anreißer. Die Annahme, daß es nicht so ist, möchte ich gern glauben, aber meine Hand würde ich dafür nicht ins sprichwörtliche Feuer legen.«

Über *Helmut Schmidt*, den Mann, der ihn als Ständigen Vertreter 1981 aus Ostberlin abberief, schweigt Gaus. Sehr gern schweigt er. Die bekannt spannungsreiche Beziehung. Nehmen wir Zuflucht bei Egon Bahr. Anläßlich des 70. Geburtstages von Gaus im November 1999 saß Bahr auf dem Sessel des Interviewers, die Sendung hieß »Zur Person: Günter Gaus«, und ein Thema war auch Helmut Schmidt.

»GAUS: Ihm bin ich am meisten gram, weil: Er hat die DDR erst entdeckt, als sich die SPD aufgrund des Raketenbeschlusses fragte: Ist der denn überhaupt noch unser Kanzler, der für Nachrüstung eintritt? (Man kann sagen: In der Sache hatte *er* recht, nicht die Partei). Jedenfalls: Ich war Ständiger Vertreter, da entdeckte er plötzlich das Thema DDR, weil er darüber der SPD den Nachweis erbringen wollte: Ich bin doch Fleisch von eurem Fleisch und Blut von eurem Blut. Bis dahin hatte er sich gesagt: Was soll ich mich um Schmidtchen kümmern, wenn ich zu Schmidt gehen kann? Und Schmidt – das war Moskau. Ich habe ihm verübelt, daß er sich nicht für die DDR interessierte.

Ich stand seinerzeit auf dem Verteiler der Berichte, die der BND über die Lage in der DDR in Umlauf gab (nun beleidige ich nicht nur Schmidt, sondern auch noch den BND). Wie es sich gehörte, stand ich auf diesem Verteiler ganz unten, ganz oben stand der Bundeskanzler. Wenn ich einen Termin bei ihm hatte, um über irgendeinen Stand von Verhandlungen mit der DDR zu berichten – dann hörte ich, bevor ich zu Wort kommen konnte, was er zur DDR zu sagen hatte. Da wußte ich bald aus Erfahrung: Jetzt bekomme ich den BND-Bericht serviert, den ich dann, als Letzter auf dem Verteiler, ohnehin noch kriegen werde. Das war also sein frisch erworbenes Wissen – das nicht sehr viel taugte ...

Mein Urteil über Schmidt hat ein hohes Maß an Ungerechtigkeit. Schon als ich noch Journalist war – wir konnten uns nicht leiden. Schmidt und ich sind uns in mancher Hinsicht sehr ähnlich.

BAHR: Beide sind arrogant, beide eitel, beide intellektuell; beide glauben, alles schnell durchschauen zu können.

GAUS: Beide sind auch unsicher. Das überspielt er dann – wie ich das manchmal auch tue.«

Der Name *Gustav Heinemann* ist für Gaus mit einem parlamentarischen Erlebnis seiner frühen Bonner Korrespondentenjahre verbunden. Es war in den späten 50er Jahren, er saß auf der Pressetribüne des Bundestages in Bonn, und Thomas Dehler und Gustav Heinemann rechneten in großen Reden mit ihrem früheren Kabinettschef ab, dem Bundeskanzler Adenauer, der damals auf dem Höhepunkt seiner Laufbahn stand. Von der Mehrheitsfraktion CDU/CSU, aber auch von der FDP kam, was das gute Recht der Parlamentarier war: heftiges Geräusch, also Gelächter und zum Teil recht derbe Zwischenrufe. Aber je länger beide sprachen, desto ruhiger wurde es im Hohen Hause. »Schließlich war es sehr still, was nun ganz und gar nicht der normale Zustand eines Parlaments ist. Dehler sprach emotional, Heinemann auch, aber weit kontrollierter. Wie gesagt, es war eine gnadenlose Abrechnung. Dehler und Heinemann sahen es als großes Unglück an, so bald nach dem Zweiten Weltkrieg wieder in eine Remilitarisierung, in eine Neubewaffnung hineinzugleiten, und sie warfen Adenauer vor, wichtige Chancen zur Wiedervereinigung auf unverzeihliche Weise vereitelt zu haben. Ich war ein junger Journalist, in vielen Dingen des Berufs noch auf dem Wege, und ich hörte fasziniert zu. Diese denkwürdige Bundestagsdebatte, eine politische Sternstunde, abends kurz vor 21 Uhr, habe ich nie vergessen. Vor allem in Erinnerung daran bat ich Gustav Heinemann, den Bundespräsidenten in spe, zehn Jahre später um ein Interview.« Und Gaus spricht vom Niedergang der parlamentarischen Kultur; Deutschland sei in den Kosovo-Krieg gezogen ohne eine vorherige erschütternde Bundestagsdebatte – »ein Skandal«!

Auch als er *Rudi Dutschke* interviewte, war Gaus noch Programmdirektor und stellvertretender Intendant des Südwestfunks Baden-Baden. Im Rundfunkrat wurde damals gefragt, ob es denn unbedingt nötig sei, einem Vertreter dieses ungeliebten Teils vom politischen Spektrum derart viel Öffentlichkeit zu verschaffen. So viel Öffentlichkeit – das hieß im Klartext: zu viel Öffentlichkeit. Dutschke selber stellte Gaus gegenüber eine Vorbedingung für das Interview. Er kündigte an, er rede demnächst auf einer Demonstration in Baden-Baden, der Südwestfunk werde ja sicherlich berichten, und er, Dutschke, wolle sich den Bericht im Fernsehen ansehen. Dann sähe er ja, wes Geistes Kind Gaus sei, ob er fair bleibe, ob er abwiegele oder aufbausche. Tatsächlich: Dutschke meldete sich, nachdem der kurze Report gesendet worden war – er habe ihn gesehen, und er sei zu einem Interview bereit. Er kam nach Baden-Baden, im berühmten Pullover, dem man ansah, daß er bereits lange getragen war. Gaus und er betraten das Studio, in dem die gutbürgerliche Herren hinter der Kamera standen oder am Mischpult saßen, alles mittelständisch Gesinnte, und Dutschke begegnete ihnen natürlich mit der Überzeugung, daß dies abhängige Lohnsklaven seien, und also sagte er: »Ich grüße euch, Kollegen, es tut mir leid, daß ich euch Arbeit bereiten muß.«

Verblüffendes Schweigen in der Runde.

Fühlte Gaus bei diesem Interview eine besondere Anspannung? »Nein, ich war einfach entschlossen und überzeugt – überzeugt davon, daß der Mann eine wichtige Persönlichkeit war beim tiefgreifenden Wandel der Bundesrepublik. Vieles ist nicht aufgegangen, was diese Generation wollte, vieles blieb vorübergehend, und manche der Niederlagen war damals wohl auch schon absehbar – aber ich fand: Wenn wir uns mit der Freiheit der Medien und der Demokratie so gern dicke tun, dann muß man das an den wirklich unbequemen Stellen ausprobieren und beweisen.«

4.
Ein Großteil Leben liegt zwischen der frühen Feststellung von Günter Gaus, er sei, als Rudi Dutschke demonstrierte, mit einer Laufbahn als Journalist beschäftigt gewesen, und jener späten Selbstkennzeichnung des Publizisten, er wäre langsam, aber sicher zu einem nicht praktizierenden Anarchisten geworden. Als praktizierenden Anarchisten könnte man sich diesen Menschen auch wahrlich nicht vorstellen: Zum Radikalen fehlt ihm die notwendige Kulturlosigkeit.

Aber in einer Zeit, da ausgelassene Apokalyptiker das doch nur scheinbare Ende der Geschichte wie einen unzweifelhaften Sieg feiern, enthalten Gaus-Gedanken mitunter einen verschämten, aber bösen Verweis darauf, in welcher Weise Geschichte keinesfalls zu Ende sei. Es ist der Traum vom Sturm, der am heftigsten in scheuen Seelen tobt, und Gaus klingt in diesem Verweis gern wie Volker Braun, der prophezeit: »In den Kämpfen, die bevorstehen, der Erdteile, der Landschaften, der Industrien und Ideologien, werden die Waffen wieder Steine sein und die Vernunft wird Worte brauchen.«

Es klingt nach Ahnungen über eine Internationale des Hasses, die er nicht mehr erleben muß, die von den Rändern einer dritten, vierten, fünften Welt über die Erste Welt kommen wird, und es klingt nach rücksichtslosem Verständnis für eine ferne Zukunft ganz aus Verwüstung des in seinen Ideen verelendeten Bürgertums. Die Armut stieg vom Magen in den Kopf: So ging es aufwärts, und dies also ist die eigentliche böse Fortschrittsgeschichte – auch der Sozialdemokratie.

Was der Sozialdemokrat Gaus über seinen nicht praktizierten Anarchismus sagt, es klingt vor allem nach Diogenes von Sinope, der auf die Frage, wie er begraben sein wolle, antwortete: »Mit dem Gesicht nach unten«. Denn es werde in der Welt bald drunter und drüber gehen, das Unterste werde zu oberst gekehrt, und dann werde er schon zu liegen kommen, wie es sich gehört.

Das ist das listige Laster aller Philosophie: Anpassungsfähigkeit, aber freilich auf sehr lange Sicht. Da behält allemal der recht, der der Stabilität der Weltverhältnisse nicht traut, der auf die nächste allfällige Umwälzung setzt, woher immer sie kommen und wozu sie die Dinge wälzen mag. In jedem Falle würde er dann richtig zu liegen gekommen sein. Wenn, sagt Gaus, erst wirkliche Not über die Erste Welt kommt, der der Puffer der Zweiten Welt abhanden gekommen ist; wenn die Dritte Welt ungebremst das Nord-Süd-Problem, das in Deutschland vom Osten herkommt, über die bürgerliche Wohlhabenheitsgesellschaft bringt – dann wird man auch rasch erkennen, wie rigoros diese Gesellschaft mit Andersdenkenden, mit Minderheiten umgeht. Ich bin nicht optimistisch, was die Toleranz der bürgerlichen Gesellschaft angeht.«

Darf man diesen Autor als einen Gescheiterten betrachten? Ich denke: ja. Er hat auf das ernste Gespräch gesetzt, aber nun lachen ihn die Talkshows mit ihrem fröhlichen Plunderbewußtsein kräftig aus. Er hat mit Konsequenz und Beharrlichkeit geradezu fernsehfeindliche Mittel im Fernsehen zu behaupten versucht und ist von ZDF und ARD ins regionale Programm des brandenburgischen Ostens vertrieben worden (die Wiederholungen seiner Interviews auf SAT.1 gehorchen nur der Not eines geduldeten »Kulturfensters«, das sich unter Leitung von Alexander Kluge erst kurz vor Mitternacht einigen Schlafgestörten öffnet). Er war Chefredakteur des »Spiegel«, des damals bedeutendsten Nachrichtenmagazins der Bundesrepublik, und ist heute eine Stimme am Rande. Er hatte – einmal im Leben etwas wirklich Verbindliches, Wichtiges tun! – den Wechsel gewagt von der Journalistik auf die andere, die unmittelbar politische Seite des Grabens, von den »Merkern« zu den »Tätern«; die Gegenwart zeigt ihn so ziemlich zwischen allen Fronten. Er hat alle Energie in einen Staatsdienst gesteckt, der vor allem aus Dienst in jenem anderen deutschen Staat bestand, welcher nun am Pranger der Geschichte steht – und die Anprangerung meint nicht nur den Staat (DDR), sondern auch den Dienst. In der Diplomatenkarriere wollte er nicht bleiben; nach dem Posten in Ostberlin wäre ihm alles andere offenbar wie Routine erschienen; auch die hochdotierte Aufgabe eines Botschafters in Kairo. (»Zum Geburtstag, noch in Ostberlin, schenkte mir meine Frau einen Polyglott-Reiseführer, und wir lasen beim Frühstück in der Residenz in Niederschönhausen, Ägypten sei 200 Kilometer lang und 200 Kilometer breit. Meine Frau schaute mich an und sagte: Meinst du, wir sollten dort vier Jahre unseres Lebens verbringen?«) Ständiger Vertreter war er immerhin einige Jahre, den anschließenden Posten eines Westberliner Wissenschaftssenators aber konnte er nur wenige Wochen halten. Äußerer Anlaß des Abgangs war der CDU-Erfolg bei vorgezogenen Wahlen; Richard von Weizsäcker bildete mit der FDP einen neuen Senat. Doch es hat Gaus wohl widerstrebt, überhaupt auf dem Markt des Stimmenfangs gelandet zu sein, dort, wo die Emotionalisierungen professionell betrieben werden und Programmatik zwangsläufig im Schatten populistischer Lockreize steht. Es ist ihm nicht gegeben, freudig in Abhängigkeiten von gefühlmanipulierten Mehrheiten zu geraten; er wollte sich diese Unterwerfung unter ein Marketing ersparen, das nicht integraler Bestandteil des Produkts, sondern das Produkt selber ist.

Am späten Punkt, wo doch alles Leben seinen authentischen Frieden, seine »Bekömmlichkeit« im »behaglichen Wohlstand« haben könnte, gilt sein Wort dort, wohin er einst gehörte, sehr wenig: in der Elite des Westens; und im Osten wird er möglicherweise von Leuten vereinnahmt, deren Beglaubiger er nie sein wollte. Der Journalist, den es neugierig hinausdrängte, lebt im Rückzugsgefecht, und der freche Schmerz, den solche Umwandlung von Lebensart mit sich bringt, unterscheidet nicht, ob besagter Rückzug ein freiwilliger oder erzwungener war, er tut einfach weh. Der Publizist sieht sich weiter veranlaßt, seine wenig erbaulichen Erfahrungen aus gutem Grund auf die Welt hochzurechnen – und dies niederzuschreiben. Aber nunmehr vielleicht lieber in Prosa als in Kommentaren? Das empirisch Recherchierte und das bitter Weiterzudenkende drängten den Leitartikler Gaus auch nahe heran an schriftstellerische Sehnsüchte, den Interviewer hin zum

Gestalter, den Essayisten hin zum Erzähler. Um aber diese Sehnsüchte öffentlich wirklich auszuleben, ist wahrscheinlich wieder die Selbstkontrolle des Rationalisten zu groß – Gaus' Arbeit an einem »romanhaften Bericht«, dessen Anfang vor Jahren in der Zeitschrift »neue deutsche literatur« zu lesen war, scheint seit langem zu stocken. Im selben Moment, da diese Selbstkontrolle als Segen gegen den möglicherweise falschen Dichter-Ehrgeiz wirken mag, drückt sie doch auch wie ein Fluch. Wer könnte behaupten, daß solche Dialektik glücklich macht.

Das alles nenne ich ein kräftiges, eindeutiges, ein beseeltes Scheitern, und Gaus wird dies auch so sehen, denn seine Fähigkeit zur Selbsttäuschung ist gering. Aber muß Scheitern nicht die grundlegende, unausweichliche Existenzform desjenigen sein, der wirklich an den Menschen glaubt und damit an das Schwache, das Relative, das Ungefüge?

»Möge Gott verhüten, daß es einen Gott gibt!« sagt Gaus im erwähnten »romanhaften Bericht« mit dem Arbeitstitel »Zweifel und Erinnerung« und verweist metaphorisch darauf, daß Leben ein menschliches Selbstregelungswerk ist, das, eben weil es Menschenwerk bleibt, aus den Kreisläufen des Natürlichen, also Unvollendeten, nicht herausfinden kann. Wenn nur jene Hoffnung nicht so eitel wäre, rationale Einsicht in diesen Zusammenhang setzte sich massenhaft durch und brächte endgültigen Schutz vor den Verführungen durch falsche Heilsgewißheiten. Da kehrt der alte zum jungen Gaus zurück: Der Pennäler schrieb Ende der 40er Jahre drei Theaterstücke, »Zwei Striche im Unendlichen«, (ein im Brechtschen Verfremdungsstil geschriebenes und allegorisch nach China transportiertes Drama – damals hatte Gaus noch nicht eine Zeile Brecht gelesen! – über die lebenslange Trauer des Autors, daß alle Freundschaftsschwüre vor sozialer Trennung in Arm und Reich versagen müssen), »Herberge zur Heimat«, ein Heimkehrerstück, und: »Drei Tage Zeit«, ein Drama, das der Deutschlehrer der Gauß-Schule sogar am Braunschweiger Staatstheater unterzubringen versuchte.

In diesem dritten Stück steht die Welt unterm drohenden Diktat eines Ultimatums. Wird es nicht erfüllt, wäre ein mörderischer Krieg die Folge (»Das war geschrieben zu einer Zeit, da wußte man noch, was mörderisch ist.«). Hauptgestalt ist Abraham, der auf eine entsetzliche Probe seiner Gottestreue gestellt ist: Er soll seinen Sohn opfern. Nachdem er sich durchgerungen hat, das Unmenschliche zu tun, zieht Gott bekanntlich seine Order zurück. Bis hierhin folgt der Schüler Gaus den Vorgaben der biblischen Geschichte. Nun aber wird Abraham zum glühendsten Kämpfer gegen Gott. Er predigt den Menschen, Gott gebe es nur im Gebet, und sie könnten sich von ihm befreien, wenn sie ihn aus ihren Köpfen verbannten. Die Welt werde gerettet sein, wenn sich der Mensch von der Glaubensfessel löse, die ihn ins Unglück der Entmündigung und der Selbstaufgabe stürze. Die Menschen hören Abraham zu – und beten weiter. Gaus' frühes Menetekel gegen alles Ideologische.

»Zweifel und Erinnerung« nennt Gaus seinen romanhaften Bericht. Erinnerung? Gemeint ist vielleicht die »Erinnerungssüße an diesen berückend schönen Sommer 1945 in Deutschland«, jenen Gaus'schen Ausgangspunkt für alles: für das Konzept der kleinen geschichtlichen Schritte; für das Beiseitegehen dann, wenn der Mantel der Geschichte rauscht; für Ortsflucht dort, wo er in die Nähe von Siegern und allzu unverwundert Erfolgreichen gerät; für die Einsicht, daß nicht Geschichtemachen zum Frieden führt, sondern Frieden nur möglich ist in den Verschnaufpausen zwischen nationalen Auftrumpfungen und utopischen Siebenmeilenschritten. »Mehr als eine Pause zum Atemholen nach einer vollständigen historischen Erschöpfung erträgt die Natur des Menschen nicht. Danach reckt sie sich wieder«, heißt es bedauernd in »Wendewut«. Deshalb eben mußte es für den Journalisten Gaus zum guten, großen Aufbruchserlebnis werden, sehr viel später Verhandler und Vermittler zu sein, wo es lediglich um Gegenwart und Pause ging, ums schrittweise Verändern und unmerkliche Ausbauen deutsch-deutscher Beziehungen, darum, »eine Anomalie zu normalisieren«.

Und an diesem Punkt kommt zur Erinnerung der Zweifel. Daran, ob es wirklich Sinn hat, verschwenderisch darauf zu bauen, Erfahrungen und Wertmaßstäbe seien vermittelbar. Sie sind es nicht, nicht einmal an Gleichartige der nächsten Generation. Ein gewachsener Zweifel von Gaus, gewiß nicht sehr weit entfernt von Verzweiflung. Zum Beispiel darüber, wie schwer es ist, Achtung vor Antifaschisten so glaubwürdig zu machen, daß nicht der Eindruck entsteht, man wolle sich mit Stalinisten solidarisieren.»Jeder Hund hat seinen Tag. Meiner war sehr lang und meistens sonnig. Mein Glück war, daß ich den Antifaschismus nicht nur in den Herrenzimmern des Großbürgertums angesiedelt sah; der Antifaschismus in den Wohnküchen kam früher. Das wird mich bis ans Ende meiner Tage prägen. Ein Mann wie Honecker war als Politiker schrecklich überfordert, das hat bei mir aber nicht zur Schmälerung meines Respekts vor seiner Biografie geführt.«

Die Annehmlichkeiten des Reinbeker Alleinseins nach langen Jahren Arbeit in Redaktionen und Amtsstuben, des bin ich bei Gaus gewiß, werden also begleitet sein von beträchtlichen Anfechtungen der Einsamkeit – die aber auch beeinflußt sein wird von den tröstenden Segnungen eines Alters, das allmählich Freude am Loslassen entwickelt. Allerdings: Wo es um öffentliches Erscheinen geht, bleibt der Mann kontrolliert ursprünglich; da funktioniert nicht bloß jene gut trainierte Fähigkeit, Emotionsschübe so einzudämmen, daß alles depressiv Hervordrängende höchstens bis an eine Grenze vorgelagerter Melancholie gelangt.

Er gehört nicht zu denen, die aus allen Wolken höheren Sinns fallen und die sich darin sogar gefallen, weil sie mit Stil stürzen und im Gedankenflug eine gute Figur machen. Diese Nachfolger und Erben der am Heil verzweifelten »athletae Christi« sind Virtuosen der schönen Kunst der Kopfhängerei; von dieser Art Trübsinnskultur ist die Resignation des Günter Gaus nicht. Er mag sich weder in Galgenzynismus spreizen noch in ödem Gram verhärten. Die Kumpanei der mit schlechtem Gewissen Arrivierten meidet er ohnehin strikt, und er mag jene Querdenkerei nicht, die bei aller Widerspenstigkeit doch immer im Mainstream bleibt. »Anhaltender Widerwille, sich von Geschichte fortreißen zu lassen«, heißt es in »Wendewut«, habe ihm »die Aufkündigung von Freundschaften und die Unterstellung« beschert, »am Bestehenden festhalten zu wollen.« Aber, so heißt es in dieser Erzählung über den westdeutschen Beobachter, der rasch als G. G. identifiziert ist, »seine Unbeirrbarkeit sicherte ihn auch, zu seiner Genugtuung, vor Opportunismus.«

Neben allem hanseatischen Geblüt, das Bedenklichkeit der kühleren Art ohnehin einschließt, ist da ein Beharren auf Vernunft, das aber ungern mißverstanden werden möchte: Der Rettungsanker eines immerhin doch verbleibenden individuellen Genusses am Aufklärungsvorgang ist für Gaus »l'art pour l'art«. Weil es ihm letztlich (nein, eben nicht letztlich, sondern erstlich!) keineswegs bloß um den einzelnen geht, der durch Aufklärung erreichbar sei; es geht vielmehr um jenes umfassende Diktat der Ratio, das Machtkontrolle ausübt; es geht um den politischen Gattungsbegriff der kleinen Leute, der zu befreien sei vom automatisch mitgedachten Makel, es handle sich dabei um die stets schlecht Informierten.

Geradezu stolz bleibt er diesem Traum treu. Und gesteht wohl nur in kleinster Runde, welche Folter solch Stolz ausüben kann. Bestätigen ihm vorwiegend ostdeutsche Zuschauer auf Veranstaltungen (die er im Blick auf die eigene Sache sehr betont aussucht), seine Interviews »Zur Person« trügen zur »Selbstfindung« bei, so stimmt ihn das nicht heiterer – eben weil er die Diskrepanz sieht: Der aufklärerische Gedanke hat sich reduziert zur Gemütsmedizin für einige Versprengte. Aber er ist natürlich trotzdem ehrlichen Herzens gerührt und fühlt sich kenntlich gemacht. Und wehrt sich natürlich gegen Rührung. Und genießt sie sogleich wieder. Dädalos im Tiefflug – und siehe: Noch geringster Aufwind trägt.

Es ist nicht ohne Paradoxie, daß Gaus in der Lage ist, just jenen Menschen das Selbstwertgefühl zu kräftigen, die gerade ihn vor noch nicht allzu langer Zeit möglicherweise nur als einen geschichtlich Kleinmütigen betrachtet hätten. Der Begriff der Dialektik gehörte ja zu jenen Termini, die streng oder leidenschaftlich geschulte Marxisten so ausdauernd wie angestrengt im Munde führten; blickt man aber auf unser zerrüttetes geschlossenes Welt- und Menschenbild zurück, fehlte dessen offiziellen Propagierungsmustern nichts mehr als ein wirklich dialektisches Verständnis von Welt und Mensch. Das heißt auch: von Werden und Vergehen.

Marxistischer Glaube wurzelte letztlich, den Geschichtsprozeß betreffend, in der mechanischen Gegenüberstellung von sozialistischem Werden und kapitalistischem Vergehen, von altem und neuem Menschen. Die eigene Sache bestand scheinbar nur aus Werden; gegen das Unwägbare in der Fülle von Raum und Zeit formten wir jene trügerisch dünne Streckung mit Namen »geschichtlicher Fortschritt«. Indem es jede kreatürliche Furcht und jedes phantasievolle Staunen in bezug auf die Irrationalität des Menschen (und der von ihm gestalteten Welt) verloren hatte, konnte sozialistisches Bewußtsein so verhängnisvoll anmaßend werden. Wahrscheinlich liegt in dieser vielfach verinnerlichten Anmaßung ein Grund, daß es angesichts der gegenwärtigen Welt gerade ehemalige Marxisten sind, aus deren Seelenriß nun die unheilsgeschichtlichen Dämpfe und Ahnungen am stärksten entweichen. Der systematische Pessimismus als Folge davon, daß eine systematische Geschichtstäuschung aufgedeckt wurde. Nicht nur kapitalistisch rigides Siegesgebaren bedrückt, sondern die Nachwirkung eines linearen Denkens, das die Unfähigkeit einschloß, in allem Ende und Anfang zugleich zu sehen.

Die Illusion, »der alte Adam und die alte Eva könnten etwas anderes werden als wiederum ein alter Adam und eine alte Eva«, hat Gaus nie gehabt; das ist der entscheidende Punkt, der ihn sein Leben lang von den Kommunisten trennte und ihn zu allen Zeiten gegen jene Ideale feite, die zu ihrer Verwirklichung partout den neuen Menschen brauchen. Aber nie ist er unversöhnlicher Hasser dieser Idealisten geworden. Totalitäre Antikommunisten sind ihm ebenso schwer erträglich wie alle anderen totalitär Gesinnten, die das geschlossene Bild vom neuen nun gegen das des flexiblen Menschen gesetzt haben. Gaus hat nie verstanden, warum Politiker geradezu Triumphgefühl artikulieren, wenn sie feststellen dürfen, daß der Mensch nicht gut genug sei, um im Sinne der kommunistischen Utopie wirklich gut zu sein. Daß der gewöhnliche Charaktermangel, im Ernstfall mehrheitlich, in jedem System stets die Oberhand behält, davon geht er seit langem aus, »aber warum ich darüber so glücklich sein soll, begreife ich nicht«. Vielleicht sei schon die größte Utopie, Umstände herbeiführen zu helfen, in denen niemand genötigt ist, über seine Fähigkeiten hinaus etwas leisten zu müssen. Wenn, so der Publizist, die Freiheit der Schwachen hauptsächlich darin besteht, daß sie frei sind von der Angst, ungebremst ins soziale Elend abstürzen zu können, wenn diese Freiheit von Angst so gesichert bliebe, wie sie »etwa in der alten Bundesrepublik, in der frühen Welt der Westdeutschen doch gewesen ist«, wenn also US-amerikanische Verhältnisse abgewehrt werden würden – »dann wäre ich schon ganz glücklich und zufrieden für die Schwachen.«

Ein Mann wie Gaus erinnert mit seinem geschichtsphilosophischen »Bekömmlichkeitsbeharren« daran, daß es keinen unaufhaltsamen Grundstrom der Geschichte gibt, in dem diese, von sich selbst bewegt, ihren Weg findet; sie ist schon gar nicht mehr Resultat derer, die mit großer Geste im Namen dieser Geschichte handeln. Sie ist nicht das weithin hörbare Pochen im Herzen der Aktualität, wie es der Philosoph Wilhelm Schmid ausdrückt, sondern sie findet im günstigsten, also im eigentlich friedlichen Falle in der Banalität des Alltags statt, auf den verschiedenen gesellschaftlichen Ebenen des Lebens, auf denen mit koordinierter Aktivität und in Auseinandersetzungen mit anderen unspektakulär die allgemeinen Bedingungen und Möglichkeiten des Lebens gestaltet werden. Brecht: Wohl dem Land, das keine Helden nötig hat.

4.
Die geistige Ausstattung in großen Zeiten muß, so sagt die Erfahrung, möglichst einfach sein. Anders formuliert: Große Zeiten fördern die Dummheit. Dies als Kennzeichen genommen, so sagt Günter Gaus, leben wir wahrlich in sehr großen Zeiten. Es sind Blütejahre für Parteien der (neuen) Mitte, die sich durch das Bestreben auszeichnen, daß es außer ihnen nichts mehr geben möge. Vor allem nicht links von ihnen. Im Laufe dieser Entwicklung ist Gaus einer geworden, dem Kritiker in Sachen »nationaler Aufgabenstellungen« den Status einer »traurigen wurzellosen Intellektualität« zuschreiben. Als sei es nicht natürliche Wesensform wirklichen Intellekts, in anderen Böden zu wurzeln als in denen einer jeweils akuten nationalen Selbsterregung. Man kann die Wahrheit nicht besser erkennen und sagen, wenn man in einem Lager steht. Auf verlorenem Boden immerhin ist es möglich zu sehen, was die Wächter der Demokratie in ihrer (neuen) Mitte offenbar nicht sichten können: fast schon zwei Drittel Wüste das bewachte Gebiet.
In der Erzählung »Wendewut« hält der westdeutsche Beobachter auf seinen Fahrten durchs gewendete Land gern in brandenburgischer Landschaft inne, schaut mit besonderer Beruhigungserwartung immer wieder auf eine bestimmte Szene aus Baum, Hügel und Scheune. Es sind wenige Momente Ausstieg aus einem Alltag,

der keine Schwerkraft mehr zu haben scheint, aus einer neuen deutschen Vereinheitlichung, in deren Folge sich aber die Zerrissenheiten mehren. Die Stimmen widerstreiten sich, die Lüste und Unlüste destruieren einander. Gaus wirkt vor Baum, Hügel und Scheune wie ein Mensch aus einst wogendem Zentrum, der auf der Suche nach einer neuen Lebenskunst die Metaphorik wechselt.

Aber wechselt er sie wirklich? Wer die Tatsachen der Welt zu beschreiben und von ihren Menschen zu berichten versucht hat, weiß, daß nie alles gesagt und nie alles erfahren werden kann, was zu sagen und zu erfahren ist, und er beginnt, Leerstellen zu füllen, weiße Flecken zu kartographieren. Im dreieinigen Arrangement von Baum, Hügel und Scheune offenbart sich jene perfekte Beiläufigkeit, die man den wahren Fluß des Lebens nennen könnte. Es ist der schlichte Ausdruck der Existenz in ihren unscheinbarsten, wenngleich schönsten Bildern. Gaus und eine späte Ankunft in einem Einverständnis?

Vor Jahren, zur Trauerfeier für Stephan Hermlin, sagte Gaus über den Dichter, den er einen Fast-Freund nannte: Noch in geschlossenen Räumen meinte man, seine Haare wehten. Eine Metapher für den Mut, sich auszusetzen und ausgesetzt zu bleiben, ein Bild für die Entschlossenheit, einmal im Leben die alles entscheidende Wahl treffen zu müssen. Eine Wahl des Lebens, die in Stürme führt und gleichbedeutend mit dem ist, was Schicksal genannt werden kann; diesen Satz Sartres hat Hermlin konsequent umgesetzt. Wo diese Entscheidung früh getroffen wird, entstehen Charaktere ohne Werden. Menschen ganz aus beizeiten befestigter Beständigkeit.

Gaus verfügte nie über die unbarmherzige politische Religiosität eines Hermlin, aber ein Mann ohne Werden ist er auch er geworden. Er wehrte sich erfolgreich gegen die zusammenhanglose Neuzeit, die die Fähigkeit der Menschen bedroht, ihre Charaktere zu durchhaltbaren Erzählungen zu formen. Nun steht er vor Baum, Hügel und Scheune. Irgendwo im Bild wird Ikaros einschlagen. Und dieser Mann namens Gaus, im Grunde aus allen Aufstiegen gefallen, ist der Legende in einem Punkt näher als vermutet: Denn Ikaros ist jener Seltene, dem noch der Sturz – als Flug angerechnet wird.

5.
Nein, keine Beobachtung aus beträchtlicher Ferne.

Für Unterstützung bei der Herausgabe der vorliegenden Interviews danke ich zuvörderst Günter Gaus und seiner Frau Erika. Es ist ein Dank für Gesprächs- und Gastfreundschaft.

Dies schließt Gaus' ausdrückliche Erinnerung daran ein, daß die Interviews seinerzeit nicht zustande gekommen wären ohne den glücklichen Umstand hervorragender Mitarbeiter. Besonders zu danken ist Ingeburg Wurster (Bildregie) und Hans Herbert Westermann, Leiter der Hauptabteilung Politik und Zeitgeschehen beim ZDF, der »Mut hatte, so eine Sendereihe dieser Art, damals ungewohnt für Deutschland, ins Leben zu rufen« (Gaus).

Dank an Gabriele Roth und Dieter Kirchhof für Mitarbeit bei der Transkription der Interviews; Archiv- und Informationshilfe kam von Ute Kriemig und Anne Luft. Dank auch an die Leitung der Gauß-Schule in Braunschweig sowie an Ulrike Krüsmann von der Mediathek des Hauses der Geschichte der Bundesrepublik Deutschland in Bonn.

Hans-Dieter Schütt
Berlin, im September 2000

Der Abituraufsatz

Der folgende Text entstand am 26. Januar 1949, wenige Monate vor der Gründung der Bundesrepublik, in einer Zeit zwischen Verunsicherung und Lebenstrotz, Zerschlagenheit und Beginnlust. Es ist die Deutsch-Prüfungsarbeit in der Gauß-Oberschule Braunschweig. Ein sogenannter Besinnungsaufsatz. Zwei Themen standen den Abiturienten zur Auswahl: »Die Geschichte und wir« sowie »Freie Bewirtschaftung oder Bewirtschaftung durch den Staat?« Gaus entschied sich für das erste Thema, sein Aufsatz wurde mit der Note »Sehr gut« bewertet, mit dem Kommentar des Abitur-Korreferenten, er schließe sich nach anfänglichem Bedenken dieser Beurteilung an.

In einer Diskussion zu dem Aufsatz, die Dorothee Riedel, Studienrätin an der Gauß-Schule, 35 Jahre später mit Abiturienten des Jahrganges 1984 führte, sagte einer der Schüler, es sei mutig gewesen, »den Aufsatz so unkonventionell zu gestalten: angesichts der besonderen Situation des Abiturs«.

Der Abiturient Gaus sah in der Hinwendung zum einzelnen Menschen und seinen Lebensbedürfnissen den rettenden Weg aus jenem unheilvollen Gruppenbewußtsein, das die Geschichte voran- und das Individuum von sich wegtreibt. Ein Traum vom Politischen wird ahnbar. Der spätere Interviewer Gaus macht sich zum Protokollanten dieses Individuellen, und zwar genau an der Schnittstelle zwischen persönlicher Behauptung und gesellschaftlicher Vernutzung. Das Trauma des Politischen wird sichtbar.

Was im Aufsatz noch als Hoffnung auf Wandelbarkeit der Gattung gefaßt wird, formt sich im Zeitstrom zur Resignation. Der Text des 20jährigen nimmt die Erfahrungsbilanz des 70jährigen vorweg: Geschichte als Dynamik der Geopferten.

Hans-Dieter Schütt

Die Geschichte und wir

»Als wir um 10 Uhr aus dem Theater kamen, war die Geschichte schon geschehen. Maria war aus dem Hause fortgegangen. Ihre neuen grauen Mantel hatte sie angezogen, Kaffeewasser für uns aufgesetzt, und dann hatte sie uns verlassen. Wir saßen im Theater, und sie mußte die Treppe hinuntergegangen sein, die Haustür hinter sich zugezogen haben und durch die Straße gegangen sein. Sicherlich lief sie. Sie verspürte wohl Angst. Aber wegzulaufen, welcher Gedanke? Wir wohnen nicht in einer vornehmen Straße. Marias Weg führte an schlechten Gasthäusern und dunklen Toreinfahrten vorbei. Unsere arme Maria. Unsere schlechte Maria. Bestimmt sah sie der Kriegsverletzte, der an diesen hellen Sommertagen bis spät in die Nacht hinein an der Ecke vor dem Gemüseladen bettelte, dann die Else K., der man vorwarf, eine Dirne zu sein. Die stand gleich in der Nähe unseres Hauses, unbeweglich wartete sie jeden Abend. Vielleicht aber auch nur auf ihren Mann aus Russland. Außer diesen beiden Menschen konnten Maria gesehen haben: Herr M. sowie Fräulein Karin v. H. Sie trafen sich bisweilen vor der Haustür des Herrn M.

Nun wußten wir also, wie es geschehen war. Es, die Geschichte. Maria hatte uns verlassen, der und der und die und die mussten sie gesehen haben in ihrem neuen grauen Mantel.

So war die Geschichte. Und wir, wie waren wir? Mutter hatte inzwischen den Kaffee aufgegossen, das Wasser hatte Maria uns noch hingestellt. Es war gut, diesen Kaffee zu trinken und an Maria zu denken. Mein Vater weinte am Tische. Er hatte Maria nie geschlagen, nie getadelt und nie geliebt. Sie waren gutmütig aneinander vorbeigegangen. Plötzlich sagte Mutter: *Vielleicht hat sie einen Brief zurückgelassen. Maria.*

Wir suchten sogleich. So oft wir auf ein Teil stießen, das eine Verbindung mit Maria besaß, hielten wir ein. Da hatte Mutter oder Vater oder ich dann ein Wäschestück, ein Buch oder Bild in der Hand, und wir sprachen von ihr. Wir sprachen nicht gut oder schlecht über sie, wir sagten Alltägliches.

Morgens holte sie Milch. Sie kochte Essen. Sie hatte Freunde. In der Schule war sie sehr gut. Das sagte Mutter, denn sie war stolz auf Maria. Und damit hatte sie Recht, schließlich war Maria eine Schreibmaschinenkraft gewesen. Schreibmaschinenkraft, so hieß es in ihrem Betrieb. Ich lachte, als sie es erzählte, mein Vater hatte dunkle Augen vor Schmerz.

Wir suchten also oder erzählten. So verhielten wir uns in dieser Geschichte.

Leider fanden wir keinen Brief von Maria. Ich war sehr müde geworden und legte mich ins Bett. Lange Zeit, so schien es mir, hörte ich Mutter Geschirr spülen. Bald, überlegte ich, schlägt es zwölf. Dann ist Maria gestern von uns gegangen! Bald würde es vorgestern sein, bald überhaupt nicht mehr wahr. Damals musste ich in der Schule ein Gedicht lernen. Ein Mann bat die Götter, einen Fluch von ihm zu nehmen. Maria war nicht unser Fluch gewesen, und ich wollte nicht beten. Natürlich kann ich nicht sicher sagen, was meine Eltern an jenem Abend noch besprachen, ich schlief ja. Aber ich kann es mir gut denken. Mutter wird das Geld gezählt haben, mein Vater saß wohl auf dem Sofa, die Beine hochgezogen und die Augen geschlossen. Dann sagte die Frau: *Es ist eine Geschichte mit Maria.* – *Ja.* Kummer und Gram dieses Gesprächs legten sich auf meinen Schlaf. Als meine lieben Eltern dann in ihre Kammer gingen, schien ihnen der Mond in das Gesicht. Mein Vater, der genau spürte, daß jener sie verlache, zog die Vorhänge zu und erstickte den Mond darin. Dann zog er sich aus, legte das Bruchband ab und hätte nun schlafen können. Aber Maria war von uns gegangen.

Am Tage darauf kam das Mädchen zurück. Die Geschichte war zu Ende. Ich kann versichern, daß meine Eltern und ich uns fast genau so verhielten wie an allen Tagen.

Niemand fragte: warum? Und keiner bemerkte die Unterlassung. Wir fragen nicht; wir verstehen nicht zu fragen, da uns niemand fragt. Wir leben, fraglos leben wir.«

*

Sie dürfen nicht glauben, ich wüßte nichts über Geschichte, ich kenne nur Geschichten. Es war keine Verlegenheitsarbeit, es war keine Flucht. Dies sollte eine heilsame Geschichte sein. Hören Sie mir bitte gut zu: Nietzsche unterscheidet drei Möglichkeiten der Geschichtsbetrachtung: die monumentale, die antiquarische und die kritische. Er sieht in der monumentalen Betrachtung eine Möglichkeit, Kraft zum Weiterleben zu gewinnen, aus dem Erkennen des Großen heraus. (Wie überhaupt seine ganze Geschichtsarbeit aus erkennendem Sehen und nicht aus Forschung besteht.) Die antiquarische Geschichtsbetrachtung ist bestrebt, sorgfältige Kleinarbeit zu leisten. Sie verharrt ohne Ausblicke auf die Zukunft. Diese Ausblicke gestattet vor allem die kritische Arbeit. Sie soll, nach Nietzsche, aus der Vergangenheit das *nur Gewesene* herauslösen. Deutlicher: sie soll Zeitloses von Zeitbedingtem trennen.

Was aber haben wir aus der Geschichtsbetrachtung gemacht? Es ist uns nicht gelungen, eine gültige Deutung zu finden. Immer wieder versuchen wir, aus der Geschichte heraus Begründungen für unser gegenwärtiges Handeln abzuleiten. Das ist in der Weise, die wir bisher anwandten, nicht möglich, ja, es kann verbrecherisch werden. Wir müssen endlich einsehen, dass das Grundphänomen, das etwas geschieht (Geschichte), ewig ist, aber wie und warum etwas geschieht, wandelbar.

Unser ganzes Denken ist ausgefüllt von Geschichte. Schon Nietzsche spricht von der Gefahr der *Zuvielgeschichte*.

Wir brauchen eine geschichtslose Zeit als notwendige Schonzeit für unsere Generation. Das ist keine Flucht! Es ist im Gegenteil ein Schritt zu den Quellen zurück.

Ich sage: Die Geschichte ist ein Mosaikbild. Die Bausteine der Bilder sind die Menschen, in Beschaffenheit und Stärke immer gleich. Das Mosaikbild aber wandelt sich, als unsere Geschichte. Unter diesen Wandlungen aber werden einige Steine zerrieben, durch alle geht ein Schmerz.

Bei den Wandlungen, die unsere Welt seit 100 Jahren durchlebt, laufen wir in naher Zeit Gefahr, als Steine in der Gesamtheit zerrieben zu werden. Wir laufen diese Gefahr, wenn wir aus der Geschichte weiterhin Stoff zu heldischmonumentalen Volkslesebüchern und nationalbetonten Gefühlen entnehmen.

Diese Ideen der Geschichte waren gut, als sie harmonisch sich ergaben. Jetzt sind sie tot. Wir aber versuchen, unfähig, die harmonischen Gesetze zu erkennen, sie immer und immer wieder zu beleben. Das liegt allein daran, dass unsere Geschichtsbetrachtung fast ausschließlich nationalmonumental ist (das wollte Nietzsche bestimmt nicht). Kritische Betrachtung ist nur an den Punkten gestattet, an denen die Harmonie der Geschichte die Disharmonie der monumentalen Betrachtung zu stören droht.

Wir brauchen eine geschichtslose Zeit. Wir dürfen nicht mehr auf die Geschichte sehen, wir müssen den Menschen suchen. Denn der Mensch ist die einzige Münze, mit der auf dieser Welt gehandelt wird. Sein Wert bestimmt alle Werte. Er ist die Geschichte oder sollte sie jedenfalls sein. Die Achtung vor ihm haben wir verloren, das macht auch die Geschichte wesenlos. Finden wir ihn und die Achtung vor ihm, dem Einzelnen, wieder, entdecken wir die Geschichte neu. Das ist aber erst der zweite Schritt! Die menschliche Geschichte.

Sie werden nun verstehen, warum ich jene Kurzgeschichte schrieb. Wir brauchen den Mut zu ganz einfachen Leuten und ihrer Geschichte. Das ist gesagt für die Geschichte im allgemeinen.

Geschichte heute? Seien Sie ehrlich: Wir stehen ihr hilflos gegenüber. Wir sind ihr nicht verwandt. Aber eine häßliche Vetternwirtschaft verbindet uns dennoch mit ihr. Man stellt die Gleichung auf: Geschichte + Menschheit =? Es soll etwas dabei herauskommen. In der Tat entstehen: Taten und Tote, Helden und Lügner, Tapfere und Lebende. Bisweilen werden auch große Menschen. Ihr Los ist schwer. Nach fünfzig Jahren sind sie entmenscht, da sie zu Geschichte wurden. Für die meisten anderen Leute, für mich und Sie, gilt, daß sie nur Geschichte machen, wenn man Geschichte mit ihnen macht.

Und so mußte die Wirtschaftsordnung gefunden werden, die nach Möglichkeit stetig aufwärts gerichtet ist, aber vor allen Dingen gefährliche und krisenhafte Einbrüche vermeidet. Bei einer unglücklichen Entwicklung, wenn die Menschen nun wirklich gar nicht hören wollen und immer das Falsche tun, würden wohl Folgen auftreten, die dann etwa wieder zur Arbeitslosigkeit führen. Das würden wir nicht durchstehen können, das würde niemand durchstehen. Aber das Merkwürdige ist eben, wenn es gutgeht, dann will niemand etwas vom Staat wissen. Ich nehme da die Unternehmer und die Arbeitnehmer durchaus zusammen. Aber wenn es schlechtgeht, dann kann man überzeugt sein, daß alle nach dem Staat rufen.

LUDWIG ERHARD:
Das deutsche Volk vor Schaden zu bewahren

Ludwig Erhard, geboren am 4. Februar 1897 in Fürth, gestorben am 5. Mai 1977 in Bonn.
Kaufmannslehre, Wehrdienst 1916-1918. Studium der Volks- und Betriebswirtschaft an der Handelshochschule Nürnberg, Promotion an der Universität Frankfurt. In der Zeit des Nationalsozialismus, von dem er sich entschieden distanzierte, wissenschaftliche Arbeit im Institut für Wirtschaftsbeobachtung in Nürnberg. Gründung einer eigenen Forschungsstelle, ihrer bedienten sich 1945 die US-Besatzungsbehörden bei der Planung des wirtschaftlichen Wiederaufbaus; Erhard wurde Wirtschaftsberater der US-Amerikaner in Franken und bayerischer Staatsminister für Handel und Gewerbe. 1948 als Direktor des Frankfurter Wirtschaftsrates Initiator der »Sozialen Marktwirtschaft«. 1949 Beitritt zur CDU und Wahl in den Bundestag; 1949 bis 1963 Bundeswirtschaftsminister, ab 1957 auch Vizekanzler. 1963 als Nachfolger Adenauers (trotz dessen Widerstands!) zum Bundeskanzler gewählt, 1966 durch Kiesinger abgelöst. 1966/67 auch Vorsitzender der CDU.
Das Gespräch fand statt kurz vor der Nominierung Erhards zum Nachfolger Konrad Adenauers als Bundeskanzler. Gesendet am 10. April 1963.

GAUS: Sie haben es weit gebracht, Herr Minister, und manche Ehrung erfahren. Gibt es eine Auszeichnung, die Sie besonders freut?
ERHARD: Ich habe manche Auszeichnung, manche Ehrung erfahren, und hier gilt wohl auch das Gesetz vom abnehmenden Nutzen.

Es gibt da kein Ereignis, das in mir haftengeblieben ist. Aber trotzdem bin ich für Ehrung und Anerkennung sicher nicht unempfindlich. Ich möchte sagen – und ich hoffe, daß das nicht als Anbiederung aufgefaßt wird –, die größte Ehre ist es für mich, daß meine Person und meine Arbeit vom deutschen Volk anerkannt wird.

GAUS: Ihren Aufstieg, Herr Minister, haben Ihre Eltern den noch miterlebt?

ERHARD: Nein, meine Eltern hatten wohl noch gesehen, daß ich auf der richtigen Bahn war, aber wenn Sie mit Aufstieg etwa die politische Karriere meinen, dann nicht mehr.

GAUS: Sie sind aus einem kleinbürgerlichen Elternhaus hervorgegangen?

ERHARD: Gutbürgerlichen Elternhaus, ja.

GAUS: Ihr Vater war Textileinzelhändler.

ERHARD: Er war Einzelhändler, ja.

GAUS: Fürth ...

ERHARD: ... in Bayern, ja.

GAUS: Sie haben Geschwister gehabt?

ERHARD: Ich hatte vier Geschwister. Der älteste Bruder ist im Krieg gefallen, im Ersten Weltkrieg, der zweite Bruder ist gestorben, und jetzt habe ich nur noch eine Schwester.

GAUS: Was ist aus ihr geworden?

ERHARD: Die ist verheiratet, auch mit einem Mann, der in der Wirtschaft tätig ist.

GAUS: Wie war der Lebenszuschnitt in Ihrem Elternhaus? Sie sind vor dem Ersten Weltkrieg – 1897 geboren – groß geworden. Wohnten Sie in einem eigenen Haus?

ERHARD: Ja, im Geschäftshaus sozusagen.

GAUS: Und Ihre Mutter hat im Geschäft mitgearbeitet?

ERHARD: Sie hat viel mitgearbeitet, denn meine Mutter kam aus handwerklichen Kreisen, und mein Vater, der ist als Bauernbub vom Land in die Stadt gekommen.

GAUS: Haben Sie eine besonders enge Erinnerung an die Eltern, sei es den Vater, sei es die Mutter?

ERHARD: Ja, ich habe die Erinnerung an gütige Menschen, die uns Kindern ein schönes Heim gegeben haben und auch Behaglichkeit und Sicherheit.

GAUS: Sie sind zur Realschule gegangen...
ERHARD: ... ja.
GAUS: ... und Sie haben die Schule bis wann besucht?
ERHARD: Bis zur sechsten Klasse, denn es schien ja vorgegeben zu sein, daß ich einmal Kaufmann werde. So war es bestimmt von meinen Eltern, mein Vater dachte nicht über diesen Kreis hinaus, und ich selber nahm es mehr oder minder als gottgewollt hin, daß das mein Schicksal sei. Und ich habe es seinerzeit als ein tragisches Schicksal nicht empfunden.
GAUS: Sie sind nach dem Einjährigen von der Schule abgegangen in eine kaufmännische Lehre ...
ERHARD: ... eine kaufmännische Lehre auch in einem Textileinzelfachgeschäft in Nürnberg, bis ich dann zum Krieg eingerückt bin.
GAUS: Ihr Vater hat also offensichtlich von dem Satz »Mein Sohn soll etwas Besseres werden« – worunter die meisten verstehen »etwas anderes« – wenig gehalten?
ERHARD: Nein, davon war mein Vater frei, und das war um so mehr der Fall, als ja mein ältester Bruder gleich Anfang des Krieges gefallen ist und dann um so sicherer mir diese Laufbahn vorgezeichnet war.
GAUS: Sie haben während Ihrer Lehrlingszeit nicht das Gefühl gehabt, andere Jugendliche, die Sie vielleicht aus der Nachbarschaft kannten und die weiter zur Schule gingen, seien bevorzugt?
ERHARD: Um Gottes willen, nein, ich hatte keine Komplexe, und mir schien es auch kein unwürdiges Dasein zu sein.
GAUS: Ihr Vater, Herr Minister: Sie haben einmal von ihm gesagt, daß er sowohl kaiser- und königstreu gewesen sei, als auch für die politischen Rechte des Bürgertums sich erwärmt habe. Was bedeutet das? War er zufrieden mit dem Platz, auf den er gestellt war, oder hat er manchmal Augenblicke gehabt, wo er sich und seinesgleichen für zu kurz gekommen hielt?
ERHARD: Nein, gar nicht, denn mein Vater hat ja von nichts aus begonnen und hat es aus seiner Sicht sicher weit gebracht. Kaiser- und königstreu ist vielleicht auch nicht ganz der richtige Begriff, er war eigentlich mehr obrigkeitstreu; aber doch nicht in dem sklavischen Sinne, sondern er gehörte der Freisinnigen Partei

an, er war ein Mann Eugen Richters, und mit diesem Geist sind wir auch schon von der Jugend auf getränkt worden.

GAUS: Sie haben also durchaus die Erinnerung, daß Sie bereits in Ihrem Elternhaus Kontakt zu politischen Vorstellungen gewonnen haben?

ERHARD: Zu freiheitlichen Vorstellungen der Politik.

GAUS: Gab es Meinungsverschiedenheiten über die Politik zwischen Ihren Eltern?

ERHARD: Nein. Das war immer eine Harmonie, nicht auf Grund einer Anbetung, eines Gehorsams, sondern aus dem natürlichen Zusammenleben heraus geboren, auch aus dem Respekt.

GAUS: Gab es irgendwelche Liebhabereien, die sich Ihre Eltern leisteten – oder nicht leisten konnten, aber gern geleistet hätten?

ERHARD: Geleistet haben sie sich jedenfalls nichts. Das konnten sie nicht, auch aus Zeitgründen. Das war ja seinerzeit ganz anders, da begann der Tag früh um 8 Uhr und endete auch um 8 Uhr oder um 9 Uhr.

GAUS: So war auch Ihr Tag als Lehrling?

ERHARD: So war auch mein Tag als Lehrling.

GAUS: Haben Sie damals noch Zeit gehabt für andere Dinge, für Lektüre, für Sport?

ERHARD: Ja, doch, aber natürlich in Maßen. Es ist jedenfalls nicht zu vergleichen mit heutigen Möglichkeiten.

GAUS: Sie sind aber nicht der Meinung, daß es den jungen Leuten heute guttäte, wenn sie eine ähnliche strenge Zucht erfahren würden?

ERHARD: Nein. Ich meine, es ist völlig falsch gesehen, wenn man sein Erleben aus der Jugend und die Umwelt und Bedingungen jener Zeit glaubt in die Gegenwart verpflanzen zu können oder verpflanzen zu sollen. Nein, ich sehe im heutigen Geschehen doch einen Fortschritt gegenüber früher.

GAUS: Die Umweltbedingungen: Heute ist Ihre Geburtsstadt Fürth eine Industriestadt, war sie das damals schon? Hatten Sie eine eigene Vorstellung aus dem täglichen Leben über das Los der Industriearbeiter?

ERHARD: Ja, das hatte ich wohl. Denn auch im elterlichen Geschäft konnte ich beobachten, wie die Menschen gekauft haben und wie sie mit dem Pfennig rechnen mußten. Insofern hat diese Umgebung auch mir den Blick geöffnet für die sozialen gesellschaftlichen Probleme, wenn auch vielleicht noch nicht das Verständnis geweckt.

GAUS: Die Erinnerung an eine besonders beeindruckende Lektüre ist Ihnen nicht geblieben? Gab es ein Buch, von dem Sie sich sehr angesprochen fühlten?

ERHARD: Es ist mir nicht erinnerlich. Seinerzeit hatte man die Klassiker gelesen. Das gehörte so zum Fach, möchte ich sagen. Aber darüber hinaus hat mich eigentlich seinerzeit noch wenig bewegt, bis zu dem Zeitraum, als ich das Studium begann.

GAUS: Vorher sind Sie Soldat gewesen?

ERHARD: Vorher war ich noch Soldat.

GAUS: Wie man so sagt: Wo haben Sie gestanden?

ERHARD: Ich war beim 22. bayerischen Feldartillerieregiment.

GAUS: Und wie weit haben Sie es gebracht, Herr Minister?

ERHARD: Ich bin als Wachtmeister entlassen worden. Ich sage immer, das war vielleicht die einzige Phase meines Lebens, in der ich keinen besonderen Ehrgeiz entwickelt habe. Ich war gern Soldat, das muß ich dabei zugeben. Ich habe auch die Pflichten treu und redlich erfüllt, war ja auch zum Schluß dann schwer verwundet. Aber hier kommt etwas von meinem Naturell durch: Wenn ich an diese Zeit zurückdenke, dann kommen mir weniger die Grauen zum Bewußtsein, die ich im Krieg auch erlebt habe – selbstverständlich haften auch sie –, sondern deutlicher sind für mich die heiteren Erlebnisse der Soldatenzeit.

GAUS: Gibt es eine spezielle Erinnerung?

ERHARD: O ja, da gibt es so viele, daß ihr Stoff einen ganzen Abend füllen würde.

GAUS: Warum haben Sie sich nach dem Krieg entschlossen, zu studieren?

ERHARD: Zuerst war das eigentlich ein durch meine Verwundung herbeigeführter Zufall, vielleicht auch eine Notwendigkeit. Ich konnte mich kaum bewegen, ich war sehr schwer verwundet und wollte doch nicht völlig untätig sein, und der Geist war ja immerhin rege. Da hatte mein Vater Verständnis dafür, daß man diese Zeit nutzen sollte. Soeben im Jahre 1919 wurde in Nürnberg die Wirtschaftshochschule für Sozialwirtschaft und Sozialwissenschaften eröffnet. Da ging ich hin, zuerst als Hörer, und wollte mal sehen, was man da eben noch dazulernen kann. Es war eine ganze Menge, wie ich dann erfahren habe. Ich fühlte mich unmittelbar angesprochen und hatte sehr schnell den Eindruck, daß das eigentlich das ist, wohin mein Leben gehört.

GAUS: Sie hatten keinen Zweifel an der Studienrichtung? Es war Volkswirtschaft von Anfang an?

ERHARD: Die Auswahl war zunächst einmal natürlich vorgegeben durch meinen vermeintlichen späteren Beruf. Aber mein Studium hat sich dann auch sehr gewandelt. Ich begann mit Betriebswirtschaftslehre ohne echte innere Beziehung, bin dann zur Volkswirtschaftslehre übergegangen, dann mehr zur Soziologie und bin schließlich auch bei der Philosophie gelandet, wenigstens in der Neigung, wenn auch nicht im Examen.

GAUS: Ihr Examen haben Sie in Volkswirtschaft an der Universität Frankfurt gemacht?

ERHARD: Ja, ich habe das kaufmännische Diplom erworben in Nürnberg, aber den Doktor bei Professor Franz Oppenheimer in Frankfurt.

GAUS: Haben Sie sich während Ihres Studiums einer politischen Studentengruppe angeschlossen?

ERHARD: Nein, ich gehöre nicht zu den Vereinsmeiern, obwohl ich ganz bestimmt nichts dagegen sagen möchte. Aber ich war doch sehr individualistisch im Studium, und ich war vor allem so mit mir selbst beschäftigt, mit dieser ganzen inneren Umkrempelung, die ich zu vollziehen hatte, daß die äußere Form der Einordnung in diese mehr kollektiven Gruppen mir nichts bedeutet hat.

GAUS: Empfinden Sie es nicht rückblickend als außergewöhnlich, daß Sie sich in dieser Zeit, in der Weimarer Republik, in der so viele Kriegsheimkehrer von politischen Ideen umgetrieben wurden, daß Sie in dieser Zeit keinen politischen Anschluß gesucht haben?

ERHARD: Nein. Es war nicht etwa so, daß ich unpolitisch gewesen wäre. Ich nahm schon Anteil an dem Geschehen. Mir sind die politischen Gestalten dieser Zeit durchaus bewußt und lebendig. Ich habe auch ein sicheres Urteil über sie gewonnen. Aber gleichzeitig war ich auch enttäuscht. Denn als ich den Sprung aus dieser obrigkeitlichen Ordnung in die Republik hinein vollziehen mußte, war ich natürlich auch erfüllt von dem Gedanken, daß etwas Neues kommen müßte, das dem Leben des Volkes einen neuen Inhalt, eine neue Ausrichtung geben könnte und daß nicht nur die alten Mittel und Methoden mit etwas mehr sozialem Salz vielleicht dann wieder aufkommen könnten.

GAUS: Sie waren als Wirtschaftswissenschaftler enttäuscht von der Weimarer Republik?

ERHARD: Nicht nur als Wirtschaftswissenschaftler. Nein, ich war zutiefst davon überzeugt, daß die Republik die würdigste Staatsform ist. Nur wollte ich dieser Republik gerne, ohne seinerzeit mir schon dessen bewußt zu sein, einen etwas glaubhafteren, einen überzeugenderen Ausdruck gegeben haben.

GAUS: Was empfanden Sie als so hausbacken-antiquiert an der Gesellschaftspolitik der Weimarer Republik?

ERHARD: Es ist eigentlich kein neuer Gedanke gegenüber früher aufgekommen. Man hat sie nur etwas umgekrempelt, und man hat dann in den verschiedenen Koalitionen einmal mehr und einmal weniger von dem oder jenem Gedanken dazugegeben. Aber etwas grundsätzlich Neues, gesellschaftspolitisch, wurde in der Weimarer Zeit eigentlich nicht geboren.

GAUS: Was haben Sie seinerzeit gewählt?

ERHARD: Demokratische Partei.

GAUS: Ein Lehrer, den Sie gehabt haben, Professor Vershofen, hat zu Ihrem 60. Geburtstag, also viele Jahre später, gesagt, er habe schon damals den Eindruck gehabt, daß Sie, Herr Minister, durchaus auch ein Wissenschaftler seien, aber eigentlich für die Politik geboren. Wie ist er zu dieser Auffassung gelangt?

ERHARD: Ich lernte Vershofen kennen, da zeichnete sich schon das Dritte Reich ab. Noch nicht in seiner ganzen Tragik, aber die Kräfte, die bewegenden Elemente, die Personen waren ja bekannt. Und ich hielt seinerzeit schon die Entwicklung für äußerst bedenklich und gefährlich und habe auch aus meinem Herzen keine Mördergrube gemacht. Ich habe seinerzeit im »Tagebuch« geschrieben und mich schon darin politisch betätigt. Aber vor allen Dingen haben wir in dem engeren Freundeskreis im Institut, um Vershofen herum, sehr viel Politik getrieben und unsere Meinungen ausgetauscht.

GAUS: Aber es hat Sie damals doch nicht gedrängt, in der aktiven Politik zu wirken?

ERHARD: Nein. Dazu war ich auch innerlich noch nicht weit genug. Ich hatte noch keinen Standort gefunden im bürgerlichen Leben, um die Überzeugung hegen zu können, auch schon nach außen fruchtbar und überzeugend wirken zu können.

GAUS: Sie haben diese Zeit, also die 20er Jahre und die allerersten 30er Jahre, einmal rückblickend als die persönlich befriedigendste und erfüllteste Ihres Lebens bezeichnet. Woran lag das?

ERHARD: Das lag daran, daß ich noch nicht mit Pflichten so überbürdet war und auch noch Zeit und Muße hatte, in dem unmittelbar persönlichen Lebensbereich einen Ausgleich zu finden. Da waren die Maße harmonisch einander zugeordnet. In der Politik wird bekanntlich diese Harmonie gesprengt, nicht aus innerer Neigung, sondern aus praktischer Notwendigkeit.

GAUS: Gab es Ihnen diese Befriedigung und, in der Erinnerung, dieses Glücksgefühl, daß seinerzeit das Private und Wissenschaftliche vor dem Politischen rangierte?

ERHARD: Nein, so möchte ich es gar nicht sagen. Es war einmal das Befriedigtsein über das eigene Können, über die Bewährung, die ich als Mann abzulegen hatte, und gleichzeitig auch die Erfüllung im Heim und in der Familie, im Freundeskreis, mit einem wachen Blick für die Politik.

GAUS: Als nun Hitler zur Macht kam, was hat Sie davor bewahrt, der Versuchung zu erliegen, mit Hilfe eines Anschlusses an die NSDAP etwa Ihre wissenschaftliche Karriere zu fördern?

ERHARD: Es gab für mich nicht eine Sekunde eine Überlegung, ob ich einen Kompromiß schließen könnte, etwa um einer wissenschaftlichen Karriere willen. Ich wollte mich habilitieren und wollte Hochschullehrer werden, aber dazu hätte ich zum NS-Dozentenbund gehen müssen. Das ist mir überhaupt nicht in den Sinn gekommen. Ich habe seinerzeit keine Kompromisse geschlossen, keine Kompromisse, die ich nicht vor meinem Gewissen und vor meiner Ehre hätte verantworten können.

GAUS: In welcher Position haben Sie diese Zeit überdauert?

ERHARD: Ich war Ende 1928 als Assistent bei dem Institut für Wirtschaftsbeobachtung eingetreten. Das war ein ganz kleiner Kreis, in dem wir so gebastelt haben. Es ist dann ein sehr großes Institut geworden, ich glaube, nicht zuletzt durch meine Arbeit. Denn mir kam es seinerzeit schon darauf an, praktische Erfahrung mit wissenschaftlicher Kenntnis zu verbinden, beides zu versöhnen. Im Grunde genommen ist das auch heute noch mein Bemühen, wenn auch auf einer anderen Ebene.

GAUS: Dieses Institut war in Nürnberg?

ERHARD: Das Institut war in Nürnberg, ja.

GAUS: Und erlebten Sie das Kriegsende in Nürnberg?

ERHARD: In Nürnberg schon, aber nicht beim Institut, denn dort mußte ich im Jahre 1942 ausscheiden, nachdem ich mich schließlich auch noch geweigert habe, der Deutschen Arbeitsfront beizutreten. Ich war konsequent in meiner Haltung.

GAUS: Als der Krieg zu Ende war, sind eines Tages die Amerikaner zu Ihnen gekommen und haben gesagt: »Herr Erhard, kommen Sie mit, Sie sollen Wirtschaftsberater werden in Bayern.« Was ist das für ein Gefühl, wenn man plötzlich vor der Haustür einen Besatzungsoffizier stehen sieht, der einen ins öffentliche Leben entführt?

ERHARD: Ich hatte natürlich keine Angst. Ich wußte, mir kann nichts passieren durch die Besetzung seitens der Amerikaner. Nach meinem Abschied vom Institut im Jahre 1942 hatte ich Zeit und Muße und auch die Mittel, um in einem kleineren Kreis meinen Studien nachzugehen. Ich habe seinerzeit in einem dicken Manuskript in Zusammenarbeit mit Goerdeler die Gedanken für eine Politik niedergelegt, die notwendig ist, um auf wirtschaftlichem und finanziellem Gebiet das Elend zu überwinden und wieder einen neuen fruchtbaren Beginn zu wagen. Hier habe ich auch zum erstenmal den Begriff Lastenausgleich verwendet. So, wie dann die Währungsreform gekommen ist und wie der Lastenausgleich angelegt war, sind eigentlich die Grundgedanken von mir verwirklicht worden. Durch welchen Zufall die Amerikaner in den Besitz dieses Manuskripts gekommen sind, weiß ich nicht. Aber sie kannten es jedenfalls. Dadurch war ich sozusagen der Mann ihres Vertrauens. Ich habe seit dieser Zeit immer gerade mit amerikanischen Politikern ein besonders herzliches und gutes Verhältnis gehabt, bis auf den heutigen Tag.

GAUS: Sie haben Goerdeler genannt, den ehemaligen Oberbürgermeister von Leipzig. Wie kommt es, daß Sie, wenn Sie in Berührung mit ihm waren, nicht in den Kreis der Verhafteten nach dem 20. Juli gekommen sind?

ERHARD: Das frage ich mich auch. Denn ich bin mit Goerdeler oft zusammengekommen, wir haben auch Briefe gewechselt, wir haben uns in Berlin getroffen. Als Goerdeler verhaftet wurde, war ich durchaus gefaßt, auch mitgefangen zu werden. Ich weiß nicht, welchem Zufall ich es zu verdanken habe, daß ich heil über diese Zeit hinweggekommen bin.

GAUS: Als der Krieg zu Ende war, waren Sie 48 Jahre alt und hatten bis dahin doch ein Leben in der wissenschaftlichen und in der privaten Provinz geführt. Was war der Grund, daß Sie sich jetzt bereitfanden, den Schritt ins öffentliche Leben zu tun?

ERHARD: Ich war um diese Zeit zu jener Reife gelangt, die es mich wohl auch als Verpflichtung ansehen ließ, öffentlich tätig zu sein – von dem Zufall, daß ich eine amerikanische Entdeckung bin, ganz abgesehen. Ich war mir bewußt, jetzt muß wirklich etwas Neues entstehen, jetzt kann's nicht wieder so gehen wie nach dem Ersten Weltkrieg, daß man genau dort beginnt, wo wir geendet haben, sondern es muß etwas Neues kommen; es müssen neue Ideen das gesellschaftliche und politische Leben befruchten. Also, ich war alt genug, und ich war doch auch noch jung genug und fühlte mich jung genug, um das Neue mit zu gestalten, und diese Hoffnung hat sich dann auch erfüllt.

GAUS: Sie sind dann Wirtschaftsminister in Bayern gewesen bis Herbst 1947. Als Sie diesen Posten aufgaben, hat man in Bayern ein bißchen über Sie gespottet, Herr Minister. Man hat Ihnen zwei Dinge nachgesagt; erstens: Sie seien ein Desorganisator und nicht so recht in der Lage, ein Ministerium, ein großes Amt, eine Behörde bürokratisch zu führen; und zweitens: Sie hätten gesagt, Bayern sei für Ihren Betätigungsdrang viel zu klein. Was ist daran richtig?

ERHARD: An beidem ist etwas Wahrheit. Verwaltungsmäßige Arbeit gehört nicht gerade zu meinen ausgesprochenen Leidenschaften, aber dazu hat ein Minister ja seine Beamten. Im übrigen lernt man auch das kennen, es ist keine Geheimwissenschaft. Die zweite Behauptung ist richtig. Ich habe schon in einer Neujahrsansprache 1945/46 gesagt, daß mir Bayern nur als eine Verwaltungseinheit wirtschaftlicher Art überhaupt denkbar erscheint, ja, daß ich mir sogar unter einer deutschen Wirtschaft im Zeichen der kommenden Entwicklung nichts Endgültiges und nichts Absolutes vorstellen kann und daß es notwendig ist, daß sich Deutschland friedlich in eine weitere Welt einordnet und einbettet.

GAUS: Sie haben damit also sehr früh begonnen, und ich möchte wissen, ob sich dahinter ein missionarischer Eifer verbirgt. Sehen Sie sich als mehr denn nur als einen Wirtschaftsminister herkömmlicher Art, glauben Sie, daß Sie der Entwickler oder mindestens der erste Verwirklicher einer neuen Gesellschaftslehre sind?

ERHARD: Wenn ich vom missionarischen Eifer sprechen würde, würde das vielleicht etwas hochmütig klingen. Aber Sie haben doch im Grunde genommen recht. Ich habe mich nie nur allein als Wirtschaftsminister gefühlt, sondern ich sah in der Wirtschafts- und Gesellschaftspolitik und Sozialpolitik einen Schlüssel zu einer Neuordnung unseres politischen Lebens überhaupt. Insofern war meine Vorstellung von einer sozialen Marktwirtschaft nicht eng wirtschaftlich begrenzt, sondern von viel weitergehenden Vorstellungen getragen. Und auch das hat sich ja als richtig erwiesen. Bei den ersten Begegnungen, die wir auf internationalem Feld hatten, war man sich eigentlich noch wenig klar, in welchen Formen die Entwicklung international weitergehen würde. Man glaubte, daß die sozialistischen Denkkategorien, die sich ja in der Zwischenzeit auch gewandelt haben, die einzige Möglichkeit bieten würden, um die verworrenen Zustände wieder zu ordnen. Ich glaube, ich habe doch einiges dazu beigetragen, daß heute nicht nur eine weitgehende Übereinstimmung auf internationalem Feld besteht, sondern daß auch der Gehalt des Sozialismus sich inzwischen wesentlich geändert hat.

GAUS: Sie führen diese Änderung, beispielsweise der Vorstellungen der Sozialdemokratischen Partei, auf den Einfluß der sozialen Marktwirtschaft zurück?

ERHARD: Ich glaube, das wird niemand bestreiten. Auch die Sozialdemokratie wird das nicht bestreiten.

GAUS: Herr Minister, was ist an einer politischen Karriere vom Zufall und Glück und was vom Talent abhängig? Und welches Talent ist das wichtigste für einen Politiker?

ERHARD: Für einen richtigen Politiker, so wie ich ihn erkenne, ist die Gesinnung das Maßgebende: die Redlichkeit und die Wahrhaftigkeit, mit der er seine Arbeit anpackt und mit der er auch dem Volke begegnet. Ich weiß, daß diese Kriterien nicht allgemein anerkannt werden, daß viele glauben, der Politiker müßte mit Taktiken und Praktiken arbeiten und müßte in allen Schichten bewandert sein. Das ist nicht mein Stil, ich sage es ganz offen, und ich glaube, wir werden auch in der Zukunft damit nicht mehr zurechtkommen. Jedenfalls ich werde es nicht tun, und wenn ich weiter wirke, dann wird sich vor allen Dingen dieser Stil wandeln.

GAUS: Sie haben schon oft gesagt, man müsse sich an Ihren Stil gewöhnen. Wie sieht dieser Stil aus, den der Minister Erhard als politischen Stil bevorzugt?

ERHARD: Was ich geschworen habe, das etwa schwebt mir vor als politischer Stil: Gerechtigkeit zu üben gegen jedermann und das deutsche Volk vor Schaden zu bewahren.

GAUS: Zurück zu Ihrer Laufbahn. Sie waren Leiter der Sonderstelle »Geld und Kredit« beim Frankfurter Wirtschaftsrat und haben an der Währungsreform mitgearbeitet. Wie groß war der Anteil der deutschen Beamten an der Währungsreform, und wieviel haben die Amerikaner schließlich doch allein entschieden?

ERHARD: Das ist natürlich nicht in Prozenten zu messen. Aber es bestand eine sehr enge Verbindung zwischen den Sachverständigen der Alliierten, insbesondere dem amerikanischen Vertreter, und der Sonderstelle »Geld und Kredit« und vor allem wieder mit mir. Ich stimmte völlig damit überein, daß die Währungsreform mit dem Spuk der Vergangenheit aufräumen müßte, daß also eine sogenannte harte Währungsreform die sozial wohltätigste ist und daß erst aufgrund einer solchen Währungsreform dann auch die nicht minder wichtigen wirtschaftspolitischen Reformen durchgeführt werden konnten.

GAUS: Sie sehen keine Ungerechtigkeit in der unterschiedlichen Behandlung von Bargeldersparnissen und Sachwerten, wie Aktien zum Beispiel?

ERHARD: Doch, zweifellos. Aber ich hatte schon im Jahre 1942 das Problem des Lastenausgleichs angesprochen. Der Ausgleich war unbedingt notwendig, womit ich nicht sagen möchte, daß nun mit diesem Lastenausgleich, wie er praktiziert worden ist, alle Ungerechtigkeiten auf der Welt beseitigt sind. Das wird es niemals geben.

GAUS: Ihre Soziale Marktwirtschaft, Herr Minister, soll nach Ihren Worten den alten Konjunkturzyklus von Aufschwung, Hochkonjunktur, Niedergang und Krise durchbrochen haben. Halten Sie diese Behauptung noch aufrecht?

ERHARD: Das ist nicht der letzte Inhalt der Sozialen Marktwirtschaft. Aber ich sah es immerhin als eine wichtige Erscheinung an. Bis dahin war man der Meinung, daß man die Konjunkturen nach oben und nach unten ausschwingen lassen müßte, daß weder der Staat noch irgendein anderer das Recht haben sollte, in diesen gesetzmäßigen Ablauf einzugreifen. Aber auch das gehört zu der Erkenntnis, daß in der modernen Zeit mit ihrem politischen und sozialen Gehalt die Menschen nicht mehr willens sind, sich diesem Spiel hinzugeben und dem Treiben dabei tatenlos zuzusehen. Und so mußte die Wirtschaftsordnung gefunden werden, die nach Möglichkeit stetig aufwärts gerichtet ist, aber vor allen Dingen gefährliche und krisenhafte Einbrüche vermeidet. Bei einer unglücklichen Entwicklung, wenn die Menschen nun wirklich gar nicht hören wollen und immer das Falsche tun, würden wohl Folgen auftreten, die dann etwa wieder zur Arbeitslosigkeit führen. Das würden wir nicht durchstehen können, das würde niemand durchstehen. Aber das Merkwürdige ist eben, wenn es gutgeht, dann will niemand etwas vom Staat wissen. Ich nehme da die Unternehmer und die Arbeitnehmer durchaus zusammen. Aber wenn es schlechtgeht, dann kann man überzeugt sein, daß alle nach dem Staat rufen.

GAUS: Was würde geschehen, wenn wir eine größere Arbeitslosigkeit bekämen?

ERHARD: Ich glaube, das ist auch überwunden, und zwar deshalb, weil wir nicht mehr darauf angewiesen sind, im nationalen Raum Spannungen und Störungen dieser Art auszugleichen; die Welt ist schon zu integriert, ist zu sehr miteinander verflochten, als daß irgendein Land für sich sein eigenes Schicksal gestalten könnte. Der weitere Raum schafft sehr viel bessere Möglichkeiten, um gefährlichen Entwicklungen rechtzeitig entgegen zu wirken und Störungen auf sehr viel breiterer Grundlage von vornherein zum Ausgleich zu bringen.

GAUS: Unter welchen Bedingungen glauben Sie, gleichzeitig Vollbeschäftigung, Mengenkonjunktur und stabilen Geldwert garantieren zu können?

ERHARD: Garantieren zu können ist ein kühnes Wort, aber ich habe es ja oft deutlich ausgesprochen: Es wird nicht gehen, ohne daß die Menschen eben Vernunft annehmen, oder – ich will es duldsamer sagen – ohne daß sie bereit sind, sich innerhalb der Maße zu bewegen, die nun einmal durch die Realitäten des Lebens gesetzt sind. Der Streit um den Anteil am Sozialprodukt ist müßig. Das war ja auch einer der tragenden Gedanken 1948, daß ich gesagt habe: Wenn wir uns darüber zerstreiten, wie von diesem auf ein Minimum zusammengesunkenen Sozialprodukt jeder einen gerechten Anteil erhalten soll, dann verkommen wir in Armut und in Not. Es gibt nur ein fruchtbares Mittel, sich daraus zu erlösen: zu arbeiten, produktiv zu arbeiten und aus dem größeren Kuchen dann auch für alle größere Rationen verteilen zu können. Nicht in der Zuteilung, sondern im Wettbewerb und im freien Markt.

GAUS: Sie haben sich erst Mitte 1949 vor der Wahl zum ersten Bundestag zur CDU bekannt. Das war Ihr erster Parteieintritt überhaupt. Warum haben Sie sich für die CDU entschieden?

ERHARD: Weil es galt, eine liberale, freiheitliche Politik, wie sie mir vorschwebte, in der Praxis zu verwirklichen. Dazu gehörte nicht, daß ich noch einmal eine liberale Partei stärke, sondern es gehörte dazu, daß ich die große Volkspartei, die CDU, für mich, für meinen Gedanken gewinne und dann auch darauf festlege.

GAUS: Haben Sie seit Ihrem Eintritt in die CDU Zugang zum Parteiapparat gefunden?

ERHARD: Ja, natürlich. Durch die politische Arbeit als solche und dann durch die zunehmende Geltung, die ich innerhalb der Partei errang, wurde es unausweichlich und natürlich, daß ich stärker zu den politischen Gremien der Partei herangezogen wurde. Ich gehöre ja heute dem Präsidium an.

GAUS: Manchmal sagt man, Herr Erhard, daß Sie einmal das Rauschen des Mantels der Geschichte gehört hätten und zugegriffen hätten, nämlich 1948, als Sie die Bewirtschaftung und Preisbindung aufgehoben haben. Darüber gibt es viele Anekdoten, und ich würde gerne Ihre Lesart hören. Wie ist das damals gewesen?

ERHARD: Ich wußte genau, was die Währungsreform bringen würde und was sie in ihren Auswirkungen bedeutete. Sie konnte nur gelingen, wenn wir gleichzeitig eine entscheidende Wirtschaftsreform von dem völligen Zwang hin zu einer möglichst großen Freiheit eröffneten. Das aber mußte naturnotwendig die Auflösung aller Bewirtschaftungsmaßnahmen zur Folge haben, aller Preisbindungen und dergleichen mehr. Aber die Vorstellung war in den Köpfen jener Zeit so undenkbar, daß man das nur in einem kühnen Durchbruch erreichen konnte. Der Frankfurter Wirtschaftsrat hat mir in dem sogenannten Leitsätze-Gesetz weitgehende Vollmachten eingeräumt, in der Erwartung, daß man gegebenenfalls schnell handeln müsse. Dann habe ich seinerzeit als Direktor der Verwaltung für Wirtschaft heimlich und leise in meinen Schubladen alle Aufhebungen der Bewirtschaftung gesammelt. Die Mahnungen und Befürchtungen in meinem eigenen Beamtenapparat zerstreute ich mit der Ausrede, dies geschehe nur für alle Fälle. Natürlich konnte ich mich gar nicht mit der Militärbürokratie verständigen, denn die hätte noch weniger Verständnis dafür gehabt und ich noch weniger Einfluß. Und dann, am Sonntag der Währungsreform, habe ich die Aufhebung der Bewirtschaftung verkündet in der sicheren und richtigen Annahme, daß am Sonntag keine Verwaltungsbürokratie arbeitsfähig ist. Dann war's geschehen. Am darauffolgenden Montag bin ich gleich früh zur Militärregierung beordert worden. Mir wurde gesagt, was ich getan habe, sei unmöglich und unvorstellbar und verboten. Ich hätte gegen sämtliche alliierten Militärgesetze verstoßen. Sie haben mir vorgelesen, daß ich ohne Zustimmung der Militärregierung keine Änderung in der Bewirtschaftung und in der Preisbindung vornehmen dürfe. Daraufhin habe ich gesagt, ich hätte nichts geändert, sondern nur aufgehoben. Das war natürlich nicht gerade die Antwort, die man erwartet hat. Aber ich hatte, Gott sei Dank, einen Mann, der zu mir stand. Das war General Clay.

GAUS: Was gehört dazu, den Mut zu haben, einen solchen Schritt zu tun?

ERHARD: Sehr viel. Einmal natürlich ein gereiftes Wissen über die Zusammenhänge, zweitens der Mut zur Verantwortung und drittens ganz klare Vorstellungen in bezug auf das gesellschaftliche Leben, wie es geordnet sein müßte, wenn nach diesem Zusammenbruch ohnegleichen, nach der Abnutzung aller Werte, wieder neues Leben entstehen soll.

GAUS: Wie haben Sie sich nach diesem Schritt gefühlt? Waren Sie sicher, daß es ein sehr entscheidender Schritt gewesen ist?

ERHARD: Ja. Ich war mir bewußt, daß es ein lebensentscheidender Schritt ist. Und das hat mir auch die Kraft gegeben, gegen alle Widerstände und gegen alle Anfechtungen den Kurs zu steuern bis zum Erfolg.

GAUS: Das war Ihr größter Erfolg. Jetzt sagen Sie bitte, was war Ihre größte politische Niederlage?

ERHARD: Das war vielleicht kein Ereignis, das man datenmäßig festhalten könnte. Ich betrachte es als einen Mißerfolg, daß es mir bisher nicht gelungen ist, den Stil der Demokratie in der Weise zu ändern, wie es mir vorschwebt. Ich habe mich immer gegen die Politik der Wahlgeschenke gewehrt. Ich hab's auch in meinen eigenen Wahlreden praktiziert. Ich habe nie etwas versprochen, außer daß ich alle Kräfte einsetzen werde, um weiter ein gutes Gelingen zu gewährleisten. Ich habe nicht reihum allen Gruppen Zusagen gemacht und Vergünstigungen gewährt in der Überzeugung, daß das das Mittel wäre, die Wähler zu gewinnen. Bei einzelnen mögen Versprechungen ganz angenehm empfunden werden, aber schließlich hat das deutsche Volk doch ein gesundes Empfinden dafür, daß die Korrumpierung, die damit sehr nahegerückt ist, kein brauchbares und kein überzeugendes politisches Instrument ist.

GAUS: Man hat manchmal den Eindruck, daß Sie gerne auf Wahlversammlungen reden.

ERHARD: Sehr gerne, ja.

GAUS: Sie gehen in Ihren Ansprachen nach Ansicht Ihrer parteipolitischen Gegner manchmal bis an die Grenzen der Demagogie. Macht Ihnen Wahlkampf Spaß?

ERHARD: Macht mir Spaß, ja. Übrigens nicht nur Wahlversammlungen, sondern überhaupt die Ansprache an die Menschen. Denn weil ich frei spreche, bekomme ich Kontakt, weil ich natürlich spreche, finde ich das Gehör der Menschen und wohl auch meist ihre Zustimmung. Und ich kann es mir in meinen Reden leisten, meine Zuhörer hart anzupacken, sie aber auch besinnlich zu stimmen. Je nach der Stunde werden die Akzente etwas verlagert. Man spürt auch aus der Reaktion, aus der Resonanz, wie man dosieren muß. Nicht um einer Demagogie willen, sondern um das zu erreichen, was dem Politiker vorschwebt und was ihm als notwendig erscheint.

GAUS: Dabei fühlen Sie sich wohl?

ERHARD: Dabei fühle ich mich wohl. Ich glaube, in unserer heutigen Zeit, in der modernen Zeit, kann ein Politiker auf diese unmittelbare Ansprache gar nicht verzichten. Das ist nicht so primitiv, daß man's mit Publicity ausdeuten kann. Es ist vielmehr das Gefühl der Verbundenheit mit den Menschen. Der Mann, der politisch Verantwortung trägt, muß sich auch stellen, und er muß für sich zeugen.

GAUS: Wenn Sie manchmal zurückdenken, wären Sie lieber Professor geblieben, oder ist Ihnen die Politik ein so interessantes Gewerbe, daß Sie sagen: Es war richtig?

ERHARD: Das ist heute keine Entscheidung mehr, und ich trauere einem Professorendasein auch nicht nach, so würdig ich es empfinde. Aber ich bin heute natürlich Politiker aus Leidenschaft und aus der Überzeugung heraus, daß mir die Gabe verliehen ist, das Schicksal eines Volkes doch gnädig zu gestalten.

GAUS: Was treiben Sie privat, wenn Sie Zeit haben?

ERHARD: Wenn ich Zeit habe. Damit ist die Frage schon beantwortet. Ich habe eben keine Zeit. Selbst das Hobby aus meiner Jugend, das ja bekannt genug ist, daß ich ein großer Liebhaber der Musik bin, auch selbst gut und gerne Klavier spiele, das ist natürlich auch versunken. Ich habe selbstverständlich viel zu lesen in meinen Mußestunden. Aber wenn ich wirklich Zeit habe, dann benutze ich sie, um nachzudenken. Denn in der Hast des Alltags, da kommt vielleicht das Gedankliche, das Besinnliche manchmal etwas zu kurz. Wer wirklich wahrhaftig sein will, der muß aber immer wieder sich selbst vor seinem Gewissen überprüfen und muß den Dingen auf den Grund zu gehen suchen.

GAUS: Schreiben Sie an einem neuen Buch?

ERHARD: Nein.

GAUS: Würden Sie es gern tun?

ERHARD: Ja.

GAUS: Und was wäre es für ein Buch?

ERHARD: Es würde die Fortentwicklung der Sozialen Marktwirtschaft im gesellschaftspolitischen Bereich behandeln.

GAUS: Wenn dieses die wissenschaftliche Aufgabe ist, die Sie sich stellen, was bleibt Ihnen politisch zu tun, was sehen Sie als die große Zukunftsaufgabe des deutschen Politikers an?

ERHARD: Ich sehe als die Zukunftsaufgabe an, die Politik überzeugender darzustellen und neben den rein materiellen Dingen auch dafür zu sorgen, daß die Werte in einem Volke wieder richtig gesetzt und zueinander geordnet sind. Neben aller Bedeutung der Außenpolitik, die im letzten natürlich schicksalhaft ist, bin ich der Meinung, daß der Gesamtbereich der Innenpolitik neu geordnet, neu geformt und neu durchdacht werden muß und daß wir wegkommen müssen von der Idee, das Leben eines Volkes ließe sich in Kästchen aufspalten und jedes einzelne bedeute ein Ganzes für sich. Ich glaube, das ist noch eine der ungelösten Aufgaben, mit denen wir zu ringen haben. Und im übrigen erschöpft sich ja das Leben unseres Volkes nicht mehr allein im nationalen Raum, ist von dort aus nicht mehr zu gestalten. Aus dem Grund bin ich immer dafür eingetreten, daß neben aller schon durchgeführten Integration, wie Montanunion und Europäische Wirtschaftsgemeinschaft, das ganze freie Europa geeinigt werden müsse. Ich war auch sehr angesprochen von dem Gedanken des amerikanischen Präsidenten, im Trade Expansion Act sozusagen den Schlüssel zu finden, die Schicksale der Völker im nordatlantischen Raum enger aneinander zu binden, das Zusammenleben friedlich zu gestalten. Natürlich soll das auch wieder über die Enge dieses Bereiches hinausgehen. Unsere Haltung, unsere Gesinnung soll deutlich machen, daß uns an einer friedlichen Welt liegt. Als Deutscher gehört es natürlich zu meinen unverzichtbaren Aufgaben, dafür zu sorgen, daß das Recht der Selbstbestimmung auch für das ganze deutsche Volk Gültigkeit haben muß. Wenn wir das auch nicht erzwingen können, müssen wir doch darauf vertrauen und nach dieser Richtung hin wirken. Das ist die Aufgabe einer Politik. Sie ist also zum Teil wohl materiell bedingt, aber zu einem wesentlichen Teil greift sie doch darüber hinaus und will wieder im Leben des einzelnen, im Bewußtsein des einzelnen etwas deutlich machen von Werten, die im Zeichen des Aufbaus vielleicht etwas zu kurz gekommen sind, aber die nicht versinken dürfen, wenn wir nicht ein Termitenstaat werden sollen.

GAUS: Meine letzte Frage, Herr Minister: Es wird in den letzten Tagen viel von der Nachfolge des Bundeskanzlers gesprochen und damit auch von Ihnen. Möchten Sie gern Bundeskanzler werden, und würden Sie Wirtschaftsminister bleiben, wenn ein anderer Bundeskanzler wird?

ERHARD: Ich habe natürlich diese Entscheidung getroffen, und ich möchte Sie fragen, ob denn wirklich soviel Phantasie dazu gehört, um diese Frage beantworten zu können. Ich glaube, nein.

Ich bin nicht geboren, gegen etwas zu leben. Ich habe einen – ich weiß nicht, ob Ihnen der Name bekannt ist – einen Schauspieler, Berliner Schauspieler: Hans Brausewetter. Und am Tag vor seinem Tode, am Abend vor seinem Tode – er ist durch eine russische Granate gestorben – saßen wir beisammen, und da überlegten wir: »Was wird jetzt eigentlich wohl werden?« Berlin war schon eingeschlossen, und Granaten flogen durch die Straßen. Und da sagte der Brausewetter: »Mein Gott, wir hatten so viel Talent, für etwas zu sein, und haben unser ganzes Leben damit verbracht, gegen etwas sein zu müssen.« Und daraus kann ich Ihnen das Datum, wo mir der Erfolg bewußt wurde, eigentlich nicht exakt nennen, denn ich kann die Erfolge in dieser Zeit nicht voll zählen.

GUSTAF GRÜNDGENS:
Wieso ist das auf mich gekommen?

Gustaf Gründgens, geboren am 22. Dezember 1899 in Düsseldorf, gestorben in der Nacht vom 6. zum 7. Oktober 1963 in Manila (Philippinen).
Nach dem Gymnasium Soldat an der Westfront (1916), Mitglied und Leiter des Fronttheaters Saarlouis (später Thale im Harz). 1919 Ausbildung an der Düsseldorfer Theaterakademie, ab 1920 Engagement in Halberstadt, Kiel, Berlin, Hamburg. 1925 bis 1928 Ehe mit Erika Mann. 1925 Umwandlung des Vornamens Gustav in Gustaf. Ab 1928 als Schauspieler und Regisseur an Max Reinhardts Deutschem Theater und seinen Dependance-Bühnen. Dazu Kabarett (Revue-Auftritt mit Ernst Busch) und Film.
1934 wurde Gründgens kommissarischer Leiter des Staatlichen Schauspiels und dann Intendant; das Theater war direkt Göring unterstellt. 1936 Angriffe auf Gründgens im NSDAP-Organ »Völkischer Beobachter«. Flucht in die Schweiz. Wieder in Berlin, wurde er zum Preußischen Staatsrat ernannt. Der Propagandaminister erteilte Kritikverbot. 1936 Heirat mit Marianne Hoppe (Scheidung 1946). 1937 Generalintendant und Staatsschauspieler. 1943 Flaksoldat bei der Wehrmacht. 1945 neun Monate russische Kriegsgefangenschaft bei Berlin, 1946 Schauspieler und Regisseur am Deutschen Theater. 1947 bis 1955 Generalintendant der Städtischen Bühnen Düsseldorf, danach (bis April 1963) des Deutschen Schauspielhauses in Hamburg. Er trat im September eine Weltreise an, auf der er starb.
Das Gespräch, aufgenommen auf Madeira, wurde gesendet am 10. Juli 1963.

GAUS: Wie lange haben Sie dieses Haus auf Madeira schon, Herr Gründgens?
GRÜNDGENS: Vier Jahre.
GAUS: Und warum sind Sie nach Madeira gezogen? Wie kam es?
GRÜNDGENS: Zufall. Ich hatte in der Scala in Mailand eine Oper inszeniert und wollte ein bißchen Ferien machen. Und phantasielos, wie man ist, dachte ich: in Teneriffa. Das war ausverkauft, aber der Besitzer hatte mir angeboten, er würde mir seine eigene ... – Zimmer zur Verfügung stellen. Das hatte ich schon einmal erlebt, in einem anderen Hotel, einem hypermodernen Hotel, nur der Besitzer wohnte in Plüsch. Und das wollte ich also nicht riskieren, da dachte ich mir: fahr ich nach Madeira. Und dann war ich einmal da, und seit der Zeit bin ich nie mehr wo anders hingegangen als nach Madeira – das war vor fünf oder sechs Jahren. Das, was ich also eben liebe: Hier kennt mich kein Mensch. Ich lauf rum, und es kümmert sich niemand um mich. Ich hab mein Häuschen hier, meine Vecinos, meine Nachbarn. Das sind meine einzigen Unterhaltungen, die ich mit denen führe. Ich spreche ein bißchen Portugiesisch, aber ich nehme an, daß, wenn ich mit meinem Portugiesisch nach Lissabon käme, das wäre ungefähr so, wenn ein Oberbayer nach Hamburg käme.

GAUS: Das ist ein Insel-Portugiesisch?! Sie haben über Ihren Rang als Schauspieler, als Regisseur, als Theaterleiter, über die singuläre Bedeutung, die Sie seit nun mindestens 30 Jahren im deutschen Theater haben, ein eigenes, klares Urteil?... Eine Selbsteinschätzung?

GRÜNDGENS: Also der Haupteindruck ist Erstaunen – und Verwunderung. Denn ich persönlich kann es nicht begreifen, wieso das auf mich gekommen ist.

GAUS: Das ist keine Koketterie?

GRÜNDGENS: Nein. Das ist weiß Gott keine, weiß Gott keine. Ich sitze manchmal und sage: Mein Gott noch mal, wieso eigentlich? Ich kann ... also, es ist das Gegenteil von Koketterie. Es ist einfach das Gefühl ... Nun muß ich sagen, daß mir ... also ... mein privates Leben immer der Ausgangspunkt war für mein künstlerisches Leben. Und da ich eigentlich ziemlich anspruchslos bin, ziemlich einfach lebe, so – erstaunen mich die Pfauenräder, die ich da gelegentlich schlage. Und wenn ich dann zurück bin in meiner Wohnung, denke ich: mein Gott noch mal, das ist eigentlich ... Also es ist wirklich – wenn ich jetzt zurück denke – so ist das Hauptsächliche: merkwürdig, erstaunlich. Das ist das, was ich darauf zu sagen hätte.

GAUS: Verwundert oder nicht verwundert, Herr Gründgens: Irgendwann müssen Sie doch gemerkt haben, gewußt haben: Jetzt bin ich oben. Wann war das?

GRÜNDGENS: Da muß ich eine lange Pause machen ... wann war das? – Sehr spät. Wenn Sie denken wollen, bedenken wollen, daß die Zeit meiner größten Erfolge oder – die Zeit, von der Sie sprechen, in die Zeit von '33 bis '45 fiel. Eine Zeit, die für mich trotz allem, was ich täglich und praktisch zu tun hatte, so wenig Realität besaß, daß ich eines Tages mit meiner Frau in meinem Garten saß und sagte: »Mein Gott, Marianne, stell dir mal vor, wir säßen wirklich hier, und ich wäre wirklich Intendant des Staatstheaters und ich spielte wirklich den Hamlet. Wär das nicht wunderbar?!« So wenig also – konnte ich das für mich ernst nehmen. Ich bin nicht geboren, gegen etwas zu leben. Ich habe einen – ich weiß nicht, ob Ihnen der Name bekannt ist – einen Schauspieler, Berliner Schauspieler: Hans Brausewetter. Und am Tag vor seinem Tode, am Abend vor seinem Tode – er ist durch eine russische Granate gestorben – saßen wir beisammen, und da überlegten wir: »Was wird jetzt eigentlich wohl werden?« Berlin war schon eingeschlossen, und Granaten flogen durch die Straßen. Und da sagte der Brausewetter: »Mein Gott, wir hatten so viel Talent, für etwas zu sein, und haben unser ganzes Leben damit verbracht, gegen etwas sein zu müssen.« Und daraus kann ich Ihnen das Datum, wo mir der Erfolg bewußt wurde, eigentlich nicht exakt nennen, denn ich kann die Erfolge in dieser Zeit nicht voll zählen.

GAUS: Sie sind schon sehr früh in unserem Gespräch, Herr Gründgens, auf die Zeit ihrer Intendanz in Berlin während der nationalsozialistischen Zeit gekommen. Gibt es so etwas wie ein unsicheres Gewissen darüber?

GRÜNDGENS: Nichts liegt mir ferner. Dann haben Sie mich völlig mißverstanden. Ich wollte damit sagen, daß die Unsicherheit, in der wir alle lebten, uns die Bühne als den einzigen sicheren Faktor erscheinen ließ. Auf der Bühne, dem Planquadrat – wie ich es nenne –, wußte ich genau, wenn ich den Satz sage, geht hinten eine Tür auf, und eine Dame in einem grünen Kleid kommt herein – und nicht ein SS-Mann. Dies meine ich lediglich. Was dann bestimmend geworden ist für meine Art, Theater anzusehen: die Ordnung, die Exaktheit, das Ausschalten des Zufälligen.

GAUS: Sie haben kein Mal daran gedacht, aus Deutschland wegzugehen?

GRÜNDGENS: Oh ja! Das habe ich schon. Ich habe mit dieser ... Ich habe verschiedene Versuche gemacht, es los zu werden. Als ich es übernahm – man darf das nicht vergessen, daß zu der Zeit, als ich das Staatstheater übernahm, Jessner noch inszenierte und Reinhardt noch inszenierte. Und von uns hat kein Mensch geglaubt, daß das ... diese ... das sich halten würde. Ich glaube: Da teile ich die Meinung der überwiegenden Deutschen, die nicht politisch engagiert waren.

GAUS: Haben Sie sich Zeit Ihres Lebens irgendwann für politische Fragen überhaupt interessiert?

GRÜNDGENS: Nein. Es gehört zu meiner Generation – ich war 18 Jahre nach dem Ersten Weltkrieg –, sich im Expressionismus zu tummeln. Und das, was man heute mit einem Idiotenwort »Linksintellektualismus« nennt, das war damals also die Beeindruckung durch Tairow, Wachtangow, Eisenstein, Pudowkin – das blieb natürlich nicht ohne Einfluß auf uns, nicht?! Aber es ging ... blieb in den Gebieten der Kunst.

GAUS: Ich verstehe. Sie sind in Düsseldorf 1899 geboren, Herr Gründgens, und sind zum Theater gekommen in den letzten Kriegsjahren, zu einem Front-Theater. Warum Theater, und seit wann wollten Sie und wie kam es?

GRÜNDGENS: Ich habe nie etwas anderes gewollt. Als Kind habe ich Schmierseife abwiegen wollen. Das war der einzige Wunsch, an den ich mich erinnere. Aber als Beruf ist mir nie etwas anderes in den Sinn gekommen, als Schauspieler zu werden.

GAUS: Sie kommen aus einer rheinischen Industriellenfamilie. Von Ihrer Mutter wird gesagt, daß sie künstlerische Neigungen gehabt hat: Sie hat gesungen, wenn allerdings auch nur auf gesellschaftlichen Soireen. Sind sie von Ihrer Mutter stark beeinflußt worden?

GRÜNDGENS: Ich glaube. Ich glaube: Es war eine starke Bindung zwischen uns. Und ich hätte also viel darum gegeben, wenn ich statt Schauspieler hätte Sänger werden können.

GAUS: Sie haben einmal gesagt: Sie würden gerne Heldentenor in Glogau sein.

GRÜNDGENS: Bariton, Tenor nicht. Bariton: Ich hätte sehr gern den Grafen in »Figaro« gesungen. Ich habe ihn – nebenbei – einmal gesungen. Auf einer Probe bei Klemperer. Zu meinem größten Vergnügen konnte der ... war der Herr indisponiert, und ich konnte einspringen und konnte ein Duett singen. Es war – für mich ein – doller Hit.

GAUS: Nun also nicht Sänger, sondern Schauspieler. Sie haben von der Ordnung, von der Klarheit, die die Bühne für Sie bedeutet, gesprochen. Gleichzeitig gibt es ein Wort von Ihnen, nach dem Sie das Phänomen des Schauspielers nicht ganz begreifen – noch immer nicht ganz begreifen. Nach Ihrer jahrzehntelangen Erfahrung kann das nicht heißen, daß Sie die Mittel nicht kennten, mit denen der Schauspieler seine Wirkung erzielt. Bedeutet es also, daß Sie eine letzte Unklarheit, letzte Ungewißheit darüber haben, warum ein Mann auf ein Podium geht und Theater macht?

GRÜNDGENS: Ich will Ihnen mal antworten mit einem Satz, den Thomas Mann einmal gesagt hat – in einem privaten Kreis ... Da sagte er, daß er die Schauspieler – das ist komisch jetzt – mit den Glühwürmchen verglich, die am Tag wie die anderen Insekten unscheinbar herumflögen, aber nachts plötzlich unheimlich an zu leuchten fingen – und das sei also doch ... und dieses also – das scheint mir eine sehr typische Formulierung, eine richtige Formulierung zu sein. Daß man irgendwann abends, wenn die Lichter brennen ... Da überkommt es einen, und dann kommt das, was unseren Beruf eben so herrlich macht.

GAUS: Wie lange können Sie es aushalten, ohne zu spielen?

GRÜNDGENS: Jetzt, glaub ich: lange.

GAUS: Länger als früher?

GRÜNDGENS: Länger als früher.

GAUS: Sind Sie ein bißchen müde?

GRÜNDGENS: Nein! Absolut nicht müde. Es ist ein anderer Grund: ... Ich habe in den letzten dreißig Jahren immer zu viel gearbeitet und vergessen zu leben. Wenn ich jetzt diesen Einschnitt gemacht habe, so mache ich ihn, um vor Toresschluß noch rasch zu lernen, wie man lebt. Sehen Sie, mein Leben bestand darin: Das ist der Tag vor Faust und der Tag nach Faust, oder der Tag vor Hamlet und der Tag nach Hamlet. Irgendeinen entspannten Tag gab es eigentlich ganz selten. Und wenn ich von dem Intendantenberuf sprechen soll: Der hat absolut nie Ferien. Selbst wenn ich hier sitze, so kann ich mit täglich einem Telegramm rechnen, oder irgendetwas passiert.

GAUS: Nachdem Sie das Fronttheater verlassen haben, weil der Krieg zu Ende war, die Fronttheater aufgelöst wurden, sind Sie zu Louise Dumont gegangen – nach Düsseldorf zur Schauspielschule, haben dann ein paar Provinz-Engagements gehabt, und sind schließlich 1922 zu Erich Ziegel an die Kammerspiele nach Hamburg gekommen. Aus Ihrer späteren Zeit sind eine ganze Menge kühle, distanzierende Urteile über wildes, expressionistisches, experimentelles Theater bekannt. Hatte der junge Gründgens auch schon dieses Unbehagen gegenüber dem Experiment um des Experiments halber?

GRÜNDGENS: Das ist richtig: Das Experiment um des Experiments willen – das hat mir nicht eingeleuchtet.

GAUS: Niemals?

GRÜNDGENS: Niemals. Aber ein Experiment, das hat mir jederzeit Spaß gemacht. Aber diese, was Sie sagen ... man könnte: l'art pour l'art, das ist etwas, was mir mein Leben lang ferngelegen hat.

GAUS: Die Spielpläne, Herr Gründgens, die Sie gestalten konnten – als Theaterleiter –, haben nach Meinung vieler Kritiker das moderne Theater immer ein bißchen vernachlässigt. Kommt dieses her aus Ihrer eben bekundeten Abneigung gegen das Experimentieren an sich?

GRÜNDGENS: Ich glaube nicht. Ich glaube auch kaum, daß ich ein wesentliches Stück der Moderne ausgelassen habe. Ich habe mit dem Absurden Theater – das sich mittlerweile auch ad absurdum geführt hat – nicht viel anfangen können. Ich mag einfach nicht Stücke, wo meine Großeltern im Müllkasten sitzen. Warum soll ich sie spielen?

GAUS: In den 20er Jahren, Herr Gründgens, – damals waren Sie zum ersten Mal verheiratet, mit Erika Mann, der Tochter Thomas

Manns, ein zweites Mal sind Sie mit der Schauspielerin Frau Marianne Hoppe verheiratet gewesen – in diesen 20er Jahren hat man gelegentlich den Eindruck gehabt, daß Sie auf einen ganz bestimmten Schauspielertyp intellektuell-blasierter, kabarettistischer Prägung fast ins Amateurhafte hineingehend ...

GRÜNDGENS: Nein, ins Amateurhafte wollen wir nicht sagen. – Tatsächlich ist, daß ich in der Gefahr stand, auf diesen Typ festgelegt zu werden. Aber da habe ich mich mit Leidenschaft dagegen zur Wehr gesetzt. Ich war in Hamburg und hatte da doch Danton und Fiesco und Hamlet und was weiß ich gespielt. Reinhardt nahm mich eines Tages mit und sagte: »Was wollen Sie in Hamburg? Kommen Sie zu mir.« Und ich kam und hatte das Pech, daß er gar nicht da war. Und niemand wußte etwas mit mir anzufangen, und da geriet ich halt in so 'ne Serie von Salonstücken, die mich abstempelten. Dazu kam also der Zufall eines Films wie »M«. Plötzlich sah ich mich also nur noch in Ledermänteln mit einer Bombe auf dem Kopf als Ganove und sagte: »Halt! Das stimmt nun überhaupt nicht mehr.« Ich habe nie und zu keiner Zeit meines Lebens vergessen, was ich eigentlich will, wollte. Ich wollte Hamlet spielen, ich wollte Mephisto spielen, und wenn es in Hamburg nicht gegangen wäre, dann wäre es eben in München gegangen. Das war mir wurscht.

GAUS: Sie haben – sagt man – Nebenrollen nie gescheut, Herr Gründgens, weil Sie unter allen Umständen lernen wollten. Waren Sie in Ihrer Ausbildung und Entwicklung als Schauspieler – so weit Sie diese Entwicklung selbst in der Hand hatten – ein Systematiker?

GRÜNDGENS: Nein ... Das glaube ich nicht ... Dazu bin ich zu impulsiv. Sehen Sie: ... um noch einmal auf diese Zeit, diese Endzwanziger Jahre zu sprechen zu kommen: Ich habe Kabarett gemacht, ich habe ... Operette gemacht, – aber nicht, weil ich jemals die Gefahr spürte, ich könnte Operettenbuffo werden, oder ich könnte Kabarettist werden, sondern ich habe eine Abneigung gegen diese Dachstubengenies. Ich habe jederzeit das getan, was dran war. Ich war mir nie zu schade, irgendetwas zu tun, um mich in Bewegung zu halten. Aber daß mich ein Erfolg in einer Operette von meinen Plänen hätte abbringen können: ausgeschlossen.

GAUS: Ihre Methode, Regie zu führen, Herr Gründgens: Darüber haben Sie gelegentlich etwas gesagt. Sie haben gesagt, daß es Ihnen am liebsten ist, ohne Regiebuch zu arbeiten. Wenn ich Sie zitieren darf, haben Sie einmal behauptet, Sie inszenierten am liebsten ein Werk »frisch von der Leber weg, nach dem ersten Duft, den ich von ihm habe«. Dies wäre also eine ganz intuitive Arbeitsweise. Hingegen behaupten viele Kritiker, daß Gründgens ein Künstler sei, der vom Intellekt her schaffe. Wie erklären Sie selbst diesen Widerspruch?

GRÜNDGENS: Einmal dadurch, daß das Wort »intellektuell« seine ursprüngliche Bedeutung verloren hat und sich in die Nähe eines Schmähwortes begeben hat. Zum anderen ist es nicht ... liegt es nicht im Vermögen des Schauspielers, seine Wirkung zu beobachten. Es ist möglich – und ich habe Erfahrung –, daß ein für das Publikum völlig ursprünglich wirkender Schauspieler ein Mathematiker der Probe ist. Während andere, die also ins Bassin springen, eine andere Wirkung auf die Zuschauer haben. Das liegt nicht bei uns. Ich persönlich glaube – ich möchte sagen: ich glaube zu wissen –, daß ich nur mit meiner Intuition weiter komme: »Versuch es nur mit deinem Kopf«. Ich glaube nicht daran. Ich muß möglichst frisch an das Werk kommen. Viel bei jeder Regie ist mit der Besetzung getan. Damit hat man schon einen Ausdruck von etwas gegeben. Was nun kommt, ist bei Gott nicht beispielhaft, aber es ist meine Methode, die ich mir nur leisten kann, weil ich ... den Kredit bei meinen Kollegen habe: daß ich auf einer leeren Bühne anfange. Und dann: »Macht doch mal.« – »Ein Stuhl fehlt.« – »Stellt einen hin.« – Und so baut sich ein Raum. Also, ich könnte nicht hier zum Beispiel ... Also ich habe hier – um mal ein konkretes Beispiel zu nennen – sechs Wochen vor »Don Carlos« gesessen, weder das Stück begriffen, noch begriffen, was ich mit dem Philipp zu tun habe – und das ging erst auf der Probe. Und das, glaube ich, macht auch den Kollegen Spaß. Daß nicht einer kommt mit einem Programm, und da drüben stehen Anfänger, die nicht wissen, was sie machen sollen – sondern, daß ich genauso töricht bin, wie alle Schauspieler es sind, wenn sie zum ersten Mal eine neue Rolle probieren.

GAUS: Liegt Ihrer Methode, Regie zu führen, auch das Bedürfnis zugrunde, ein Maß an Naivität mit auf die Bühne zu bringen und zu bewahren?

GRÜNDGENS: Das ist die ernsteste Frage, die Sie mir gestellt haben ... Diesen Rest ... von Naivität und Unvoreingenommenheit und Unbefangenheit sich zu bewahren, das ist eine unerhörte Arbeit: wenn man viel wegschieben muß, um an das Geheimnis nicht zu rühren. An das Geheimnis, das einen besonderen Schauspieler halt ausmacht. – Daß man das nicht wissen will.

GAUS: Sie sind 1928 von Max Reinhardt an das Deutsche Theater nach Berlin geholt worden. Wer neben Max Reinhardt waren – wenn Sie jetzt rückblicken – Ihre wichtigsten Lehrer? Was haben sie Ihnen im einzelnen gegeben? Was hat Ihnen Max Reinhardt bedeutet?

GRÜNDGENS: Reinhardt war schon – entrückt. Das war schon – jemand, zu dem man nur noch aufblicken konnte. Hilpert war ein Mann, der einen also stoßen konnte. Und später natürlich: Fehling.

GAUS: Als Sie, Herr Gründgens, 1934, Ende 1934, Intendant des Preußischen Schauspielhauses in Berlin wurden, gerieten Sie ja in eine sehr merkwürdige Situation. Sie waren auf der einen Seite das verwöhnte Paradepferd des damaligen preußischen Ministerpräsidenten Göring, der in dieser Eigenschaft der oberste Chef der preußischen Theater war. Auf der anderen Seite ist bekannt, daß Sie vielen politisch gefährdeten Schauspielkollegen geholfen haben, daß Sie sie beschützt haben. Dieses Zwiespältige, dieses Riskante, dieses Spannungsgeladene der Situation – hat Sie das gereizt?

GRÜNDGENS: Das ist eine entsetzliche Frage, – die nur ein Theoretiker stellen kann, der diese Zeit nicht erlebt hat. Es war viel zu gefährlich, lebensgefährlich, als daß es einen hätte reizen können – in dem Sinn, wie Sie es meinen. Nämlich in dem Sinn, daß es einen juckt, das zu machen. Das war gar nicht drin. Die Frage tat sich für mich nicht. Als ich das Amt übernahm, gingen vierwöchentliche tägliche Verhandlungen voraus, in denen ich meine Bedingungen stellte. Bedingungen, von denen ich hoffte, daß daran das Angebot scheitern würde. Sie wurden akzeptiert und – das muß ich sagen – eingehalten. Aber selbst dann hatte ich mich erst entschlossen, ein Provisorium einzugehen. Da war ich ein halbes Jahr, da dachte ich: »Nun könnt ihr euch also ... all eure Pfeile abschießen. Nach einem halben Jahr werd ich euch sagen: Es tut mir zu weh, oder ich werde es weiter machen.« Nach einem halben

Jahr dämmerte mir, was mir meine Freunde damals schon sagten: daß dieses Amt in einem solchen Augenblick große Möglichkeiten bot, sich nützlich zu machen, so daß ich also diesen Zwiespalt, auf den Sie soeben zu sprechen kamen, nicht empfunden habe. Ich hatte immer nur mit einer Seite zu tun. Mit Harlan habe ich sehr viel zu tun gehabt, aber das waren offizielle, das waren äußerliche Anlässe. Aber die inneren Anlässe kamen immer aus dem ... Sie wissen: kein Wort, das über die damalige Zeit, das über unser Theater gesprochen wurde, stammt von uns. Aber – Sie wissen, daß man das Theater »die Insel« nannte, und auf diese Insel haben sich eben einfach die besten Schauspieler geflüchtet, die nur irgend konnten, weil eben diese beiden Theater Goebbels nicht unterstanden.

GAUS: Sie selbst aber, Herr Gründgens, haben diese Zeit und Ihre Arbeit in dieser Zeit einmal verglichen mit einem Tanz auf einem hohen Seil ohne Sicherungsnetz.

GRÜNDGENS: Das habe ich nicht getan, das hat Peter Suhrkamp getan. Ich hab das Wort nicht gebraucht. Möglicherweise ist es das gewesen, und möglicherweise hat es so gewirkt. Aber – wissen Sie: Ein Seiltänzer hat sich nur auf dies Seil und seine Balancierstange zu konzentrieren – und ich hatte meine Augen rechts, links, vorne, hinten zu haben, weil also in jedem Augenblick etwas passieren konnte – theoretisch – und praktisch jeden zweiten Augenblick etwas passierte. Der Begriff »Seiltanz« oder wie der aus der Emigration zurückgekehrte Zuckmayer einmal schrieb, daß es verständlich sei, daß es einen Menschen wie mich gereizt haben könnte und daß also er mir das nicht übel nahm – ich dachte: »Mein Gott noch mal, Kinder! 800 Meter von der Gestapo entfernt...« – mir fielen also solche Begriffe wie »Reize« oder »Jonglieren« oder »Balancieren« nicht ein. Die haben in so einer Situation gar keinen Raum mehr.

GAUS: Nach dem Zweiten Weltkrieg sind Sie wieder Intendant geworden. Zunächst in Düsseldorf bis 1955, dann bis heute in Hamburg. Hat Ihnen auch diese Rolle – neben der des Schauspielers und Regisseurs – Spaß bereitet? Ganz schlicht gesagt: Haben Sie es ganz gerne gemacht: ein Theater leiten?

GRÜNDGENS: Ehrlich gesagt: Ja. – Ich muß immer wieder diese Zeit von '33 bis '45 ausnehmen. Da war ich nicht bewußt Intendant.

Ich war zu beschäftigt mit den Dingen des Tages, um also ein Gefühl der Zufriedenheit ... Sie entsinnen sich, daß ich am Anfang etwas sagte: daß mir das etwas irreal vorgekommen ist. Obwohl es ja, weiß Gott, von Realitäten strotzte. Nur mich innerhalb dieser Realitäten: das schien mir eine Perversion zu sein. Später glaubte ich, in Düsseldorf etwas Nützliches getan zu haben, indem ich eine neue Form, andere Form des Theaters suchte. Indem ich versuchte, das Theater aus dem »kommunalen« Sektor herauszunehmen. Nicht um eine größere Selbstständigkeit zu erlangen, sondern ... um ... den Geschäftsgang eines Theaters einfacher zu machen. Sie wissen also, wie Behörden gezwungen sind ... also, einen gewissen Kurs einzuhalten, gewisse Termine einzuhalten, während am Theater ständig ad-hoc-Entscheidungen getroffen werden müssen. Ich kann nicht warten, bis die Kulturbehörde, Finanzbehörde, der Wirtschaftsprüfer oder wer auch immer da sein »Ja« gibt. In der Zeit ist der Schauspieler, den ich haben will, längst weg. Wenn ich sechs Leute fragen muß, ob ich die Gage von dem Schauspieler erhöhen kann oder nicht, dann ist er schon sauer und abgefahren. Nicht? Aus diesem Grund und aus einem Grund, den mir manche Kollegen übel genommen haben – um zu sparen. Das, was ich damals tat, war vor dem Wirtschaftswunder. Nach dem Wirtschaftswunder hat das Sparen leider niemanden mehr recht interessiert. Nicht? Es gibt Äußerungen von Kollegen, die sagen: »Ich müsste doch ein Rindvieh sein, wenn ich nicht nehme, was ich irgend bekommen kann«. Ich bin dazu zu streng erzogen.

Sie sagten, mein Chef sei Göring gewesen: das stimmt. Mein wirklicher Chef war der preußische Finanzminister Popitz. Ein lauterer, anständiger, korrekter Mann. Der seine Korrektheit, seine Anständigkeit, seine Lauterkeit am 20. Juli durch den Tod hat büßen müssen. Also: das war der Mann und die Oberrechnungskammer, der Oberrechnungshof in Potsdam: Das waren die realen Partner. All das Plakathafte, das war für uns am Rande. Und mir machte es ... ist ein Etat nicht auszubalancieren: das käme mir vor, wie eine Rolle nicht zu lernen. Ich habe dieses Amt – sagen wir ruhig: diese Rolle – übernommen, und es ist meine verdammte Pflicht und Schuldigkeit, sie nach bestem Wissen und Gewissen auch durchzuführen.

GAUS: Lassen wir die Berliner Zeit beiseite, über die Sie gesprochen haben, Herr Gründgens. Wenn Sie – dieses ausgeklammert –

zurückblicken: Sind Sie ein Glückskind gewesen? Haben Sie erreicht, was Sie erreichen wollten? Was ist ausgeblieben?

GRÜNDGENS: ... Furchtbar, darauf antworten zu müssen ... Wahrscheinlich bin ich ein Glückskind gewesen. – Denn es ist die einzige Erklärung gewesen, wieso das so hoch hinauf ging. Aber ich versichere Ihnen, daß ich kräftig habe zahlen müssen: für das Glückskindsein. In den Schoß gefallen ist mir nichts.

GAUS: Wenn Sie an die Rollen denken, die Sie gespielt haben – und dabei wird man zunächst an Mephisto denken und zuallererst an Mephisto denken: Was ist für Sie jener Augenblick in der Darstellung, in dem Sie sagen: es war richtig, daß ich Schauspieler und nichts anderes als Schauspieler werden wollte?

GRÜNDGENS: Der Hamlet hat mir am tiefsten am Herzen gelegen. Aber die tiefste Befriedigung hat mir eine Szene im zweiten Teil des »Faust« gegeben: nämlich die Grablegung. Dies Gefühl also – ich hatte in der letzten Inszenierung jedes Dekor verbannt, weil ich mir nicht vorstellen konnte, daß es irgendein Dekor geben könne, das der Großartigkeit dieser Szene einigermaßen gerecht wurde. Und dann haben Theo Otto und ich kurz entschlossen die Bühne leer geräumt. Und man sah also in die Hinterbühne, man sah die Züge, und in der Mitte saß ich, und da waren die Scheinwerfer. Und da ich sowieso also nicht sehr gut sehe, war ich völlig in einem ... abgeschlossen. – Und da hab ich ein tiefes Glücksgefühl gehabt.

GAUS: Nur in dieser Inszenierung?

GRÜNDGENS: In der Form: nur in dieser Inszenierung. Als erste Inszenierung waren noch leibhaftige Engel auf der Bühne. In der 32er Inszenierung von Gustav Lindemann. In meiner ersten »Faust«-Inszenierung waren die Engel noch auf Schleier gemalt. Jetzt ließ ich nur die Stimmen kommen. Und ich hatte nichts mehr mit dem Material zu tun.

GAUS: Sie haben sich oft gegen alles Unklare, Unkontrollierbare, gegen alles allzu Gefühlvolle ausgesprochen: Waren Sie in diesem Augenblick – nach Ihrem eigenen Urteil – selbst in der Gefahr, in etwas Unkontrollierbares hinein zu geraten?

GRÜNDGENS: Nein. Um Gottes willen, nein. Das ist mir verwehrt. Schauen Sie mal: Als ich das Staatstheater übernahm, da hatte mein Vorgänger eine Fülle von Blut-und-Boden-Stücken angesammelt, die also kontraktmäßig in dieser Provisoriumszeit herausgeschleudert wurden. Da gab es ein Stück: »Land in der Dämmerung«. Ich weiß es nicht, von wem. Und ich ließ Fehling kommen und sag ihm: »Fehling ...?« Fehling zog ein krummes Gesicht und sagt: »Aber ich versteh nicht. Warum machen Sie es denn nicht?« Und ich sagte: »Fehling, vor diesen Stücken schützt mich ein für alle Mal mein Mangel an Tiefe.« Und das meine ich damit, wenn ich sage: Die Gefahr, in Gefühlsduselei zu geraten, ist meiner Natur nicht gegeben. Da muß ich nicht aufpassen.

GAUS: Erlauben Sie mir eine letzte Frage, Herr Gründgens. Sie wollen – haben Sie mir vorhin gesagt – nun, da Sie die Theaterleitung abgeben, eine neue Rolle auch lernen: nämlich zu leben. Glauben Sie, daß diese Rolle Ihnen ganz genügen wird, oder halten Sie es für denkbar, daß es Sie nach einer gewissen Zeit auch wieder an eine Spitze eines Theaters noch einmal führen könnte?

GRÜNDGENS: Nein, nein, das wird es ganz bestimmt nicht, das ist zu Ende. Das spüre ich und da – das darf ich nicht mehr weiter tun. Weil einfach: es müssen andere ran, und 30 Jahre ... Laube, der Burgtheaterdirektor, hat einmal gesagt: Nach zehn Jahren hat der Intendant eigentlich alle Stücke durchinszeniert und sollte abgehen. – Inzwischen sind so viele neue geschrieben worden, da ist es vielleicht Zeit, sich also ... Aber ich sollte es nicht mehr tun. Ich werde es auch nicht mehr tun.

GAUS: Sie waren Zeit Ihres Lebens Schauspieler, Regisseur, Theaterleiter. Was werden Sie als Drittes hinzunehmen – außer dem Leben? Schreiben?

GRÜNDGENS: ... Ja ... Ich bemühe mich, ein Buch zu schreiben ... Wo ich der entsetzlichen Gefahr gegenüberstehe, daß eine Fülle des Anekdotischen mein Anliegen überwiegen könnte. Mein Anliegen – jetzt werd ich leider geschwollen – ist, in diesem Buch das Verhältnis des Künstlers zur Macht zu schildern. Ich habe so oft unpassenderweise in Tuchfühlung neben so genannten historischen Ereignissen gestanden, daß ich ganz meine, einen Gesichtswinkel zu haben, aus dem ich also das betrachten kann, der also ... der nicht vielen gegeben ist. Und da ich das versuche, sine ira et studio zu tun, also so sachlich wie möglich, muß ich versuchen, also zu vermeiden ... daß also ... daß die Anekdote Beispiel bleibt und nicht nur als Anekdote bleibt.

Ich hatte schon von früher Jugend her eine gewisse Anglophilie, viel Zuneigung zum Angelsächsischen, war auch bewegt von der angelsächsischen Geschichte und vom angelsächsischen Recht, das hat sich verstärkt natürlich im Laufe des Rechtsstudiums. Für mich war das Liberale nichts Verstaubtes, nichts dem 19. Jahrhundert Zugehöriges. Natürlich gab es auch eine gewisse liberale großbürgerliche Schicht, die nicht in allem anziehend war. Aber ich kam zu der Überzeugung, daß im Liberalen die eigentliche staatsbildende Kraft liegt. Ich war niemals angezogen von dem Ideal der Französischen Revolution. Freiheit – ja, als Grundlage der staatlichen Ordnung, als Ziel des gesellschaftlichen Strebens, Brüderlichkeit als christliche Barmherzigkeit, aber ich wußte immer, daß Gleichheit kein Prinzip sein kann, das zu einer gesunden Ordnung des Staates und der Gesellschaft führen kann.

THOMAS DEHLER:
Ich bin kein ungläubiger Thomas

Thomas Dehler, geboren am 14. Dezember 1897 in Lichtenfels/Franken, gestorben am 21. Juli 1967 in Streitberg/Oberfranken.
Jurastudium in Würzburg, Freiburg und München. Erste politische Tätigkeit im Republikanischen Studentenbund, dem Reichsbanner Schwarz-Rot-Gold und der Demokratischen Partei. 1933 bis 1945 Verbindung zu einer Oppositionsgruppe, zweimal vorübergehend in Haft. 1946 Mitbegründer der FDP in Bayern und bis 1956 bayerischer Landesvorsitzender. Mitglied des Parlamentarischen Rates und ab 1949 des Bundestages, dessen Vizepräsident er 1960 wurde. Justizminister im ersten Kabinett Adenauer 1949; 1953 Vorsitzender der FDP-Bundestagsfraktion, 1954 bis 1957 Vorsitzender der FDP.
Das Gespräch wurde gesendet am 2. Oktober 1963.

GAUS: Herr Dr. Dehler, in der nächsten Zeit wird Bundeskanzler Adenauer zurücktreten, und es geht damit eine Epoche zu Ende, eine erste vierzehn Jahre während Periode der Bundesrepublik Deutschland, in der Sie – immer in der ersten Reihe stehend – von Anfang an dabei gewesen sind. Sie gehören also zu einer Gruppe von Politikern, die immer kleiner wird. Sie haben diese ersten vierzehn Jahre zunächst als Bundesminister in Adenauers Kabinett erlebt, später auf der Oppositionsbank und jetzt wieder als Abgeordneter der Freien Demokraten in der Koalition. Als Sie auf der Oppositionsseite des Hohen Hauses saßen, gehörten Sie oft zu den schärfsten Kritikern Adenauers, und das bringt mich auf meine erste Frage zur Person: Sie haben von sich selbst manchmal gesagt, daß man Sie verstehen müsse als einen Mann, der aus dem barocken Geist und Lebensgefühl seiner oberfränkischen Heimat, wo Sie 1897 in der Kleinstadt Lichtenfels geboren sind, daß Sie aus diesem barocken Lebensgefühl der oberfränkischen Heimat zu verstehen seien. Was meinen Sie damit? Bedeutet dieser Hinweis auf das Barocke in Ihrer Selbsteinschätzung das Eingeständnis einer gelegentlich uferlosen Phantasie, einer manchmal geradezu ungezügelten und überquellenden Rhetorik auch im Angriff auf politische Gegner?

DEHLER: Das Barocke hat bestimmt in meiner menschlichen Entwicklung eine große Rolle gespielt. Ich bin immerhin aufgewachsen zwischen dem barocken Vierzehnheiligen von Balthasar Neumann und dem barocken Kloster Banz von Dietzenhofer. Aber es wäre doch falsch, das Barocke als ausschließlich bestimmend für mich ansehen zu wollen. Zwar die Pfarrkirche, die Kirche meiner Jugend, in der ich doch fast Tag für Tag gekniet habe, war im Innern barock, die Ausstattung aus dem 17. Jahrhundert, mit einem barocken Kruzifix, aber die Kirche war eine gotische Kirche aus dem 14. Jahrhundert. Lebensmittelpunkt für mich, da wir von Oberfranken sprechen, war die Bischofsstadt Bamberg, war der romanische Dom Heinrichs des Zweiten, der Reiter, die ergreifenden Figuren an den Chorschranken. Und das Eigenartige meiner Heimat Lichtenfels ist es und war es für mich in meiner Jugend, daß dieses Städtchen Schnittpunkt ist zwischen zwei fast ganz gegensätzlichen Lebensströmen – das katholische Fürstbistum Bamberg, zu dem Lichtenfels gehörte und immer noch gehört, und auf der anderen Seite die nahe Residenzstadt Coburg, die Residenzstadt Sachsen-Coburg ...

GAUS: ... eine protestantische Residenzstadt ...

DEHLER: ... eine protestantische Residenzstadt, evangelisch bestimmte, ganz anders geartete Stadt. Also es waren zwei Komponenten und noch unterstützt durch das nahe Bayreuth, die Markgrafenstadt, die Richard-Wagner-Stadt. Es kamen schon viele Faktoren zusammen. Ich möchte diese gelegentliche Bezeichnung des Barocken doch nicht als bestimmend für mich hinnehmen, fast im Gegenteil. Je älter ich wurde, desto mehr galt meine Neigung dem Romanischen. Ich weiß auch nicht, ob es richtig ist, gelegentliche temperamentvolle Äußerungen, die oft in der Wiedergabe leidenschaftlicher erscheinen, als sie in Wirklichkeit waren, als wesensbestimmend für mich hinzunehmen. Ich glaub', ich bin ein wenig schwierig.

GAUS: Herr Dr. Dehler, wir werden versuchen herauszubekommen, wie schwierig Sie sind. Ihr Elternhaus in Lichtenfels, wo die Dehlers seit Generationen als Metzger, als Gastwirte und Bierbrauer sitzen: Ihr Elternhaus war streng katholisch, und es schien vorübergehend nicht ausgeschlossen, daß Sie, als einer von vier Buben, Priester werden würden. Sie sind es nicht geworden, und ganz im Gegenteil ist später der Kampf gegen den politischen Katholizismus ein Kern Ihres politischen Lebens gewesen. Das ist ein Bruch, den ich mir nicht von ungefähr vorstellen kann. Können Sie ihn mir erläutern?

DEHLER: Der Hintergrund ist viel differenzierter, als er zunächst erscheinen mag. Meine Vorfahren waren Chirurgen. Mein Urgroßvater – Ferdinand Dehler – war Wundarzt, nahm teil an den Feldzügen der napoleonischen Zeit, wir haben von ihm noch Briefe, er nahm teil an Seeschlachten auf dem Mittelmeer, war lange Zeit in Wien. Mein Großvater war Chirurg, mein Vater war Chirurg und Bader. Also das Hinüberschwenken zu den Berufen des Bierbrauers, des Gastwirtes, des Metzgers war eigentlich erst eine spätere Folge. Es ist übrigens – vielleicht ganz charakteristisch – ein sehr komplexer Zustand, eine kleine, wirtschaftlich selbstgenügsame Landwirtschaft. Wir buken unser Brot selbst, wir brauten unser Bier selbst, wir schlachteten selbst, und von meinem Großvater wurde erzählt, wenn ein Gebräu besonders gut gelungen war, dann schenkte er es ungern aus, sondern trank es am liebsten selbst. Es war doch so ein gewisses Patriziertum, mein Großvater war Magistratsrat, mein Vater war Gemeindebevollmächtigter, wie man es damals in Bayern hieß. Mein Elternhaus war sehr betont katholisch, der Katholizismus war das Lebensgefühl, es war ein liberaler Katholizismus, ein weitherziger, kein muffiger.

GAUS: Von diesem Katholizismus zum ausgesprochenen Kampf gegen den Katholizismus in der Politik ist es natürlich trotz allem ein weiter Schritt. Wie ist es dazu gekommen?

DEHLER: Also zunächst einmal: Wie kam ich eigentlich zu dem Entschluß, als junger Mensch Priester werden zu wollen? Nicht immer beeinflußt von den Eltern, nicht stimuliert, sondern ich war ein besonders frommer Bub und fand im Katholizismus wirklich eine bergende Kraft, gute Beziehungen zu den Kaplänen, die eine große Rolle in der Bildung, im Schulwesen einer kleinen Stadt darstellen. Dann gab es natürlich die Krisen, wie sie in der menschlichen Entwicklung beinahe selbstverständlich sind. Ich kam aufs Gymnasium nach Bamberg. Ich galt immer als ein braver, ordentlicher Schüler, und ein Hauptlehrerssohn, der etwas gefährdet war, wurde mir beigegeben, damit ich ihn positiv beeinflusse. Da erlebte ich dann, wie der Religionslehrer ihn systematisch ausschaltete, weil er nichts von ihm hielt. Vielleicht hat er sogar eine Gefahr in ihm für mich gesehen, möglich. In einer Religionsstunde begann er ein Gespräch mit dem Schüler über die göttliche Natur und hat ihn, ich muß schon sagen, dialektisch zu der Schlußfolgerung geführt, daß er das Gottestum Christi leugnete mit der Folge, daß er der Schule verwiesen wurde. Ein Erlebnis, das ich nicht verwunden habe. Aber die eigentlichen, entscheidenderen Erlebnisse lagen etwas später. Daß ich den politischen Katholizismus als gefährlich empfand: Wenn ich es zeitlich mal fixieren will, war es wohl der Fechenbach-Prozeß, den ich als junger Jurist 1919 in München erlebt habe ...

GAUS: ... das Landesverratsverfahren ...

DEHLER: ... der Landesverratsprozeß gegen Fechenbach, der angeklagt wurde vor allem, weil er ein Telegramm des bayerischen Gesandten am Vatikan, Ritter, vom Juli 1914 veröffentlicht hat, in dem Ritter damals darstellte, daß Papst Pius X. und sein Kardinalsekretär den Krieg nicht ablehnten, sondern in dem Krieg gewisse Möglichkeiten für die Kirche sahen ...

GAUS: ... im Ersten Weltkrieg ...

DEHLER: ... Ersten Weltkrieg, 1914, und aus dieser Einstellung heraus Wien zur Härte gegenüber Serbien ermahnten. Der Gegenstand des Prozesses und die Art des Prozesses haben mich tief beeindruckt, ein Erlebnis, das ich nicht verwunden habe.

GAUS: In der Zeit waren Sie als Unteroffizier der Feldartillerie aus eben diesem Ersten Weltkrieg zurückgekommen und hatten zunächst in Würzburg und später in Freiburg und München ein Jurastudium begonnen. Gleichzeitig begann Ihr politisches Leben, das seither nie mehr aufgehört hat. Sie waren Mitbegründer eines antifaschistischen Schutzbundes »Der Reichsadler«, der später in München im Reichsbanner Schwarz-Rot-Gold aufging, und Sie gehörten der Deutschen Demokratischen Partei, der liberalen Partei – später Staatspartei – an. Was hat diese Hinwendung zum Politischen bei Ihnen bewirkt?

DEHLER: Die Eindrücke des Ersten Weltkrieges waren für mich doch sehr bedeutsam. Ich hatte eine starke Bindung an das Vaterländische. Dazu trugen Jugendeindrücke ganz wesentlich bei. Der Bruder meiner Mutter war nach Bremen verschlagen worden. Als ganz junger Mensch kam ich dort hinauf ins Reich und erfuhr so die Weite des deutschen Vaterlandes. Die Bindung, sicherlich tief begründet, hat sich bis heute nach meiner Meinung auch nicht verändert. Für mich war bedeutsam eine Begegnung, die ich im Jahre 1916 mit Edgar Jung hatte. Edgar Jung, der später der Berater des Reichskanzlers Papen war, der klar gestanden hat und 1934 ums Leben kam. Ein sehr kluger, ein sehr selbständiger Mann.

GAUS: Ein prononcierter Katholik.

DEHLER: Ja. Seine Skepsis gegenüber der politischen Weisheit der damals Verantwortlichen, auch gegenüber der politischen Einsicht Hindenburgs, besonders Ludendorffs, der doch die politische Macht an sich gezogen hatte, hat mich tief beeindruckt. Und dann ein ganz konkretes Erlebnis. Ich war schon vor dem Ende des Weltkriegs wegen einer schweren Erkrankung zurückgekommen und erlebte in München die Revolution am 7. November 1918, den Zug der Arbeiter, der Arbeiterinnen von der Theresienwiese durch die Straßen der Stadt, war Zeuge, wie die Posten an der Residenz – teils unwillig, teils hingezogen von dem Strom dieses Zuges – die Gewehre wegwarfen und mitgingen. Das hat mich sehr stark erschüttert, besonders die Ohnmacht des Staates, daß mit einem Male nichts mehr vorhanden war, was bestimmend war.

GAUS: Empfanden Sie als Monarchist in diesem Augenblick?

DEHLER: Sehr, ja. Ich war wirklich ein Wittelsbacher-Anhänger. Die Gestalt des Prinzregenten Luitpold war in meiner Jugend wirklich ein Vater-Imago. Das hatte sich auf seinen Sohn, auf Ludwig III. übertragen. Das sind Eindrücke, die ich nicht verwunden habe. Zurück zu diesen erregenden Erlebnissen in München bis 1919 –

Räterepublik und all diese unglaubliche Dramatik. Ich bin noch kurz vor der Belagerung Münchens mit einem Zug, der bis Lichtenfels ging, rausgekommen. Ich habe die eigentliche Katastrophe des Rätekommunismus nicht mehr miterlebt. Aber diese Dinge haben mich politisch sehr aufgewühlt und waren bestimmend für meine weitere Entwicklung.

GAUS: Herr Dr. Dehler, Sie haben sich stets dem Liberalismus – den Ideen wie auch Ihrer Parteizugehörigkeit nach – verpflichtet gefühlt. Ich würde gern wissen, was einen so temperamentvollen und phantasiebegabten und auch gefühlsbetonten jungen Mann, wie Sie es gewesen sind, vor den Versuchungen und Verlockungen der anderen politischen Ideologien dieser zwanziger Jahre bewahrt hat und was Sie so konsequent zum Liberalismus hinführte, der doch seinerzeit bereits eine Art von Honoratiorenpartei gewesen ist, die viele junge Leute nicht sonderlich anzog.

DEHLER: Ja, warum mich der politische Katholizismus, man kann schon sagen, abgestoßen hat, habe ich ja schon zu begründen versucht. Ich habe zuviel in Bayern erlebt, was mir nicht positiv erschien. Die weitgehende Bestimmung der staatlichen, der gesellschaftlichen Dinge unter religiösem Gesichtswinkel, das hat der Entwicklung nach meiner Überzeugung nur geschadet. Es wäre nun aber falsch, anzunehmen, ich sei zunächst nicht vom Sozialismus angezogen gewesen. Sozialismus lag ja, auch nach 1918, in der Luft, war gewissermaßen die erlösende politische Macht. Vielleicht hat mich schon das Erlebnis der Räterepublik mit ihren Exzessen in München geheilt.

GAUS: Kann es sein, daß vornehmlich also Ihre Abneigung gegenüber den Erscheinungsformen des politischen Katholizismus, wie Sie sie gesehen haben, Sie zum Liberalismus führte? Wenn Sie so wollen, also ein negativer Grund.

DEHLER: Für mich waren die angelsächsischen Grundrechte das Bestimmende, das ist die Grundlage des Staates, und das verstaubt nicht, und das ist nichts Überholtes, die Grund- und Freiheitsrechte, wie sie nicht nur in England, auch in der Schweiz und besonders drüben in der freien Welt gewachsen sind, das waren meine politischen Ideale.

GAUS: Welche Begegnungen haben Sie im Auge gehabt, von denen Sie eben angedeutet haben, noch sprechen zu wollen? Sie haben seinerzeit noch ein paar der großen liberalen deutschen Männer kennengelernt, Naumann zum Beispiel, auch der junge Theodor Heuss gehörte in den zwanziger Jahren bereits zu Ihrem Bekanntenkreis. Wer hat den stärksten Eindruck auf Sie gemacht, nicht von diesen beiden allein, sondern von politischen Vorbildern überhaupt?

DEHLER: Für mich war sehr wichtig die Begegnung mit dem Münchner Staats- und Kirchenrechtler Karl Rothenbücher, eine sehr geprägte Gestalt. Ich habe ihn für einen ausgezeichneten Mann gehalten, der leider viel zu früh gestorben ist. Dann auch die Begegnung mit Vossler, dem Romanisten, Pius Dirr, einem anderen bayerischen Liberalen hoher Qualität, Archivdirektor in München, aber dann besonders der junge Theodor Heuss, der häufig zu uns gekommen ist. Die junge demokratische Bewegung darf ich nicht vergessen; ich war sehr bald führendes Mitglied bei den Jungdemokraten in Bayern, schon in den frühen zwanziger Jahren.

GAUS: Sie ließen sich dann im Bamberg, in Ihrer engeren Heimat, als Rechtsanwalt nieder in der zweiten Hälfte der zwanziger Jahre. Sie waren da schon verheiratet, und in Bamberg waren Sie Vorsitzender der Deutschen Demokratischen Partei. Wie lange haben Sie geglaubt – Sie als ein Mann, von dem man zuweilen sagt, daß er nicht immer ganz nüchtern urteile, dafür aber gelegentlich den Mut des Idealisten habe –, wie lange haben Sie geglaubt, daß die Weimarer Republik zu retten sei? Bis wann?

DEHLER: Ich habe mich mit ganzer Kraft eigentlich dem Aufbau der Weimarer Demokratie hingegeben. Ich habe schon 1924 in Bayern kandidiert ...

GAUS: ... ohne Erfolg ...

DEHLER: Natürlich ohne Erfolg. In Mainburg in der Hallertau. Es war ein tollkühner Versuch. Ich habe trotzdem meine politische Arbeit unverzagt fortgesetzt – nicht nur auf der bayerischen Ebene, sondern auch auf der Reichsebene. Wir hatten eine ausgezeichnete jungdemokratische Organisation, aus der noch mehr Leute in verschiedenen Parteien später hervorgegangen sind – Lemmer, Ernst Lemmer war einer meiner guten Freunde, und der Hamburger Landahl. Wir sind unverzagt – trotz aller Rückschläge – unseren Weg weitergegangen. Es gibt eigentlich keine Periode, in der ich kleinmütig gewesen wäre. Es war unsere Überzeugung: Nur wenn wir Erfolg haben, wenn unsere Vorstellung vom Staat, wenn unser rechtsstaatliches Wollen Wirklichkeit wird, wird diese Demokratie bestehen. Und dieses Bewußtsein ist eigentlich immer härter geworden, je schlimmer die Gegenkräfte waren. Ich habe den Nationalsozialismus von 1919 an entstehen sehen. Ich habe das erste Tätigwerden Hitlers und seiner Gruppe miterlebt. Ich habe noch den Übergang der Deutschen Demokratischen Partei zur Staatspartei mitgemacht, wir haben uns dann noch mit dem Jungdeutschen Orden verbunden in dem Glauben, wir könnten von dort aus wertvolle junge Kräfte bekommen – ich habe eigentlich nie verzagt.

GAUS: Neigen Sie nicht zum Kleinmut? Wissen Sie sich frei davon, gelegentlich zu resignieren, haben Sie immer genügend Kraft, weiterzumachen?

DEHLER: Gewiß, es gibt oft schwere Stunden. Ich habe einmal den Ernst Lemmer gefragt, warum er eigentlich zur CDU gegangen ist. Dieser überzeugte liberale Mann hat mir gesagt, etwas habe er einfach nicht mehr hinnehmen können: diese Stunden nach einer Wahl, wenn man sich eingesetzt hatte mit allem, was einem zur Verfügung stand, mit der ganzen Gläubigkeit, daß man doch das Gute, das Rechte will; und dann einen Mißerfolg, in der Weimarer Zeit immer größere Mißerfolge, hinnehmen müssen, das mochte er nicht mehr. Ich kann's verstehen, ich verzeihe es ihm auch, daß er diesen Weg gegangen ist. Er ist trotzdem ein ausgezeichneter Mann geblieben. Natürlich gab es auch bei mir Bitternisse, Verrat von Freunden, auf die man gezählt hatte, aber im Kern war ich eigentlich nie davon berührt.

GAUS: Herr Dr. Dehler, Sie haben dann unter der nationalsozialistischen Herrschaft als Rechtsanwalt in Bamberg einer Oppositionsgruppe angehört, die zu loser Verbindung mit dem Kreis um Goerdeler stand, und Sie sind 1938 vorübergehend verhaftet und 1944 in ein Zwangslager nach Thüringen eingewiesen worden. Sie haben vor allem Ihre Ehe mit einer Jüdin aufrechterhalten, trotz aller Einschüchterungsversuche, trotz aller Beeinflussungen, die seinerzeit an der Tagesordnung waren. Ich würde gern wissen: Das Verhalten, das die Mehrheit der Deutschen seinerzeit an den Tag legte, das hätte doch einen Mann, der erlebt hat, was Sie erleben mußten, sehr leicht zur Skepsis oder sogar zur Verachtung gegenüber gewissen Eigenheiten des deutschen Volkscharakters bringen können – trotzdem hat es von Ihnen nach dem Kriege kein einziges, soweit mir bekannt ist, pauschales Verdammungsurteil über Ihre deutschen Landsleute gegeben. Im Ge-genteil, Thomas Dehler hat manchmal sogar sehr prononcierte nationale Töne angeschlagen. Bitte, sagen Sie mir, wie erklären Sie sich selbst die Ungebrochenheit Ihres Nationalgefühls? Aus welchen Wurzeln wird dieses Gefühl gespeist?

DEHLER: Ist die Prämisse richtig, daß die Mehrheit des deutschen Volkes diese unselige Entwicklung gewollt oder auch nur gebilligt hat? Ich glaube es nicht. Das habe ich alles zu sehr aus der Nähe erlebt. Der Weg zum Nationalsozialismus war eine Folge des politischen Versagens der Verantwortlichen ...

GAUS: ... vor 1933...

DEHLER: ... vor 1933, natürlich, und am Ende möchte ich meinen, wir haben nicht genügend gekämpft, man kann vielleicht den Vorwurf erheben, wir haben nicht genügend »geglaubt«, wir haben unsere Sache nicht stark genug vertreten. Auf jeden Fall, diese Fragen haben mich immer stärker bewegt als Anklagen gegen andere. Daß andere politisch uneinsichtig waren, daß sie die Gefahren nicht erkannten, daß sie die kleinen Sorgen des Tages, die Mühseligkeiten, die Schwierigkeiten eines Standes zu groß nahmen und die staatspolitische Verantwortung nicht empfanden, kann man ihnen das zum Vorwurf machen? Nein, die politisch Verantwortlichen, die in der Partei Führenden, die waren nicht überzeugend, nicht willensstark genug. Darum kam ich eigentlich niemals zu der Fragestellung: Will ich anklagen? Fast möchte ich sagen: daß ich noch vorhanden bin – mit meiner Frau, mit meiner Tochter –, ist doch auch ein Beweis, daß es viele Kräfte gab, die eben dem Nationalsozialismus nicht verfallen waren.

GAUS: Solche Kräfte haben Ihnen in dieser Zeit in Bamberg geholfen?

DEHLER: Sonst wäre es gar nicht denkbar gewesen, daß ich diese Zeit überdauert hätte. Rückblickend ist es doch ein Wunder. Zum Beispiel: Leute aus dem Widerstandskreis, dem ich angehörte, sind verhaftet worden, der führende Mann lag jahrelang im Gefängnis des Volksgerichtshofes, nahe Freunde sind von der Polizei vernommen worden und gewarnt worden, überhaupt noch mit mir in Verbindung zu treten. Ein Wunder, daß ich diese Gefahren überdauert habe.

GAUS: Gut, Sie haben sie überdauert, Sie haben aber auch all die Bitternis, die dabei war, erlebt – es hätte ja sein können, daß diese starke Hinwendung zum Nationalen, die Sie offensichtlich auszeichnet, unter diesen Gefahren zerbrochen wäre. Sie ist es nicht. Warum nicht?

DEHLER: Für mich ist die Bindung an das Volk etwas Gegebenes, etwas naturrechtlich Gültiges. Meiner Überzeugung nach sind die Nationen die Protagonisten auf der Bühne der Weltpolitik. Also ein Volk muß als solches bestehen. Das bestimmt auch meine Haltung zur europäischen Frage, ich neige da sehr zur Auffassung des französischen Staatspräsidenten de Gaulle.

GAUS: ... vom Europa der Vaterländer.

DEHLER: Gewiß, Europa muß sich finden, muß seine Kräfte sammeln, aber nicht in der Form des Aufgehens in konzentrierten Instanzen, in Bürokratien, sondern im organischen Zusammenwirken der Völker. Die Völker müssen die Grundlage sein. Das Vaterland muß zunächst einmal in Ordnung sein. Sie können mir sagen: Da ist ein Stück Romantik dabei. Die Wandervogelbewegung war für mich auch bedeutsam in meiner Jugend. Ihr Geist, der hat mich auch geprägt. Das ist mir bisher geblieben. Und mir haben die schlimmen Ereignisse der nationalsozialistischen Zeit den Sinn für den Wert des deutschen Volkes nicht nehmen können.

GAUS: Wie sehen Sie dieses deutsche Volk – nach Ihren Erfahrungen und nach Ihrem Leben? Was sind seine Vorzüge, was sind seine Mängel?

DEHLER: Jetzt bei meinem Besuch in der Sowjetunion ist mir das wieder bewußt geworden, was doch positiv ist. Merkwürdig, ich habe dort drüben niemals einen Vorwurf gehört. Wenn mir Zerstörungen aus der Kriegszeit gezeigt wurden, wie der Petershof, dieses Versailles Peter I., des Großen, so eigentlich nicht, um anzuklagen, sondern eigentlich nur, um die eigene Leistung darzustellen. Überall Respekt vor den Deutschen, Freude über meinen

Besuch, weil ein deutscher unabhängiger Politiker kommt, der Glaube, die Deutschen bedeuten etwas. Das war wieder eine Bestärkung meiner Überzeugung, daß doch im deutschen Volk, in seiner Geschichte soviel Wertvolles liegt. Wir haben es immer schwer gehabt. Alle Spannungen in der Welt, kann man sagen, haben sich hier in dem Raume getroffen, in dem wir leben; und haben sieh auch getroffen in unserer Brust – wir mußten sie austragen, auch geistig austragen. Aber ist nicht die Geschichte des deutschen Volkes, trotz allen politischen Versagens, geistig eine positive? Ich bejahe es. Ich bekenne mich zu diesem Volk in seinen Werten.

GAUS: Halten Sie es für möglich, daß diese Deutung jener Nüchternheit entbehrt, die man gerade gegenüber Gruppen, denen man sich zugehörig fühlt, an den Tag legen sollte?

DEHLER: Bin ich weniger nüchtern als ein Engländer, der sich zu der Geschichte seines Volkes und zu seinem Volke bekennt? Weniger nüchtern als – ich will gar nicht von de Gaulle sprechen –, ein Franzose, der sein Volk bejaht und sich zu ihm bekennt? Es liegt ja auch etwas Schicksalhaftes in einer solchen Haltung.

GAUS: Glauben Sie, daß die Mehrheit der Westdeutschen diese Ihre Grundhaltung teilt?

DEHLER: Man kann es ja nur aus gewissen Reaktionen schließen. Eigenartig, wie zum Beispiel meine Reise nach der Sowjetunion von den Menschen, besonders von einfachen Menschen, bejaht worden ist. Warum eigentlich? Es ist auch ein Bekenntnis zum Volk und das Empfinden, es muß etwas für die deutsche Einheit, für diese deutsche Gemeinschaft geschehen. Ich mache der Geschichte der letzten vierzehn Jahre den Vorwurf, daß sie das nationale Leitbild nicht genügend herausgestellt hat. Ein Volk richtet sich halt immer nach dem, was die verantwortlichen Menschen, die im Vordergrunde stehen, empfinden wollen, im Bewußten und noch öfter vielleicht sogar im Unbewußten.

GAUS: Herr Dehler, diese letzten vierzehn Jahre, von denen Sie jetzt sprechen und die jetzt mit einer Zäsur, dem Rücktritt Adenauers, enden, diese letzten vierzehn Jahre haben Sie am Anfang in der allerersten Linie der Regierungskoalition gesehen. Sie waren nach dem Kriege als ganz und gar unbelasteter Mann einer der führenden Köpfe der wiederbegründeten liberalen Partei, der FDP, und zunächst in Bayern in hoher öffentlicher Position tätig, als Generalstaatsanwalt in Bamberg und Oberlandesgerichtspräsident in Bamberg; dann waren Sie Mitglied des Parlamentarischen Rats, der die westdeutsche Verfassung verabschiedet hat, Abgeordneter im ersten Bundestag für die Freien Demokraten und Bundesjustizminister in Adenauers erstem Kabinett. Sie haben seither oft sehr Kritisches über diese Zeit, die letzten vierzehn Jahre, gesagt. In den ersten Jahren der Adenauerschen Regierung aber sind aus Ihrem Munde viele bewundernde Zeugnisse für Adenauer abgelegt worden. Ich würde gerne wissen: Als Sie Bundesjustizminister in Adenauers Kabinett von 1949 bis 1953 waren, was hat Sie veranlaßt, diesen Kanzler so sehr zu bewundern, wie Sie es damals taten, so daß man manchmal fast meinte, Sie hätten das Verhältnis eines dankbaren respektvollen Sohnes und Zöglings zu ihm?

DEHLER: Ich glaube, es war auch etwas Ähnliches. Ich bin Adenauer näher begegnet im Parlamentarischen Rat. Es war damals doch schon eine politische Vorentscheidung. Es hing von uns, von den Freien Demokraten ab, wer Präsident des Parlamentarischen Rates wird, ob Konrad Adenauer, ob der geistvolle Carlo Schmid. Wir hatten uns für Adenauer entschieden. Das war schon ein Ausfluß seiner Persönlichkeit. Nicht zu leugnen, wo er erschien, wuchs ihm ohne weiteres eine Führung zu. Er hat es gelernt. Er, der durch Jahrzehnte als Oberbürgermeister schwierige Situationen beherrschen mußte, widerspenstige Parteimitglieder und Mitglieder der Stadtverordnetenversammlung auf seine Linie bringen mußte, ist ein hervorragender Führer. Das Wort ist vielleicht ein bißchen anrüchig – er ist ein Mann, der es versteht, die Leitung der Dinge an sich zu nehmen, an sich zu ziehen.

GAUS: Sind Sie ein Mann, Herr Dr. Dehler, der von einem solchen Manne leicht angezogen wird? Neigen Sie dazu, jemandem zu dienen, ihm ein Gefolgsmann zu sein?

DEHLER: Ich diene eigentlich nicht gerne Menschen, Persönlichkeiten, sondern ich bin ein Mann, der loyal einem Kreis dient. Wenn ich ein Amt bekam – eigentlich nie so, wie Adenauer ein Amt gesucht und übernommen hat –, habe ich mich immer als Treuhänder einer Gemeinschaft gefühlt, ob als Parteivorsitzender in

Bayern oder im Bunde, ob als Fraktionsvorsitzender. Ich habe nie in dieser Art zu führen versucht. Ich habe da eine andere Grundart. Aber um noch ein Wort darüber zu sagen, wie dieses respektvolle Verhältnis zu Adenauer, das zweifellos lange Jahre bestand, zustande kam. Auch die Art, wie er, doch zunächst mit einer Stimme Mehrheit gewählt, die politische Führung in dem chaotischen Raum, der damals die Bundesrepublik war, aufnahm, war eindrucksvoll. Das hat nicht nur mich beeindruckt. Ich denke daran, wie mein Parteifreund, der sehr ritterliche und sehr geprägte Eberhard Wildermut, eines Tages in einer Kabinettssitzung sagte: »Der Alte ist doch ein Kerl.« So wie er die Dinge in dem Problem darstellte, wie er einfach, klar, sicher Lösungen suchte, das war eindrucksvoll. Ich habe diese historische Vorstellung eines Teils des Kabinetts bei den Hohen Kommissaren oben auf dem Petersberg miterlebt. Wir waren ja ein bißchen hinaufzitiert, um Weisungen entgegenzunehmen, Besatzungsstatut in Empfang zu nehmen.

GAUS: Das war 1949?

DEHLER: Das war im September/Oktober 1949. Francois-Poncet hatte sich das so vorgestellt, daß wir so ein bißchen als Angeklagte vor dem Teppich stehenbleiben zur Rechten Adenauers. Aber Adenauer hat es so eingerichtet, daß er nicht nur als Gleicher gegenüber Gleichen dastand, sondern als der Vertreter dieser nun stark gewordenen Bundesrepublik den Hohen Kommissaren gegenüber. Er verließ als – nun, man muß schon sagen, als Sieger diese Szene.

GAUS: Haben Sie also seine Souveränität bewundert?

DEHLER: Sehr. Seine Kühle, seine Unbekümmertheit und seine Klarheit, mit der er dieser Bundesrepublik Wirksamkeit zu verschaffen suchte und verstand.

GAUS: Herr Dr. Dehler, Sie haben einmal im Bundestag gesagt, wenn in diesem Hohen Hause, eben dem westdeutschen Parlament, jemand das Recht habe, sich einen Politiker zu nennen, dann gäbe es wohl nur einen, nämlich Konrad Adenauer. Was wahrhaftig eine große Bewunderung verrät.

DEHLER: Ich glaube, es ist ein bißchen anders.

GAUS: Wie definieren Sie denn den Politiker, wenn Sie es so verstehen, wie Sie es in diesem Zitat für Adenauer verstanden haben?

DEHLER: Wir wollen Zitate in ihrer Bedeutung natürlich nicht überschätzen. Das war, ich glaube, es war noch 1954, als ich das sagte.

GAUS: Ja, Sie waren bereits aus dem Kabinett raus.

DEHLER: Ich hatte es in keiner Weise als einen Grund zur Änderung meiner Haltung empfunden, daß ich damals, 1954, nicht mehr Kabinettsmitglied war. Fast möchte ich sagen, im Gegenteil, denn ich habe diese Aufgabe des Vorsitzenden der Fraktion und der Partei als höher und als bedeutsamer empfunden. Aber ich stand immer noch unter dem Eindruck der Persönlichkeit, wobei ich ein klein bißchen gutgläubig war – ich bin kein ungläubiger Thomas, ich bin an sich ein gläubiger Mann, der gerne Menschen vertraut –, unter dem Eindruck stand ich, daß die Ziele, die wir gemeinsam festgelegt hatten, auch galten, daß auch das Wort galt. Ein Glaube, der später erschüttert worden ist.

GAUS: Herr Dr. Dehler, liegt es an dieser Erschütterung, daß aus dem Bewunderer Adenauers so bald, nachdem Sie nicht wieder ins Kabinett eingerückt waren, einer der schärfsten Kritiker Adenauers wurde? Worüber geriet denn die von Ihnen dann 1954 angeführte Freie Demokratische Partei in Meinungsverschiedenheiten mit der CDU und speziell mit deren Vorsitzendem Adenauer?

DEHLER: So bald war das ja nicht, wie ich eben sagte. Ich habe zunächst durchaus auch als Parteivorsitzender und als Fraktionsvorsitzender der FDP die gemeinsame Linie durchgehalten. Die Erschütterung dann kann man ganz genau datieren.

GAUS: Datieren Sie sie.

DEHLER: Das war der Februar 1955. Das war der Streit über das Saarstatut, also über das damals zustande gekommene Abkommen zwischen der Bundesrepublik und Frankreich, die Saar von Deutschland getrennt zu halten, zu europäisieren, sie in Wirklichkeit dem politischen, dem militärischen, dem wirtschaftlichen und finanziellen Einfluß Frankreichs zu überlassen. Das stand in Widerspruch zu dem, was wir damals im Koalitonsabkommen festgelegt hatten. Es war festgelegt, daß wir niemals zustimmen, daß die deutsche Saar von Deutschland getrennt wird. Das hat mich erschüttert, daß der erste Versuch scheiterte, Deutsche wieder mit Deutschen zu vereinigen. Das war die große Erschütterung, daß das, was uns zusammengeführt hatte, das, was wir im Grundgesetz festgelegt hatten, daß die Bundesrepublik ja nur etwas Vorübergehendes sein soll – eine Zwischenstufe zur deutschen Einheit sein soll –, von mir und meinen Freunden ganz anders verstanden wurde als von Konrad Adenauer. Dazu kamen menschliche Erschütterungen. Ich darf hier einen Augenblick noch dabei verbleiben. Die Art, wie mein Freund Max Becker damals von Adenauer im Bundestag angegriffen wurde; diese verletzenden Angriffe gegen einen Mann, den ich hoch schätze, einen Mann, der wirklich sein Vaterland liebte, auch ein ausgezeichnetes Verhältnis zu Frankreich, zur französischen Kultur hatte und unseren Standpunkt vertrat; diese Vorwürfe gegen ihn, sie haben der deutschen Sache schwer geschadet. Noch schlimmere Dinge, auch in der Form verletzend, haben mich tief gekränkt. Und es gab ja dann meine harte Reaktion, meinen Versuch, mich für Max Becker einzusetzen, mich schützend vor ihn zu stellen und für die deutsche Sache zu zeugen.

GAUS: Herr Dr. Dehler, die Meinung in Westdeutschland ist allgemein, daß Ihre Vorwürfe gegen Adenauer zu den bittersten und absolut schärfsten gehören. Nach dem, was Sie eben gesagt haben, verstärkt sich bei mir der Eindruck, daß in der Tat ein Teil dieser Kritik an Adenauer zurückgeführt werden muß auf das Gefühl einer enttäuschten Liebe und Verehrung. Würden Sie das bestreiten wollen?

DEHLER: Er hat mich tief verletzt. Tief verletzt, weil der Glaube an ihn, der Glaube an seine Politik, der Glaube auch, daß das gesprochene Wort gilt und bindet, in schlimmer Weise erschüttert worden ist. Da war viel, viel Kränkung auch dabei; viel auch, wie Sie sagen, verletzte Liebe.

GAUS: Woraus erklären Sie sieh Adenauers Verhalten, das Sie so scharf kritisieren?

DEHLER: Ich habe erkannt, daß sein Leitbild ein ganz anderes ist.

GAUS: Was ist sein Leitbild?

DEHLER: Ihm ist diese – ich will wirklich nicht anklagen, es ist nicht die Zeit dazu, und die Ära Adenauers geht zu Ende –, ihm war diese Bundesrepublik eine Form, die er hinnahm, dieser Teil Deutschlands – am Ende doch katholisch bestimmt –, diese Bundesrepublik, eng verbunden mit einem katholischen Teil Europas, mit Frankreich, mit Italien, mit den Benelux-Staaten, das war sein Bild. Ich hab's ihm mal selbst gesagt, als 1956 die Frage der Rückkehr der FDP in die Koalition mit ihm besprochen wurde. Ich habe es so gesagt: »Ich verstehe, Herr Bundeskanzler, daß Sie sich dieses Lebensziel gesetzt haben, daß für Sie dieser Erfolg, eine gesicherte Bundesrepublik, immerhin über 50 Millionen Menschen, die im Wohlstand leben und gebunden sind an einen Teil Europas, daß das Ihr Ziel sein kann. Sie müssen verstehen, daß es nicht mein Ziel sein kann. Ich denke an das größere Deutschland.«

GAUS: Wie war Adenauers Reaktion?

DEHLER: Er hat es hingenommen, er hat nicht widersprochen.

GAUS: So wie Sie diese Dinge sehen, Herr Dr. Dehler, wissen Sie sieh frei von dem Selbstvorwurf, jene Züge in Adenauers Politik, die Sie später so verdammenswert gefunden haben, nicht früh genug, nämlich als Sie noch in seinem Kabinett als Minister saßen, erkannt zu haben?

DEHLER: Die Frage ist nicht unbegründet. Ich möchte sogar noch ein bißchen weiter zurückgehen. Ich mache mir Vorwürfe, daß wir vor fünfzehn Jahren uns zu leicht, zu widerstandslos dem Verlangen der Westalliierten gebeugt haben, die Bundesrepublik zu schaffen, mit eine Teilung Deutschlands zu vertiefen. Wenn ich alles gewußt hätte, was damals in der Welt darüber an Vorstellungen vorhanden war; wenn ich nur ein Wort von Walter Lippmann zitieren darf, dann wird das klar, warum die starken Bedenken bei mir gekommen sind. Walter Lippmann hat 1948, als damals dieses Londoner Protokoll, die Grundlage für den Parlamentarischen Rat und für die Bundesrepublik, geschaffen wurde, gesagt, er hält das für ausgeschlossen, daß die Deutschen sich mit diesem Plan der Westalliierten einverstanden erklären, es sei denn, einige Separatisten am Rhein oder an der Isar. Ein Wort, das mir schmerzhaft in die Brust drang. Ich bin wahrlich nicht schuldlos an der Entwicklung, auch solange ich Kabinettsmitglied war. Nun, ich hatte ja eine große Aufgabe als Justizminister, noch nebenbei Parteivorsitzender in Bayern, ich habe die Aufgabe auch wichtig genommen. Ich bin immer in den politischen Kampf gegangen, um das Meine zu tun. Der Vorwurf, daß wir die Situation 1952/1953 nicht klar genug erkannt haben, daß das Kabinett eigentlich ohne eigene Aktivität der Haltung Adenauers zugestimmt hat, ist dennoch kaum zurückzuweisen.

GAUS: Machen Sie sich schwere Selbstvorwürfe, oder haben Sie das Bestreben, sich Selbstvorwürfe zu ersparen?

DEHLER: Nein, ich mache mir Vorwürfe, aber mit dem Willen, aus Fehlern zu lernen und meine Aktivität dadurch nicht beeinträchtigen zu lassen.

GAUS: Herr Dehler, die Liste jener Personen, Institutionen und Gruppen, die Sie in Ihrem politischen Leben sehr, sehr scharf angegriffen haben, ist sehr lang; und neben Adenauer, neben der katholischen Kirche, von der wir schon gesprochen haben, neben dem Bundesverfassungsgericht, das Sie einmal 1952 sehr scharf attackierten, sind die Sozialdemokraten, die Gewerkschaften, die Rentner und fast jeder einmal drangekommen. Sie haben sich damals den Ruf erworben, daß Sie im Kern sehr oft sehr richtige, in der Form allzuoft maßlose Angriffe führten und daß Sie ein Amokredner seien, der, wenn er auf ein Rednerpult gestiegen ist, nicht mehr weiß, was er sagt; und es wird behauptet, daß Ihre Tochter – Ihr einziges Kind – Sie einmal in einer Versammlung gesehen und gesagt habe, das ist nicht mein Vati, den Mann kenne ich nicht. Was sagen Sie zu solchen Vorwürfen?

DEHLER: Ich habe niemals Institutionen angegriffen, sondern habe immer für meine grundsätzliche Haltung und gegen politische Richtungen und Haltungen, die ich für falsch hielt, gekämpft. Der Vorwurf Amokläufer ist mir einmal von links und einmal von rechts gemacht worden, aber das nahm ich nicht ernst. Zuerst hat ihn Arndt gebraucht, mit dem ich nach meiner Meinung jetzt in beinahe freundschaftlichem Verhältnis stehe. Wenn er heute zurückdenkt, wird er bedauern, daß er es getan hat. Er versichert mir auf jeden Fall, daß er mir näherstehe, als ich meine. Nehmen wir die Gewerkschaften. Noch heute, wenn ich mit irgendwelchen Gewerkschaftlern zusammenkomme, werfen sie mir vor, ich sei ein Gegner der Gewerkschaften, und ich hätte behauptet, sie seien zuchthausreif. Der Anlaß war konkret folgender: 1952 wurde im Bundestag das Mitbestimmungsrecht der Betriebsräte in der Montanindustrie behandelt, und die Gewerkschaften hatten gedroht, wenn ihre Wünsche nicht erfüllt werden, würden sie in den

Generalstreik eintreten. Also die Gewerkschaften wollten das Parlament unter den Druck eines Generalstreiks stellen, um ihre Forderungen durchzusetzen. Da habe ich als Bundesjustizminister, nach meiner Meinung dazu legitimiert, erklärt, das ist ein schwerer strafbarer Tatbestand. Wer das Parlament zu nötigen versucht, wird mit Zuchthausstrafe bedroht. Aber geblieben ist der Vorwurf, ich sei Gewerkschaftsfeind. In Wirklichkeit sind die Gewerkschaften ja nicht aus sozialistischem Geiste, sondern aus liberalem Geiste erwachsen.

Dann bin ich mit dem Bundesverfassungsgericht in eine harte Auseinandersetzung gekommen, wobei ich nicht die Öffentlichkeit gesucht habe. Das Bundesverfassungsgericht hatte in der Krisis über die Verfassungsmäßigkeit der Verträge mit den Westmächten, als der Bundespräsident ein Gutachten erbat; einen Beschluß gefaßt, wonach ein Gutachten die Rechtsprechung der Senate binde: ein tiefer Eingriff in die Struktur des Gerichtes. Nach meiner Meinung gab es niemand anders als den Bundesjustizminister, der hier sagen konnte, es geht nicht, hier wird der Weg des Rechtes verlassen. Es war ein schwerer Konflikt. Aber habe ich da unrecht gehabt? Dann schockierte ich oft, wenn ich auf den Mißbrauch der Renten hinwies, aus ganz konkreten Anlässen. Heute teilen alle meine Überzeugung, daß die Entwicklung, die Rentenentwicklung, höchste Gefahren für unsere wirtschaftliche Stabilität bedeutet. Also ich habe hie und da den Mut gehabt, bestimmte Fragen anzuführen, die angerührt, die besprochen werden mußten, Tabus zu durchbrechen.

GAUS: Herr Dr. Dehler, Sie verteidigen sich gegen einen Vorwurf, der nicht erhoben wurde. Ich wollte nicht mit Ihnen darüber reden, welche Ihrer Vorwürfe korrekt gewesen sind, sondern ich würde gerne wissen, ob Sie, der Sie oft ohne Manuskript sprechen, gelegentlich wenigstens den Rausch der freien Rede kennen, der Sie über die Grenzen hinausträgt in der Formulierung, nicht in der Sache. Über die Grenze, die Sie selbst sich gesetzt haben.

DEHLER: Merkwürdig, wie manche Dinge dann in die Presse kamen, etwa mein Vorwurf gegen die Gewerkschaften. Das war in einer denkbar friedlichen Rede, es ist mir unvergeßlich, in Uelzen in Niedersachsen. Als ich hinkam, hatte der Vorsitzende mich gebeten, keine politische Rede zu halten, sondern über das Recht im Staate zu sprechen, und ich habe dann als Beispiel der Verletzung des Rechtes das Verhalten der Gewerkschaften erwähnt – akademisch ruhig. Es war ein UP-Vertreter da, der das aufgegriffen hat, und das erschien dann als ein Beispiel von Amoklauf. Ich bin ganz gerne temperamentvoll. Es wäre schlimm, wenn man das nicht wäre, aber daß ich im Rausch der Rede irgendwie das Maß verloren hätte! Bitte, es trete einer auf und erhärte diesen Vorwurf.

GAUS: Also nein, kein rhetorischer Rausch?

DEHLER: Fast im Gegenteil. Ich habe immer das Empfinden, meine Reden sind akademisch, sind oft ein bißchen anspruchsvoll auch für die Zuhörer. Die Zuhörer erwarten einen Lautsprecher, und da kommt einer mit ganz leisen Tönen und mit grundsätzlichen Erwägungen.

GAUS: Sie haben nicht das Gefühl, daß von dem Auditorium, das vor Ihnen sitzt, ein Gefühlsüberschwang auf Sie, auf das Podium hinaufspült, der Sie mitreißt. Reißen Sie die Leute mit, wenn Sie reden, oder werden Sie von der Stimmung im Saal mitgerissen?

DEHLER: Weder noch. Natürlich rühre ich manchmal Menschen an. Es gibt Reden – in Berlin in diesen kritischen Zeiten, da waren die Menschen oft angetan; die Frauen kamen zu mir, und ich dachte, wir müssen sie wenigstens anrühren. Das sind aber Wirkungen, die ich nicht erstrebt habe. Aber daß ich die durch ein Übermaß an Leidenschaftlichkeit erzielt hätte ...

GAUS: Halten Sie sich für einen leidenschaftlichen Redner?

DEHLER: Meine leidenschaftlichsten Reden waren sicher die im Bundestag. Aber auch nicht so sehr von mir aus, sondern als Reaktionen: diese Reden in die CDU/CSU hinein, die voller Widerstand war, voller Gegensätzlichkeit oft.

GAUS: Wissen Sie schon, Herr Dr. Dehler, wenn Sie aufs Podium hinaufgehen, was Sie alles sagen werden?

DEHLER: Ja, natürlich. Ich weiß doch das Thema, ich nehme mir einen ganz bestimmten Ablauf der Rede vor, ich disponiere, das ist doch selbstverständlich.

GAUS: Herr Dr. Dehler, wenn nach Ihren gelegentlich scharfen Angriffen Sie selbst angegriffen wurden, wie haben Sie dann nach Ihrer eigenen Vorstellung reagiert? Sind Sie empfindlich?

DEHLER: Ich bin empfindsam. Ich verletze ja auch andere ungern. Wenn ich das Empfinden hatte, jemand Unrecht getan zu haben, so ist mir das nahegegangen. Ich glaube, ich habe immer versucht, das auszugleichen. Wenn wirklich mal im Kampfe Härten kamen – zum Beispiel in meiner Auseinandersetzung mit Dr. Arndt gab es Härten, die ich bedaure, wenn ich zurückblicke, aber ich habe das auch ausgeglichen, sehr bewußt. Es gab Prozesse und es gab Auseinandersetzungen, aber ich bin empfindlich eigentlich nicht so sehr meinetwegen, sondern der Sache wegen, die ich vertrete. Weil ich das Gefühl habe, wenn ich einen ungerechtfertigten Vorwurf auf mir sitzenlasse, so schade ich meiner Sache. Das darf ich nicht hinnehmen.

GAUS: Herr Dr. Dehler, haben Sie sich von Ihrer eigenen Partei manchmal im Stich gelassen und verraten gefühlt? Von Ihren eigenen Freunden?

DEHLER: Man spricht nicht gern davon. Natürlich, ich habe es oft meinen Freunden schwer gemacht, ich bin vorgestoßen. Taktik ist nicht meine Sache. Ich habe eigentlich selten versucht, taktisch zu handeln. Ich habe immer das Gefühl gehabt – das ist auch eine Erfahrung der Weimarer Zeit –, daß es viel mehr darauf ankommt, daß bestimmte Menschen das, was sie für richtig halten, hart und unerbittlich sagen.

GAUS: Herr Dr. Dehler, heute angeschaut, vierzehn Jahre zurückgeblickt, haben Sie erreicht, was Sie erreichen wollten, oder fühlen Sie sieh manchmal gescheitert?

DEHLER: Ich habe manches erreicht. Meine tiefe Überzeugung: Was ich als Vorsitzender meiner Partei und als Fraktionsvorsitzender meiner Partei 1955 in der Saar erreicht habe, ist ein Stück deutscher Geschichte. Ich will mich nicht rühmen. Meine tiefe Überzeugung: Ohne mich wäre die Entwicklung nicht so gegangen, wäre die Abstimmung anders verlaufen.

GAUS: Und das Gefühl, da und dort gescheitert zu sein?

DEHLER: Ein Politiker, der zurückblickt, kann diese Frage beantworten. Ich bin noch unglaublich jung, ich habe doch noch alles vor mir.

GAUS: Das bringt mich zu einer letzten Frage. Herr Dr. Dehler, erwarten Sie sich unter dem neuen Bundeskanzler Erhard größere

Möglichkeiten für sich und Ihre politischen Überzeugungen, als Sie sie unter dem Bundeskanzler Adenauer gehabt haben?

DEHLER: Ich bin zuversichtlich. Ludwig Erhard hat den großen Vorzug, ein Franke zu sein wie ich, und das ist schon wirklich ein Positivum: Man ist dann vom Grunde her ein liberaler Mann. In den wesentlichen wirtschafts- und gesellschaftspolitischen Überzeugungen sind wir eines Sinnes, und ich sehe durchaus die Möglichkeit der Zusammenarbeit. Ich glaube auch, daß er in der Methode anders ist als der alte Kanzler. Ich will keine Vorwürfe erheben. Er wird weniger taktieren, ihm wird es vielmehr auf grundsätzliche Entscheidungen ankommen.

Ich nehme auch an, daß er in den außenpolitischen Dingen – ich habe Anlaß zu dieser Annahme, auf Grund eines Gespräches, das ich nach meiner Sowjetreise mit ihm hatte –, daß er hier versuchen wird, aus der Erstarrung der letzten Jahre herauszukommen, daß er keine Möglichkeit, hier zu lockern, auslassen wird. Ich erwarte von ihm und von unserer Zusammenarbeit mit ihm Gutes für unser Volk.

Im Ganzen kann ich wohl sagen, daß ich vor mir selber jedenfalls kein selbstbewußter und stolzer Mensch bin, sondern ich sage gern, das menschliche Leben ist menschliches Leben nur so lange, wie ich bereit bin zu lernen, und ich kann mich auf wenig verlassen. Was wir wissen, ist Stückwerk, und erst wenn das Vollkommene kommen wird, wird das Stückwerk aufhören. Ich enthalte mich von Urteilen dieser Art persönlich ganz entschieden und gebe zu jeder Zeit und Stunde zu: natürlich kann ich irren.

MARTIN NIEMÖLLER:
Bruder Niemöller, mußten Sie das gerade so sagen?

Martin Niemöller, geboren am 14. Januar 1892 in Lippstadt/ Westfalen, gestorben am 6. März 1984 in Wiesbaden. Im ersten Weltkrieg U-Boot-Kommandant. Theologiestudium nach dem Kriege. 1924 wurde er als protestantischer Geistlicher ordiniert und war dann bis 1930 Geschäftsführer der Inneren Mission in Westfalen. 1930 Pfarrer in Berlin-Dahlem. Bald bekanntester Exponent des kirchlichen Widerstandes. Gründer und Vorsitzender des Pfarrernotbundes, der die »reichskirchlichen Bestrebungen« der sogenannten »Deutschen Christen« bekämpfte. Am 1. Juli 1937 wurde er verhaftet, Prozeß wegen »Kanzelmißbrauchs«, ab März 1938 in den Konzentrationslagern Sachsenhausen (bei Berlin) und Dachau (seit 1941). Bei Kriegsende nach Südtirol verschleppt. Im Mai 1945 aus SS-Hand befreit. Seit Herbst 1945 Mitglied des Rates der Evangelischen Kirche in Deutschland (EKD). Von Oktober 1947 bis Ende 1964 war er Kirchenpräsident der Landeskirchen Hessen und Nassau. Von 1961 bis 1968 einer der Präsidenten des Weltkirchenrates. Häufig der Initiator hitziger Debatten über die deutsche Nachkriegsentwicklung.
Das Gespräch wurde gesendet am 30. Oktober 1963.

GAUS: Herr Kirchenpräsident Niemöller, evangelische Pfarrer werden selten – nur in Ausnahmefällen – weltbekannt. Sie sind solche Ausnahme. Sie sind ein weltbekannter Mann. Ihr Name ist erst vor wenigen Wochen wieder in den Zeitungen aufgetaucht anläßlich einer Papstaudienz in Rom. Wenn man die Gründe, die Sie zu diesem Ruhm geführt haben, ganz verkürzt betrachtet, dann erscheint als der Hauptgrund, daß der Weg, den Sie von Anfang Ihres Lebens an bis heute zurückgelegt haben, ein besonders weiter im Sinne der geistigen Standortveränderung gewesen ist. Sie sind 1892 im westfälischen Lippstadt geboren in einem evangelischen Pfarrhaus, das nach Ihrem eigenen Zeugnis und nach den Berichten von Freunden ein für seine Zeit typisches evangelisch-lutherisches Pfarrhaus gewesen ist. Das heißt also, ein Pfarrhaus im Sinne von Thron und Altar, von konservativ-nationaler Haltung, was vornehmlich für Ihren Vater, der Pfarrer in Lippstadt und später in Elberfeld war, gegolten hat. Ich würde gern wissen, ob heute, nun Sie über 70 sind und in vielen Fällen einen so ganz anderen Standpunkt einnehmen, ob heute trotz allem aus Ihrem Elternhaus her noch etwas auf Sie einwirkt, das Bestand gehabt hat, trotz allem, was Sie heute anders sehen, als es Ihr Vater getan hat.

NIEMÖLLER: Jawohl. Aus meinem Elternhaus, dem ich für die Zeit meines Lebens dankbar sein werde, ist mir das eine geblieben, das später auch einen immer klareren Einfluß auf mein Denken und Leben gewonnen und behalten hat, daß ich im Elternhaus als kleiner Junge, der noch nicht einmal vier Jahre alt war, ein Bild von Jesus von Nazareth mitbekommen habe, aus einer Bilderbibel ohne Worte. Und das ist allerdings der eigentliche Inhalt dessen, was mich als Christen beschäftigt und mein Leben getragen hat und trägt.

GAUS: Als Sie damals vor dem 1. Weltkrieg aufwuchsen in diesem so traditionell gebundenen Elternhaus, gab es nach Ihrer Erinnerung irgendeinen wesentlichen Punkt, in dem Sie mit der kirchlichen und politischen Vorstellungswelt Ihres Vaters nicht übereinstimmten?

NIEMÖLLER: Nein, das kann ich nicht sagen. In meinem Elternhaus herrschten diese beiden Dogmen, die in jener Zeit in der christlichen Kirche, besonders in den evangelischen Kirchen in Deutschland, ganz allgemein waren. Diese Dogmen nämlich: ein guter Christ ist auch ein guter Staatsbürger und ein guter Christ ist ein guter Soldat; das waren absolut unbestrittene Dogmen, hinter die man nicht guckte und von denen man nicht die Frage stellte, ob sie eigentlich zu Recht bestünden. Und diese beiden Grundsätze sind in meinem Leben erst sehr viel später überhaupt ins Wanken gekommen, und inzwischen sind sie für mich als Theologen seit vielen Jahren überwunden.

GAUS: Wir werden darauf im einzelnen kommen, Herr Kirchenpräsident Niemöller. Wissen möchte ich nun also: Als Sie 1910 nach dem Abitur sich entschlossen, Seekadett zu werden bei der Kaiserlichen Marine, da war dies also für Ihre Eltern eine willkommene Berufswahl. Es hat nicht etwa den Wunsch Ihres Vaters gegeben, Sie möchten Pfarrer werden?

NIEMÖLLER: Ach, mein Vater hat schon den Wunsch gehabt, daß einer seiner beiden Söhne Pfarrer werden möchte, und er hatte auch keinen Grund, daran zu zweifeln, daß so etwas würde eintreten können; aber da ich schon als Vierjähriger am Strande der Lippe meine Liebe fürs Wasser und für die Seefahrt entdeckt habe, habe ich eigentlich die 14 Jahre bis zum Abitur niemals gezweifelt, daß ich Seefahrer werden würde, Seemann werden würde. Und mein Vater legte Wert darauf, daß ich dann wenigstens den Seeoffiziersberuf ergreifen sollte und nicht als Schiffsjunge weglaufen sollte zur Handelsmarine. Das war damals ja noch eine, ja eine gesellschaftliche Frage gewissermaßen, ob man bei der kaiserlichen Marine Offizier würde oder ob man irgendwo auf einem Handelsschiff durch die Ozeane schippern würde.

GAUS: Das Weglaufen, um Schiffsjunge zu werden, haben Sie nicht erwogen?

NIEMÖLLER: Nein, das habe ich in keinem Augenblick erwogen.

GAUS: Sie sind mit einer solchen Unbekümmertheit, wie Sie sie eben verraten haben, dann wohl auch in den 1. Weltkrieg gezogen?

NIEMÖLLER: Durchaus nicht. Ich war im Jahre 1912 Seeoffizier geworden und lebte als 2. Torpedooffizier auf einem Linienschiff des 1. Geschwaders, auf der »Thüringen«, und als der Krieg anfing, haben wir damals im August 1914 – und ich glaube, wir alle aus meinem Jahrgang – diese Probe aufs Exempel als etwas wirklich Entscheidendes für unser Leben und seine Gestaltung oder gar auch für unser Leben und seine Beendigung gesehen. Ich habe mich dann ganz und gar in diese meine Aufgabe als Offizier im Kriege hineingefunden.

GAUS: Sie waren schließlich von Mitte des Krieges an Offizier auf U-Booten und zum Schluß Kommandant eines Unterseeboots im Mittelmeer. Ich würde gerne wissen: Nachdem sich Ihre Einstellung zum Krieg und zum Soldatenberuf radikal geändert hat, haben Sie heute am Abend Ihres Lebens die Vorstellung, daß man zu den neuen Einsichten, die Sie heute haben, nur kommen konnte durch bittere Erfahrungen, die Sie gemacht haben, oder meinen Sie, daß der junge Niemöller auch seinerzeit schon bei etwas weniger Gedankenlosigkeit und Forschheit wenigstens die Ansätze dieser neuen Ansichten hätte hegen können?

NIEMÖLLER: Heute bin ich davon überzeugt, daß so etwas möglich, wenn auch nicht gerade denkbar gewesen wäre, denn das ganze Lebensgefüge, die ganze Gesellschaftsstruktur, die war etwas derartig Konstantes und Unerschütterliches in unserem Bewußtsein, so wie wir aufgewachsen waren im Gymnasium in Elberfeld, das ja ganz und gar diesen Geist meines Elternhauses teilte. Etwas anderes war praktisch für mich eigentlich undenkbar. Aber heute sage ich mir, wenn ich damals ein denkender Mensch gewesen wäre und hätte mehr Zeit auf das Denken verwandt, dann hätte ich vielleicht früher zu Erkenntnissen kommen können, die ja dann noch Jahrzehnte auf sich haben warten lassen.

GAUS: Tragen Sie sich nach, daß Sie Jahrzehnte gebraucht haben?

NIEMÖLLER: Ja, das ist nun wirklich eine Gewissensfrage. Ich schäme mich vor mir selber, daß ich nicht früher zu denken angefangen habe in dieser Richtung und entschuldige mich vor mir selbst, daß ich eigentlich niemals etwas Besonderes habe sein wollen, sondern mich, so lange mein instinktives Denken nicht rebellierte, immer gern an das gehalten habe, was allgemein galt.

GAUS: Nun haben Sie sich einmal, glaube ich, während des Krieges vom Rebellieren des instinktiven Denkens überrascht gefühlt. Es gibt in Ihren Erinnerungen »Vom U-Boot zur Kanzel« die Schilderung, daß ein Angriff auf einen französischen Zerstörer im Januar 1917 Ihnen Skrupel bereitet hat, weil dieser französische Zerstörer gerade dabei war, die Überlebenden eines Truppentransporters, der bereits torpediert war, zu retten. Hat dieses Erlebnis, das dann vielleicht vorübergehend wieder untergegangen sein sein mag, nachhaltig auf Sie gewirkt?

NIEMÖLLER: Jedenfalls habe ich es nie wieder vergessen. Es hat nicht im Augenblick sehr nachhaltig gewirkt. Es hat damals einen Streit, den ich als navigatorischer Wachoffizier auf U 39 mit dem Kommandanten führte, einen Streit zwischen dem Kapitänleutnant Forstmann als dem Kommandanten von U 39 und mir gegeben, als er mich durchs Seerohr blicken ließ. Und ich hatte das Gefühl, der

Zerstörer ist ja dabei, Ertrinkende zu retten. Können wir auf den schießen? Ich glaube, das ist unmöglich, daß wir jetzt ein Torpedo gegen diesen Zerstörer loslassen. Und tatsächlich hat sich Kapitänleutnant Forstmann dann bewegen lassen, diesen Angriff abzubrechen. Wir haben den Zerstörer nicht versenkt. Am Tage hinterher ist mir etwas anderes zum Bewußtsein gekommen. Ich hatte damals einen lieben Freund und Vetter an der Salonikifront, und der Einwand von Forstmann war der: Niemöller, Sie denken nicht weit genug. Die Leute, die heute da gerettet werden, die sind übermorgen, wenn sie gerettet sind, tatsächlich an der Salonikifront und schießen auf unsere Leute. Und ich habe dann immer das Gefühl gehabt, wenn ich jetzt eine Todesanzeige kriege oder die Nachricht, daß mein Vetter an der Salonikifront gefallen ist, dann werde ich mir zeit meines Lebens Vorwürfe machen, daß ich den Kommandanten Forstmann davon abgehalten habe, diesen Zerstörer zu versenken. Denn ist nicht der Mann, der meinen Vetter umgelegt hat an der Salonikifront, ist der nicht hier im Wasser gewesen und von uns dann an seinem Leben erhalten worden, indem wir das Schiff, das die Rettungsaktion machte, tatsächlich nicht versenkt haben? Also, das hat mich eine Reihe von Wochen gequält, praktisch so lange, bis ich eine neue Nachricht durch die Feldpost von meinem Vetter hatte, die mir bestätigte, daß er nicht ums Leben gekommen war.

GAUS: Würden Sie den Gedankengang dieser Skrupel heute noch für zulässig halten? Dieser Gedankengang lautet doch in etwa, sehr überspitzt gesagt: lieber die Franzosen, Engländer, was immer es gewesen sein mag, auf dem Truppentransporter ertrinken lassen, um einen deutschen Soldaten zu retten.

NIEMÖLLER: Ja, also, es gehört mit hinein. Eine ganz verquere Gedankenentwicklung, die es auch heute noch gibt, die ich aber heute nicht mehr teile. Also, ich würde heute diese Art von Skrupel, wie ich sie damals 1917 nach dieser Aktion zwischen Malta und Kreta hatte, in der Weise nicht mehr erleben.

GAUS: Sie würden Sie nicht mehr für ausreichend ansehen.

NIEMÖLLER: Nein!

GAUS: Herr Kirchenpräsident, was war Ihre Einstellung zur Revolution 1918 und zur Weimarer Republik, die aus dieser Revolution hervorgegangen ist?

NIEMÖLLER: Die Einstellung zur Revolution 1918, die kam mir eigentlich erst, als ich mein U-Boot glücklich Ende November 1918 aus dem Mittelmeer nach Kiel zurückgebracht hatte, und da war die Revolution als solche schon passiert. Es war ein historisches Ereignis geworden, und die Frage war: Was ist jetzt aus dieser Revolution oder sogenannten Revolution, was ist für die Zukunft daraus zu gestalten? Und ich war natürlich als Seeoffizier in ziemlich strammer Weise ein Monarchist, obgleich ich damals schon in meinem Kameradenkreis als der »Rote Niemöller« betrachtet wurde. Das heißt, ich war keineswegs davon überzeugt, daß wir einfach zu dem zurückkehren sollten, was wir vier Jahre vorher zur Zeit des Kriegsbeginns etwa gedacht hatten und wovon wir damals überzeugt gewesen waren, sondern daß Dinge anders geworden waren und daß die Aufgaben anders geworden waren. Das war mir sehr bewußt, und das lag mir auch im Blute aus der Vergangenheit meiner Väter und Vorväter, die westfälische Bauern waren und bei denen ja immer ein gutes Stück demokratischen Sinnes da war. Der westfälische Bauer, der auf seinem Einzelhof lebt in der Bauernschaft und nicht im Dorf, der hat das Gefühl – nicht wahr? –, mir darf keiner das, was ich für richtig halte, irgendwie bestreiten. Und wir erkennen die Obrigkeit an dort, wo die Obrigkeit benötigt wird, so wie die Stammesherzöge zur Zeiten Karls des Großen noch nicht erbliche Herzöge, sondern Wahlherzöge waren, die spezifisch für Notstandszeiten an die Spitzen gesetzt wurden, und man folgte ihnen, bis der Notstand beseitigt war. Dann fing diese Selbständigkeit und das selbständige Sich-für-sich-selber-verantwortlich-Wissen und Sich-für-sein-Handeln-verantwortlich-Wissen wieder an, und diese Verantwortung, die hat mich eigentlich sehr stark begleitet in meinen jungen Jahren. Die Verantwortung, die mir nicht irgend jemand abnimmt und die mir nicht durch einen Befehl abgenommen werden kann, sondern für die ich selber geradezustehen habe.

GAUS: Es liegen aber genügend Äußerungen vor von Ihnen, die davon zeugen, daß Sie die Weimarer Republik selbst wenig geschätzt haben. Ist das richtig?

NIEMÖLLER: In gewissem Sinne ist es zweifellos richtig. Ich glaubte nicht, daß im allgemeinen der Deutsche für eine Demokratie, in der jeder Staatsbürger mitzureden hat, wirklich reif wäre und habe von daher meine Fragezeichen dahinter gesetzt. Mir hat eine Wiedereinführung einer konstitutionellen Monarchie – etwa nach englischem Muster – vorgeschwebt als das, worauf wir hinausmüßten. Und wenn wir damals sagten und es zu hören bekamen, mit Recht zu hören bekamen, daß die Weimarer Verfassung die freieste demokratische Verfassung wäre, die es damals gab, dann war die Frage: Sind wir das Volk, das die allerfreieste Verfassung braucht? Und an dieser Stelle haben meine Zweifel eingesetzt.

GAUS: Wie denken Sie heute darüber, über die Weimarer Republik, und wie denken Sie heute über die Reife Ihrer Landsleute, unter einer freiheitlich-demokratischen Verfassung zu leben?

NIEMÖLLER: Daß wir weitergekommen sind in diesen Jahren, daß unsere Einsichten tiefer gegangen sind, das erkenne ich ohne weiteres an. Ob die Demokratie, so wie wir sie heute im westlichen Staat in Deutschland haben, ob sie gerade für das deutsche Volk das ist, was sich auf die Dauer bewähren kann, das kann ich immer noch nur mit einer Reihe von Fragezeichen versehen. Aber die Weimarer Republik war ja in der Beziehung noch sehr viel ausgesprochener und eigentlich sehr viel mehr darauf angewiesen, daß der Staatsbürger selber ein Demokrat ist.

GAUS: Was ist das größte Fragezeichen, das Sie hinter die Verfassung der Bundesrepublik Deutschland setzen?

NIEMÖLLER: Das kann ich Ihnen nicht in staatsrechtlichen Formeln oder so etwas zum Ausdruck bringen, aber ich beneide immer noch und immer wieder die englische Demokratie und zwar aus einem sehr einfachen Grunde. Nach meinen persönlichen Erfahrungen hört bei uns die Verbindung mit dem Menschen, der den Wahlkreis, in dem ich meine Stimme abzugeben habe, nachher im Bundestag vertritt, eigentlich mit der geschehenen Wahl weitgehend auf, während der englische Parlamentarier, der im Unterhaus sitzt und seinen Wahlkreis dort zu vertreten hat, sich tapfer in allen Parlamentsferien wirklich vor seine Wählerschaft und vor die Bevölkerung seines Wahlkreises hinstellt und sich dafür verantwortet, weshalb er bei diesem und bei jenem Gesetzentwurf dafür oder dagegen gestimmt hat. Nach der Richtung hin, glaube ich, braucht unser Parlamentarismus und unsere demokratische Gestaltung eine Ergänzung. Das nachahmenswerte Vorbild ist die angelsächsische Demokratie. Ich glaube, daß es in Amerika gar nicht sehr viel anders ist als in England selbst.

GAUS: Herr Kirchenpräsident Niemöller, als Sie nach dem verlorenen 1. Weltkrieg Ihren Dienst als aktiver Offizier bei der Marine quittierten, dachten Sie vorübergehend, als ein durchaus national gesinnter Mann, an den Eintritt in ein Freicorps, und Sie wollten noch gemeinsam mit Kameraden als Schafzüchter nach Argentinien auswandern. Schließlich haben Sie sich gemeinsam mit Ihrer Frau, die Sie Ostern 1919 heirateten – aus dieser Ehe sind sieben Kinder hervorgegangen, von denen der älteste Sohn im 2. Weltkrieg gefallen ist – in eine landwirtschaftliche Lehre verdingt, weil Sie, der Tradition Ihrer Familie durchaus bewußt, Bauer werden wollten. Ganz überraschend schrieben Sie dann im September 1919 in Ihr Tagebuch die Frage: »Werde ich Theologe?« Sie wurden es bald; studierten in Münster und wurden 1924 Pastor. Wie ist es zu diesem Entschluss gekommen?

NIEMÖLLER: Zunächst einmal durch eine wirtschaftliche Sache. Das gemeinsame sogenannte Kommißvermögen meiner Frau und meiner selbst reichte auf Grund der Inflation nach dem 1. Weltkrieg einfach nicht mehr für den Ankauf eines Bauernhofes. So stand ich vor der Frage, werde ich landwirtschaftlicher Beamter – Verwalter und so etwas – oder nicht, und das lag mir nicht. Im übrigen hatte meine Tätigkeit als Bauernknecht, die ich ein halbes Jahr ausgeübt habe von Anfang Mai bis in den Oktober, Ende Oktober 1919, die Wirkung gehabt, daß ich mich mit meinem Volk wieder versöhnt hatte. Vorher war ich ihm gram gewesen wegen der Niederlage, von der man ja nicht ohne weiteres annahm, daß sie unverschuldet war und daß sie unabwendbar gewesen wäre. Ich hatte mich von meinem Volke distanziert und mein Denken auf einen Bauernhof und dieses eigene Königreich zurückgezogen oder zurückziehen wollen. Nun war ich aber innerlich in meiner Seele wieder mit meinem Volk in Frieden gekommen und fragte mich, wie kann ich meinem Volk jetzt, wo ich nicht Bauer werden kann, wie kann ich meinem Volk jetzt wohl am besten dienen. Ich wäre gern Lehrer geworden, schreckte aber damals vor dem

Lehrerberuf zurück, weil ich mir sagte, wie das hier in der Weimarer Republik in Zukunft mit dem Lehrerberuf wird, was ich da lehren darf, was ich sagen darf, zum Beispiel im Geschichtsunterricht, das weiß ich gar nicht, und ich glaube gar nicht, daß wir darin wirklich frei unsere eigene Überzeugung zum Ausdruck bringen dürfen. Dann habe ich überlegt, daß ich ja schon einmal, als ich nämlich in die kaiserliche Marine eintrat 1910 als Seekadettenanwärter, nach Kiel gefahren und fest vorhatte, wenn ich als Seekadett nicht angenommen werde, dann studiere ich Theologie. Da gab es also eine durchgehende Verbindung mit der Vergangenheit, die niemals unterbrochen gewesen war. Als ich mit meinem Vater über diese Dinge sprach, mit dem ich sehr gut Freund gewesen bin zeit meines Lebens, da sagte mir mein Vater – und das hat eigentlich meinen Entschluß dann wie ein Blitz herbeigeführt: Junge, wenn dir Angst ist um deine Überzeugungsfreiheit, der evangelische Pastor ist der freieste Beruf in der Welt.

GAUS: Ich finde an dieser Antwort, Herr Kirchenpräsident, etwas sehr interessant. Sie sprechen davon, daß Sie wieder mit Ihrem Volk, dem deutschen Volk, versöhnt waren und daß dieses der Grund war, warum Sie ihm nun als Pfarrer dienen wollten. Damit taucht also der Begriff Volk auf, es taucht nicht auf der Ausdruck Nächste, der Nächste. Glauben Sie, daß diese Definition, wie Sie sie gewählt haben, seinerzeit der durchschnittlichen Vorstellungswelt der evangelischen Kirche entsprach? Diese Hinwendung zum Volk, zum Nationalen, nicht zum Nächsten als dem Wichtigeren?

NIEMÖLLER: Ich glaube ja. Der nationale Anteil am kirchlichen Denken und Wollen war damals im Großen und Ganzen sehr viel stärker als der Blick auf den Nächsten. Das hatte man seit 70 Jahren, also seit der Zeit von Johann Hinrich Wichern mit der Gründung der Inneren Mission, eigentlich der freien Liebestätigkeit oder, ich denke an Stöcker und Naumann im Bezug auf die gesellschaftliche Entwicklung, einzelnen Christen überlassen. Das konnten die evangelischen Kirchen in Deutschland damals noch gar nicht aufgreifen, weil es nicht paßte. Kaiser Wilhelm II. hatte ja einmal, als die Stöcker-Geschichte begann zu Beginn der neunziger Jahre, den Ausdruck geprägt, und das war auch eine Art Dogma geworden: »Christlich-sozial ist Unsinn.« Also die Kirche, die Landeskirche, die immer noch die Spuren und die Eierschalen des Staatskirchentums an sich trug, die kümmerte sich wohl ums Volk, aber nicht so sehr eigentlich um den Nächsten. Die Kirche kümmerte sich um den einzelnen Menschen als Gemeindeglied, als Kind, als Konfirmand, aber eigentlich nicht um das, was wir heute wieder unter dem Gebot »Du sollst Deinen Nächsten lieben als Dich selbst« vor Augen haben und empfinden. Das lebte 1918 in dieser Weise noch nicht oder Ende 1919, als ich anfing, Theologie zu studieren. Es war für mich ganz und gar die Frage, wie diene ich meinem Volk am besten. Das habe ich, glaube ich, auch in meinem Buch »Vom U-Boot zur Kanzel« sehr zum Ausdruck gebracht.

GAUS: Das ist sehr deutlich darin geworden. Machen Sie sich selbst und Ihren damaligen Amtsbrüdern einen Vorwurf daraus?

NIEMÖLLER: Ich könnte sagen: jawohl. Ich könnte zugleich dazu sagen, wir waren ja in einer Tradition drin, und solange man über diese Tradition nicht sehr grundsätzlich nachzudenken anfing, solange konnte man eigentlich kaum sehen, daß hier eine andere Entwicklung und eine andere Einstellung und dann auch ein anderes Verhalten als das eigentlich bewiesene notwendig gewesen wäre.

GAUS: Herr Kirchenpräsident, im Sommer 1931 werden Sie dann als Pfarrer an die Kirche in Berlin-Dahlem gerufen, nachdem Sie vorher sieben Jahre lang Geschäftsführer der Inneren Mission in Westfalen gewesen sind. Die Zeit von 1931-1933 haben Sie selbst als die eigentlich schönste Zeit Ihres Pfarrerlebens bezeichnet, weil Sie ganz in der Gemeinde gedient haben und endlich das tun konnten, was Sie immer tun wollten.

NIEMÖLLER: Ja.

GAUS: Nach Hitlers Machtantritt wird der Name Berlin-Dahlem und der Name Niemöller sehr schnell zum Begriff für den Kirchenkampf einer bestimmten Gruppe innerhalb der evangelischen Kirchen gegen den nationalsozialistischen Staat, gegen die Staatsallmacht dieses Staates. Ich würde gerne wissen – Ende Oktober 1933 gründen Sie bereits den Pfarrernotbund...

NIEMÖLLER: Jawohl...

GAUS: ... ich würde gern wissen, wie es gekommen ist, daß es ausgerechnet Martin Niemöller gewesen ist, der sich bis dahin, wie

Sie gerade eben sagten, durchaus nicht von dem durchschnittlichen Bild des nationalgesinnten evangelisch-lutherischen Pfarrers unterschied, warum es gerade Martin Niemöller war, der so schnell in die Opposition hineinfand?

NIEMÖLLER: Ja, im Grunde verdanke ich das wieder meinem Elternhaus und zwar in dem Punkt, von dem ich vorher einmal andeutungsweise sprach. Ich habe in meinem Elternhaus als kleines Kind, lange ehe ich lesen konnte, die Begegnung mit Jesus von Nazareth gehabt, und der spielte in meinem Gebetsleben, so wie es in meinem Vaterhaus geübt wurde, die entscheidende Rolle. Der Nationalsozialismus hatte vorher in seinem Parteiprogramm drinstehen, positives Christentum wäre die Grundlage für seine Weltanschauung und seine Politik stehe auf dem Boden des positiven Christentums. Ich habe dem zunächst getraut, bis ich dann merkte, daß es mit diesem sogenannten positiven Christentum des Parteiprogramms etwas ganz anderes war, als was der normale Christ damals unter positivem Christentum verstand. Daß Jesus kein Jude gewesen sein dürfe. Deshalb ist in das Verpflichtungsformular des Pfarrernotbundes von Anfang an unter die Grundsätze, zu denen sich das Mitglied des Pfarrernotbundes bekennt, der Satz aufgenommen, daß in der Einführung des Arierparagraphen in die christliche Kirche eine Verletzung des Bekenntnisses vorliege. Diese Verletzung des Bekenntnisses habe ich sehr früh gespürt im Jahre 1933 und habe gesagt: An der Stelle gebe ich dem Nationalsozialismus, wenn er bei dieser Haltung verbleibt, nicht den kleinen Finger. Und von daher hat sich diese Geschichte dann entwickelt. Dann war ich ja Adjutant bei dem ersten Reichsbischof Bodelschwingh, der aber niemals eingeführt wurde. Als er zurücktrat – Pfingsten 1933 – und dann die Geschichte ganz in die Hände der nationalsozialistischen Partei kam, da hieß es für mich, wird nun die Kirche unter dieser nationalsozialistischen Führung tatsächlich Jesus von Nazareth wieder nach dem biblischen Zeugnis anerkennen, ihn als ihren Herrn haben und auf ihn als ihren Herrn hören, oder wird das nicht geschehen. Wenn es nicht geschieht und so lange es nicht geschieht, kann ich nicht ja dazu sagen. Das ist also der eigentliche Ansatzpunkt gewesen, von dem aus ich in den Widerstand der späteren Bekennenden Kirche oder des Pfarrernotbundes und der Sammlung der Pfarrer gelangte, die sich zu Jesus als dem Herrn der Kirche zu bekennen gedachten und dabei bleiben wollten und dafür jeden Preis zu zahlen sich entschlossen hatten.

GAUS: Dieser Kirchenkampf, Herr Kirchenpräsident, hat sehr schnell einen Höhepunkt erreicht, einen sehr dramatischen Höhepunkt. Am 25. Januar 1934 sind Sie zusammen mit anderen evangelischen Geistlichen in die Reichskanzlei zu Adolf Hitler bestellt worden. Bei dieser Gelegenheit ist es zu einem sehr scharfen Zusammenstoß zwischen Ihnen und Hitler gekommen. Können Sie uns darüber etwas erzählen?

NIEMÖLLER: Ja, also nicht zum Zusammenstoß zwischen mir und Hitler, sondern zwischen Hitler und mir. Das wäre die richtige Formulierung. Ich persönlich war sehr überrascht, daß ich aufgefordert wurde, denn im Übrigen erschienen da bloß Bischöfe und Kirchenpräsidenten und solche Leute. Es ging um die Frage, ob mit Hitlers Zustimmung der Reichsbischof Ludwig Müller, Vertreter der nationalsozialistischen Richtung, wieder zurückgezogen werden würde. Das war alles so vorbereitet, daß die Kirchenführungen hofften, daß diese Einladung in die Reichskanzlei mit dem Ergebnis enden würde, daß der Führer sein Einverständnis erklären würde, wenn man den Reichsbischof wieder abwählte, respektive ihn zurückzöge. Wir sind hineingekommen in die Reichskanzlei, und dann passierte das große Unglück, daß plötzlich der Reichsmarschall Göring auftrat, im Cutaway angezogen, mit einer roten Mappe unterm Arm, sich hinbaute vor den Führer, ehe noch eigentlich die Verhandlung mit den Bischöfen und Kirchenführern angefangen hatte und ihm vorlas: »Der hier anwesende Pfarrer Niemöller hat heute morgen das und das Gespräch geführt.« Es war das erste Mal, daß ich merkte, daß man ein ...

GAUS: ... Telefongespräch

NIEMÖLLER: ... Telefongespräch abhörte. Ich war morgens angerufen worden von meinem Mitvorsitzenden in der jungreformatorischen Bewegung. Das war der jetzige Professor Künneth in Erlangen. Er fragte mich, ob alles vorbereitet wäre. Und da ich draußen den Wagen vor der Tür hatte, um in die Wilhelmstraße zu fahren – das war immer noch in Dahlem –, so habe ich sehr hastig darauf geantwortet und am Ende nahm mir meine Vikarin – sie wollte, daß ich rechtzeitig in der Wilhelmstraße wäre – den Hörer aus der Hand und setzte das Gespräch fort. Es war gerade an der Stelle, wo ich Künneth auseinandersetzte, daß wir den Reichspräsidenten Hindenburg informiert hätten und daß er heute morgen noch dem Reichsbischof irgendetwas sagen würde, um ihm die letzte Ölung zu geben. Das war natürlich nun der Moment, wo Hitler plötzlich lebendig wurde und wach wurde, und damit hatte Göring also das Spiel gegen die evangelische Kirche, gegen die werdende Bekennende Kirche, die nicht für Ludwig Müller und seine deutsch-christlichen Tendenzen zu haben war, gewonnen. Und dann legte der Führer los und redete lange auf mich ein, und ich mußte mich nach vorne drängen – ich stand natürlich in der hintersten Linie als der ganz kleine, gewöhnliche Pastor aus Dahlem –, so daß er seine Kanonade gegen mich richten konnte. Als sie dann schließlich geendet hatte, da wußte ich ungefähr, was ich erwidern würde. Und dann hat es eine ziemlich erhebliche Auseinandersetzung gegeben. Sie endete damit, daß der Führer, nun natürlich voreingenommen, den Bischöfen einfach sagte: »Sie haben doch auf der Synode in Wittenberg den Reichsbischof selber gewählt. Ich habe den nicht eingesetzt, und wenn Sie ihn loswerden wollen, müssen Sie ihn selbst loswerden. Aber ich tu dazu nichts mehr.«

GAUS: Was haben Sie Hitler erwidert?

NIEMÖLLER: Was habe ich Hitler erwidert? Er hat uns verabschiedet, und ich lauerte. Ich stand nun in der vordersten Reihe als dritter Mensch, und er gab jedem die Hand. Als er den beiden ersten, Wurm und – ich weiß nicht, wer noch neben mir stand – die Hand gegeben hatte, da dachte ich, wird er dir auch noch die Hand geben. Er gab mir die Hand, und ich sagte: »Herr Reichskanzler, Sie haben vorhin gesagt, die Sorge ums deutsche Volk, die überlassen Sie mir.« Dann sagte ich weiter, auch wir fühlten uns fürs deutsche Volk dafür verantwortlich, daß hier reine Bahn geschaffen würde. »Die Verantwortung fürs deutsche Volk, die können wir nicht weggenommen bekommen, die hat Gott uns auferlegt, und kein anderer als Gott kann die von uns wegnehmen, auch Sie nicht.« Und als ich das gesagt hatte, da zog er seine Hand aus meiner Hand, die so lange ineinander geruht hatten, ziemlich abrupt los und ging zum Nächsten. Das war die ganze Geschichte, und natürlich waren die Kirchenführer dann hinterher außerordentlich böse drauf, daß diese Störung passiert war, und sie hatten mir riesig leid getan im Grund. Ich war dann ein Ausgestoßener im Kreis der Kirchenführer nach diesem Geschehnis. Bloß mein lieber westfälischer Präses Dr. Koch-Öhnhausen, der hakte mich unter, als wir zurückmarschierten zum Hospiz in der Wilhelmstraße und sagte: »Na, Bruder Niemöller, da müssen wir mal eine Instanz höher gehen.«

GAUS: Nun hat gerade dieser Freund, der Präses Koch, Sie einmal ein bißchen vorwurfsvoll gefragt, warum Sie denn durchaus richtige Dinge gerade so, nämlich sehr zugespitzt, sehr radikal, formulieren müßten. Und das ist eine Frage, die sich viel später oft bei Äußerungen, die Sie über die Bundesrepublik Deutschland und die Politik der Bundesregierung getan haben, erhoben hat. Bitte, wie beurteilen Sie selbst einen solchen Vorwurf? Wollen Sie manchmal verletzen? Wollen Sie es manchmal?

NIEMÖLLER: Nein, nein, nicht um jemanden zu verletzen, habe ich mich manchmal in dieser burschikosen Weise ausgedrückt. Der Ausdruck von Präses Koch ist ja sprichwörtlich geworden: »Bruder Niemöller, mußten Sie das gerade so sagen.« Und dann habe ich wohl geantwortet: »Wie hätte ich es sonst sagen sollen, so daß die Leute wirklich aufgemerkt hätten und begriffen hätten, worum es mir zu tun ist.« Also mir liegt bei derartigen Ausdrücken daran, daß man so zugespitzt redet, daß die Menschen aufpassen müssen und sich überlegen müssen, was will der Kerl eigentlich. Daran hat mir gelegen, ob ich jemanden dabei verletze, das ist eine zweite Frage. Es geht darum, daß eine Überzeugung so ausgesprochen wird, daß sie gehört und zur Kenntnis genommen wird und einen gewissen Eindruck hinterläßt.

GAUS: Haben Sie jemals taktische Überlegungen angestellt der Art, daß eine sehr überspitzte Formulierung an Wert verlieren könnte, weil die Menschen sich durch die Überspitzung abgestoßen fühlen könnten und gar nicht mehr hinhören?

NIEMÖLLER: Meine Schwäche besteht vielleicht darin, daß ich immer mit den Menschen spreche, die ich gerade vor mir habe, und nicht frage, was andere Menschen darüber auch noch denken mögen. Das ist ein Manko, und das hängt wahrscheinlich sehr erheblich mit meinem Temperament zusammen. Ich habe auch versucht, bei mir selber in Selbsterziehung daran zu arbeiten, aber nicht mit gerade großem Erfolg in meinem ganzen Dasein.

GAUS: Herr Kirchenpräsident, der Kirchenkampf gegen den nationalsozialistischen Staat, der ist von Ihnen selbst als eine rein kirchliche Frage der Verkündigungsfreiheit empfunden und definiert worden. Sie und die Mehrheit des Pfarrernotbundes und der späteren Bekennenden Kirche haben es abgelehnt, diesen Kampf politisch werden zu lassen. Warum haben Sie ihn nicht politisch führen wollen?

NIEMÖLLER: Weil ich einfach auf dem Gebiet der Politik überhaupt keine Ahnung hatte oder sehr wenig Ahnung hatte, nicht mehr als ein normaler Zeitungsleser in jener Zeit; weil meine Aufgaben ganz woanders lagen. Aber entscheidend ist für mich im Grunde gewesen, daß tatsächlich das Schwergewicht meiner Einstellung gegen den Nationalsozialismus keinen politischen Akzent hatte, sondern die Frage war, wie wird das Evangelium davor bewahrt, daß es durch die nationalsozialistische sogenannte Weltanschauung zu etwas ganz anderem gemacht wird. Also die Kreuzigung Jesu, die kann in dem Sinne, wie das positive Christentum des Nationalsozialismus über Jesu gepredigt und gelehrt hat, schlechterdings nicht gewürdigt werden als ein Ereignis oder das Ereignis, in dem wirklich der Menschheit Heil angeboten und gebracht wird.

GAUS: Offensichtlich hatte Ihr Kirchenkampf keinen politischen Akzent, denn als Sie im Sommer 1937 verhaftet und dann Anfang 1938 vor Gericht gestellt wurden, haben Sie in dieser Gerichtsverhandlung sehr deutlich ausgesagt, daß Sie bei aller Wahrung Ihres oppositionellen evangelischen Standpunktes die nationale Grundlage des damaligen Staates sehr wohl bejahten. War das eine taktische Antwort, hatte es taktische Gründe, wollten Sie sich damit nach Möglichkeit den Weg in die Gemeinde zurück offen halten, oder entsprach diese Hinwendung zum Nationalen und dem, was Sie als die nationale Grundlage auch des nationalsozialistischen Staates ansahen, Ihrer damaligen Überzeugung?

NIEMÖLLER: Die Vorliebe für eine nationale Entwicklung unseres Volkes und Staates, die entsprach meiner vollen Überzeugung von damals, denn man sah ja noch nicht, was sich im Laufe der nächsten zwanzig oder dreißig Jahre vorbereitete. Ich bin auch noch für die Wiedereinführung der allgemeinen Wehrpflicht im Jahre 1935 gewesen.

GAUS: Herr Niemöller, Sie haben in diesem gleichen Prozeß Anfang 1938 unerschrocken Ihren evangelischen Standpunkt gegen den Arierparagraphen verteidigt, Sie haben aber auch gesagt, daß man es Ihnen als ehemaligem Offizier und Sproß einer westfälischen Bauernfamilie schon glauben dürfe, daß Ihnen die Juden menschlich gewiß nicht sympathisch seien. Bedrückt Sie dieses Wort heute?

NIEMÖLLER: Ja, sicher bedrückt es mich – das war auch ein Stück Tradition. In meiner Tecklenburger Heimat gab es viele Bauern, die an jüdische Geldgeber und Viehhändler verschuldet waren. Die Stimmung in dieser ganzen Gegend war nicht systematisch, aber gefühlsmäßig traditionell antisemitisch in jener Zeit, und das ist bei mir niemals in einen bestimmten Zweifel gezogen worden. Und in der Wehrmacht von 1910 gab es auch diese gewisse Reserve dem Judentum gegenüber. Das bedaure ich heute schwer. Aber damals war mir in keiner Weise klar, was mir erst im Konzentrationslager dann wirklich überzeugend aufgegangen ist, sehr viel später, nämlich, daß ich als Christ nicht nach meinen Sympathien oder Antipathien mich zu verhalten habe, sondern daß ich in jedem Menschen, und wenn er mir noch so unsympathisch ist, den Menschenbruder zu sehen habe, für den Jesus Christus an seinem Kreuz gehangen hat genau so wie für mich, was jede Ablehnung und jedes Antiverhalten gegen eine Gruppe von Menschen irgendeiner Rasse, irgendeiner Religion, irgendeiner Hautfarbe einfach ausschließt.

GAUS: Das ist eine spätere Erkenntnis?

NIEMÖLLER: Das ist eine spätere Erkenntnis.

GAUS: Sie haben diese Erkenntnis, wie Sie eben schon gesagt haben, in den Konzentrationslagern gewonnen, in die Sie nach dem Prozeß gesperrt wurden. Zunächst in das Konzentrationslager Sachsenhausen, dann in Dachau. Können Sie mir sagen, auf welche Weise und wann etwa Sie diese neuen Ansichten und Einsichten gewonnen haben?

NIEMÖLLER: Die sind natürlich gewachsen, ohne mir zunächst ins klare Bewußtsein zu kommen. Aber im Jahre 1944 erst, also in meinem letzten Gefangenschaftsjahr, da ist mir an einem Nachmittag eine Erkenntnis gekommen. Ich hatte niemals mit dem schwarz uniformierten Menschen gesprochen, der in meine Zelle kam, um mir Essen zu bringen oder Geschirr abzuholen oder sonst was. Ich stand als nationaler Mensch, so wie ich meine Nation verstand und wie ich sie gerettet sehen wollte, auf dem Standpunkt, diese Bande in schwarzen Uniformen, die geht mich nichts an. Und da, als der SS-Mann aus meiner Zelle rausgegangen ist, da ist mir plötzlich – aber das war auch wieder wie ein Blitz – eine Erkenntnis aufgegangen, und ich habe mich fragen müssen, kannst du eigentlich sagen, dieser Mensch geht dich nichts an? Kannst du eigentlich so tun, als ob das ein Unterschied wäre? Später habe ich es dann in einer noch sehr viel klareren Weise erkannt und habe es auch oft zum Ausdruck gebracht und habe gesagt, ich kann doch als Christ gar nicht glauben, daß Jesus für mich gestorben ist, ausgerechnet für mich, wenn ich sage: Aber für den, und wenn es Josef Stalin ist, für den ist er nicht gestorben. Das gibt eine ganz andere, natürlich eine grundumgestellte Haltung zu dem, was uns an Menschen sympathisch oder nicht sympathisch ist. Das »Liebet eure Feinde« bekommt von daher natürlich ein ganz anderes Gesicht als das Gesicht eines Gebotes, das sich nur schwer erfüllen lässt und zu dem man sich in irgendeiner Weise nötigen muß.

GAUS: Diese neue Erkenntnis, die Sie nach dem Kriege dann getragen hat, haben Sie erst gewonnen in Form der Hinwendung zu den KZ-Wächtern, die Sie damals bewacht haben?

NIEMÖLLER: Ja.

GAUS: Das war sehr früh.

NIEMÖLLER: Das war, als ich erfuhr, daß man mich abgesetzt hatte als Pfarrer. Es ist gar nicht leicht zu sagen. Wir werden ja leicht versucht, wir Menschen, wenn wir mit einer Sache, in der wir dringewesen sind und einem Gedankengang, in dem wir gesteckt haben, wenn wir damit Schiffbruch leiden. Und für mich war die evangelische Kirche in meinem ersten Jahr im Konzentrationslager, also '38/39, eine ungeheure Enttäuschung. Ich studierte damals das katholische Meßbuch und das Brevier, das mir tatsächlich in meine Zelle lanciert war. Und da habe ich den Eindruck bekommen, die sind ja bessere Christen, als das bei uns in der evangelischen Kirche ist. Und von daher habe ich den Gedanken monatelang erwogen, ob ich nicht katholisch werden dürfte oder müßte. Und das Fehlurteil bei der ganzen Geschichte ist immer, wenn man das Ideal einer anderen Größe mit den praktischen Erfahrungen einer Größe vergleicht, zu der man selber gehört. Dann kommt das Urteil »Die anderen sind besser« sehr leicht. Die gemeinsame Gefangenschaft mit meinen römisch-katholischen Freunden in Dachau hat mir dann wieder den Sinn zurechtgerückt, und ich habe gesehen, daß auch in der katholischen Kirche diese menschlichen Unzulänglichkeiten genauso schwer wiegen wie bei uns in der evangelischen Kirche und daß man auf diese Art und Weise aus dem Dilemma, in dem man sich findet, gar nicht herauskommt.

GAUS: Herr Kirchenpräsident, nach dem Kriege, als Sie aus dem Konzentrationslager befreit waren, haben Sie im Oktober 1945 maßgeblich an einer Erklärung mitgewirkt, die als die Stuttgarter Erklärung in Deutschland viel diskutiert worden ist. In dieser Erklärung hieß es, daß unendlich viel Leid von uns über andere Völker und Länder gebracht worden ist und daß man sich anklagen müsse, daß wir nicht treuer gebetet und brennender geliebt haben. Ich würde gerne wissen, ob manche Ihrer sehr bitteren Urteile, die Sie später über Deutschland, über das Nachkriegsdeutschland nach 1945 und über Ihre Landsleute abgegeben haben, bestimmt waren von Ihrer Überzeugung, daß sich die Deutschen nach 1945 als nicht bußfertig erwiesen haben.

NIEMÖLLER: Meine Sorge ist eigentlich zunächst um die Kirche gegangen. Dieses »Wir klagen uns an, daß wir nicht mutiger bekannt, nicht treuer gebetet, nicht fester geglaubt, nicht brennender geliebt haben« – so heißt, glaube ich, die Formulierung in der Stuttgarter Erklärung –, dies bezog sich ja zunächst mal auf die Leute, die sich als Christenmenschen verstehen. Wir Christenmenschen, wir haben versagt. Die Ökumene stand vor der Tür und wollte die Bekennende Kirche wieder hereinhaben in das kirchliche Gespräch der verschiedenen Konfessionen, der verschiedenen Völker und Rassen und Erdteile, und die große Gefahr war die, daß wir uns gewissermaßen als Christen und bekennende Christen herausnehmen ließen aus der Solidarität mit unserem schuldbeladenen und von der ganzen Welt damals verfluchten Volk. Das haben wir mit der Stuttgarter Schulderklärung zunächst mal vermieden. Wir haben uns nicht von unserem Volk distanziert, sondern haben gesagt, wir klagen uns an – uns selber, müßte der Text lauten, wenn man ihn liest, aber er wurde gesprochen –, wir klagen uns an, nämlich wir evangelische Christen, wir Menschen der Bekennenden Kirche, die man heute als die anständigen Deutschen ansieht und denen man eine vorzugsweise Behandlung zuteil werden lassen will. Das kommt nicht in Frage, sondern an der Schuld, die auf unserem Volk heute liegt nach dem Urteil der ganzen Menschheit, an dieser Schuld haben wir unseren Anteil; denn wir hatten den besten Weg gewußt und haben ihn nicht so vertreten, wie wir es unserem Volk und der Welt und unserem Herrn schuldig gewesen wären.

GAUS: Herr Kirchenpräsident, dieses ist Ihr Urteil über die Kirche selbst, in der Sie nach dem Kriege zum Präsidenten der Kirche in Hessen-Nassau wurden. Wie aber ist nun Ihr Urteil über die Nachkriegsdeutschen, nicht über die evangelischen Pfarrer, sondern über die Taufscheinchristen oder auch Nicht-Taufscheinchristen, über ihre Landsleute?

NIEMÖLLER: Ich sage zu solchen Fragen immer nur: Ich sitze nicht auf dem Richterstuhl Gottes. Das muß ich Gott überlassen. Ich habe zu verkündigen und habe zu verkündigen, daß das, was passiert ist, ein Aufruf Gottes an uns zur Umkehr und zum Umdenken ist. Ich habe das gepredigt, wo ich hingekommen bin, bei Studentengemeinden und in kirchlichen Veranstaltungen, aber nicht in öffentlichen Volksversammlungen. Ich habe immer die Christen angesprochen, wir wollen doch endlich Buße tun. Die Geschichte ist ja leider mehr oder weniger im Sande verlaufen. Die wirtschaftliche Wiedergeburt, die 1948 mit der neuen Währung einsetzte, die hat dann dieses ganze Thema irgendwie vom Tisch gerückt. In Wirklichkeit ist eine Sinnesänderung, um die es mir damals – von der Kirche ausgehend – ging, nicht zustande gekommen.

GAUS: Ist sie nach Ihrer Vorstellung am Materialismus erstickt, diese Sinnesänderung?

NIEMÖLLER: Ich glaube, daß das ein Urteil über den Materialismus ist, das wir so gar nicht aufrechterhalten können. Es ist eine allgemeine kirchengeschichtliche Erfahrung, und sie ist durchaus begreiflich. Ich würde sagen, die Sinnesänderung ist im Wohlstand erstickt, nicht im Materialismus, sondern einfach im Wohlstand, der seine materialistischen Auswirkungen hat. Sicher ist der Materialismus, der praktische Materialismus, mit dem Wohlstand erheblich angestiegen, aber irgendwo gilt es nun mal »Selig sind die Armen«. Das war die Situation von 1945, in der das Bekenntnis gesprochen wurde, und es hat dann auch Gehör für diese Botschaft des Schuldbekenntnisses gegeben, aber eines schönen Tages war dann diese Möglichkeit einfach zu Ende.

GAUS: Anders als im Kirchenkampf unter dem Nationalsozialismus, Herr Kirchenpräsident, sind Sie in der Bundesrepublik sehr oft in unmittelbare politische Auseinandersetzungen verwickelt worden – beispielsweise mit Ihren Äußerungen über die Gründung der Bundesrepublik. Ich erinnere an das Wort »In Rom gezeugt und in Washington geboren«, nämlich die Bundesrepublik, oder bei der Frage des westdeutschen Wehrbeitrags und noch viel mehr von 1954 an bei der Debatte über eine etwaige atomare Ausrüstung der Bundeswehr; und Sie sind außerdem früher als viele andere und extremer als die meisten für Kontakte jederlei Art mit Mitteldeutschland und dem übrigen Ostblock eingetreten. Sie sind früh nach Moskau gereist, Anfang 1952. Die Bemühung um die deutsche Wiedervereinigung ist ein Kernstück solcher politischer Bemühungen des Kirchenpräsidenten Niemöller gewesen.

NIEMÖLLER: Jawohl.

GAUS: Ich habe dabei zwei Fragen, Herr Kirchenpräsident: erstens, warum Sie diesmal anders als unter dem Nationalsozialismus auch einen politischen Kampf führen; und zweitens, wenn die Wiedervereinigung im Mittelpunkt Ihres politischen Kampfes steht, liegt das daran, daß Sie drüben den Nächsten sehen, der in Not lebt, oder rührt sich hier der Rest eines Traums vom Deutschen Reich, was zurückführen würde auf den allerersten Standpunkt, den Sie, vom Elternhaus her geprägt, eingenommen haben, den eines nationalen Mannes?

NIEMÖLLER: Daß ich mich in dem Kirchenkampf gegenüber dem Atheismus des Bolschewismus anders verhalte und verhalten habe als gegenüber der Irreführung durch den Nationalsozialismus, liegt ganz einfach daran, daß mir bewußt ist, der Nationalsozialismus ist einer ungeheuren Zahl von Christenmenschen im deutschen Volk zu einer tödlichen Versuchung geworden. Man hat sich zum Herrn über die christliche Verkündigung gemacht und hat die zurechtgeschnitten, so wie man sie gerne haben wollte. Diese Versuchung war groß, weil alle Leute reinfielen auf das Parteiprogramm »Wir stehen auf der Grundlage eines positiven Christentums«. Eine derartige Versuchung ist vom Bolschewismus nie ausgegangen. Der Bolschewismus ist eine Bedrohung aller Religionen, auch eine Bedrohung für die christlichen Kirchen und die Gemeinschaft von Christen, und eine Bedrohung ist für mich eine viel weniger versuchliche Angelegenheit als die Verführung.

GAUS: Herr Kirchenpräsident, die Verführung des Nationalsozialismus ging aus auf ein Pseudochristentum im Sinne der so genannten Deutschen Christen. Könnte die Verführung des Bolschewismus nicht darin liegen, das Christentum überhaupt aufzugeben und sich der kommunistischen Idee als einer Ersatzkirche zu verschreiben?

NIEMÖLLER: Natürlich ist diese Möglichkeit gegeben. Bloß: Wer Christ ist und wer Christ bleiben möchte, der ist durch den Bolschewismus nicht versucht, denn der sagt offen: ich will das Christentum nicht. Dagegen sagte der Nationalsozialismus, wir wollen das Christentum, aber wie das Christentum aussehen soll, das machen wir mit unserem Parteiprogramm und seiner Übersetzung in die Praxis. Wenn ich für die Wiedervereinigung eingetreten bin, dann sieht das allerdings sehr nach Politik aus. Und trotzdem hat mein Eintritt in diese Auseinandersetzung im Grunde eine christliche Motivation gehabt. Mir ist sehr früh der Gedanke gekommen, uns geht es gut in der Bundesrepublik, und wir machen den steilen Aufstieg im wirtschaftlichen Wohlstand, und die Leute, die bezahlen müssen für das, was wir mit unserem ganzen Volk nun wirklich hier angerichtet haben, das sind die armen 17 Millionen hinter dem Eisernen Vorhang. Wir haben doch eine Verpflichtung, an deren Bestrafung oder jedenfalls an den Nachteilen, die sie jetzt bezahlen müssen, irgendwie teilzunehmen. Das heißt, wir müssen als ganzes deutsches Volk für das geradestehen, was angerichtet worden ist. Ich glaube, das ist, das war für mich jedenfalls eine unmittelbar christliche Motivierung, und ich konnte mich als Christ, so wie ich mein Christsein verstehe, dem nicht entziehen und mich nicht damit zufrieden geben: laß die Leute hinter dem Eisernen Vorhang ruhig ihre Reparationen bezahlen und ein kärgliches und armseliges Leben führen und ihre Freiheit verlieren und was sonst, wenn's uns bloß gut geht.

GAUS: Herr Kirchenpräsident, Sie haben noch nach dem 2. Weltkrieg ein durchaus traditionelles Verhältnis zum Krieg und zum Soldatentum gehabt. Später sind Sie zum Pazifisten geworden.

NIEMÖLLER: Jawohl.

GAUS: Was hat Sie dazu gemacht?

NIEMÖLLER: Ich habe mit meinem früheren Gemeindeglied, dem Professor Hahn, dem Nobelpreisträger und früheren Präsidenten der Max-Planck-Gesellschaft, vorher Kaiser-Wilhelm-Gesellschaft, ein Gespräch gehabt, ehe ich zu der Weltkirchenversammlung nach Evanstone 1954 reiste. Damals waren die ersten Versuche mit Wasserstoffbomben gewesen. In diesem Gespräch äußerte sich Hahn sehr eindeutig dahin, daß es kein Problem für die Wissenschaft mehr wäre, einen Apparat zu konstruieren, mit dem man alles Leben auf der Erdoberfläche auslöschen könnte. Das hat mich sehr zum Nachdenken gebracht, hat mich tief bewegt. Ich habe damals auch ein paar schlaflose Nächte gehabt, und dann habe ich mir überlegt, was heißt das nun eigentlich. Und als Theologe und Christ habe ich mich dadurch bewegen lassen, das ganze Neue Testament noch mal mit einer Frage im Kopf zu lesen, mit der ich es noch nie gelesen hatte, nämlich, wie steht eigentlich die Heilsbotschaft des Neuen Testaments, wie steht die eigentlich zu der Gewaltanwendung von Menschen gegen Menschen beziehungsweise zum Gebot »Du sollst nicht töten«. Ich bin bei dieser Lektüre des Neuen Testamentes, das ich vor Evanstone noch einmal von A-Z gelesen habe unter diesem Aspekt, zu der Überzeugung gelangt, als Christ kann ich da eigentlich nur sagen, die Macht Gottes, mit der Gott nach der Botschaft des Neuen Testamentes die Feindschaft und die Unmenschlichkeit seiner Menschenkinder überwindet und besiegt, die findet ja Ausdruck und die wird Wirklichkeit in dem Kreuz Christi, der sich selber opfert, aber nicht daran denkt, einen Feind etwa mit Gewalt zu überwinden. Gott überwindet seine Gegner nicht mit Gewalt, sondern mit seiner sich selbst aufopfernden Hingabe und Liebe.

GAUS: Und wer es nicht so interpretiert, der irrt?

NIEMÖLLER: Ich würde heute sagen, ich müßte mit einem Menschen, aber einem Christenmenschen, der anders interpretiert, ein Gespräch anfangen und fragen: »Sag mal, wie verträgt sich das mit deinem Glauben an den für dich gekreuzigten und für alle Menschen gekreuzigten und für dich in Gottes Namen heute als Herr lebenden Jesus Christus, zum dem du dich bekennst?« Und das Urteil darüber, das steht mir nicht zu, die Kirche mag darüber mal zu einer Klarheit kommen, das heißt, die Gemeinschaft der Christen. Aber heute ist eine große Gruppe von Christen da, und zwar in aller Welt, die diesen Weg gedanklich und überzeugungsmäßig mit unter den Füßen hat und ihn verfolgt. Was draus wird, ich weiß es nicht. Aber jedenfalls, ich kann den anderen Weg heute nicht mehr gehen, und insofern bin ich am Ende meines Lebens. In dieser ganzen Frage »Ein guter Christ ist auch ein guter Soldat, weil ein guter Christ ein guter Staatsbürger ist« bin ich vollkommen entwurzelt und auf eine andere Basis gestellt.

GAUS: Herr Kirchenpräsident, erlauben Sie mir eine letzte Frage. Sie sind oft in Westdeutschland zum Ärgernis geworden, und man hat Sie manchmal auch den »Gewissensbiß der Nation« genannt. Ihre Gegner sagen, daß es Ihnen Selbstbestätigung verschafft und auch eine gewisse Selbstbefriedigung, Ärgernis zu geben und Ärgernis zu sein. Was sagen Sie zu solchen Vorwürfen?

NIEMÖLLER: Ich werde mich prüfen müssen und immer wieder prüfen müssen, ob tatsächlich etwas an dem ist. Im ganzen kann ich wohl sagen, daß ich vor mir selber jedenfalls kein selbstbewußter und stolzer Mensch bin, sondern ich sage gern, das menschliche Leben ist menschliches Leben nur so lange, wie ich bereit bin zu lernen, und ich kann mich auf wenig verlassen. Was wir wissen, ist Stückwerk, und erst wenn das Vollkommene kommen wird, wird das Stückwerk aufhören. Ich enthalte mich von Urteilen dieser Art persönlich ganz entschieden und gebe zu jeder Zeit und Stunde zu: natürlich kann ich irren.

Das ist eine meiner ersten Erinnerungen: Wenn ich zu Bett ging, gehen mußte, als Kind, ich war sicher noch nicht sechs Jahre alt, wenn das Licht ausgedreht wurde und ich noch nicht schlafen wollte, habe ich mich mit kleinen Rechnungen, ich glaube, wahrscheinlich mit falschen Rechnungen, amüsiert. Etwa: herauszufinden, wie viele Sekunden es an einem Tag oder in einem Jahr gibt. Ich hatte ein großes Interesse an Zahlen und etwas später an Mathematik, aber es war erst, nachdem ich nach Deutschland gekommen war und nachdem sich die Quantenmechanik einigermaßen entwickelt hatte, daß ich an der Physik ein sehr starkes Interesse genommen habe.

EDWARD TELLER:
In dieser Hinsicht keine Gewissenslast

Edward Teller, geboren am 15. Januar 1908 in Budapest. Studium der Physik in Karlsruhe, München und Leipzig, wissenschaftliche Arbeit in Göttingen, bei Niels Bohr in Kopenhagen und an der Londoner Universität. Seit 1935 in den Vereinigten Staaten. Bei Kriegsbeginn Teilnahme an den ersten Arbeiten zur Herstellung der Atombombe, schon sehr bald mit den theoretischen Fragen des Baus einer Wasserstoffbombe befaßt. Nach dem Kriege in teilweise scharfer Opposition zu anderen Kernphysikern Entwicklung der Wasserstoffbombe. 1953-60 wirkte er als Physik-Professor an der Universität von Kalifornien. Emeritierung 1975. Kurz und umstritten war seine Rolle als Mitglied des Beratenden Ausschusses der amerikanischen Atomenergie-Kommission. Er forderte energisch die Weiterführung der Atomwaffenversuche, hielt jede kontrollierte Einstellung der Versuche für unmöglich. Als Berater von US-Präsident Reagan unterstützte er in den 80er Jahren das Strategiekonzept eines mit Laser bestückten Satelliten-Systems zur Raketenabwehr im Weltraum (SDI). In den späten 80er Jahren befaßte er sich in Stanford mit den theoretischen Grundlagen der Supraleitung. Er schreibt Gedichte und Novellen in deutscher und ungarischer Sprache.
Das Gespräch wurde gesendet am 11. Dezember 1963.

GAUS: Herr Professor Edward Teller, Sie sind ein weltberühmter Mann und ein ebenso umstrittener Mann, weltbrühmt und umstritten als Atomforscher, als ein Wissenschaftler, der bestimmte nukleare Forschungen mit besonderer Entschiedenheit vorangetrieben hat, gegen alle Widerstände, gegen alle Opposition. Manche Ihrer Kollegen sagen, daß Sie diese Zähigkeit aufgebracht hätten, weil Ihr Lebenslauf – Sie sind 1908 in Budapest als Sohn eines wohlhabenden ungarischen Juden geboren – ganz besonders schwierig gewesen ist. Sie gehören zu den Emigranten, die in Amerika eine neue Heimat gefunden haben. Glauben Sie, daß dies Einfluss gehabt hat auf Ihre Haltung gegenüber Ihrer Arbeit?

TELLER: Ich weiß nicht. Ich glaube, daß keiner zuständig ist, über sich selbst sehr viel zu sagen. Ich glaube nicht, daß ich ein sehr schwieriges Leben geführt habe. Ich habe Europa verlassen vor dem Zweiten Weltkrieg, ich habe Deutschland verlassen, kurz nachdem Hitler an die Macht kam. Ich glaube, daß mein Teil sehr viel weniger schwierig war als das Schicksal derer, die zu Hause geblieben sind.

GAUS: Das ist gewiß richtig. Immerhin, Sie haben Ihren Studienort in Deutschland suchen müssen, weil Sie in Ungarn nicht studieren konnten.

TELLER: Das ist auch nicht ganz richtig. Ich bin an der Technischen Hochschule in Budapest angenommen worden. Ich habe in Deutschland studiert, weil die deutschen Universitäten besser sind.

GAUS: Sie haben in Karlsruhe und Leipzig studiert...

TELLER: In Karlsruhe, München und Leipzig ...

GAUS: ... und dann in Göttingen gearbeitet.

TELLER: Dann habe ich in Göttingen gearbeitet und nachher für eine kurze Zeit in Kopenhagen und London.

GAUS: Bevor Sie nach Amerika gingen.

TELLER: Bevor ich nach Amerika kam, ja.

GAUS: Haben Sie jemals einen anderen Wunsch gehabt als den, Naturwissenschaftler zu werden?

TELLER: Das hängt davon ab, was Sie meinen. Ich wollte an sich Mathematiker sein. Das ist eine meiner ersten Erinnerungen: Wenn ich zu Bett ging, gehen mußte, als Kind, ich war sicher noch nicht sechs Jahre alt, wenn das Licht ausgedreht wurde und ich noch nicht schlafen wollte, habe ich mich mit kleinen Rechnungen, ich glaube, wahrscheinlich mit falschen Rechnungen, amüsiert. Etwa: herauszufinden, wie viele Sekunden es an einem Tag oder in einem Jahr gibt. Ich hatte ein großes Interesse an Zahlen und etwas später an Mathematik, aber es war erst, nachdem ich nach Deutschland gekommen war und nachdem sich die Quantenmechanik einigermaßen entwickelt hatte, daß ich an der Physik ein sehr starkes Interesse genommen habe.

GAUS: Sie haben als Entspannung immer sehr die Musik geschätzt. Wer sind Ihre bevorzugten Komponisten?

TELLER: Klassische Musik: Bach, Mozart, Beethoven. Besonders Mozart.

GAUS: Herr Professor Teller, Sie haben einen Sohn und eine Tochter. Haben Sie einen Berufswunsch für Ihren Sohn?

TELLER: Mein Sohn geht jetzt nach Stanford, hat in Stanford bereits zwei Jahre studiert. Er studiert Mathematik. Aber ich bin ziemlich sicher, und er ist ziemlich sicher, daß er nicht ein Mathematiker wird. Ich glaube, er will Naturwissenschaftler sein. Er ist zwanzig Jahre alt. Er weiß noch nicht, in welchem Gebiet, aber Mathematik interessiert ihn. Und auf jeden Fall ist Mathematik eines der Werkzeuge, das man sich ganz am Anfang aneignen muß.

GAUS: Herr Professor Teller, als Sie 1934/35 bei Niels Bohr, dem Vater einer ganzen Generation von Atomwissenschaftlern, in Kopenhagen gearbeitet haben, waren Sie befreundet mit Carl-Friedrich von Weizsäcker, dem deutschen Atomforscher und Philosophen. Weizsäcker, der heute Professor in Hamburg ist –

TELLER: Professor der Philosophie –

GAUS: – in Hamburg, ja, und vor wenigen Wochen den Friedenspreis des deutschen Buchhandels erhalten hat …

TELLER: … das freut mich wirklich sehr …

GAUS: … war zu jener Zeit kein Nazi – er war niemals ein Nazi. Immerhin, es heißt, daß er gewisse Anzeichen, gewisse Möglichkeiten für die Wiederherstellung bestimmter Ordnungen im damaligen Deutschland sah. Sie selbst waren ein gebranntes Kind, dennoch waren Sie beide befreundet. Ich würde gern wissen, ob dieses ein Zeichen dafür ist, daß die kleine Familie der Atomforscher eine internationale Familie war, in der zu jener Zeit politische Fragen noch gar keine Rolle spielten.

TELLER: Das läßt sich nicht einfach beantworten. Ich finde, daß wir im allgemeinen über Politik wohl weniger geredet haben, als jeder Bürger reden und denken sollte in einem demokratischen Staat. Im Spezialfall meiner Freundschaft mit Weizsäcker, wir waren in Kopenhagen sehr viel zusammen, muß ich sagen: Der Umstand, daß Hitler an die Macht gekommen ist und daß er in ganz klarer Weise angefangen hat, sein Unwesen zu treiben, machte es ganz unausweichlich, ganz notwendig, daß wir über diese Frage sprachen, und wir haben diese Frage, diese politische Frage, oft und wiederholt besprochen. Und natürlich kann ich nicht behaupten und will ich nicht behaupten, daß wir vollkommen einig gewesen wären. Aber in den Hauptpunkten waren wir uns einig. Ich finde natürlich, Weizsäcker hatte ein stärkeres Gefühl für Deutschland als einen Staat, während ich keinen Grund hatte, so ein Gefühl zu haben. Aber ich muß sagen, die Idee, daß Weizsäcker irgendwas mit den Nazis zu tun hatte, daß er irgendwelche Sympathien für die Nazis gehabt hätte, ist total falsch.

GAUS: Ich glaube, diese Tatsache ist unbestritten. Mich würde nur dennoch interessieren, noch einmal, ob zu jener Zeit die, wenn Sie so wollen, Lust am wissenschaftlichen Abenteuer im Kreise der Atomforscher größer war – zu jener Zeit Anfang der dreißiger Jahre, Mitte der 30er Jahre – als ein etwaiges politisches Engagement. Waren die Atomwissenschaftler zu jener Zeit unpolitisch?

TELLER: Schwer zu sagen. Sie waren aber sicher nicht so stark politisch, wie viele andere Wissenschaftler sind. Aber Ihr Ausdruck »wissenschaftliches Abenteuer« gefällt mir sehr gut. An sich schließt Interesse an einem Gebiet nicht einiges Interesse an einem anderen, wichtigen Gebiet aus.

GAUS: Nun haben sich viele Ihrer Forscherkollegen, Herr Prof. Teller, nach dem 2. Weltkrieg gelegentlich angeklagt, daß sie eben doch ein ausschließlich wissenschaftliches Interesse gehabt hätten und politische Konsequenzen ihrer Forschungsarbeit nicht bedacht hätten. Wie ist es bei Ihnen selbst? Kennen Sie auch die selbstvergessene Hingabe an ein Forschungsproblem oder sind Ihnen stets, oder wenigstens heute, die politischen Konsequenzen immer geläufig?

TELLER: Ich bin im Ersten Weltkrieg aufgewachsen, ich war zehn Jahre alt, als die österreich-ungarische Monarchie in Stücke zerfiel, ich mußte Deutschland aus politischen Gründen verlassen, ich bin dann schließlich nach Amerika ausgewandert. All das hatte sehr viel mit Politik zu tun. Schließlich, als Hitler kam, hätte ich auch nach Ungarn zurückkehren können. Das habe ich nicht getan.

GAUS: Aus politischer Einsicht?

TELLER: Zu einem großen Teil aus politischer Einsicht. Es war mir damals ganz klar, daß Ungarn entweder von den Nationalsozialisten oder aber von den Kommunisten beherrscht werden würde. Zwischen diesen beiden Mühlrädern war es sicher nicht geheuer.

GAUS: Als der 2. Weltkrieg in Europa heraufzog, haben einige Atomforscher den Versuch unternommen, vor allem Ihr ungarischer Landsmann Dr. Szillard ...

TELLER: ... ein sehr guter Freund von mir ...

GAUS: ... den Versuch unternommen, Herr Professor Teller, die Atomwissenschaftler zu einem Geheimhaltungsabkommen zu bewegen. Sie sollten ihre Forschungsergebnisse nicht mehr veröffentlichen. Sie selbst haben dieser Absicht sehr wohlwollend gegenübergestanden. Warum? Haben Sie zu jener Zeit die militärische Nutzung der Atomkraft für unverantwortlich gehalten?

TELLER: Nein, im Gegenteil. Die meisten Wissenschaftler zu der Zeit dachten, daß die Atomwaffen zu Verteidigungszwecken gebraucht werden müßten. Und der Hauptgrund für die Geheimhaltung war im wesentlichen eine militärische Maßnahme, gegen Hitler gerichtet.

GAUS: Professor Heisenberg, der deutsche Atomforscher, hat nach dem Zweiten Weltkrieg einmal gesagt, daß seinerzeit, 1939, noch eine Übereinkunft unter nicht mehr als vielleicht zwölf Männern genügt hätte, um die Entwicklung atomarer Waffen zu verhindern. Glauben Sie, daß das richtig ist?

TELLER: Ich glaube nicht. Ich glaube, daß das unrichtig ist. Man kann die Entwicklung nicht verbieten. Man kann sie aufhalten, man kann sie verzögern. Es wäre möglich gewesen, die Entwicklung der Atomwaffen mehrere Jahre zu postponieren. Ich glaube, daß das Resultat gewesen wäre, daß die russische Regierung die Atomwaffen sowieso hergestellt hätte. Man kann nicht durch Geheimhaltung einer Entwicklung im Wege stehen. Zwölf Leute mögen gescheiter sein als die nächsten hundertzwanzig, aber die nächsten hundertzwanzig sind immer noch gescheit genug, all das in zwei weiteren Jahren zu entdecken.

GAUS: Sie haben Ihrem Freunde Dr. Szillard 1939 geholfen, Albert Einstein zu bewegen, einen Brief an Präsident Roosevelt zu schreiben, in dem auf die Gefahr deutscher Atomwaffen hingewiesen werden sollte. Wie ist das vorgegangen? Dies ist doch ein sehr bedeutungsvoller Punkt in der Entwicklung der nuklearen Waffen?

TELLER: Ja, aber ich muß sagen, daß das im wesentlichen nicht mein Vorschlag war und daß meine Beteiligung daher nicht besonders wichtig, nicht besonders bedeutend gewesen ist.

GAUS: Sie haben Einstein aber damals mit aufgesucht?

TELLER: Szillard hat mit mir alle Phasen seiner Arbeit besprochen. Er war mir zu der Zeit bei weitem voraus. Er hat mir erzählt, daß er einen Brief an Roosevelt durch Einstein schicken wird. Szillard, der ein wirklich ausgezeichneter und phantasievoller Mann ist, hat seine kleinen Schwierigkeiten. Er fährt kein Auto, und Einstein verbrachte den Sommer 1939 am Ende von Long Island, etwa 70 Meilen von New York. Meine Rolle in diesem Abenteuer war, daß ich Szillards Chauffeur gewesen bin.

GAUS: Immerhin der Chauffeur in einer historischen Mission, Herr Dr. Teller.

TELLER: Ja, schon. Außerdem war Einstein, der Szillard in Pantoffeln empfing, freundlich genug, nicht nur Szillard Tee anzubieten, sondern auch dem Chauffeur.

GAUS: War Ihnen die große folgenschwere Bedeutung dieses Schrittes seinerzeit schon bewußt?

TELLER: Vollkommen.

GAUS: Sie wußten, dies würde der Anfang einer ganz neuartigen, sowohl kriegerischen wie auch möglicherweise friedlichen Energiegewinnung sein?

TELLER: Ja, aber damals standen wir ganz kurz vor Ausbruch des Zweiten Weltkrieges, und die Warnungen waren überall sichtbar. Damals waren die kriegerischen Anwendungen sehr viel näher vor unseren Augen als irgend etwas anderes.

GAUS: Und dieses war Ihnen ganz bewußt?

TELLER: Schon vollkommen bewußt.

GAUS: Sommer 1939?

TELLER: Sommer 1939.

GAUS: Mit Beginn der 40er Jahre wurde dann in verschiedenen amerikanischen Forschungsstätten, vor allem in Los Alamos, die Arbeit an der Atombombe begonnen, und Sie hatten daran maßgeblichen Anteil. Ich würde gern wissen, Herr Dr. Teller, standen Sie und Ihre Kollegen während dieser Forschungsarbeit unter dem Eindruck der Gefahr, daß im Hitlerdeutschland eine solche Waffe vorher entwickelt werden könnte? Nach dem Kriege hat sich gezeigt, daß diese Annahme falsch war. Wenn Sie das während des Krieges gewußt hätten, glauben Sie, daß die Arbeit noch einmal eingestellt worden wäre, oder hatten die Wissenschaftler ihre Entscheidungsfreiheit darüber verloren, sobald sie sich mit den Militärs und den Regierungsstellen eingelassen hatten?

TELLER: Das kann ich nicht sagen. Das weiß ich nicht. Wenn eine Entwicklung anfängt, ist es nicht ganz leicht, sie wieder zum Stillstand zu bringen. Ich kann mich sehr lebhaft daran erinnern, daß Oppenheimer, der ja die Arbeit in Los Alamos vorschlug und leitete, sagte, er hielte es für unmöglich – offenbar hat er nicht recht gehabt, aber er hielt es für unmöglich –, Europa Hitler zu entreißen, ohne so was wie eine Atomwaffe zu benutzen. Er sagte das laut und oft, und ich hörte niemals einen Widerspruch. Wir waren ja schließlich mit unserer Arbeit nicht ganz fertig, als Deutschland, als Hitler besiegt wurde. Wir hätten sogar dann aufhören können. Oppenheimer und andere haben aber Argumente vorgebracht, daß wir nicht nur die Atombombe vervollständigen sollen, sondern daß wir diese Bombe gegen Japan benutzen sollen. Damit war ich nun nicht mehr ganz einig. Mir schien es aber notwendig, unsere Arbeit zu beenden. Nicht nur das; es schien mir damals und auch später notwendig, die Arbeit an den Atomexplosionen durch Arbeit an Wasserstoffexplosionen zu erweitern, was dann in der Tat nach dem Krieg geschah. Ich fand es aber durchaus unrichtig, daß wir diese Waffen gegen Japan gebrauchten, ohne den Japanern erst klar zu sagen, was ihnen bevorsteht, ohne ihnen die Gelegenheit zu geben, unter dieser Drohung Frieden zu machen.

GAUS: Ihnen war also, als im Sommer 1945 die erste Testexplosion ausgelöst wurde, die in ihrer Wirkung größer war, als die Wissenschaftler zum Teil selbst vermutet hatten, die Schrecklichkeit, die Zerstörungskraft dieser neuen Waffe sehr wohl geläufig.

TELLER: Durchaus, und ich muß sagen, daß meine eigenen Schätzungen ...

GAUS: ... über die Zerstörungskraft ...

TELLER: ... über die Zerstörungskraft nicht so niedrig waren.

GAUS: Sie hatten sie in dieser Größe erwartet?

TELLER: Nein, ich habe sie überschätzt.

GAUS: Sie hatten sie überschätzt. Herr Professor Teller, die führenden deutschen Atomwissenschaftler haben nach dem Kriege gesagt ...

TELLER: Ich muß vielleicht sagen, ich habe das getan, weil ich einige Gründe dafür sah. Und weil mir die allgemeine Meinung etwas konservativ schien. Der Hauptpunkt, den ich dabei machen möchte ist, daß vor der Explosion keiner wußte, keiner von uns, wie groß die Explosion werden würde. Wir sahen Gründe, warum sie kleiner sein könnte und warum sie größer sein könnte, und das hebt hervor die Wichtigkeit, auch die beste Theorie durch Experimente zu prüfen.

GAUS: Ich verstehe, Herr Dr. Teller, darf ich noch einmal zurückkommen auf einen vorhin berührten Punkt: die Frage von Atomwaffenentwicklungen im nationalsozialistischen Deutschland. Die führenden deutschen Atomwissenschaftler haben nach dem 2. Weltkrieg gesagt, sie hätten aus Opposition gegen Hitler nicht zielstrebig gearbeitet. Würden Sie sagen, daß andernfalls ein anderer Kriegsausgang denkbar gewesen wäre?

TELLER: Ich glaube schon. Durchaus. Ich würde auch sagen – natürlich weiß ich nicht, was die Motive von irgend jemand sind –, aber ich muß sagen, es ist sehr bemerkenswert, daß ein so hervorragender und wirklich ganz unvergleichlicher Physiker wie Heisenberg derartig einfache Ideen, die zu Atomexplosionen geführt haben, nicht gehabt hat. Und auch, daß er den Sachverhalt, nachdem die Explosion stattgefunden hatte, binnen weniger Stunden richtig erklärt hat. Ob bewußt oder unbewußt, ich glaube, es ist sehr wahrscheinlich, daß die Arbeit in Deutschland nicht zielstrebig war. Und das hat einen guten Grund – und einen Grund, der meinen Respekt vor den deutschen Wissenschaftlern in keiner Weise vermindert.

GAUS: Welches waren Ihre Gefühle, Herr Dr. Teller, als die Atomexplosion geglückt war?

TELLER: Es war sehr eindrucksvoll. Aber sonst glaube ich, daß das ein Wendepunkt für mich war. Der Wendepunkt für mich kam 1940. Ich muß sagen, in den ersten Monaten – obwohl es mir ganz klar war, was aus alldem folgt – war es mir nicht klar, ob ich mich daran beteiligen sollte. Und es war eine Rede Roosevelts, die mich vollkommen überzeugt hat.

GAUS: Daß es richtig sei teilzunehmen.

TELLER: Jawohl. Denn Roosevelts Punkt war, die Wissenschaftler sind für die technischen Entwicklungen oder vielmehr für die Art und Weise, wie die technischen Entwicklungen angewandt werden, in einer Demokratie nicht verantwortlich. Sie sind aber wohl verantwortlich dafür, daß diese technischen Entwicklungen stattfinden, so daß die Regierung des Volkes sich verteidigen kann.

GAUS: Sie teilen also nicht die Überzeugung vieler Ihrer Kollegen – eine Überzeugung, die vor allem um sich griff, nachdem am 7. August 1945 die erste Atombombe auf Hiroshima abgeworfen worden war –, daß die Verantwortung des Atomwissenschaftlers nicht endet, sobald die Waffe konstruiert ist?

TELLER: Ich fand dieses Gefühl der Schuld und der Verantwortung etwas merkwürdig. Gerade die Leute, die den Abwurf der Atombomben auf Japan am stärksten verteidigt hatten ...

GAUS: Oppenheimer zum Beispiel?

TELLER: Alle. Auch Oppenheimer. Aber auch andere. Von einem weiß ich zum Beispiel, daß er sagte: »Wir müssen die Atombombe nicht abwerfen. Wir müssen warten, bis wir zwanzig haben, und dann müssen wir sie gleichzeitig abwerfen, und dann wird der Krieg aufhören.« Dieselben Leute waren es, die es nachher mit dem Gewissen zu tun kriegten. Ich fand, daß wir einen Fehler gemacht hatten, einen Fehler, der unter Kriegsverhältnissen vielleicht verständlich ist, aber immerhin, es war ein Fehler. Aber daß man einen Fehler begangen hat, das ist nicht genügend, um mein Zutrauen in die demokratische Regierung zu erschüttern. Und ich finde noch immer, daß Roosevelts Worte gültig sind. Als Wissenschaftler haben wir die Aufgabe, die technische Entwicklung zu betreiben und dann, so würde ich noch gern hinzufügen, die Resultate in einfacher und klarer Weise zu erklären. Nachher ist es das Volk oder vielmehr die Regierung, vom Volk gewählt, die die Verantwortung hat, die Entscheidungen zu treffen.

GAUS: Sie haben mehrmals, Herr Professor Teller, in wichtigen staatlichen Beraterfunktionen gearbeitet. Glauben Sie, daß die Gefahr besteht, daß innerhalb des politischen Systems der modernen Welt eine Kräfteverschiebung zugunsten der Wissenschaftler stattfindet? Besteht die Gefahr unkontrollierbarer Einflüsse von Wissenschaftlern auf politische Entscheidungen?

TELLER: Vielleicht. Ich glaube aber, diese Gefahr ist nicht groß. Ich glaube, daß die Wissenschaftler einen so unkontrollierbaren Einfluß nicht gewinnen dürfen. Natürlich habe ich selber an der Politik teilgenommen. Ich fand, daß dies in einer idealen Weise ganz streng als Ratgeber und nicht als Bestimmer sein sollte. Es waren aber viele unter den Wissenschaftlern, die ihren politischen Einfluss entwickelten und benutzten, um weitere Entwicklungen entweder zu stoppen oder wenigstens zu verzögern. Ich fand, daß dieser Einfluß so stark, fast so beherrschend geworden ist, daß gerade in einer demokratischen Gesellschaft der andere Standpunkt, von einigen Wissenschaftlern verteidigt, auch einen Platz haben muß und gehört werden muß.

GAUS: Dieser andere Standpunkt war dann Ihr Standpunkt, nämlich der, die Entwicklung an der Wasserstoffbombe, einer noch größeren Waffe, voranzutreiben und unter dem Eindruck des ...

TELLER: Ich würde nicht sagen, das ist mein Standpunkt. Es gab mehrere, die diesen Standpunkt vertraten, und auch mehrere, die an der Arbeit teilnahmen. Ich hatte das gute oder üble

Glück, irgendwie besonders in diesen Zusammenhängen erwähnt zu werden, aber in Wirklichkeit war das eine Gruppentätigkeit. In dieser Gruppe habe ich natürlich eine gewisse Rolle gespielt.

GAUS: Sie haben jedenfalls die Meinung vertreten, daß die Wasserstoffbombe entwickelt werden sollte. Welches waren Ihre Gründe?

TELLER: Der Hauptgrund war in einer gewissen Weise einer, den ich bereits erwähnt habe: Man kann Entwicklungen nicht aufhalten, man kann sie etwas verzögern – man kann sie nicht aus der Welt schaffen. Die Entwicklungen sind da, und früher oder später werden sie zum Zuge kommen. Ich fand es praktisch sicher, daß die Sowjets diese Entwicklung aufnehmen und erfolgreich beenden würden. Ich hatte und ich habe unvergleichlich größeres Vertrauen in die richtige Anwendung dieser Werkzeuge in der Hand der demokratischen Regierungen.

Weiterhin gibt es noch einen kleinen Punkt, den ich betonen möchte. Mich interessierte an der Wasserstoffbombe, an der Wasserstoffexplosion nicht besonders die Größe der Explosion. Zufällig ist es so gekommen, daß die größten Explosionen relativ leicht und für das Militär interessant waren. Wasserstoffexplosionen haben die Eigenschaft, daß sie relativ billig sind im Rohmaterial, und daß man sie rein oder ziemlich rein leiten kann, so daß die unangenehmen radioaktiven Erscheinungen, die nicht besonders wichtig sind in der Welt, die aber sehr wohl wichtig sind in der Nachbarschaft der Explosion, ziemlich niedrig gehalten werden können; in der Tat sehr niedrig gehalten werden können in einer Wasserstoffexplosion. Mit anderen Worten: Man kann reine Explosivstoffe herstellen. Und das fand ich sehr interessant. Einerseits, weil man dadurch unkontrollierbare Nebeneffekte beschränken kann, und zweitens und mehr spezifisch, daß auf diese Weise die Wasserstoffbombe ein besseres Werkzeug ist – billig und rein –, das man dann auch für friedliche Zwecke anwenden kann.

GAUS: Der Ruhm, den Sie seit der ersten geglückten Explosion der Wasserstoffbombe 1954 tragen müssen, bedrückt er Sie manchmal, oder wird es leichter, weil Sie an die friedlichen Möglichkeiten dieser Energie denken?

TELLER: Ich glaube nicht, daß friedliche Möglichkeiten sehr viel mit der Frage zu tun haben. Ich muß sagen, was mich sehr wohl bedrückt, ist die Meinungsverschiedenheit, die manchmal heftige Meinungsverschiedenheit, die sich in der Familie der Physiker entwickelt hat. Das finde ich nicht nur traurig, ich finde es schrecklich.

GAUS: Auch menschlich für Sie bedrückend?

TELLER: Sehr stark. Schließlich habe ich meinen Wohnort gewechselt, ich habe meine Verwandten, die meisten Verwandten, in Ungarn gelassen. Mein Freundeskreis bestand fast ausschließlich aus Physikern, es war die Mehrzahl meiner Freunde, die ich durch diese Diskussion verloren habe. Dies war wirklich schwierig. Das übrige, die öffentliche Meinung und die öffentlichen Erscheinungen und was man sonst in der Presse hat, das fand ich relativ uninteressant.

GAUS: Auffallend scheint mir zu sein, daß kaum ein nennenswerter Atomforscher noch abseits von der Politik stand, nachdem die nuklearen Waffen einmal in der Welt waren ...

TELLER: Das ist falsch, das ist nicht so! Es ist einfach so, daß die Wissenschaftler – die ich in gewissem Sinne beneide –, die ihr Interesse weiterhin vollkommen auf die Wissenschaft konzentriert haben und von denen Sie wenig hören, in der Mehrzahl sind.

GAUS: Sie glauben, daß die Gruppe der noch immer ohne politische Nebengedanken, ganz gleich welcher Art, forschenden Wissenschaftler größer ist als die Gruppe derer, die zu Pazifisten geworden sind, oder die Gruppe, zu der Sie zu zählen sein mögen: die politisch-strategische Thesen aufstellt, um die richtige Verwendung der nun einmal in die menschliche Hand gegebenen Zerstörungskraft zu gewährleisten. Sie glauben, Sie sind immer noch die kleinere Gruppe?

TELLER: Das weiß ich nicht. Es ist schwer, scharfe Unterscheidungen zu treffen. Natürlich ist die Atomphysik tief in die Politik gelangt, und natürlich hat das einen Einfluß auf alle Wissenschaftler. Aber es gibt viele, die diesen Fragen in ihrer persönlichen Arbeit kein großes Gewicht beilegen.

GAUS: Sie legen diesen Fragen in Ihrer Arbeit ein großes persönliches Gewicht bei?

TELLER: Das scheint der Fall zu sein.

GAUS: Das scheint in der Tat der Fall zu sein. Ich würde gern wissen, Herr Professor Teller, ob die politische Konzeption, die Sie in verschiedener Form an die Öffentlichkeit gebracht haben, Ausfluß Ihrer Gewissensnot ist? Beschäftigen Sie sich mit diesen Fragen, weil es doch nicht mehr so ist, daß man eine Bombe konstruiert und sich dann dem nächsten wissenschaftlichen Problem zuwendet?

TELLER: In dieser Hinsicht leide ich keine Gewissensnot. Ich bin mir durchaus bewußt, daß ich in den mehr als fünfzig Jahren meines Lebens viele Dinge falsch gemacht habe, aber in diesen politischen Hinsichten habe ich zu jeder Zeit getan, was mir richtig schien, was mir fast absolut notwendig schien. Ich muß sagen, wenn ich in jeder Hinsicht so ruhig meine Vergangenheit ansehen könnte wie in dieser Hinsicht, wäre ich in der Tat glücklich.

GAUS: Sie haben mehrfach, Herr Professor Teller, öffentlich die Weiterentwicklung der nuklearen Waffen gefordert, weil Sie sagen, daß nur auf diese Weise ein atomarer Weltkrieg vermieden werden könnte. Würden Sie so freundlich sein und mir das politische Konzept, das Sie darüber entwickelt haben, ausbreiten?

TELLER: Das ist eine lange Geschichte und eine sehr wichtige. Ich glaube, die wesentlichen Teile sind dabei ganz einfach und ganz klar. Es kann kein Zweifel sein, daß die Macht des Menschen über die Materie, über die Natur, nicht nur zunimmt, sondern beschleunigt zunimmt. Es ist ganz klar, daß es eine wirklich große Gefahr eines Atomkrieges gibt. Diese Gefahr ist übertrieben. So ein Krieg wäre nicht das Ende der Menschheit, aber so ein Krieg wäre in aller Wahrscheinlichkeit noch viel fürchterlicher, als der Zweite Weltkrieg gewesen ist. Das ist eine Konsequenz unserer größeren Macht, es gibt auch gute Konsequenzen. Man kann die Wasserstoffexplosionen zu friedlichen Zwecken gebrauchen, man kann Häfen bauen, Kanäle bauen, man kann Erze, die tausend Fuß unter der Oberfläche sind, viel besser ausbeuten, als das je zuvor der Fall war. Einfach, weil wir in dieser konzentrierten Form der Energie die Möglichkeit haben, große Erdmassen billig zu bewegen. Es gibt viele andere Anwendungen, aber es ist ganz klar, daß diese Anwendungen nur mit der politischen Zustimmung von den verschiedenen Nationen zustande kommen.

GAUS: Sie glauben nicht, daß dieses die Aufgabe einer Nation, eines Volkes allein sein kann?

TELLER: Ich möchte in meiner Ansicht gern noch fortfahren. Ich sehe Entwicklungen zum Beispiel in der Wetterkunde. Ich glaube, daß binnen weniger Jahre der Wetterprophet noch ein ehrlicher Mann werden wird. Ich glaube, daß, wenn wir in gewissen Grenzen das Wetter voraussagen können, es dann möglich werden wird, Methoden zu finden, das Wetter, das Klima zu beeinflussen. Das ist wiederum etwas, das nicht eine einzelne Nation unternehmen kann, denn die Luft ist ein Gemeineigentum, sie kennt keine nationalen Grenzen.

Wir sprechen von der Explosion der Bevölkerung. Ich glaube, daß man den Reichtum der Meere, den ungeheuren biologischen Reichtum, der sich in den Weltmeeren befindet, ausnutzen kann und ausnutzen wird in einer Weise, die heute phantastisch klingt. Ich meine nicht nur, daß man die Fische fängt. Ich meine, daß man die Fische züchtet.

Wenn man auf diese Weise die ganze Fauna eines Weltmeeres ändern wird, so kann das wieder nicht die Aufgabe einer Nation sein, es sei denn, daß diese Nation Rußland ist oder eine andere Nation, die die Änderungen in der Welt durch Gewalt und ohne Zustimmung der anderen Nationen durchführen wird. Ich glaube, daß es absolut notwendig geworden ist, eine Weltordnung zu schaffen. Nun, so eine Weltordnung könnte sich in hundert oder zweihundert Jahren entwickeln.

Leider ist Rußland da, und leider werden die russischen Kommunisten nicht hundert oder zweihundert Jahre warten. Ich glaube, daß vor dem Ende dieses Jahrhunderts es eine Weltordnung geben wird, und da der russische Kommunismus eine Tatsache ist, ebenso wie Hitler damals eine Tatsache war, eine Tatsache vielmehr von derselben Art, deshalb brauchen wir den Schutz der Waffen, wenn die freiwillige demokratische Kooperation der Nationen eine Chance haben soll.

GAUS: Sie glauben, daß dieser Traum einer geordneten Welt, möglicherweise sogar unter einer Weltregierung – ein Ausdruck, den Sie verwendet haben in einem Buch darüber –, daß diese Vorstellung sich zwangsläufig ergibt nur aus der Entwicklung der nuklearen Energiegewinnung?

TELLER: Nein, das ergibt sich nicht aus der nuklearen Energiegewinnung. Es ergibt sich aus der größeren Macht des Menschen, die stammt von der wissenschaftlichen Revolution. Diese Revolution ist alt, diese Revolution ist mehr als zweihundert Jahre alt, aber sie ist beschleunigt, und ihre Konsequenzen werden immer mehr sichtbar und unausweichbar. Die nuklearen Energiequellen und die nuklearen Explosionen, Kernexplosionen, sind nicht der Grund, sie sind ein Beispiel, sie mögen ein Symbol sein, aber der Grund liegt tiefer.

GAUS: Sie sprechen von der größeren Macht, die in die Hand der Menschen gelegt ist. Woraus resultiert Ihre Hoffnung, daß diese Macht zur Verwirklichung des friedlichen Bildes, das Sie eben entworfen haben, verwendet wird, und nicht zu einem Krieg? Worauf gründet sich dieses Vertrauen?

TELLER: Sehen Sie, ich habe eine Definition eines Optimisten und eines Pessimisten. Ein Pessimist ist ein Mensch, der immer recht hat, aber er hat nicht seine Freude daran. Ein Optimist ist ein Mann, der den Glauben besitzt, daß die Zukunft unbestimmt ist. Und dieser Glaube hat auch eine Verantwortung zur Folge. Wir müssen annehmen, daß es einen friedlichen Weg gibt, denn nur, wenn wir das annehmen, können wir für diesen Frieden arbeiten. Ich werde das annehmen, obwohl ich nicht so weit gehen kann zu sagen: »Wir legen unsere Waffen zur Seite, und dann ist der Frieden da.« So einfach ist die Welt nicht.

GAUS: Wenn Sie aber diesen Glauben an die friedliche Möglichkeit, die neben der kriegerischen gegeben ist, wenn Sie diesen Glauben nicht hätten, könnten Sie dann Ihre Arbeit weitermachen?

TELLER: Das kann ich nicht sagen. Ich habe diesen Glauben.

GAUS: Sie verfolgen Ihre politischen Thesen mit tiefem Ingrimm, mit Verbissenheit. Manche Gegner sagen sogar, mit Fanatismus. Woran liegt das? Sind Sie Ihrer selbst so sicher oder manchmal so unsicher?

TELLER: Sehen Sie, wenn ich es an einem anderen Menschen sehe, dann nenne ich es Ingrimm, wenn ich es an mir selber sehe, dann nenne ich es Überzeugung. Vielleicht werden Sie mich entschuldigen, wenn ich dieses sage. Die einfache Lösung ist: Wir vernichten die Waffen, dann ist der Friede da. Es gibt wenige Leute, die diesen Standpunkt konsequent vertreten. Aber es gibt sehr viele Leute, die sich von unkonsequenten Anwendungen dieses Standpunktes verleiten lassen, und dadurch, wie es mir scheint, dadurch werden sie dann zu falschen, traumhaften Lösungen geleitet. Diese Vertreter, sehr viele unter ihnen, scheinen mir ihren Standpunkt mit großem Ingrimm zu verfolgen. Ich muß sagen, daß ich in dieser Beziehung getan habe, was mir als notwendig erschienen ist. Es gibt meiner Meinung nach eine Notwendigkeit, aber nicht mehr.

GAUS: Eine Notwendigkeit, diesen Standpunkt, Ihren Standpunkt, einzunehmen und zu vertreten?

TELLER: Ja.

GAUS: Erlauben Sie mir ...

TELLER: Ich möchte gern dabei noch sagen, ich möchte sehr gern sagen, daß mir nicht daran liegt, daß ich diesen Standpunkt einnehme. Aber durch Umstände bin ich in eine Lage geraten, wo es natürlich erscheint, daß ich diesen Standpunkt weiter einnehmen soll. Ich habe versucht – nicht immer ohne Erfolg –, andere Leute diesen Standpunkt übernehmen zu lassen. Mir persönlich wäre nichts lieber, als zur reinen Physik zurückzukehren.

GAUS: Sie beklagen die Notwendigkeiten und die Umstände, die Sie in diese umstrittene Position gebracht haben?

TELLER: Ich bin nicht in einem Zustand, der für mich beklagenswert erscheint. Ich tue, was ich tue.

GAUS: Erlauben Sie mir eine letzte Frage, Herr Professor Teller. Glauben Sie, daß Sie in der Öffentlichkeit in Ihren Zielen und Absichten verkannt werden und nicht das Gehör finden, das Ihnen die Öffentlichkeit eigentlich schuldet?

TELLER: Die Öffentlichkeit schuldet nichts. Die Öffentlichkeit schuldet sich selber gewisse Dinge. Und ich schulde der Öffentlichkeit und unserer Gemeinschaft, daß ich, wenn mir die Gelegenheit gegeben ist, klar und einfach sage, was ich denke. Ich möchte gern eine Frage beantworten, die Sie nicht gestellt haben, denn sie ist wichtig. Wir haben über eine Weltregierung geredet. Das Wort liebe ich nicht, den Begriff schon. Das ist etwas, das konkret, reell und wichtig ist, und es ist nicht ein Traum. Die Wirtschaftsgemeinschaft in Europa, die großartige Versöhnung von Deutschland und Frankreich scheinen mir Zeichen zu sein, daß eine friedliche Kooperation zwischen demokratischen Regierungen möglich ist, daß wir größere Einheiten schaffen können und daß wir irgendwie durch Fortschritt, durch Zusammenarbeit zwischen den freien Demokratien die Kraft, die Überzeugung und das moralische Niveau erreichen, mit deren Hilfe wir vielleicht in zwanzig Jahren selbst die totalitären Regierungen überreden können, mit uns aufrichtig zusammenzuarbeiten.

Aber ohne Kraft wird das nicht gehen. Wir müssen die Kraft nicht anwenden. Sie muß da sein, und sie muß angewendet werden nur zur Verteidigung und zum Ausbau der positiven Möglichkeiten.

Zu einer Empfindlichkeit neige ich von Haus aus. Das ist natürlich ganz schlecht für das, was man einen Politiker nennt, werden Sie sagen. Ich selbst nenne mich keinen Politiker, ich nenne mich einen politischen Praktiker und parlamentarischen Praktiker. Ich bin übrigens mit Leib und Seele Parlamentarier und möchte es gerne viel mehr sein, als ich heute bei meiner Stellung sein darf. Aber Empfindlichkeit und Kurzschlußhandlungen? Ich gestehe Ihnen offen, ich wollte nicht in den Bundestag ...

HERBERT WEHNER:
Der Traum vom einfachen Leben

Herbert Wehner, geboren am 11. Juli 1906 in Dresden, gestorben am 19. Januar 1990 in Bonn-Bad Godesberg. Nach früher Mitgliedschaft in der Sozialistischen Arbeiterjugend schloß er sich linkeren Gruppierungen an und trat 1927 der KPD bei, wo er Anfang der 30er Jahre enger Mitarbeiter des Parteivorsitzenden Thälmann war. Nach 1933 illegale Tätigkeit in verschiedenen europäischen Ländern, zeitweise in Moskau. 1942 in Schweden aus politischen Gründen zu einer Zuchthausstrafe verurteilt. 1946 Rückkehr nach Deutschland und zunächst Mitglied des SPD-Landesvorstands in Hamburg. Ab 1949 Mitglied des Bundestages für die SPD; von 1958 bis 1973 stellvertretender Vorsitzender der SPD. 1966 trat er als Minister für Gesamtdeutsche Fragen in das Kabinett Kiesinger ein. 1969 übernahm er den Vorsitz der SPD-Bundestagsfraktion (»Zuchtmeister«), den er bis zu seinem Ausscheiden aus dem Bundestag im März 1983 beibehielt (78 Ordnungsrufe in 33 Jahren).
Das Gespräch wurde gesendet am 8. Januar 1964.

GAUS: Herr Wehner, vielen Leuten in Deutschland erscheinen Sie geradezu als der Prototyp des Politikers. Und richtig ist wohl, daß Ihr Lebenslauf, den wir hier im Gespräch auszubreiten versuchen wollen, fast exemplarisch widerspiegelt, was einem politisch engagierten Deutschen in den letzten fünfzig Jahren zustoßen konnte, bevor er seinen politischen Standort endgültig gefunden hatte. Heute sind Sie stellvertretender Bundesvorsitzender der SPD und gelten als entscheidende Antriebskraft der deutschen Sozialdemokraten. Darf ich unser Gespräch mit einer allgemeinen Frage beginnen? Herr Wehner, wenn Sie rückblickend Ihr Leben anschauen, können Sie es sich ohne Politik vorstellen? Hätten Sie von der Politik lassen können, irgendwann einmal?

WEHNER: In den vierzig Jahren, in denen ich von der Politik gepackt war und hin und her geschüttelt worden bin, habe ich mir das zwar manchmal erträumt. Und zwar in besonders schwierigen Situationen – ich gebe das offen zu –, in Situationen, in denen die Politik so schrecklich war, daß ich gedacht habe, man sollte außerhalb von ihr leben können. Ich habe mir allerdings nie dabei gedacht, daß ich – auch wenn ich außerhalb stünde – an ihr uninteressiert sein könnte.

GAUS: Diese Ausschließlichkeit, mit der Sie sich der Politik hingegeben haben, scheint mir in Ihrem Leben sehr früh begonnen zu haben. Führen Sie das auf Einflüsse und Eindrücke aus Ihrem Elternhaus zurück? Sie sind 1906 in Dresden geboren. Ihr Vater war ein Schuhmacher. War er zum Beispiel ein eingeschriebenes Parteimitglied der Sozialdemokratischen Partei und ein eingeschriebener Gewerkschaftler?

WEHNER: Er war beides, aber ich kann mich heute noch an meinen Jugendstolz erinnern, daß ich nicht etwa deswegen selbst Mitglied der Sozialistischen Arbeiterjugend geworden bin. Soviel weiß ich noch aus meiner eigenen Jugend: Man wollte aus eigenem Entschluß geworden sein, was man glaubte zu sein.

GAUS: Sie meinen, es war also kein Einfluß, der – vielleicht sogar nur unbewußt – in Ihrem Elternhaus auf Sie ausgeübt wurde?

WEHNER: Oh ja, natürlich war es das. Aber ich wollte gleichzeitig sagen, daß es da auch diese natürliche Spannung gibt zwischen dem, was man mitkriegt, und dem, was man selbst gern will.

GAUS: Könnten Sie erzählen, wie das politische Weltbild Ihres Vaters ausgesehen hat?

WEHNER: Das wäre sehr vermessen, obwohl ich meinem Vater gerne ein Denkmal setzen möchte. Er ist gestorben, als ich nicht dort sein konnte, wo er starb, und unter Bedingungen, die ich erst acht Jahre später erfahren habe. Mein Vater war ein Arbeitsmann, der stolz war auf sein Können, und ich kenne ihn als einen Künstler in seinem Beruf. Und mein Vater war ein lustiger Mann und hat uns Kinder auch dazu gebracht, daß wir Lust am Leben hatten, mit ihm zusammen und mit der Mutter zusammen. Meine Mutter hat mich zum erstenmal zu einer Demonstration am 1. Mai mitgenommen, zu einer Zeit, als es noch keine regulierten Demonstrationen waren.

GAUS: Also vor 1918?

WEHNER: Oh ja, und meine Mutter hat mir im Kriege, im ersten Kriege – ich kann das Bild noch vor meinen Augen sehen – gesagt: Jetzt ist der Krieg bald aus. Das war, als im Februar/März 1917 in Rußland das dortige Regime zusammenbrach. Ja, es gibt da Einflüsse, Sie haben recht. Aber ich habe auch recht; ich wollte damit sagen, meine Eltern haben mich zu einem Jungen erzogen, der selbst im Leben stehen sollte.

GAUS: Herr Wehner, Sie haben nach der Volksschule die Realschule besucht und dann ein Stipendium für eine dreijährige Ausbildung zum öffentlichen Verwaltungsdienst erhalten und, bevor Sie sich ganz der Politik verschrieben, einige Jahre als kaufmännischer Angestellter in Dresden, Ihrer Geburtsstadt, gearbeitet. Haben Sie damals manchmal das Gefühl gehabt, daß Ihre Startchance für das Leben zu klein war, daß Sie zu kurz gekommen waren, Sie und Ihresgleichen?

WEHNER: Ja, sicher hatte ich das Gefühl. Aber ich hatte es nicht in dem Sinne, daß ich etwas dazu haben wollte, daß ich auf eine andere Stufe gehoben werden wollte, sondern ich zog daraus die Konsequenz, daß man sich kümmern müsse, damit jedem seine Chance gegeben werden würde. Damit fing ich eben an, politisch zu denken und politisch zu handeln, auch während meiner beruflichen Tätigkeit, schon während meiner Schulzeit. Ich bin in die Schule, von der Sie eben gesprochen haben, als Betroffener eines Experiments gekommen. In meinem Heimatland wurde damals der Versuch gemacht, Kinder, die die Volksschule mit guten Ergebnissen absolviert hatten, auf sogenannte Höhere Schulen zu bringen.

GAUS: Das war 1921?

WEHNER: Es waren sechs, und ich war einer von diesen. Dazu kamen dann weitere sechs aus der Realschule, in der diese Experimentier- und Musterklasse – nicht Musterknabenklasse! –

eingerichtet wurde. Das war mein Glück, denn das war natürlich eine intensive Lernmöglichkeit, weil wir eine kleine Zahl waren und die qualifiziertesten Lehrkräfte hatten.

GAUS: Sie haben sich Ihr Leben lang nebenher mit betriebs- und volkswirtschaftlichen und soziologischen Studien beschäftigt. Wollen wir uns mal vorstellen: Wenn alles ganz anders gelaufen wäre, als es schließlich gelaufen ist, welchen Berufswunsch hätten Sie gehabt?

WEHNER: Sie werden lachen, denn das ist die platte Antwort, die Sie von manchen Leuten meinesgleichen bekommen würden: Ich wollte liebend gern Lehrer werden, und zwar Lehrer in dem großen Sinne. Das war's. Das ging nicht. Ich habe auch angefangen. Meine erste Schule war eine tolle Schule im Erzgebirge. Ich konnte sie leider nur ein knappes Jahr besuchen, denn dann mußten wir wegen der Kriegsereignisse in eine andere Stadt ziehen. Es war eine Seminarvorschule.

GAUS: Warum haben Sie das nicht zu Ende gemacht?

WEHNER: Mein Vater war im Krieg. Ich mußte mitverdienen und mein Bruder auch. Das fing sehr früh an.

GAUS: Sie hatten einen Bruder?

WEHNER: Ja, den ich leider nun nicht mehr habe.

GAUS: Sie haben als Kind Geld für den Unterhalt der Familie mitverdienen müssen?

WEHNER: Ja, meine Mutter bekam eine ganz geringe Unterstützung. Das lag daran, daß die Ortsklasse des Ortes, in dem wir wohnten, als mein Vater ins Feld kam, eine von denen war, in denen man wenig bekam. Wir mußten dann in eine größere Stadt, weil meine Mutter schwer krank wurde, und dann mußten wir – und das war damals eine Ehrensache für uns beiden Jungs – arbeiten. Wir fingen damit an, die Kartoffeln für den Winter beim Bauern zu verdienen, beim Tischler zu arbeiten und so weiter. Ich habe viele solche Sachen gemacht. Heute wäre es verboten, Kinderarbeit zu machen. Ich war damals froh, daß man das durfte. Wir haben es nie bedauert.

GAUS: Herr Wehner, als Siebzehnjähriger, 1923, sind Sie aus der Sozialistischen Arbeiterjugend, die der SPD nahestand, ausgeschieden und einer radikaleren Gruppe beigetreten. Warum?

WEHNER: Warum? Ich möchte sagen: wodurch? In meinem Heimatland geschah damals etwas, das uns sehr erschüttert hat in der politischen Auffassung, der idealen Vorstellung, die man als ein so junger Mann haben kann. Die Reichswehr marschierte ein.
GAUS: In Sachsen.
WEHNER: Ja. Ich kann ja nicht leugnen, daß ich von da bin. Ich tue es auch gar nicht. In einer unserer Nachbarstädte gab es dabei eine ganze Anzahl Todesopfer. Damals spalteten wir uns. Die Organisation der Jungen hat sich dort gespalten. Ich gehörte zu der Minderheit, die dann vier Jahre lang als eine selbständige, eine freie sozialistische Jugendgruppe existiert hat mit zeitweiliger starker Anlehnung an syndikalistische Jugendgruppen, die aus alter Tradition herkamen, die es damals noch gab oder wieder gab.
GAUS: Im Jahre 1927 sind Sie dann Mitglied der Kommunistischen Partei geworden. Ich würde gerne wissen, ob dieser Schritt das Ergebnis von theoretischem Schriftstudium war, ob Sie sozusagen ein belesener Marxist waren, als Sie in die KPD eintraten, oder ob es andere Gründe gegeben hat?
WEHNER: Ein Marxist – das ist eine ganz schwierige Gewissensfrage. Sie wissen ja, wie Marx diese Frage selbst beantwortet haben soll: Er sei keiner. Aber ich will mich damit nicht um die Frage herumdrücken. Meine sozialistischen Impulse waren ganz andere. Ich habe zunächst einmal die Gemeinschaft der Jugendgruppe erlebt. Ich habe die Gemeinschaft vieler Jugendgruppen zueinander erlebt. So fing es an, das gestehe ich ehrlich. Und Schriften? Die Schriften, die meine Freunde und ich wirklich verschlungen, studiert, diskutiert und beraten haben, das waren Schriften von Gustav Landauer, dem in der Münchener Räte-Zeit Erschossenen, der uns wiederum Martin Buber erschloß. Das waren Schriften von Proudhon, dem Franzosen. Das waren Schriften von Krapotkin, »Die Ethik« zum Beispiel. Ich könnte sie heute noch alle aufzählen. Ich habe leider nichts mehr, denn in der Zeit der zwölf Jahre ist das alles vernichtet worden. Wir sind dann erst allmählich durch einen sehr belesenen Facharbeiter in unserem Kreis, der einige Jahre älter war als wir, der aber auch nicht orthodox war und uns helfen wollte, auf Marx gekommen. Unser Streben war, eine Ordnung zustande bringen zu helfen, in der die Freiheit der Person, des

Menschen, der Persönlichkeit das Entscheidende war. Damit fingen wir an. Und das zweite war das Recht frei miteinander lebender Persönlichkeiten. Das dritte war dann: Man muß gewisse ökonomische Schritte möglich machen. Da greife ich weit vor auf ein Wort, das ich viel später entdeckt habe, auf die Definition, die Kurt Schumacher dem Begriff Sozialismus gegeben hat, und die ich für mich selbst so akzeptiere, daß der Sozialismus die ökonomische Befreiung der moralischen und politischen Persönlichkeit ist.

GAUS: Das bedeutet, daß für Sie die soziale Komponente nur die dritte war, nicht die wichtigste.

WEHNER: Nein, nein: aber zu den beiden anderen gehörte; aber das fing mit den beiden anderen an.

GAUS: Sie haben in der Kommunistischen Partei einen schnellen Aufstieg genommen. Sie sind schon 1930 sächsischer Landtagsabgeordneter gewesen, und Anfang der dreißiger Jahre kamen Sie nach Berlin, wo Sie in der Nähe Ernst Thälmanns gearbeitet haben. Was ist der Grund für diese schnelle Karriere gewesen? Galten Sie als eine Art Wunderknabe, als das Nachwuchstalent der KPD in Deutschland in dieser Zeit?

WEHNER: Oh, sicher nicht. Das ist ein Irrtum. Ich bin ja in die Kommunistische Partei nach diesen vier Jahren selbständigen Denkens gekommen. Jener Partei schloß ich mich damals 1927 an aus der Überzeugung heraus, daß man dort etwas in der Richtung tun könnte, in die wir wollten, wenn auch mit gewissen kritischen Vorbehalten, die aber – das habe ich dann gelernt – sehr bald überspielt wurden durch den Mechanismus, in den man sich selbst begeben hatte. Ich war aber doch eine ganze Zeit tätig für eine Organisation, die damals eine gewisse Bedeutung hatte. Sie nannte sich »Rote Hilfe« und befaßte sich mit der Hilfe für politische Gefangene, für Amnestierte, die wieder ins Leben kommen mußten, für politische Flüchtlinge aus faschistischen Ländern, die es damals schon gab. Da habe ich sehr aktiv gewirkt. Nachdem ich in meinem Beruf als kaufmännischer Angestellter 1927 zum wiederholten Male gemaßregelt worden war – ich war damals bei einer großen Firma in der Fotooptik beschäftigt –, habe ich in dieser Organisation eine Zeitlang hauptamtlich gearbeitet. Betreuung von Gefangenen: Ich bin in die Gefängnisse gegangen, habe die

Gefangenen besucht, habe ihre Frauen, ihre Familien unterstützt. Ich war natürlich für alles das ein viel zu junger Mensch.

GAUS: Sie waren noch keine dreißig.

WEHNER: Lange nicht, entschuldigen Sie, natürlich nicht.

GAUS: Ich würde gerne das Urteil hören, das Sie seinerzeit über die Sozialdemokraten gehabt haben, als Sie Kommunist waren. Haben Sie damals das Gefühl gehabt, die Sozialdemokraten sind eine Gruppe, die sich aus kleinbürgerlichen Vorurteilen abhalten läßt von dem einen entscheidenden Schritt weiter in Richtung auf eine revolutionäre Arbeiterpartei? War das Ihr Urteil?

WEHNER: Ich würde mich selbst irren, wenn ich heute versuchte, für diese ganze Zeit eine Antwort auf diese Frage in einem Urteil zu finden. Das hat es nicht gegeben, das hat sich immer wieder geändert. Ich bin dabei in die größten Konflikte gekommen. Sie haben ja gesagt, ich sei 1930/31 dann schon in Berlin gewesen. Als ich 1931 nach Berlin kam, kam ich als ein gemaßregelter kommunistischer Funktionär nach Berlin; denn ich mußte mein Landtagsmandat schon nach weniger als einem Jahr auf Beschluß der Partei niederlegen. Ich paßte da nicht ganz hinein.

GAUS: Aus welchen Gründen?

WEHNER: Ich paßte nicht ganz hinein, weil ich auch damals schon sicher zu selbständig war. Ich hätte nicht nach Berlin gehen sollen. Ich habe mich lange gewehrt dagegen. Als ich nach Berlin kam, war ich nicht mehr ein gewählter Mann. In meinem Heimatland wurde ich immer gewählt, auch in den Parteifunktionen. Die Leute haben mir ihre Stimme gegeben oder eben nicht gegeben. Ich war das, wozu ich gewählt wurde. Aber dort war ich dann ein Angestellter und habe den Weg gehen müssen bis zum bitteren Ende, den man nur verstehen kann, wenn man daran denkt, daß schon im Jahre 1932 jene grausige neue Wirklichkeit über uns hing, die 1933 Gestalt annahm. Es mag seltsam klingen in einer einzigen Erklärung: Ich wollte doch nicht feige sein! Wie konnte ich bei allen meinen Skrupeln, was die Lehre der Partei betraf, weggehen, wenn es um Tod und Leben ging?

GAUS: Aus der Partei heraus?

WEHNER: Ja, oder weniger aktiv werden, oder nicht ihre Beschlüsse durchführen. Da hast du zu stehen, so sagte ich mir, und zwar nicht wegen eines Beschlusses, sondern weil ich nicht feige sein wollte und weil ich nicht braun sein wollte. Ich habe mich später auch davon frei gemacht, rot zu sein, aber nicht, um braun zu werden. Das hat mich auch lange im Kriege daran gehindert, den Schritt zu tun. Ich wollte nie etwas tun, das von denen nicht verstanden wurde, die meine Freunde waren – und ich habe da ja Hunderte gehabt. Als ich zum erstenmal aus einem Gefängnis heraus durch verschiedene Länder transportiert worden bin, über verschiedene Grenzen, und kurze Zeit in Moskau war – 1935 –, da habe ich als erstes, weil ich nicht wußte, wie lange ich da sein würde und könnte – aus dem Gedächtnis, denn ich hatte ja kein Blatt Papier mitnehmen können –, die Namen von 500 Menschen aufgeschrieben, die in ganz Deutschland in den verschiedenen Städten – Hauptstädten, Regionalhauptstädten – tätig gewesen waren und deren Schicksale – Tod oder lebenslängliche Gefangenschaft – ich einfach aktenkundig machen wollte. Ich war mit diesen Menschen durch das Leben in der Verfolgung verbunden.

GAUS: Sie hätten es für einen Verrat angesehen, in diesem Augenblick die Front zu wechseln?

WEHNER: Ja, das war für mich unmöglich. Die Front wechseln schon gar nicht! Ich hätte nur aus einer herausgehen können, aber in die andere konnte ich nicht hineingehen. Ich hätte also tot sein müssen, politisch und menschlich, sittlich! Das war es. Das erschwerte im Handeln das, was im Denken vor sich ging.

GAUS: Sie hatten in den ersten Jahren, nachdem Hitler die Macht in Deutschland an sich gerissen hatte, zeitweilig im Untergrund gearbeitet und sind dann in den europäischen Nachbarländern Deutschlands umhergereist und, wie Sie schon erwähnt haben, 1935 von Prag nach Moskau abgeschoben worden. In Moskau sind Sie zur Zeit der großen Säuberung auch einer Untersuchung unterworfen worden, die freilich ohne Verurteilung endete. Wenn Sie diese persönliche Erfahrung mit dem Stalinismus nicht gehabt hätten, wäre es dann auch zu Ihrer Abkehr vom Kommunismus gekommen?

WEHNER: Ja! Ich betrachte den Stalinismus nicht als etwas Besonderes. Ich weiß, daß ich damit im Vergleich mit allen heutigen Kreml-Astrologen und sehr erfahrenen Leuten völlig unmodern bin. Aber für mich geht es um Kommunismus schlechthin. Den habe ich erlebt und durchdacht, und damit mußte ich Schluß machen und nicht etwa nur mit einer Spielart.

GAUS: Ich verstehe. Wie haben Sie sich seinerzeit die Machtübernahme Hitlers erklärt?

WEHNER: Ich darf Ihnen da eine kleine Geschichte erzählen, falls uns die Zeit dazu bleibt. Ich saß zusammen mit einem polnischen Kommunisten im Grunewald. Er war uns geschickt worden, weil er Erfahrung in unterirdischer Arbeit hatte und sollte uns helfen.

GAUS: Das war nach 1933?

WEHNER: Ja, sicher. Ich habe doch einige Jahre die gesamte illegale Arbeit in ganz Deutschland als der Techniker in meinen Händen gehabt. Der Mann war zehn oder fünfzehn Jahre älter als ich. Da haben wir uns auf den Waldboden gesetzt und uns zunächst einmal gegenseitig geguckt und gefragt, ob wir offen miteinander reden können. Offen heißt: auch anders, als man redet, wenn man als kommunistischer Funktionär redet. Die Frage, die der Probefall sein sollte, stellte er. Sie lautete: Wie lange ich glaube, daß das dauern würde. Darauf habe ich ihm gesagt, mindestens zehn Jahre. Da sagte er: Wir können wirklich offen miteinander reden. Da haben wir begonnen, über das ganze Schauderhafte, das über unser Volk gekommen war und über andere Völker kommen würde und wie es enden könnte, offen zu reden. Ich habe in dieser deutschen Wirklichkeit etwa neunundvierzig Prozent des Totalitarismus kennengelernt, und die einundfünfzig Prozent habe ich in der kommunistischen Wirklichkeit kennengelernt, in der sowjetischen einschließlich der kommunistischen Wirklichkeit im Untergrund.

GAUS: Ich bitte Sie noch einmal, mir Ihre Erklärung für die großen Wahlerfolge der NSDAP und für Hitlers Erfolg in der deutschen Bevölkerung zu geben. Woran lag es?

WEHNER: Ich bin der Meinung, daß es daran lag: Die Republik konnte sich nicht verteidigen, weil die Arbeiterschaft dem demokratischen Staat gegenüber eine gespaltene Haltung einnahm. Sie werden sich jetzt wundern, daß ich das an den Anfang stelle. Dadurch aber jedenfalls wurde das, was die restaurativen Kräfte taten, die von ganz rechts kamen und immer schlimmer wurden,

...agen auch noch bei einem Teil der Bevölkerung gerechtfer... ...as war das Furchtbare. Das habe ich früh so gesehen. An die... ... inneren Gespaltenheit der Arbeiterschaft, die 1918 unvorbereitet einer militärischen Niederlage und dem Zusammenbruch eines feudalen Regimes, eines sehr herrschaftlich aufgetretenen Regimes, gegenüberstand und die doch selbst gespalten war in ihrer Stellung zum Staat, weil die deutschen Führer der Kommunisten leider daran festgehalten haben, daß der Staat auch als demokratischer Staat für die Arbeiter nicht akzeptabel sei, sondern erst dann, wenn er unter der Führung der kommunistisch geführten Arbeiterklasse umgestürzt sei: Daran lag es. Diese Theorie war das Unglück.

GAUS: Diese Meinung hatten natürlich auch einige sozialdemokratische Führer aus der damaligen Zeit.

WEHNER: Sicher, das hing ja nicht an Parteien. Das war etwas, das in dieser deutschen Arbeiterbewegung noch drin war und das sie überwunden hat. Ich habe es doch bei mir selber auch erlebt, ich will das ganz offen sagen. Dazu gehörten diese schrecklichen Erfahrungen mit der totalitären braunen Diktatur und mit der totalitären roten Diktatur. Dazu gehörte, sich wieder freizumachen und hinzukommen zu dem Ausgangspunkt, von dem aus einmal Lassalle versucht hat, die Arbeiter im Staat mit dem Staat zu versöhnen und nicht außerhalb und nicht gegen den Staat.

GAUS: Sie haben diese bitteren Erfahrungen bis zu einem sehr brutalen Ende machen müssen. Sie sind 1941 von Moskau nach Schweden geschickt worden, um kommunistische Untergrundarbeit zu organisieren, sind jedoch verhaftet und zu einem Jahr Zuchthaus verurteilt worden. Das hat nach dem Kriege 1957 in der Bundesrepublik zu heftigen Auseinandersetzungen mit der CDU über Ihre Person geführt. Berichten Sie mir bitte von dieser schwedischen Zeit.

WEHNER: Ich bin doch nicht zu kommunistischer Untergrundarbeit nach Schweden geschickt worden, sondern mir wurde endlich erlaubt, aus Rußland wegzugehen, nachdem ich viereinhalb Jahre nicht weg konnte und weg durfte. Aber es wurde mir erlaubt, wie man es eben einem Mitglied dieser kommunistischen Partei, das illegal ist und keinen Paß hat, erlaubte: mit einem Auftrag. Der Auftrag war – und ich hatte ihn so auch selbst übernommen und akzeptiert –, nach Deutschland zur Widerstandsarbeit gegen Hitler zu gehen, neu anzufangen, neu aufzubauen. Und ich bin bei der Vorbereitung dieser Schritte, die sehr schwierig waren, wo ich vieles einzuleiten hatte, in Schweden selbst verhaftet und wegen Verstoßes gegen die dortigen Gesetze verurteilt worden, nach Paragraphen, wie sie dort im Kriege Geltung hatten, wie sie dann nach dem Kriege geändert worden sind. Ich war ja dort ohne Anmeldung, ich war dort mit einem anderen Paß, als es ein echter Paß wäre, und ich habe nie geleugnet, daß ich da wäre, um illegal nach Deutschland zu kommen und um da wieder gegen die Diktatur zu kämpfen, wobei ich nicht wußte, wie das gehen würde. Aber das wollte ich.

GAUS: Sie haben sich nicht nach dem Kriege um eine Revision dieses Urteils bemüht?

WEHNER: Ich bin seinerzeit auf Lebenszeit aus Schweden ausgewiesen worden. Aber im Jahre 1953 hat mir der schwedische Gesandte in Bonn zu meiner Überraschung – und ich muß sagen: zu meiner freudigen Überraschung – gesagt, dieser Beschluß sei aufgehoben worden, und er beglückwünsche mich dazu. Ich liebe dieses Land Schweden wie meine Heimat.

GAUS: Sie haben jetzt ein Ferienhaus dort.

WEHNER: Ja, Schweden betrachte ich als meine geistige Heimat. Dort habe ich gelernt, was Demokratie sein kann, auch wenn ich die Hälfte der Zeit im Gefängnis gesessen habe. – Sie fragten, ob ich mich um Revision bemüht hätte. Ich habe. Es gab eine königliche Kommission, an die man sich wenden konnte. Ich habe mich an sie gewendet. Sie war in meinem Fall nicht imstande, etwas zu tun, wie sie auch für andere gerichtliche Fälle nicht imstande war, etwas zu tun. Aber ich habe dann diese andere, wenn ich so sagen darf, Genugtuung bekommen, und ich bin seither sehr oft dort.

GAUS: Sie haben in Schweden auch geheiratet, eine deutsche Emigrantin?

WEHNER: Ja, und ich habe auch gute Freunde dort, den Chef der Regierung und die Minister. Wir sind gute Freunde.

GAUS: Herr Wehner, Sie haben gelegentlich sehr bitter gesagt, Sie hätten zwei Kardinalfehler gemacht: erstens, daß Sie als junger

Mensch Kommunist geworden seien, und zweitens, daß Sie dann später glaubten, dieser Irrtum würde in einer Demokratie vergeben, wenn man ihm wirklich abgeschworen habe. Das sei aber Ihr zweiter Kardinalfehler gewesen, dies zu hoffen. Ich habe dazu zwei Fragen: Erstens, glauben Sie immer noch, daß Sie nach wie vor, wie 1957, als heftig um Ihre Person gestritten wurde, von den wichtigen bürgerlichen Politikern in der Bundesrepublik nicht voll als ein wahrhaft geläuterter Mann akzeptiert werden?

WEHNER: Das ist eine ganz schwer zu beantwortende Frage für mich. Ich glaube, daß das Schlimmste auf diesem Wege vorbei ist. Das ist auch eine Zeitfrage, denn das Leben läuft so langsam und allmählich ab. Das ist also wohl vorbei. Es wird allerdings wohl nie ganz aufhören, weil es ja Leute jucken muß, einen Mann wie mich der Partei anzuhängen, für die ich arbeite und der ich helfen will, damit sie eine große, eine wirklich vom Volk akzeptierte Partei wird und als eine der großen, tragenden, gestaltenden, reformierenden Kräfte anerkannt werden kann.

GAUS: Ich habe eine zweite Frage dazu, wie gesagt: Glauben Sie, daß Sie manchmal aus verständlichen Gründen in diesem Zusammenhang zu einer Empfindlichkeit neigen, die Sie dann zu bitterem Kurzschlußdenken und Kurzschlußhandeln verleitet?

WEHNER: Zu einer Empfindlichkeit neige ich von Haus aus. Das ist natürlich ganz schlecht für das, was man einen Politiker nennt, werden Sie sagen. Ich selbst nenne mich keinen Politiker, ich nenne mich einen politischen Praktiker und parlamentarischen Praktiker. Ich bin übrigens mit Leib und Seele Parlamentarier und möchte es gerne viel mehr sein, als ich heute bei meiner Stellung sein darf. Aber Empfindlichkeit und Kurzschlußhandlungen? Ich gestehe Ihnen offen, ich wollte nicht in den Bundestag ...

GAUS: Kurt Schumacher hat Sie geholt?

WEHNER: »Geholt« ist gut! Er hat mich sozusagen mit der Faust dazu genötigt, daß ich kandidierte. Ich wollte arbeiten, und ich arbeitete ja für die Sozialdemokratische Partei. In den Bundestag wollte ich nicht. Ich dachte, das braucht Zeit – und warum soll ich? Ich habe Kurt Schumacher gesagt: Sie werden mir doch dort von allen Seiten bei lebendigem Leibe die Haut vom Leibe reißen. Ja, sagte er, das werden sie, aber das wirst du auch aushalten. So ging das. Und das habe ich manchmal so gefühlt, als wenn mir die Haut vom Leibe gezogen würde.

GAUS: Ich habe ein Zitat von Ihnen gefunden, Herr Wehner. Danach haben Sie im Jahre 1941 in Schweden Ernst Wiecherts Buch vom »Einfachen Leben« gelesen und sind von dieser Lektüre sehr tief berührt worden. Sagen Sie mir, was bedeutete dieses Buch eines Mannes aus einem ganz anderen Lager für Sie?

WEHNER: Erstens, weil es ein Buch war, geschrieben in diesem Deutschland, mit dem ich so verbunden war und aus dem ich ausgebürgert war, von dem ich steckbrieflich verfolgt war und, wenn sie mich gehabt hätten, nicht mehr leben würde. Deutschland ist mein Vaterland gewesen in jeder Phase. Und da konnte in dieser Zeit ein solches Buch geschrieben werden! Es war für mich ein Glücksfall, in Stockholm dieses Buch zu finden. Ich ging immer wieder in die Buchhandlung, obwohl es für mich unklug war, mich dort als ein nicht legaler Mann sehr viel zu bewegen, und habe nach Ähnlichkeiten gesucht und das eine oder andere Ähnliche gefunden. Und dann: Der Begriff »Einfaches Leben«. Ich habe ihn für mich gedeutet: So leben, wie du es wirklich, ohne Umschweife, mit deinem Gewissen vereinbaren kannst. Und nicht so viele Dinge machen müssen, die immer erst besonders erklärt werden müssen. Etwas versimpelt, werden Sie mir vorwerfen, aber so habe ich es gedacht. Das war übrigens auch einer der Gründe, warum ich nicht wieder in eine solche hauptamtliche Parteiarbeit, welche es auch immer sei, gehen wollte.

GAUS: Sie hatten Angst, es würde Sie vom »einfachen Leben«, wie Sie es ...

WEHNER: Ja, ja, von dieser Theorie. Ich habe ja jetzt eine Bauerntheorie daraus gemacht.

GAUS: Was war der letzte, entscheidende Anstoß zu Ihrer Trennung vom Kommunismus? Was war der letzte Punkt? Kann man das fixieren?

WEHNER: Da muß ich den vorletzten nennen. Der vorletzte war, daß ich mich befassen sollte mit einer Interpretation der kommunistischen Auffassung von der Lehre vom Staat. Als ich versucht habe, das zu Papier zu bringen, da habe ich bei der Hälfte Schluß gemacht und gewußt: Das kannst du nicht mehr begründen und verantworten. Das war im Jahre 1939, mitten in den schrecklichen Jahren des deutsch-sowjetischen Paktes, und in Moskau ohne Freunde. Der eine, den ich hatte, war gerade gestorben. Er war fünfzehn Jahre älter als ich. Er war ein persönlicher Freund von Rosa Luxemburg gewesen. Das war der vorletzte Punkt. Der letzte Punkt war meine Erinnerung an das, was ich an Leiden miterlebt und mitgesehen und mitzutragen gehabt habe in den Jahren des Terrors in der Sowjetunion. Ich habe darüber kein Buch geschrieben; ich kann es nicht. Ich habe es einfach mitgelitten und selbst erlebt. So gab es also dann die Frage für mich: Du bist jetzt endlich raus, du kannst jetzt, wenn es dir gelingt, wieder nach Deutschland zu kommen, dich dort auf eine ehrliche Weise ganz ehrlich machen und kannst – und das war natürlich eine halsbrecherische Idee –, wenn du nicht sehr schnell gefaßt wirst, etwas tun, damit, wenn der Krieg sich dem Ende nähern wird, nicht nur Leute da sind, die sagen können, sie hätten für Moskau oder sie hätten für andere dort gearbeitet. Ich war damals noch in der Vorstellung, man könnte das als ein mit dem offiziellen Kommunismus innerlich fertig gewordener, aber doch noch daran hängender Partisan sozusagen – nicht Partisan im Sinne von Heckenkrieger – machen. Darüber bin ich gestolpert. Ich kam nicht mehr ganz dazu.

GAUS: Sie haben Ihre Trennung vom Kommunismus oft genug sehr deutlich gemacht, haben aber gelegentlich gleichzeitig gesagt, daß Sie an den Werten, an den Grundsätzen einer sozialistischen Arbeiterbewegung festhalten wollten. Was sind für Sie die Grundsätze einer sozialistischen Arbeiterbewegung heute, und welchen Wert machen sie für Sie aus?

WEHNER: Ich möchte sagen, daß ich das nie gemeint habe als etwas anderes, als etwas abseitig von der Sozialdemokratie. Die Sozialdemokratie selber betrachte ich aber als etwas Umfassenderes als die sozialistische Arbeiterbewegung, von der Sie eben sprachen. Ich will, daß die Sozialdemokratie das sein kann, was wir versucht haben, ihr mit dem Grundsatzprogramm von Bad Godesberg als Selbstverständnis und Darstellung zu geben: eine Partei des Volkes, mit einer Staatsauffassung der sozialen Demokratie. Und Arbeiterbewegung? Ich habe mich bekannt und bekenne mich heute noch dazu und bin stolz darauf, daß das so war und daß es so angefangen hat. In der Inauguraladre Internationalen Arbeiter-Assoziation steht am Schluß als rung und als etwas, das die Arbeiter lernen sollten durchzusetzen: daß die gleichen einfachen Gesetze der Moral und des Rechts, die für den Verkehr zwischen Privatpersonen gelten sollten, auch für den Verkehr zwischen den Nationen zur Geltung gebracht werden müssen. Ich habe das immer für eine tolle Sache gehalten, daß eine solche Bewegung, die doch aus Protest gegen Klassenunterschiede, gegen Ungerechtigkeiten, gegen Nichtgleichberechtigung entstanden war, mit so klaren Worten sogar so heikle Dinge, wie es die außenpolitischen Beziehungen sind, ethisch begründet hat. Das hat mich immer innerlich wiederaufgerichtet. Und das ist etwas, von dem ich nicht möchte, daß man es lassen sollte.

GAUS: Glauben Sie, daß die Zeit des Klassenkampfes in der Bundesrepublik vorüber ist?

WEHNER: Die Zeit des Klassenkampfes – eine Doktorfrage war es, ist es auch heute, und es ist heute eine Frage für solche, die nach neuen Doktordissertationsthemen suchen. Es ist eine Definitionsfrage, was vom politischen Kampf, wenn man eine Arbeitshypothese haben will, als Klassenauswirkung bezeichnet werden kann. Ich halte das ganze Schema vom Klassenkampf für ein Prokrustesbett, bei dem man dann das, was nicht hineinpaßt, weil es zu lang ist, dadurch passend macht, daß man es abhackt oder, wenn es zu kurz ist, länger zieht. Diese ganze Theorie ist Vergangenheit. Es geht um die Menschen, wie sie wirklich sind; es geht um das Volk, wie es wirklich ist; es geht um die Nation, als die es sich verstehen soll, und es geht um die Werte, die verschieden begründet und auch verschieden schwergewichtig vertreten, aber doch in vielen Punkten gemeinsam sind.

GAUS: Sie haben von den Werten gesprochen. Sie sind verschiedentlich in den Verdacht geraten, in der Bundesrepublik eine Art Titoist oder nach wie vor dogmatischer Marxist zu sein, obwohl Sie vorhin gesagt haben, daß Sie dieses ganz und gar nicht waren. Und zwar sind Sie in diesen Verdacht geraten, weil Sie von den sozialen Errungenschaften gesprochen haben, die im Falle einer Wiedervereinigung Deutschlands bewahrt werden müßten. Was verstehen Sie unter sozialen Errungenschaften, die Sie nicht aufgeben möchten?

WEHNER: Lassen Sie mich erst noch mal auf diesen »Marxist« zurückkommen. Das blöde Gerede in Deutschland über Marxismus, das einem, der ein paar Jahrzehnte miterlebt hat, zum Hals heraushängt, hat doch sogar einen Mann wie Schumacher, der einen ganz anders denkfähigen Kopf als ich hatte, dazu gebracht, in dem letzten Stück Papier, das er geschrieben hat, bevor er die Augen schloß, mit Bitterkeit zu sagen, das Schlimmste, was diesem deutschen Volk in der Spaltung geschehen sei, hätten ihm nicht die Alliierten angetan, sondern hätte es sich selbst angetan, indem es unterscheidet zwischen Marxisten und Christen und was Marxismus sei und so weiter. Das hat diesen Mann fürchterlich innerlich gepeinigt und hat ihn dazu gebracht, daß er sagte: »Ich bin ein Marxist.« Er wollte damit sagen, das ist doch in Wirklichkeit in dem deutschen Bereich nichts anderes gewesen und kann nichts anderes sein als Methode der soziologischen, der sozialen Untersuchung und Prüfung. Als solche hat sie ihre Bedeutung, auch wenn das »ismus« wegfällt. Und von den Errungenschaften? Sehen Sie, ich bin kürzlich wieder dafür angepufft worden. Was ich denn damit meinte, was ich aus dem, was man auf der anderen Seite im sowjetisch kontrollierten Teil als soziale Errungenschaften oder sozialistische Errungenschaften bezeichnet, in die Bundesrepublik übernehmen wolle. Gar nichts will ich übernehmen in die Bundesrepublik.

Aber ich habe mich gefreut, daß es Leute gibt von ganz anderer Herkunft und ganz anderer Denkweise, die in dieser Beziehung ganz ähnlich denken und vorschlagen. Ich denke an Nell-Breuning. Ich denke an Arnold Brecht, den früheren preußischen Staatssekretär, der mir jetzt wieder einen rührenden Brief geschrieben hat. Heute ist er Universitätslehrer in Amerika. Ich kenne ihn persönlich sonst gar nicht, ich habe einfach nur seine Bücher gern gehabt. Beide sind wieder ganz anders, jeder für sich und voneinander und mir gegenüber. Die sagen doch alle: Wenn es zur Wiedervereinigung kommt, das heißt, wenn die politischen Voraussetzungen, wie internationaler Ausgleich und so weiter, dafür geschaffen sein werden, an denen man arbeiten muß, dann muß es möglich sein, daß man nicht einfach sagt, von diesem Tage an wird es dort so und da so. Da hat Nell-Breuning zum Beispiel in bezug auf sozialpolitische Dinge gesagt: Alles das, was die Menschen in der Zone selbst nicht ablehnen, das muß man ihnen lassen. Ich finde, das ist ein guter Standpunkt, auch ein guter Standpunkt gegenüber denen, die die Mauer gebaut haben. Ein guter Standpunkt gegenüber denen, die behaupten, die Wiedervereinigung sei für uns im freien Teil Deutschlands nichts anderes als der Versuch, wie es Herr Ulbricht gesagt hat, die »Gewalt der imperialistischen Monopole« auch auf seine »DDR« zu erstrecken. Das zieht dem doch den Boden weg! Lassen Sie doch das Volk selber entscheiden! Wir brauchen doch gar keine Angst zu haben. Über alles kann man reden, wenn die Freiheit der Person und die Gleichheit in der Freiheit der Person und das Recht, diese Freiheit zu gewährleisten und zu bewahren, wenn dies in beiden Teilen Deutschlands erst einmal durchgesetzt wird. Dann kann alles andere sukzessive, und wie es sich ergeben wird, weitergehen. Da gibt es ja auch gewisse natürliche Entwicklungsgesetze.

GAUS: Herr Wehner, noch einmal zurück auf Ihre SPD-Karriere. Sie sind 1946 in die Sozialdemokratische Partei eingetreten, und Kurt Schumacher ist es gewesen, der Sie in den engeren Führungskreis geholt hat. Woher kannten Sie Schumacher?

WEHNER: Schumacher hat mich geholt, als er gehört hat, daß ich mich in Hamburg geregt habe.

GAUS: Hatten Sie ihn vorher jemals getroffen?

WEHNER: Nein. Ich habe ihn nie getroffen. Ich durfte ja aus Schweden nicht sofort hier einreisen. Ich konnte nicht nach der sowjetisch besetzten Zone, und in den anderen Zonen wollten sie mich nicht. Das war mein Dilemma. Dadurch, daß meine Frau ein gewisses Anrecht geltend machen konnte, in Hamburg zu sein, wo sie früher gelebt hatte, konnten wir sagen, wir möchten dort hin. Und da sind wir auch hingekommen. Dort habe ich zunächst mal in kleinen Kreisen, in Kursen, Wochenendkursen, wie es damals in diesen Hungerjahren, Kältejahren, Ohne-Licht-Jahren war – ich selber hatte viele Monate hindurch keine Wohnung und mußte mit meiner Frau bald da und bald dort wohnen –, da habe ich aus meinen Erfahrungen erzählt und habe Kurse gemacht, wie man Diskussionsreden vorbereitet und wie man aus einem großen Vortrag, den man sich angehört hat, die Punkte herausfindet, auf die es nützlich und gut ist, einzugehen, wenn man diskutieren darf. So fing es an. Dann habe ich auch an einer Zeitung in Hamburg gearbeitet, die von der Sozialdemokratischen Partei unterstützt wurde – mit einer gewissen Beklemmung -, aber ich habe gedacht, man müsse helfen. Ich wollte nicht, daß diese Wahnidee, man könnte und sollte eigentlich auch im Westen Deutschlands eine sogenannte Einheitspartei, wenn auch auf freiwilliger Basis, aufziehen, um sich griff. Ich hielt es für meine Aufgabe, zu zeigen, daß es darauf ankommt, eine Sozialdemokratische Partei zu haben. So kam ich in die absurde Situation, anderen beibringen zu müssen, daß man keine Einheitspartei haben sollte, weil das so enden würde, wie ich es ihnen sagen konnte. Im Jahr nach dem Krieg, als ich noch in Schweden sein mußte, habe ich auch mit alten Kommunisten briefliche Diskussionen gehabt und ihnen geschrieben, daß das SED-Experiment viel schrecklicher enden würde als ein früheres Experiment der deutschen Kommunisten mit der sogenannten revolutionären Gewerkschafts-Opposition. Es wird fürchterlich enden, das sage ich heute noch. Es wird fürchterlich enden, mit einem moralischen Katzenjammer und einer sittlichen Vernichtung derer, die einmal aus ehrlichen Absichten kommunistische oder sozialistische Vorstellungen solcher Art zu realisieren versucht haben.

GAUS: Sie sind 1958 auf dem Parteitag in Stuttgart zum stellvertretenden Parteivorsitzenden gewählt worden und haben jahrelang nach dem Tod Schumachers als der entscheidende Kopf einer ganz bestimmten Opposition in der Bundesrepublik gegolten. Diesen Ruf haben Sie vor allem unter den Intellektuellen in Deutschland gehabt. Inzwischen gelten Sie gerade bei diesen Leuten als der Sozialdemokrat, der sich am meisten angepaßt hat und eigentlich gar keine Opposition mehr betreibt. Was halten Sie von dieser Meinung?

WEHNER: Ich würde, wenn ich da nicht Gefahr liefe, sämtliche Fenster einzuwerfen ...

GAUS: Werfen Sie mal.

WEHNER: ... sagen, das ist ein Urteil, das mich an »Weltbühne« und ähnliches erinnert. Selbstüberschätzung.

GAUS: Das Urteil dieser Intellektuellen?

WEHNER: Ich spreche nicht generalisierend über Intellektuelle. Das möchte ich nicht. Ich halte das für schrecklich. Intellektuelle für sich selber mögen von sich reden, wie sie wollen, das ist ihr gutes Recht. Aber ich halte es nicht für gut, über Intellektuelle als ein Kollektiv etwas zu sagen und Werturteile abzugeben. Aber ich rede jetzt von denen, die Sie meinen können und die mich so sehen, wie ich ja auch lesen kann, daß sie mich sehen. Ich kann ja einigermaßen lesen. Worauf es ankam, ist: Das Ringen im demokratischen Staat, in dem Teil Deutschlands, in dem man überhaupt noch ringen kann und in dem das Ringen eine Voraussetzung dafür ist, daß auch der andere Teil Deutschlands wieder demokratisch werden wird – und er wird es! –, dieses Ringen muß ein Ringen unter gleichberechtigten innenpolitischen Gegnern sein, die in einer Beziehung aber Partner sind, nämlich in ihrem Verhältnis zum demokratischen Staat. Entsprechend müssen sie sich auch zueinander verhalten. Das war mein Versuch, und ich muß sagen, wenn nicht unvorhergesehene völlige Veränderungen der Großwetterlage kommen, habe ich, bei allem, was ich sonst nicht kann, daran wohl einen guten Teil Verdienst, daß wir in diese Sphäre als Sozialdemokratische Partei gekommen sind. Nicht ich war es allein. Ich habe 1958 diese Wahl angenommen und damals gesagt, was ich kann, das werde ich tun, und dieses Tun wird sich immer darauf konzentrieren, dieser Partei – ich bin deren illegitimes Kind – eine führungsfähige, zusammenarbeitsfähige Mannschaft zu geben und zu erhalten. Das ist mein Job, wenn Sie so wollen. Darum kümmere ich mich, das ist eine schöne Arbeit, aber auch – um Himmels willen – eine nicht ganz einfache Arbeit.

GAUS: Als Stichtag für diese Schwenkung – wenn man sie eine Schwenkung nennen will – der im Godesberger Programm neu gerichteten Sozialdemokratischen Partei erscheint vielen Leuten Ihre Bundestagsrede, Herr Wehner, vom 30. Juni 1960, in der Sie ein Bekenntnis zur NATO abgelegt haben und eine gemeinsame Außenpolitik der großen deutschen Parteien gefordert haben. Nicht viel mehr als ein Jahr vorher haben Sie noch einen »Deutschlandplan der SPD« vorgelegt, dessen Wiedervereinigungsvorschläge diametral den Vorstellungen der CDU entgegengesetzt waren.

Könnten Sie mir erklären, warum es so bald, nach nicht mehr als einem Jahr, zu dieser Schwenkung, zu diesem Stichtag vom 30. Juni 1960 gekommen ist?

WEHNER: Dieser Plan mußte zu den Akten gelegt werden mit gutem Recht und so undramatisch wie möglich. Der Plan war ein beinahe verzweifelter Versuch – das gestehe ich offen – angesichts einer bevorstehenden Viermächtekonferenz, von der wir, meine Freunde und ich, befürchteten, sie würde sich festfahren auf dem Punkt: Verhandlungen nur über West-Berlin. Das wollten wir versuchen zu verhindern. Deswegen das, was man etwas ambitiös – hier habe ich auch einen Fehler mit zugelassen – »Deutschlandplan« genannt hat. Es war noch viel mehr, was wir da in der Schublade hatten. Vorschläge über die deutsche Frage, über die Wiedervereinigung, über die Herstellung von Rechten für die Menschen auf der anderen Seite. Dazwischen lag die nicht zustande gekommene Gipfelkonferenz, die Chruschtschow, ehe sie zusammentrat, am Tage des Zusammentritts einfach platzen ließ. Das haben Sie nicht gesagt in Ihrer Frage, aber ich darf daran erinnern. Zu dieser Konferenz, die einen Abschnitt markiert hat, gerade weil sie nicht zustande gebracht werden konnte, mußte man reden. Über die Einschätzung, über das, was nun vor uns steht.

Und wenn ich jetzt meine Rede, was ich nicht kann, in kürzesten Zügen wiedergeben könnte: Es ging eben darum, sich und anderen klarzumachen, daß wir es nicht einfach mit einer automatisch sich fortsetzenden Serie von Vierer-Konferenzen und von Verpflichtungen, die die vier Mächte Deutschland gegenüber einhalten werden, zu tun haben. Wir werden eine ganze Zeit lang kämpfen müssen, damit wir den Kopf über Wasser behalten und damit die vier Mächte sich überhaupt mit der deutschen Frage befassen, so daß sie allmählich wieder in ein Verhandlungsfahrwasser kommt. Ich habe da recht konkrete Vorschläge gemacht. Sie haben das jetzt so feierlich in Ihre Frage nach dem Nato-Bekenntnis gekleidet. Wissen Sie, ich bekenne mich zu manchem. Aber hier habe ich ganz nüchtern gesagt, erstens haben wir nie gesagt, wir seien gegen die NATO, ich persönlich auch nie, noch bevor ich im Bundestag war, denn die NATO wurde ja gegründet, ehe es eine Bundesrepublik gab. Zweitens haben wir auch nie gesagt, die Deutschen müssten raus. Nicht das war es. Wir haben gesagt: Wenn eine Situation gekommen und herbeigeführt sein würde, die die Wiedervereinigung Deutschlands ermöglicht, dann muß auch eine Sicherheitsabrede zwischen den großen Kontrahenten getroffen werden. Darum ging es. Das ist inzwischen Gemeingut geworden.

GAUS: Herr Wehner, war es schwerer, diese neue Linie der SPD gegenüber den anderen Parteien sichtbar zu machen, oder war es schwerer, sie in der eigenen Partei durchzusetzen?

WEHNER: Es war beides nicht einfach, um es kurz zu sagen.

GAUS: Woran lag es denn, daß es in Ihrer eignen Partei so schwer war? Versuchen Sie mir doch einmal den Unterschied zwischen der SPD und anderen Parteien, sofern es da noch einen grundsätzlichen Unterschied in der Struktur und in der Mentalität der Parteimitglieder gibt, zu erklären.

WEHNER: Sie sagen »noch«. Das Wort noch kann ich in diesem Zusammenhang gar nicht leiden. Wir sind eine große Mitgliederpartei, eine demokratisch gewachsene Partei mit allen Vorteilen und Nachteilen einer solchen großen politischen Gemeinschaft. Dort wird eben diskutiert, dort wird beraten, dort wird beschlossen. Dort wird delegiert. Und dort muß man sich zur Rechenschaft stellen und auch über sich abstimmen lassen. Dort wird nicht kooptiert.

GAUS: Das sagen natürlich die anderen Parteien von sich auch.

WEHNER: Aber ich bitte Sie um Entschuldigung, da brauchen Sie nur einmal miteinander zu vergleichen, wie dort Körperschaften zustande kommen und wie sie bei uns zustande kommen. Das ist völlig anders, aber ich weiß, daß es nutzlos ist, hier zu versuchen, an die Tatsachen zu appellieren. Das können Sie sich aus dem Nebeneinanderlegen der Statuten und dem Zustandekommen von Parteitagen und Parteivorständen und Parteiausschüssen sehr einfach erklären. Ich will da den anderen gar nicht zu nahe treten. Bei uns ist es eben so, in hundert Jahren so geworden.

GAUS: Ist das nicht manchmal für jemanden, der so unbeirrt offensichtlich das eine große Ziel verfolgt, an den Staat und in den Staat hineinzuführen und das auch durch eine Regierungsverantwortung der Sozialdemokratischen Partei sichtbar zu machen, ist es nicht für einen Mann wie Sie, der dieses Ziel so unbeirrbar verfolgt, sehr lästig, mit dieser in hundert Jahren gewachsenen Mentalität der SPD leben zu müssen?

WEHNER: Da muß ich ein Wort anwenden, das ich einmal von einem anderen in einer anderen Sprache gehört habe und das mir seither nicht mehr aus dem Kopf gegangen ist. Mit Bescheidenheit und einer gewissen Demut hat derjenige, der an eine solche Stelle gewählt worden ist, sich den Aufgaben zu unterziehen, die zum Teil physisch, seelisch und auch geistig allerlei Qualen mit sich bringen.

GAUS: Die auch einmal eine Vergewaltigung sein können?

WEHNER: Hier geht es nur darum, daß er ehrlich ist und ehrlich bleibt. Und damit hören Sie wieder von dieser meiner These vom einfachen Leben, die Sie selber entdeckt haben, auch wenn sie jetzt hier übertragen klingen mag.

GAUS: Sie haben in der Bonner Regierungskrise im Herbst 1962 mit den Abgeordneten Guttenberg und Lücke und schließlich auch mit Adenauer über eine Regierungsbeteiligung der SPD verhandelt. Es hat seinerzeit Stimmen in Ihrer Partei gegeben, die gemeint haben, die Regierung solle die Suppe, die sie sich eingebrockt hat, ruhig allein auslöffeln, während Sie doch das schon erwähnte Ziel, die SPD mit an die Regierung heranzubringen, offensichtlich auch ungeachtet aller sachlichen und ideologischen Anpassungsopfer auf jeden Fall anstreben wollten.

WEHNER: Wenn ich Ihnen da schon bei der Frage eine Korrektur anbringen darf, dann die: Die Gespräche, die damals durch den Minister Lücke eingeleitet wurden, begannen mit Feststellungen über das Verhältnis Lückes zu dem damaligen Ministerkollegen Lückes, nämlich zu Herrn Strauß, mit Feststellungen darüber, daß er sich entschlossen habe, keiner Regierung mehr anzugehören, gleichgültig unter welchen Umständen sie sonst zustande kommen würde, der auch Strauß angehören könnte. Es seien weitere vier Mitglieder seiner eigenen Partei, der CDU, die dem Kabinett angehören, die derselben Auffassung seien wie er. Das war für mich damals das politisch Entscheidende, diese Gespräche aufzunehmen über den Versuch eines zeitweiligen Miteinanderregierens von CDU und SPD auch unter der vorübergehenden Kanzlerschaft Adenauers, die ich nicht zeitlich begrenzt, sondern als ein Abwicklungskabinett gesehen hätte. Ich habe damals in der gemeinsamen Sitzung der Vorstände der Partei und der Bundestagsfraktion für diesen Vorschlag nach langer und ganztägiger, harter und schonungsloser Diskussion, wie sie bei uns üblich ist, mit dreiundzwanzig zu dreizehn obsiegt. Nicht ich persönlich, andere haben diesen Vorschlag ja auch unterstützt. Das war die Situation. Ich habe Ihre Frage etwas korrigieren wollen, weil ich nicht möchte, daß das Ganze bloß als ein Ausfluß von ganz subtilen taktischen Überlegungen erscheint. Hier ging es darum, daß sich mir eine bis zu dem Tage nicht gesehene Möglichkeit zu bieten schien, dem damaligen Verteidigungsminister, dem Landesgruppenleiter der CSU in Bayern, der die Okkupation der Staatsmacht auf Dauer mit Mitteln »etwas außerhalb der Legalität« zu betreiben versuchte – wie einer seiner Ministerkollegen gesagt hatte –, eine parlamentarische Bedenk- und Bewährungszeit zu schaffen, in der er nicht exekutieren konnte. Das hielt ich für »eine Messe wert«, um es einmal so zu sagen.

GAUS: Sie sprachen von einer Bewährungsprobe.

WEHNER: Zeit! Nicht Probe.

GAUS: Von einer Bewährungszeit. Jemandem eine Bewährungszeit einräumen heißt doch, daß man auch den Glauben an eine Bewährung hat, die Sie für nötig halten.

WEHNER: Der Meinung bin ich, auch wenn ich wirklich ein scharfer Gegner des Herrn Strauß bin. Das mögen Sie deuten, wie Sie wollen: Ich halte es für ein Lebensgesetz in der Demokratie, den Gegner nicht vernichten, nicht eliminieren, nicht – wie dieses schreckliche Wort, das ich nicht in den Mund nehme, lautet – ausmerzen zu wollen. Ich halte dafür, ihn zu überwinden, ich halte dafür, ihn politisch zu schlagen, ihn geistig zu widerlegen, und ich halte dafür, ihm die Chance zu geben, sich zu ändern. Im Falle Strauß könnte ein Wiederkommen nach meiner Meinung und der Meinung meiner Partei nur nach einer Änderung in seinem Verhältnis zu den demokratischen Grundregeln möglich sein. So wollte ich Ihnen erklärt haben, weshalb ich damals in diese von manchen als halsbrecherisch angesehenen Verhandlungen hineingegangen bin.

GAUS: Herr Wehner, Willy Brandt hätte schwerlich gegen Ihren Widerstand der Kanzlerkandidat der SPD werden können. Ich würde gern von Ihnen wissen, seit wann Sie Brandt als Kanzlerkandidaten im Auge gehabt haben.

WEHNER: Nachdem die Bundestagswahl von 1957 zu einer tiefgehenden Selbstprüfung in der sozialdemokratischen Parteimitgliedschaft geführt hatte, habe ich versucht, mit Freunden wie Ollenhauer und Mellies diese Diskussion nicht zu einer uferlosen, sondern zu einer die Partei läuternden, ihr helfenden und sie effektiver machenden Diskussion werden zu lassen. Damals habe ich mit solchen Vorschlägen angefangen wie denen, daß wir personalisieren sollen, auch bei Wahlen.

GAUS: Dies war eine Anpassung an die Wünsche der westdeutschen Bevölkerung, die eine personalisierte Wahl bevorzugte?

WEHNER: Was heißt Anpassung? Das war so, das hat sich so entwickelt. Warum sollen wir anonym sein, wenn andere Namen nennen? Wir haben doch viele gute Namen und einige, die gut zu Nummer eins passen. Brandt war und ist für mich der Mann, der an der schwierigsten Stelle, an der in Deutschland Politik gemacht werden muß und kann, nämlich im geteilten Berlin, Politik macht. Das ist eine große Sache. Ohne jeden anderen Oberbürgermeister oder Landesregierungschef abwerten zu wollen: Das ist ja nicht einfach eine Routinearbeit, das ist doch eine Arbeit, die dem Menschen täglich ans Herz greift mit allem, was er dort vor Augen hat, womit er sich zu befassen und worüber er zu entscheiden hat. Wenn er gut genug ist, an dieser Stelle deutsche Politik zu machen, wie früher Reuter und Luise Schröder und andere gut genug dafür waren, dann muß ich sagen: Das ist eine interessante Entwicklung in der Sozialdemokratischen Partei, daß der Mann zum politisch führenden Mann, dem Vorsitzenden, gemacht wird. Das Wort ist ja bei uns so schrecklich, das skandinavische gefällt mir viel besser. Dort nennen sie ihn den »Wortführer«. Aber so ist die deutsche Sprache. Darüber will ich nicht meckern. So gesehen, habe ich nie gegen Brandt gestanden, weil Sie gesagt haben, ohne oder gegen mich hätte er es nicht werden können. Ich war immer einer von denen, die den Mann mit Interesse in seinem politischen Werdegang begleitet haben, solange ich ihn kenne.

GAUS: Erlauben Sie mir eine letzte Frage, Herr Wehner. Worin sehen Sie Ihre besondere Bedeutung in der Sozialdemokratischen Partei, was ist Ihr stärkstes Talent, das Sie in den Dienst dieser Partei stellen können?

WEHNER: Helfen. Und arbeiten und nicht verzweifeln. Und auch die skeptischen Leute die Erfahrung erleben lassen, daß es mit Ehrlichkeit geht. Mit Ehrlichkeit: Ich meine das Wort jetzt im ganz großen Sinne. Ich habe vorhin in Erinnerung gebracht: Als ich 1958 zum stellvertretenden Vorsitzenden gewählt wurde, habe ich gesagt: Ich kann euch nur eins wirklich versprechen, und das werde ich machen, solange ich arbeiten kann und solange ihr mich dahin wählt: Ich werde eine wirkliche Mannschaft, eine arbeitsfähige, zusammenarbeitsfähige Mannschaft bilden und erhalten helfen. Das ist mein Wert, wenn das ein Wert ist.

Wir sind kein Staat mit einer Mauer um unsere Grenzen herum. Und bei uns ist jeder willkommen, auch wenn er Kritik übt. Wenn er aber meint, daß die Lebensverhältnisse unhaltbar sind bei uns, hindert ihn nichts, auch zu gehen. Ich empfehle es ihm gar nicht, zu gehen. Ich setze mich gerne mit Persönlichkeiten auch der Gruppe 47 auseinander, warum denn nicht? Und in einem tun Sie mir geradezu unrecht, Herr Gaus, ich bin doch selber ein Intellektueller. Oder kennen Sie eine Prädikatisierungsstelle, die den Stempel »Intellektueller« verleiht, der dann erst die Berechtigung gibt, sich als solcher bezeichnen zu dürfen?

FRANZ JOSEF STRAUSS:
Ich bin ein eigenwilliger Mann

Franz Josef Strauß, geboren am 6. September 1915 in München, gestorben am 3. Oktober 1988 in Regensburg.
Studium der Philosophie und Geschichte. Militärdienst bis 1945 als Artillerist, zuletzt als Lehroffizier einer Flakschule.
1945 Mitbegründer der CSU in Bayern, ab 1946 Mitglied im Landesvorstand, 1948 bis 1952 Generalsekretär, ab 1961 bis zu seinem Tode Vorsitzender der Partei. Ab 1949 CSU-Abgeordneter im Bundestag, 1950 stellvertretender Fraktionsvorsitzender.
1953 Bundesminister für Sonderaufgaben, 1955 Minister für Atomfragen und 1956 Bundesverteidigungsminister. 1962 trat er wegen der sogenannten »Spiegel«-Affäre zurück. 1966 übernahm er im Kabinett Kiesinger das Finanzministerium (bis 1969).
Von 1978 bis zu seinem Tode Ministerpräsident in Bayern. 1979 wählte die CDU/CSU-Bundestagsfraktion ihn zum Kanzlerkandidaten; nach verlorener Wahl verzichtete er auf sein Bundestagsmandat. 1983 bei den vorgezogenen Bundestagswahlen kandidierte er erneut für die CSU, verzichtete aber nach dem Wahlsieg auf ein Ministeramt und blieb als Ministerpräsident in Bayern.
Seine starke persönliche Führungsposition in Bayern verlieh ihm jedoch großen Einfluß auch in der Bundespolitik. Er profilierte sich als rechtskonservativer Kritiker Bonns und betrieb auf Grund vorzüglicher internationaler Kontakte (so zu Peking und zu Ostberlin) eine Art Nebenaußenpolitik.
Das Gespräch wurde gesendet am 29. April 1964.

GAUS: Es gibt wohl keinen zweiten Politiker in der Bundesrepublik, über den so viele festgefügte Urteile und auch Vorurteile, im guten wie im bösen, existieren wie über Sie, Herr Dr. Strauß. Sie gelten einerseits als der Mann, als der verdiente Mann, der die Bundeswehr in ihrer schwierigsten Aufbauphase geführt hat, andererseits sind mit Ihrem Namen die parlamentarische Untersuchung eines geplatzten Riesen-Bauunternehmens und die bisher schwerste Bonner Regierungskrise verbunden. Lassen Sie mich meinen Versuch, ein Strauß-Porträt zu zeichnen, mit der Frage beginnen: Wie erklären Sie sich selbst die Hitzigkeit, die Erregung, die die öffentliche Meinung annimmt, sobald Ihr Name fällt?

STRAUSS: Vielleicht ist es eine Erklärung, wenn ich Ihnen sage, daß nach meiner Meinung meine angeblich vorhandenen Vorteile und Fähigkeiten genauso übertrieben werden wie meine ohne Zweifel vorhandenen Nachteile und Schwächen.

GAUS: Sie glauben, daß die öffentliche Meinung im ganzen, im guten wie im bösen, Sie überzeichnet, Ihre Talente ebenso wie die Gefährdungen?

STRAUSS: Das wollte ich damit ausdrücken. Im übrigen ist es wohl so, daß sich die Phantasie an eigenwilligen Persönlichkeiten stärker entzündet als an Persönlichkeiten, denen man weder nach dieser noch nach jener Richtung hin eine besondere Farbe anmerkt. Ich darf Sie vielleicht nur mit einer Bemerkung berichtigen: Es ist keine Bauunternehmung geplatzt, sondern es ist eine Fiktion geplatzt.

GAUS: Richtig. Sie würden also von sich selbst sagen, daß Eigenwilligkeit zu einem beherrschenden Charakterzug bei Ihnen geworden ist. Sind Sie ein eigenwilliger Mann?

STRAUSS: Das bin ich sicher. Aber auch hier sollte man nicht übertreiben.

GAUS: Herr Strauß, Ihre Karriere als Politiker ist sehr zügig verlaufen. Sie sind nach dem Kriege als Landrat in Schongau eingesetzt und gewählt worden; 1948 Generalsekretär der bayerischen CSU geworden; 1949 in den ersten Bundestag gewählt, dem Sie seither stets angehört haben, sind 1953 zum erstenmal Minister, erst Sonderminister, dann Atomminister und von Oktober 1956 bis Herbst 1962 Verteidigungsminister gewesen. Heute sind Sie Parteivorsitzender der CSU. Für einen Mann, der bei Kriegsende erst 30 Jahre alt war – Sie sind am 6. September 1915 in München geboren –, ist das eine wahrhaft bemerkenswerte Karriere. Ich würde gern von Ihnen wissen, wie Sie sich selbst diesen schnellen Aufstieg erklären.

STRAUSS: Darüber habe ich nie nachgedacht. Denn wenn Politiker anfangen, über ihre Karriere nachzudenken, dann ist sie meistens ohnehin schon vorbei. Sie wissen ja, daß Marx bei der Abfassung des »Kapital« gesagt hat, das Ende des Kapitalismus müsse schon deshalb gekommen sein, weil er beginne, darüber zu schreiben.

GAUS: Ohne damit Prophezeiungen über Ihre Karriere abgeben zu wollen, wäre ich Ihnen doch dankbar, wenn Sie jetzt ein bißchen nachdenken würden, was denn wohl diese Karriere bewirkt haben kann.

STRAUSS: Das ist eigentlich alles mehr von selbst gekommen, als auf Grund von Überlegungen oder Beschlüssen. Ich habe mich nie entschlossen, Politiker zu werden. Mein eigentliches Berufsziel – ich wage es vor den gestrengen Vertretern dieser Disziplin zu sagen – wäre es gewesen, Professor für Geschichte zu werden. So war auch mein Studium angelegt. Ich bin dann sechs Jahre beim Militär gewesen, im Westen, im Osten, Heimatkriegsschauplatz; ich habe diesen grandiosen Zusammenbruch, ich darf es ohne Übertreibung sagen, wie viele andere vorher geahnt und gewußt und in diesem Zusammenbruch die Frage gestellt wie Millionen andere: Was jetzt? Und daraus kam meine allgemeine Überlegung: Das darf sich nie mehr wiederholen.

GAUS: Aus Ihrem Elternhaus – Ihr Vater war Metzgermeister in München – hatten Sie keine politische Ausrichtung mitbekommen?

STRAUSS: Oh doch, es wäre ganz falsch, das anzunehmen. Mein Vater war, ich glaube, sogar Gründungsmitglied der Bayerischen Volkspartei im Jahre 1919 und ist einfaches Mitglied und Helfer dieser Partei als Handwerksmeister in München bis zur Auflösung der Partei im Frühjahr 1933 geblieben.

GAUS: Herr Strauß, Sie waren ein junger Mann, als Hitler zur Macht kam, und haben dann an der Universität München studiert. Was war denn Ihre Einstellung zum Nationalsozialismus?

STRAUSS: Wenn ich von meiner Einstellung zum Nationalsozialismus rede, dann würde es sehr selbstgefällig klingen, wenn ich hier nicht meine Eltern erwähnen würde, die meine politische Haltung schon vor Beginn des Dritten Reiches, obwohl ich damals noch ziemlich jung war – siebzehn Jahre – entscheidend beeinflußt haben. Mein Vater war das, was man einen geschworenen Gegner Hitlers, Gegner der nationalsozialistischen Weltanschauung und des ganzen Systems nennt, und diese Einstellung hat sich schon so früh auf mich übertragen, daß wir bereits in den Oberklassen der Schule die heftigsten Auseinandersetzungen hatten zwischen denen, die dem Stern der neuen Zeit gefolgt sind, und denen, die die größten Vorbehalte dagegen hatten. Aber ich möchte ausdrücklich sagen, ich weiß nicht, was meine politische Einstellung gewesen wäre, wenn ich in einem anderen Milieu aufgewachsen wäre. Ich nehme als sicher an, daß ich einmal auf dieselbe Einstellung gekommen wäre, aber es ist nicht mein Verdienst, daß ich von vornherein diese Einstellung hatte, wie ich sie eben umrissen habe.

GAUS: Ich muß dazu etwas fragen. Der letzte Landtagswahlkampf in Bayern im Herbst 1962 ist von der CSU, die von Ihnen geführt wird, mit Parolen bestritten worden, die, nach meiner Meinung, mit ihrem nationalistischen Zungenschlag doch bis zu einem gewissen Grad auf die Mentalität ehemaliger Nationalisten und Nationalsozialisten zielten. Besteht nicht ein Widerspruch zwischen der negativen Einstellung zum Nationalsozialismus, die Sie eben bekannt haben, und diesem Appell an Ressentiments von damals, die man doch in der Propaganda der CSU erkennen konnte?

STRAUSS: Seit geraumer Zeit bin ich im Handwerk der Politik daran gewöhnt, daß Motive gesucht und gefunden, Kombinationen erspäht werden, die gegenüber der wesentlich simpleren Wirklichkeit nicht bestehen können.

GAUS: Ich frage nur nach dem Widerspruch, der da vielleicht besteht.

STRAUSS: Ich sage ja, ich bin seit langer Zeit gewöhnt, Spekulationen anzutreffen und Kombinationen zu hören, die einfach gegenüber der viel einfacheren Wirklichkeit jede Daseinsberechtigung verlieren. Die Zeit in der CSU, wie zum Beispiel im Bundestagswahlkampf 1949, wo ich als Generalsekretär morgens die Plakate entworfen, nachmittags die Broschüren geschrieben und abends die Versammlungen bestritten habe, gehört der Vergangenheit an. Auch unsere Parteileitung ist heute ein arbeitsteiliger Betrieb. Ich habe vom Inhalt dieser Inserate, deren Verfasser ich kenne, keine Ahnung gehabt, bis ich nach den Wahlen darauf angesprochen worden bin. Aber Sie übertreiben hier auch etwas, Herr Gaus. Denn wenn Sie den letzten englischen Wahlkampf verfolgen, dann haben dort beide Parteien im Zusammenhang mit Deutschland Argumente gebraucht, die sicherlich auch nicht ohne Bedenken hingenommen werden können. Soweit ich hernach erfahren habe, sind in diesen Inseraten einige Bemerkungen über gewisse Aspekte britischer Politik und über bestimmte Entwicklungstendenzen italienischer Politik geprägt worden. Ich glaube, daß dem schon eine gewisse Überlegung von seiten der Urheber dieser Inserate zugrunde gelegen hat. Aber damit eine Verbindung zum Nationalsozialismus zu schaffen, ist schlechthin abwegig.

GAUS: Herr Strauß, ich will mit Ihnen nicht diskutieren. Ich will nicht die Verbindung zwischen diesen Wahlanzeigen und dem Nationalsozialismus herstellen. Mich interessiert nur, ob Sie selbst vielleicht einen Widerspruch zwischen Ihrer eindeutig negativen Einstellung zum Nationalsozialismus und bestimmten rechtsgerichteten, stark rechtsgerichteten Tendenzen in der von Ihnen geführten Partei sehen.

STRAUSS: Ich halte nicht allzuviel von politisch-psychologischer Tiefenforschung. Dabei kommt häufig viel Unsinn heraus. Außerdem darf ich in aller Offenheit sagen, daß mir ein großer Unterschied zwischen den Wesenselementen des Nationalsozialismus und einer nüchternen nationalen, auf die deutschen Lebensinteressen bedachten Einstellung zu bestehen scheint. Schließlich möchte ich auch erwidern, daß es in der CSU rechtsextremistische Elemente oder Tendenzen, die sich zu einer rechtsradikalen Einstellung hin entwickeln, schlechthin nicht gibt. Wir würden uns ja in Widerspruch zur überwältigenden Mehrheit unserer Wähler und in Widerspruch zu unserer eigenen politischen Überzeugung setzen. Aber Sie wissen ja, daß nach dieser maßlosen Übertreibung des Nationalismus und des Militärischen, wie es im militärischen System des Nationalsozialismus der Fall war, heute schon manche Worte bei uns einen Klang bekommen und eine Interpretation erhalten, die in anderen Völkern, die wieder zu sich gefunden haben und die mit sich versöhnt sind, nicht so gefunden werden können.

GAUS: Halten Sie es für Ihre Aufgabe, diese mißbrauchten Worte und Begriffe wieder mit einem neuen Sinn zu erfüllen?

STRAUSS: Man kann bestimmte Worte nicht ersetzen. Das hat sich schon bei der Nationalhymne gezeigt, wo nach einem erfolglosen Versuch vom ehemaligen Bundespräsidenten die dritte Strophe des Deutschlandliedes wieder eingeführt worden ist. Man muß aber bestimmte Worte wie Vaterland, Nation, Opfergeist oder das sehr ambivalente Wort Patriotismus mit großer Vorsicht gebrauchen, wenn man nicht entweder in Gefahr laufen will, es zu einem völlig inhaltsleeren Wortgebilde zu machen oder es mit gefährlichen Erinnerungen zu füllen.

GAUS: Herr Strauß, Sie haben den Krieg als Oberleutnant der Flak beendet. Sie waren zunächst bei der Artillerie, später bei der Heeres-Flak und sind in Rußland verwundet worden und dann nach Deutschland zurückgekommen. Wie haben Sie über den 20. Juli 1944 gedacht?

STRAUSS: Wenn man heute darüber spricht, kommt man leicht in die Gefahr, als Freund einer Betrachtungsweise post festum zu gelten. Es gibt aber darüber wohl so viele noch lebende Kameraden und Freunde und Zeugen, daß ich es wagen kann, meine Meinung von damals zu sagen, ohne mich als Opportunist damit auszuweisen. Ich war von Anfang des Krieges an der Meinung, daß dieser Krieg so schnell wie möglich, und zwar durch den Sturz Hitlers, beendet werden müßte. Es war die tragische Situation, auch für uns kleine Soldaten – wir waren ja keine großen Leute –, daß man einerseits nicht den totalen Zusammenbruch des Vaterlandes mit Besetzung durch die anderen Armeen wünschen konnte, andererseits aber auch den Sieg Hitlers mit den sich abzeichnenden Konsequenzen auf keinen Fall und um keinen Preis wünschen durfte. Darum war ich im Herzen, von Anfang an, auf seiten derer, die solche Ansätze unternommen haben. Ich gehöre nicht zum Kreis des 20. Juli, weil ich nicht gefragt worden bin, weil ich keinen Zutritt hatte dazu. Ich hätte »ja« gesagt, wenn ich einen Zutritt gehabt hätte. Es haben aber Angehörige dieses Kreises in den

Jahren 1943, 1944 verschiedene Kasernen aufgesucht, darunter auch meine Kaserne, und haben sich, ohne ihre Absichten genau anzudeuten, nach Leuten umgesehen, nach Offizieren umgesehen, die an Ort und Stelle im Fall des Falles bereit wären, mitzuwirken. Einen solchen Kreis hat es auch bei uns gegeben. Ich glaube, ich begehe keine grobe Indiskretion, wenn ich sage, daß der heutige Wirtschaftsredakteur und Leitartikler der »Welt«, Herr Ferdinand Fried, der sonst Zimmermann heißt, einer dieser Besucher war, die in den Kasernen sondiert haben, wo sie Sympathiegänger finden. Ich hätte gewünscht, daß der 20. Juli erstens eher gekommen wäre, trotz des Kalenders, aber Sie wissen, was ich damit meine, und ich hätte gewünscht, daß er ein voller Erfolg geworden wäre. Das Bedenken, das man dagegen erheben kann, ob es dann nicht wieder eine Dolchstoß-Legende gäbe, wenn nicht die letzte, bitterste Konsequenz gezogen worden wäre – diese Gefahr hätte ich trotzdem für geringer erachtet als die Schrecken und die unsäglichen Opfer und Verluste, die noch nach dem 20. Juli 1944 über unser Volk hereingebrochen sind.

GAUS: Herr Strauß, Sie haben schon von den Begriffen gesprochen, die mit dem neuen Inhalt erfüllt werden müßten: Vaterland und Nation. Haben Sie seit 1945 in irgendeiner politischen Prinzipienfrage Ihre Meinung entscheidend geändert, sei es etwa in der Bewertung des Nationalstaates, sei es in der Bewertung des Verhältnisses zwischen Rechts und Links in der Politik; gibt es einen solchen entscheidenden Sinneswandel in irgendeiner Grundsatzfrage der Politik?

STRAUSS: Von erfahrenen, älteren Politikern habe ich frühzeitig gehört, daß man nur wenige Dinge zu Grundsätzen erheben soll, um nicht durch den Wandel der Zeiten gezwungen zu sein, darin Grundsätze aufzugeben, die einfach durch den Fortgang der Dinge überholt sind. Wenn ich das vorausschicken darf, mochte ich sagen, daß ich keinen Anlaß hatte, in Grundfragen der Politik, am allerwenigsten in der Frage des deutschen Nationalstaates und seines Zusammenhangs mit der europäischen Entwicklung, meine Meinung zu ändern; oder im Zusammenhang mit dem Nationalsozialismus; oder im Zusammenhang mit den Wesenselementen der Demokratie; oder im Zusammenhang mit der Frage eines weltanschaulichen Fundaments einer Politik, ohne daß man damit gleich alles zum weltanschaulichen Grundsatz erhebt.

GAUS: Aus einer Wahlrede, die Sie 1949 gehalten haben, wird gelegentlich der Satz zitiert: »Wer noch einmal ein Gewehr in die Hand nimmt, dem soll die Hand abfallen.« Sie sagen, daß dieser Satz aus dem Zusammenhang gerissen sei. Nun wäre es ja gar nicht so erstaunlich, wenn man unmittelbar nach Kriegsende oder bald nach Kriegsende unter dem frischen Eindruck der Schrecken des Kriegs eine distanziertere Haltung zur Wehrfrage einnähme als etwas später. Ist das bei Ihnen so gewesen?

STRAUSS: Das kann ich nur durch eine ganz kurze Schilderung des Zusammenhanges überhaupt verständlich machen. Als einigermaßen historisch gebildeter Mensch – ich bitte das Wort zu verzeihen –, aber einigermaßen historisch gebildeter Mensch, ich habe in dieser Disziplin mein Staatsexamen gemacht, war ich von Natur aus der Auffassung, daß jeder Staat ein Instrument der Verteidigung haben muß, sei es ein eigenes, sei es durch Beteiligung an einem kollektiven Verteidigungsinstrument. Aber was ich, glaube ich, kaum oder nur selten gesagt habe: Ich hätte gewünscht, daß diese Notwendigkeit erst wesentlich später an uns herangetreten wäre, als sie effektiv aufgetreten ist.

GAUS: Aus welchen Gründen hätten Sie sich das gewünscht?

STRAUSS: Aus diesen Gründen, die Sie genannt haben: Weil die Übertreibung des Militärischen, die Perversion der Gewaltanwendung als Mittel der Politik, diese völlige Entsittlichung unserer Politik durch Anbetung der nackten, brutalen Gewalt einen Erschütterungsprozeß in unserem Volk ausgelöst hat, der eine bestimmte Gesundungsphase eigentlich erfordert hätte. Ich bin ja bis zu einem gewissen Grad dann später das Opfer geworden als Minister für diese Aufgabe, weil ich an mir selbst ja, gemäß Ihren einleitenden Worten, den Zusammenstoß der verschiedenen Fronten, gerade in dieser Frage, persönlich zu spüren bekommen habe. Aber ich war nie ein Gesinnungspazifist, also einer, der Gewaltanwendung – gleichgültig, für welchen Zweck – ablehnt. Ich möchte mich eher als Verantwortungspazifist bezeichnen, der auch durch das Ja zum militärischen Element einen Beitrag und auch durch den eigenen Anteil daran einen Beitrag zur Erhaltung des Friedens leisten will.

GAUS: Was ist Ihre Meinung über Gesinnungspazifisten?
STRAUSS: Ich darf es an einem geschichtlichen Beispiel sagen. Ich möchte mit diesem Wort nichts von der moralischen und politischen Schuld Hitlers abschreiben, mit dem, was ich jetzt sage, aber ich bin fest überzeugt: Wenn England und Frankreich in den dreißiger Jahren vor der Sudeten-Krise und vor allen Dingen vor dem Überfall auf Polen energischer gegen die Vertragsbrüche Hitlers reagiert hätten, wenn dort nicht starke pazifistische, in sich liebenswerte Tendenzen, nach den Schrecken des Ersten Weltkriegs den Anschein verbreitet hätten, daß diese Staaten nicht mehr bereit wären, sich gegen weitere Rechtsbrüche zu verteidigen – das heißt einfacher ausgedrückt: Wenn Hitler gewußt hätte, daß Frankreich und vor allen Dingen England am 3. September in den Krieg eintreten, was er nicht geglaubt hat –, dann wäre uns der Zweite Weltkrieg wohl trotz des kriminellen Ansatzes dieser Politik erspart geblieben.

GAUS: Halten Sie diese Gesinnungspazifisten bis zu einem gewissen Grad für ehrenwerte, idealistische Dummköpfe?
STRAUSS: Ich möchte mit dem Wort Dummköpfe vorsichtig sein. Das wollen wir der Endrechnung des lieben Gottes überlassen; im politischen Kampf kommt das Wort hier und da vor, aber da ist es nicht so böse gemeint. Ich halte sie, wenn sie wirklich an das glauben, was sie sagen, für ehrenwerte und ethisch hochstehende Menschen. Damit möchte ich nicht ausschließen, Herr Gaus, daß sie sich gerade deshalb, ohne es zu wissen und zu wollen, in den Dienst einer falschen Politik stellen können oder von einer solchen Politik für sehr gefährliche und gegenteilige Ziele mißbraucht werden können. Es besteht doch kein Zweifel daran, daß sich die ganze kommunistische Aggressions- und Zersetzungspolitik in allen Ländern der Pazifisten bedient in der Absicht, nach kommunistischer Machtübernahme sicherlich die Pazifisten gleich am Anfang zu liquidieren, weil sie mit dem Kommunismus nichts gemeinsam haben und eine Gefahr für ihn sind. Siehe zum Beispiel das Vorgehen in der Zone gegen die Bibelforscher.

GAUS: Herr Strauß, manchmal wird Ihnen nachgesagt, Sie seien sich selbst der böseste Feind. Vielleicht ist das nicht unrichtig. Könnte es sein, daß Sie die vertrackte Neigung haben, immer recht zu behalten, und daß es Ihnen schwerfällt, auch einmal nachzugeben?

STRAUSS: Ich habe vor einigen Wochen in Gracins »Handorakel der Weltklugheit«, ich glaube, es wurde im 17. Jahrhundert geschrieben, ein Wort gelesen, das heißt, man soll das Intensive höher schätzen als das Extensive. Ich habe vielleicht dieses Wort etwas übertrieben, weil ich bei manchen Diskussionen versucht habe, wie ich es allerdings auch mir selber gegenüber tue, in der analytischen Behandlung einem Problem auf den Grund zu gehen und, lassen Sie mich einfach sagen, den anderen festzunageln, so oder so. Das wird vielleicht von einem Gesprächspartner anderer Struktur und anderer mentalischer Haltung leicht mißverstanden oder als aggressive persönliche Haltung ausgelegt, die natürlich dann keine Sympathien erweckt.

GAUS: Selbst Parteifreunde von Ihnen sagen manchmal, daß Sie auch in Diskussionen im kleinen Kreis von Vertrauten so beharrlich und radikal diskutieren – wie Sie es eben gesagt haben, festnageln wollen –, daß man meinen könnte, es fehle Ihnen eine Portion Gelassenheit und Souveränität. Halten Sie diese Charakterisierung im Kern für berechtigt?

STRAUSS: Es wäre falsch von mir, den richtigen Kern einer solchen Kritik, da andere ja immer schärfer sehen, als unberechtigt zu erklären. Ich möchte auch mit dem folgenden Satz gar nicht rechtfertigen, was ich mit dieser Haltung gesagt habe oder aus dieser Haltung heraus in Diskussionen verfolgt habe, aber ich bin schon ein überzeugter Gegner der Oberflächlichkeit der politischen Argumente. Ich halte gar nichts davon, wenn man sich auf dem niedrigsten Nenner der oberflächlichsten Phrase in Form einer gemeinsamen Terminologie dann findet, wenn man lauter Übereinstimmungs-Erklärungen abgibt und beide Seiten dann weggehen und jeder aus der Unterhaltung das mitnimmt, was er gerne gehört hat, ohne daß die Frage intellektuell geklärt ist. Allerdings kann man das auch übertreiben, und vielleicht habe ich die Neigung, zu übertreiben, und habe deshalb auch mehrmals übertrieben.

GAUS: Ja, ich verstehe, was Sie meinen mit der Abneigung gegen die Phrase, auf die man sich schnell einigen kann. Aber gehört es nicht zur Notwendigkeit der Politik, eine solche schnelle

Einigung auch um den Preis des Nicht-ganz-zu-Ende-diskutiert-Habens einmal herbeizuführen?

STRAUSS: Das kann dazu gehören, wenn man glaubt, ein ausreichendes Maß an Wahrscheinlichkeit oder Gewißheit zu haben, daß sich die nicht ausdiskutierten Elemente nicht zu Sprengkörpern entwickeln und dann die erreichte Einigung sehr schnell belasten und zerstören.

GAUS: Bei Ihrem Standpunkt ...

STRAUSS: Das läßt sich nicht mit letzter Sicherheit ...

GAUS: Ich verstehe, was Sie meinen, aber bei Ihrem Standpunkt ist doch wohl immer die Gefahr einer mangelnden Distanz gegeben. Sie identifizieren sich doch wahrscheinlich mit allen Dingen, die Sie überhaupt anpacken, und beschäftigen sich mit ihnen mit einer Ausschließlichkeit, die wiederum diesen Mangel an Distanz noch vergrößert.

STRAUSS: Ob die beiden Dinge damit zusammenhängen, kann man wohl nicht mit einem Wort oder mit einem Satz ausdrücken. Vielleicht ist dieser Vorwurf oder diese Feststellung in erster Linie bei mir im Zusammenhang mit meiner Tätigkeit als Verteidigungsminister entstanden.

GAUS: Auch als Atomminister hat man bereits – damals allerdings noch sehr lobend – gesagt: »Schau an, der Strauß, wie er sich eingearbeitet hat in diese Materie, ist bemerkenswert.«

STRAUSS: Ich glaube, daß das Lob erhalten geblieben wäre, wenn ich weiterhin Atomminister geblieben wäre. Aber ich habe ja vorher schon gesagt, daß gerade die verschiedenen Strömungen, geistigen und politischen Strömungen, in der Frage »Bundeswehr – ja oder nein?« sozusagen ihren höchsten Wellenschlag erhalten haben. Und wenn man die damaligen Zusagen der Bundesregierung, die vor meinem Amtsantritt als Verteidigungsminister gegenüber der NATO gemacht worden sind und von denen ich von vornherein gesagt habe, daß sie nicht eingehalten werden können, wenigstens in dem reduzierten Sinn erfüllen wollte, dann mußte man allerdings eine starke Ausschließlichkeitshaltung einnehmen, um die ungeheuren, manchmal kaum überwindlich erscheinenden Widerstände Schritt für Schritt zu beseitigen.

GAUS: Ich möchte noch einmal auf diese Neigung kommen, alles bis zum Ende und sehr absolut zu diskutieren, um festzunageln. Sie stammen aus einem höchst ehrenwerten Elternhaus, Herr Strauß, aber es war dennoch wohl nicht so selbstverständlich von Anfang an, daß Sie studieren würden, und es war wohl gar nicht vorherzusehen, daß Sie zu einem öffentlichen Rang erster Ordnung aufsteigen könnten. Fühlen Sie sich gelegentlich, etwa im Kreis von Parteifreunden, die von Hause aus besser gestellt sind – sagen wir Baron Guttenberg –, fühlen Sie sich in solchem Kreis gelegentlich versucht, auch deswegen so mit Entschiedenheit und Erbitterung zu diskutieren, weil Sie zeigen wollen: Hier bin ich, der bin ich, wie weit habe ich es gebracht?

STRAUSS: Ich glaube nicht, daß dieses Motiv zugrunde liegt, verhehle aber nicht, daß für mich der Weg durch das Studium, schon die neun Jahre Gymnasium und vier Jahre Universität, materiell außerordentlich schwierig war und daß ich lange Zeit hindurch mit den Daseinsfragen des Lebens ernsthaft zu kämpfen hatte. Vielleicht hat das eine Haltung oder Reaktion hervorgerufen, die so ausgelegt werden kann, wie Sie es jetzt tun. Ich habe bestimmt nicht gegenüber Freiherrn von Guttenberg einen sozialen Minderwertigkeitskomplex oder eine Befangenheit.

GAUS: Herr Strauß, Sie haben schon gesprochen von der Notwendigkeit, die es für Sie gab, sich sehr intensiv mit der Verteidigungspolitik zu beschäftigen, als Sie das Ministerium übernommen haben. Diese intensive Beschäftigung – was ist nach Ihrer Meinung darüber hinaus die wichtigste Qualifikation, oder was sind die wichtigsten Qualifikationen für einen heutigen Politiker?

STRAUSS: Das ist ein ungeheures Feld. Sicherlich gilt noch eine alte Definition, die ich einmal vor vielen Jahren bei Max Weber gelesen und gelegentlich in Reden wiederholt habe, was ein Politiker haben müßte: Leidenschaft, das heißt nicht sterile Aufgeregtheit, daß er haben müßte echtes Verantwortungsbewußtsein und ein gewisses Augenmaß. Aber das ist mir noch etwas zu wertneutral ausgedrückt.

GAUS: Wäre es mir auch gewesen.

STRAUSS: Politik ist ja Ziel, Funktion und Mittel und meistens in der echten Politik eine Kombination von beiden. Wenn ich sage echte Politik, dann zur Unterscheidung von anderen Anwendungen des Wortes Politik, weil das Wort Politik ja heute für alles angewendet wird. Es gibt eine Verkaufspolitik einer Firma Devisenpolitik der Bundesbank und so weiter. Aber Politik sem Sinne, wie ich es sage, ist eine Verbindung von Funktion, Mittel und Zweck. Und zwar muß meines Erachtens vorhanden sein ein weltanschauliches Fundament, ohne daß man alles zum Grundsatz erhebt und von Grundsätzen trieft. Es muß zweitens nach meiner Auffassung vorhanden sein ein Weltbild, zu unterscheiden von Weltanschauung, ein Weltbild und ein Geschichtsbild. Es muß eine Fähigkeit vorhanden sein, die politischen, sozialen und technischen Strömungen unserer Zeit zu erfassen und ihre Auswirkungen in die Zukunft und die damit verbundenen Probleme zu ahnen. Ich drücke es jetzt in meinen Reden immer so aus, daß es heute nicht mehr genügt, im Gegensatz zu früher, auf einem reichen Erfahrungsschatz und auf einem Erfolg der Vergangenheit aufzubauen. Das ist zwar eine gute Legitimation, aber nicht ausreichend.

Es gehört dazu auch eine gewisse Intuition, ein gewisser Instinkt für auf uns zukommende Probleme und Aufgaben und auch ein gewisser Mut zum Wagnis. Ein Politiker soll zwar kein Abenteurer sein, das meine ich nicht damit, aber die Biographien vieler Staatsmänner haben einen Untertitel »Das große Wagnis« oder »Das große Abenteuer«. Das gilt für alle, mit denen ich mich in keiner Weise an Bedeutung vergleichen möchte, so wie Oliver in seinem Werk geschrieben hat »The endless adventure«. Ich glaube, mir hat sehr gut gefallen eine Definition, auf die ich noch abschließend eingehen will, die nach meiner Erinnerung von Clausewitz stammen dürfte: daß ein Politiker einen Verstand haben muß, mit dem er auch in einer düsteren Zeit noch die schwachen Spuren des Lichtes der Wahrheit entdeckt, und den Mut, diesen schwachen Spuren zu folgen. Er kann sich dabei natürlich auch täuschen.

Und wenn Sie jetzt die Summe aus dem nehmen, was ich gesagt habe, dann glaube ich, daß eine bestimmte Grundlage da ist. Lassen Sie mich aber noch ein Wort dazu sagen. Ich halte gar nichts von akademisch gelernten Politikern im Sinne eines Politik-Studiums. Ich bin der Meinung, daß sich in der Politik nur jemand betätigen sollte, der den festen Boden eines erlernten Berufs hat, der es ihm auch ermöglicht, ohne diese Tätigkeit in der Politik für sich und für seine Familie den Lebensunterhalt zu bestreiten. Das heißt, er muß auch ein wirtschaftlich-soziales Fundament haben, sonst bekommen wir einen Typ des Berufspolitikers – heute ist der Berufspolitiker unvermeidlich –, aber einen Typ des Berufspolitikers, der dann zu sehr zum Funktionär und Manager wird.

GAUS: Aber Sie selbst halten sich doch auch für einen Berufspolitiker? Sie sind Berufspolitiker?

STRAUSS: Meine Tätigkeit ist fast ausschließlich, infolge der Funktionen, die ich habe, mit politischen Aufgaben erfüllt. Aber ich versuche auch dann und wann, vor allen Dingen in den Ferien, mich zurückzuziehen und geistiges Rüstzeug zu schaffen, mit dem man auch anderswo als in der Politik tätig sein könnte.

GAUS: Und dieses wäre dann, wenn es nach Ihrem Wunsch ginge, nach wie vor der Lehrstuhl für Geschichte?

STRAUSS: Nicht mehr ausschließlich.

GAUS: Lehrstuhl für Volkswirtschaft?

STRAUSS: Interessante Sache.

GAUS: Bevor wir auf die weltanschauliche Plattform kommen, die Sie eben erwähnt haben, hätte ich noch eine Frage vorher. Sie haben in diesem bisherigen Gespräch schon eine ganze Reihe von Zitaten, klassischen Zitaten gebracht – Gracin, Clausewitz. Macht es Ihnen Spaß, so etwas parat zu haben?

STRAUSS: Die Zitate, die ich heute gebraucht habe, sind nicht exakt und können es nicht sein, weil ich über wenig Präsenz-Wissen im Sinne genauer Zitierung verfüge, ob das nun ein Gedicht ist oder ein Kapitel aus Leopold von Rankes »Weltgeschichte«; aber ich bemühe mich, aus meiner Lektüre essentielle Dinge und vielleicht manche wesentliche Formulierung herauszuholen, weil ich mir bewußt bin, daß andere – schon in der Vergangenheit – besser formulieren konnten als ich, und das wende ich ganz gerne an.

GAUS: Glauben Sie auch, daß – was ja durchaus legitim wäre zu überlegen – die Bildung, die damit verraten wird, bei dem heutigen Wählerpublikum gut ankommt?

STRAUSS: Das kann man nicht so einfach beantworten, aber lassen Sie mich einen pragmatischen Vergleich gebrauchen. Mein

Schatz an präsentablen Zitaten oder Sentenzen beträgt nur einen Bruchteil des Thesaurus, aus dem zum Beispiel der verehrte Kollege und Vizepräsident Carlo Schmid schöpft. Und ich habe nicht den Eindruck, daß er mit seinen sehr reichhaltigen Redensarten beim Volk etwa auf Ablehnung stößt.

GAUS: Jetzt zu dieser weltanschaulichen Plattform, die Sie als eine Notwendigkeit für die Ausbildung des politischen Talents angesehen haben. Sie gehörten 1945 zu den jugendlichen Mitbegründern der CSU. Was hat Sie so sicher gemacht außer dem Einfluß des Elternhauses, daß dies die richtige Partei für Sie sein wird?

STRAUSS: Ich kann hierfür kein durchschlagendes rationales Argument gebrauchen. Die Frage hat sich eigentlich für mich nie gestellt.

GAUS: Es gab für Sie gar keinen Zweifel, erstens in eine Partei zu gehen –

STRAUSS: Das habe ich mir am Ende des Krieges vorgenommen aus den Motiven, die ich vorher genannt habe.

GAUS: – zweitens dann in die CSU zu gehen? Oder jedenfalls in eine christliche Partei, die sich gründete und die dann CSU hiess?

STRAUSS: Ich habe zum Beispiel am Ende der Weimarer Republik und auch in den Jahren der Hitlerzeit großen Respekt vor der Sozialdemokratie gehabt, weil sie nach meiner Meinung am Ende der Weimarer Republik trotz ihrer politischen Erfolglosigkeit und politischen Impotenz den richtigen Instinkt für die Gefährlichkeit Hitlers hatte, mehr als manche bürgerlich-konservativen Kreise, die unter dem Schatten des angeblich drohenden Bolschewismus – und manche haben ja auch diese Gefahr, vielleicht nicht ganz mit Unrecht, für sehr ernsthaft gehalten – in die Arme Hitlers geflüchtet sind; nicht weil sie Nazis waren, sondern weil sie dort noch die letzte Rettung vor dem Unheil gesehen haben, um dann festzustellen, daß sie sich für das Unheil schlechthin entschieden hatten. Aber eine ernsthafte Überlegung, mich einer anderen Partei anzuschließen, habe ich nie getroffen. Es ist bezeichnend, daß man an mich herangetreten ist in dem Landkreis, in dem ich Landrat war, heute mein Wahlkreis oder Teil meines Wahlkreises, mit der Aufforderung, in die Bayernpartei einzutreten.

GAUS: Warum haben Sie gezögert?

STRAUSS: Weil mir diese Partei zu eng horizontiert erschien, und weil ich überzeugt war, daß angesichts der großen Umwälzung der Zeit eine Partei, die das Bayern des 19. Jahrhunderts restaurieren will – liebenswertes Ziel –, einfach keine Daseinsberechtigung mehr hat und sich auf die Dauer auch nicht mehr halten kann. Aber ich habe keinen langen Denkprozeß gebraucht, um mich für die CSU zu entscheiden.

GAUS: Wie denken Sie heute über diese Zeit?

STRAUSS: Vielleicht hängt das auch damit zusammen, Herr Gaus, daß wir ja bereits im Sommer 1945 ernsthafte Auseinandersetzungen – lassen Sie mich einmal sagen: im christlich-bürgerlichen Lager hatten; das Wort bürgerlich gebrauche ich nicht gerne, weil es so an Plüschsofa und Nippes erinnert, aber Sie wissen, was ich damit meine – daß wir ernsthafte Auseinandersetzungen hatten: Soll die Bayerische Volkspartei wieder gegründet werden, oder soll etwas Neues kommen? Und irgendwie haben wir auch instinktiv – ich darf das schon sagen – vor Ausbruch des Krieges und während des Krieges gespürt, daß etwas ganz Neues geschaffen werden muß auf der politischen Plattform, wenn nicht eine neue Schöpfung der deutschen Demokratie wieder einen sehr negativen Verlauf nehmen soll. Und so möchte ich nicht sagen, daß es – abgesehen von der Erziehung und vom Elternhaus – eine rationale Überlegung war, sondern es war eine instinktive Entscheidung, mich für die Union zu erklären. Ich habe ja in der Partei etwas dazu beigetragen, daß sich die Richtung Adam Stegerwald-Joseph Müller später durchgesetzt hat gegenüber einer anderen Richtung, die mehr bayerisch gefärbt war ...

GAUS: unter ...

STRAUSS: ... unter Schäffer, die nicht bayernparteifreundlich war, aber die damals aus ihrer politischen Vergangenheit heraus, auch im Bewußtsein ihrer untadeligen Gesinnung, die Bayerische Volkspartei vielleicht ursprünglich lieber gesehen hätte als die Union.

GAUS: Was halten Sie eigentlich, Herr Strauß, von den Bemühungen, die sowohl von sozialdemokratischer Seite aus als auch von einigen katholischen Kreisen vorgenommen werden, ein neues Verhältnis zwischen SPD und katholischer Kirche herbeizuführen?

STRAUSS: Ich habe volles Verständnis dafür, daß die Kirche nicht einer politischen Partei verhaftet sein will. Ich habe auch in meiner Partei – manchmal deswegen Angriffen ausgesetzt – gesagt, daß wir nicht die Kirche oder die Kirchen etwa zu einem verlängerten Arm der Parteipropaganda und der Wahlwerbung benutzen dürften. Ich betrachte zwar nicht die Kirchen als Partner, wie es in der Terminologie der SPD heißt. Wir haben wohl gemeinsame Aufgaben, wir sind ja als Christen in vollem Bewusstsein unserer menschlichen Schwächen, Fehler und Sündhaftigkeit beiden Bereichen angehörig, dem Bereich der Kirche als Mitglieder einer Konfession und dem Bereich der Partei. Aber diese beiden Bereiche stehen nicht auf einer Ebene. Ich habe auch volles Verständnis dafür, daß die Kirche, die ein Quell der Zuflucht, ein Hort des Glaubens, eine moralische Stärkung ist, uns den Zugang zu den religiösen Werten darstellen will, ohne Rücksicht auf das politische Bekenntnis oder die soziale Zugehörigkeit.

GAUS: Es läßt sich doch wohl nicht leugnen, daß ein Zurückdrängen des bisherigen Anspruchs der CDU/CSU, als einzige Partei die rechte Verbindung zu den Kirchen zu besitzen, daß dies für die CDU/CSU wahltaktisch von Nachteil sein würde.

STRAUSS: Dann muß eben die CDU/CSU an politischer Substanz gewinnen, wenn sie damit rechnen muß, an wahltaktischen Opportunitäten zu verlieren. Ich habe nie etwas dagegen gehabt. Vor allen Dingen: Wir erleben ja heute, daß die Sozialdemokraten uns vorhalten, die Kirche sei in Schulfragen moderner als die Partei. Ich glaube, ich habe eben in unserer Partei zu denen gehört, die gesagt haben, man sollte nicht Positionen verteidigen, die auf die Dauer nicht verteidigt werden können.

GAUS: Halten Sie diesen sozialdemokratischen Vorwurf, die CSU sei in Schulfragen weniger fortschrittlich als die Kirche, für ganz unberechtigt?

STRAUSS: Das kann man nur in einer genauen Darlegung der Zusammenhänge erörtern, aber nicht mit ein paar Stichworten. Generell ist der Vorwurf unberechtigt, aber es gibt einige Punkte, die immerhin diesem Vorwurf eine gewisse optische Berechtigung verleihen. Ich habe mich seit Jahren bemüht, und nicht ohne Erfolg, diese Punkte auszuräumen. Nur soll sich die Kirche natürlich auch nicht Täuschungen hingeben. Es muß noch ein gewaltiger Weg von der Sozialdemokratie zurückgelegt werden, bis etwa die beiden großen Parteien CDU/CSU und SPD dasselbe Verhältnis zu den Kirchen haben wie, sagen wir, die Mehrheit der Labour Party in England und die Konservativen, wo diese Frage ja kaum jemals eine solche Rolle gespielt hat in der innenpolitischen Auseinandersetzung. Ich würde gerne auch von seiten der Sozialdemokratie hier echte Schritte sehen, zum Beispiel beim Religionsunterricht in Berlin, beim Religionsunterricht in Bremen oder die Zurücknahme der Klage in Karlsruhe gegen das Sozialhilfegesetz und Jugendwohlfahrtsgesetz.

GAUS: Allgemein hat die Sozialdemokratie eine neue Haltung in der Frage der Bekenntnisschule eingenommen.

STRAUSS: Das kann man noch nicht sagen: Die Sozialdemokratie steht ohne Zweifel auf dem Boden der verabschiedeten Länderverfassung. Die Sozialdemokratie toleriert die Konfessionsschule, aber fördert sie nicht. Wir halten demgegenüber am Prinzip der Konfessionsschule fest, aber, wie ich neulich vor einem großen Kreis ausgeführt habe, mit der Einschränkung, daß es dort, wo die Durchführung des Prinzips der Konfessionsschule die Qualität der Ausbildung, die Qualität der schulischen Möglichkeiten verschlechtert oder persönliche Härten schafft durch lange Verkehrswege oder aus anderen sachlichen, auch zum Teil materiellen Gründen, nicht angewendet werden kann, auch nicht als Prinzip, als Grundsatz durchgehalten werden kann. Siehe Baden, wo die Kirche der christlichen Gemeinschaftsschule von Anfang an zugestimmt hat.

GAUS: Herr Strauß, gelegentlich machen Sie in Reden scharf Front gegen die Intellektuellen. Sie haben Kritikern, denen bestimmte Verhältnisse in der Bundesrepublik nicht gefallen, empfohlen, sie möchten doch in die Sowjetzone gehen, wenn es ihnen hier nicht paßt. Lassen Sie mich fragen: Solche Formulierungen, entstehen die bei Ihren Reden in der Rage des Augenblicks, oder haben Sie sich, wenn Sie reden – ganz gleich, vor welchem Publikum, ganz gleich, an welchem Ort –, immer in der Hand?

STRAUSS: Sie fragen mich, ob ich über die Kunst verfüge, in Zorn geraten zu können. Das trifft zum Teil zu, zum Teil nicht. Aber

Sie haben mich jetzt eben – was ich Ihnen, Herr Gaus, nicht übelnehme – etwas Unrichtiges gefragt, weil der Hauptberichterstatter, wie seine Zeitung nicht leugnete, mich falsch zitiert hat. Ich habe gerade bei der Rede, die Sie meinen, vor einigen Monaten, gesagt: Wir sind kein Staat mit einer Mauer um unsere Grenzen herum. Und bei uns ist jeder willkommen, auch wenn er Kritik übt. Wenn er aber meint, daß die Lebensverhältnisse unhaltbar sind bei uns, hindert ihn nichts, auch zu gehen. Ich habe ausdrücklich hinzugefügt: Ich empfehle es ihm gar nicht, zu gehen. Ich setze mich gerne mit Persönlichkeiten auch der Gruppe 47 auseinander, warum denn nicht? Und in einem tun Sie mir geradezu unrecht, Herr Gaus, ich bin doch selber ein Intellektueller. Oder kennen Sie eine Prädikatisierungsstelle, die den Stempel »Intellektueller« verleiht, der dann erst die Berechtigung gibt, sich als solcher bezeichnen zu dürfen?

GAUS: Ich kenne keine. Aber einige Ihrer Parteifreunde glauben immer, daß die Gruppe 47 eine solche Stelle sei, was ich ...

STRAUSS: Das wäre eine gewaltige Übertreibung der Gruppe 47, die man doch nicht als eine homogene Einheit auffassen darf.

GAUS: Ich bin ganz Ihrer Meinung. Ich würde gern von Ihnen wissen, was denn nun Ihre Vorbehalte sind gegenüber den intellektuellen Kritikern, die nicht zu Ihrem Lager gehören, zu Ihrem intellektuellen Lager.

STRAUSS: Damit stellen Sie mir eine Frage, die nicht leicht, vielleicht sogar gefährlich, aus der Tasche heraus – ex pectore – zu beantworten ist. Ich möchte erstens sagen: Einmal bin ich nicht einverstanden mit dem Anspruch, den diese Kreise oder den Angehörige dieses nicht näher definierbaren Kreises erheben, mit ihrer Meinung mehr zu gelten als der einfache Staatsbürger. Also ein gewisses selbst zugesprochenes Intellektuellen-Monopol. Und zum zweiten: Die daraus abzuleitende Weigerung, die häufig bei diesen Kreisen festzustellen ist, sich der legitimen Mittel der Politik – das sind nun einmal auch die Parteien, die nach dem Grundgesetz zur politischen Willensbildung mitberufen sind – zu bedienen, um ihren Sachverstand, ihr Wissen, auch ihre kritisch-skeptische, analytische Fähigkeit der Politik zur Verfügung zu stellen. Ich glaube, daß in diesen Kreisen auch eine erhebliche Quantität an intellektueller Potenz vorhanden ist neben einigen Schwätzern;

aber ich möchte das nicht zum Regelfall machen, ganz im Gegenteil: Da ist eine erhebliche intellektuelle, auch intelligenzmäßige Quantität vorhanden, die sich aber auf eine ziemlich sterile und unproduktive Weise auswirkt.

GAUS: Glauben Sie, daß dieses, was Sie steril nennen, auch zurückgeführt werden muß darauf, daß die größte Partei, die CDU/CSU, eine gewisse – instinktive, möchte ich fast sagen – Abneigung gegenüber diesen analytischen Kritikern hat?

STRAUSS: Wir sind eine Volkspartei, deren breite Anhänger, Wähler und Freunde aus dem einfachen Volke stammen. Wir haben zwar sicherlich alle Schichten in unserer Partei vertreten, und es ist kein Zweifel, daß in diesen Kreisen des Volkes ein gewisses, nicht näher definierbares Element der Abneigung oder zumindest der Verständnislosigkeit vorhanden ist. Das sollte aber die Führung dieser Partei nicht davon abhalten, sich mit allen Kreisen, die sich intellektuell nennen – das sind nicht nur die einen, sondern da gibt es auch andere –, zu unterhalten, vielleicht sogar ihnen das Gefühl zu geben, daß sie gefragt werden, daß sie um Vorschläge gebeten werden, an der politischen Willensbildung und an der Fassung politischer Beschlüsse beteiligt werden. Das halte ich für ein erstrebenswertes Ziel.

GAUS: Ich möchte noch einmal auf Ihre Fähigkeit, künstlich in Zorn geraten zu können, wenn es darauf ankommt, zu sprechen kommen. Warum gebrauchen Sie Formulierungen, wie zum Beispiel jene aus einer Rede im Oktober 1956 in Hollfeld, von der Möglichkeit des Westens, die Sowjetunion auszuradieren, wenn es darauf ankomme? Was ist der Grund, daß Sie zu Formulierungen greifen, die dann zwangsläufig zu einer Kontroverse um Ihre Person führen müssen?

STRAUSS: Ich habe heute schon einmal in einem anderen Zusammenhang, ohne es zu Ende zu führen, gesagt, daß man solche Dinge, Äußerungen – die im übrigen hier nicht genau zitiert sind, aber zum Teil so gebracht worden sind –, daß man nicht auf solche Äußerungen zurückgreifen kann, ohne den Zusammenhang der Dinge herzustellen. Ich habe nie gesagt: Jemandem soll die Hand abfallen, bevor er ein Gewehr wieder ergreift, sondern ich habe darüber gesprochen, daß der Staatsmann nicht zur Gewalt greifen darf nach dem Bibelwort: »Wer das Schwert zieht, wird durch das Schwert umkommen.« Das steht nicht im Widerspruch zur legitimen Verteidigung. Ich habe in Hollfeld nach dem Blutsonntag in Ungarn als frisch ernannter Verteidigungsminister gesprochen, als von der Grenzbevölkerung her große Unruhe gemeldet wurde, als ich Telegramme bekommen hatte: »Geben Sie uns sofort Waffen, wir wollen Milizeinheiten aufstellen.« Man hatte den Eindruck oder die Furcht, daß der Einmarsch der Roten Armee in Ungarn, politisch völlig zu Unrecht befürchtet, auch einen generellen weltweiten oder europaweiten Krieg auslösen könnte. Ich bin dann dorthin gefahren – da waren sogar noch zwei Omnibusse mit Zonenbewohnern da, die über die Grenze rübergekommen sind –, und ich habe dort gesagt, daß die Bevölkerung in Ruhe arbeiten, in Frieden schlafen und nicht die geringste Sorge haben könnte. Denn wir seien Mitglieder eines Bündnisses, dessen technische Mittel stark genug seien, um solche fürchterlichen Wirkungen hervorzurufen im Falle eines Angriffes.

Drei Tage später hat der General Gruenther, der damalige Oberbefehlshaber der NATO in Europa, bei seiner Abschiedsparade in Frankfurt, exakt dem Sinne nach das Gleiche gesagt. Die Reaktion war mir dann erst später verständlich, weil es einfach das Grauen vor dem Unheimlichen ist, das in den Menschen lebt – das muß man verstehen. Aber an dieser Stelle, an diesem Tag, in diesem politischen Zusammenhang und im übrigen in Übereinstimmung mit der objektiven technischen Wirklichkeit war das Wort sachlich richtig. Ob man das dann aussprechen soll, ist eine andere Frage.

GAUS: Dieses war meine Frage. Sollte nicht gerade ein Verteidigungsminister, selbst oder gerade in einer Situation wie im Oktober 1956, besonders zurückhaltend sein?

STRAUSS: Ich glaube, Sie müssen hier den Zusammenhang doch schärfer verbinden mit dieser Äußerung. Die Gefahr war ja nicht, daß der Westen irgendeine Angriffshandlung begeht, um das kommunistische System anzugreifen, die Frage war: Ist der Westen stark genug, um angesichts des bereits erfolgten Einmarsches der Roten Armee in Ungarn oder des Wiedereinmarsches der Roten Armee in Ungarn die Sowjets von allen militärischen Aktionen entlang der NATO-Front abzuhalten? Da hatten die Leute eine echte, schwere, tiefe Sorge, eine unheimliche Furcht.

GAUS: Herr Strauß, zu Anfang Ihrer Ministerzeit galten Sie in der deutschen Presse als ein förderungswürdiges, höchst bemerkenswertes, erfreuliches Nachwuchstalent der deutschen Politik, fast schon über den Nachwuchs hinaus. Das hat sich ja nun doch teilweise sehr geändert. Warum?

STRAUSS: Ich habe vorhin schon einmal einen Satz gesagt, der dahin führt, wo Sie jetzt Ihre Frage stellen. Ich bin fest überzeugt, daß, wenn ich nicht Verteidigungsminister geworden wäre, das damalige wohlwollend freundliche Bild noch in großen Zügen und im Wesentlichen erhalten wäre, jedenfalls nicht so viele Rückschläge oder Einschränkungen erlitten hätte. Darf ich Ihnen mit einem humorvollen Vergleich sagen: Broom beschreibt in seinem Buch »Afrikanische Odyssee« – höchst interessant zu lesen – eine Autofahrt allein durch Afrika; er sei einmal bei einem Stamm gewesen, von dem er freundlich aufgenommen worden sei, und er habe dort Corned beef gegessen. Auf der Büchse des Corned beef war ein schwarzer Negerkopf als Markenzeichen abgebildet. Von da an glaubten der Häuptling und die anderen, daß in diesem Corned beef schwarzes Menschenfleisch verarbeitet sei. Und von da an wurde er mit erheblichem Mißtrauen gesehen und gebeten, das Stammesgebiet zu verlassen. So ist es mir manchmal vorgekommen, wenn ich alles mögliche Zeug über mich gelesen oder gehört habe.

GAUS: Haben Sie selbst, wenn Sie es rückblickend anschauen, Fehler gemacht, die dazu beigetragen haben können?

STRAUSS: Aber sicher.

GAUS: Welche?

STRAUSS: Es fällt mir jetzt schwer, mit genauer Angabe von Ort, Zeit und Faktum oder Diktum das zu sagen. Aber zum Beispiel die Äußerung in Hollfeld hätte in demselben Sinn auch anders formuliert werden können. Aber ich hatte keine konzipierte Rede und habe auf einen Zuruf geantwortet. Sicherlich habe ich mich auch in der Auseinandersetzung um die Durchsetzung des Wehrbeitrages in der Öffentlichkeit so engagiert, wie es ein opportunistisch denkender Politiker nicht tun sollte.

GAUS: Herr Strauß, es ist in der letzten Zeit viel über wirkliche oder angebliche Stammeseigenheiten der Bayern geschrieben worden, über das Spezitum zum Beispiel. Neigen Sie dazu, schnell

Duzfreundschaften zu schließen, und ist es nicht vielleicht wahr, daß Minister diese Neigung besser unterdrückten?

STRAUSS: Ich habe aus meiner Militärdienstzeit und aus der Gründungszeit der Partei eine Reihe von solchen – lassen Sie mich sagen Nominalduzfreundschaften. Ich glaube nicht, daß ich nach einer bestimmten Zeit noch sehr leicht dazu geneigt habe. Aber ich war andererseits der Meinung, was vielleicht taktisch falsch war, daß ich nicht, nachdem ich eine bestimmte Position erreicht hatte, meinen Kameraden, Freunden und den Personen meiner Umgebung von damals nunmehr das Du kündigen und ihnen mein Entschwinden in höhere Regionen damit demonstrieren sollte.

GAUS: Viele Leute haben sich gefragt, warum Sie den Passauer Zeitungsverleger Kapfinger nicht verklagt haben, von dem behauptet wurde, er habe im Zusammenhang mit der Fibag-Affäre bedenkliche Äußerungen über eine geschäftliche Zusammenarbeit zwischen Ihnen und ihm gemacht. Warum haben Sie Kapfinger nicht verklagt?

STRAUSS: Ach, ich habe ja vorhin das Wort »Spezi« noch zu erwähnen vergessen. Diese Interpretation des Wortes Spezi ist nämlich glatter Unsinn und ist eine der folkloristischen Darstellungen Bayerns, die das moderne Bayern und auch wir bestimmt nicht verdienen. Man hat ja auch von einer »Kumpanei« gesprochen im Zusammenhang mit gewissen unterirdischen Verbindungen im Norden. Kumpel ist noch der harmlose Ausdruck dafür, Kumpanei ist der stärkere Ausdruck. Den habe nicht ich gebraucht, sondern, wie Sie wissen, der Kollege Rasner. Oder sind Sie der Meinung, daß das, was ja jüngst im selben Nachrichtenmagazin stand, nämlich die etwas dubiosen Zusammenhänge zwischen einem Bundesminister, einem Landesminister, der von ihnen innegehabten Firma und gewissen geschäftlichen Transaktionen, daß man das nicht auch als Spezitum in einem viel unangenehmeren Sinne bezeichnen könnte?

GAUS: Dies wäre alles nur ein Beweis, daß es nicht auf Bayern beschränkt ist.

STRAUSS: Erstens ist das ein Beweis, daß es nicht auf Bayern beschränkt ist, und zweitens ist es in dieser Form sowohl für das, was ich jetzt eben als Beispiel erwähnt habe, wie auch für andere aus Bayern zitierte Vorgänge einfach falsch. Das gehört zu den interessanten, sensationellen, klischeehaften Vorstellungen, die durch regelmäßige Wiederholungen nicht gescheiter werden, sondern eher noch dümmer.

GAUS: Warum haben Sie Kapfinger nicht verklagt?

STRAUSS: Mir ist von allen einschlägigen Seiten gesagt worden – von einem Staatsanwalt, einem Landgerichtsdirektor und den hohen Juristen meiner Fraktion –, daß ich den Nachweis, er habe eine solche Behauptung über mich erhoben, nicht führen kann. Er hat im übrigen in zwei Gerichtsverhandlungen und vor dem Untersuchungsausschuß, also unter Strafandrohung, klipp und klar festgestellt, er habe das nie über mich behauptet.

GAUS: Sie haben jedenfalls die Klage nicht eingereicht, da man Ihnen geraten hat – wenn ich Sie recht verstanden haben –, davon Abstand zu nehmen, weil der Nachweis schwierig sein wurde.

STRAUSS: Ich hätte meiner eigenen juristischen Auffassung folgen sollen, die natürlich nicht durch akademisches Studium fundiert ist, und Anzeige gegen Unbekannt erstatten sollen. Aber wenn Sie das irgendwie beunruhigt: Wer heute noch behauptet, daß ein solcher Zusammenhang zwischen Herrn Kapfinger und mir bestanden hätte, daß mir das angeboten worden sei, daß ich mich dafür interessiert hätte, den bin ich bereit, sofort hier, wenn Sie mir sagen, wer, wo, wann er das gesagt hat, zu verklagen; ich gehe gern vors Gericht. Dann wollen wir mal nach dem Wahrheitsbeweis sehen.

GAUS: Herr Strauß, haben Sie in der »Spiegel«-Affäre irgendeinen Fehler gemacht?

STRAUSS: Auch das ist ein sehr komplexes Thema, über das man nicht in ein paar Worten sprechen kann. Aber das war eine Konstellation so verschiedenartiger Umstände und Faktoren, daß der Eindruck, den Sie eben geschildert haben, leicht entstehen konnte. Ich darf noch einmal sagen, auch wenn es tausendmal einfach durch multiplizierte Verbreitung der Unwahrheit gesagt worden ist: Ich habe mit der Einleitung des Verfahrens überhaupt nichts zu tun. Ich habe auch nie bestritten, daß ich Amtshilfe geleistet habe, aber damit meinen Staatssekretär beauftragt, und daß ich nur in dem einzigen Fall, als der Staatssekretär mich verständigte, persönlich eingegriffen habe. Aber das ganze Gerede von einem Racheakt gegen den »Spiegel« oder von einer illegalen Handlungsweise ist absolut unwahr.

GAUS: Würden Sie sich im Wiederholungsfall noch einmal genauso verhalten?

STRAUSS: Ich würde in jedem Falle das tun, was ich für meine Pflicht halte.

GAUS: Herr Strauß, ein Punkt scheint mir doch unklar zu sein. Zwischen Ihren Bekundungen vor dem Parlament und dem amtlichen »Spiegel«-Bericht der Bundesregierung bestehen Widersprüche. Wie erklären Sie sie?

STRAUSS: Widersprüche sind in der nachträglichen Darstellung eines so komplizierten Vorganges, bei dessen Wiedergabe auch bestimmte Tendenzen zugrunde liegen mögen, selbstverständlich. Ich darf Sie an ein ganz einfaches Beispiel erinnern. Lassen Sie von vier Zeugen einen verhältnismäßig einfachen Verkehrsunfall vor Gericht rekonstruieren, und Sie werden erleben, daß alle subjektiv die Wahrheit sagen und trotzdem gewisse Widersprüche aufweisen. Und das führt mich zu der Feststellung, daß man zwischen Unrichtigkeit und Lüge endlich einmal den richtigen Unterschied ziehen muß. Lüge heißt, in Kenntnis der Wahrheit – also bewußt – die Unwahrheit sagen. Etwas Unrichtiges kann jeder sagen, der nach dem jeweiligen Stand seiner Erkenntnis das wiedergibt, was er weiß, aber später in Einzelheiten etwas korrigieren muß.

Ich habe auch im Parlament das gesagt, was mir in diesem Augenblick – bei der nur kurzen Frist, die wir hatten – an Angaben zuverlässig erschien, und habe das nicht gesagt, was noch in Prüfung war. Im übrigen mache ich kein Hehl aus meiner Meinung. Ich habe damals dem Herrn Bundeskanzler gesagt, und auch andere haben es getan, man solle so lange keine Fragen beantworten, bis das Verfahren so oder so abgeschlossen ist. Denn jede dieser Fragen – und auch die ganze damit verbundene Propaganda, das ganze daraus kommende Echo – ist doch, auch wenn man es leugnet, ein Eingriff in ein schwebendes Verfahren gewesen, um eine bestimmte Optik zu erzeugen, bestimmte Wahrheiten zu verwischen und damit bestimmte Wirkungen zu erzielen.

GAUS: Warten wir es ab. Ich wiederhole noch einmal, ich will nicht mit Ihnen diskutieren. Könnte es sein, Herr Strauß, daß die

Meinungsverschiedenheit in der Außenpolitik zwischen Ihnen und Außenminister Schröder bis zu einem gewissen Grad auch persönlich gefärbt ist wegen der Erfahrungen, die Sie meinen, mit Ihrem Kollegen Schröder während der »Spiegel«-Affäre gemacht zu haben?

STRAUSS: In der Frage drücken Sie ja schon ein bestimmtes Motiv oder eine bestimmte Vermutung aus ...

GAUS: Ich unterstelle dieses Motiv ...

STRAUSS: Das gibt mir Anlaß, einmal die Hauptvermutung hier aus Anlaß unseres Interviews zu eliminieren. Noch nie haben Herr Schröder und ich irgendwo in Rivalität gelegen um ein bestimmtes Amt. Als er Innenminister wurde, war ich bestimmt nicht dafür vorgesehen, dieses Amt zu übernehmen. Als mir im Herbst 1961 das Außenministerium angeboten wurde, neben anderen, habe ich es von vornherein und auch ohne den leisesten Zweifel und ohne das leiseste Schwanken abgelehnt. Über das andere möchte ich aus verständlichen Gründen jetzt noch nicht sprechen.

GAUS: Nach der Affäre ist Ihnen in einem offenen Brief des Prälaten Freiberger geraten worden, vorübergehend Abschied von der Politik zu nehmen. Sie haben eine Frau, zwei Buben, eine Tochter – es hätte ganz verlockend sein können, ein bißchen mehr Zeit für die Familie zu haben. Warum haben Sie diesen Abschied, diesen vorübergehenden Abschied von der Politik nicht genommen?

STRAUSS: Ich empfinde diesen Mangel an Zeit für die Familie und für andere private Dinge im Laufe der Jahre immer drückender. Aber ich glaube, daß der Rat nur dann richtig angekommen wäre, wenn er mir von einem echten Freund in Gestalt eines privaten Briefes oder einer persönlichen Unterredung nahegelegt worden wäre. Ich halte einen offenen Brief, von dem man nicht einmal eine private Kopie bekommt, nicht für das geeignete Mittel – und obendrein von geistlicher Seite –, um einem Mitbruder, dem man Hilfe und Rat zuteil werden lassen will, den richtigen Weg zu weisen.

GAUS: Dies ist eine Art ...

STRAUSS: Außerdem muß ich noch einen Satz dazu sagen. Wäre ich diesem Rat im Zusammenhang mit diesem Brief gefolgt, dann wäre sicherlich auch der Eindruck entstanden, daß die Politiker das zu tun haben, was die Prälaten wünschen.

GAUS: Dies ist eine Antwort über die Form, in der die Anregung gegeben wurde, nicht, was die Anregung selbst angeht. Warum haben Sie nicht für sich ganz allein, ohne den freundlichen Rat im privaten Kreis, warum haben Sie nicht für sich ganz allein den Rückzug aus der Politik erwogen?

STRAUSS: Der freundschaftliche Rat ist so früh erfolgt, daß ich vorher gar nicht in der Lage gewesen wäre, eigene Gedanken darüber anzustellen. Aber ich darf schon in aller Deutlichkeit sagen, daß die Vorgänge von damals, so explosiv sie waren, diesen zwingenden Rückschluß nicht rechtfertigen. Da werden wir uns vielleicht einmal bei anderer Gelegenheit noch darüber unterhalten können.

GAUS: Erlauben Sie mir noch eine letzte Frage, Herr Strauß. Es wird viel von Ihrem politischen Comeback gesprochen, und die Antwort auf die Frage nach einer Ruhepause in der Politik, die Sie gegeben haben, spricht davon, daß die Politik Sie ja doch sehr gepackt hat und Sie nicht davon lassen können. Halten Sie es für denkbar, daß Sie nach der Bundestagswahl 1965 wieder in die Bundesregierung eintreten?

STRAUSS: Ob Sie es mir glauben oder nicht: Die Frage interessiert mich zur Zeit am allerwenigsten. Ich bin neun Jahre Bundesminister gewesen. Ich habe sechs Jahre das undankbarste Amt gehabt – dessen einzelne Phasen zu schildern, wird leider hier keine Möglichkeit mehr sein –, ich kenne Höhen und Tiefen, Glanz und Elend einer solchen Würde besser als die, die es leichter hatten, und besser als die, die es noch nicht erlebt haben und deshalb sehr danach streben.

GAUS: Welches wäre dann die wichtigste Frage, wenn dieses die Frage war, die Sie am allerwenigsten interessiert?

STRAUSS: Mich interessiert in erster Linie der Gang der deutschen Politik, soweit wir von Politik sprechen; darunter auch die Entscheidung des Jahres 1965, die ja wohl unter ganz anderen Parolen erfolgen wird als frühere Entscheidungen von '49, '53, '57, '61. Und ich für mich bin der Meinung, daß ich meinem privaten Bereich nunmehr, nachdem ich die – wie man sagt – schönsten Jahre des Lebens einer sehr undankbaren Aufgabe gewidmet habe, etwas pfleglicher gegenüberstehen muß und damit auch meiner Familie, als es in der Vergangenheit der Fall war.

Nein, die Welt wird viel reicher werden, wenn man nicht so utopischen Dingen nachlebt, solchen Irrlichtern. Aber das führt tiefer, wissen Sie. Ich glaube, daß die großen Hekatomben der Geschichte nicht so sehr durch Gier und Aggressioin hervorgerufen worden sind, sondern durch die Hingabe an eine Idee, die man Idealismus oder Fanatismus nennt, je nachdem, wie man es ansieht. Die größten Verbrechen wurden immer im Namen Gottes oder der Menschheit oder der Nation oder einer übergeordneten Idee begangen.

ARTHUR KOESTLER:
Ich war ein schlechter Kommunist

Arthur Koestler, geboren am 5. September 1905 in Budapest, gestorben am 3. März 1983 in London (Freitod).
Sohn eines jüdischen Industriellen, dessen Vater aus Rußland nach Ungarn eingewandert war. 1922 bis 1926 Studium der Ingenieurwissenschaften.
Er wurde Zionist und ging 1926 – ohne sein Studium beendet zu haben – nach Palästina. Ab 1927 Auslandskorrespondent von »Ullstein« in Palästina und Paris. 1930 kehrte er als wissenschaftlicher Redakteur nach Berlin zurück und wurde bald außenpolitischer Redakteur der »B.Z. am Mittag«. Im Sommer 1931 nahm er als einziger Reporter am Nordpolflug des Luftschiffs »Graf Zeppelin« teil. Von 1931 bis 1937 Mitglied der KPD.
Berichterstatter im Spanischen Bürgerkrieg, Gefangenschaft, Verurteilung zum Tode, dann aber ausgetauscht gegen einen Franco-Diplomaten. Ab 1940 Aufenthalt in England, Kriegsberichterstatter des »Manchester Guardian«. 1948 britischer Staatsbürger. Seit 1965 war Koestler in dritter Ehe verheiratet. Mit seiner Frau zusammen schied er freiwillig aus dem Leben. Er litt an Leukämie.
In seinem Testament hinterließ er 400.000 Pfund Sterling für die Gründung eines Lehrstuhls für Parapsychologie an einer englischen Universität.
Veröffentlichungen: »Ein spanisches Testament«, »Die Gladiatoren«, »Sonnenfinsternis«, »Ein Mann springt in die Tiefe«, »Der Yogi und der Kommissar«, »Der göttliche Funke«, »Der Mensch, Irrläufer der Evolution«, »Das rote Jahrzehnt«.
Das Gespräch wurde gesendet am 27. Mai 1964.

GAUS: Herr Koestler, Sie sind heute ein Mann von 58 Jahren, im September 1905 wurden Sie in Budapest geboren. Ihr Leben war das eines Umhergestoßenen, eines durch viele, viele Widersprüche Gegangenen. Sie waren Mitglied der Kommunistischen Partei, Sie haben sich von der Kommunistischen Partei getrennt. Man hat mit Ihrem Namen eine Zeit lang den Begriff des heimatlosen Linken verbunden, überhaupt: des Heimatlosen. Lassen Sie mich meine erste Frage zu Ihrem Porträt stellen: Haben Sie heute eine Heimat? Sie sind englischer Staatsangehöriger – haben Sie das Gefühl, daß Sie irgendwo Wurzeln haben?

KOESTLER: Wurzel ist eine Metapher. Ich glaube: Das Zeichen dafür, wohin man gehört, ist Heimweh. Die Kirchturmspitze der Kindheit. Ich hab Heimweh nach vielen Ländern.

GAUS: Nach welchen Ländern hatten Sie Heimweh?

KOESTLER: Ungarn, Wien, Indien, sogar Japan, wo ich vier Monate verbrachte. In dem Sinne bin ich wirklich ein Kosmopolit.

GAUS: Und Sie empfinden es als einen Vorzug, kosmopolitisch zu empfinden?

KOESTLER: Ja, wissen Sie, einstmals wurde gesagt, der Proletarier habe kein Vaterland, er habe nichts zu verlieren als seine Ketten. Nationalismus wurde von daher als eine überholte Angelegenheit behandelt. Dann plötzlich änderte sich das, und man brachte gegen mich dieses Schlagwort vom wurzellosen Kosmopoliten auf ... was ein Schimpfwort war, also vom Osten her. Aber ich glaube, wenn man berufsmäßig ein Schriftsteller ist, dann hat man die wesentlichen Wurzeln in der Sprache.

GAUS: Sie haben ungarisch angefangen zu denken und zu schreiben. Sie haben dann deutsch geschrieben und schreiben jetzt englisch. Ist das nicht ein weiteres Erschwernis, Wurzeln zu schlagen, oder ist dieser häufige Sprachwechsel ein Gewinn gewesen? In dem Sinne, daß für den Schriftsteller mit jedem Wechsel der Sprache ein naiver Neubeginn, die Segnungen des Neubeginns verbunden gewesen sind?

KOESTLER: Ja, beides. Natürlich, man plagt sich, um eine neue Sprache zu meistern, aber andererseits spielt das hinein, was Sie sagten. Ungarisch? Schrieb und sprach ich bis zu meinem siebzehnten Jahr. Deutsch schrieb ich eigentlich nicht, ich schrieb österreichisch, und in den letzten zwanzig Jahren nun nur noch englisch.

Man gewöhnt sich. Es kommt nicht aus dem Sprechen, es kommt aus dem Unterbewußtsein – in welcher Sprache man träumt, in welcher Sprache man denkt.

GAUS: In welcher Sprache träumen Sie jetzt?

KOESTLER: Träumen tue ich noch gemischt, ungarisch, auch französisch und deutsch. Aber denken kann ich eigentlich nur noch englisch.

GAUS: Ich verstehe.

KOESTLER: Jetzt übersetze ich alles, aus dem Englischen ins Deutsche.

GAUS: Auch in diesem Gespräch?

KOESTLER: Die Hälfte, ja.

GAUS: In Ihrer Jugend, Herr Koestler, die Sie als Sohn eines Ungarn und einer Österreicherin teils in Budapest, teils in Wien verbracht haben, in Ihrer Jugend galten Sie als eine Art intellektuelles Wunderkind. Sie waren sowohl technisch, naturwissenschaftlich als auch geisteswissenschaftlich extrem begabt. Ich würde gern wissen: Eine solche Außergewöhnlichkeit schon in jungen Jahren – kann das eine Last für das ganze weitere Leben sein?

KOESTLER: Ich glaube, verwöhnt zu werden, ist immer schlimm. Andererseits gibt es – jetzt denke ich plötzlich deutsch – diesen Ausdruck »Frühreife«. Das ist durchaus irreführend, denn man wird zwar früh klug, aber es ist keine Reife. Weil es keine gemütsmäßige Reife ist.

GAUS: Bloß eine vom Verstand?

KOESTLER: Bloß eine intellektuelle Reife, aber keine seelische, und die meisten so genannten Wunderkinder haben deshalb eine verspätete Entwicklung.

GAUS: Sie haben von sich selbst gesagt, daß Sie bis ins 30. Lebensjahr gefühlsmäßig ein Kind geblieben, jedenfalls nicht erwachsen geworden seien.

KOESTLER: Ein Halbwüchsiger.

GAUS: Hat das Ihre politischen Intentionen mitbestimmt, diese langanhaltende Phase Ihrer Entwicklung?

KOESTLER: Doch, schon. Wenn man unreif ist, also so lange halbwüchsig bleibt, ist man doch unrealistisch romantisch, ja, man hat eine romantische Tendenz.

GAUS: Herr Koestler, in Ihrer Autobiographie haben Sie sich als einen schüchternen, von Komplexen geplagten jungen Mann beschrieben. Dennoch scheinen Sie nicht, was doch nahegelegen hätte, ein allein auf sich selbst bezogenes, ganz in sich gekehrtes Leben gesucht zu haben. Sondern, ganz im Gegenteil: Sie suchten den Anschluß an ein geschlossenes Denksystem, an ein geschlossenes Glaubenssystem. War das ein bewußter Schritt, um die Komplexe zu überwinden, oder war dies ein unbewußter Vorgang?

KOESTLER: Das sind drei, vier verschiedene Fragen, denn Schüchternheit und Gehemmtheit haben nicht direkt zu tun mit einem bewußten In-sich-Gekehrtsein, mit Introvertiertheit.

GAUS: Es muß nicht so sein. Aber ist es nicht eine Erleichterung, in sich gekehrt zu leben, wenn man schüchtern ist?

KOESTLER: Ach, nicht einmal das. Viele Schauspieler leiden unter unheilbarer Schüchternheit. Es sind zwei ganz verschiedene Dinge. Schüchternheit ist ein Gefühl der Unsicherheit, und man kann, wenn man nach außen gekehrt ist – also extrovertiert, wie Jung sagt –, genau so unsicher sein wie ein Introvertierter.

GAUS: Haben Sie die Unsicherheit überwinden wollen, als Sie den Anschluß an die überindividuelle Gemeinschaft und deren Aufgaben gesucht haben?

KOESTLER: Nein, nicht diese Unsicherheit, über die wir sprachen. Eine andere Unsicherheit.

GAUS: Welche?

KOESTLER: Eine metaphysische Unsicherheit, aber nicht das Linkische.

GAUS: Bevor Sie Kommunist wurden ...

KOESTLER: Wir sprechen aneinander vorbei.

GAUS: Ich bin nicht sicher, ob wir aneinander vorbeisprechen. Vielleicht gelingt es uns noch, dies ganz zu klären. Möglicherweise schon mit dieser Frage: Bevor Sie Kommunist wurden, Herr Koestler, haben Sie Mitte der 20er Jahre Ihr breitgefächertes Hochschulstudium in Wien von den Naturwissenschaften bis zur Philosophie und Literatur abgebrochen und sind als Anhänger des Zionismus nach Palästina gegangen, um in einem Kibbuz, in einer Kollektivfarm also, zu arbeiten. Warum haben Sie das getan? Was war der Grund, der Sie Anschluß suchen ließ in einer Gemeinschaft?

KOESTLER: Ich war davon überzeugt, daß die Juden ihre eigene Heimat haben müssen. Aber diese Überzeugung führte nur dazu, daß ich versuchte, als ein Bauer zu leben. Weil ich eben unreif und romantisch war.

GAUS: Sie haben später eine ähnliche Reaktion gezeigt, wie in diesem Falle, da Sie Bauer sein wollten: Als Sie Ende 1931 in die Kommunistische Partei Deutschlands eintraten, hatten Sie den Wunsch, als Traktorführer in die Sowjetunion geschickt zu werden. War das eine Flucht vor dem Intellekt?

KOESTLER: Nein. Da gibt es eine viel einfachere Antwort: Im Krieg kommt es nicht darauf an, ob man ein Dichter ist oder ein Musiker, sondern darauf, daß jeder ein Gewehr haben mußte. Andere Dinge zählen nicht.

GAUS: Für Sie war der Traktor in diesem Falle ein Gewehr im Krieg?

KOESTLER: Er war eine Waffe im Frieden.

GAUS: Ja. Warum ist das denn in Palästina so schief gegangen? Sie sind schon nach kurzer Zeit aus dieser Farm wieder ausgeschieden und haben sich als Gelegenheitsarbeiter durchschlagen müssen. Warum ging es schief?

KOESTLER: Diese Kommunen, diese Kibbuzims – das ist ein sehr klösterliches Leben, wissen Sie, eine ganz abgeschlossene Gemeinschaft, sehr hart und isoliert. Das ist wie der Eintritt in ein Kloster: Viele hören die Berufung, aber nur wenige sind ausgewählt.

GAUS: Haben Sie damals schon den Gedanken gefaßt, daß Sie möglicherweise nicht nur nicht für eine klosterähnliche Gemeinschaft ausgewählt sein könnten, sondern vom Typ her vielleicht überhaupt nicht zum Anschluß an ein Kollektiv taugen?

KOESTLER: Das weiß ich heute, das wußte ich damals nicht. Ich dachte damals, daß ich versagt hätte. Ich dachte nicht daran, eventuell eben wirklich nicht dazu berufen zu sein.

GAUS: Sie kamen wieder auf die Füße. Sie haben zunächst als Korrespondent, dann als Redakteur bei der »Ullstein Presse« in Berlin gearbeitet, haben diese sehr gute Position aber aufs Spiel gesetzt, um Ende 1931 in die KPD einzutreten. Ich habe dazu mehrere Fragen, Herr Koestler.

KOESTLER: Darf ich noch eines richtig stellen?

GAUS: Bitte sehr.

KOESTLER: Sie sagten, ich hätte für die »Ullstein Presse« in Berlin gearbeitet. Ich war Auslandskorrespondent im Mittleren Osten, in Paris usw.

GAUS: Waren aber schließlich außenpolitischer Redakteur.

KOESTLER: Eine Zeit lang, ja. Außenpolitischer Redakteur. Aber – und Sie merken das auch an meiner merkwürdigen Aussprache – in Deutschland selbst habe ich im Ganzen nur etwa 18 Monate gelebt.

GAUS: Nicht länger?

KOESTLER: Nicht länger. Vom Herbst 1930 bis 1932.

GAUS: Und dann sind Sie in die Sowjetunion gereist?

KOESTLER: Dann bin ich in die Sowjetunion gefahren.

GAUS: Ich habe zunächst, was den Eintritt in die Kommunistische Partei angeht, einige Fragen. Die erste sei von Ihrem persönlichen Fall getrennt. Ich hätte gern, Herr Koestler, daß Sie mir definieren, wie ein junger Mann beschaffen sein muß, ganz allgemein, der den entscheidenden Schritt tut, der eine bürgerliche Position gefährdet, um sich einer Sache wie dem Kommunismus anzuschließen. Seinerzeit, in der Endzeit der Weimarer Republik, haben viele junge Leute den Drang gehabt, in ein geschlossenes, intaktes Denkgebäude einzutreten. Die große Mehrheit unterläßt es dann doch. Die Minderheit, die es aber dennoch tut – hat die zu viel Glaubenssehnsucht, oder hat sie eine entscheidende Bremse zu wenig?

KOESTLER: Beides. Ich hab so viel über dieses Thema geschrieben ... es ist schwer zusammenzufassen ... Ich glaube, es waren zwei entscheidende Dinge: eine Abstoßung und eine Anziehung. Die Abstoßung war eine vom Status quo. Sehen Sie, wir sprechen jetzt von 1931. Arbeitslosigkeit, Weltkrise, Lebensmittel wurden verbrannt, Kaffee wurde in Brasilien ins Meer geschüttet, Getreide wurde vernichtet, weil es einen Überschuß gab. Der Status quo war grausig, abstoßend. Und auf der anderen Seite gab es die Anziehung durch eine Utopie. Wir glaubten damals wirklich, irregeführter –, aber ehrlicherweise ans Land der Arbeiter, Bauern und Soldaten mit der marxistisch-hegelianischen Dialektik, dazu noch die Balalaika, die russischen Hemden, die Romantik der Steppen, Tolstoi und Dostojewski – all das zusammengemischt, das war die

Utopie für uns. Also Abstoßung und Anziehung. Stellen Sie sich zwei Sprungfedern vor, eine zieht und eine stößt. Das, glaube ich, war damals ein sehr typisches Erlebnis. Hinzu kam noch, daß Hitler ante portas stand. Ein amerikanischer Journalist schrieb das berühmte Buch »Deutschland – so oder so«. Hakenkreuz oder Hammer und Sichel, das war die Alternative. Wir zogen Hammer und Sichel vor.

GAUS: Sie haben gesagt, Sie hätten viele Jahre Ihres Lebens in einem Zustand chronischer Empörung gegen Ungerechtigkeiten verbracht. Haben Sie sich diese chronische Empörung abgewöhnt?

KOESTLER: Ich versuch's immer noch.

GAUS: Chronisch empört zu sein gegen Ungerechtigkeit?

KOESTLER: Nein, mir das abzugewöhnen.

GAUS: Das abzugewöhnen? Halten Sie es für einen Gewinn, sich das abzugewöhnen?

KOESTLER: Ja, wissen Sie, das ist wie mit Arsen: In kleinen Dosen ist Arsen ein Stimulant, in großen Dosen ist es ein Gift.

GAUS: Ich verstehe.

KOESTLER: Empörung gegen das Unrecht ist das eine Ende des Spektrums, und das andere Ende ist Fanatismus.

GAUS: Sie haben Ihren Eintritt in die Kommunistische Partei und damit also auch die Beweggründe, die andere junge Leute seinerzeit veranlaßten, in die KPD einzutreten, bisher vornehmlich aus einer romantischen Haltung erklärt. Gab es darüber hinaus eine Verlockung, die in der Ideologie als solcher lag? Vielleicht, weil sie Ihnen besonders durchsichtig, besonders folgerichtig, besonders wissenschaftlich erschien?

KOESTLER: Ja, genau. Es war diese Mischung. Aber zuerst kommt der Glaubensakt, also die romantische Anziehung, die gefühlsmäßige Hingabe, der entscheidende Akt des Glaubens. Wenn man den begangen hat, jenen Akt, in dem man sich bekehrt zu Schlostastizismus oder Theologie oder orthodoxem Freudianismus oder Marxismus-Hegelianismus – wenn dieser Bekehrungsakt vollzogen ist, dann ist die Logik wunderbar, weil's ein geschlossenes System ist; es gibt fortan eine Antwort auf jede Frage.

GAUS: Ihnen erschien damals, wenn ich Sie in Ihren Büchern recht verstanden habe, die Welt wie ein offenes Buch, ein Buch, in dem man lesen konnte, auch in die Zukunft hinein lesen konnte – sofern man nur die richtigen Formeln hat. Inzwischen vergleichen Sie lieber das Leben mit einer Geheimschrift, von der man lediglich in wenigen begnadeten Augenblicken eine kleine, kleine Zeile lesen kann. Ist dieser Wandel – womit wir in Ihrem Lebenslauf weit vorgreifen – gleichzeitig verbunden gewesen mit einer Hinwendung zum Christentum?

KOESTLER: Zur Ethik des Christentums: ja. Zum Dogmatismus des Christentums: nein.

GAUS: Weil Sie, seit Sie kommunistischer Dogmatiker gewesen sind, gegen jede Dogmatik einen Vorbehalt haben?

KOESTLER: Nicht aus diesem Grunde.

GAUS: Haben Sie einmal darüber nachgedacht, welcher Gruppe, welcher Bewegung, welchem Denksystem, welcher geschlossenen Denkwelt Sie sich in der europäischen Vergangenheit vielleicht, Ihrem Typ nach, hätten anschließen mögen?

KOESTLER: Nein. Sich in die Vergangenheit, gar um Jahrhunderte zurückzudenken, das ist ... Wissen Sie, es gibt einen Wiener Spruch: Wenn die Großmutter Räder hätte, wäre sie ein Omnibus. Was soll ich mich ins 15. Jahrhundert zurückdenken?

GAUS: Nun haben Sie in Ihrer Autobiographie einen sehr deutlichen Hang zur kritischen Selbstanalyse bewiesen – was viele Kritiker Arthur Koestlers sogar veranlaßt hat zu meinen, dies sei ein bißchen Exhibitionismus. Warum machen Sie rückblickend halt bei dieser Selbstanalyse? Sie haben niemals den Versuch gemacht, sich als Anhänger einer, sagen wir: bestimmten christlichen Sekte zu sehen, in der Vergangenheit?

KOESTLER: Die Denkakrobatie ist mir zu schwierig. Wir wissen viel von den geschichtlichen Vorgängen, wir wissen aber nichts über den einzelnen Menschen. Wir fühlen nicht, wie damals der einzelne ausgesehen, sich bewegt hat, wie er gerochen hat.

GAUS: Ich verstehe.

KOESTLER: Das ist kein Haltmachen.

GAUS: Die Kommunisten, Herr Koestler, haben Sie 1932/33 auf eine längere Reise in die Sowjetunion geschickt. Danach haben Sie für kommunistische Organisationen in Paris und, noch später, in Spanien während des Bürgerkriegs gearbeitet. Aus Ihren Büchern geht hervor, daß Sie schon ziemlich früh Zweifel an der Realisierungsmöglichkeit der kommunistischen Utopia gehabt, aber diese Zweifel immer beschwichtigt haben – mit dem Gedanken, es handle sich dabei nur um Kinderkrankheiten, um Entwicklungsschwierigkeiten, die man überwinden werde. Später erwies sich das als Selbstbetrug. Empfinden Sie heute ein Schuldgefühl oder ein Schamgefühl wegen dieses Selbstbetrugs?

KOESTLER: Ja, ich hab das sehr stark empfunden ... bis ich also jene Bücher schrieb, in denen ich das ... *(zögert lange)*

GAUS: Abgeladen haben.

KOESTLER: Ja, ich wollte »abgeladen« sagen. Aber eben nicht nur abgeladen. Ich wollte auch versuchen, andere zu warnen, vor den gleichen Torheiten. Und dann fühlte ich irgendwann: Jetzt sind wir quitt. Wir sprechen jetzt also wirklich von der Vergangenheit. Ich hab seit zehn Jahren alles aufgegeben.

GAUS: Politische Publizistik?

KOESTLER: Ja.

GAUS: Sie haben, so meinen Sie also, mit Ihren Büchern, was Sie an Schuld- und Schamgefühl gehabt haben, gelöscht. Es ist Ihnen gelungen, das zu tilgen?

KOESTLER: Das weiß der liebe Gott! Ich glaube, ja, bis zu einem gewissen Grade. Aber Sie stellten eine Frage, die Sie dann vergaßen oder die wir verloren hatten. Das ist nämlich eine interessante Frage. Sie fragten: An welchem Punkte setzte die Desillusionierung ein? Ich war sieben Jahre dabei. Wann war also der Punkt? Während Sie sprachen, fiel mir eine Antwort ein: Man kauft sich ein Dutzend Taschentücher, und die gehen allmählich in der Wäsche verloren. Wann, an welchem Punkt hat das angefangen?

GAUS: Wann hat man das erste Taschentuch verloren? Sie könnten es nicht sagen?

KOESTLER: Nein: Aber es war sehr früh. Es gibt einen Mechanismus, den die Psychologie Rationalisierung nennt. Man biegt sich die Dinge im Alltag zurecht. Es sind diese elastischen Abwehrmechanismen.

GAUS: Das bringt mich auf eine Frage, bezüglich der elastischen Abwehrmechanismen. Können Sie sich eine Situation vorstellen, in der Zeit, als sie noch Kommunist waren, in der ganz plötzlich, von jetzt auf sofort, die Abwehrmechanismen nicht mehr funktioniert hätten? In der Sie den radikalen Schritt aus der Partei vollzogen hätten? Ich denke beispielsweise an den – hier nur angenommenen – Auftrag, namens der Partei jemanden zu liquidieren, was es ja gegeben hat. Wenn Sie zurückschauen: Wäre dies ein Fall gewesen, von dem Sie glauben, Sie hätten sich so weit aufgegeben, ihn zu erfüllen? Hätten Sie diese Schwelle überschritten?

KOESTLER: Nein, denn ich war ein sehr schlechter Kommunist in dieser Hinsicht. Der Kommunismus sagt, daß der Zweck die Mittel heiligt, also alle Mittel. Das ist seine Philosophie.

GAUS: An die Sie doch aber mal geglaubt haben.

KOESTLER: An die ich mal geglaubt habe. Trotzdem: Ich war ein schlechter Kommunist. Ich hätte niemals einen derartigen Auftrag übernommen, und der wirkliche Bruch mit der Partei, also der formale, nicht der innerliche Bruch – von dem ich, wie gesagt, nicht weiß, wann er begann –, der formale Bruch also kam, als zwei meiner nächsten Freunde verhaftet wurden, in der Sowjetunion. Da war es aus.

GAUS: Das heißt also: Die letzte Barriere, die Sie trennte von dem Übertritt ans andere Ufer, die fiel, als zwei gute Freunde verhaftet wurden. Es waren menschliche Kontakte, die Sie endgültig von der kommunistischen Ideologie endgültig lösten?

KOESTLER: … lösten vom entscheidenden Teil der Ideologie: daß der Zweck die Mittel heiligt.

GAUS: Ich verstehe. In Ihrer Autobiographie, Herr Koestler, haben Sie unter Berufung auf eine jüdische Legende, in der von 36 Gerechten die Rede ist, von Ihrer Überzeugung geschrieben, daß eine Handvoll von Gerechten auf der Welt dafür sorgt, daß diese Welt überhaupt am Leben bleiben kann. Sie haben außerdem einige dieser unbekannten, namenlosen Gerechten beschrieben, die Sie auf Ihrer Reise in der Sowjetunion getroffen haben. Ich hab dazu einige Fragen. Zunächst: Gehört es zum Wesen dieser wenigen Gerechten, daß sie an ein festes, geschlossenes Glaubenssystem angeschlossen sind? Kann es Gerechte ohne Glauben geben, und gibt es in Ihrem Rückblick auf Ihre kommunistische Vergangenheit Teile der kommunistischen Lehre, aus der Zeit vor Stalin, die heute noch für Sie einen ethischen und moralischen Wert besitzen? Gibt es diese einzelnen Teile, und welche Teile sind es möglicherweise?

KOESTLER: Letzteres hat nichts mit der Frage dieser 36 mystischen Gerechten zu tun.

GAUS: Nun gut, aber die Menschen, von denen Sie geschrieben und die Sie in der Sowjetunion getroffen haben, könnten doch Gerechte sein – weil sie bestimmte Teile der kommunistischen Idee ...

KOESTLER: Nein, sie waren Gerechte, weil sie Individuen waren.

GAUS: Ich verstehe.

KOESTLER: Man fand Gerechte auch in der Nazipartei, und dieses Argument, Gerchtigkeit nur an die kommunistische Idee zu binden, das ist ein mystisches Argument, von dem ich wirklich nicht sehr viel halte. Das geht nicht. Nein, es gibt in jeder noch so entarteten Bewegung Individuen, die ihre eigene Heiligkeit besitzen.

GAUS: Jetzt von den Individuen abgesehen: Rückblickend auf Ihre kommunistische Vergangenheit – gibt es dennoch Teile der kommunistischen Lehre, denen Sie heute noch einen ethischen oder moralischen Wert beimessen?

KOESTLER: Die kritischen Teile gegen Feudalismus, Kapitalismus, Kinderarbeit in England, Engels Buch über die Bedingungen der Arbeiterklasse in Manchester usw. Das waren ungemein entscheidende Dinge auf der gesellschaftskritischen, der negierenden Seite. Auf der positiven Seite des Neuaufbaus einer anderen Welt – da kann man nicht Brocken herausnehmen, weil das ganze System auf einer einheitlichen Philosophie beruht. Erstens auf einer materialistischen Philosophie, zweitens eben auf dem Prinzip, daß der Zweck die Mittel heiligt, und drittens auf der Idee der Leugnung eines Selbstwertes des Individuums. Ein Individuum im Marxismus ist eine Masse von einer Million, dividiert durch eine Million. Das ist das Individuum. Es gibt keinen Selbstwert, und daher lehne ich das ab.

GAUS: Der Kommunismus ist in den 20er Jahren eine große Verführung für einige der aufgeschlossensten Geister gewesen, zum Beispiel auch für Sie. Heute ist er diskreditiert. Glauben Sie, daß die seinerzeitige Hingabe – selbst an einen Irrglauben – von Wert gewesen ist? Weil Hingabe an sich schon menschliche Qualitäten freisetzt?

KOESTLER: Nein. Diese Energien, die da fanatisiert wurden, die hätten anders viel besser kanalisiert werden können. Nehmen Sie ein einfaches Beispiel: Wenn die Kommunistische Partei Deutschlands, statt herumzumanövrieren und zu sagen, der Hauptfeind sei die Sozialdemokratie, wirklich Widerstand geleistet hätte, als die Nazis ante portas waren, dann wären die ganzen Energien auf eine Art kanalisiert worden, die das Schlimme vielleicht verhindert hätte.

GAUS: Die Welt ist also nicht ärmer geworden dadurch, Herr Koestler, daß die Versuchung nicht mehr existiert, sich einer irdischen Utopie hinzugeben?

KOESTLER: Nein, die Welt wird viel reicher werden, wenn man nicht so utopischen Dingen nachlebt, solchen Irrlichtern. Aber das führt tiefer, wissen Sie. Ich glaube, daß die großen Hekatomben der Geschichte nicht so sehr durch Gier und Aggressioin hervorgerufen worden sind, sondern durch die Hingabe an eine Idee, die man Idealismus oder Fanatismus nennt, je nachdem, wie man es ansieht. Die größten Verbrechen wurden immer im Namen Gottes oder der Menschheit oder der Nation oder einer übergeordneten Idee begangen. Die selbstsüchtigen Verbrechen spielen eine sehr geringe Rolle in dieser furchtbaren Geschichte der Menschheit.

GAUS: Gehört Ihre Zuneigung heute dem, was Sie einmal den phantasielosen, auf schlichten Anstand innerhalb alter, bürgerlicher Traditionen verpflichteten Menschen genannt haben?

KOESTLER: Jetzt gehen Sie ins entgegengesetzte Extrem. Das wäre doch das entgegengesetzte Extrem, nicht? Das Maß zu finden zwischen der berechtigten Rebellion und der Ablehnung jenes Prinzips, daß der Zweck alle Mittel heiligt, das ist das Problem. Den Punkt zu definieren, wo die Lanzette zur Achse des Hinrichters führt –, diesen Punkt zu finden, das ist das Problem.

GAUS: Haben Sie den Punkt gefunden?

KOESTLER: Wenn ich ihn gefunden hätte, dann wäre ich ein Prophet und nicht ein Schriftsteller.

GAUS: Leiden Sie noch immer daran, daß Sie den Punkt nicht gefunden haben?

KOESTLER: Es gibt Kurven, die sich der Achse erst im Unendlichen nähern. Sehr viele menschliche Bestrebungen sind so geartet, daß man nicht sagen kann: Jetzt ist eine Antwort da. Es kommt auf das Bestreben an.

GAUS: Leben Sie von der Hoffnung, daß Sie schließlich die Antwort doch noch finden werden?

KOESTLER: Es gibt keine Antwort. Die Antwort ist im Unendlichen. Es gibt nur Annäherungen.

GAUS: Hat es niemals eine Antwort gegeben oder liegt es nur an unserer Übergangszeit?

KOESTLER: Niemals.

GAUS: Es hat niemals eine gegeben?

KOESTLER: Niemals.

GAUS: Herr Koestler, Sie sind von den Truppen Francos im Spanischen Bürgerkrieg gefangen genommen worden und mehrere Monate inhaftiert gewesen. In dieser Zeit mußten Sie täglich mit Ihrer Hinrichtung rechnen. Hat die Erwartung eines nahen Todes Ihre Trennung von der Kommunistischen Partei gefördert? Sie haben diese Trennung wenige Monate nach Ihrer Entlassung aus dem Gefängnis vollzogen. War es die Todesfurcht?

KOESTLER: Das ist nicht ganz so, nein. Gefördert wurde die Trennung dadurch, ja, natürlich. Denn wissen Sie: Liquidation ist ein abstrakter Begriff. Wenn man damals zugehört hat, wie sich das abspielte, als man Leute zum Erschießen abführte, nachts – dann hat dieser abstrakte Begriff plötzlich Realität angenommen. Und wie gesagt: Der Zweck heiligte die Mittel nicht mehr. Es war nicht mehr ein abstrakter Akt, die Liquidierung, sondern man lebte das mit. Das waren Menschen aus Fleisch und Blut. In diesem Sinne hat es die Trennung sehr beschleunigt. Was die Todesangst betrifft, wissen Sie, da spielen so komische Sachen hinein, die ist gar nicht so dramatisch, wie man sich das vorstellt.

GAUS: Berichten Sie mir darüber.

KOESTLER: *(lacht)* Sagen wir so: Man hat eigentlich nur Angst vor dem Sterben. Vor dem Totsein hat man keine Angst. Ich jedenfalls habe keine Angst gehabt. Vor dem Sterben, vor der Folter, ja, nicht aber vor dem Totsein. Bevor wir geboren waren, waren wir ja alle tot. Das ist der normale Zustand. Man hat weniger Angst als angenommen. Die Suppe wird nicht so heiß gegessen, wie sie gekocht wurde. Aber in die Nähe des Todes setzt sich etwas innerlich in Bewegung, eine andere Wertigkeit.

GAUS: Könnten Sie diese Werte, die sich in der Gefängniszelle Nummer 40 für Arthur Koestler in Bewegung gesetzt haben, charakterisieren?

KOESTLER: Ich hab das alles beschrieben, wissen Sie. Das Entscheidende war, was ich nun zum 50. Mal wiederhole: daß der Zweck die Mittel nicht heiligt, und diese Erkenntnis bedeutet die totale Umwälzung aller Werte. Das ist das Erste, Entscheidende. Lassen wir es dabei bewenden. Wissen Sie, der Wittgenstein hat gesagt: »Worüber man nicht reden kann, darüber muß man schweigen«.

GAUS: Schweigen wir drüber. Herr Koestler, in Ihrem bekanntesten Buch »Sonnenfinsternis« schildern Sie vor dem Hintergrund der großen sowjetischen Säuberungsprozesse in den 30er Jahren das Schicksal eines Altbolschewisten, der schließlich die unsinnigsten, angeblichen Verbrechen gesteht – nur um der Partei einen letzten Dienst zu erweisen und um auf diese Weise einen letzten, verzweifelten Anschluß an seine politische Heimat, die Partei, zu retten. Empfinden Sie für diese Charaktere, die sehenden Auges nicht abspringen konnten, Mitleid?

KOESTLER: Oh ja.

GAUS: Haben Sie in Ihrer persönlichen Bekanntschaft Menschen gehabt, die diesen Absprung nicht fanden und für die Sie Mitleid empfunden haben?

KOESTLER: Oh ja.

GAUS: Wie erklären Sie sich, daß diese Menschen, sei es der Genosse Rubaschow in Ihrem Buch, seien es Ihre persönlichen Bekannten, wobei Sie vermutlich an Münzenberg denken oder Katz, mit dem Sie in Paris zusammenarbeiteten – wie erklären Sie es, daß diese Leute, intelligent, gebildet, den Absprung nicht fanden?

KOESTLER: Wenn man in der Geschäftswelt zuviel in ein Geschäft investiert hat, wissen Sie, dann kann man nicht mehr heraus, um es zynisch zu sagen. Dann kann man nicht mehr weg. Diese Menschen haben zuviel Seelisches von sich investiert. Sie konnten dieses Kapital, das sie hineingelegt haben, nicht mehr herausziehen.

GAUS: Sie meinen, sie wären ausgebrannte Wracks gewesen, wenn sie abgesprungen wären?

KOESTLER: Das waren sie sowieso schon. Aber noch ausgebrannter wären sie gewesen, Asche, nichts als Asche wäre geblieben.

GAUS: Seit Ihrer Abkehr vom Kommunismus, Herr Koestler, sind inzwischen gut 25 Jahre vergangen. Hat Ihnen diese Zeit irgendwann einmal ein ähnlich sicheres und befriedetes Gefühl beschert wie jene Zeit, in der Sie noch ohne Zweifel und Skrupel ein gläubiger Kommunist gewesen sind?

KOESTLER: Die Frage ist schwer zu beantworten, weil ja natürlich die Lebensalter hereinkommen, nicht? Aber ich glaube, man kann sie mit ja beantworten. Man zögert mit solchen Antworten. Aber ich glaube schon: ja.

GAUS: Welches Gefühl war das, das sich vergleichen läßt mit dem Gefühl der Sicherheit, der Geborgenheit des gläubigen Kommunisten?

KOESTLER: Kleine, aber lebenswichtige Genugtuungen sind es. Die Kampagne für die Abschaffung der Todesstrafe in diesem Lande. Vorher wurden durchschnittlich dreizehn bis vierzehn Menschen gehängt, jährlich.

GAUS: In England.

KOESTLER: Ja. Seitdem wir mit der Kampagne gestartet sind und schon bis zum halben Sieg kamen, ist die Zahl auf zwei bis drei hinuntergegangen. Das gibt eine tiefe innere Befriedigung. Sie könnten zynischerweise sagen: Erst will man die Welt für Millionen erlösen, wie es hieß, und dann irgendwann empfindet man schon eine dumme Genugtuung darüber, daß man nur zehn Miserable vom Galgen gerettet hat. Aber so ist es.

GAUS: Ich sage das nicht, Herr Koestler.

KOESTLER: Viele sagen es.

GAUS: Leiden Sie daran, daß viele es sagen?

KOESTLER: Nein, es tut mir leid, daß die Leute es nicht verstehen und sagen, das wäre eine Kapitulation.

GAUS: Welche Leute sagen, es sei eine Kapitulation?

KOESTLER: Diejenigen, die an dieser Ideologie festhängen, die Menschheit zu predigen, statt den Menschen zu sehen.

GAUS: Aber es kann Ihnen in Wahrheit doch eigentlich nichts mehr bedeuten, wie die Kommunisten über Sie denken.

KOESTLER: Ich spreche nicht von Kommunisten.

GAUS: Zwei andere Bücher, außer dem erwähnten, Herr Koestler, sind von unmittelbarem Einfluß auf die Öffentlichkeit gewesen: eines über Palästina, »Diebe in der Nacht«, das zur Arbeitsunterlage der Kommission der Vereinten Nationen über Israel gehörte, sowie das schon erwähnte Buch »Sonnenfinsternis«, von dem Francois Mauriac gesagt hat, daß es stark zur Niederlage der Kommunisten in Frankreich beigetragen habe, damals, als die erste Nachkriegsverfassung beschlossen wurde. Bezeichnen Sie diese beiden Erfolge als die befriedigensten Höhepunkte Ihres bisherigen Lebens?

KOESTLER: Eigentlich ja, es sind die greifbarsten.

GAUS: Wenn Sie noch mehr nennen müßten, worauf halten Sie sich etwas zugute?

KOESTLER: Man müßte eine Liste seiner guten Taten anlegen. Aber damit würden die guten Taten aufhören, gute Taten zu sein. Aber so gelegentlich konnte man irgendwo in eine persönliche Krise eingreifen oder so was ähnliches in der Art tun.

GAUS: Der Wunsch, für die Öffentlichkeit, für die Politik gute Taten – wie Sie es genannt haben – zu tun, dieser Wunsch existiert nicht mehr?

KOESTLER: Doch, aber es gibt Zeiten, da man kann nicht mehr auf der gleichen Linie weitertun. Sehen Sie, vor zehn Jahren fühlte ich mich plötzlich vor die Wahl gestellt. Wenn man Politiker ist, kann und muß man immer das Gleiche wiederholen, also immer die gleiche Wahlrede mit Variationen halten. Und auch, wenn man politischer Journalist ist, hämmert man immer weiter an dem Gleichen rum. Wenn man aber Schriftsteller ist, darf man sich nicht wiederholen. Ich hatte das Gefühl, über dieses politische Thema alles, was ich je zu sagen hatte, gesagt zu haben. Der Rest wäre bloß Variation und Wiederholung gewesen, und da machte ich also radikal Schluß.

GAUS: Sie haben seither andere Bücher geschrieben, die, auf den ersten Blick jedenfalls, mit Politik gar nichts zu tun haben. Sie haben beispielsweise über die großen Astronomen geschrieben, und Sie haben ein Buch über die geistige Welt Indiens und Japans veröffentlicht. Wenn man genau hinschaut, ich jedenfalls hatte das Gefühl, könnte man selbst diese Bücher noch als politische Bücher bezeichnen, beispielsweise das über die Astronomie. Geht es Ihnen um die beklagenswerte Trennung von Glauben und Vernunft? Sie halten dies, wenn ich Sie recht verstanden haben, für den Kardinalfehler unserer Gegenwart?

KOESTLER: Und Vergangenheit.

GAUS: Und Vergangenheit, seit einer bestimmten Zeit jedenfalls.

KOESTLER: Kunst und Wissenschaft, Glaube und Vernunft ...

GAUS: Möchten Sie die Versöhnung dieser beiden herbeiführen? Und glauben Sie, daß aus einer Versöhnung von Glauben und Vernunft eine Rettung für die Welt kommen könnte – so, wie Sie sie einmal im Kommunismus gesehen haben?

KOESTLER: Versöhnung ist das falsche Wort. Das ist Kompromiß, Synthese. Es geht um die Synthese dessen, daß man gefühlsmäßig nicht an Dinge glaubt, die die Vernunft nicht schlucken kann und umgekehrt ... Aber wissen Sie, ich lachte vorhin, Sie sprachen über »Sonnenfinsternis«. Bevor mein Held Rubaschow zur Hinrichtung abgeführt wird, hat er eine Klopfkonversation mit seinem Nachbarn. Der Nachbar stellt ihm eine dumme Frage, bloß, um ihn über die letzten Minuten wegzuhelfen: »Wenn Sie jetzt plötzlich begnadigt würden, was würden Sie dann tun?« Rubaschow denkt eine Sekunde nach, und klopft dann zurück: »Astronomie studieren«. Und Sie sagten, das Buch über Astronomie sei so aufgegangen. Ja, das ist das Entscheidende, wenn Sie sagen, das hat mit Politik zu tun. Alles hat und nichts hat mit Politik zu tun. Diese Synthese ist verloren gegangen, die zwischen Glauben und Wissen. Das steht nun nicht im Buch über Astronomen, sondern in einer Geschichte des Weltbildes des Menschen im Wandel der Zeiten, von den Babyloniern bis heute.

GAUS: Mit Keppler im Mittelpunkt.

KOESTLER: Ja, er verkörpert das, was zu symbolisieren ist.

GAUS: Sind Sie ein Schriftsteller geworden, der nicht mehr für die Öffentlichkeit, jedenfalls nicht mehr für die Gegenwart schreiben will? Dem es gleich ist, vom Verkaufserfolg abgesehen?

KOESTLER: Das wäre eine falsche Demut, wissen Sie. Das wäre Arroganz der Demut. Nein, man muß schon sagen, man lebt von seinen Geschichten. Man ist verurteilt, anerkannt werden zu müssen. Aber in einem haben Sie recht: Ich wurde einmal in einem Interview gefragt, was die Ambition des Schriftstellers sein solle, und ich sagte, die Ambition soll sein, daß man hundert Leser heute gegen zehn Leser in zehn Jahren eintauscht und diese zehn Leser gegen einen Leser in hundert Jahren, und das glaube ich, ist so.

GAUS: Das ist Ihre Ambition?
KOESTLER: Ja.
GAUS: Was glauben Sie, was Sie diesem einen Leser in hundert Jahren mitgeben könnten?
KOESTLER: Wenn ich ihm irgendetwas mitgegeben hab, was immer das sei – dann war die Zeit nicht verloren.
GAUS: Was es sein könnte, mögen Sie selbst nicht beurteilen?
KOESTLER: Das weiß man nicht. Sie wissen doch aus der eigenen Erfahrung: Irgendwann hört man ein Phrase von einem ganz indifferenten Menschen, der etwas sagt, und das bleibt im Ohr haften. Zehn Jahre vergehen, und plötzlich erinnert man sich, eine hingeworfene Bemerkung.
GAUS: Herr Koestler, wir haben von Ihren Erfolgen gesprochen. Lassen Sie uns von Ihren Niederlagen sprechen. Was halten Sie für die größte Niederlage Ihres Lebens?
KOESTLER: Keine Ahnung, keine Ahnung.
GAUS: Sie könnten auf Anhieb gar keine Niederlage nennen?
KOESTLER: Oh ja, viele! Aber ich weiß nicht, welcher ich den ersten Rang geben soll.
GAUS: Dabei müßten wir wahrscheinlich definieren, was wir unter der größten verstehen sollen. Vielleicht sollte ich ein anderes Adjektiv wählen: Was halten Sie für die beschämendste Niederlage Ihres Lebens?
KOESTLER: Das ist eine Episode, die ich irgendwo beschrieben habe: Es ging um den Zweck, der die Mittel heiligt. Es ging nicht um Mord usw.
GAUS: Sprechen Sie von Ihrer Begegnung in Baku?
KOESTLER: Ja.
GAUS: Erzählen Sie bitte.
KOESTLER: Ach wo. Steht da.
GAUS: Erzählen Sie es.
KOESTLER: Nein.
GAUS: Sie haben seinerzeit, bei Ihrer Reise in die Sowjetunion, ein junges Mädchen, das Sie kennen gelernt haben, aus Pflichtgefühl gegenüber der Partei bei der GPU … nun, nicht denunziert vielleicht, aber Sie haben einem Bekannten, den Sie bei der GPU in Baku hatten, von Ihren Zweifeln an diesem Mädchen erzählt.

KOESTLER: Das stimmt im großen und ganzen, etwas vereinfacht, ja.

GAUS: Und dieses, würden Sie sagen, ist das Beschämendste?

KOESTLER: Doch, ja.

GAUS: Kann es sein, daß Sie Ihre Niederlagen immer dann einzustecken hatten, wenn es um den direkten Umgang mit Menschen gegangen ist? Sie waren zwei Mal verheiratet, das ist beide Male nicht gut gegangen.

KOESTLER: Ja, na gut, aber das ist eine Generalisierung von Ihnen. Denn ich sagte schon vorher, daß das Grundübel die Philosophie des Zwecks ist, der die Mittel heiligt. Und wenn wir von Mittel und Zweck sprechen, geht es doch immer um Individuen.

GAUS: Nun gut. Vielleicht ist es Ihnen also nicht gelungen, außer im Intellektuellen, den Wandel zu vollziehen – vom Zweck, der die Mittel heiligt, in eine Praxis, in welcher der Zweck nicht die Mittel heiligt?

KOESTLER: Das ist jetzt doch ein bisschen vulgärpsychologisch.

GAUS: Sicherlich ist es das. Aber wenn Sie so freundlich sein wollen: Sagen Sie dennoch, ob das vielleicht so sein kann.

KOESTLER: Nein, ich glaube nicht.

GAUS: Sie glauben es nicht. Was ist dann das Beschämende an dem Vorfall in Baku?

KOESTLER: Ich glaube, wir haben es definiert. Daß man einem Prinzip zuliebe jemanden gefährdete.

GAUS: Gut. Sie haben, nachdem Sie Ihren inneren Bruch mit dem Kommunismus ...

KOESTLER: ... daß man jemanden, der einem nahe stand, gefährdete.

GAUS: Ist das die Voraussetzung, damit es beschämend ist? Jemanden, der einem nicht nahe steht, kann man ohne Scham gefährden?

KOESTLER: Nun ja, wissen Sie, das Anonyme ... Also, wenn es Krieg gibt, ist Krieg. Das ist anonym, nicht? Wenn man daran glaubt, daß man das Land verteidigen muß, eine Idee verteidigen muß ...

GAUS: Und Sie fühlten sich als Kommunist eigentlich ständig im Krieg.

KOESTLER: Ja, natürlich. Es gibt auch den Leninschen Spruch: »Wir sind alles Tote auf Urlaub«.

GAUS: Herr Koestler, auf dem Weg zu einem neuen politischen Konzept, nach der Abkehr vom Kommunismus, haben Sie einmal geschrieben, wenn ich das zitieren darf: »Von Lenins zu Gandhis Weg« – also zu dem Weg der Gewaltlosigkeit – »hinüberzuwechseln, war zwar sehr verführerisch, aber es bedeutete lediglich, von einem Extrem ins andere zu fallen.« Dieses ist also eine Absage an ein anderes extremes politisches Konzept.

KOESTLER: Vom Kommissar zum Yogi, ja, das wäre das andere Extrem. Es ist schädlich durch seine Unterlassungssünden. Schauen Sie sich Indien heute an: 350.000 Menschen schlafen in den Straßen von Bombay. Diese Indifferenz im Gandhiismus gegenüber dem Sozialpolitischen! Ich sagte Ihnen ja: Was man sucht, ist die Synthese zwischen dem Yogi und dem Kommissar; es geht nicht darum, von dem einen zum anderen hinüberzupendeln.

GAUS: Könnten Sie, auf eine vulgäre Weise, diese Suche vom Philosophischen ins Politisch-Konkrete transponieren? Könnten Sie mir sagen, wie ein sehr schlichtes politisches Konzept nach Ihrer Vorstellung aussehen müßte, um weder das Extrem Lenin, noch das Extrem Gandhi zu berühren?

KOESTLER: Es gibt keine abstrakten politischen Konzepte, die sowohl auf Indien als auch auf Japan oder auch auf England anwendbar sind.

GAUS: Würden Sie sagen, daß es für Europa eines geben könnte?

KOESTLER: Auch das nicht. Die parlamentarische Demokratie zum Beispiel, das Parteiensystem, hat in England schlecht und recht Jahrhunderte lang funktioniert, hat aber in Frankreich und in Deutschland eigentlich nie funktioniert. Also nicht einmal da kann man diese Schnittmuster exportieren, nach Indien schon gar nicht. Wenn man Parteiendemokratie also in die neuen Nationen hineinentwickelt, kommt eine Komödie heraus. Die ökologischen Bedingungen, die psychologischen Bedingungen ändern sich von Land zu Land. Und so, wie ein Doktor nicht ein allgemeines Rezept verschreibt, sondern den Patienten als Ganzes und Unverwechselbares und auch nicht nur dessen Leber anschaut ...

GAUS: Ein Arzt sollte das jedenfalls nicht tun.

KOESTLER: Sollte es nicht tun, ja. So muß man das Beispiel übertragen. Nehmen Sie ein anderes einfaches Beispiel: Die Lebensmittelrationierung funktioniert in England. Im Kriege in Frankreich funktionierte sie nie, denn die Franzosen waren Individualisten, und da spielte auch der katholische Glaube hinein: Es macht nichts, wenn man ein bißchen schwindelt, das ist keine Sünde. Im puritanischen England war es eine Sünde. Also: Nicht einmal die Verteilung der Lebensmittel kann man nach Schablone organisieren. Da muß man wieder nach einer Synthese suchen zwischen Massenpsychologie, Soziologie, Anthropologie sowie politischem und ökonomischem Denken. Das alles, das Verständnis, steckt noch in den Kinderschuhen. Dieser Glaube an alleinseligmachende Formeln spukt überall noch herum.

GAUS: Das, würden Sie meinen, könnte eine Quintessenz Ihres bisherigen Lebens sein? Die Erkenntnis, daß es die allgemein gültige, überall auf der Welt gültige Formel für das Zusammenleben der Menschen nicht gibt?

KOESTLER: Quintessenz ist etwas Positives. Aber was Sie sagen, ist eine negative, bescheidene, ja, offensichtlich negative Erkenntnis.

GAUS: Erlauben Sie mir eine letzte Frage, Herr Koestler. Welche Menschen haben Sie in Ihrem Leben am tiefsten beeindruckt?

KOESTLER: Das ist wieder eine Frage des Alters, und ich möchte keine Namen nennen, nicht die einen Freunde nennen und andere weglassen. Wessen Schriften mich als Schriftsteller beeindruckt haben, das können Sie fragen. Alexander Döblin zum Beispiel.

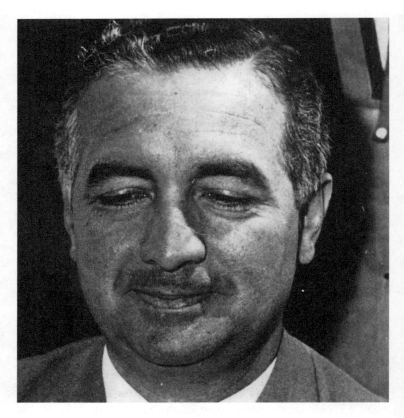

Heute sagt man: »Der Mende hat Brillantine im Haar.« Das meinen die Kabarettisten. Ich ärgere mich nicht, ich staune nur über die Unkenntnis, denn ich habe noch nie diesen Stoff benutzt, aber ich gehe jeden Morgen unter die Dusche. Wer sein Haar jeden Morgen naß macht, bei dem liegt es auch. Das mag im Winter nicht immer angenehm sein. Der Arzt ist auch manchmal dagegen, daß man sich im Winter ohne Kopfbedeckung mit nassem Haar ins Freie begibt bei zehn oder zwanzig Grad Frost. Ich versuche jedenfalls, die Boshaftigkeiten zu ertragen. Wer sich in die Politik begibt, ja, wer sich irgendwo in die Spitze begibt, auch beim Sport, in der Kunst, in der Literatur, der muß damit rechnen, daß er Zielscheibe gerechter und auch ungerechter Angriffe ist. Das muß man hinnehmen.

ERICH MENDE:
Mein Lebensbuch kann ich überall aufschlagen

Erich Mende, geboren am 28. Oktober 1916 in Groß-Strehlitz (Oberschlesien), gestorben am 6. Mai 1998 in Bonn.
Laufbahn als aktiver Offizier im Zweiten Weltkrieg (Polen, Frankreichfeldzug, Ostfront; bei Kriegsende Major, Auszeichnung mit dem Ritterkreuz des Eisernen Kreuzes). Von 1945 bis 1949 Studium der Rechtswissenschaften und der Politischen Wissenschaften in Köln, Promotion zum Dr. jur. Dozent. 1945 Mitglied der FDP. Mitglied des Landesvorstandes der FDP Nordrhein-Westfalen und ab Juni 1949 Bundesvorstandsmitglied der FDP.
Von 1949 ab wurde er für die FDP immer wieder in den Bundestag gewählt. Er war in der 1. Legislaturperiode Parlamentarischer Geschäftsführer und in der 2. stellvertretender Fraktionsvorsitzender. Ab 1957 Fraktionsvorsitzender. Ende Januar 1960 wurde er an Stelle Reinhold Maiers neuer Bundesvorsitzender der FDP. Unter seiner Führung erreichte die FDP 1961 den größten Bundestagswahl-Erfolg, 12,8 Prozent statt 7,7 Prozent der Stimmen 1957 (die CDU verlor damals die absolute Mehrheit).
Nach dem Rücktritt Adenauers 1963 übernahm er im Kabinett Ludwig Erhards neben der Vizekanzlerschaft das Ressort für Gesamtdeutsche Fragen. Sein überraschender Abgang ins Investmentgeschäft 1967 führte zu seinem Rücktritt als FDP-Vorsitzender. Auf Grund geschäftlichen Mißerfolgs arbeitete er bis 1980 als Wirtschaftsjurist. Als Gegner des sozialliberalen Kurses trat er 1970 aus der FDP aus und der CDU bei. Ende 1980 schied er aus dem Bundestag aus.
Das Gespräch wurde gesendet am 24. Juni 1964.

GAUS: Herr Dr. Mende, Sie sind seit über vier Jahren Bundesvorsitzender der Freien Demokratischen Partei und seit Oktober vorigen Jahres auch Vizekanzler und Minister der Bundesregierung. Welches dieser Ämter könnten Sie am ehesten missen?

MENDE: Es ist sehr schwer, sich sofort zu entscheiden. Das Amt eines Parteivorsitzenden einer liberalen Partei ist sehr schwierig. Das haben meine Vorgänger schon feststellen müssen. Es ist oft ein undankbares Amt. Eine liberale Partei macht es sich oft schwer, auch anderen und insbesondere ihrem Vorsitzenden. Ich hätte mir manchmal gewünscht, diese Last nicht zu haben. Auf der anderen Seite aber fühlt man die Verantwortung und muß also das Amt durchstehen, selbst wenn es nicht angenehm zu sein scheint. Das Ministerium, für das ich die Verantwortung trage, macht mir sehr viel Freude. Man kann gestalten, man kann in menschliche Schicksale positiv eingreifen, Menschen helfen. Ich glaube, das erfüllt mich sehr. Ich möchte im Augenblick beides nicht missen.

GAUS: Kann man aus dieser Antwort bis zu einem gewissen Grade schließen, daß die oft gehörten Behauptungen, Sie sähen die Erfüllung Ihres politischen Lebens in einem Ministeramt, nicht ganz unrichtig sind?

MENDE: Ich glaube, ein Ministeramt, überhaupt ein Staatsamt, gibt einem viel mehr die Möglichkeit, zu gestalten, als ein reines Parteiamt. Insofern strebt jeder Politiker nach Verantwortung. Ob als Oberbürgermeister, ob als Landrat, ob als Landesminister oder Bundesminister, wo auch immer man unmittelbar Verantwortung tragen kann. Als Inhaber eines öffentlichen Amtes kann man mehr leisten als dort, wo man nur mittelbar eingreifen kann.

GAUS: Herr Dr. Mende, der erste Beruf, den Sie hatten, war der des Offiziers. Sie sind 1936 eingerückt in das Infanterieregiment 84 in Gleiwitz. Was hat Sie damals bewogen, Berufsoffizier zu werden?

MENDE: Es lag an der Zeit. Die Wehrmacht wurde aufgebaut. Hinzu kam, daß mein älterer Bruder aktiver Offizier war. Er ist 1932 in die Reichswehr eingetreten. Hinzu kam auch eine gewisse, aus dem Grenzland Oberschlesien wahrscheinlich entstandene patriotische Komponente. Ich glaube, es kamen viele Faktoren zusammen, die mich veranlaßten, die Offizierslaufbahn einzuschlagen.

GAUS: Sie sind 1916 in Groß-Strehlitz in Oberschlesien geboren und gehören also zu jener Generation, deren Jugendjahre mit dem Beginn des NS-Regimes zusammenfielen. Wie haben Sie seinerzeit als junger Offizier vor dem Krieg über den Nationalsozialismus gedacht?

MENDE: Man ist als Offizier mit der Partei kaum in Berührung gekommen. Ich stand in Gleiwitz in einem aktiven Regiment. Das Offizierskorps war sehr geschlossen. Wir hatten noch Weltkriegsoffiziere als Vorgesetzte, also Ältere, die sehr konservativ eingestellt waren. Wir Leutnante und Oberleutnante haben so viel mit dem Dienst zu tun gehabt, daß wir in politische Fragen, geschweige denn in parteipolitische, überhaupt nicht eintreten konnten und nach Meinung unserer Vorgesetzten auch nicht eintreten sollten, denn die Wehrmacht stand ja außerhalb des unmittelbaren politischen Lebens. Wir durften beispielsweise als aktive Soldaten nicht Mitglieder der Partei oder einer Partei sein und uns auch sonst nicht aktiv politisch betätigen. Insofern standen wir im Kasino oder auch in der Garnison schlechthin in einer gewissen Distanz zum politischen Leben. Das hinderte uns natürlich nicht, uns mit den Dingen zu befassen und uns ein Urteil zu bilden. Aber es war mehr geprägt worden ...

GAUS: Wie lautete das Urteil des jungen Offiziers Mende?

MENDE: Es war in den 30er Jahren positiv über den Staat, über das, was geschah, über die Beseitigung der Arbeitslosigkeit, über mehr Ordnung und weniger Kriminalität. Ich hatte nach meinem Abitur 1936 und dann als Soldat keinen Anlaß, negativ zu urteilen über das, was sich uns optisch politisch darbot. Im Gegenteil, manche Dinge haben mich sehr beeindruckt; insbesondere das Ordnungsbild des damaligen Staates.

GAUS: Wann begannen erste Zweifel an diesem Ordnungsbild?

MENDE: Erste Zweifel begannen Ende des Jahres 1941 bei den ersten Rückschlägen im Mittelabschnitt der Ostfront kurz vor Moskau. Aber davor hatte es schon gewisse Nachrichten gegeben – nach dem Polenfeldzug, auch nach dem Frankreichfeldzug – über Säuberungen in den rückwärtigen Gebieten, die zum Teil zu Protesten der Generalität, aber auch zu sehr harten Urteilen bei den Gesprächen unter Offizieren geführt hatten.

GAUS: Sie hatten also von Liquidierungen, von Vernichtungslagern hinter der Front gehört?

MENDE: Erstmalig habe ich im Lazarett in Dresden 1942 von gewissen Ausrottungsmaßnahmen gehört, von Erschießungen hinter der Front. Im Lazarett erfuhr man manches, was man unmittelbar als Infanterist an der Front nicht erfahren konnte. Von einer systematischen Ausrottung etwa in Auschwitz haben wir damals aber nicht nur nichts gewußt, sondern auch nicht einmal etwas gehört.

GAUS: Was war die Einstellung des hochdekorierten Frontoffiziers Mende, der 1945 als Major im Osten noch mit dem Ritterkreuz ausgezeichnet wurde, zu solchen Vorgängen?

MENDE: Absolute Ablehnung. Ich erinnere mich, daß wir 1941 48 Stunden vor dem Angriff auf die Sowjetunion alle zum Divisionskommandeur befohlen wurden, die Offiziere der ganzen Division. Da sagte der Divisionskommandeur, daß er einen sogenannten Kommissarbefehl habe, wonach Kommissare erschossen werden sollten. Er sagte, dieser Befehl existiere für die 8. oberschlesische Division nicht, wir seien eine Division von Soldaten und nicht von Henkern. Er wünsche, daß von diesem Befehl in seiner Division keine Kenntnis genommen wird. Das war etwa der Geist einer aktiven schlesischen Division, die zum Teil auch aus sehr gläubigen Katholiken und Protestanten bestand. Oberschlesien ist ja bekannt als ein sehr religiös geprägtes Land.

GAUS: Noch eine Frage, Herr Minister. Es ist sehr menschlich, daß der Einzelne, der Durchschnittliche, sagt, er könne gegen die Gewalt nichts ausrichten, also ducke er sich lieber, mache sich klein, passe sich an. Sind Sie also der Meinung, daß man in solchen Situationen fünf gerade sein lassen muß, weil man vom gewöhnlichen Menschen nicht mehr erwarten kann, oder gibt es eine Pflicht zum Widerstand?

MENDE: Selbstverständlich gibt es eine Pflicht zum Widerstand dort, wo sich das Sophokles-Thema stellt. Man muß Gott mehr gehorchen als den Menschen, und wir hatten sogar nach dem alten Militärstrafrecht die Pflicht zum Widerstand. Wo ein Befehl gegeben wurde, der nachweislich kriminellen Charakter hatte, mußte sogar der Offizier dem Befehl widersprechen. Das war altes Militärstrafrecht, das weiterhin galt und von dem Gebrauch gemacht worden ist. Ich erinnere mich vieler Dinge, bei denen wir in meiner Division gegen gewisse Anordnungen handelten, und ich anerkenne nicht nur das Recht, sondern die Pflicht zum Widerstand. Allerdings gibt es die Grenze dort, wo man weiß, daß man mit dem Widerstand auch möglicherweise seinen Kopf verwirkt. Nicht jeder hat das Zeug zum Thomas Morus, zum Helden und Märtyrer und Heiligen in sich. In den Kreisen der Offiziere, auch der Unteroffiziere ist manchmal sehr hart über manchen Befehl, über manches Ereignis diskutiert worden. Es sind schärfste Worte gefallen, die gottlob ganz vorne bei der Infanterie nicht lebensgefährlich waren, weil sich dort weder die Staatspolizei noch der Sicherheitsdienst hintraute. Ich erinnere mich an Gespräche mit dem Major Höppner beispielsweise, der in unserer Division I b war, dem Sohn des später hingerichteten Generaloberst Höppner, und mit Herrn von Witzleben; ich erinnere mich an Gespräche mit Generalmajor Treskow, der sehr befreundet mit meinem Divisionskommandeur von Bergen war. Da ist sehr hart über gewisse Fehlentwicklungen, ja über den verlorenen Krieg gesprochen worden. Nur kann sich Erkenntnis leider nicht immer umsetzen in entsprechende Aktion.

GAUS: Könnte es sein, daß aus einer ganz verständlichen Abwehrreaktion heraus Ihre Generation ihren etwaigen Teil an Mitschuld zu verringern versucht, indem sie ganz betont Distanz legt zwischen die NS-Organisationen und die Fronttruppe, die Wehrmacht, die nichts mit all dem zu schaffen hatte? Und wenn die Wehrmacht allenfalls am Rande doch einmal damit zu schaffen hatte, so stellte sie sich auf die Hinterbeine, aber gab sich im Großen und Ganzen zufrieden, daß andere die schmutzigen Geschäfte erledigten?

MENDE: Ich möchte nicht sagen, daß wir Distanz legten, sondern daß wir Distanz hatten durch die besondere Lage der Front. Der Frontoffizier und -unteroffizier ist so sehr mit sich, mit seinem Leben, mit dem Leben seiner Kameraden befaßt, mit dem Überleben, daß er für andere Dinge weder Zeit noch Kraft hat. Insofern sind alle, die an der Front standen, schon in einer Distanz gewesen zu dem, was hinten geschah. Oft erfuhr man es auch nur auf Umwegen. Die im Ersten Weltkrieg geborene Kriegsgeneration, die im 2. Weltkrieg die höchsten Opfer an Gut und Mut bringen mußte, hatte wohl keine gewollte Distanz. Zudem möchte ich darauf hinweisen, daß diejenigen, die in den dreißiger Jahren vierzehn bis siebzehn Jahre alt waren – ich war sechzehn Jahre und drei Monate alt, als Hitler zur Macht kam –, wesentlich weniger Verantwortung trugen, von Schuld will ich gar nicht reden, als jene, die dem Ermächtigungsgesetz zugestimmt haben und also die Verantwortung trugen.

GAUS: Das steht außer Zweifel.

MENDE: Es ist also keine Distanz, die wir legten. Es ist eine Distanz, die uns die Geschichte gottlob gestattet hat, weil wir gar nicht in der Lage waren, damals die politischen Dinge zu begreifen, geschweige denn zu ändern.

GAUS: Das Elternhaus, Herr Dr. Mende, in dem Sie aufwuchsen – Ihr Vater war Volksschullehrer –, war von zwei Wesenszügen bestimmt: Es war ein Haus katholischen Glaubens, und es war ein Haus mit einer stark ausgeprägten nationalen Gesinnung. Welcher dieser Einflüsse ist für den jungen Mende entscheidender gewesen?

MENDE: Ich möchte mehr den nationalen Einfluß als entscheidend ansehen. Als Grenzlanddeutscher erlebt man ja mehr. Als ich fünf Jahre alt war, wurde gerade um den Annaberg gekämpft. Ich erlebte so in den ersten Kindheitserinnerungen den Kampf um meine Heimatstadt Groß-Strehlitz, um Annaberg. Mein Vater war mit dabei, meine Mutter mußte mit den drei Kindern fliehen quer durch die Linien. Kurz nach der Flucht wurde das vierte Kind geboren. Diese Erinnerungen prägen einen sehr. Der Grenzlanddeutsche hat einen gewissen organischen Patriotismus. Daß selbstverständlich auch noch kirchliche und humanitäre Erziehung einen innerlich prägen, versteht sich von selbst.

GAUS: War Ihr Vater politisch engagiert?

MENDE: Mein Vater gehörte der Zentrumspartei an und nahm am kommunalen Leben meiner Heimatstadt einen sehr regen Anteil.

GAUS: Sie sind in einer Kleinstadt groß geworden, wo die Zeitströmungen vielleicht weniger hohe Wellen schlugen als anderswo. Aber immerhin war die Zeit, in der Sie heranwuchsen, die letzte Zeit der Weimarer Republik und die ersten Jahre unter dem Nationalsozialismus, bewegt genug. Erinnern Sie sich an politische Diskussionen, an denen Sie etwa als Schüler teilgenommen haben? Gab es ein politisches Interesse?

MENDE: Ich kann mich nicht erinnern, daß wir an unserem humanistischen Gymnasium politische Diskussionen hatten. Es gab die Jugendbewegungen Neudeutschland, Quickborn – dem gehörte ich selbst an –, es gab einen NS-Schülerbund, es gab jüdische Mitschüler; wir haben uns so gut vertragen, daß es Krach nicht gab. In meiner Heimatstadt Groß-Strehlitz ist die Synagoge auch nicht zerstört worden. Man kannte sich in einer Kreisstadt so gut – der Apotheker, der Arzt, der Pfarrer, der Kaufmann, der Lehrer –, daß man sich nichts tat. Es herrschte auch eine gewisse Toleranz zwischen Katholiken, Protestanten und Juden. Die politischen Wogen schlugen also bis '33 nicht hoch, und nach '33 spielte sich das Leben auch mehr im äußeren Rahmen gelegentlicher Aufmärsche und Kundgebungen ab. Ich kann mich an politische Prozesse und Auseinandersetzungen auch nach '33 in der Stadt Groß-Strehlitz nicht erinnern.

GAUS: Sie haben einmal von sich gesagt, Herr Dr. Mende, mit »roten Gedanken«, gleich welcher Schattierung, hätten Sie sich innerlich niemals auseinandersetzen müssen. Bei einem Politiker Ihres Alters zeugt diese absolute Gefeitheit gegen die geistige Versuchung sozialistischer Utopien von einer bemerkenswert festgefügten, sehr bürgerlichen Gesinnung. Wie erklären Sie sich selbst diese Widerstandskraft gegenüber geistigen Versuchungen, denen viele Ihrer Generation erlegen sind?

MENDE: Die Erklärung liegt im Elternhaus, aber auch bei den Großeltern. Mein Vater und meine Mutter kamen von einem Bauernhof, meine Mutter war im Pensionat der Ursulinerinnen in Breslau. Auch die Umgebung spielte eine Rolle. In meiner Heimatstadt gab es nur eine ganz kleine sozialdemokratische Gruppe, geradezu eine Diaspora. Die stärkste Partei war die Zentrumspartei, dann kam die Deutsch-Nationale Partei. Ich glaube auch, daß die humanistische Erziehung in einem mehrere Jahrhunderte alten Gymnasium uns auf eine Linie gebracht hat, daß wir mehr der Eigenverantwortlichkeit, dem Persönlichkeitssinn zuneigten, als dem Kollektivismus, dem Massendenken, der Vereinheitlichung, dem Schema. Ein gewisser Individualismus ist ja das Kennzeichen humanitärer Erziehung und auch humanitärer Gesinnung.

GAUS: Diese Auffassung deckt sich vermutlich mit der Auffassung eines großen Teils der deutschen Wähler. Halten Sie es für möglich, Herr Minister, daß ein Teil Ihrer politischen Erfolge auf den folgenden Eindruck unter den Wählern zurückzuführen ist: Der Mende, das ist ein Mann ganz unserer Art, mit denselben Urteilen, denselben Gefühlen, vielleicht auch denselben Vorurteilen, die wir haben, er hat es nur weiter gebracht.

MENDE: Ich möchte das nicht glauben, denn schließlich hat doch der politische Liberalismus in Deutschland eine Geschichte. Theodor Heuss hat ihn doch weitgehend geprägt. Wir saßen im ersten Kabinett Adenauer mit drei Ministern, dann im zweiten mit vier Ministern. Ich meine, die Person Theodor Heuss' als Staatsoberhaupt hat doch dafür gesorgt, daß man sich ein Urteil über den Liberalismus nicht nur von Mende zu prägen brauchte, sondern von der Sache her. Natürlich spielt dann auch die Persönlichkeit eine Rolle, die diese Partei am 17. September 1961 herausstellte im Rahmen der Personalisierung der Wahl, die wir vielleicht beklagen können, die aber ein Zeichen unserer Zeit ist.

GAUS: Und glauben Sie – wenn wir jetzt nur einmal jenen Erfolgsanteil betrachten, der auf das persönliche Konto geht –, daß möglicherweise dieser persönliche Erfolg darauf zurückzuführen ist, daß viele Ihrer Vorstellungen den Vorstellungen des repräsentativen Meinungsquerschnitts entsprechen?

MENDE: Ich habe immerhin fast 15 Jahre parlamentarischer Praxis. Viele meiner Generationskameraden aus Krieg und Gefangenschaft, aus der Nachkriegszeit mit dem Neuaufbau einer Existenz, haben mich erlebt, wie ich mich im ersten Bundestag besonders um die Heimkehrer bemühte, um die Kriegsverurteilten, um die Kriegsgefangenen, um die Kriegsopfergesetzgebung. Ich könnte mir denken, daß viele aus meinen Jahrgängen um meine politische Tätigkeit in den ersten Jahren wissen, in denen es noch viel schwerer war, für Soldaten, Kriegsopfer, Witwen und Waisen einzutreten. Vieles, was heute selbstverständlich ist, war damals keineswegs selbstverständlich, die Einstellung zum Soldaten, zum Schwerkriegsbeschädigten, zu Kriegsverurteilten: Vieles wurde doch damals zum Teil noch sehr einseitig und sehr ungerecht gesehen.

GAUS: Herr Dr. Mende, ohne Ihre Verdienste in dieser Sache schmälern zu wollen, muß ich doch eine Frage stellen. Ist es nicht eher umgekehrt? Selbst wenn seinerzeit die veröffentlichte Meinung in diesen Fragen noch etwas heikel reagierte, war nicht die öffentliche Meinung, die Meinung des Mannes auf der Straße, in allen solchen Fällen immer auf Ihrer Seite? Haben Sie nicht einen Instinkt dafür, Herr Dr. Mende, sich Ansichten zuzuwenden, von denen Sie annehmen können, daß sie von einem großen Teil der Bevölkerung geteilt werden?

MENDE: Der Politiker sucht Themen, die aus seiner Verantwortung verstanden werden müssen. Erst in zweiter Linie denkt er selbstverständlich auch an die Wahlen. Ich glaube, daß damals viele Menschen, selbst wenn sie anders dachten, aus den allgemeinen Zuständen heraus nicht den Mut hatten, dieses andere Denken zu zeigen, denn wir standen ja unter Besatzungsstatut. Die Übereinstimmung ergab sich erst später aus der Erkenntnis der Leistungen der Partei, des Mannes. Natürlich kam man vielleicht dieser oder jener späteren Grundströmung schon früher etwas näher: beispielsweise der nationalen oder patriotischen Grundstimmung in unserem Volk.

GAUS: Sie haben nach dem Kriege begonnen, an der Universität Köln Jura zu studieren, haben das Referendarexamen abgelegt, haben promoviert und haben zu dieser Zeit, genau Anfang 1946, auch Ihre politische Laufbahn begonnen als Landesgeschäftsführer der Freien Demokraten in Nordrhein-Westfalen. Wie kam es, daß Sie in dieser Zeit, in der die Neigung nicht sehr groß war, sich politisch zu engagieren, ein politisches Engagement eingegangen sind? So bald nach dem Krieg?

MENDE: Wir hatten im Kriegsgefangenenlager doch alle Zeit nachzudenken, und das haben wir auch getan. Und wir haben uns natürlich gefragt, wie es weitergehen soll, und viele von uns hatten den Eindruck, man müsse sich einschalten. Durch einen Zufall kam ich zur unmittelbaren, aktiven Betätigung. Ein Kompaniechef, der mir unterstellt war im Krieg, der aber jetzt nach dem Krieg Oberkreisdirektor eines Kreises im Rheinland war, erfuhr, daß ein Verleger einen tüchtigen Organisator suchte für den Aufbau eines Landesverbandes, und zwar der Demokratischen Partei. Das war Dr. Middelhauve. Er empfahl mich, seinen Regimentskommandeur. So kam ich ins Organisationsgeschäft. Ich gestehe aber, daß ich mich schon im Gefangenenlager mit den Reden verschiedener

Politiker befaßte. Man hörte und las die Reden Adenauers, man hörte was von Kurt Schumacher, dem einarmigen, sehr spontan reagierenden Demosthenes, dem großen Redner. Man hörte von Theodor Heuss. Die Beschäftigung mit diesen Dingen hat mich dann in Verbindung zu Theodor Heuss und anderen gebracht. So kam ich dann, mehr zufällig als gesucht, auch zur politisch-organisatorischen Tätigkeit für die Freie Demokratische Partei.

GAUS: Erklären Sie mir bitte etwas genauer, warum es gerade die Freie Demokratische Partei war, die Sie angezogen hat?

MENDE: Beim ersten Programm, das mir in die Hand fiel, war etwas Bemerkenswertes festzustellen. Es hieß hier, daß die Freie Demokratische Partei für das Wiedererstehen eines deutschen Reiches eintritt, also für einen dezentralisierten Einheitsstaat, der den Ländern nur gewisse Rechte geben wollte, daß außerdem ein gewisses nationales Element von dieser Partei gepflegt werden würde, Selbstverantwortung, Persönlichkeitsbewußtsein, das Nationale, der Reichsgedanke. Aber auch das Eintreten für die Soldaten durch die Freien Demokraten hat mich beeindruckt.

GAUS: Könnten Sie Ihre Vorstellung vom Nationalen etwas genauer definieren? Was ist das, was Sie vorhin den gesunden Patriotismus genannt haben?

MENDE: Nach 1945 glaubte man bei uns, daß Dinge wie Volk, Vaterland, Nation auf einen supranationalen Müllhaufen gehörten. Wie oft in der Geschichte fiel man wieder von einem Extrem in das andere. Ich bin der Meinung, daß jeder Mensch in seiner Familie, in seiner Gemeinschaft gewissermaßen seinen Anfang fand, und daß er sich nicht loslösen kann von den Bindungen der Familie, von den Bindungen der Gemeinschaft, der er durch Sprache, Kultur, Landschaft und Geschichte verbunden ist. Das nenne ich Vaterland. Auch Europa wird nur – da bin ich der Meinung des Staatspräsidenten de Gaulle – in einer Zusammenfassung der Vaterländer entstehen können, nicht in einer politischen, geistigen und kulturellen Gleichschaltung. Ich glaube, daß das Bekenntnis zur eigenen Familie, das Bekenntnis zur eigenen Kulturlandschaft und zur Gemeinschaft des Volkes, in die man nun durch den Schöpfer gestellt ist, die Voraussetzung ist für eine gewisse Selbstachtung, aber auch für die Achtung anderer. Nur in der

Wechselwirkung von Selbstachtung und Achtung durch a[n]
kann eine gute Gemeinschaft gleichberechtigter Völker und
ten entstehen.

GAUS: Herr Dr. Mende, Sie begannen Ihre politische Laufbahn also als Landesgeschäftsführer. In Ihrer Partei besonders, in der FDP, die sich immer als Honoratiorenpartei verstanden hat, und auch in den bürgerlichen Kreisen, denen Sie verbunden sind, galt die bezahlte politische Funktionärsarbeit stets als suspekt. Ich würde gern wissen, ob Sie aus diesen Gründen gelegentlich selbst innere Zweifel hegten, ob Sie wohl auf dem richtigen Wege seien, ob Sie nicht manchmal das Gefühl hatten, es sei doch ein bißchen unbürgerlich, was Sie da machen?

MENDE: Das ist ein überholter Standpunkt. Das Ministergehalt, das Gehalt eines Gewerkschaftsvorsitzenden, ja, das Gehalt eines Lehrers, sie alle sind für öffentliche Arbeit gezahltes Salär. Warum soll in einer modernen Zeit nicht jemand, der sich hauptamtlich einer politischen Partei verbunden fühlt, mit der gleichen Selbstverständlichkeit sein Salär erhalten? Die modernen Parteien sind nicht mehr vergleichbar mit den Honoratiorenparteien des vorigen Jahrhunderts, das läßt der moderne Staat gar nicht zu. Es ist heute das Selbstverständlichste von der Welt. Vielleicht war ich in dieser Einstellung manchen anderen um einige Jahre voraus.

GAUS: Ich akzeptiere völlig Ihre Behauptung über die Notwendigkeit, politische Funktionäre zu haben und zu besolden, aber meine Frage ging dahin, wie Sie selbst darüber dachten. Sie haben also daraus nie innere Zweifel bezogen?

MENDE: Zumal dann nicht, wenn etwa jene mir einen Vorwurf machten, von denen ich wußte, daß ihre politische Betätigung sehr stark mit Interessen ihres Berufsstandes oder gar ihres eigenen Geschäftes verbunden war. Ich habe mal ein Buch schreiben wollen – ich kam nur bis zu den Anfängen – als Antwort auf Max Webers Buch »Politik als Beruf«. Da wollte ich aus den Erfahrungen der ersten zehn Jahre Bundestag schreiben »Politik als Geschäft«. Es zeigt sich nämlich, daß viele Leute, die behaupten, sie seien uneigennützig, bei Gesetzgebung und Verwaltung oft sehr stark ihre Interessen vertreten, selbst in den Ausschüssen, viel mehr als mancher Berufspolitiker.

GAUS: Herr Dr. Mende, es gibt vielleicht keinen zweiten Politiker in der Bundesrepublik, über den soviel boshafte Geschichten und Meinungen umlaufen wie über Sie. Es heißt, Sie seien übergebührlich ehrgeizig, Sie seien eitel, Sie ließen sich Dauerwellen machen. Es heißt, Sie hätten eine besonders ehrgeizige Frau. Haben Sie sich von solchen boshaften Bemerkungen – mindestens am Anfang Ihrer politischen Laufbahn – gekränkt gefühlt, oder tun Sie es immer noch? Verletzt Sie so etwas?

MENDE: Ja, es verletzt mich etwas dann, wenn ich den Vorwurf als absolut ungerecht empfinde. Kritik an eigenen Fehlern, nun, die nimmt man zum Anlaß, um sich zu bessern. Aber wenn man das Gefühl hat, das, was einem vorgeworfen wird, ist also absolut unwahr, dann fängt man an, sich zu ärgern. Aber ich bemühe mich nach dem Rat Konrad Adenauers, die Dinge nicht so ernst zu nehmen. Ich will Ihnen aber ein Beispiel sagen, wie man sich ärgern kann, weil man ungerecht behandelt wird. Als Untertertianer hatte ich das gleiche Haar, das ich heute auch habe ...

GAUS: ... auch so grau?

MENDE: Nein, so grau noch nicht ... Da kam der Studienrat, der Mathematik unterrichtete und sagte: »Bürschlein, Bürschlein, du brennst dir die Haare.« Er hat mich schlecht behandelt. Vielleicht auch, weil er selbst einen Kahlkopf hatte. Vier Jahre später machte er mit uns einen Ausflug. Er sah mich zwei-, dreimal im Wasser und wieder aus dem Wasser heraus. Am späten Nachmittag sagte er: »Ich habe Ihnen Unrecht getan.« Inzwischen war ich Obersekundaner geworden. »Sie brennen sich nicht die Haare, Sie haben Naturlocken.« Von dieser Zeit an hat er mich bevorzugt, weil er offensichtlich das Gefühl hatte, daß er mich falsch behandelt hatte.

Heute sagt man: »Der Mende hat Brillantine im Haar.« Das meinen die Kabarettisten. Ich ärgere mich nicht, ich staune nur über die Unkenntnis, denn ich habe noch nie diesen Stoff benutzt, aber ich gehe jeden Morgen unter die Dusche. Wer sein Haar jeden Morgen nass macht, bei dem liegt es auch. Das mag im Winter nicht immer angenehm sein. Der Arzt ist auch manchmal dagegen, daß man sich im Winter ohne Kopfbedeckung mit nassem Haar ins Freie begibt bei zehn oder zwanzig Grad Frost. Ich versuche jedenfalls, die Boshaftigkeiten zu ertragen. Wer sich in die Politik begibt, ja, wer sich irgendwo in die Spitze begibt, auch beim Sport, in der Kunst, in der Literatur, der muß damit rechnen, daß er Zielscheibe gerechter und auch ungerechter Angriffe ist. Das muß man hinnehmen.

GAUS: Eine weitere Frage dazu: Wie erklären Sie sich, daß gerade Sie zur Zielscheibe dieses boshaften Spottes geworden sind?

MENDE: Das habe ich mir auch überlegt, und ich kann Ihnen zwei Gründe ziemlich mathematisch genau sagen. Die Freie Demokratische Partei hat etwa jeden achten Wähler für sich gewonnen bei der letzten Bundestagswahl. Sieben also waren bei CDU und SPD. Es ist doch klar, daß die CDU mich nicht loben kann, ich bin ja Konkurrent, ich habe ihr 1961 die absolute Mehrheit genommen. Es ist klar, daß die SPD mich nicht loben kann. Bei acht Menschen steht also einer auf meiner Seite nach der jetzigen Prozentzahl, sieben sind gegen mich. Wie ist das bei den Zeitungen? Ein großer Teil der deutschen Presse ist lizenziert als Parteizeitung, steht auf der Seite der CDU oder auf der Seite der SPD. Ich kann doch von diesen Zeitungen nicht erwarten, daß sie mich loben als den Vorsitzenden der Konkurrenzpartei. Und so ergibt sich schon aus den reinen Machtverhältnissen ...

GAUS: Ich glaube nicht, daß diese Analyse der Zeitungsverhältnisse korrekt ist.

MENDE: Ein großer Teil ist doch Parteizeitung oder einer Partei nahestehend, das ist doch nicht zu leugnen. Manche anderen sind natürlich neutral und behandeln mich auch besser, aber in den Parteizeitungen der beiden anderen Parteien kann ich nicht gerade gut behandelt werden. Jedenfalls wär' das paradox, denn die sind ja nicht dazu da, daß sie für die Freien Demokraten werben. Das sind zwei, wie gesagt, schon mechanistische Gesichtspunkte. Hinzu kommt, daß ich vielleicht manchen enttäuscht habe. Mancher hat wahrscheinlich 1961 mehr Erwartungen in mich gesetzt, als ich erfüllen konnte. Was ich erst zwei Jahre später erreichen konnte, nämlich den Kanzlerwechsel zugunsten des Professors Erhard, hat mir zwei Jahre lang manchmal Spott, manchmal Hohn und manchmal Proteste eingetragen.

GAUS: Ich komme auf den Punkt noch. Vorerst zu diesem Komplex noch eine dritte Frage, Herr Minister. Glauben Sie, daß außer den Gründen, die Sie angeführt haben, auch in Ihnen selbst

Schwächen, verständliche Schwächen, vorhanden sind, die Boshaftigkeiten hervorrufen könnten?

MENDE: Welcher Mensch ist so vollkommen, daß er keine Angriffsflächen böte, keine Schwächen hätte? Ich trage nun mal lieber ein sauberes Hemd als eine Pferdedecke um meine Schultern. Das nennen manche schon eitel. Ich kann sie nicht hindern. Und sicher habe ich auch manche Angriffsfläche geboten durch manche Formulierungen. Ich gebe zu, ich habe manchmal auch selbst gebissen, selbst sehr boshaft andere angegriffen und durfte mich dann nicht wundern, wenn die zurückschlugen.

GAUS: Was hat Sie veranlaßt, als einer der ersten in Bonn die Kriegsauszeichnungen wieder auf diplomatischen und anderen Empfängen zu tragen?

MENDE: Als der türkische Staatspräsident zum Staatsbesuch in Bonn war, ist erstmalig ein Großer Zapfenstreich mit einem Ehrenbataillon veranstaltet worden auf Schloß Augustusburg in Brühl. Das Ordensgesetz war einige Monate vorher im Bundestag verabschiedet worden, und der Bundespräsident Theodor Heuss wünschte, daß die Soldaten die Orden anlegten. Daraufhin sagte ein hoher Soldat, das sei sehr problematisch. Solange die Politiker die Orden nicht tragen würden, würden auch die Soldaten entsprechend zurückhaltend sein, um sich nicht erneute Vorwürfe gefallen lassen zu müssen. Und da habe ich auf Wunsch von Theodor Heuss das Ritterkreuz erstmalig bei diesem Staatsempfang in Schloß Brühl angelegt; wenn Sie wollen, als Bekenntnis zur Bundeswehr, als Bekenntnis zu einer soldatischen Tugend, die ja nicht erst seit 1939 existent ist, und nicht nur beim deutschen Volk. Schließlich ist das Eiserne Kreuz eine Tapferkeitsauszeichnung aus dem Jahr 1812/13, und Tapferkeit ist in allen Armeen der Welt eine selbstverständliche Tugend, wenn sie mit reinen Händen, an den Gesetzen des Völkerrechts festhaltend, erbracht wurde. Darum bin ich in vollem Bewußtsein dem Wunsch Theodor Heuss' nachgekommen.

GAUS: Herr Dr. Mende, Sie haben zwei Söhne und eine Tochter aus Ihrer Ehe mit Frau Margot Mende. Die Kinder sind noch klein, haben Sie dennoch Berufswünsche für Ihre Söhne?

MENDE: So klein sind sie nicht. Markus, der bald vierzehn wird, ist zwei Zentimeter größer als ich. Er ist 1,76 groß und wächst mir über den Kopf. Wir haben unlängst gestritten. Er sagte, er wäre der Größte. »I am the greatest«, sagte er. »Nein, the largest«, sagte ich. Der Längste, nicht der Größte. Ich glaube, daß er eine Neigung zur Technik hat, er beschäftigt sich sehr viel mit technischen Dingen, aber die Berufswünsche werden noch wechseln.

GAUS: Aber hat der Vater Berufswünsche für seinen Sohn?

MENDE: Nein, nein. Die Tochter ist elf Jahre und geht in die Sexta, malt sehr gut und ist sehr begabt in bezug auf Naturwissenschaften. Im Lateinischen fällt's ihr etwas schwerer. Der Kleine von zwei Jahren spielt im Augenblick noch keine Rolle in dieser Frage, dafür aber eine um so größere Rolle in der Familie. Ich möchte weitgehend den Kindern ihren eigenen Weg überlassen.

GAUS: Herr Minister, was braucht ein junger Mensch heute am nötigsten, um sich in der Welt zurechtzufinden?

MENDE: Er muß seine Wurzeln haben, sei es im Religiösen, sei es im Humanitären und ...

GAUS: ... im Nationalen?

MENDE: Auch im Nationalen, wobei ich das Nationale nicht begrenzen möchte. Ich möchte glauben, daß mehr und mehr ein europäischer Patriotismus entstehen wird. Er muß darüber hinaus sehr aufgeschlossen sein für die wechselnden Dinge dieser Welt, er darf sich nicht dem Statischen verschreiben, dem Bestehenden, er muß dem dynamischen Prozeß der immer wieder neu sich abklärenden Dinge und neuen Entwicklungen gegenüber aufgeschlossen sein, kurzum, er muß von einem guten bildungsmäßigen und geistigen charakterlichen Fundament schöpfen können, dann wird er allen Entwicklungen entsprechen können.

GAUS: Herr Minister, Sie haben im Verlauf unseres Gesprächs den Nutzen und Wert des Nationalen zu begründen versucht. Sie haben es jetzt noch einmal getan, sind dann aber gleich weitergegangen und haben gesagt, auch ein europäischer Patriotismus werde sich entwickeln. Liegt darin nicht ein bißchen der Versuch, alle möglichen Auffassungen, die umlaufen, zu befriedigen durch die Formulierungen, die man wählt?

MENDE: Nein, sondern es ist die Erkenntnis aus der veränderten Zeit. Schauen Sie, die Technik hat erheblich die Strategie verändert, und die Strategie verändert die Politik. Die Räume schrumpfen. Was heute noch in Europa Grenzen genannt wird, wird möglicherweise in fünfzehn Jahren eine Naht sein einer europäischen Gemeinsamkeit, eines europäischen Mantels. Die Entwicklung in Asien birgt doch Aspekte, die an Oswald Spengler erinnern. Europa wird mehr und mehr zusammenrücken. Das ist meine Überzeugung. Und wenn man die Technik in Beziehung setzt zu der Beziehung der Völker untereinander, wird sich aus der Gemeinschaft der Nationen das Europa der Vaterländer ergeben, auch mit Polen, auch mit Ungarn, auch mit Rumänien. Dort sind noch Ansätze einer solchen Bewegung erkennbar. Ich bin ja ein Anhänger des Staatspräsidenten de Gaulle in dieser Entwicklung zu einem größeren Europa der Vaterländer.

GAUS: Kritiker sagen gelegentlich, die Partei, die Sie führen, die FDP, sei eigentlich überflüssig, denn der Liberalismus, der von der FDP vertreten wird, sei inzwischen auch in den großen Parteien zu Hause. Damit werde die dritte Partei nur noch zum Zünglein an der Waage, das wegen seines Opportunismus eigentlich ein Ärgernis ist. Was ist Ihre Antwort auf einen solchen Angriff?

MENDE: Ich will mit einem Gegenbeispiel antworten. Das ist, als ob man sagt: Nachdem die Menschen getauft sind und damit der Kirche und dem Christentum gewonnen wurden, sei das Christentum überflüssig. Daß der Liberalismus mehr und mehr rezipiert wird, auch von den anderen Parteien, das kann doch nicht bedeuten, daß damit der Liberalismus überflüssig geworden ist. Die Freie Demokratische Partei hat nach wie vor als Vertreterin des politischen Liberalismus ein Wächteramt für den Freiheitsgedanken. Die Gefahren, die der Freiheit heute drohen, sind andere als vor hundert Jahren. Sie drohen von der modernen Massengesellschaft, von den Massenmedien, von einer immer stärkeren Industrialisierung unseres Lebens. Hier bleibt die zeitlose Aufgabe des Liberalismus, Freiheit, Recht, Menschenwürde, aber auch Selbstverantwortung zu bewahren und zu fördern. Der Liberalismus hat die zeitlose Aufgabe, gegenüber allen Gefahren für die Freiheit die Antithese zu bilden und für die Erziehung der Menschen zur Selbstverantwortung Sorge zu tragen, insbesondere dort, wo der Staat glaubt, immer stärker die Verantwortung für die Menschen übernehmen zu können, oder gar eine Partei oder, was noch schlimmer ist, etwa ein Massenverband.

GAUS: Herr Dr. Mende, könnte es sein, daß der Spott, dem Sie gelegentlich ausgesetzt sind – im Kreise der Kabarettisten zum Beispiel –, sich gerade an solchen Formulierungen entzündet, weil diese Formulierungen stets so komplett sind? Weil sie ein bißchen den Geschmack des Patenten haben? Weil alles gelöst ist und alles beantwortet?

MENDE: Die Kabarettisten haben es natürlich leicht, insbesondere bei uns. Überhaupt haben es alle leicht, die bei uns über die Freiheit spotten, denn bei uns ist die Freiheit etwas Selbstverständliches. Und das ist das Schwierige an der Freiheit: Man ermißt ihren Wert erst, wenn man sie verloren hat. In Mitteldeutschland ist das Gespür für das, was ich sage, viel größer als in Westdeutschland. Freiheit läßt sich schlecht popularisieren. Darin liegt ein Dilemma für den Liberalismus.

GAUS: Sie haben vorhin schon selbst den Punkt genannt, der im Zusammenhang mit Ihrem Namen am heftigsten umstritten war, und zwar die Regierungsbildung nach der Bundestagswahl 1961. Damals haben Sie kurz nach der Wahl erklärt, die Freien Demokraten würden nicht wieder in ein Kabinett unter Adenauer gehen. Kurze Zeit danach sind die Freien Demokraten, wenn auch ohne Sie, in das Adenauer-Kabinett eingetreten. Man hat gesagt, Mende sei umgefallen. Ich habe dazu einige Fragen. Zunächst: Warum haben Sie eine so überpointierte Anti-Adenauer-Erklärung überhaupt abgegeben? Neigen Sie dazu, in bestimmten Situationen allzu viel zu sagen?

MENDE: Das mag sein. Hinzu kommt, daß man auch veranlaßt ist, häufiger zu reden als einem lieb ist, weil zuviel Verpflichtungen einen zum Reden manchmal auch zwingen. Aber ich habe hier bewußt in der letzten Woche vor der Wahl 1961 zugespitzt. Warum? Weil ich wußte, daß viele Wählerinnen und Wähler einen Unmut über den Kanzler Adenauer hatten. Und diese Wähler wollte ich auf meine Seite ziehen.

GAUS: Gut, aber Sie haben es nach der Wahl, als das Rennen gelaufen war, noch einmal gesagt.

MENDE: Wir haben das ja nicht nur aus taktischen Gründen gesagt, sondern es war uns ernst darum, an der Spitze einen Wechsel herbeizuführen. Es war allgemeiner Parteiwunsch, weil wir glaubten, daß es an der Zeit war, den im 86. Lebensjahr stehenden Kanzler Adenauer durch Ludwig Erhard zu ersetzen. Was erwünscht ist, ist aber nicht immer erreichbar. Außerdem haben meine Bundesgenossen mich sitzen lassen, denn es war ja nicht nur mein Gedanke, einen Wechsel herbeizuführen, es gab auch bei den anderen, mit mir verbündeten Gruppierungen diesen Wunsch und diese Vorstellung. Am Ende mußte ein Kompromiß geschlossen werden. Das Wort »umfallen« ist etwas bösartig, denn es diffamiert ein Lebenselement der Demokratie, nämlich den Kompromiß. Ist etwa Chruschtschow umgefallen, als er in der Kuba-Krise einlenkte und es nicht zum Zusammenstoß kam? Wird auf Zypern jemand umfallen müssen, Makarios, Inönü oder Papandreou, wenn es keinen Krieg geben soll?

GAUS: Ich kann den Vergleich nicht ganz akzeptieren.

MENDE: Warum? Kompromisse sind das Lebenselement ...

GAUS: Der Abschluß des Kompromisses wäre weniger spektakulär gewesen und weniger kritisiert worden, wenn Sie nicht vorher einen solchen Kompromiß für ausgeschlossen erklärt hätten. Sie haben vorher gesagt: Wir werden keinen Kompromiß schließen mit der CDU über Adenauers neue Kanzlerschaft. Erst danach haben Sie einen Kompromiß geschlossen.

MENDE: Ich muß Sie berichtigen, es tut mir sehr Leid. Ich habe für mich selbst erklärt, ich würde in einem Kabinett Adenauer kein Ministeramt übernehmen. Das schloß doch implizit ein, daß meine Partei es möglicherweise tun könnte. Ich habe immer nur mich gebunden.

GAUS: Die Formulierung in jener Pressekonferenz nach der Wahl war doch wohl so, daß die Partei sich ebenfalls gebunden fühlen mußte.

MENDE: Die Partei hat sich erst 48 Stunden nach der Wahl durch einen einstimmigen Beschluß von Bundesvorstand und Fraktion gebunden.

GAUS: Darüber rede ich.

MENDE: Das stimmt, aber vor der Wahl hatte nur ich mich absolut gebunden.

GAUS: Ich rede über die Erklärung nach der Wahl.

MENDE: Diese Erklärung nach der Wahl ist nach einer sechsstündigen Aussprache einstimmig so gefaßt worden in der Hoffnung, daß unsere Verbündeten zu ihren Zusagen stehen und der Kandidat bereit ist zu kandidieren. Diese Prämissen sind leider dann entfallen.

GAUS: Eine weitere Frage zu dem, was Sie den notwendigen Kompromiß nach der Wahl 1961 nennen: Wer Sie nach diesen Auseinandersetzungen in der Öffentlichkeit beobachten konnte, hatte das Gefühl, daß Sie einen Teil Ihrer Selbstsicherheit vorübergehend verloren hatten. Ist das richtig, hat Sie der Vorwurf, umgefallen zu sein, schwer getroffen?

MENDE: Ich möchte durchaus feststellen, daß mich ein gewisses Gefühl der Unsicherheit befiel. Vor allem, weil ich mich nicht mehr zur Wehr setzen konnte. Der Kavalier spricht über manche Dinge nicht, und auch der Politiker Mende war nicht in der Lage, alle jene gebrochenen Zusagen und sonstigen Angebote zu nennen, um sich zu entlasten. Er mußte schweigen. Und das kann ja nicht zum Wohlbefinden beitragen, wenn man nicht einmal sagen kann, was zur Entlastung hätte dienen können.

GAUS: Inzwischen haben Sie einige jener Leute genannt, von denen Sie meinen, sie hätten seinerzeit die Zusagen, Sie beim Sturz Adenauers zu unterstützen, nicht eingehalten. Zum Beispiel haben Sie verschiedentlich von Franz Josef Strauß gesprochen. In der letzten Zeit haben Sie ihn mehrfach angegriffen. Worauf zielen Ihre Angriffe?

MENDE: Also »Sturz Adenauers« scheint mir zu hart zu sein. Ich wollte sagen Kanzlerwechsel, ehrenwerter Wechsel im Kanzleramt, das ist ja inzwischen erfolgt. Was die Person von Franz Josef Strauß anbetrifft, so richten sich meine Angriffe nicht gegen die Person, sondern gegen die politisch-sachlichen Äußerungen von Franz Josef Strauß, besonders in der Frage der Außenpolitik der Bundesregierung. Ich nehme den Außenminister der Bundesregierung in Schutz vor den nach meiner Überzeugung unqualifizierten Angriffen von Franz Josef Strauß. Denken Sie nur an die Beurteilung des Atomtestabkommens durch Franz Josef Strauß und an andere, auch jetzt in Amerika gemachte Äußerungen, die nach meiner Überzeugung nicht dazu dienen, die Stellung der Bundesregierung im Ausland zu verbessern.

GAUS: Herr Dr. Mende, wir haben von dem vorübergehenden Verlust an Sicherheit gesprochen, den Sie erlitten haben nach den

Auseinandersetzungen über die neuerliche Kanzlerschaft Adenauers. Das gibt das Stichwort »Selbstsicherheit«. Können Sie mir sagen, welche Qualitäten in Ihren Augen für einen Politiker am wichtigsten sind?

MENDE: Ich möchte das – da es ja heute moderner Stil ist – etwas zugespitzt sagen. Es gehört zu einem Politiker, des Morgens in den Spiegel schauen zu können, ohne weggucken zu müssen, und des Nachts ruhig schlafen zu können, nach dem Motto: Ein gutes Gewissen ist ein sanftes Ruhekissen. Das ist nach meiner Überzeugung die Grundlage des Selbstvertrauens und des Selbstbewußtseins. Aber darüber hinaus, möchte ich sagen mit Max Weber, gehören zu einem Politiker die Leidenschaft, ein erkanntes Ziel anzustreben nüchterner Realitätssinn, die Möglichkeiten einzuschätzen, und der Wille, andere zu überzeugen oder auf andere zu wirken. Also: Neben dem guten Gewissen und einer eigenen sauberen, vorbildlichen Haltung braucht der Politiker Idealismus und die Leidenschaft, das Erkannte auch gegenüber Widerständen zu erreichen und nicht vor Schwierigkeiten zu kapitulieren.

GAUS: Wie viel Befriedigung kann ein Politiker dieser Art aus seinem Agieren für sich selber beziehen? Ist es für Sie reizvoll, als Redner vor die Öffentlichkeit zu treten?

MENDE: Es ist für jeden Menschen, der zu anderen spricht, reizvoll zu sehen, daß die anderen die Gedanken aufnehmen, prüfen, daß es gelingt, sie zu überzeugen, sie zu gewinnen. Was einem Prediger in der Kirche, einem Künstler auf der Bühne dieses Selbstgefühl verschafft, auf andere zu wirken, das ist auch bei einem Politiker, bei einem Redner selbstverständlich. Ich möchte aber sagen, höchstes Glück gibt einem Politiker das Gefühl, etwas zugunsten eines Menschen, einer Gemeinschaft erreicht zu haben. Befreiung aus Gefangenschaft, Hilfe für Menschen in sozialer Not, Korrektur politischer Entwicklung, Verhinderung möglicher Konflikte. Das Bewußtsein, etwas beigetragen zu haben zu einer guten Entwicklung der Gemeinschaft seines Volkes oder auch der europäischen Gemeinschaft, das gibt ein inneres Selbstgefühl.

GAUS: Sie haben einmal von sich selber gesagt: »Mein Lebensbuch kann ich überall aufschlagen, und es wird nirgends ein wunder Punkt sein.« Es gehe Ihnen darum, den anderen ein Bild zu geben, wie es eigentlich sein müsse. Ich finde dieses als Selbsteinschätzung ein sehr kühnes Wort. Woher nehmen Sie die Souveränität und Ruhe, sich selbst so zu beurteilen?

MENDE: Aus der Kenntnis meines eigenen Lebensweges. Ich habe, als ich zum ersten Mal mit Herrn Mikojan zusammentraf, 1958 in Bonn, ihm gesagt, daß ich jeden Weg von Grodno über Minsk, Smolensk, Wjasma bis vor Moskau und zurück über Orel, Brjansk, die Pripjet-Sümpfe bis Ostpreußen gehen könnte mit ihm, und in keiner Ortschaft, in der meine Soldaten lagen, würde sich etwas gegen mich erheben. Im Gegenteil, vielleicht würden sie wieder mit Salz und Brot kommen. Herr Mikojan hat dazu geschwiegen. Ich will Ihnen sagen, ich habe es als Soldat immer mit dem Grundsatz gehalten, nichts von den anderen zu verlangen, was ich nicht selbst jederzeit von mir selbst verlangt hätte und ihnen vorgemacht hätte. Ich habe als Politiker so gehandelt, ich gehöre zu den wenigen Politikern des Deutschen Bundestages, die fast 15 Jahre im Haus sitzen, die weder einem Aufsichtsrat angehören noch eine Aktie besitzen, noch sonst irgendwie in dieser Zeit in bezug auf die Steuerpflicht sich nennenswert verändert haben. Sehen Sie, das gibt mir das Recht. Dossiers, die hat weder Herr Ulbricht, noch haben sie andere. Das gibt mir mein Selbstvertrauen und mein Selbstbewußtsein. Natürlich habe ich menschliche Schwächen, aber ich kann, wie viele andere hoffentlich auch, das über mich sagen, und ich muß es ja wohl am besten wissen.

GAUS: Erlauben Sie mir eine letzte Frage, Herr Dr. Mende. Welcher Politiker ist in Ihren Augen Ihr wichtigster Lehrmeister gewesen?

MENDE: Ich möchte Theodor Heuss als meinen Lehrmeister nennen, auch als meinen Mahner, denn Theodor Heuss hat in den ersten Jahren manches Ungestüm bei mir gebremst, mir manchen guten Rat gegeben, mich auf manchen Fehler, auch auf das vorschnelle Reden, aufmerksam gemacht. Ich habe vieles von ihm gelesen, ich habe ihn ja noch auf seinem Krankenbett sprechen können, und ich möchte in diesem geistvollen, klugen und so überlegenen Menschen das Ideal eines Liberalen sehen.

Wissen Sie, was dann die Gestapo gemacht hätte? Dafür gibt es Beispiele: Sie hätte weitergequält, sie hätte uns weitergeprügelt, sie hätte uns weitergefoltert, um die Namen anderer herauszubringen. Und sollte ich etwa einen alten Mann wie den Landesbischof von Württemberg, den ehrwürdigen Wurm, und dann den Präses von Westfalen, Koch, und etwa Dibelius, sollte ich die an den Galgen bringen? Nun, da hört es doch auf. Kurz und gut, es gibt Leute, die uns heute sagen: »Entweder habt ihr gelogen, seid nicht Manns genug gewesen, zu dem zu stehen, was war, oder aber ihr habt die Wahrheit gesagt, und also ist es nichts mit eurem Widerstand gegen Hitler.«
Sehen Sie, es gibt Dummköpfe in Deutschland, die das nachschwätzen. Es ist die Praxis dieser Leute in Pankow. Damit versuchen sie, den ganzen 20. Juli verdächtig zu machen und in Zweifel zu ziehen. Das kommt aus der Giftküche von Pankow. Sie scheuen auch keine Fälschung von Dokumenten.

EUGEN GERSTENMAIER:
Der christliche Staatsmann ist kein Missionar

Eugen Gerstenmaier, geboren am 25. August 1906 in Kirchheim/Teck, gestorben am 13. März 1986 in Oberwinter/Rhein.
Zunächst Realschule und kaufmännische Lehre, holte 1931 in Stuttgart das Abitur nach und studierte Philosophie, Germanistik und evangelische Theologie. Arbeit im Außenamt der evangelischen Kirche, Mitglied der Widerstandsgruppe vom 20. Juli. Verurteilt zu sieben Jahren Zuchthaus. Nach 1945 Aufbau und Leitung des Hilfswerks der EKD. 1949 Beitritt zur CDU und für diese Mitglied des Bundestages. Ab 1954 Präsident des Bundestages. Ab 1956 stellvertretender Vorsitzender der CDU. 1969 trat er wegen einer Wiedergutmachungsaffäre als Bundestagspräsident zurück und verzichtete auf eine weitere Bundestagskandidatur. Er blieb Sprecher des Ältestenrates der CDU.
Das Gespräch wurde gesendet am 22. Juli 1964.

GAUS: Herr Dr. Gerstenmaier, als Präsident des Deutschen Bundestages, der Sie seit 1954 sind, und als einer der stellvertretenden Vorsitzenden der Christlich-Demokratischen Union gehören Sie in die erste Reihe der deutschen Politiker. Sie haben sich in all den Jahren sehr darum bemüht, die Würde Ihres Amtes als Parlamentspräsident ins öffentliche Bewußtsein zu rücken. Es bringt mich zu meiner ersten Frage: Glauben Sie als Bundestagspräsident, daß Ihr Amt und auch das Parlament das rechte Maß an Anerkennung bereits finden, oder müssen Sie argwöhnen, daß Sie aus Mangel an Tradition und politischem Bewußtsein im deutschen Volk nach wie vor eine Schattenrolle spielen?

GERSTENMAIER: Ich habe hinsichtlich meines Amts gar keine Klagen. Aber ich würde dem Parlament wünschen, daß es nicht nur so beachtet wird, wie es tatsächlich geschieht, sondern daß ihm auch ein klein wenig mehr Zuneigung und, wenn dies gegenüber einer Institution dieser Art überhaupt möglich ist, auch so etwas wie Liebe im Volk entgegengebracht wird. Denn schließlich gibt es in diesem Parlament viele – in allen Fraktionen –, die sich sehr große Mühe geben.

GAUS: Sie persönlich beklagen diesen Mangel an Sympathie, an Zuneigung, an Liebe für das Amt des Präsidenten nicht?

GERSTENMAIER: Ich muß dankbar sein für viele Stimmen, die mich ermutigen, in dieser Weise mein Amt zu führen. Ich bin auch bei manchen Leuten sicher ein gut gehaßter Mann. Aber das muß man wahrscheinlich hinnehmen. Von allen geliebt zu werden, das ist zuviel verlangt, zu prätentiös.

GAUS: Gelegentlich, Herr Präsident, sind Sie in der Öffentlichkeit wegen der Neigung kritisiert worden, den Rang Ihres Amtes auch äußerlich zu dokumentieren, so etwa, als Sie darauf bestanden, für einen Dienstkraftwagen ein besonderes Kennzeichen zu erhalten. Warum haben Sie die Gefahren der Mißdeutung nicht gescheut?

GERSTENMAIER: Ich habe sie nicht gescheut, weil mir die Ordnung falsch zu sein schien. Um bei dieser Kleinigkeit zu bleiben – das ist ja nur eine Kleinigkeit: Es ging damals um die Null-Nummern. Ich halte dafür, daß man diese Null-Nummern ...

GAUS: Das sind die Nummern der Diplomatenwagen.

GERSTENMAIER: Wenn man sie schon einmal hat, auf die Exterritorialen beschränken sollte. Und man sollte dann mit eins-eins beginnen, und zwar nach meiner Überzeugung bei dem Bundespräsidenten. Alle deutschen Dienststellen und deutschen Behörden, so hoch sie auch sein mögen, sollten grundsätzlich keine Null-Nummern führen. Ich konnte mich damals nicht durchsetzen, weil ich die Sache gar nicht in der Hand hatte. Ich konnte es nur noch auf diese Weise korrigieren. Ich für meine Person führe – was mir manche Leute auch übel nehmen –, selbst wenn ich mit meinem Dienstwagen fahre, eine Privatnummer, eine gewöhnliche Polizeinummer. Nur wenn ich bei amtlichen Anlässen aufzukreuzen habe, dann führe ich die andere Nummer, von der ich allerdings in

Anspruch nehme, daß sie nach der Verfassung und nach dem Willen des Parlaments dem Rang des Parlaments entspricht.

GAUS: Ist Ihnen daran gelegen, weil Sie glauben, daß auch die äußerliche Dokumentation eines solchen Ranges zur Verankerung unserer jungen politischen Institution beitragen kann?

GERSTENMAIER: Ja, ich muß das ernst nehmen. Unsere Zeit lebt ihren eigenen Stil, und wir leben in einem Stilwandel auch unserer staatlichen Formen. Aber kein Staat, keine Nation, die sich selber darstellen will, kann in ihren Institutionen darauf verzichten, einen eigenen Stil zu entwickeln. Und die Leute, die das tun, müssen dabei verhältnismäßig streng sein, jedenfalls wenn es sich um die Institution handelt. Handelt es sich um ihre eigene Person, dann sollte man ihnen gelegentlich Marscherleichterung zubilligen.

GAUS: Sie gelten bei manchen Beobachtern, Herr Präsident, als ein schroffer Mann, der nicht viel Freunde um sich versammelt, weil er, wenn es darauf ankommt, hart und hartnäckig reagiert. Als Sie Bundestagspräsident wurden, haben manche Abgeordnete befürchtet, daß Ihr Temperament Ihnen in dem neuen Amt im Wege stehen könnte. Haben Sie auch solche Bedenken gehabt?

GERSTENMAIER: Ja, das hatte ich. Ich kenne mein Temperament, und ich kenne seine Gefahren. Ich muß sagen, daß mir dieses Amt nicht begehrenswert erschien. Ich hoffe, daß ich damit nichts Unziemliches gegen mein Amt sage. Ich muß gestehen: Als ich damals zum ersten Mal mit Ach und Krach zum Bundestagspräsidenten gewählt wurde, hatte ich noch nicht einmal die Geschäftsordnung richtig gelesen: so wenig schienen mir diese Fragen von Bedeutung zu sein.

GAUS: Sie sind nun seit bald zehn Jahren Parlamentspräsident. Können Sie mir sagen, was nach Ihren jetzigen Erfahrungen die wichtigsten Tugenden eins solchen Amtes sind?

GERSTENMAIER: Ich habe mein Amt inzwischen kennen- und bis zu einem gewissen Grade auch lieben gelernt. Und ich habe ziemlich lange Zeit gebraucht, um mich dazu durchzuringen, wo ich heute stehe, wo ich seit einigen Jahren stehe. Ich glaube, daß ein Parlamentspräsident sich und sein Amt nur dann richtig versteht, wenn er sich selber klipp und klar sagt, daß er nichts als der erste Diener seines Hauses ist.

GAUS: Schmerzt Sie manchmal der Verzicht auf das kämpferische Eingreifen als Parteiabgeordneter?

GERSTENMAIER: Das ist mir manchmal immer noch, obwohl ich mich allmählich etwas daran gewöhnt habe, ein bitterer Verzicht, wenn ich oben sitze und die Diskussion so an mir vorüberzieht. Nicht immer, aber sehr oft; sehr oft aber auch nicht; denn mehr und mehr haben im Parlament die Fachleute das Wort.

GAUS: Bedauern Sie das?

GERSTENMAIER: Nein. Es ist bei der Entwicklung wahrscheinlich unabweisbar. Aber es gibt immer noch Situationen, wo Themen verhandelt werden, die mich brennend interessieren und zu denen ich mir getrauen würde, auch etwas, vielleicht sogar etwas Weiterführendes zu sagen. Dann ist es für mich ein wirkliches Opfer, da oben zu sitzen und mich ganz streng auf die Worterteilung zu beschränken.

GAUS: Sie sind schwäbischer Herkunft, Herr Präsident. Ihre Familie ist im Schwabenland ansässig. Sie sind 1906 als Sohn eines Handwerkers, eines Klavierbauers, in Kirchheim geboren.

GERSTENMAIER: In Kirchheim unter Teck; es gibt so viele Kirchheims.

GAUS: Was, bitte, halten Sie denn für das schwäbische Erbteil in Ihrem Naturell?

GERSTENMAIER: Ich glaube, eine gewisse Zähigkeit, auch eine gewisse Hartnäckigkeit, einen gewissen Eigenwillen, so wie das bei den Albbauern seit vielen Jahrhunderten einfach notwendig war. Meine Familie lebt seit vielen Jahrhunderten auf der Alb, und zwar dort, wo der Boden so karg war, daß sogar die sparsamen württembergischen Könige – nicht alle waren sparsam, aber einige waren es sehr – zu der Auffassung kamen: Mit diesem Boden ist nichts anderes zu machen, als außer einer Schafweide noch einen Truppenübungsplatz anzulegen. Meine Familie lebte am Rande des Truppenübungsplatzes von Münsingen, der vielen Deutschen nicht gerade in besonders lieblicher Erinnerung ist. Es ist ein karger Boden. Dort wurden Gerste und Kartoffeln angebaut, dort lebte meine Familie und hat sich redlich durchgeschlagen.

GAUS: Sie meinen die Zähigkeit, die dazu notwendig war, ist ein Erbteil, über das Sie verfügen?

GERSTENMAIER: Ja, ich glaube, diese Hartnäckigkeit im Existenzkampf – ich selber habe das in meiner Jugend erlebt.

GAUS: Sie haben die Schule zunächst nicht bis zum Abitur besuchen können, sondern sind als 14jähriger ...

GERSTENMAIER: Ich bin das älteste von acht Geschwistern. Wir kamen in die üblen Inflationsjahre hinein. Wenn man 1921/22 in der höheren Schule war, die mittlere Reife machte und das älteste von acht Geschwistern ist, dann ist Schmalhans Küchenmeister.

GAUS: Sie sind dann in eine kaufmännische Lehre gegangen.

GERSTENMAIER: Ich sollte in eine Banklehre. Aber der Sohn eines Notars hat den Vorrang gehabt. Ich kam dann in eine schwäbische Textilfirma. Ich habe dort einiges gelernt. Aber ich muß sagen, diese acht oder neun Jahre, die ich da in meistens schwäbischen Textilfirmen zugebracht habe, wurden für mich eigentlich nur durch die Tatsache der Jugendbewegung erträglich.

GAUS: Was hat die Jugendbewegung und welche Jugendgruppe für Sie bedeutet?

GERSTENMAIER: Ich kam aus der christlichen Jugend. Ich stamme aus einem frommen schwäbischen Elternhaus und kam in die evangelische Jugend. Heute würde man wohl sagen: die evangelischen Jugendgemeinden oder so was. Ich kam dann aber in die Jugendbewegung. Sie hat für mich sehr viel bedeutet. Sie brachte mich in Kontakt mit der ganzen, etwas aufgewühlten, zuweilen auch nervösen, aber doch, wie ich meine, redlichen geistigen Bewegtheit der damaligen Jugend und Jugendbewegung, die für mich etwas unendlich Bereicherndes war.

GAUS: Glauben Sie, daß diese geistige Bewegtheit der heutigen Jugend fehlt?

GERSTENMAIER: Das möchte ich nicht sagen. Wenn ich so unter Studenten bin – ich habe ja den Vorzug, an allen deutschen Universitäten und Technischen Hochschulen reden zu können –, dann habe ich ein ganz anderes Bild von der deutschen Jugend, als sie mir aus Illustrierten entgegentritt, einen unvergleichlich lebendigeren und intensiveren, nuancierteren, differenzierteren, geistigeren Eindruck. Was mich besonders beeindruckt, ist dies: Wenn man bei Studenten oder überhaupt bei Jugendlichen appelliert, die Macht nicht nur unter taktischen Gesichtspunkten zu sehen und zu verstehen, sondern sich dem Reiz hinzugeben – übrigens auch der Notwendigkeit –, die Macht zu reflektieren, also sich dem Widerspiel von Machtnotwendigkeiten und geistigen Zielsetzungen zu stellen, dann finde ich eigentlich immer, daß man ein großes Verständnis, ein großes Entgegenkommen und eine echte Resonanz bei den deutschen Studenten, aber auch bei der übrigen deutschen Jugend hat. Es ist für mich eine Erfahrung, die sich auf eine jetzt mehr als zehnjährige Beobachtung und Tätigkeit stützt.

GAUS: Sehen Sie also überhaupt einen Unterschied zwischen der Jugend der frühen zwanziger Jahre und der Jugend von heute?

GERSTENMAIER: Oh ja, im Stil natürlich. Die Ausdrucksmittel, auch die Selbstdarstellung, waren ganz andere. Für uns hat es zum Beispiel viel bedeutet, zu wandern, in die Natur zu gehen, die alten Lieder zu singen. Und im Bundestag gibt es immer noch so eine alte Garde von Menschen aus der Jugendbewegung – durch alle Parteien hindurch –, die sich bei einer gesellschaftlichen Gelegenheit immer erkennen, wenn gesungen wird, was selten ist, nämlich daran, daß sie bestimmte Lieder können.

GAUS: Sie haben als junger Mann von 24 Jahren Ihr Abitur nachgeholt, wozu viel Zähigkeit gehörte. Woraus schöpften Sie diese, außer Ihrem schon erwähnten schwäbischen Erbgut? War das der Einfluß des Elternhauses, oder hatten Sie selbst das Bedürfnis, doch noch zur Universität zu kommen?

GERSTENMAIER: Nun, mein Elternhaus war karg. Aber ich hatte eine Mutter, einen Vater, überhaupt ein Elternhaus, wo geistige Fragen, nicht nur politische Fragen, sondern Fragen des Geistes überhaupt, auch der geistigen Bildung, der klassischen Bildung, immer wieder angesprochen, immer wieder verhandelt wurden. Daß ich Kaufmannsstift werden mußte, war eben nicht eine Wahl meines Herzens, sondern eine Notwendigkeit. Aber diesen Willen, doch den Versuch zu machen, darüber hinaus zu steigen und studieren zu können, verdanke ich einerseits der Jugendbewegung und zum zweiten – Sie werden lachen – einem Mann, der heute beinahe vergessen ist: Oswald Spengler.

GAUS: Warum gerade Oswald Spengler?

GERSTENMAIER: Oswald Spengler gab in jenen Jahren seinen »Untergang des Abendlandes« heraus. Dieses Werk zu lesen und zu verstehen war für einen Mann meines Bildungsweges eine etwas schwierige Sache. Ich habe bei weitem nicht alles verstanden. Aber ich begriff wenigstens die großen Leitideen des ersten Bandes. Der zweite Band war für mich nicht so wichtig. Aber diese Reaktion und der Wille, so ein Buch doch, wenigstens soweit es möglich ist, ganz zu verstehen, hat mich einfach dazu gebracht, zu sagen: Ich muß mehr lernen, ich muß mehr wissen.

GAUS: Wer hat Sie denn überhaupt auf Spengler gebracht? Wiederum die Jugendbewegung oder ...

GERSTENMAIER: Die Diskussion in der Jugendbewegung, die ganze geistige, ungewöhnlich angeregte Auseinandersetzung der Zeit, die sich in der Jugendbewegung doch brennpunktartig konzentrierte.

GAUS: Herr Präsident, Sie sind seit 1925 wahlberechtigt gewesen. Haben Sie von Ihrem Wahlrecht Gebrauch gemacht? Und was haben Sie gewählt?

GERSTENMAIER: Ich glaube wohl – wenn ich mich recht erinnere –, ich habe immer, solange es sie gab, die Volkskonservativen gewählt, und zwar nicht deshalb, weil mir das Programm besonders klar gewesen wäre, sondern weil auf dieser Liste der Volkskonservativen einige Namen standen, die mir aus der Literatur vertraut waren. Sie müssen bedenken: Kirchheim unter Teck war damals ein Städtchen von 9- bis 10.000 Einwohnern, und ein Kaufmannsstift konnte damals ja nicht mit den Förderungen, die es heute in der Jugend gibt, rechnen, er mußte sich also auf seinen engen Kreis beschränken, war auf die Literatur angewiesen. Auf der Liste der Volkskonservativen stand ein Mann, von dem ich zwei Bücher gelesen hatte, die für mich – mehr für meinen politischen als für meinen geistigen Werdegang – etwas Grundlegendes bedeuten, nämlich August Winnig mit dem wunderbaren Buch, einer Geschichte seiner Jugend: »Frührot«, wie dieser junge Arbeitersohn und Sozialist sich durchringt, bis er im Gefängnis landet, eine Geschichte, die mir einfach ans Herz gegriffen hat, und dann ein programmatisches Buch, das auf mich einen großartigen Eindruck gemacht hat und mich nie mehr losgelassen hat: »Vom Proletariat zum Arbeitertum«. Eigentlich haben diese beiden Bücher meine ersten politischen Entscheidungen bestimmt, und nur deshalb, weil der Verfasser dieser Bücher – ich weiß, daß er bei den Sozialdemokraten, nicht bei allen, nicht gut gelitten ist. Weil er sich – ich weiß eigentlich nicht so recht, warum – irgendwann von den Sozialdemokraten getrennt hat. Jedenfalls stand dieser August Winnig auf der Liste, und das war für mich eine Art Vorbild.

GAUS: Können Sie sich erinnern, in welchem Alter Sie die Bücher von Winnig gelesen haben?

GERSTENMAIER: So als 20-, 21- oder 22jähriger, also kurz bevor ich wählen durfte.

GAUS: Sie haben zunächst Philosophie und Germanistik studiert und erst später evangelische Theologie. Wie kam es zu dem Theologiestudium? Auch durch Winnig?

GERSTENMAIER: Nein, Winnig spielt dabei keine Rolle, sondern vielleicht der Gegensatz zu meinem etwas pietistischen Elternhaus, die kritische Absetzung vom Pietismus, der mich aber doch beim Thema gehalten hat, beim großen Thema der Theologie. Man kann sich kritisch absetzen, aber man bleibt dann doch der Gefangene auch des Gegensatzes. Damals hat mich ein Mann, den ich später gar nicht mehr sehr schätzte, mit dem ich viel Streit bekommen habe als junger Theologe, Karl Barth, sehr beeindruckt, und zwar noch in der Jugendbewegung, so daß ich mich mit Theologie schon in der Jugendbewegung ziemlich viel beschäftigt habe. Aber dann hatte ich das wieder fallen lassen – Philosophie und Germanistik erschienen mir reizvoller –, bis ich dann unter dem Eindruck der großen Krise der Universität im Sommer 1933 und vor allem unter dem Eindruck meines Lehrers Friedrich Brunstäd in Rostock doch immer mehr Theologe wurde. Friedrich Brunstäd hatte sozusagen die Entwicklung vorweggenommen, die ich nachvollzogen habe. Er war Philosophieprofessor in Erlangen gewesen, als ich mich mit Hegel und insbesondere mit Kant befaßte, dem kritischen deutschen Idealismus. Ich war deshalb nach Rostock gegangen, denn Brunstäd hatte den Ruf auf den Lehrstuhl für systematische Theologie in Rostock angenommen. Ich muß sagen, in der Entwicklung Friedrich Brunstäds war mein eigener akademischer Werdegang vorgezeichnet, und ich bin auch deshalb diesem Lehrer immer, über sein Grab hinaus, dankbar geblieben.

GAUS: Ihre Eltern waren glücklich über dieses Fach?

GERSTENMAIER: Mein Vater hat es für ein großes Risiko gehalten, als ich damals das Abitur machen wollte und aus meiner bescheidenen Stellung als kaufmännischer Angestellter ausschied. Es war die Zeit der großen Arbeitslosigkeit, und manche Leute in der Verwandtschaft, auch Freunde, Nachbarn und Bekannte, meine Kollegen und meine Arbeitgeber bedeuteten mir, daß ich eigentlich ein grenzenlos leichtsinniger Bursche sei. Ich hielt mich selber nicht für besonders begabt. Ich war kein glanzvoller Schüler gewesen in meiner Heimat in der Realschule in Kirchheim, und ich war gar nicht sicher, ob ich überhaupt Hinreichendes leisten würde und ob ich so schnell – ich wollte das humanistische Abitur machen – den Stoff von acht Gymnasialjahren nachholen würde. Ich hatte ja nur ein paar Monate Zeit dafür. Ich habe dann die Aufnahmeprüfung für die Oberprima am Eberhard-Ludwig-Gymnasium gemacht in Stuttgart und habe dort eine Schule kennengelernt, der ich bis zum heutigen Tag Dankbarkeit und Liebe bewahrt habe wie auch ihren Lehrern.

GAUS: Ohne Zweifel die Schule mit dem besten Ruf in Württemberg.

GERSTENMAIER: Großartige Schule und großartige Lehrer. Damals war Direktor unser alter Binder, ein großer Humanist.

GAUS: Sie hatten wohl, Herr Präsident, wenn ich recht unterrichtet bin, den Wunsch und haben ihn gelegentlich auch heute noch, ein Lehramt an einer Hochschule auszuüben, was Sie unter dem nationalsozialistischen Regime nicht konnten. Sie haben dann im Außenamt der Evangelischen Kirche gearbeitet, einer Art Außenministerium, und in dieser Funktion sind Sie zwangsläufig oft in Berührung und Zusammenarbeit gekommen mit dem wirklichen Auswärtigen Amt, dem des Reiches. Das ist selbstverständlich. Ich habe darüber hinaus eine Frage. Damals haben Teile der Evangelischen Kirche versucht, Schritt zu fassen mit dem Nationalsozialismus oder sich doch jedenfalls zu arrangieren, wenn man von der sich gerade bildenden Bekennenden Kirche absieht. Haben Sie an solchen Versuchen, Schritt zu fassen, teilgehabt?

GERSTENMAIER: Darf ich zunächst einmal auf den Anfang Ihrer Frage zurückkommen?

GAUS: Die Bemerkung über den Wunsch, ein Lehramt auszuüben?

GERSTENMAIER: Ja. Ich selber war gar nicht auf die Idee gekommen. Ich hielt mich einfach nicht für begabt genug. Aber ich habe dann ein Staatsexamen gemacht und eine Dissertation geliefert, mit der ich sehr gut abschnitt.

GAUS: 1936?

GERSTENMAIER: Nein, das war schon 1935. Auf Grund dieser Examina wurde ich von meiner Fakultät zur Habilitation aufgefordert, und erst da traute ich mir zu, auf das von mir an sich begehrte Amt, an das ich nie wirklich ernsthaft gedacht hatte, zuzuhalten. Ich habe mich dann habilitiert. Zuerst wurde mir die Promotion praktisch verweigert durch den Reichsstatthalter in Mecklenburg. Dann wurde mir die Habilitation zwei Jahre lang vorenthalten, obwohl die Fakultät mich habilitiert hatte. Schließlich wurde ich durch Vermittlung einiger Freunde, insbesondere von Professor Koch, zum Dozentenlager, zur Dozentenakademie, zugelassen.

GAUS: Vom Osteuropa-Institut?

GERSTENMAIER: Vom Osteuropa-Institut. Hans Koch spielte da eine beträchtliche Rolle. Er galt nämlich bei den Nazis als Fachmann für russische Fragen, und davon verstand er zweifellos etwas. Nun, Hans Koch hatte es durchgesetzt, daß ich endlich zum Dozentenlager zugelassen wurde. Ich wurde auch zu den Vorlesungen an der Universität Berlin – in Mecklenburg durfte ich nicht dozieren – zugelassen. Es gab einen vernünftigen, verständnisvollen und hilfreichen Referenten im Wissenschaftsministerium – man fand ja solche Leute überall –, der mir geholfen hat. Kurz und gut, ich wurde zugelassen. Aber ich flog dann geradezu cum infamia hinaus, einfach weil die Leute sagten, es sei eine Unverschämtheit; schon in meinen ersten Vorlesungen hätte ich die Ahnenreihe und Ahnengalerie des Nationalsozialismus karikiert. Nun, ich war gegen die Leute. Das stimmt. Aber ich habe natürlich versucht, mich nicht gerade wie ein Märtyrer in die Speere zu stürzen, sondern eben meine Bahn zu machen. Es ist mir nicht gelungen; ich bin gescheitert aus politischen Gründen. Ich kam dann ins Außenamt, und im Außenamt der Evangelischen Kirche in Deutschland, wo ich Hilfsarbeiter war, auch in Kontakt mit dem Auswärtigen Amt. Dort lernte ich eine ganze Reihe meiner späteren Freunde kennen, mit denen ich dann in den Widerstand und schließlich in den 20. Juli ging. Nun fragten Sie, ob da nicht eine Art Verführung ...

GAUS: Ob es eine Versuchung für Sie gegeben hat, Frieden zu machen mit der herrschenden Gewalt?

GERSTENMAIER: Nein, ernsthaft nicht. Vor einigen Wochen wurde wieder ein Briefwechsel gefunden zwischen mir und Niemöller. Ich schrieb Niemöller nach dem Sommersemester 1933, ich sei in Rostock gewesen und hätte dort am Kirchenkampf teilzunehmen versucht – unter dem Einfluß übrigens unserer Lehrer Brunstäd und Helmut Schreiner, unseres praktischen Theologen, eines tapferen Mannes –, und ich sei der Meinung, man sollte so etwas doch auch in Württemberg machen. Ich fragte ihn, ob er mir nicht seine Schriften zum Pfarrernotbund schicken könnte. Niemöller hatte ja damals nach meiner Überzeugung das einzig Richtige getan. Er hatte eine Kampfformation gebildet. Das war etwas Außergewöhnliches auf dem Boden des konservativ gestimmten deutschen Kirchentums.

Niemöller hat diese Kampfformation gegründet. Das leuchtete mir damals sehr ein, und ich schrieb ihm einen Brief, das sollte man auch in Württemberg machen und er sollte doch seine Schriften schicken, ich würde dann versuchen, das dort in die Wege zu leiten. Er antwortete mir, und wir versuchten es dann auch. Es ging ganz gut. Ich will nur sagen, daß ich dann später die Schnittlinie betrat, wo sich kirchliche und politische Überlegungen auch von Amts wegen berührten. Ich hatte im Ökumenischen Referat des Außenamts gearbeitet, also in den zwischenkirchlichen Beziehungen, und da überkreuzten sich natürlich fortgesetzt politische mit kirchlichen Gesichtspunkten und Notwendigkeiten. Ich würde nicht von »Verführung« sprechen. Eine Verführung war für mich nicht da. Ich hatte mit diesen Leuten, die mich ja um alles gebracht hatten – 1934 war ich eingesperrt worden, 1937 hatten sie mich aus der Universität hinausgeworfen –, überhaupt nichts im Sinne. Aber man kann nicht übersehen – das ist heute vielen nicht bewußt –, daß auch in der Zeit des Nationalsozialismus die Verbindung von nationalsozialistischen und deutschen Interessen oft so eng war, daß in der Gestalt des Nationalsozialismus eben so und so oft auch gewisse Lebensanliegen und Lebensbedürfnisse Deutschlands mit zur Diskussion standen. Das Schwierigste für unsereinen war, hier zu trennen, hier einen scharfen Schnitt zu ziehen. Wir wollten – das gilt nicht nur für mich, sondern auch für alle meine Freunde – Deutschland dienen, den Nationalsozialismus aber ablehnen. Oft erschien aber, vor allem in den Augen des Auslands oder des außenstehenden Beobachters, alles als eine Einheit. Hier den Schnitt zu ziehen und auf diesem schmalen Grat entlang zu wandern, das war die eigentliche Schwierigkeit.

GAUS: Von welchem Zeitpunkt an haben Sie es nicht mehr für möglich gehalten, diesen Zielen dienen zu können? Von wann an meinten Sie: Nun geht es nicht mehr, jetzt muß der aktive Widerstand beginnen?

GERSTENMAIER: Ich glaube, als ich 1934 in Rostock als Student eingesperrt wurde und dann ein Relegationsverfahren an den Hals bekam, als ich da herauskam, sagte ich mir: Das hat keinen Zweck; diese Leute sind nicht zu reformieren; diese Geschichte ist nicht zu verbessern, die müssen weg. Aber ich war noch nicht so weit, wie ich dann später war, als ich sagte: Sie müssen weg um jeden Preis.

GAUS: Von wann an meinten Sie das?

GERSTENMAIER: Ich glaube, so von 1938 ab. Weil mir da zum ersten Mal die Kriegsgefahr gegenwärtig wurde, weil mir damals etwas, was weiterblickende ältere Freunde immer sagten – auch mein Lehrer Brunstäd: Passen Sie auf, der führt uns in einen neuen Krieg! – in der Münchener Krisis existenziell deutlich wurde. Von da ab war ich der Meinung, daß der Mordanschlag unumgänglich sei, weil ich nicht sehen konnte, wie es auf anderem Wege gemacht werden könnte.

GAUS: Sie gelangten dann zu einer Verbindung mit dem Kreisauer Kreis, einer Gruppe von Widerstandskämpfern des 20. Juli um den Grafen Helmuth von Moltke. Wie haben Sie Anschluß gerade an diese Gruppe gefunden, zu der Konservative, Bürgerliche, Liberale und Sozialdemokraten gehörten?

GERSTENMAIER: Ich war vorher schon sehr befreundet mit einem württembergischen Landsmann, der Major im Oberkommando der Wehrmacht war. Er brachte mich in Verbindung zuerst mit ganz anderen Leuten, nämlich mit Wirmer, mit Jakob Kaiser und mit meinem alten Freund Pagel, dem späteren, vor einer Reihe von Jahren verstorbenen Innenminister von Schleswig-Holstein, alle hier in Berlin. Ich war Junggeselle und warf mich in diese Verbindungen. Da wurde ganz fleißig geschimpft und räsoniert, und man überlegte sich auch, was und wie man etwas tun könnte. Aber die Sache begann erst Gesicht zu bekommen, als man dann doch in den Bereich der ernsthaften Militärs trat, die sich Gedanken machten, wie so etwas überhaupt organisatorisch zu machen sei. Den Zugang zu ihnen bekam ich durch meinen Freund Hans Schönfeld, einen meiner nächsten Mitarbeiter, damals Direktor beim Ökumenischen Rat in Genf, Chef der Forschungsabteilung des Ökumenischen Rates, ein Deutscher, der auch hier viele Verbindungen hatte. Er brachte mich, wenn ich mich recht erinnere, zum erstenmal in Verbindung mit Helmuth Moltke.

GAUS: Sie sind am 20. Juli 1944, Herr Präsident, im OKW-Gebäude in der Berliner Bendlerstraße, also am Tatort des Umsturzversuchs, verhaftet worden.

GERSTENMAIER: Ja.

GAUS: Es hat nach dem Kriege gelegentlich Diskussionen über das Maß Ihrer Beteiligung am Widerstand und über Ihr Verhalten nach der Verhaftung gegeben. Ich könnte mir denken, daß es zu diesen Diskussionen gekommen ist, weil Sie, obwohl in dieser verfänglichen Umgebung verhaftet, mit einem Urteil davongekommen sind, das relativ milde erscheinen mußte: sieben Jahre Zuchthaus. Ihre Freunde trafen zumeist härtere Urteile. Wie erklären Sie sich selbst die Diskussionen, die es nach dem Kriege über diesen Teil Ihres Lebens gab?

GERSTENMAIER: Das Urteil ist nicht nur relativ milde, sondern, um es kurz zu sagen: Es ist unverständlich milde. Wie ein großer Souverän des Mittelalters die Köpfe seiner Bauern entweder abschlägt oder irgendwelchen Damen schenkt, so kam man bei mir auf die Idee, mich irgendwelchen Damen zu schenken. Warum? Weil meine Schwester eine Freundin hatte, deren Namen ich jetzt nicht nennen will – es ist ein bekannter Name –, die mit Freisler befreundet war. Sie ging dahin mit einer anderen Freundin und bat ihn um meinen Kopf. Sagte der Kerl: »Die Rübe ist ab.« Antwort: »Aber Köpfe, die nur Rüben sind, können Sie uns doch schenken.« Freisler geruhte, diese Rübe einigen Damen zu schenken. Es gibt andere Fälle. Fälle von Menschen – zum Beispiel mein Freund

Stelzer, der mit mir vor Gericht war, und eine Reihe anderer, Hermes usw. –, die zum Tode verurteilt waren und bei denen man dann hinterher aus irgendwelchen Gründen »geruhte«, das Todesurteil nicht zu vollstrecken. Aber zu den sogenannten Diskussionen: Die Interpretationen, die nach dem Kriege aufkamen, stammen samt und sonders aus der Giftküche von Ostberlin und sind genährt durch gefälschtes, entstelltes Material. Vor allem aber nähren sie sich aus einem Trugschluss, dem zum Teil auch deutsche Richter unterliegen, auch heute noch. Nehmen Sie zum Beispiel die so genannten Kaltenbrunner-Berichte. Der Obergruppenführer Kaltenbrunner hat ja seinerzeit über die Prozesse vom 20. Juli jeden Tag an Hitler berichtet, Berichte über die Verhöre, Berichte über die Urteile usw. Diese Berichte sind vor einigen Jahren in einem Stuttgarter Verlag erschienen. Schlagen Sie einmal in diesen Kaltenbrunner-Berichten nach, was Kaltenbrunner über mich und die Kreisauer sagt. Dort finden Sie das Resümee, wie wir uns eingelassen haben.

Aber es ist natürlich eine grenzenlose Gedankenlosigkeit – von Historikern will ich nicht reden; die haben diese Gedankenlosigkeit nicht begangen, sondern von harmlosen Leuten –, wenn man heute der Meinung ist, daß das, was wir der Gestapo oder der nationalsozialistischen Blutjustiz gesagt haben bei der Verteidigung unseres Kopfes, daß dies der historischen Wahrheit entsprach. Das anzunehmen ist doch grotesk, und es ist eine Gemeinheit, um es offen zu sagen. Wenn jemand kommt und sagt: »Was denn, da sieht man es ja, die Leute haben doch selbst gesagt: Wir waren eigentlich nicht gegen Hitler; wir haben uns Gedanken gemacht, wie Deutschland aussehen soll, wenn wir den Krieg siegreich beendet haben; wir haben nur gedacht.«

Sicher, das können Sie alles nachlesen, das haben wir in den Protokollen unterschrieben. Aber das ist nicht wahr. Das waren Schutzbehauptungen. Das waren Einlassungen zur Rettung unseres Kopfes. Kurz und gut: Wir haben die Unwahrheit gesagt, bewußt und willentlich, weil das die einzige Möglichkeit war, um unsern Kopf zu kämpfen, und weil wir uns auch sittlich dazu berechtigt glaubten. Ich, der Theologe, sage Ihnen das heute noch: Ich bin einem Mordsystem dieser Art, das mir jedes Rechtsmittel verweigert, nicht die Wahrheit schuldig – unter gar keinen Umständen! Außerdem, wenn ich nur für mich selber gesprochen und gesagt hätte: »Gut, das habe ich getan«, wissen Sie, was dann die Gestapo gemacht hätte? – Dafür gibt es Beispiele.

Sie hätte weitergequält, sie hätte uns weitergeprügelt, sie hätte uns weitergefoltert, um die Namen anderer herauszubringen. Und sollte ich etwa einen alten Mann wie den Landesbischof von Württemberg, den ehrwürdigen Wurm, und dann den Präses von Westfalen, Koch, und etwa Dibelius, sollte ich die an den Galgen bringen? Nun, da hört es doch auf. Kurz und gut, es gibt Leute, die uns heute sagen: »Entweder habt ihr gelogen, seid nicht Manns genug gewesen, zu dem zu stehen, was war, oder aber ihr habt die Wahrheit gesagt, und also ist es nichts mit eurem Widerstand gegen Hitler.« Sehen Sie, es gibt Dummköpfe in Deutschland, die das nachschwätzen. Es ist die Praxis dieser Leute in Pankow. Damit versuchen sie, den ganzen 20. Juli verdächtig zu machen und in Zweifel zu ziehen. Das kommt aus der Giftküche von Pankow. Sie scheuen auch keine Fälschung von Dokumenten.

GAUS: Ich bin Ihnen dankbar für diese Klarstellung, Herr Präsident. Sie haben in Diskussionen über die Widerstandskämpfer des 20. Juli gelegentlich Wert gelegt auf den Unterschied zwischen Landesverrat und Hochverrat; den letzteren wollten die Widerstandskämpfer nach Ihrer Argumentation sehr wohl verüben. Was jedoch den Landesverrat angeht, der in der landläufigen Vorstellung in der Tat sehr viel schändlicher ist, trat eine gewisse Distanzierung zu Tage. Ich würde von Ihnen gern wissen, ob es Situationen gibt, in denen auch der Landesverrat zur sittlichen Pflicht werden kann.

GERSTENMAIER: Herr Gaus, wir treten hier auf eine äußerste Grenze. Was meine Freunde im 20. Juli betrifft, kann ich nur auf Ehre und Gewissen sagen: Wir haben uns auf das Sorgfältigste gehütet, vom Hochverrat in den Landesverrat zu geraten – auf das Sorgfältigste! Ich erinnere mich auch, daß mir in meinem Haftbefehl, der mir erst drei Monate nach meiner Verhaftung vorgelegt wurde, unterstellt wurde, daß ich zusammen mit Moltke und meinen anderen Freunden, mit Delp, Haubach und Reichwein, nicht nur Hochverrat, sondern auch Landesverrat begangen hätte. Ich habe sofort protestiert. Da wurde mir gesagt: Da besteht Idealkonkurrenz. Die Juristen, die uns jetzt zuhören, werden wissen, was das ist. Ich verzichte hier auf die Interpretation. Ich will nur sagen: Wir haben uns sorgfältigst bemüht, nicht vom Hochverrat in den Landesverrat zu geraten. Ich sage Ihnen ganz offen: Der 20. Juli, überhaupt der deutsche Widerstand, ist nicht gemacht worden, um etwa den Gegnern Deutschlands zum Sieg zu verhelfen. Das ist ein Irrtum. Unsere Hauptaufgabe zum Beispiel im Kreisauer Kreis war, die auswärtigen Mächte, die gegen uns zu Felde lagen, von Churchill bis Roosevelt, dafür zu gewinnen, daß sie ihre völlig unproduktive Formel von der bedingungslosen Kapitulation aufgeben; denn diese Formel von der bedingungslosen Kapitulation hat den militärischen Aufstand gegen Hitler nach meiner Überzeugung um Jahre hinausgezögert.

Soll man Generälen, Armeeführern, die nicht völlig erledigt sind, denn zumuten, ins Blaue, das heißt ins Nichts hinein, mit dem Ziel der bedingungslosen Kapitulation Hitler zu stürzen? Das war Unsinn. Wir haben uns jahrelang bemüht, diese nicht nur hinderliche und unproduktive, sondern katastrophale Formel zu beseitigen.

Es ist nicht geglückt; Churchill hat das verweigert, und sicher nicht nur Churchill, sondern auch Roosevelt. Ich klage nicht an, ich stelle nur fest, aber man muß das wissen. Es mag Fälle geben, wo auch im Tatbestand zwischen Hochverrat und Landesverrat eine saubere Schnittlinie überhaupt nicht mehr zu ziehen ist. Was uns betrifft, kann ich nur sagen: Wir haben uns auf das Sorgfältigste gehütet, vom Hochverrat in den Landesverrat zu geraten.

GAUS: Sie sind auf diese Weise über die Betonung, wie sehr es den Widerstandskämpfern des 20. Juli um die Erhaltung Deutschlands gegangen ist, zur Frage des derzeitigen Verhältnisses der Deutschen zu ihren nationalen Werten und Gefühlen gelangt. In einer Rede vor der Hebräischen Universität von Jerusalem haben Sie, Herr Präsident, im November 1962 gesagt – ich darf das zitieren: »Was nach dem Nationalsozialismus übrig blieb, war ein tief gestörtes, wenn nicht überhaupt zerstörtes deutsches Nationalbewußtsein. Eine der großen inneren Existenzfragen der Deutschen besteht darum heute darin, ob und wie sie zu einem geklärten Nationalbewußtsein kommen.« Dazu eine Frage. Wie müßte nach Ihrer Vorstellung, Herr Dr. Gerstenmaier, ein solches erneuertes Nationalbewußtsein beschaffen sein? Was darf nicht in ihm enthalten sein, was muß es beinhalten?

GERSTENMAIER: Ich danke für diese Frage. Ich habe soeben darüber Vorlesungen in Japan an der alten Universität von Kyoto gehalten, und zwar aus zwei Gründen, weil ich nämlich erstens Deutschland auch einmal in dieser Frage von außen reflektieren wollte und weil ich zweitens in Japan ähnliche Vorgänge gesehen habe, ein ähnlich gestörtes Nationalbewußtsein, eine ähnliche Situation. Ich möchte zwei oder drei Punkte nennen. Ich glaube, wir müssen uns entschließen, die nationale Souveränität nicht mehr als den obersten Maßstab und den obersten Wert unseres politischen Tuns und Lassens zu sehen. Tatsächlich ist die nationale Souveränität und das, was sich mit ihr dann verband, an Staatsverständnis und Staatswollen mindestens 100 Jahre lang – praktisch vielleicht mehr als theoretisch – der oberste Wert und die oberste Richtlinie politischen Verhaltens gewesen. Die Absage an die nationale Souveränität bedeutet deshalb mehr als eine praktische Notwendigkeit im Dienste der Vereinigung Europas. Sie bedeutet eine Revision unserer Wertstufen, unserer Wertkategorien. Die nationale Souveränität ist kein oberster Wert politischen Verhaltens. Punkt zwei: Der Stil, der politische Stil, auch unser nationaler Ausdruck, muß sich bewußt und willentlich anderen, neuen Formen zuwenden. »Der Deutsche, bieder, fromm und stark, beschirmt die heilige Landesmark.«

Sie lächeln, nicht wahr, und andere lächeln auch, obwohl es Generationen gab, denen das gar nicht zum Lächeln war. Und ich respektiere das. Aber wir können nicht mehr so reden. Ich bezeichne damit nur eine bestimmte Art des Verhaltens. Wir müssen unvergleichlich viel selbstkritischer und unprätentiöser auch unseren eigenen nationalen, berechtigten nationalen Lebensbedürfnissen gegenübertreten. Und schließlich drittens: Wir müssen uns bemühen um ein neues, geistiges und geistig verantwortetes, an Wertordnungen orientiertes nationales und staatliches Bewußtsein. Wir müssen zur Übereinstimmung kommen zwischen unserer Geistigkeit und unserer Machtpraxis. Damit sind wir nun bei dem großen Kapitel »Geist und Macht«, »Gedanke und Taktik« usw.

GAUS: Ein Kapitel, das in Ihrem Leben gelegentlich eine besonders große Rolle zu spielen scheint. Es gibt Beobachter der politischen Szenerie in der Bundesrepublik, die sagen, daß die Lust, die Eugen Gerstenmaier an Gedankenreflexionen hat, ihn gelegentlich vom rechten Umgang mit der Macht abhält. Halten Sie solche Behauptungen für zulässig?

GERSTENMAIER: Bis zu einem gewissen Grade. Wenn wir hier schon ein echtes Porträt machen wollen, dann muß ich das zugeben. Es ist nicht gerade – Sie sprachen von der Lust, und das erinnert mich an Friedrich Sieburgs brillantes Buch »Die Lust am Untergang« – es ist nicht gerade die Lust am Untergang. Es ist auch nicht, wie mir manche Leute sagen, eine letzte Unfähigkeit, zum harten Handeln durchzukommen. Wenn das sein muß, wird es geschehen. Ich habe mir am 20. Juli nachmittags, obwohl ich die Sache für verloren hielt, einfach abgerungen, in die Bendlerstraße zu gehen, weil ich nicht kneifen wollte. Ich hielt die Sache für verloren, aber ich wollte wenigstens nicht kneifen, sondern stehen. Ich bin mir dessen völlig klar, daß die Reflexion nicht das letzte sein darf, sondern daß man sich zum Handeln, zur Tat entschließen muß.

Aber ich halte es nicht für einen Vorteil, sich einfach der Lust – oder da würde ich sagen: dem Vergnügen – der Taktik zu überlassen. Vielmehr finde ich eine gewisse Lust, nicht im Sinne der Belustigung, sondern einer gewissen tiefen inneren Befriedigung, und einen großen Reiz darin, Macht und Geist immer wieder dergestalt zu reflektieren, daß man versucht, sich das, was man politisch unternimmt, in seinem Sinnzusammenhang, im Gesamtzusammenhang klarzumachen, und daß man sich dabei vor sich selber – noch bevor man mit dem anderen, mit dem Widersacher, mit dem Gegner verhandelt – mit dessen eigenen Argumenten und dem, was darin wahr ist, auseinandersetzt. Das führt zu einer Dialektik, die natürlich viele stört, manche auch desorientiert, so daß manche dann sagen: »Ach Gott, was will er denn nun eigentlich? Der Mensch steht sich ja selber im Wege.«

GAUS: Wenn Sie meinen, daß die Fähigkeit, den eigenen Standpunkt relativieren zu können und ihn nicht immer –

GERSTENMAIER: Wenn es sein muß, ja, vor allem differenzieren zu können, nuancieren zu können. Aber ich behaupte – auch wenn ich deswegen verurteilt würde –, daß das keine schwächere Art ist, Politik zu machen, sondern eine stärkere Art.

GAUS: Nun sagt man, daß Sie, obwohl einer der stellvertretenden Vorsitzenden der CDU, einen geringeren Einfluß in Ihrer Partei hätten als Sie ihn auf Grund Ihrer Position haben könnten. Kann das an all dem liegen, was Sie soeben über sich selber erläutert haben?

GERSTENMAIER: Einmal das. Zum zweiten liegt es natürlich mit an meinem Amt. Ich wäre ein schlechter Diener des deutschen Volkes und des deutschen Parlaments, wenn ich mir nicht völlig klarmachte, daß ich, wenn es darauf ankommt und wenn beides miteinander konkurriert, im Zweifelsfall unter allen Umständen meinem Amt den Vorrang lassen muß. Wenn ich also vor der Frage stehe, ob ich mich als ein Führer, Mit- oder Vorkämpfer der CDU oder als Bundestagspräsident, als Diener des ganzen Hauses verstehen soll, dann wäre ich ein Dilettant, wenn ich nicht klipp und klar entschiede: Das Amt muß den Vorrang haben. Und ich vertraue darauf – und ich bin bis jetzt auch nicht enttäuscht worden –, daß meine Partei, meine Fraktion das versteht.

Eine Partei, die den Bundestagspräsidenten stellt, hat von diesem Mann nur dann etwas, wenn er versucht, ein guter Bundestagspräsident zu sein. Das ist das eine. Das zweite ist folgendes: Mir liegt die Art von Kameraderie eigentlich nicht, die doch notwendig ist, um so etwas wie eine Hausmacht zu bilden und zusammenzuhalten. Außerdem verträgt sie sich nicht mit meinem Amt. Ich bin ja der Diener aller. Zu mir müssen alle einen Zugang haben, und ich muß zu allen einen möglichst ungehemmten Zugang haben, nicht nur in meiner Fraktion, sondern auch bei den anderen Fraktionen. Damit verträgt es sich eigentlich nicht, sich dann so etwas wie eine Hausmacht zu bilden, die doch in der Politik, in der praktischen Politik und in der Politik innerhalb der Parteien und darüber hinaus von großer Wichtigkeit ist. Ich sage also gar nichts gegen die Leute, die das machen. Ich sage nur: Der Bundestagspräsident muß wissen, was den Vorrang hat.

GAUS: Und die Kameraderie entspricht auch nicht ganz Ihrem Geschmack.

GERSTENMAIER: Ja, es entspricht ... Ach, ich liebe die Gemeinschaft der Männer, wo offene Worte geführt werden, die etwas gemeinsam machen; das habe ich immer geliebt. Aber es gibt doch in der Politik auch so eine gewisse Kameraderie, die nicht nach meinem Geschmack ist.

GAUS: Sie werden, Herr Präsident, gemeinhin als ein konservativ gesinnter Politiker bezeichnet. Sind Sie mit dieser Einordnung einverstanden?

GERSTENMAIER: Ich bin dann einverstanden, wenn man weiß, was konservativ ist.

GAUS: Können Sie es mir erklären?

GERSTENMAIER: Vor einiger Zeit hat der Schweizer Allemann, Ihr Kollege, in einer sehr angesehenen, kultivierten Zeitschrift, im »Monat«, einige Artikel herausgebracht: »Was ist konservativ?« Da schrieb eine ganze Reihe von bedeutenderen Denkern, als ich es bin, über dieses Thema. Dabei ist mir aufgefallen, daß sie im Grunde alle gut spürten, was konservativ ist, aber daß wenige es auf eine Formel brachten. Ich würde eine Formel nehmen, die nicht von mir stammt, die ich aber für richtig halte: Konservativ sein heißt, nicht am Vergangenen hängen, sondern aus dem immer Gültigen leben. Zwischen konservativ sein und reaktionär sein ist also ein gewaltiger, ein dimensionaler Unterschied. Konservativ sein heißt, im geschichtlichen Zusammenhang denken, sich dem geschichtlichen Zusammenhang stellen und sich hinordnen auf das, was immer gültig bleibt, also auf innere Werte, die auch im Wandel der Geschichte unbedingte Gültigkeit beanspruchen dürfen. Sich ihnen zu unterwerfen im fließenden Alltag, im Fluß der Geschichte, das scheint mir konservativ zu sein; in dem und in keinem anderen Sinn bin ich konservativ.

GAUS: Entspringt Ihre gelegentliche Warnung vor dem Wohlfahrtsstaat dieser konservativen Haltung?

GERSTENMAIER: Vielleicht auch. Ich wollte aber eigentlich nicht so sehr vor dem Wohlfahrtsstaat warnen wie vor einem Staat, in dem folgendes außer Betracht kommt. Das Grundgesetz will den modernen Sozialstaat. Wir wollen den sozialen Rechtsstaat, heißt es im Grundgesetz. Das ist ein Verfassungsauftrag, und ich habe ihm zu dienen. Ich bejahe ihn auch. Aber auch im sozialen Rechtsstaat muß man sich klar darüber sein, daß ein Mann zunächst einmal für sich selber steht; für sich selber mit allen Konsequenzen.

Der Staat verbürgt ihm den Rechtsschutz. Aber vom Staat auch die eigene wirtschaftliche Existenz verbürgt haben zu wollen, das geht für meinen Begriff zu weit. Ich akzeptiere den Satz meines alten Lehrers Friedrich Brunstäd, der ein großer Konservativer war. Ich folgte ihm. Er sagte nämlich, daß der andere, der Besitzende, im Zweifelsfall auch mit seinem Besitz und Eigentum einzustehen habe für die Existenz der anderen. Sehen Sie, das tue ich. Aber das setzt voraus, daß man bereit ist, zunächst einmal für sich selber einzustehen. Ich finde deshalb, daß ich in beiden Sätzen – für sich selber einzustehen und mit allem, was man ist und hat, auch für den anderen einzustehen, wenn es sein muß – eine konservative Haltung ausdrückt, die sich sehen lassen kann, und die ich unserem Staat jedenfalls sehr wünschen möchte.

GAUS: Sie haben zu Beginn unseres Gesprächs, Herr Präsident, von der Bedeutung gesprochen, die die Jugendbewegung für Sie gehabt hat. Ich möchte in diesem Zusammenhang noch auf ein anderes Thema hinaus. In den letzten Jahren der Weimarer Republik gab es verschiedene Gruppen, die nicht nationalsozialistisch waren, aber auf der Suche nach einer neuen Elite doch antidemokratische Züge trugen. Die erste Frage in diesem Zusammenhang: Haben solche Überlegungen Sie angezogen?

GERSTENMAIER: Das mag sein, aber nur, sagen wir mal, im Rahmen der Gefühle und des Stils, der damals in der bündischen Jugend üblich war. Ich hatte zum Beispiel keine Verbindung zu den etwas Älteren – dazu war auch mein kleines Kirchheim gar nicht so richtig geeignet – wie etwa zum »Tat-Kreis« und so. Aber ich gestehe, daß ich das Mißbehagen an den späten Jahren der Weimarer Republik geteilt habe, wenn wir auf Fahrt waren und in eine Demonstration hineinkamen, wo die einen mit roten Kopftüchern auf die anderen schlugen und die anderen, die Braunen, auf die mit den roten Kopftüchern loshauten und am Montag dann in der Zeitung stand, wo es wieder bei Aufmärschen Verletzte und Tote gegeben habe. Ich denke nicht nur an den Altonaer Blutsonntag; es gab auch harmlosere.

Kurz und gut, das war im höchsten Maß nicht nur verdrießlich, sondern widerwärtig, und wir hatten keinen großen Respekt – das muß ich auch sagen –, wir hatten keinen großen Respekt vor den

Parteien, die sich da im Reich darstellten – ohne Einschränkung. Hugenberg war nicht geliebt. Ich muß sagen: Mein Respekt vor den Sozialdemokraten – deshalb wurde ich wohl für ein mit den Sozialdemokraten sympathisierender Mann gehalten – begründet sich einerseits darin, daß eine Reihe meiner Freunde im Kreisauer Kreis Sozialdemokraten waren wie Carlo Mierendorff, Theo Haubach, Leber, Reichwein, mit denen ich auf das Innigste befreundet war. Vor allem aber hat auf mich als jungen Mann einen großen Eindruck gemacht das Gesicht von Otto Wels bei seiner Rede im Reichstag zu den Ermächtigungsprozessen. Das war doch der einzig richtige Ton; das war doch der letzte Ehrenretter des Deutschen Reichstags, nach meiner Überzeugung. Das habe ich ihm nie vergessen; das sage ich auch heute ganz offen. Ich gehöre einer anderen Partei an, aber ich werde diesen Sozialdemokraten, jedenfalls Leuten wie Wels, die den Mut hatten, schon unter schwerer Gefahr offen anzutreten, das nie vergessen und habe ihnen bis auf den heutigen Tag, bis in die Tiefe meines Herzens Respekt und Dankbarkeit bewahrt. Dann ging es in die Verfolgung, dann ging es in den Untergrund, und dann am 20. Juli wieder in die Öffentlichkeit.

GAUS: Eine zweite Frage im Zusammenhang mit Elite und dem Verlangen nach Elitebildung: Halten Sie eine Elitebildung unter den derzeitigen Umständen einer parlamentarischen Demokratie für möglich, eine zuverlässige Elitebildung?

GERSTENMAIER: Ich halte sie nicht für organisatorisch darstellbar, und ich würde jeden Versuch einer organisatorischen Darstellung für verfehlt halten. Ich habe bei irgendeinem Gespräch einmal gesagt – ich wiederhole mich hier –, daß eine Formulierung, die, glaube ich, von Gehlen stammt, mir Eindruck gemacht hat, daß nämlich die Elite unserer Zeit eben eine Elite der Askese, eine Elite der Verzichts ist oder, in meinen Worten: der gewollten und bewußten Bereitschaft zu dienen. Das Wort steht nicht hoch im Kurs in diesem Volk, und ich bedaure das sehr. Es nimmt einem Mann nicht sein Gesicht. Aber sich sage mit Absicht: Wenn Sie mich fragen, wie ich mein Amt verstehe, dann will ich es so verstehen, auch wenn es mir Mühe macht und wenn ich mich oft dabei beugen muß, was ich nun von Natur aus gar nicht liebe. Ich verstehe mich als den ersten Diener dieses Hauses, und das ist etwas, was es in der deutschen Tradition doch gibt, und was in dieser Tradition doch hochgehalten werden sollte, was vor allem auch in der preußischen Tradition vorgebildet war.

GAUS: Dieses genau, Herr Präsident, bringt mich zu meiner dritten Frage, die ich in dem Zusammenhang stellen wollte. Man sagt Ihnen viel Sympathie, Verständnis und Respekt für die Lebenswelt des Adels – Sie sind mit der Frau eines baltischen Gutsbesitzers verheiratet –, vor allem des preußischen Adels nach, vielleicht wäre es richtiger zu sagen: für das Preußentum ganz allgemein. Ist das korrekt?

GERSTENMAIER: Wenn man sagt »das Preußentum ganz allgemein«, dann wird es auch schon wieder schwierig. Ich bin befreundet mit Hans Joachim Schöps. Schöps hat ein gutes Buch geschrieben, »Das andere Preußen«, und er hat einmal eine großartige Rede gehalten: »Die Ehre Preußens«. Ich lasse nichts auf dieses Preußen kommen, das Hans Joachim Schöps damals dargestellt hat, in dem einfach die Treue, die Disziplin, die Ehrerbietung und die Dienstbereitschaft für die Gemeinschaft groß geschrieben wurden und eine Ehre waren.

Darauf lasse ich nichts kommen, und wenn noch so viele Leute das in Deutschland für altmodisch, für überlebt und für versponnen halten. Ach, sollen sie mich deshalb für versponnen halten! Dazu stehe ich, das ist es.

Lieber Herr Gaus, am 20. Juli abends, als alles vorüber war und die andern gesiegt hatten und noch sieben oder acht Mann in dem Zimmer von Stauffenberg in der Bendlerstraße standen und aneinander gekettet wurden, da war ich der einzige Zivilist unter sieben Offizieren, und von diesen sieben Offizieren waren, glaube ich, sechs preußische und württembergische Grafen, darunter Berthold Stauffenberg – sein Bruder Klaus war schon tot – und mein Freund Peter Yorck von Wartenburg, mir unvergeßlich. Ich habe meinen jüngsten Sohn in dankbarer Erinnerung an Peter Yorck von Wartenburg mit Vornamen Yorck genannt, das ist wahr. Das ist eine Respektsbezeugung vor dem, was groß ist in unserer Geschichte, und gleichzeitig eine Erinnerung an das, was mir selber in einer existenziellen Situation meines Lebens sichtbar, symbolhaft gegenwärtig wurde. Ich weiß, daß ich mich damit Mißdeutungen aussetze, aber was hilft's, man muß auch Mißdeutungen riskieren.

GAUS: Sie sind 1949, Herr Präsident, für die CDU in den ersten Bundestag gezogen und sehr bald schon, ganz sicher aber nach einigen Jahren, in der eigenen Partei gelegentlich heftig umstritten gewesen – aus verschiedenen Gründen. Zwei Gründe sind aber vor allem immer wieder genannt worden. Erstens haben Sie liberale Werte stärker betont, als das vielen in Ihrer Partei nützlich erschien, und zweitens haben Sie eine ganz spezielle Definition für das Christliche im Namen der CDU gegeben. Ich habe in Ihrer Abschiedsrede für den scheidenden Bundeskanzler Adenauer ein Zitat gefunden, das mir wie eine Selbstinterpretation Gerstenmaiers vorkommt. Sie haben gesagt, er – Adenauer, und vielleicht darf man also auch sagen: Gerstenmaier – sei nicht dem Mißverständnis erlegen, daß der christliche Staatsmann zur Missionierung der Welt oder gar zur Manipulation des Denkens und Handelns anders Gesinnter verpflichtet sei. Herr Präsident, bedeutet dies eine Zurücknahme des Christlichen in der Politik auf eine rein persönliche Plattform, von der aus der einzelne tätig wird, und ist es der Verzicht auf einen christlichen Staat?

GERSTENMAIER: Zum ersten: Ich freue mich, daß Sie das Zitat so gebracht haben. Ich hatte gar nicht daran gedacht, daß ich mich dabei selber beschreibe, aber es ist vielleicht ganz gut; denn ich kann hier eine Gemeinsamkeit, eine tiefe Gemeinsamkeit mit Konrad Adenauer zur Darstellung bringen. Das verbindet mich mit Konrad Adenauer. Ich bin der Überzeugung, daß das, was ich hier von Konrad Adenauer gesagt habe, eben nicht nur für mich selbst gilt, sondern daß es eine Wirklichkeitsbeschreibung Adenauers ist. Es verbindet mich mit ihm. Er denkt so. Ich denke auch so.

Zweitens: Das war eine starke Hilfe, diese Art von nüchternem Denken Adenauers, bei der Beseitigung und Klärung, so will ich einmal sagen, von Mißverständnissen, wie es sie in unserer Partei natürlich geben mußte. Es gibt zum Beispiel Leute, brave Leute, die haben lange gedacht, daß die CDU doch, nachdem sie an der Macht sei, nun endlich den christlichen Staat verwirklichen sollte. Ich nehme das den Leuten nicht übel, aber meine Pflicht war es – jedenfalls so lange ich dem Präsidium der CDU angehöre und immer wieder dazu zu sprechen habe –, klarzumachen, daß das nicht unsere Pflicht, nicht unsere Aufgabe ist, daß es einen christlichen Staat im modernen Staat unserer Verfassung überhaupt nicht geben kann und geben darf, daß das ein illegales, illegitimes Ziel wäre, selbst dann, wenn eine christliche Partei noch mehr Macht hätte, als wir sie gehabt haben. Denn unsere Verfassung will Glaubensfreiheit und Rechtsgleichheit miteinander verbinden. Glaubensfreiheit und Rechtsgleichheit, das sind die Grundlagen, die die Verfassung in diesem Staat garantiert. Sie können entweder dazu ja sagen, wie ich es tue, oder sie können sagen: Nein, wir wollen einen christlichen Staat. Aber beides zusammen kann man nicht haben.

Das ändert gar nichts daran, daß sich der christliche Staatsmann oder christliche Politiker klar darüber sein und werden muß, was denn eigentlich »christlich« für ihn bedeutet. Bedeutet es bloß eine Metapher, eine schöne Formel, oder bedeutet es etwas Existentielles, etwas Wirkliches, etwas, was für eine konkrete Politik von Bedeutung ist? Ich bin der letzteren Meinung. Natürlich bedeutet es etwas höchst Wichtiges, höchst Reales insofern, als eine christliche Partei und ein christlicher Politiker bereit sein müssen, sich den Maßstäben christlicher Existenz, christlichen Glaubens zu unterwerfen. Sie müssen sich sozusagen durch diesen Filter auch in ihrem politischen Denken und Planen hindurchtreiben lassen, und müssen sich selbst kritisch darauf anreden lassen.

GAUS: Wir sind bei dieser Gelegenheit auf Ihr Verhältnis zu Konrad Adenauer gekommen. Ich würde darüber gern mehr von Ihnen wissen. Man hat in den letzten Jahren in der Öffentlichkeit immer wieder gehört, daß es bei den verschiedensten Gelegenheiten zwischen Adenauer und Gerstenmaier zu schweren Zusammenstößen gekommen ist. Gerstenmaier hat von Zeit zu Zeit außenpolitische Vorschläge vorgelegt, die nicht ganz auf der Linie Adenauers lagen. Zum Schluß kam dann doch immer wieder eine Aussöhnung, in den Augen mancher eine Anpassung Gerstenmaiers an Adenauers Vorstellungen heraus.

Man hat Ihnen – Paul Sethe etwa – gelegentlich übelgenommen, daß Sie den Kanzler nicht gestürzt haben. Wie war Ihr Verhältnis zu ihm? Hätten Sie ihn jemals – ich rede jetzt nicht von der Machtfrage, sondern von der psychologischen Seite – überhaupt stürzen können? Hätte Ihr Verhältnis zu ihm das vertragen?

GERSTENMAIER: Ich weiche der Frage nicht aus, aber vielleicht darf ich zunächst folgendes sagen. Die Frage ist nicht einfach, und ich möchte ihr so redlich und so offen wie möglich begegnen. Ich würde sagen, zunächst ist Adenauer ja eine Generation älter. Dann ist Adenauers Art zu denken eine andere als meine. Ich bin, was manche verwirrt, von der Klassik her, seitdem ich, so könnte man sagen, bei Plato oder Sokrates in die Schule gegangen bin, ein Dialektiker. Ich liebe das, und ich halte es für die bessere Methode, der Wahrheit näher zu kommen, als jene Art von linearem Denken, die von einem Punkt zum nächsten Punkt eine Gerade zieht – verstehen Sie? –, was vielleicht eindrucksvoller für den Zuschauer ist. Die Dialektik verwirrt viele.

Das lineare Denken, dem Konrad Adenauer zuneigt, ist eingängiger – jedenfalls in der Politik. Das ist eine Verschiedenheit in der Denkstruktur und in der Methode. Darüber hinaus aber, muß ich sagen, gab es in der Gesamtlinie keine programmatischen Unterschiede zwischen Adenauer und mir – mit zwei oder vielleicht drei, allerdings sehr wichtigen Ausnahmen.

Ich war nach dem Scheitern der Europäischen Verteidigungsgemeinschaft der Meinung, daß man überlegen sollte, ob man nicht eine deutsche Nationalarmee aufstellt und diese Nationalarmee dann in einer besonderen Form mit der NATO verbindet, ohne daß man sie in die NATO integriert. Ich habe das damals deshalb vorgeschlagen, und zwar nur dem Bundeskanzler gegenüber, weil ich der Meinung war, daß wir dann vielleicht etwas mehr politischen Spielraum für die Wiedervereinigungspolitik gewinnen könnten als durch die volle Integration in die NATO. Ich mag mich geirrt haben, aber das war eine sachliche Meinungsverschiedenheit, die der Bundeskanzler ernsthaft erwogen hat, der er sich aber schließlich auf der Londoner Schlußkonferenz versagt hat. Ich nehme ihm das nicht übel, aber es muß erlaubt sein, solche Meinungsverschiedenheiten im Interesse des Landes und unserer Politik so, wie es das Grundgesetz will – demzufolge jeder Mandatsträger selber verantwortlich ist –, solche Meinungsverschiedenheiten in angemessener Form bis zum Ende durchzufechten. Ein zweites war die berühmte, für manche Leute berüchtigte Rede, die ich als Parlamentspräsident am Ende, ich glaube, des dritten Bundestages gehalten habe, am 30. Juni 1961, als einige Vorschläge zur methodischen Weiterbildung Außenpolitik erlaubt habe. Damals gab es heftige Kritik a ner eigenen Partei. Der größere Teil meiner Partei war wahrscheinlich meiner Meinung, jedenfalls die anderen Parteien. Es gab einen harten Streit, das ist wahr. Er vollzog sich nicht ganz hinter den Kulissen, wie ich es natürlich lieber gesehen hätte.

GAUS: Es gab doch den Eindruck in der Öffentlichkeit, daß Sie zurückgesteckt haben.

GERSTENMAIER: Ich habe nicht zurückgesteckt. Kein Wort davon ist wahr. Ich habe darauf verzichtet, in der Öffentlichkeit einen großen Spektakel zu machen, das ist auch wahr. Aber was geschah? Der Bundeskanzler nahm in seine Regierungserklärung wörtlich auf, was ich im Parlament gesagt habe. Die umstrittenen Sätze erschienen acht Wochen später in der Regierungserklärung. Habe ich nun zurückgesteckt, oder habe ich nicht zurückgesteckt? Ich kann nicht sagen, daß ich bei allen Meinungsverschiedenheiten in dieser Weise oben blieb, das nicht.

Aber um zu der Schlußfrage zu kommen: Ich finde Adenauer, alles zusammen, eine großartige Erscheinung. Er ist ein Mann, der – nehmt alles nur in allem – ich will nicht sagen – hoffentlich brauche ich nicht zu sagen –: Ihr werdet nimmer seinesgleichen sehen. Aber mir hat immer diese großartige Männlichkeit gefallen. Mir hat außerdem diese geduldige und im Grunde kraftvolle Bemühung um die Einsicht der anderen, die Kunst Konrad Adenauers, andere zu gewinnen, im Gespräch, in der Sitzung, sie doch auf seine Position zu bringen, imponiert. Mir hat diese großartige Geduld imponiert, die mir von Hause aus nicht gegeben ist, die ich für kraftvoll halte, und auch die Geschicklichkeit, mit der er das gemacht hat.

Das hat mir gefallen, auch dann, wenn ich anderer Meinung war und als sachlicher Gegner gegen ihn stand. Alles in allem habe ich den Respekt vor ihm, der ihm nach meiner Überzeugung zukommt, und ich kann sagen: Was ich in jener Adenauer-Rede im Bundestag zu seiner Verabschiedung gesagt habe, ist von mir aus gesehen – ich kann nicht in Anspruch nehmen, daß auch die Geschichtswissenschaft der Zukunft das alles objektiv bestätigt –, aber subjektiv nach meiner Erkenntnis kann ich nur sagen: diese Rede ist aus dem Stoff der Wahrheit gemacht.

GAUS: Es ist eine Rede tiefsten Respekts.

GERSTENMAIER: Es ist eine Rede tiefsten Respekts, und sie ist aus dem Stoff der Wahrheit gemacht. Ich bin stolz darauf, daß ich es mir versagt habe, irgendeine Metapher, irgendeinen Zusatz, irgendeine Formel zu nehmen, von der ich, wenn ich sie vor mir selber probe, sagen müßte: Eigentlich kannst du das doch nicht ganz vertreten. Nein, ich habe mir das versagt. Ich habe nur gesagt, was ich völlig ehrlich, nach meinem eigenen Verständnis, vertreten kann.

GAUS: Sie sind auf Wunsch Ihrer Fraktion Bundestagspräsident geworden, Herr Dr. Gerstenmaien. Es heißt, daß Sie Ihre politische Erfüllung eher – mindestens damals – im Amt des Außenministers und unter bestimmten Konstellationen auch in dem des Bundeskanzlers gesehen hätten. Denken Sie manchmal, daß Sie mehr hätten bewirken können auf einem dieser Posten?

GERSTENMAIER: Um es offen zu sagen: Ich bin nicht gern Bundestagspräsident geworden, ach nein. Aber es gibt eine Loyalität gegenüber der Fraktion, die muß gerade der respektieren, der auch bereit ist, seinen eigenen Kopf und seine eigenen Gedanken durchzufechten. Auf die Frage, ob ich gern Außenminister geworden wäre, kann ich nur sagen: Ich war Vorsitzender des Auswärtigen Ausschusses. Ich war es sehr gern, ich hätte gar nichts dagegen gehabt, Außenminister zu werden, aber: Ich war doch in wichtigen methodischen Fragen so oft anderer Meinung als der Bundeskanzler, daß ich eigentlich damals keine Möglichkeit für mich gesehen hätte, als Außenminister zu wirken. Ich habe es deshalb dem Bundeskanzler niemals übelgenommen, daß er das gar nicht in Erwägung zog. Denn der Bundeskanzler bestimmt die Richtlinien der Politik, nicht der Außenminister. Und schließlich bedeutet dieser Artikel 65 des Grundgesetzes – der Bundeskanzler bestimmt die Richtlinien der Politik –, daß er eben auch so etwas wie die Kompetenzkompetenz hat. Er kann also auch im Zweifelsfall sagen: Das ziehe ich an mich. Ich will nicht sagen, daß das ein Ausdruck unseres kritischen Verhältnisses gewesen ist, gar nicht, aber man muß doch fair sein. Und ich will nur sagen: Ich hätte nicht von Konrad Adenauer erwartet, daß er mich zum Außenminister gemacht hätte in den Jahren, in denen er der Meinung war, daß ich doch in wichtigen Punkten, oft jedenfalls methodisch, taktisch anderer Meinung war als er.

GAUS: Fühlen Sie sich gedrängt aus politischem Ehrgeiz oder auch aus politischer Pflichterfüllung, nach einem anderen Amt als dem des Bundestagspräsidenten – jetzt in die Zukunft gesehen – zu streben, etwa Bundeskanzler zu werden? Halten Sie es eventuell für nötig?

GERSTENMAIER: Nein. Das sage ich Ihnen ganz offen. Manche Leute werden das vielleicht als ein Prunken mit Bescheidenheit ansehen; das ist es gar nicht. Es gibt Freunde von mir – fragen Sie einmal einige auch Ihrer Kollegen –, die werfen mir vor, daß ich nicht genügend Ehrgeiz habe. Ich habe einen gewissen sachlichen Ehrgeiz, aber ich muß sagen: So wichtig ist mir nun die Welt wirklich nicht. Warum sollte ich Bundeskanzler werden, wenn Ludwig Erhard es wirklich gut oder möglicherweise besser macht? Wenn es Herr Schröder gut macht, warum sollte ich dann Außenminister werden? Das ist doch töricht. Solche Sachen sind nur wichtig, und eine solche Fragestellung ist nur wichtig vielleicht für Leute, die gar keine andere Möglichkeit haben als sich im Bereich der Politik zu bewegen. Für mich gibt es andere Möglichkeiten des Daseins, des erfüllten Daseins, als die Politik.

GAUS: Welche Möglichkeiten sind das, die Ihr Dasein erfüllen können?

GERSTENMAIER: Ich liebe nach wie vor heiß die Wissenschaften, hänge nach wie vor am gesprochenen und geschriebenen Wort, an einer guten Formulierung, an einer geglückten, klar dargestellten Gedankenführung. Ich liebe es, zu dozieren und zu lehren. Ich bin ein verhinderter Professor. Ich habe es Hitler immer persönlich übelgenommen, daß er mir die Hoffnung meines Lebens zerstört hat, daß er es mir verweigert hat, Hochschullehrer zu werden.

GAUS: Aber könnten Sie wegen des Dienstes an der Wissenschaft die Politik lassen?

GERSTENMAIER: Ach wissen Sie, ich darf Ihnen eine kleine Geschichte erzählen. Es war, glaube ich, im Jahre – ich war schon

Bundestagspräsident – 1957, da sagte ich Konrad Adenauer einmal: Mir gefällt es eigentlich gar nicht, diese Wahlkämpferei mit dem Verzicht auf Nuancen und Differenzierungen und diese Platitüden und das ganze Hin und Her und all dieses viele unwichtige Getue; das gefällt mir eigentlich gar nicht; nein, mir gefällt die ganze Politik nicht. Ich bin dabei nicht glücklich, sagte ich. Wissen Sie, was Adenauer sagte? Und da sehen Sie die Weisheit dieses Mannes. Sie war für mich selber erleuchtend. Er sagte: Wissen Sie, jetzt sind Sie nicht glücklich, aber wenn Sie aus der Politik ausscheiden, dann werden Sie unglücklich.

GAUS: Sie halten dies für zutreffend?

GERSTENMAIER: Ich fürchte, daß vieles daran wahr ist.

GAUS: Erlauben Sie mir eine letzte Frage, Herr Präsident, nach so vielen Fragen: Die Jagdleidenschaft, von der man so oft hört, daß Sie ihr fleißig huldigen, gehört sie auch zu den Dingen, die Ihnen manchmal wichtiger sind als Ämter, als politische Fragen?

GERSTENMAIER: Nein, nein! Ich habe neulich mit George Kennan in Tokio, den ich im Unterschied zu vielen seiner Kritiker schätze, obwohl ich mit vielem nicht ganz einig bin, was er so in der Politik gesagt hat, ein Gespräch gehabt. Er hielt eine ähnliche Vorlesungsreihe, wie ich sie in Kyoto gehalten hatte, in Tokio. Ich sah ihn und lud ihn zum Essen ein und fragte ihn: Wie ist es denn nun, wenn Sie nicht mehr Diplomat, sondern nur Professor sind? Da müssen Sie doch eigentlich ganz glücklich sein.

Da sagte er, nein, es gehe ihm wie einem Mann, der eine Frau habe, mit der er ganz gut lebe, der aber daneben auch noch eine andere Figur kenne, die er auch gerne sähe, und nun müßte er sich eigentlich entscheiden, aber er könne und könne sich nicht entscheiden. Er meinte folgendes: Er kennt die Politik, wie sie in Wirklichkeit ist, er kennt den Betrieb der Diplomatie, und er ist ein großer Gelehrter, und kennt die Gesetze der Wissenschaft, und er schwankt zwischen beiden. Ich habe ihm gesagt: Wissen Sie, so geht es mir auch. Nur frage ich Sie nicht: Wer ist denn die Frau, und wer ist die andere? Wenn Sie aber mich fragen würden: Wer ist denn die Frau, und wer ist die andere?, dann könnte ich Ihnen ganz genau sagen, wer bei mir die Frau ist, nämlich mein Amt. Solange ich ein Mandat dieses Volkes trage, muß das in diesem

Sinn die Frau sein, die legitime, und die Wissenschaft, auch das Schreiben, das muß das andere sein. Und die Jagd? – Ich will Ihnen etwas sagen: Ich bin in diesem Jahr zwei Tage, ganze zwei Tage auf der Jagd gewesen. Ich liebe sie, weil es nun einmal ein Sichverhalten in der Natur ist, das für mich unvergleichlich viel interessanter ist als das des Spaziergängers. Zweitens aber ist für mich die Jagd einfach eine Art der Betätigung, der Bewegung in der Natur und – Sie werden lachen – des Naturschutzes. Es gibt keine andere Möglichkeit, in der Kulturlandschaft das edle Wild und auch das niedere Wild zu schützen, als durch eine sorgsam ausgeübte Waidgerechtigkeit. Anders ist es nicht zu machen. Mein Herz hängt an der Natur. Mein Herz hängt auch am Wild. Je älter ich werde, desto weniger gern schieße ich. Aber Jagd muß sein; denn sonst werden die deutschen Wälder zu Holzplantagen. Das wollen wir doch alle nicht.

Darf ich mal hier etwas zum Stil eines Mannes sagen, der politische Verantwortung trägt? Jeder muß wohl seinen eigenen haben. Zu meinem gehört, daß dort, wo ich den Vorsitz habe, selten abgestimmt wird. Ich bin seit vielen Jahren Berliner Bürgermeister, aber Sie können an den Fingern einer Hand abzählen, wann mal abgestimmt worden ist: weil ich es schätze, eine Frage diskutieren zu lassen, die Argumente gegeneinander abzuwägen, zu spüren, was in einer Situation drin ist und was nicht in ihr drin ist, Änderungen anzuhören – und dann meine Entscheidung zu fällen.

WILLY BRANDT:
Realisten, die an Wunder glauben

Willy Brandt, geboren am 18. Dezember 1913 in Lübeck als Herbert Frahm, gestorben am 8. Oktober 1992 in Unkel.
Fand schon als Gymnasiast zur Sozialistischen Jugendbewegung und zur SPD. Schloß sich 1931 der Linksabspaltung SAP an und führte deren Jugendorganisation. Emigrierte nach kurzer Untergrundtätigkeit – Deckname Willy Brandt – 1933 nach Norwegen und nahm nach seiner Ausbürgerung in Deutschland die Staatsbürgerschaft des Gastlandes an. Arbeitete als Journalist und Sekretär einer norwegischen Hilfsorganisation.
1947 Rückkehr und Wiedereinbürgerung in Deutschland unter dem Pseudonym Willy Brandt als bürgerlichem Namen. 1948/49 Vertreter des SPD-Vorsitzenden Dr. Kurt Schumacher in Berlin; ab 1949 Vertreter Berlins im Deutschen Bundestag, 1950-1969 Mitglied des Berliner Abgeordnetenhauses und 1955-1957 dessen Präsident; 1957 bis 1966 Regierender Bürgermeister Berlins. Von 1964 bis 1987 (Rücktritt) Vorsitzender der SPD, seitdem Ehrenvorsitzender der Partei.
1966 Vizekanzler und Außenminister in der Regierung der Großen Koalition, 1969 Bundeskanzler, 1973 wiedergewählt; trat 1974 wegen der Spionageaffäre Guillaume zurück. In der Ostpolitik hatte Brandt die Politik der normalen Beziehungen mit den Ostblockländern zügig und systematisch fortgesetzt. In seiner vielbeachteten Regierungserklärung vom 28. Oktober 1969 verwies er u. a. auf die Existenz zweier deutscher Staaten, die füreinander »aber nicht Ausland seien« und gab die Umwandlung des gesamtdeutschen

Ministeriums in ein Ministerium für innerdeutsche Beziehungen bekannt. Sein innenpolitisches Credo faßte er in das Motto »Mehr Demokratie wagen«.
Träger des Friedensnobelpreises 1971. 1976 bis zu seinem Tode Präsident der Sozialistischen Internationale, 1977 Vorsitzender der Nord-Süd-Kommission.
Nach dem Fall der Mauer hatte Brandt den zum geflügelten Wort avancierenden Satz geprägt: »Jetzt wächst zusammen, was zusammen gehört.«
Das Gespräch mit dem Regierenden Bürgermeister von Berlin und Vorsitzenden der SPD wurde gesendet am 30. September 1964.

GAUS: Herr Bürgermeister Brandt, Sie werden in diesem Jahr 51 Jahre alt und gehören damit zu jener Generation, die auch in der Politik immer mehr in den Vordergrund rückt. Schröder, Strauß, Mende sind ungefähr im gleichen Alter. Gibt es eine Gemeinsamkeit dieser Generation, gibt es etwas, das allen diesen Politikern gemeinsam ist, unabhängig von ihrer Parteizugehörigkeit und ihrem persönlichen Hintergrund?

BRANDT: Ja, Herr Gaus, ich habe mich ja jetzt langsam daran gewöhnt, daß man zu gleicher Zeit ein jüngerer Politiker und ein älterer Angestellter sein kann, oder, wenn man jetzt nicht mehr »jüngerer Politiker« genannt wird, dann – so, wie Sie es eben andeuteten – einer, der politisch im besten Alter steht; und das habe ich dann gemeinsam mit den Herren, die Sie erwähnten und anderen.

Also wir, die wir um die 50 herum sind, haben doch wohl jedenfalls dieses gemeinsam: Wir haben noch etwas mitgekriegt vom Niedergang der Weimarer Republik, wir haben auf die eine oder andere Weise die Erfahrung des Nationalsozialismus und des Krieges hinter uns und sind dann ernsthaft hineingekommen nach dem Zweiten Weltkrieg in die öffentliche Verantwortung. Unser Denken, das Denken der meisten von uns, ist wahrscheinlich weniger als das Älterer bestimmt von dem fast unbegrenzten Fortschrittsglauben vergangener Zeiten. Wir haben eine ganze Menge durchgemacht schon in jungen Jahren und sind genötigt gewesen, sind es immer noch, mit dieser Welt, so wie sie ist, fertig zu werden, und mit der Lage unseres Volkes, die ganz abweicht von dem, woran man sich früher gewöhnt hatte.

GAUS: Glauben Sie, daß dieses Bewußtsein der immerwährenden Gefährdungen ein Wert ist, der nicht nur den Älteren fehlt in der Beurteilung politischer Vorgänge, sondern ein Wert ist, der auch den Jüngeren vielleicht fehlt, die heutzutage in einer relativen Sorglosigkeit aufwachsen?

BRANDT: So weit möchte ich nicht gehen. Ich erlebe das ja selbst zu Hause. Ich wundere mich, wenn meine Jungen, na sagen wir mal, Hitlerplatten hören und lachen, weil sie sich nicht vorstellen können, welchen Zusammenhang das hat mit einer für unser Volk ganz gewichtigen Realität. Aber ich glaube nicht, daß wir den nachwachsenden Jüngeren wünschen sollten, daß sie alles noch einmal durchexerzieren, was wir, die wir jetzt um die fünfzig sind, haben durchleben müssen. Ich glaube schon, daß sich das auch vermitteln läßt.

GAUS: Das wollte ich fragen. Kann man so etwas, diese Erfahrungen, diese Erkenntnisse, den Nachwachsenden mitgeben?

BRANDT: Ich glaube, ja; das, was daraus abzuleiten ist. Es ist nicht nötig, daß jeder das Lehrgeld voll selbst bezahlt.

GAUS: In einem Punkte, Herr Bürgermeister, hat Willy Brandt vielleicht doch eine noch leidvollere Erfahrung machen müssen als seine Altersgenossen. Man muß dazu etwas ausholen. Sie haben sich einmal in einer Rede im November 1960 geäußert zu Unterstellungen und Kampagnen, die gegen Sie geführt worden sind. Dabei erwähnten Sie, daß Sie Ihren Geburtsnamen Herbert Ernst Frahm abgelegt haben, und sagten: »Mit meinem Geburtsnamen und dem meiner damals unverheirateten Mutter verband mich wenig mehr als die Erinnerung an eine nicht ganz leichte Kindheit. Das mag vielen ungewöhnlich erscheinen und ist es wohl auch, aber es hat niemand das Recht, mir meine Ehre streitig zu machen.«

Wer seinerzeit diese Rede hörte, der hatte den Eindruck einer noblen Klarstellung und auch einer gewissen Erleichterung, als seien Sie ganz froh, daß diese Dinge einmal von Ihnen ganz klar beim Namen genannt werden konnten. Das bringt mich zu meiner Frage: Hat Sie diese Besonderheit Ihrer Herkunft, das Aufwachsen ohne Vater, irgendwann im Leben bedrückt, geniert, etwa im Kreise von wohlsituierten Mitschülern?

BRANDT: Ich würde das nicht ganz verneinen wollen. Ich will es nicht dramatisieren, das mit der schwierigen Kindheit, was ich da habe anklingen lassen. Ich möchte es nicht schwieriger machen, als es war. Man hat gut für mich gesorgt, das war es nicht. Aber es ist wahr, man unterschied sich von anderen.

GAUS: Und wie empfanden Sie diesen Unterschied? Empfanden Sie ihn schmerzlich?

BRANDT: Schmerzlich ist wohl schon zuviel gesagt, aber etwas drückend manchmal.

GAUS: Sie sind 1913 in Lübeck geboren, aufgewachsen unter dem Einfluß Ihres Großvaters, eines ehemaligen Landarbeiters, dann Lastwagenfahrers und überzeugten, fast möchte man sagen, gläubigen Sozialdemokraten, und Sie haben sich der sozialistischen Jugendbewegung angeschlossen. Das ist ein sehr direkter Weg: Einfluß des Großvaters, Traditionen und Milieu der Familie, folgerichtiger Entschluß des Enkels. Haben Sie niemals mit einer anderen politischen Ideenwelt als der sozialistischen geliebäugelt, und sei es nur aus Opposition gegenüber der Umwelt, nur weil eben dieser Weg so vorgezeichnet war? Hat es Sie nicht verlockt, etwas anderes zu tun und zu werden?

BRANDT: Nein, nein! Das, was ich in mich aufnehmen konnte, durch den Großvater, den Sie erwähnten, durch meine Mutter, die ebenso in dieser politischen Heimat, wie man es empfand, stand, das hat mich bestimmt. Die Opposition gegen das Elternhaus und die Familie, die wir sonst so häufig als ein Merkmal finden von Menschen, ist bei mir wahrscheinlich überspielt worden dadurch, daß das Unterschiedensein von der Umwelt noch bedeutsamer war.

GAUS: Es hat Sie hingeführt zur Familie und nicht weggeführt?

BRANDT: So ist es. Das ist das eine. Das zweite ist, daß es – obwohl es diese Anlehnung gab, in dieser auch geistigen Welt –, daß es nicht ohne Friktion war. Ich kann mich also noch sehr genau daran erinnern, das wird so im Jahre 1931 gewesen sein. Damals war ich Gymnasiast und war mit meinen Freunden aus der sozialistischen Jugendbewegung in einem 1. Mai-Umzug oder in einem anderen Zug gegangen, und wir hatten ein Transparent mitgeführt, auf dem stand: »Republik, das ist nicht viel – Sozialismus ist das Ziel!« Mein Großvater, der ein sehr einfacher, aber echter, großartiger Mensch war, der hat mit mir am gleichen Abend noch oder am nächsten gesprochen und gesagt: »Wie könnt Ihr eigentlich so undankbar sein.« Mir ist erst später richtig klar geworden, was das bedeutete.

Er war – Sie haben es vorhin gesagt – als Landarbeiter groß geworden, seinen Vater hatte man noch bei einem Grafen im westlichen Mecklenburg über den Bock gelegt, um ihn zu züchtigen. Er selbst war in die Stadt gegangen, er lebte in den dreißiger Jahren in einer kleinen Neubauwohnung mit ein paar Zimmern, einem kleinen Bad, ich hatte meine Kammer oben auf dem Boden. Er zahlte dafür 50 Mark, das war einer der vier Wochenlöhne im Monat. Er empfand dies als einen gewaltigen sozialen Aufstieg gegenüber dem, was früher gewesen war. Er stand auf der Liste zur Bürgerschaftswahl, nicht um gewählt zu werden, sondern weil man auch noch Namen brauchte, um die Liste ganz auszufüllen. Er war Wahlvorsteher in einem Wahllokal, er nahm eine Reihe anderer ehrenamtlicher Aufgaben wahr. Er fühlte, daß er dabei war in dieser Republik, von der wir sagten, sie sei nicht viel. Insofern bedeutete diese Anlehnung nicht, daß es nicht auch eine ganze Menge Spannungen gab.

GAUS: Es muß welche gegeben haben, denn 1931 haben Sie die SPD verlassen und sind Mitglied der Sozialistischen Arbeiterpartei, einer weiter links orientierten Splittergruppe, geworden. Warum?

BRANDT: Ja warum? Das war damals so, daß ein großer Teil der sozialistischen Jugend in Lübeck wie in einer ganzen Reihe anderer Städte mehr mit links stehenden Abgeordneten im Reichstag sympathisierte, die also gegen die Tolerierungspolitik der Regierung Brüning waren, die etwas vertraten, was wir damals als konsequenter, als radikaler empfanden. Ich würde sagen, das, was uns bewegte, war ein Aufbegehren gegen die Kraftlosigkeit der Kräfte, die meine eigene Partei damals führten. Wir sind zu weit gegangen in der Kritik, aber es war das Unbefriedigtsein davon, daß die Weimarer Republik nicht einen großen Wurf zustande brachte.

GAUS: Wenn Sie mit dem, Herr Brandt, was für Ihre Familie im wahrsten Sinne Heimat war, mit der Sozialdemokratie, unzufrieden waren als junger Mann, dann interessiert mich, warum Sie dann diese Splittergruppe »Sozialistische Arbeiterpartei« als neuen Standort erwählt haben, warum nicht die KPD?

BRANDT: Die Frage hat sich uns damals in Lübeck gar nicht gestellt. Für uns war es eine Entscheidung innerhalb dieser sozialistischen Jugendbewegung, und wir empfanden diese Splittergruppe doch als einen Teil der sozialistischen Bewegung. Ich glaube, ich hätte, was die Kommunisten anging, allenfalls für eine Figur wie Trotzki größeres Interesse aufbringen können. Der war aber schon außer Landes gegangen.

GAUS: Er hätte aber möglicherweise auch bei der Sozialistischen Arbeiterpartei sein können?

BRANDT: Das weiß ich nicht. Aber was uns erfüllte, war doch eine grundsätzliche Einstellung, und sie stand – so falsch manches sonst gewesen sein mag, wofür wir uns einsetzten – doch wohl schon damals in einem klaren Widerspruch und Gegensatz zu den bürokratischen, autoritären Tendenzen der Kommunistischen Partei, die nicht so sehr ein Werkzeug Moskaus war, wie es das Ulbricht-Regime später geworden ist, aber die eben doch praktisch ein Stück der sowjetischen Außenpolitik damals auch schon genannt werden konnte.

GAUS: Ich glaube, Herr Bürgermeister, daß wir mit Ihrem Anschluß an die Sozialistische Arbeiterpartei zu einem wichtigen Punkt gekommen sind. An die politische Wirksamkeit dieser sektiererhaften linkssozialistischen Partei konnte doch wohl nur glauben, wer dogmatische und programmatische Fragen wichtiger nahm als die politische Realität. Ist das bei Ihnen so gewesen? War für Sie in dieser Zeit die dogmatische Seite des Sozialismus jene Seite, die Sie begeisterte?

BRANDT: So wird es wohl gewesen sein. Rückschauend sehe ich es ein bißchen anders. Rückschauend finde ich, daß die, die von links opponierten, und die Aktivisten, die von rechts opponierten innerhalb der Sozialdemokratie, einander viel näher standen.

GAUS: Sie haben das geschrieben, und zwar in bezug auf Justus Leber, der im Zusammenhang mit dem 20. Juli 1944 ermordet worden ist und den Sie aus Ihrer frühen Lübecker Zeit als Ihr Vorbild hinstellen. Ich glaube dennoch, daß es mehr die Neigung des jungen Mannes zur Utopie war. Ist das falsch?

BRANDT: Nein, das ist nicht ganz falsch. Ich habe aber auch seitdem programmatischen Fragen immer großes Interesse beigemessen, ein anderes als damals, aber ich bin daran weiter interessiert geblieben. Für mich war dann wichtig, rauszukommen und dort konfrontiert zu werden mit einer anderen Art, die politischen Dinge zu sehen. Aber ich muß Ihnen recht geben – ich will jetzt meinem eigenen Lebenslauf nicht vorgreifen –, ich habe damals als junger Mann den Fragen der dogmatischen Programmatik größere Bedeutung beigemessen, als ich es heute tun würde, und trotzdem bedaure ich nicht, daß ich die Erfahrung dieser Splittergruppe mitgemacht habe. Ich möchte sie nie wiederholen, aber ich bedaure nicht, daß ich sie mitgemacht habe, denn in einer solchen Gruppe wird der einzelne viel mehr auf die Probe gestellt als das Mitglied einer Massenpartei. Man mußte sich als einzelner viel mehr mit den Fragen auseinandersetzen, und ich habe jedenfalls eine Menge dadurch gelernt.

GAUS: Können Sie versuchen, die Motive zu nennen, die Sie zu diesem Glauben an eine Utopie veranlaßt haben? Was war das? War das Mitleid, war es das Gefühl: Ich gehöre zu einer Gruppe, die zu kurz gekommen ist und die ihre Chance erhalten muß?

BRANDT: Nein, es war das Festhalten an etwas, das ich geerbt hatte und wovon ich glaubte, daß die offizielle Sozialdemokratie es verließe. Es war die Bebelsche Sozialdemokratie, die in den jungen Linkssozialisten lebendig war. Es war das, was mein Großvater eigentlich mir gesagt hatte, uns vermittelt hatte, und es war das Unbefriedigtsein vom Weimarer Staat, wobei wir nur damals glaubten – das war der eigentliche Irrtum –, daß es am zu geringen Sozialismus läge; es lag aber an der zu wenig kämpferischen Demokratie. Das war der eigentliche Punkt.

GAUS: Sie kommen da auf einen Unterschied, den ich für sehr bedeutsam halte in Ihrem Lebenslauf. Sie sind 1933 in die Emigration nach Norwegen gegangen und dann bis zum Ende des Nationalsozialismus viel in Europa umhergereist, als Journalist und als linkssozialistischer Funktionär, und Sie sind auch vorübergehend illegal in Deutschland gewesen. Wir werden auf diese Zeit noch kommen. An dieser Stelle interessiert mich nur eines: der Wandel Ihres Verhältnisses zur Programmatik, wenn Sie so wollen, Ihre Entideologisierung. Inwieweit und auf welche Weise ist dies durch Ihre Begegnung mit Skandinavien bewirkt worden?

BRANDT: Ganz entscheidend. Man glaubt es kaum, aber erst während ich in Norwegen war, das heißt in den 30er Jahren, ist dort zum ersten Mal das »Kapital« von Karl Marx ins Norwegische übersetzt worden. Das gab es vorher nicht, und es wurde dort von einer Intellektuellengruppe übersetzt und herausgegeben. Aber das, was die skandinavischen Sozialdemokraten mit ihren Schattierungen – die Norweger waren ein bißchen mehr links als andere –, was die skandinavischen Sozialdemokraten insgesamt trug, das war das, was aus den Kraftquellen des Christentums und des Humanismus gekommen war; viel mehr als das, was in der deutschen Sozialdemokratie aus der Marxschen Soziologie, oder wie immer man die Lehre umschreiben will, gekommen ist. Ich lernte eine große Offenheit kennen.

Bei uns blieb doch auch während der Weimarer Zeit alles sehr abgekapselt in Schichten, Gruppen, Klassen, wenn man so will, im Verhältnis zueinander und im Verhältnis zum Staat. Und dort lernte ich kennen, wie wirklich um die Demokratisierung eines Staatswesens gerungen wird, wie das aussieht, wenn man wirklich dabei ist und sich um praktische Aufgaben zu kümmern hat. Ich kam dorthin, als eine Wahl gewonnen wurde von meinen norwegischen Freunden unter dem Motto: »Das ganze Volk in Arbeit«, das heißt, das war das, womit in Amerika der New Deal bestritten wurde, eine aktive Krisenpolitik, während bei uns die Dogmatiker – es gab nicht nur links-sozialistische, es gab auch Regierungsdogmatiker – glaubten, die deutsche Währung bräche zusammen, wenn man ein paar Milliarden aufgebracht hätte für ernsthafte Krisenbekämpfungs- und Arbeitsbeschaffungsprogramme. Ich lernte kennen, wie eine moderne Sozialpolitik gestaltet wurde, und eine ganze Menge anderer Dinge.

GAUS: Sie sind, Herr Bürgermeister, nicht nur Kanzlerkandidat Ihrer Partei, sondern seit Anfang dieses Jahres auch der Vorsitzende der SPD. In dieser Position, die durch das politische Gewicht des Regierenden Bürgermeisters weiter gestärkt wird, hat natürlich Ihr ganz persönliches Verhältnis zu den hergebrachten Denkformen des Sozialismus und des Marxismus auch Folgen für das Selbstverständnis Ihrer Partei. Ich habe dazu zwei Fragen: Der Widerstand der SPD gegen die Reformer, zu denen Sie gehören, ist doch beträchtlich gewesen, und es hat lange Jahre gedauert, bis man zum Godesberger Programm gelangte. Worin sehen Sie die Motive für diesen

Widerstand, Sie ganz persönlich? Waren das nach Ihrer Kenntnis und nach Ihrer Auffassung vornehmlich Personalkämpfe, waren das Sentimentalitäten, war das verknöcherter Traditionalismus?

BRANDT: Darf ich zunächst mal, Herr Gaus, auf den Ausgangspunkt Ihrer Frage zurückkommen? Sie sagten, ich sei nun nicht mehr nur Kanzlerkandidat meiner Partei, sondern auch Vorsitzender dieser Partei. Ich sehe das eigentlich nicht als zwei verschiedene Aufgaben. Das Natürliche ist, daß ein gewählter Vorsitzender, ein vom Vertrauen seiner politischen Freunde getragener Vorsitzender einer großen Partei, diese Partei auch in den Wahlkampf führt, das heißt, Kanzlerkandidat ist.

Das ist zeitweilig anders gemacht worden, weil Herr Ollenhauer nicht wünschte, diese Koppelung in seiner eigenen Person verwirklicht zu sehen, und daraus kam dieser Vorschlag, der mich dann zunächst 1960 zum Kanzlerkandidaten und zum stellvertretenden Vorsitzenden der SPD machte. Nun die eigentliche Frage, was war der Grund, was waren die Motive für den Widerstand gegen die Erneuerungen, gegen die Modifizierung der Sozialdemokratie? Eigentlich hat es den ersten großen Ansatz ja gar nicht gegeben durch die, die dann das Godesberger Programm durchgesetzt haben, sondern den ersten Anlauf machte Kurt Schumacher. Das ist vielfach vergessen worden. Kurt Schumacher sagte 1946: »Dies ist nicht einfach eine wiederbegründete SPD, sondern eine neu begründete.«

Er wollte damit sagen, eine Partei, die zwar anknüpft, die auch unter demselben Namen wieder auftritt wie vor Hitler, die aber die Erfahrungen der Zwischenzeit, die Erfahrungen mit Totalitarismus, mit den Nazis, mit den Kommunisten, mit verarbeiten will. Das, was an Widerstand dann kam, hat, glaube ich, mit persönlichen Dingen verhältnismäßig wenig zu tun gehabt, sondern es hat zu tun gehabt mit der verständlichen Neigung der Menschen, das, was sie einmal in sich aufgenommen haben, möglichst nicht, wie sie es dann empfinden, über Bord zu werfen. Aber ich will das nicht in herabsetzender Bedeutung verstanden wissen. Es bleibt natürlich auch in einer so großen Partei immer ein gewisses Ringen zwischen mehr konservativen – im höchst anständigen Sinne des Wortes konservativen – und mehr vorwärtsstrebenden Tendenzen und Meinungen. Aber wir können doch, glaube ich, sagen – ich sehe es jedenfalls so –, daß diese offene, für alle Schichten offene, moderne deutsche Sozialdemokratie weiterhin anknüpft an das, was über ein Jahrhundert hinweg die Vorstellung geblieben ist: nämlich an das Ringen darum, ganze, breite Schichten unseres Volkes, die Außenseiter waren, buchstäblich an den Tisch der Gesellschaft und des Staates heranzuführen. Und es bleibt die sozialdemokratische Vorstellung von einer Erweiterung der Demokratie; Demokratie nicht auf Rationierungskarten, sondern Demokratie weit ausgedehnt verstanden. Es bleibt drittens die Vorstellung von einer verantwortlichen Beeinflussung des wirtschaftlichen Geschehens, damit die Menschen nicht nur dessen Objekte sind.

GAUS: Ich komme in diesem Zusammenhang zu meiner zweiten Frage, Herr Bürgermeister. Sie haben in einer Rede im Sommer vorigen Jahres gesagt, als Krebsschaden der Deutschen nach dem Kriege betrachteten Sie, ich zitiere nun: »... das Diktat kleiner oder sogar kleinlicher Zweckmäßigkeitserwägungen. Es gibt bei uns zulande zuviel Opportunismus, und wir haben alle auf der Hut zu sein, damit nicht der begrüßenswerte Trend zur Entideologisierung mit dem Preis der Grundsatzlosigkeit bezahlt wird.« Nun ist es so: Gerade diese Zweckmäßigkeitserwägungen und die Gefahr der Grundsatzlosigkeit werden Ihnen und Ihrer Partei nicht nur von parteipolitischen Gegnern zum Vorwurf gemacht. Es wird gelegentlich gesagt, die SPD und ihr Vorsitzender Willy Brandt haben aufgehört, die Pflichten der Opposition wahrzunehmen. Was sagen Sie zu einem solchen Vorwurf? Wo ziehen Sie die Grenze zwischen der Entideologisierung, die Sie wünschen, und einer Grundsatzlosigkeit, die auch Sie in jener Rede ablehnten?

BRANDT: Zuerst einmal ist die SPD in der Bundesrepublik ja nicht nur Oppositionspartei, diese Behauptung würde den föderativen Aufbau unseres Staates nicht genügend berücksichtigen. Die SPD ist auf der Länderebene in all diesen Jahren immer in der Verantwortung gewesen, in einer kleineren oder größeren Zahl von Ländern; sie hat die deutschen Gemeinden, den größten Teil der deutschen Städte verantwortlich mitgetragen. Aber ich sehe durchaus die Gefahr, von der ich allgemein gesprochen hatte, auch für den Sektor des politischen Lebens, für den ich selbst Verantwortung trage. Da muß man selbst verdammt aufpassen und mit seinen

Freunden darum ringen, daß das legitime Bemühen um das Vertrauen, auch um die Gunst der Wähler, daß das nicht so wird wie der Lakai, der sich einem auf die Schulter setzt und dann einem diktiert, was man zu tun hat. Man muß also immer wieder selbst die Frage stellen – wie meine Partei es getan hat durch das Godesberger Programm und in späteren Dokumenten –, welches sind die Grundwerte, die Zielvorstellungen, an denen man sich orientiert.

GAUS: Sie haben in einer Autobiographie »Mein Weg nach Berlin«, die Sie zusammen mit dem Schriftsteller Leo Lania verfaßt haben, geschrieben: »Was wir brauchen, ist die Synthese von praktischem Denken und idealistischem Streben. Sagt nicht Entweder-Oder, sondern Sowohl-Als-auch, wie Strindberg empfiehlt.« Das haben Sie geschrieben. Jetzt möchte ich etwas boshaft werden. Gelegentlich hat man, wenn man dieses Buch von Ihnen liest, wenn man Ihre Reden hört – aber nicht nur bei Ihren Reden, sondern durchaus bei allen Parteien –, das Gefühl, es herrscht der Drang vor, jedem etwas zu sagen zu haben. Befürchten Sie nicht, Herr Bürgermeister, daß auf diese Weise die Austragung politischer Gegensätze unterbunden wird zugunsten einer möglichst publikumswirksamen Dauerwerbung?

BRANDT: Da ist was dran. Aber wenn Sie mich zitiert haben aus dem Buch »Mein Weg nach Berlin«, dann darf ich sogar dem, was da steht, noch etwas hinzufügen, was ich selbst erst seitdem gelesen habe, und was mich beeindruckte. Ein kluger Mann in einem anderen Land hat gesagt: »Man kann heutzutage nur ein guter Realist sein, wenn man auch an Wunder glaubt.« Das ist auch das »Sowohl-Als-auch«, nur etwas anders ausgedrückt, Herr Gaus.

GAUS: Bei dem Kanzlerkandidaten der Opposition ist es natürlich besonders hübsch, wenn er auf den Glauben an Wunder verweist.

BRANDT: Augenblick mal, da muß ich dazu etwas deutlicher werden, bevor wir auf die folgende Frage noch einmal zurückkommen. Ich habe es auf den Berlin-Fall einmal so angewandt: Wir haben, die wir Politik machen, ja doch alle oder fast alle Bismarck gelesen und wissen um ihn als einen der großen deutschen Staatsmänner, ganz gleich, ob man nun jeden seiner Schritte nachträglich für richtig hält oder nicht. Von Bismarck stammt diese infache Faustregel, daß die Politik die Kunst des Möglichen sei. Wir haben hier in Berlin uns sagen müssen – ich habe das entwickelt in Gesprächen seinerzeit mit Ernst Reuter in den allerschwersten Nachkriegsjahren –, daß wir heute damit nicht mehr auskommen, sondern daß hier für uns in Berlin (aber das gilt auch für die deutschen Dinge überhaupt) Politik geworden ist zu der Kunst, das zunächst unmöglich Erscheinende dennoch möglich werden zu lassen.

Man kann nicht nur in den Tag hineinleben und sich arrangieren, man muß ein bißchen auch abzielen auf Dinge, von denen einem die meisten sagen, das wird wohl nichts, oder: Das wird wohl nichts so rasch. Insofern bleibe ich also ganz bei dem, was da steht, und wäre eher geneigt, es noch dick zu unterstreichen und zu untermalen. Aber trotzdem haben Sie recht, wenn Sie jetzt hinführen zu einer Betrachtung darüber, ob nicht dann, wenn man zwei große Parteien bekommt oder zweieinhalb, aber jedenfalls zwei, die sehr in die Breite gehen: ob dann nicht bei beiden – man sieht ja davon auch etwas in anderen Ländern – die Gefahr da ist, es zu vielen recht machen zu wollen. Ich sehe das als eine Gefahr. Ich glaube, es ist deutlich genug, und wenn etwas unklar geworden sein sollte, wird es bald wieder sehr klar werden, daß auf der einen Seite ein größeres Beharrungsvermögen da ist, ein stärkeres Verhaftetsein im Vergangenen und im Jetzigen, im Grunde der Glaube daran, daß die Welt, wie wir sie haben, eine der schönsten ist; und eine andere Kraft, die stärker an den Anschluß an die neuen Fragestellungen, an die Fortentwicklung unseres Staates und unserer Gesellschaft denkt.

GAUS: Zurück zu Ihrer Emigrationszeit, Herr Bürgermeister. Sie haben geschrieben: »Ich wollte kein Emigrant sein«, und folgerichtig haben Sie sich daher um die norwegische Staatsbürgerschaft bemüht, die Sie schließlich nach der Ausbürgerung durch die Nationalsozialisten erhalten und erst um die Jahreswende 1947/48 gegen die deutsche wieder eingetauscht haben. Erklären Sie mir bitte, was das heißt: »Ich wollte kein Emigrant sein?«

BRANDT: Da steckt mehr als eine Frage drin. Erstens hatte ich immer etwas gegen das Wort selbst. Emigranten waren diejenigen unserer Landsleute im vergangenen Jahrhundert, die nach Amerika ausgewandert sind, weil sie eine neue Heimat finden wollten. Diejenigen, die während der Nazizeit Emigranten genannt wurden, teils von der deutschen Propaganda, aber so übernommen auch in die Sprache des Volkes, waren nicht Emigranten, sondern waren politische oder rassische oder bei einigen auch religiöse Flüchtlinge. Flüchtlinge! Wir nennen auch nicht die, die aus der Zone kommen, Emigranten, sondern nennen sie Flüchtlinge. Das war das eine.

Aber es kam noch etwas hinzu. Ich war 19 Jahre, als ich rausging, und hatte das Glück, schon etwas Kontakt zu haben zu dem Land, in das ich ging, seine Sprache schon etwas zu sprechen und sie sehr rasch so zu lernen, daß ich mich nicht unterschied von anderen in diesem Land, der Sprache nach. Ich hatte also das Glück, daß ich, anders als Intellektuelle sonst, eine Tätigkeit in dem Land selbst finden konnte. Das war sonst die Tragik von denen, die nicht Handarbeiter waren. Auch Handarbeiter hatten es dort, wo Arbeitslosigkeit war, noch sehr schwer, aber die, die Rechtsanwälte gewesen waren oder Beamte oder auch Journalisten, wenn sie schon älter waren, hatten ja das Handikap des Schreibens in einer anderen Sprache oder hatten ein anderes Recht gelernt, und was es da alles gibt.

Das war für mich wegen meiner Jugend keine Hürde. Ich konnte also dort eine Tätigkeit ausüben, ich war in einer großen Hilfsorganisation tätig, ich war als Journalist tätig, und ich habe gelehrt im Rahmen der Arbeiterbildungstätigkeit in Norwegen und später in Schweden. Aber das hat nicht bedeutet, daß ich mich getrennt habe von den Freunden, die aus Deutschland gekommen waren. Ich habe immer in Norwegen und später auch in Schweden zu den Gruppen der deutschen Sozialisten oder Sozialdemokraten in der Emigration gehört. Es bedeutete nur für mich, daß ich nicht den größten Teil meines Tages mit dem verbrachte, womit andere ihn verbringen mußten, nämlich überwiegend darüber nachzudenken, warum es so gekommen war, wie es 1933 gekommen war, sondern daß ich mehr in einem täglichen Leben stand, das sehr stark mit der Wirklichkeit meines Gastlandes, das dann meine zweite Heimat wurde, zusammenhing.

Und da bin ich bei meiner Staatsbürgerschaft, Herr Gaus. Sie sagen richtig – mir liegt daran, es hier noch einmal zu unterstreichen, weil das manchmal falsch dargestellt wird –, ich bin ausgebürgert worden durch die nationalsozialistische Regierung im Jahre 1936, und ich war dann staatenlos, und als Staatenloser habe ich die norwegische Staatsangehörigkeit angenommen und war dankbar dafür, daß sie mir gegeben wurde wie anderen auch.

Als ich dann wieder zurückgegangen bin, habe ich die deutsche Staatsangehörigkeit wieder beantragt. Ja, ich muß genau sagen, die gab es noch gar nicht wieder, denn es gab noch keine Bundesrepublik; sondern die Landesregierung von Schleswig-Holstein hat mich dann eingebürgert, weil ich in Lübeck geboren war und Lübeck inzwischen zu Schleswig-Holstein gehörte, was ich zunächst nie ganz richtig verstanden habe. Und damit entfiel meine norwegische Staatsangehörigkeit, weil ein Mann nach norwegischem Recht nicht zwei Staatsangehörigkeiten haben kann.

GAUS: Sie sind wegen einer Reihe von Büchern und Broschüren und Artikeln, die Sie während Ihrer Zeit im Ausland geschrieben haben, im letzten Bundestagswahlkampf heftig attackiert worden; unter anderem wegen Artikeln, die Sie im Zusammenhang mit dem spanischen Bürgerkrieg schrieben, den Sie als Journalist und als Beobachter für Ihre linkssozialistische Gruppe erlebten. Besonders gegen eine Unterstellung haben Sie sich zur Wehr gesetzt, gegen die Behauptung nämlich, daß Sie mit der Waffe in der Hand gegen Deutschland gekämpft hätten. Ich habe dazu eine Frage. Wenn Sie sich gegen diese Unterstellung ganz besonders verwahren, beugen Sie sich damit nicht bösen Ressentiments, die es da und dort hierzulande noch gibt? Wie denken Sie über die Berechtigung des bewaffneten Kampfes von Deutschen gegen das nationalsozialistische Deutschland?

BRANDT: Darf ich, bevor ich das beantworte, noch einmal zu Spanien ein Wort sagen, Herr Gaus? Sie haben eine Tätigkeit dabei jetzt nicht erwähnt.

GAUS: Sekretär des Hilfskomitees?

BRANDT: Ja, weil das von der spanischen Zeit an bis in die Zeit, in der ich wieder nach Berlin zurückging, mich immer begleitet hat, die enge Verbindung mit humanitärer Tätigkeit. Ich wurde Sekretär des von den norwegischen Gewerkschaften getragenen Komitees, das Lebensmittel, Kleidung und Medikamente nach Spanien schickte. In ein Spanien überdies, das damals meine Sympathie hatte, weil gegen eine legale Regierung ein Aufstand gerichtet war. Das waren keine Kommunisten, gegen die geputscht wurde, die haben später Einfluß bekommen; sondern es war eine Regierung unter Führung eines Liberaldemokraten, und da waren Sozialdemokraten und Christen in dieser Regierung mit drin. Ich sehe heute vieles anders als damals, aber das muß man festhalten, daß es so gewesen ist und viele in der ganzen Welt es so empfunden haben, daß dort, im Vorfeld des Zweiten Weltkrieges, der Versuch gemacht wurde, eine Demokratie in Spanien zu stabilisieren. In Spanien selbst sehen das heute viele Leute auch anders und sind wohl auf dem Wege der Aussöhnung ein gutes Stück vorangekommen.

Der Vorwurf nun, von dem Sie sprechen: mit der Waffe in der Hand gekämpft zu haben, ist gelegentlich in Verbindung mit Spanien erhoben worden, aber mehr in Verbindung mit Norwegen. Er ist in beiden Fällen falsch. Und wenn ich gerade in diesem Punkt Wert darauf gelegt habe, die Vorwürfe auch vor deutschen Gerichten klären zu lassen – und sie sind entschieden worden vor deutschen Gerichten –, dann deswegen, weil mir einfach daran lag, die Tatsachen festzustellen. Es ist nicht wahr, ich habe nicht mit der Waffe in der Hand, ich habe nicht gegen deutsche Soldaten gekämpft. Wer das behauptet, sagt etwas Falsches. Wenn es jemand behauptet, will er damit ein Ressentiment schaffen gegen den Mann, der eine bestimmte politische Aufgabe in diesem Land, in diesem Volk übernommen hat und vor sich hat, und darum muß ich Wert darauf legen, daß solche verleumderischen Behauptungen als das charakterisiert werden, was sie sind. Das, was Sie mir nun als Frage stellen, das geht ja weit über eine solche Klarstellung hinaus. Lassen Sie mich vielleicht einmal – das hilft vielleicht – ein Beispiel wählen, das kein deutsches ist. Oder doch, erst ein außerdeutsches, dann ein deutsches Beispiel.

Wir wissen alle, daß der General de Gaulle ein großer Franzose ist und eine große Erscheinung dieser Zeit, egal, ob man immer mit ihm einer Meinung ist oder nicht. Nun ist es geschichtsnotorisch, daß der General de Gaulle als Führer der Freien Franzosen gegen Franzosen gekämpft hat, in Syrien, in Nordafrika zeitweise und anderswo, gegen Franzosen, die einer Regierung unterstanden in Paris, dann in Vichy, die sich als die legale französische Regierung bezeichnete.

Niemand wird sagen wollen, daß de Gaulle – jedenfalls bei ihm zu Hause sagt man es nicht – ein schlechter Franzose sei. Jetzt nehme ich den deutschen Fall. Wir wollen doch wohl nicht sagen, daß, wenn irgendwo an der Zonengrenze etwas passiert – wir hoffen, es passiert nichts – und unser Grenzschutz oder unsere – ich will jetzt nicht weitergehen ... Jedenfalls Deutsche stehen Deutschen gegenüber, dann wird man doch nun nicht zu dem Deutschen auf der anderen Seite, der sich abwendet, sagen, er sei ein schlechter Deutscher. Jedenfalls ist das nicht unsere Art des Denkens heute.

Man sagt also heute nicht, daß es einen unbedingten Gehorsam gegenüber der Obrigkeit gibt. Wir legen andere Maßstäbe an. Ich will damit sagen, ich selbst habe meinen politischen Kampf gegen das Hitlerregime geführt und es für richtig gehalten, dort die Grenze zu setzen. Aber ich muß denen meinen Respekt bekunden, jedenfalls mein Verständnis, die in Lagen hineingeraten sind, die schwieriger waren als meine Lage.

GAUS: Was hat Sie 1948 bewogen, die deutsche Staatsbürgerschaft wieder anzunehmen?

BRANDT: Sehen Sie, ich war nach Berlin gekommen durch meine norwegischen Freunde. Der Außenminister Halvar Lange, der es damals schon war und mit dem ich seit jungen Jahren befreundet bin, fragte mich, ob ich gehen wollte. Ich habe das gemacht und habe dann im Laufe weniger Monate gemerkt, daß ich nicht zu lange warten dürfte, wenn ich mich wieder in die deutschen Dinge einfügen wollte. Ich habe das Gefühl gehabt, daß ich hier – ich sage das jetzt ohne alle Überheblichkeit – mehr gebraucht würde, als ich in jenen Jahren in meiner zweiten Heimat hätte gebraucht werden können. Ich glaubte, daß ich nach dem, was ich gelernt hatte draußen, jetzt auch einiges dazu beitragen könnte, Dinge wieder in Ordnung zu bringen, vermittelnd, ausgleichend zu wirken.

Dann wurde mir eben gerade auch 1947 in Berlin klar, was für Deutschland und für ganz Europa davon abhängen würde, ob der Versuch, die deutsche Demokratie ein zweites Mal aufzubauen, gelingen würde oder nicht. Wie das dann so kommt, im Herbst 1947 fragte mich meine Partei, mit der ich immer Kontakt gehalten hatte, ob ich ihr Vertrauensmann für den Kontakt mit den Alliierten in Berlin und für einige andere Verbindungsaufgaben sein sollte. Ich habe dann meinen norwegischen Freunden das erklärt, und sie haben gesagt, ja, sie seien damit einverstanden, daß ich zur Jahreswende 1947/48 das mache, wovon ich überzeugt war, daß es das Richtige sei. Ich habe also nicht erst abgewartet, bis die Dinge in Deutschland wieder in Ordnung waren. Dies war vor der Währungsreform und weit vor der Berliner Blockade. Aber ich habe es für richtig gehalten damals, mich einzuordnen in das, was war, mit den Risiken, die darin waren, aber auch mit der großen Chance, die es gewesen ist, an einem schwierigen Punkt zu zeigen, daß man ein bißchen beitragen kann, daß man auch aus schwierigen Situationen etwas machen kann.

GAUS: Sie sind mit einer Norwegerin in zweiter Ehe verheiratet, mit der Sie drei Buben haben. Aus der ersten Ehe haben Sie eine Tochter, die in Norwegen lebt. Was hat Ihre Frau gesagt zu dem Entschluß, in Deutschland zu bleiben?

BRANDT: Meine Frau war damit ganz einverstanden. Sie hat sich rasch zurecht gefunden in Berlin. Es wäre ihr vielleicht nicht überall so leicht gewesen. Sie hat zunächst manchmal gesagt, Hamburg wäre auch noch leicht gewesen für jemand, der vom Norden kommt. Inzwischen ist sie auch sonstwo in Deutschland gut zu Hause. Sie haben meine Tochter erwähnt. Ich bin stolz auf sie. Sie ist eine junge Lehrerin in Oslo, sie ist jedes Jahr bei uns, oder wir sehen uns bei ihr. Meine Frau und sie sind gute Freunde, und das hat alles sehr viel leichter gemacht, als es hätte sein können.

GAUS: Mit der Neueinbürgerung, Herr Bürgermeister, ist der Name Willy Brandt, wie Sie sich zunächst nur als Schriftsteller genannt haben, der amtliche Name geworden. Ich würde gern einmal hören, wie Sie auf Willy Brandt als Pseudonym gekommen sind.

BRANDT: Das hat sich so ergeben in einem Gespräch mit den Freunden in Lübeck im März 1933, noch bevor ich weggegangen bin. So bin ich durch meine Freunde damals den Norwegern avisiert worden, so habe ich geschrieben, gesprochen. Ja, man sagt, man macht sich einen Namen. Ich habe also im eigentlichen Sinne des Wortes mir diesen Namen gemacht seit ich 19 war, so lautete auch der Paß, den ich in meinem Status als norwegischer Mann hatte bei der Vertretung hier in Berlin, und mir hat sich das damals so dargestellt: »Davon kannst du nicht weglaufen.« Das ist etwas anderes, als wenn jemand mit vierzig oder fünfzig Jahren draußen sich einen »nom de guerre«, einen Decknamen wählt. Ich war unter meinem ursprünglichen Namen noch nichts oder fast nichts gewesen. Alles, was ich war, seit ich erwachsen wurde, was ich getan hatte zum Guten und manchmal zum nicht ganz Überlegten, mit allen Fehlern drin, das hatte mit diesem Namen zu tun, und ich habe es damals, 1947/48, so gesehen: »Wenn ich davon jetzt weglaufe, wird mir gerade das vorgeworfen werden«, und ich habe gesagt: Nun soll das so sein! Darum wurden in meiner Einbürgerungsurkunde beide Namen aufgeführt, und das, was sonst nach deutschem Gesetz erforderlich ist, wurde dann in die Wege geleitet.

GAUS: Sie sind bei Ihrer Nachkriegskarriere in der SPD sehr bald als ein Vertreter des rechten Flügels in Erscheinung getreten. Wann haben Sie die endgültige Abkehr von linksradikalen Vorstellungen vollzogen?

BRANDT: Das kann ich selbst nicht sagen. Ich bin auch nie ganz sicher gewesen, ob das mit »rechts« und »links« heute noch stimmt.

GAUS: Ein wenig stimmt es schon. Die Politiker neigen heutzutage dazu, diese Begriffe nicht mehr gelten lassen zu wollen, obwohl sie immer noch die besten Hilfsmittel sind.

BRANDT: Ja, aber wissen Sie, wenn man mit »links« fortschrittlich, radikal im guten, im sich vorwärtsbewegenden Sinne meint, dann steht solches »links« im Gegensatz zum Verhaftetsein in überkommenen Dingen, die nicht mehr mit der Wirklichkeit von heute übereinstimmen, dann kann das, was Sie »rechts« nennen, radikaler sein. Aber das können wir vielleicht beiseite lassen. Meine Wandlung zum Sozialdemokraten heutiger Prägung hat sich noch vor dem Kriege in Skandinavien vollzogen, zum Sozialdemokraten, wenn Sie so wollen, norwegischer Prägung. Ich habe dies von dort mit nach Hause gebracht. Aber wie nun das genau prozentweise auszurechnen ist, das kann ich nicht sagen. Ich hatte noch nach Kriegsende, als ich 1949 zum Beispiel vor den Berliner Sozialdemokraten mich über die programmatischen Grundlagen des demokratischen Sozialismus geäußert habe, manches drin, was ich heute für überholt und für dogmatische Befangenheit halte. Aber das Entscheidende, das meine Plattform damals schon war und geblieben ist, war schon seinerzeit gegeben.

GAUS: Wie dachten Sie nach dem Kriege über die Möglichkeit einer Einheitspartei der Arbeiterschaft?
BRANDT: Das war für mich eigentlich nach dem Kriege keine aktuelle Frage mehr. Es klang nur noch ein bißchen davon nach.
GAUS: Sie haben in Ihrer Emigrationszeit darüber geschrieben?
BRANDT: So ist es. Das war eine entscheidende Frage während der Emigrationszeit. Sehen Sie, bei denen, die in Deutschland in den Lagern saßen oder in den Gefängnissen, wenn sie miteinander reden konnten, und denen, die sich sonst trafen, und denen, die sich draußen, unter freieren Bedingungen treffen konnten, gab es immer eine Diskussion über mehr Einheitlichkeit als während der Weimarer Zeit. Wenn wir es recht sehen, ist ja eine Frucht solcher Überlegungen aus Untergrund und Illegalität die CDU.

Das ist eine Frucht davon, eine nichtsozialistische – im Ausgangspunkt vielleicht doch auch ein bißchen sozialistische, dann nicht mehr – einheitliche Partei zu bilden. Und bei denen, die aus dem kamen, was man die Arbeiterbewegung nennt, mit ihren verschiedenen Flügeln, gab es auch diese Sehnsucht nach der Einheit; dieses Gefühl, auch deshalb untergegangen zu sein, weil Hitler einer zersplitterten Gruppe von Gegenkräften gegenüberstand. Nun war bei manchen damit verbunden – so auch bei mir – die Hoffnung, daß eine einheitliche sozialistische Bewegung die deutschen Kommunisten herausnehmen könnte aus der Abhängigkeit von Moskau. Und aus genau dieser Vorstellung heraus hat es unmittelbar nach dem Schluß des Hitler-Regimes an manchen Orten in Deutschland, auch in dem, was wir heute die Bundesrepublik nennen, gemeinsame Parteibildungen gegeben – von den Alliierten zunächst noch gar nicht recht zugelassen –, in denen sich frühere Sozialdemokraten und Kommunisten und Gewerkschaftler, die nicht eng parteigebunden waren, zusammenfanden. Dann kam interessanterweise der erste Stoß gegen diese Art von Einheitspartei von den Moskauer Kommunisten. Als Ulbricht zurückkam aus Moskau nach Berlin, hat er zunächst das alles stoppen lassen, dort, wo er Einfluß kriegte auf die deutschen Kommunisten, und erst in der Entwicklung der folgenden Monate, im Zusammenspiel mit der militärischen Macht in dem, was wir die Sowjetzone nennen, wurde dann die Einheitspartei kommunistischer Prägung, sowjetischer Prägung gestartet. Und da war es das große Verdienst, das, wie ich glaube, geschichtliche Verdienst von Kurt Schumacher, daß er dagegen einen Wall aufgerichtet hat.

GAUS: Ihr Verhältnis zu Schumacher ist nicht frei von Spannungen gewesen. Worauf gründeten sich diese Spannungen?

BRANDT: Ja, worauf eigentlich? Sie haben recht, es ging nicht so gut, wie es hätte gehen sollen, und das hat mir leid getan. Erst in den letzten Tagen seines Lebens sind wir einander wirklich nähergekommen. Ich kann mich an ein paar Besuche bei ihm oben auf dem Venusberg erinnern, im Sommer noch des Jahres, in dem er starb, nämlich 1952. Das Ganze fing schon ein bißchen mit einer Belastung an. Leute, die es nicht gut mit mir meinten, hatten nicht gut über mich bei ihm gesprochen, und das führte dazu, daß ich, noch bevor ich meine Aufgabe übernahm als Vertreter des Parteivorstandes in Berlin, Schumacher einen Brief schrieb, in dem ich ihm unter anderem sagen mußte, ich hätte mich noch nie ganz einem anderen untergeordnet. Dies werde auch ihm gegenüber nicht der Fall sein. Er hat das akzeptiert, aber das Verhältnis ist zunächst nicht herzlich geworden.

GAUS: Es gibt Äußerungen von Ihnen über Kurt Schumacher, aus denen man schließen kann, daß Ihnen die Fähigkeit zum Fanatismus, die er vielleicht gehabt hat, unheimlich gewesen ist. Ist das richtig?

BRANDT: Fremd. – Aber man muß ihm gerecht werden. Er war mehr auf der Wellenlänge der deutschen Situation damals. Er war die Inkarnation dieses deutschen Elends, dieser körperlich so gezeichnete Mann, der schwer gelitten hatte und der nun auf eine sehr leidenschaftliche Weise das Selbstgefühl dieses Volkes wieder aufzurichten half. Und ich war einer, der von draußen zurückkam, nicht, wie es manche glauben, von den Fleischtöpfen – es hat auch für die, die draußen waren, schwierige Situationen gegeben –, aber doch aus einer ganz anderen Umgebung heraus. Es hat dabei noch etwas eine Rolle gespielt, das ich gern mit angeschnitten hätte. Ich kam ein bißchen in das Spannungsfeld Schumacher – Reuter. Und nicht nur, weil Reuter in Berlin war und ich auch, sondern weil Reuter mir näher war in seinem Werdegang, in seinen Erfahrungen gerade auch während der Nazijahre und der Jahre draußen, fühlte ich mich zu ihm hingezogen. So übertrug sich das Spannungsverhältnis zwischen diesen beiden bedeutenden Männern ein bißchen auf mich mit. Ich war halt ein bißchen abgestempelt beim Kurt Schumacher als jemand, der Reuter nahestand. Aber ich finde, ich bin verpflichtet zu sagen, daß das alles im Grunde Randbemerkungen sind. Keiner kann davon etwas abschneiden: Das war eine der großen Gestalten dieser deutschen Nachkriegsentwicklung, und er ist nicht wegzudenken aus diesem Prozeß, diese sozialdemokratische Kraft der deutschen Politik wieder lebendig gemacht zu haben.

GAUS: Herr Brandt, auf welche Weise haben Sie und Herbert Wehner sich gefunden?

BRANDT: Wir sind ziemlich verschiedene Typen. Aber wir haben im Laufe der Jahre seit 1949 eine Menge miteinander zu tun gehabt. Ich war ja acht Jahre lang im Bundestag, saß in seinem Ausschuß, in anderen auch, hatte mich dort sehr um Berlin-Dinge gekümmert, Eingliederung Berlins in den Bund und viele andere Geschichten. Wir haben einen sachlichen Arbeitskontakt in jenen Jahren entwickelt. Es dauerte ein bißchen, bis wir einander menschlich näherkamen. Wir sind gute Freunde geworden.

GAUS: Hätten Sie ohne Wehners Unterstützung das werden können in der Partei, was Sie jetzt sind?

BRANDT: Das, was jetzt ist, hat sehr viel zu tun damit, daß diese beiden Männer, von denen wir jetzt sprechen, nämlich der Wehner und der Brandt, sich zu einem Gespann zusammengefunden haben, mit ein paar anderen noch dabei. Herbert Wehner hat mir einen Brief geschrieben um die Jahreswende 1960/61, und er hat mir darin gesagt: »Du kannst erstens immer mit mir rechnen, wenn es darum geht, aus dieser Partei eine wirkliche, konsequente Reformpartei zu machen und sie als solche weiter zu entwickeln, und Du kannst zweitens immer mit mir rechnen, wenn es darum geht, denen entgegenzutreten, die meinen, es reiche aus, etwas Rouge aufzulegen.«

GAUS: Es heißt gelegentlich, Herr Bürgermeister, daß Ihnen in entscheidenden Augenblicken das Stehvermögen abgeht, daß Sie dann in Ihren Entscheidungen schwankend würden und allzu beeinflußbar seien. In dem Zusammenhang wird dann oft die Absage des Gesprächs mit Chruschtschow, das Sie verabredet hatten, im Januar 1963 erwähnt. Worin sehen Sie selbst Ihre Schwächen als Politiker?

BRANDT: Darf ich mal hier etwas zum Stil eines Mannes sagen, der politische Verantwortung trägt. Jeder muß wohl seinen eigenen haben. Zu meinem gehört dazu, daß dort, wo ich den Vorsitz habe, selten abgestimmt wird. Ich bin seit vielen Jahren Berliner Bürgermeister, aber Sie können an den Fingern einer Hand abzählen, wann mal abgestimmt worden ist: weil ich es schätze, eine Frage diskutieren zu lassen, die Argumente gegeneinander abzuwägen, zu spüren, was in einer Situation drin ist und was nicht in ihr drin ist, Änderungen anzuhören und dann meine Entscheidung zu fällen.

GAUS: Fällt es Ihnen schwer, solche Entscheidungen dann zu treffen?

BRANDT: Ich habe sie manchmal sehr rasch und ganz allein fällen müssen. Als im November 1958 das Chruschtschow-Ultimatum kam, war das für Berlin psychologisch eine solche Situation, daß ich weder Bonn noch Washington fragen konnte, sondern da mußte ich mich an meinen Schreibtisch setzen und die fünf Punkte aufschreiben, die die Begründung für das Nein waren. Und als in der vorigen Woche die Passierscheingeschichte in Berlin fast zu Ende war – am 24. September wurde unterzeichnet, am Abend vorher, also am 23. September –, da kam mein Beamter aus Ostberlin zurück. Er hatte dort eine letzte Besprechung unterbrechen müssen und berichtete mir von einer zusätzlichen Zumutung der anderen Seite. Es war für mich eine ganz schwierige Situation. Im letzten Augenblick! Alles glaubte, die Sache sei schon perfekt. Ich habe weder den Senat gefragt noch die Bundesregierung in Bonn, sondern ich habe dem Beamten gesagt: »Gehen Sie zurück, und sagen Sie, jetzt ist Schluß, und dabei bleibt es!« Und er kam zurück und hat gesagt, jawohl, das ist zurückgezogen worden.

GAUS: Welche Zumutung war das?

BRANDT: Es hilft nicht sehr, das jetzt auszumalen, aber es hätte für den einzelnen eine zusätzliche Belastung bedeutet, für die vielen einzelnen, die jetzt Gott sei Dank rübergehen können.

GAUS: Herr Bürgermeister, erlauben Sie mir eine letzte Frage. Ein Politiker muß auch Fortune haben, Glück. Sie haben 1961 den Sprung ins Kanzleramt nicht geschafft. Sagen Sie mir bitte, soweit man das kann, was hat für Sie diese Niederlage persönlich bedeutet, als die Wahl vorbei war, die Sie nach sehr modernen Methoden bestritten haben – und dann hat es nicht ganz gereicht?

BRANDT: Natürlich hat es nicht gereicht, und insofern war ich gescheitert. Nun ist ja das bei uns etwas anderes als dort, wo es ein echtes Zweiparteiensystem gibt. Ich konnte mir immerhin sagen, die Partei, die du in diesen Wahlkampf geführt hast, ist mit zwei Millionen Stimmen mehr rausgegangen als das vorige Mal. Und diese Partei, so habe ich mir seitdem sagen können, ist, wenn man die deutschen Länder zusammennimmt, zum ersten Male, seit es die Bundesrepublik gibt, auf jener Ebene die stärkste Wählerpartei. Und ohne daß man Meinungsbefragungen wichtiger nimmt, als sie genommen werden müssen: 1960, als ich an die Aufgabe heranging, lag meine Partei im Durchschnitt dieser Monate sieben Punkte hinter den beiden Unionsparteien zusammen, und in den entsprechenden Monaten dieses Jahres liegt sie gleich mit den Unionsparteien. Das heißt also, es war nicht ganz so schwer, die Niederlage zu tragen.

GAUS: Das war die Antwort des Politikers Willy Brandt. Und die Antwort des Privatmannes Willy Brandt, den es ja auch gibt? Wie ist das Gefühl, wenn man über einen langen Wahlkampf hin ganz vorn gestanden hat, aufgestellt von einer Partei, die sich sehr bemühte, mit diesem Mann es zu schaffen – und ganz schafft er es dann nicht?

BRANDT: Das habe ich weniger gesehen als etwas, das mich bedrückte. Das, was mich ein bißchen gequält hat, das waren meine Freunde draußen im Land, die sich mehr erhofft hatten und denen ich mehr Hoffnung hatte machen müssen. Das Gefühl, die hast du enttäuschen müssen, das hat mich etwas gequält. Aber sonst habe ich den Eindruck gehabt, daß ich zusammen mit meinen Freunden die Dinge ganz gut auf den Weg gebracht habe.

Sehen Sie, es gibt Leute, die nehmen mir eine Sache übel, und das kann ich gewissermaßen verstehen: Nämlich, daß ich da noch lachen kann. Aber ich war wirklich der Meinung, daß der Eichmann ein Hanswurst ist, und ich sage Ihnen: Ich habe sein Polizeiverhör, 3600 Seiten, gelesen und sehr genau gelesen, und ich weiß nicht, wie oft ich gelacht habe; aber laut! Diese Reaktion nehmen mir die Leute übel! Dagegen kann ich nichts machen. Ich weiß aber eines: Ich würde wahrscheinlich noch drei Minuten vor dem sicheren Tode lachen.

HANNAH ARENDT: Was bleibt? Es bleibt die Muttersprache

Hannah Arendt, geboren am 14. Oktober 1906 in Hannover, gestorben am 4. Dezember 1975 in New York.
Aufgewachsen in Königsberg. Studium der Philosophie, Theologie und des Griechischen. 1933 aus rassischen Gründen emigriert. Bis 1940 Arbeit in einer Wohlfahrtsorganisation in Paris. Seit 1941 in den USA, war sie zunächst freie Journalistin, dann Lektorin, später Geschäftsführerin der Jewish Cultural Reconstruction. Nach eigenen Worten »fahrender Scholar« – Lehre der Politischen Theorie an verschiedenen Universitäten. 1963 Professorin an der Universität von Chicago. Ab 1967 »university professor« an der Graduate Faculty der New School for Social Research (heute: New School University) in New York. Zahlreiche politisch-philosophische Werke über die Bedingungen, unter denen politisches Handeln und Verhalten zustande kommt (u.a. »Elemente und Ursprünge totaler Herrschaft«, 1955; »Vita activa«, 1958). Verfasserin eines heftig umstrittenen Buches über den Eichmann-Prozeß in Jerusalem.
Das Gespräch wurde gesendet am 28. Oktober 1964.

GAUS: Frau Hannah Arendt, Sie sind die erste Frau, die in dieser Reihe vorgestellt werden soll. Die erste Frau, wenn auch freilich mit einer nach landläufiger Vorstellung höchst männlichen Beschäftigung: Sie sind Philosophin. Ich komme von dieser Vorbemerkung zu meiner ersten Frage: Empfinden Sie Ihre Rolle im Kreis der Philosophen, trotz der Anerkennung und des Respekts, die man Ihnen zollt, als eine Besonderheit – oder berühren wir damit ein Emanzipationsproblem, das für Sie nie existiert hat?

ARENDT: Ja, ich fürchte, ich muß erst einmal protestieren. Ich gehöre nicht in den Kreis der Philosophen. Mein Beruf – wenn man davon überhaupt noch sprechen kann – ist politische Theorie. Ich fühle mich keineswegs als Philosophin. Ich glaube auch nicht, daß ich in den Kreis der Philosophen aufgenommen worden bin, wie Sie freundlicherweise meinen. Aber wenn wir auf die andere Frage zu sprechen kommen, die Sie in der Vorbemerkung anschnitten: Sie sagen, es ist landläufig eine männliche Beschäftigung. Das braucht ja nicht eine männliche Beschäftigung zu bleiben! Es könnte ja durchaus sein, daß eine Frau einmal eine Philosophin sein wird ...

GAUS: Ich halte Sie für eine Philosophin ...

ARENDT: Ja, also dagegen kann ich nichts machen, aber meine Meinung ist, daß ich keine Philosophin bin. Ich habe meiner Meinung nach der Philosophie doch endgültig Valet gesagt. Ich habe Philosophie studiert, wie Sie wissen, aber das besagt ja noch nicht, daß ich dabei geblieben bin.

GAUS: Aber ich würde dennoch gerne – ich bin sehr froh, daß wir auf diesen Punkt gekommen sind – von Ihnen genauer wissen, wo Sie den Unterschied zwischen der politischen Philosophie und Ihrer Arbeit als Professor für politische Theorie sehen. Wenn ich an einige Ihrer Werke denke, etwa an die »Vita activa«, dann möchte ich Sie doch unter die Philosophen einreihen dürfen, solange Sie mir nicht den Unterschied genauer definieren.

ARENDT: Sehen Sie, der Unterschied liegt eigentlich in der Sache selbst. Der Ausdruck »Politische Philosophie«, den ich vermeide, dieser Ausdruck ist außerordentlich vorbelastet durch die Tradition. Wenn ich über diese Dinge spreche, akademisch oder nicht akademisch, so erwähne ich immer, daß zwischen Philosophie und Politik eine Spannung lebt. Nämlich zwischen dem Menschen, insofern er ein philosophierendes, und dem Menschen, insofern er ein handelndes Wesen ist, eine Spannung, die es in der Naturphilosophie nicht gibt. Der Philosoph steht der Natur gegenüber wie alle anderen Menschen auch. Wenn er darüber denkt, spricht er im Namen der ganzen Menschheit. Aber er steht nicht neutral der Politik gegenüber. Seit Plato nicht!

GAUS: Ich verstehe, was Sie meinen.

ARENDT: Und so gibt es eine Art von Feindseligkeit gegen alle Politik bei den meisten Philosophen, ganz wenige ausgenommen.

Kant ist ausgenommen. Eine Feindseligkeit, die für diesen ganzen Komplex außerordentlich wichtig ist, weil es keine Personalfrage ist. Es liegt im Wesen der Sache selber.

GAUS: Sie wollen an dieser Feindseligkeit gegenüber der Politik keinen Teil haben, weil Sie glauben, daß es Ihre Arbeit belasten würde?

ARENDT: »Ich will an der Feindseligkeit keinen Teil haben«, das saß! Ich will Politik sehen mit, gewissermaßen, von der Politik ungetrübten Augen.

GAUS: Ich verstehe. Nun, bitte, noch einmal auf die Emanzipationsfrage: Hat es dieses Problem für Sie gegeben?

ARENDT: Ja, das Problem als solches gibt es natürlich immer. Ich bin eigentlich altmodisch gewesen. Ich war immer der Meinung, es gibt bestimmte Beschäftigungen, die sich für Frauen nicht schicken, die ihnen nicht stehen, wenn ich einmal so sagen darf. Es sieht nicht gut aus, wenn eine Frau Befehle erteilt. Sie soll versuchen, nicht in solche Positionen zu kommen, wenn ihr daran liegt, weibliche Qualitäten zu behalten. Ob ich damit Recht habe oder nicht, weiß ich nicht. Ich selber habe mich irgendwie, mehr oder minder unbewußt – oder sagen wir besser: mehr oder minder bewußt – danach gerichtet. Das Problem selber hat für mich persönlich keine Rolle gespielt. Sehen Sie, ich habe einfach gemacht, was ich gerne machen wollte.

GAUS: Ihre Arbeit – wir werden auf Einzelheiten sicherlich noch kommen – ist in wichtigen Teilen auf die Erkenntnis der Bedingungen gerichtet, unter denen politisches Handeln und Verhalten zustande kommen. Wollen Sie mit diesen Arbeiten eine Wirkung auch in der Breite erzielen, oder glauben Sie, daß eine solche Wirkung in der heutigen Zeit gar nicht mehr möglich ist – oder ist Ihnen ein solcher Breiteneffekt nebensächlich?

ARENDT: Wissen Sie, das ist wieder so eine Sache. Wenn ich ganz ehrlich sprechen soll, dann muß ich sagen: Wenn ich arbeite, bin ich an Wirkung nicht interessiert.

GAUS: Und wenn die Arbeit fertig ist?

ARENDT: Ja, dann bin ich damit fertig. Wissen Sie, wesentlich ist für mich: Ich muß verstehen. Zu diesem Verstehen gehört bei mir auch das Schreiben. Das Schreiben ist Teil in dem Verstehensprozeß.

GAUS: Wenn Sie schreiben, so dient es Ihrem eigenen, weiteren Erkennen?

ARENDT: Ja, weil jetzt bestimmte Dinge festgelegt sind. Nehmen wir an, man hätte ein sehr gutes Gedächtnis, so daß man wirklich alles behält, was man denkt: Ich zweifle sehr daran, da ich meine Faulheit kenne, daß ich irgend etwas notiert hätte. Worauf es mir ankommt, ist der Denkprozeß selber. Wenn ich das habe, bin ich persönlich ganz zufrieden. Wenn es mir dann gelingt, es im Schreiben adäquat auszudrücken, bin ich auch wieder zufrieden. Jetzt fragen Sie nach der Wirkung. Es ist das – wenn ich ironisch werden darf – eine männliche Frage. Männer wollen immer furchtbar gern wirken; aber ich sehe das gewissermaßen von außen. Ich selber wirken? Nein, ich will verstehen. Und wenn andere Menschen verstehen, im selben Sinne, wie ich verstanden habe – dann gibt mir das eine Befriedigung, wie ein Heimatgefühl.

GAUS: Schreiben Sie leicht? Formulieren Sie leicht?

ARENDT: Manchmal ja, manchmal nein. Aber allgemein kann ich sagen, ich schreibe niemals, bevor ich nicht sozusagen abschreibe.

GAUS: Nachdem Sie schon vorgedacht haben.

ARENDT: Ja. Ich weiß genau, was ich schreiben will. Vorher schreibe ich nicht. Ich schreibe meistens nur eine Niederschrift. Und das geht dann verhältnismäßig rasch, weil es eigentlich nur davon abhängt, wie rasch ich tippe.

GAUS: Die Beschäftigung mit der politischen Theorie, mit dem politischen Handeln und Verhalten steht heute im Mittelpunkt Ihrer Arbeit. Unter diesen Umständen scheint mir besonders interessant, was ich in einem Briefwechsel gefunden habe, den Sie mit dem israelischen Professor Scholem gehabt haben. Darin haben Sie geschrieben, wenn ich zitieren darf, daß Sie sich »in der Jugend weder für Politik, noch für Geschichte interessiert« hätten. Sie sind, Frau Arendt, im Jahre 1933 als Jüdin aus Deutschland emigriert. Damals waren Sie 26 Jahre alt. Hat Ihre Beschäftigung mit der Politik, das Aufhören des Desinteressements an Politik und Geschichte, einen ursächlichen Zusammenhang mit diesen Vorgängen?

ARENDT: Ja, selbstverständlich. Im Jahre '33 war das Desinteressement nicht mehr möglich. Es war schon vorher nicht mehr möglich.

GAUS: Und hat auch vorher bei Ihnen schon aufgehört?

ARENDT: Ja, natürlich. Ich habe doch mit Spannung Zeitung gelesen. Ich habe doch Meinungen gehabt. Ich habe keiner Partei angehört, ich hatte auch gar kein Bedürfnis danach. Ich war seit 1931 fest davon überzeugt, daß die Nazis ans Ruder kommen würden. Und ich habe doch in ständiger Auseinandersetzung mit anderen Menschen über diese Probleme gestanden. Aber systematisch habe ich mich eigentlich erst in der Emigration mit diesen Dingen befaßt.

GAUS: Ich habe eine Zusatzfrage zu dem, was Sie eben gesagt haben. Ausgehend von der Überzeugung seit 1931, daß der Machtantritt der Nazis sich nicht verhindern lassen würde, hat es Sie nicht gedrängt, aktiv etwas dagegen zu tun, zum Beispiel durch Eintritt in eine Partei – oder haben Sie dies nicht für sinnvoll gehalten?

ARENDT: Ich persönlich hielt es nicht für sinnvoll. Wenn ich es für sinnvoll gehalten hätte – das ist alles sehr schwer nachträglich zu sagen –, dann hätte ich vielleicht etwas gemacht. Ich hielt es für hoffnungslos.

GAUS: Gibt es in Ihrer Erinnerung ein bestimmtes Vorkommnis, von dem Sie Ihre Hinwendung zum Politischen datieren könnten?

ARENDT: Ich könnte den 27. Februar 1933, den Reichstagsbrand und die darauf in derselben Nacht erfolgten illegalen Verhaftungen, nennen. Die sogenannten Schutzhaften. Sie wissen, die Leute kamen in Gestapo-Keller oder in Konzentrationslager. Was dann losging, war ungeheuerlich und ist heute oft von den späteren Dingen überblendet worden. Dies war für mich ein unmittelbarer Schock, und von dem Moment an habe ich mich verantwortlich gefühlt. Das heißt, ich war nicht mehr der Meinung, daß man jetzt einfach zusehen kann. Ich habe versucht zu helfen in manchen Dingen. Aber das, was mich dann unmittelbar aus Deutschland weggeführt hat – wenn ich das erzählen soll ... ich habe es niemals erzählt, weil es ja auch ganz belanglos ist –

GAUS: Erzählen Sie bitte.

ARENDT: Ich hatte sowieso die Absicht zu emigrieren. Ich war sofort der Meinung: Juden können nicht bleiben. Ich hatte nicht die Absicht, in Deutschland sozusagen als Staatsbürger zweiter Klasse herumzulaufen, in welcher Form auch immer. Ich war außerdem der Meinung, daß die Sachen immer schlimmer werden würden. Trotzdem bin ich schließlich nicht auf so eine friedliche Weise abgezogen. Und ich muß sagen, ich verspürte darüber eine gewisse Befriedigung. Ich wurde verhaftet, mußte illegal das Land verlassen – ich erzähle es Ihnen gleich –, ich hatte sofort eine Befriedigung darüber. Ich dachte, wenigstens habe ich etwas gemacht! Wenigstens bin ich nicht unschuldig. Das soll mir keiner nachsagen. – Nun, die Gelegenheit dazu gab mir damals die zionistische Organisation. Ich war mit einigen der führenden Leute, vor allen Dingen dem damaligen Präsidenten, Kurt Blumenfeld, sehr eng befreundet. Aber ich war keine Zionistin. Man hat auch nicht versucht, mich dazu zu machen. Immerhin war ich in gewissem Sinne davon beeinflußt; nämlich in der Kritik, in der Selbstkritik, die die Zionisten im jüdischen Volke entfaltet haben. Davon war ich beeinflußt, davon war ich beeindruckt, aber politisch hatte ich nichts damit zu tun. Nun, '33 traten Blumenfeld und ein anderer, den Sie nicht kennen, an mich heran und sagten zu mir: Wir wollen eine Sammlung anlegen aller antisemitischen Äußerungen auf unterer Ebene. Also sagen wir einmal, Äußerungen in Vereinen, allen Arten von Berufsvereinen, allen möglichen Fachzeitschriften; kurz: dasjenige, was im Ausland nicht bekannt wird. Diese Sammlung zu veranstalten, das fiel damals unter »Greuelpropaganda«, wie man es nannte. Das konnte kein Mensch machen, der bei den Zionisten organisiert war. Weil, wenn er hochging, die Organisation hochging.

GAUS: Natürlich.

ARENDT: Ist doch klar. Sie fragten mich: »Willst du es machen?« Sage ich: »Natürlich.« Ich war sehr zufrieden. Erstens schien mir das sehr vernünftig, und zweitens hatte ich das Gefühl, man kann doch irgendwas tun.

GAUS: Sie sind im Zusammenhang damit verhaftet worden?

ARENDT: Ja. Da bin ich hochgegangen. Ich habe sehr großes Glück gehabt. Nach acht Tagen bin ich rausgekommen, weil ich – der Kriminalbeamte, der mich verhaftete, mit dem freundete ich mich an. Das war ein reizender Kerl. Der war ursprünglich von der Kriminalpolizei in die politische Abteilung avanciert. Der hatte keine Ahnung. Was sollte er da? Er sagte mir immer: »Gewöhnlich habe ich doch da immer jemand vor mir sitzen, da sehe ich bloß nach, dann weiß ich schon, was das ist. Aber, was tue ich mit Ihnen?«

GAUS: Das war in Berlin?

ARENDT: Das war in Berlin. Ich habe den Mann leider belügen müssen. Ich durfte ja die Organisation nicht hochgehen lassen. Ich habe ihm phantastische Geschichten erzählt, und er sagte immer: »Ich habe Sie hereingebracht. Ich kriege Sie auch wieder raus. Nehmen Sie keinen Anwalt! Die Juden haben doch jetzt kein Geld. Sparen Sie Ihr Geld!« Inzwischen hatte die Organisation für mich einen Anwalt besorgt. Natürlich wieder durch Mitglieder. Und diesen Anwalt schickte ich weg. Weil dieser Mann, der mich verhaftet hatte, so ein offenes, anständiges Gesicht hatte. Ich verließ mich auf ihn und dachte, das ist eine viel bessere Chance, als irgendein Anwalt, der ja doch bloß Angst hat.

GAUS: Sie kamen raus und konnten Deutschland verlassen?

ARENDT: Ich kam raus, mußte aber illegal über die grüne Grenze, weil die Sache natürlich weiterlief.

GAUS: In dem schon erwähnten Briefwechsel, Frau Arendt, haben Sie eine Art Mahnung Scholems, Sie möchten doch stets Ihrer Zugehörigkeit zum jüdischen Volk eingedenk sein, sehr klar als überflüssig zurückgewiesen. Sie schrieben – ich zitiere wieder: »Jude sein gehört für mich zu den unbezweifelbaren Gegebenheiten meines Lebens, und ich habe an solchen Faktizitäten niemals etwas ändern wollen, nicht einmal in der Kindheit.« Dazu hätte ich gern einige Fragen gestellt. Sie sind 1906 in Hannover als Tochter eines Ingenieurs geboren und in Königsberg aufgewachsen. Können Sie mir aus Ihrer Erinnerung berichten, was es seinerzeit für ein Kind im Vorkriegs-Deutschland bedeutet hat, aus einer jüdischen Familie zu stammen?

ARENDT: Allgemein könnte ich die Frage nicht wahrheitsgemäß beantworten. Was die persönliche Erinnerung angeht: Ich habe von Hause aus nicht gewußt, daß ich Jüdin bin. Meine Mutter war gänzlich areligiös.

GAUS: Ihr Vater war früh gestorben.

ARENDT: Mein Vater war früh gestorben. Es klingt alles sehr komisch. Mein Großvater war Präsident der liberalen Gemeinde und Stadtverordneter von Königsberg. Ich komme aus einer alten Königsberger Familie. Trotzdem – das Wort »Jude« ist bei uns nie gefallen, als ich ein kleines Kind war. Es wurde mir zum erstenmal entgegengebracht durch antisemitische Bemerkungen – es lohnt sich nicht zu erzählen – von Kindern auf der Straße. Daraufhin wurde ich also sozusagen »aufgeklärt«.

GAUS: War das für Sie ein Schock?
ARENDT: Nein.
GAUS: Hatten Sie das Gefühl, jetzt bin ich etwas Besonderes?
ARENDT: Ja, sehen Sie, das ist eine andere Sache. Ein Schock war es für mich gar nicht. Ich dachte mir: Ja also, so ist es. Ob ich das Gefühl gehabt habe, daß ich etwas Besonderes bin? Ja! Aber das kann ich Ihnen heute nicht mehr auseinanderklabüstern.
GAUS: Welche Vorstellungen das waren?
ARENDT: Ich bin der Meinung, objektiv, daß das mit dem Jüdischen zusammenhing. Ich wußte zum Beispiel als Kind – als etwas älteres Kind jetzt –, daß ich jüdisch aussehe. Das heißt, daß ich anders aussehe als die anderen. Das war mir sehr bewußt. Aber nicht in der Form einer Minderwertigkeit; sondern das war eben so. Und dann, meine Mutter, mein Elternhaus sozusagen, war ein bißchen anders, als es gewöhnlich ist. Es war so viel Besonderes daran, auch gegenüber den andern jüdischen Kindern oder den Kindern aus der Familie sogar, daß für ein Kind sehr schlecht festzustellen war, wo war nun das Besondere?
GAUS: Ich möchte gern das, was Sie das Besondere Ihres Elternhauses genannt haben, etwas erläutert bekommen. Sie sagen, daß es für Ihre Mutter nie eine Notwendigkeit gegeben hatte – bis Ihnen das auf der Straße widerfuhr –, Sie über Ihre Zugehörigkeit zum Judentum aufzuklären. War die Bewußtheit, Jude zu sein, die Sie für sich in dem Brief an Scholem reklamieren, Ihrer Mutter verloren gegangen? Spielte das für sie gar keine Rolle mehr? War hier eine Assimilation geglückt, oder gab sich Ihre Mutter jedenfalls der Täuschung hin, daß sie geglückt sei?
ARENDT: Meine Mutter war nicht sehr theoretisch veranlagt. Daß sie da irgendwelche spezielle Vorstellungen gehabt hat, glaube ich nicht. Sie selber kam aus der sozialdemokratischen Bewegung, aus dem Kreis um die Sozialistischen Monatshefte; auch mein Vater, vor allen Dingen aber meine Mutter. Und die Frage hat keine Rolle für sie gespielt, sie war selbstverständlich Jüdin. Sie würde mich nie getauft haben! Ich nehme an, sie würde mich rechts und links geohrfeigt haben, wäre sie je dahintergekommen, daß ich etwa verleugnet hätte, Jüdin zu sein. Kam nicht auf die Platte sozusagen. Kam gar nicht in Frage!

Aber die Frage selber hat natürlich in den 20er Jahren, in denen ich jung war, eine viel größere Rolle gespielt als für meine Mutter. Und für meine Mutter spielte sie, als ich erwachsen war, auch eine viel größere Rolle als vorher in ihrem Leben. Das liegt aber an den äußeren Umständen. Ich, zum Beispiel, glaube nicht, daß ich mich je als Deutsche – im Sinne der Volkszugehörigkeit, nicht der Staatsangehörigkeit, wenn ich mal den Unterschied machen darf – betrachtet habe. Ich besinne mich darauf, daß ich so um das Jahr '30 herum Diskussionen darüber zum Beispiel mit Jaspers hatte. Er sagte: »Natürlich sind Sie Deutsche!« Ich sagte: »Das sieht man doch, ich bin keine!« Das hat aber für mich keine Rolle gespielt. Ich habe das nicht etwa als Minderwertigkeit empfunden. Das gerade war nicht der Fall. Und wenn ich noch einmal auf das Besondere meines Elternhauses zurückkommen darf: Sehen Sie, der Antisemitismus ist allen jüdischen Kindern begegnet. Und er hat die Seelen vieler Kinder vergiftet. Der Unterschied bei uns war, daß meine Mutter immer auf dem Standpunkt stand: Man darf sich nicht ducken! Man muß sich wehren!

Wenn etwa von meinen Lehrern antisemitische Bemerkungen gemacht wurden – meistens gar nicht mit Bezug auf mich, sondern in bezug auf andere jüdische Schülerinnen, zum Beispiel ostjüdische Schülerinnen –, dann wurde ich angewiesen, sofort aufzustehen, die Klasse zu verlassen, nach Hause zu kommen, alles genau zu Protokoll zu geben. Dann schrieb meine Mutter einen ihrer vielen eingeschriebenen Briefe; und die Sache war für mich natürlich völlig erledigt. Ich hatte einen Tag schulfrei, und das war doch ganz schön. Wenn es aber von Kindern kam, habe ich es zu Hause nicht erzählen dürfen. Das galt nicht. Was von Kindern kommt, dagegen wehrt man sich selber. Und so sind diese Sachen für mich nie zum Problem geworden. Es gab Verhaltensmaßregeln, in denen ich sozusagen meine Würde behielt und geschützt war, absolut geschützt, zu Hause.

GAUS: Sie haben in Marburg, Heidelberg und Freiburg studiert bei den Professoren Heidegger, Bultmann und Jaspers, im Hauptfach Philosophie und daneben Theologie und Griechisch. Wie ist es zu dieser Studienwahl gekommen?

ARENDT: Ja, wissen Sie, das habe ich mir auch oft überlegt. Ich kann dazu nur sagen: Philosophie stand fest. Seit dem 14. Lebensjahr.

GAUS: Warum?

ARENDT: Ja, ich habe Kant gelesen. Da können Sie fragen: Warum haben Sie Kant gelesen? Irgendwie war es für mich die Frage: Entweder kann ich Philosophie studieren oder ich gehe ins Wasser sozusagen. Aber nicht etwa, weil ich das Leben nicht liebte! Nein! Ich sagte vorhin – dieses Verstehenmüssen.

GAUS: Ja.

ARENDT: Das Bedürfnis, zu verstehen, das war sehr früh schon da. Sehen Sie, die Bücher gab es alle zu Hause, die zog man aus der Bibliothek.

GAUS: Haben Sie außer Kant Lektüreerlebnisse, an die Sie sich besonders erinnern?

ARENDT: Ja. Erstens Jaspers' »Philosophie der Weltanschauung«, erschienen, glaube ich, 1920. Da war ich vierzehn. Daraufhin las ich Kierkegaard, und so hat sich das dann gekoppelt ...

GAUS: Kam hier die Theologie hinein?

ARENDT: Ja. Das hat sich dann so gekoppelt, daß das beides für mich zusammengehörte. Ich hatte dann nur Bedenken, wie man das denn nun macht, wenn man Jüdin ist. Und wie das vor sich geht. Ich hatte doch keine Ahnung, nicht wahr? Da hatte ich schwere Sorgen, die sich dann ohne weiteres beheben ließen. Griechisch ist eine andere Sache. Ich habe immer sehr griechische Poesie geliebt. Und Dichtung hat in meinem Leben eine große Rolle gespielt. So nahm ich Griechisch dazu, weil das am bequemsten war. Das las ich sowieso.

GAUS: Respekt!

ARENDT: Nein, das ist übertrieben.

GAUS: Ihre intellektuelle Begabung, Frau Arendt, so früh erprobt – sind Sie von ihr gelegentlich als Schülerin und junge Studentin auf eine vielleicht schmerzliche Weise vom Normalverhalten Ihrer Umgebung getrennt worden?

ARENDT: Das hätte so sein müssen, wenn ich es gewußt hätte. Ich war der Meinung, so sind alle.

GAUS: Wann ist Ihnen dieser Irrtum bewußt geworden?

ARENDT: Ziemlich spät. Ich will es nicht sagen. Ich schäme mich. Ich war unbeschreiblich naiv. Das lag zum Teil an der häuslichen Erziehung. Es wurde nie darüber gesprochen. Es wurde nie über Zensuren gesprochen. Das galt als minderwertig. Jeder Ehrgeiz galt als minderwertig, zu Hause. Jedenfalls war mir die Sache nicht wirklich bewußt. Sie war mir wohl bewußt manchesmal als eine Art von Fremdheit unter Menschen.

GAUS: Eine Fremdheit, von der Sie glaubten, sie gehe von Ihnen aus?

ARENDT: Ja, ausschließlich. Das hat aber nichts mit Begabung zu tun. Das habe ich nie mit der Begabung gekoppelt.

GAUS: Resultierte daraus gelegentlich in jungen Jahren eine Verachtung für die anderen?

ARENDT: Ja, das kam vor. Das war schon sehr früh da. Und unter solcher Verachtung habe ich schon manchmal gelitten. Nämlich: daß man das eigentlich nicht soll, und daß man das eigentlich nicht darf und so weiter ...

GAUS: Als Sie 1933 Deutschland verlassen haben, sind Sie nach Paris gegangen, wo Sie in einer Organisation arbeiteten, die jüdische Jugendliche in Palästina unterzubringen versuchte. Können Sie mir darüber etwas erzählen?

ARENDT: Diese Organisation brachte jüdische Jugendliche und auch Kinder zwischen dreizehn und siebzehn Jahren aus Deutschland nach Palästina und hat sie dort in den Kibuzzim untergebracht. Daher kenne ich diese Siedlungen eigentlich verhältnismäßig gut.

GAUS: Und aus einer sehr frühen Zeit.

ARENDT: Aus einer sehr frühen Zeit; ich habe damals einen sehr großen Respekt davor gehabt. Die Kinder empfingen eine Berufsausbildung, Umschulausbildung. Hier und da habe ich auch polnische Kinder untergeschmuggelt. Es war eine reguläre Sozialarbeit, Erziehungsarbeit. Man hatte große Lager auf dem Lande, wo die Kinder vorbereitet wurden, wo sie auch Stunden hatten, wo sie Landarbeit lernten, wo sie vor allen Dingen zunehmen mußten. Man mußte sie von Kopf bis Fuß anziehen. Man mußte für die kochen. Man mußte vor allen Dingen für sie Papiere beschaffen, man mußte mit den Eltern verhandeln – und mußte vor allen Dingen auch Geld besorgen. Das blieb mir auch noch weitgehend überlassen. Ich habe mit französischen Frauen zusammengearbeitet. Also das war ungefähr die Tätigkeit. Der Entschluß überhaupt, die Arbeit zu übernehmen: Wollen Sie es hören oder wollen Sie nicht?

GAUS: Bitte.

ARENDT: Sehen Sie, ich kam aus einer rein akademischen Tätigkeit. Und in der Hinsicht hat das Jahr '33 bei mir einen sehr nachhaltigen Eindruck gemacht. Und zwar erstens positiv und zweitens negativ – vielleicht sollte ich sagen: erstens negativ und zweitens positiv. Man denkt heute oft, daß der Schock der deutschen Juden 1933 sich damit erklärt, daß Hitler die Macht ergriff. Nun, was mich und Menschen meiner Generation betrifft, kann ich sagen, daß das ein kurioses Mißverständnis ist. Das war natürlich sehr schlimm. Aber es war politisch. Es war nicht persönlich. Daß die Nazis unsere Feinde sind – mein Gott, wir brauchten doch, bitteschön, nicht Hitlers Machtergreifung, um das zu wissen! Das war doch seit mindestens vier Jahren jedem Menschen, der nicht schwachsinnig war, völlig evident. Daß ein großer Teil des deutschen Volkes dahinterstand, das wußten wir ja auch. Davon konnten wir doch nicht '33 schockartig überrascht sein.

GAUS: Sie meinen, der Schock lag 1933 darin, daß die Vorgänge vom allgemein politischen ins Persönliche gewendet wurden?

ARENDT: Nein, nicht einmal. Oder: das auch. Erstens wurde das allgemein Politische ein persönliches Schicksal, sofern man herausging. Zweitens aber wissen Sie ja, was Gleichschaltung ist. Und das hieß, daß die Freunde sich gleichschalteten! Das Problem, das persönliche Problem war doch nicht etwa, was unsere Feinde taten, sondern was unsere Freunde taten. Was damals in der Welle von Gleichschaltung, die ja ziemlich freiwillig war, jedenfalls noch nicht unter dem Druck des Terrors, vorging: Das war, als ob sich ein leerer Raum um einen bildete. Ich lebte in einem intellektuellen Milieu, ich kannte aber auch andere Menschen. Und ich konnte feststellen, daß unter den Intellektuellen die Gleichschaltung sozusagen die Regel war. Aber unter den anderen nicht. Und das hab ich nie vergessen. Ich ging aus Deutschland, beherrscht von der Vorstellung – natürlich immer etwas übertreibend –: Nie wieder! Ich rühre nie wieder irgendeine intellektuelle Geschichte an. Ich will mit dieser Gesellschaft nichts zu tun haben. Ich war natürlich nicht der Meinung, daß deutsche Juden und deutschjüdische Intellektuelle, wenn sie in einer anderen Situation gewesen wären, als in der sie waren, sich wesentlich anders verhalten hätten. Der Meinung war ich nicht. Ich war der Meinung, das hängt mit diesem Beruf, mit der Intellektualität zusammen. Ich spreche in der Vergangenheit. Ich weiß heute mehr darüber ...

GAUS: Ich wollte Sie gerade fragen: Glauben Sie das noch?

ARENDT: Nicht mehr so in dieser Schärfe. Aber daß es im Wesen dieser ganzen Sachen liegt, daß man sich sozusagen zu jeder Sache etwas einfallen lassen kann, das sehe ich immer noch so. Sehen Sie, daß jemand sich gleichschaltete, weil er für Frau und Kind zu sorgen hatte, das hat nie ein Mensch übelgenommen. Das Schlimme war doch, daß die dann wirklich daran glaubten! Für kurze Zeit, manche für sehr kurze Zeit. Aber das heißt doch: Zu Hitler fiel ihnen was ein; und zum Teil ungeheuer interessante Dinge! Ganz phantastische und interessante und komplizierte! Und hoch über dem gewöhnlichen Niveau schwebende Dinge! Das habe ich als grotesk empfunden. Sie gingen ihren eigenen Einfällen in die Falle, würde ich heute sagen. Das ist das, was passierte. Das habe ich damals nicht so übersehen.

GAUS: Und deswegen lag ein besonderer Wert für Sie darin, aus diesen Kreisen, von denen Sie damals radikal Abschied nehmen wollten, in eine praktische Arbeit zu kommen?

ARENDT: Ja, die positive Seite ist folgendes: Ich gelangte zu einer Erkenntnis, die ich damals immer wieder in einem Satz ausgedrückt habe, darauf besinne ich mich: »Wenn man als Jude angegriffen ist, muß man sich als Jude verteidigen.« Nicht als Deutscher oder als Bürger der Welt oder der Menschenrechte oder so. Sondern: Was kann ich ganz konkret als Jude machen? Hinzu kam zweitens die klare Absicht: Jetzt will ich mich in der Tat organisieren. Zum erstenmal. Und organisieren natürlich bei den Zionisten. Das waren ja die einzigen, die bereit waren. Ich meine, bei den Assimilanten, das hätte ja gar keinen Sinn gehabt. Ich habe damit übrigens wirklich nie etwas zu tun gehabt. Mit der Judenfrage selber hatte ich mich vorher beschäftigt. Die Arbeit über »Rahel Varnhagen« war fertig, als ich Deutschland verließ. Und dort spielt das Judenproblem ja eine Rolle. Ich habe das damals auch verfaßt im Sinne von: »Ich will verstehen.« Es waren nicht meine persönlichen Judenprobleme, die ich da erörterte. Aber jetzt war die Zugehörigkeit zum Judentum mein eigenes Problem geworden. Und mein eigenes Problem war politisch. Rein politisch! Ich wollte in die praktische Arbeit und – ich wollte ausschließlich und nur in die jüdische Arbeit. Und in diesem Sinne habe ich mich dann in Frankreich orientiert.

GAUS: Bis zum Jahre 1940.

ARENDT: Ja.

GAUS: Sie sind im Zweiten Weltkrieg dann in die Vereinigten Staaten von Amerika gelangt, wo Sie heute als Professorin für politische Theorie, nicht Philosophie ...

ARENDT: Danke.

GAUS: ... in Chicago arbeiten. Sie wohnen in New York. Ihr Mann, den Sie 1940 geheiratet haben, ist ebenfalls als Philosophieprofessor in Amerika tätig. Nun ist die akademische Provinz, der Sie inzwischen wieder angehören – nach der Enttäuschung aus dem Jahre 1933 – international. Dennoch möchte ich Sie fragen, ob Ihnen das Europa der Vorhitlerzeit, das es nie wieder geben wird, fehlt? Wenn Sie nach Europa kommen: Was ist nach Ihrem Eindruck geblieben, und was ist unrettbar verloren?

ARENDT: Das Europa der Vorhitlerzeit? Ich habe keine Sehnsucht, das kann ich nicht sagen. Was ist geblieben? Geblieben ist die Sprache.

GAUS: Und das bedeutet viel für Sie?

ARENDT: Sehr viel. Ich habe immer bewußt abgelehnt, die Muttersprache zu verlieren. Ich habe immer eine gewisse Distanz behalten sowohl zum Französischen, das ich damals sehr gut sprach, als auch zum Englischen, das ich ja heute schreibe.

GAUS: Das wollte ich Sie fragen: Sie schreiben heute in Englisch?

ARENDT: Ich schreibe in Englisch, aber ich habe die Distanz nie verloren. Es ist ein ungeheurer Unterschied zwischen Muttersprache und einer andern Sprache. Bei mir kann ich das furchtbar einfach sagen: Im Deutschen kenne ich einen ziemlich großen Teil deutscher Gedichte auswendig. Die bewegen sich da immer irgendwie im Hinterkopf – in the back of my mind –; das ist natürlich nie wieder zu erreichen. Im Deutschen erlaube ich mir Dinge, die ich mir im Englischen nicht erlauben würde. Das heißt, manchmal erlaube ich sie mir jetzt auch schon im Englischen, weil ich halt frech geworden bin, aber im allgemeinen habe ich diese Distanz behalten. Die deutsche Sprache jedenfalls ist das Wesentliche, was geblieben ist, und was ich auch bewußt immer gehalten habe.

GAUS: Auch in der bittersten Zeit?

ARENDT: Immer. Ich habe mir gedacht, was soll man denn machen? Es ist ja nicht die deutsche Sprache gewesen, die verrückt geworden ist. Und zweitens: Es gibt keinen Ersatz für die Muttersprache. Man kann die Muttersprache vergessen. Das ist wahr. Ich habe es gesehen. Diese Leute sprechen die fremde Sprache besser als ich. Ich spreche immer noch mit einem sehr starken Akzent, und ich spreche oft nicht idiomatisch. Das können die alle. Aber es wird eine Sprache, in der ein Klischee das andere jagt, weil nämlich die Produktivität, die man in der eigenen Sprache hat, abgeschnitten wurde, als man diese Sprache vergaß.

GAUS: Die Fälle, in denen die Muttersprache vergessen wurde: War dies, nach Ihrem Eindruck, die Folge einer Verdrängung?

ARENDT: Ja, sehr oft. Ich habe es erlebt bei Leuten, schockartig. Wissen Sie, das Entscheidende ist ja nicht das Jahr '33; jedenfalls für mich nicht. Das Entscheidende ist der Tag gewesen, an dem wir von Auschwitz erfuhren.

GAUS: Wann war das?

ARENDT: Das war 1943. Und erst haben wir es nicht geglaubt. Obwohl mein Mann und ich eigentlich immer sagten, wir trauen der Bande alles zu. Dies aber haben wir nicht geglaubt, auch weil es ja gegen alle militärischen Notwendigkeiten und Bedürfnisse war. Mein Mann ist ehemaliger Militärhistoriker, er versteht etwas von den Dingen. Er hat gesagt, laß dir keine Geschichten einreden; das können sie nicht mehr! Und dann haben wir es ein halbes Jahr später doch geglaubt, weil es uns bewiesen wurde. Das ist der eigentliche Schock gewesen. Vorher hat man sich gesagt: Nun ja, man hat halt Feinde. Das ist doch ganz natürlich. Warum soll ein Volk keine Feinde haben? Aber dies ist anders gewesen. Das war wirklich, als ob der Abgrund sich öffnet. Weil man die Vorstellung gehabt hat, alles andere hätte irgendwie noch einmal gutgemacht werden können, wie in der Politik ja alles einmal wieder gutgemacht werden kann. Dies nicht. Dies hätte nie geschehen dürfen. Und damit meine ich nicht die Zahl der Opfer. Ich meine die Fabrikation der Leichen und so weiter – ich brauche mich darauf ja nicht weiter einzulassen. Dieses hätte nicht geschehen dürfen. Da ist irgend etwas passiert, womit wir alle nicht fertig werden. Über alle anderen Sachen, die da passiert sind, muß ich sagen: Das war manchmal ein bißchen schwierig, man war sehr arm, und man war verfolgt, man mußte fliehen, und man mußte sich durchschwindeln und was immer; wie das halt so ist. Aber wir waren jung. Mir hat es sogar noch ein bißchen Spaß gemacht. Das kann ich gar nicht anders sagen. Dies jedoch, dies nicht. Das war etwas ganz anderes. Mit allem andern konnte man auch persönlich fertig werden.

GAUS: Ich würde gern von Ihnen hören, Frau Arendt, welchen etwaigen Wandlungen Ihr Urteil über das Nachkriegsdeutschland, das Sie oft besucht haben und in dem Ihre wichtigsten Werke erschienen sind, seit 1945 unterworfen war.

ARENDT: Ich bin zum erstenmal 1949 wieder nach Deutschland gekommen; damals im Auftrag einer jüdischen Organisation für die Rettung jüdischen Kulturguts, Bücher im Wesentlichen. Ich kam mit sehr gutem Willen. Meine Überlegung seit 1945 war die folgende: Was immer '33 geschehen ist, eigentlich – angesichts dessen, was dann später geschah – unerheblich. Gewiß, die Treulosigkeit der Freunde, wenn man es einmal so böse sagen darf ...

GAUS: ... die Sie persönlich erfahren haben.

ARENDT: Natürlich. Aber wenn einer damals wirklich Nazi geworden war und dann Artikel darüber schrieb, da brauchte er sich ja mir gegenüber persönlich nicht treu zu verhalten. Ich habe sowieso nicht mehr mit ihm gesprochen. Der brauchte sich bei mir nicht mehr zu melden, der war ja abgemeldet. Das ist doch klar. Aber das waren ja alles keine Mörder. Das waren ja nur Leute, wie ich heute sagen würde, die in ihre eigenen Fallen gegangen sind. Dies, was später kam, hatten sie ja auch nicht gewollt. Infolgedessen schien mir, daß es gerade in diesem Abgrund eine Basis geben sollte. Und das ist auch in vielen persönlichen Dingen durchaus der Fall gewesen. Ich habe mich mit Leuten auseinandergesetzt; ich bin nicht sehr freundlich, ich bin auch nicht sehr höflich, ich sage meine Meinung. Aber irgendwie haben sich die Dinge wieder in Ordnung gezogen mit einer Reihe von Leuten. Wie gesagt, das sind ja alles nur Leute, die gelegentlich ein paar Monate oder schlimmstenfalls ein paar Jahre irgend etwas gemacht haben; weder Mörder, noch Denunzianten. Also, wie gesagt: Leute, denen zu Hitler »was eingefallen war«. Aber das allgemeine, das größte Erlebnis, wenn man nach Deutschland zurückkommt – abgesehen von dem Wiedererkennenserlebnis, das ja in der griechischen Tragödie immer der Drehpunkt der Handlung ist –, das ist eine große Erschütterung. Und außerdem das Erlebnis, daß auf der Straße deutsch gesprochen wurde. Das hat mich unbeschreiblich gefreut.

GAUS: Mit dieser Vorstellung kamen Sie 1949?

ARENDT: So ungefähr kam ich. Und heute, wo die Dinge ja wieder alle, sagen wir einmal: in ein festes Geleis gekommen sind, da sind die Abstände eher größer geworden, als sie vorher waren. Als sie damals waren in dieser Erschütterung.

GAUS: Weil die Verhältnisse hierzulande für Ihr Gefühl allzu schnell wieder in ein festes Geleis geraten sind?

ARENDT: Ja. Und auch manchmal in ein Geleis, das ich nicht bejahe. Wobei ich mich aber nicht verantwortlich fühle. Ich sehe es von außen, nicht? Und das heißt, ich bin heute viel weniger beteiligt, als ich es damals noch war. Das kann auch an der Zeit liegen. Hören Sie, fünfzehn Jahre sind ja auch kein Pappenstiel!

GAUS: Sie empfinden eine stärker gewordene Gleichgültigkeit?

ARENDT: Distanzierung; Gleichgültigkeit ist zuviel. Aber Distanzierung ist wahr.

GAUS: In diesem Herbst, Frau Arendt, ist in der Bundesrepublik Ihr Buch über den Eichmann-Prozess in Jerusalem erschienen. Diese Arbeit ist seit ihrem Erscheinen in Amerika sehr heftig diskutiert worden; besonders von jüdischer Seite wurden Einwände gegen Ihr Buch erhoben, von denen Sie sagen, daß sie zu einem Teil auf Mißverständnisse, zu einem anderen auf eine gesteuerte politische Kampagne zurückzuführen sind. Anstoß hat vor allem die von Ihnen behandelte Frage erregt, wieweit den Juden ihr passives Erdulden der deutschen Massenmorde angelastet werden müsse, oder wieweit jedenfalls die Kollaboration bestimmter jüdischer Ältestenräte fast zu einer Art Mitschuld geworden ist. Wie dem auch sei – für ein Porträt Hannah Arendts ergeben sich, so scheint mir, aus diesem Buch über Eichmann mehrere Fragen. Darf ich damit beginnen: Schmerzt Sie der gelegentlich erhobene Vorwurf, dieses Ihr Buch ermangle der Liebe zum jüdischen Volk?

ARENDT: Zuerst einmal darf ich mit aller Freundlichkeit feststellen, daß Sie natürlich auch schon ein Objekt dieser Kampagne geworden sind. Ich habe nirgends in dem Buche dem jüdischen Volk das Nicht-Widerstehen vorgeworfen. Das hat ein anderer Mensch getan, nämlich Herr Haussner von der israelischen Staatsanwaltschaft im Prozeß gegen Eichmann. Ich habe die von ihm in dieser Richtung ergehenden Fragen an die Zeugen in Jerusalem töricht und grausam genannt.

GAUS: Ich habe das Buch gelesen. Ich weiß das. Nur gründen sich einige der Vorwürfe, die man Ihnen gemacht hat, auf den Ton, in dem manche Passagen geschrieben sind.

ARENDT: Nun, das ist eine andere Sache. Dagegen kann ich nichts sagen. Und darüber will ich nichts sagen. Wenn man der Meinung ist, daß man über diese Dinge nur pathetisch schreiben kann ... Sehen Sie, es gibt Leute, die nehmen mir eine Sache übel, und das kann ich gewissermaßen verstehen: Nämlich, daß ich da noch lachen kann. Aber ich war wirklich der Meinung, daß der Eichmann ein Hanswurst ist, und ich sage Ihnen: Ich habe sein Polizeiverhör, 3600 Seiten, gelesen und sehr genau gelesen, und ich weiß nicht, wie oft ich gelacht habe; aber laut! Diese Reaktion nehmen mir die Leute übel! Dagegen kann ich nichts machen. Ich weiß aber eines: Ich würde wahrscheinlich noch drei Minuten vor dem sicheren Tode lachen. Und das, sagen Sie, sei der Ton. Der Ton ist weitgehend ironisch, natürlich. Und das ist vollkommen wahr. Der Ton ist in diesem Falle wirklich der Mensch. Wenn man mir vorwirft, daß ich das jüdische Volk angeklagt hätte: Das ist eine böswillige Propagandalüge und nichts weiter. Der Ton aber, das ist ein Einwand gegen mich als Person. Dagegen kann ich nichts tun.

GAUS: Das sind Sie bereit zu tragen?

ARENDT: Oh, gern. Was soll man denn da machen, nicht wahr? Ich kann den Leuten doch nicht sagen: Ihr mißversteht mich, und in Wahrheit geht in meinem Herzen dies und jenes vor! Das ist doch lächerlich.

GAUS: Ich möchte in diesem Zusammenhang noch einmal auf ein Selbstzeugnis von Ihnen kommen. Darin heißt es: »Ich habe nie in meinem Leben irgendein Volk oder Kollektiv geliebt, weder das deutsche, noch das französische, noch das amerikanische, noch etwa die Arbeiterklasse oder was es sonst so noch gibt. Ich liebe in der Tat nur meine Freunde und bin zu aller anderen Liebe völlig unfähig. Vor allem aber wäre mir diese Liebe zu den Juden, da ich selbst jüdisch bin, suspekt.« Darf ich dazu etwas fragen? Bedarf nicht der Mensch als politisch handelndes Wesen der Bindung an eine Gruppe; einer Bindung, die dann bis zu einem gewissen Grade auch Liebe genannt werden kann? Fürchten Sie nicht, daß Ihre Haltung politisch steril sein könnte?

ARENDT: Nein. Ich würde sagen, die andere ist politisch steril. Zu einer Gruppe zu gehören, ist erst einmal eine natürliche Gegebenheit. Sie gehören zu irgendeiner Gruppe durch Geburt, immer. Aber zu einer Gruppe zu gehören, wie Sie es im zweiten Sinne meinen, nämlich sich zu organisieren, das ist etwas ganz anderes. Diese Organisation erfolgt immer unter Weltbezug. Das heißt: Das, was diejenigen miteinander gemeinsam haben, die sich so organisieren, ist, was man gewöhnlich Interessen nennt. Der direkte personale Bezug, in dem man von Liebe sprechen kann, der existiert natürlich in der wirklichen Liebe in der größten Weise, und er existiert in einem gewissen Sinne auch in der Freundschaft. Da wird die Person direkt und unabhängig von dem Weltbezug angesprochen. So können Leute verschiedenster Organisationen immer noch persönlich befreundet sein. Wenn man aber diese Dinge miteinander verwechselt, wenn man also die Liebe an den Verhandlungstisch bringt, um mich einmal ganz böse auszudrücken, so halte ich das für ein sehr großes Verhängnis.

GAUS: Sie halten es für apolitisch?

ARENDT: Ich halte es für apolitisch, ich halte es für weltlos. Und ich halte es wirklich für ein ganz großes Unheil. Ich gebe zu, daß das jüdische Volk ein Musterbeispiel eines durch die Jahrtausende sich erhaltenden weltlosen Volksverbands ist ...

GAUS: »Welt« im Sinne Ihrer Terminologie verstanden: als der Raum für Politik.

ARENDT: Als Raum für Politik.

GAUS: Und so war das jüdische Volk ein apolitisches?

ARENDT: Das würde ich nicht ganz sagen, denn die Gemeinden waren natürlich bis zu einem gewissen Grade auch politisch. Die jüdische Religion ist eine Nationalreligion. Aber der Begriff des Politischen galt eben doch nur mit sehr großen Einschränkungen. Dieser Weltverlust, den das jüdische Volk in der Zerstreuung erlitten hat und der, wie bei allen Pariavölkern, eine ganz eigentümliche Wärme zwischen denen erzeugte, die dazugehörten: Dieses hat sich geändert, als der Staat Israel gegründet wurde.

GAUS: Ist damit etwas verlorengegangen, dessen Verlust Sie beklagen?

ARENDT: Ja, man bezahlt teuer für die Freiheit. Die spezifisch jüdische Menschlichkeit im Zeichen des Weltverlustes war ja etwas sehr Schönes. Sie sind zu jung, Sie werden das gar nicht mehr gekannt haben. Es war etwas sehr Schönes: dieses Außerhalb-aller-gesellschaftlichen-Bindungen-Stehen, diese völlige Vorurteilslosigkeit, die ich sehr stark gerade bei meiner Mutter erlebt habe, die das auch gegenüber der jüdischen Gesellschaft praktizierte. All das hat natürlich außerordentlich großen Schaden genommen. Man zahlt für die Befreiung. Ich habe einmal in meiner »Lessingrede« gesagt ...

GAUS: ... in Hamburg im Jahre 1959 ...

ARENDT: Ja, da sagte ich: »Diese Menschlichkeit überlebt den Tag der Befreiung, der Freiheit nicht um fünf Minuten.« Sehen Sie, das ist auch bei uns passiert.

GAUS: Sie möchten es nicht zurückdrehen?

ARENDT: Nein. Ich weiß, man muß einen Preis für die Freiheit zahlen; aber ich kann nicht sagen, daß ich ihn gern zahle.

GAUS: Frau Arendt, fühlen Sie sich einer Erkenntnis, die Sie auf dem Wege der politisch-philosophischen Spekulation oder soziologischen Analyse gewinnen, so sehr verpflichtet, daß Ihnen die Publikation dieser Erkenntnis zur Pflicht wird? Oder erkennen Sie Gründe an, die das Verschweigen einer erkannten Wahrheit erlauben?

ARENDT: Ja, wissen Sie, das ist ein sehr schweres Problem. Das ist im Grunde die einzige Frage, die mich an der ganzen Kontroverse über das Eichmann-Buch interessiert hat. Die ist jedoch nie aufgekommen, außer wenn ich sie angeschnitten habe. Sie ist die einzig ernsthafte Frage. Alles übrige ist doch reines Propagandagewäsch. Also: fiat veritas pereat mundus? Nun, das Eichmann-Buch hat de facto solche Dinge nicht angerührt. Durch das Buch wird im Grunde niemandes legitimes Interesse wirklich beeinträchtigt. Man glaubt es nur.

GAUS: Wobei Sie, was legitim ist, natürlich der Debatte überlassen müssen.

ARENDT: Ja, das stimmt. Sie haben Recht. Was legitim ist, das steht noch einmal zur Debatte. Wobei ich wahrscheinlich unter »legitim« anderes verstehe als die jüdischen Organisationen. Aber nun nehmen wir also einmal an, es seien wirkliche, auch von mir anerkannte Interessen im Spiel.

GAUS: Darf man dann eine erkannte Wahrheit verschweigen?

ARENDT: Hätte ich es getan? Ja! Allerdings, geschrieben hätte ich es wohl ... Sehen Sie, es hat mich jemand gefragt: Wenn Sie das und das vorausgesehen hätten, hätten Sie das Eichmann-Buch nicht anders geschrieben? Ich habe geantwortet: Nein. Ich wäre vor der Alternative gestanden zu schreiben oder nicht zu schreiben. Man kann ja die Schnauze halten.

GAUS: Ja.

ARENDT: Man muß ja nicht immer reden. Jetzt gibt es aber folgendes: Wir kommen jetzt auf die Frage, was man im 18. Jahrhundert die »Tatsachenwahrheiten« genannt hat. Es handelt sich ja nur um Tatsachenwahrheiten. Es handelt sich ja nicht um Meinungen. Nun, für diese Tatsachenmeinungen sind die historischen Wissenschaften an den Universitäten die Hüterinnen.

GAUS: Sie sind nicht immer die besten gewesen.

ARENDT: Nein. Sie fallen um. Sie lassen sich vom Staate vorschreiben. Man hat mir berichtet, daß ein Historiker zu irgendeinem Buch über die Entstehung des Ersten Weltkrieges gesagt hat: Ich werde mir davon nicht die Erinnerung an diese erhebende Zeit vermasseln lassen! Das ist also ein Mann, der nicht weiß, wer er ist. Aber das ist ja nicht interessant. De facto ist er der Hüter der geschichtlichen Wahrheit, der Tatsachenwahrheit. Und wie wichtig diese Hüter sind, wissen wir zum Beispiel aus der bolschewistischen Geschichte, wo Geschichte alle fünf Jahre umgeschrieben wird und die Tatsachen, etwa daß es einen Herrn Trotzki gegeben hat, unbekannt bleiben. Wollen wir dahin? Haben die Regierungen daran ein Interesse?

GAUS: Ein Interesse möglicherweise. Aber haben sie darauf ein Recht?

ARENDT: Haben sie ein Recht darauf? Sie scheinen doch selber nicht zu glauben, daß sie ein Recht darauf hätten, denn sonst würden sie ja Universitäten überhaupt nicht dulden. Also gibt es ja doch ein Interesse auch der Staaten an der Wahrheit. Ich meine hier jetzt keine Militärgeheimnisse; das ist eine andere Sache. Nun, diese Geschichten liegen ungefähr zwanzig Jahre zurück. Warum soll man nicht die Wahrheit sagen?

GAUS: Weil zwanzig Jahre vielleicht noch zu wenig sind?

ARENDT: Das sagen manche Leute, und andere sagen, nach zwanzig Jahren kann man die Wahrheit ja gar nicht mehr herauskriegen. Das heißt, in jedem Falle besteht das Interesse, sich selber reinzuwaschen. Das aber ist kein legitimes Interesse.

GAUS: Sie würden also im Zweifelsfalle der Wahrheit den Vortritt lassen?

ARENDT: Ich würde sagen, daß Unparteiischkeit – die ist in die Welt gekommen, als Homer ...

GAUS: ... auch für den Besiegten ...

ARENDT: Richtig! »Wenn des Liedes Stimmen schweigen von dem überwundnen Mann, dann laßt mich für Hektor ...«, nicht wahr? Das hat Homer getan. Dann kam Herodot und hat gesagt: »Die großen Taten der Griechen und der Barbaren.« Aus diesem Geiste kommt die ganze Wissenschaft, auch noch die moderne, auch die Geschichtswissenschaft. Wenn man dieser Unparteiischkeit nicht fähig ist, weil man vorgibt, sein eigenes Volk so zu lieben, daß man dauernd Schmeichelvisiten bei ihm ablegt – ja, dann kann man nichts machen. Ich bin der Meinung, daß das keine Patrioten sind.

GAUS: In einem Ihrer wichtigsten Werke, der »Vita activa« oder »Vom tätigen Leben«, kommen Sie zu dem Schluß, Frau Arendt, daß die Neuzeit den Gemeinsinn, also den Sinn für die Erstrangigkeit des Politischen, entthront hat. Sie bezeichnen als die modernen gesellschaftlichen Phänomene die Entwurzelung und Verlassenheit des Massenmenschen und den Triumph eines Menschentyps, der im bloßen Arbeits- und Konsumvorgang sein Genügen findet. Ich habe dazu zwei Fragen. Zunächst: Wieweit ist eine philosophische Erkenntnis solchen Grades auf persönliche Erfahrungen angewiesen, die den Denkprozeß überhaupt erst in Gang bringen?

ARENDT: Ich glaube nicht, daß es irgendeinen Denkvorgang gibt, der ohne persönliche Erfahrung möglich ist. Alles Denken ist Nachdenken, der Sache nachdenken. Nicht? Ich lebe in der modernen Welt, und selbstverständlich habe ich in der modernen Welt meine Erfahrungen. Im übrigen ist das ja von vielen anderen auch festgestellt worden. Sehen Sie, die Sache mit dem nur noch Arbeiten und Konsumieren, die ist deshalb so wichtig, weil sich darin wieder eine Weltlosigkeit konturiert. Es liegt einem nichts mehr daran, wie die Welt aussieht.

GAUS: »Welt« immer verstanden als Raum, in dem Politik entsteht.

ARENDT: Jetzt noch viel größer gefaßt als der Raum, in dem Dinge öffentlich werden, als Raum, in dem man wohnt und der anständig aussehen muß. In dem natürlich auch Kunst erscheint. In dem alles Mögliche erscheint. Sie besinnen sich, Kennedy hat versucht, den Raum des Öffentlichen ganz entscheidend zu erweitern, indem er die Dichter und die sonstigen Taugenichtse ins Weiße Haus geladen hat. Also das alles könnte noch mit in diesen Raum gehören. Im Arbeiten und Konsumieren jedoch ist der Mensch wirklich völlig auf sich selbst zurückgeworfen.

GAUS: Auf das Biologische.

ARENDT: Aufs Biologische und auf sich selbst. Und da haben Sie den Zusammenhang mit der Verlassenheit. Im Arbeitsprozeß entsteht eine eigentümliche Verlassenheit. Ich kann jetzt hier im Moment nicht darauf eingehen, das würde uns zu weit führen. Und diese Verlassenheit ist dieses auf sich selbst Zurückgeworfenwerden, in dem dann gewissermaßen das Konsumieren an die Stelle aller eigentlich relevanten Tätigkeiten tritt.

GAUS: Eine zweite Frage in diesem Zusammenhang: Sie kommen in der »Vita activa« zu dem Schluß, daß die »eigentlichen weltorientierten Erfahrungen« – gemeint sind also Einsichten und Erfahrungen höchsten politischen Ranges – »sich mehr und mehr dem Erfahrungshorizont der durchschnittlichen menschlichen Existenz entziehen«. Sie sagen, heute sei »das Vermögen zu handeln auf wenige beschränkt.« Was bedeutet dies in der praktischen Politik, Frau Arendt? Wie weit wird unter diesen Umständen eine Staatsform, die wenigstens theoretisch auf der Mitverantwortung aller Staatsbürger beruht, zu einer Fiktion?

ARENDT: Ja, ich will das mal ein bißchen einschränken. Sehen Sie, erstens besteht diese Unfähigkeit des sich wirklich sachgemäß Orientierens nicht nur für die breite Masse. Sie besteht ebenfalls für alle anderen Schichten. Ich würde sagen, selbst für den Staatsmann. Der

Staatsmann wird umgeben, eingekreist, von einem Heer von Experten. Und eigentlich wäre hier die Frage zu stellen, zwischen dem Staatsmann und dem Experten. Der Staatsmann muß ja schließlich die Entscheidung treffen. Er kann sie sachgemäß ja kaum treffen. Er kann ja all das gar nicht wissen. Er muß es nehmen von Experten und zwar von Experten, die sich prinzipiell immer widersprechen müssen. Nicht? Jeder vernünftige Staatsmann holt sich die entgegengesetzten Expertisen ein. Denn er muß die Sache ja von allen Seiten sehen. Nicht wahr? Dazwischen muß er urteilen. Und dieses Urteilen ist ein höchst mysteriöser Vorgang. In dem äußert sich dann der Gemeinsinn. Was nun, sagen wir mal, die Masse der Menschen betrifft, so würde ich folgendes sagen: Wo immer Menschen zusammen sind, ganz egal in welcher Größenordnung, bilden sich öffentliche Interessen.

GAUS: Nach wie vor.

ARENDT: Und bildet sich Öffentlichkeit. In Amerika, wo es ja immer diese spontanen Vereinigungen gibt, die dann auch wieder auseinandergehen, diese associations, von denen schon Tocqueville gesprochen hat, da können Sie das sehr deutlich sehen. Irgendein öffentliches Interesse betrifft jetzt eine bestimmte Gruppe von Menschen, eine Nachbarschaft oder auch nur ein Haus oder eine Stadt oder eine andersgelagerte Gruppe. Dann werden diese Leute zusammenkommen, und sie sind sehr gut imstande, in diesen Dingen öffentlich zu handeln. Denn diese Dinge überschauen sie. Das heißt, worauf Sie mit Ihrer Frage zielten, das gilt ja nur für die allergrößten Entscheidungen auf allerhöchster Ebene. Und da, glauben Sie mir, da ist der Unterschied zwischen dem Staatsmann und dem Mann von der Straße prinzipiell gar nicht sehr groß.

GAUS: Frau Arendt, Sie sind ja mit Karl Jaspers, Ihrem ehemaligen Lehrer, im besonderen Maße als Partner in einem immerwährenden Dialog verbunden. Worin sehen Sie den stärksten Einfluß, den Professor Jaspers auf Sie ausgeübt hat?

ARENDT: Sehen Sie, wo Jaspers hinkommt und spricht, da wird es hell. Er hat eine Rückhaltlosigkeit, ein Vertrauen, eine Unbedingtheit des Sprechens, die ich bei keinem anderen Menschen kenne. Dieses hat mich schon beeindruckt, als ich ganz jung war. Er hat außerdem einen Begriff von Freiheit, gekoppelt mit Vernunft, der mir, als ich nach Heidelberg kam, ganz fremd war. Ich wußte davon nichts, obwohl ich Kant gelesen hatte. Ich habe diese Vernunft sozusagen in praxi gesehen. Und wenn ich so sagen darf – ich bin vaterlos aufgewachsen –: Ich habe mich davon erziehen lassen. Ich will ihn um Gottes Willen nicht für mich verantwortlich machen, aber wenn es irgendeinem Menschen gelungen ist, mich zur Vernunft zu bringen, dann ist es ihm gelungen. Und dieser Dialog, der ist natürlich heute ganz anders. Das ist eigentlich mein stärkstes Nachkriegserlebnis gewesen. Daß es ein solches Gespräch gibt! Daß man so sprechen kann!

GAUS: Erlauben Sie mir eine letzte Frage. In einer Festrede auf Jaspers haben Sie gesagt: »Gewonnen wird die Humanität nie in der Einsamkeit und nie dadurch, daß einer sein Werk der Öffentlichkeit übergibt. Nur wer sein Leben und seine Person mit in das Wagnis der Öffentlichkeit nimmt, kann sie erreichen.« Dieses »Wagnis der Öffentlichkeit«, ein Zitat von Jaspers wiederum – worin besteht es für Hannah Arendt?

ARENDT: Das Wagnis der Öffentlichkeit scheint mir klar zu sein. Man exponiert sich im Lichte der Öffentlichkeit, und zwar als Person. Wenn ich auch der Meinung bin, daß man nicht auf sich selbst reflektiert in der Öffentlichkeit erscheinen und handeln darf, so weiß ich doch, daß in jedem Handeln die Person in einer Weise zum Ausdruck kommt wie in keiner anderen Tätigkeit. Wobei das Sprechen auch eine Form des Handelns ist. Also das ist das eine. Das zweite Wagnis ist: Wir fangen etwas an; wir schlagen unseren Faden in ein Netz der Beziehungen. Was daraus wird, wissen wir nie. Wir sind alle darauf angewiesen zu sagen: Herr vergib ihnen, was sie tun, denn sie wissen nicht, was sie tun. Das gilt für alles Handeln. Einfach ganz konkret, weil man es nicht wissen kann. Das ist ein Wagnis. Und nun würde ich sagen, daß dieses Wagnis nur möglich ist im Vertrauen auf die Menschen. Das heißt, in einem – schwer genau zu fassenden, aber grundsätzlichen – Vertrauen auf das Menschliche aller Menschen. Anders könnte man es nicht.

Zu dem Thema kann ich nur erzählen, was ein amerikanischer Generalkonsul, der mir im Jahre '49 das Visum nach Amerika geben wollte, mich fragte: »Sie haben in dem Fragebogen angegeben, daß Sie keiner Widerstandsbewegung gegen Hitler angehört haben. Das entspricht nicht unseren Informationen. Warum haben Sie ›Nein‹ gesagt?« Daraufhin habe ich ihm gesagt: Jemand, der nicht von den Nazis gehängt oder erschossen worden ist, hat nach meinem Gefühl nicht das Recht, sich auf den Widerstand gegen Hitler zu berufen. Das sagte ich, weil ich zu viele rechts und links sah, die sich in der Nachkriegsperiode, nur weil sie mal einen Röhm-Witz erzählt hatten und deshalb von der Gestapo vernommen worden waren, als Widerstandskämpfer bezeichneten. In jene Gruppe wollte ich nicht eingereiht werden.

JOSEF HERMANN ABS:
Wer keine Feinde hat, hat auch keine Freunde

Josef Hermann Abs, geboren am 15. Oktober 1901 in Bonn, gestorben am 5. Februar 1994 in Bad Soden.
Nach dem Abitur in Bonn Studium der Rechtswissenschaften und der Volkswirtschaft, nach einem Semester Abbruch, Banklehre in Köln. Auslandstätigkeit in London, Amsterdam, Paris und in den USA. 1935 wurde er Teilhaber des Bankhauses Delbrück, Schickler & Co. in Berlin, ab 1937 im Aufsichtsrat des Konzerns IG Farben, der später in die Auschwitz-Vernichtungsmaschinerie verstrickt war. Die Berufsbezeichnung Bankier behielt Abs auch bei, als er 1938 Mitglied des Vorstands und Direktor der Auslandsabteilung der Deutschen Bank in Berlin wurde. 1948 Aufbau der Kreditanstalt für Wiederaufbau in Frankfurt/M., deren stellvertretender Aufsichtsratsvorsitzender er im Mai 1951 wurde. 1951 bis 1953 Leiter der deutschen Delegation bei der Schuldenkonferenz in London. 1957 Vorstandssprecher der Deutschen Bank, ab 1967 im Aufsichtsrat, dessen Vorsitz er bis 1976 innehatte. 1968 bis 1970 Vorsitzender der Krupp GmbH. Vorsitzender bzw. Mitglied in zahlreichen Aufsichtsräten führender deutscher Industriekonzerne.
Zeitweise kontrollierte er als Aufsichtsratsvorsitzender bis zu 30 Aktiengesellschaften.
Das Gespräch wurde gesendet am 25. November 1964.

GAUS: Herr Dr. Abs, als das führende Vorstandsmitglied der Deutschen Bank gehören Sie ohne Zweifel zu den führendsten Männern der Bundesrepublik, manchmal sagt man sogar, daß Sie dank Ihrer Funktion als Sprecher der größten Bank Westdeutschlands der größte Einflußnehmer der westdeutschen Industriegesellschaft überhaupt seien. Vielleicht können wir zunächst einmal versuchen, den äußeren Rahmen Ihrer Tätigkeit abzugrenzen. In wie vielen Aufsichtsräten und Verwaltungsräten haben Sie ein Mandat zur Zeit?

ABS: Die Haupttätigkeit, wie Sie schon sagten, ist meine Tätigkeit als Sprecher und Vorstandsmitglied der Deutschen Bank. Daneben habe ich in einer Reihe von Gesellschaften Aufsichtsratsmandate, oft den Vorsitz. Die Gesamtzahl, einschließlich gewisser ausländischer Gesellschaften, die nach dem deutschen Aktienrecht in der Höchstzahl nicht mitzählen – es dürften einige dreißig sein.

GAUS: Gibt es viele Wirtschafter in der Bundesrepublik, die eine so große Zahl von Mandaten auf sich versammeln?

ABS: Wenn ich es so verstehe, ob sie zugleich den Vorsitz der Gesellschaften innehaben, so möchte ich glauben, es gibt keine Parallele.

GAUS: Sie sind singulär in dieser Erscheinung?

ABS: Ja, vielleicht am Beginn des Alphabets und insofern einer von den Namen, die einem bei einer Berufung als erste einfallen.

GAUS: Sie glauben, das liegt am Alphabet?

ABS: In erster Linie.

GAUS: Ich erlaube mir, daran zu zweifeln. Wir werden vielleicht auf andere Gründe kommen, im Verlauf unserer Unterhaltung. Können Sie einige der größeren Firmen nennen, die auch in der breiten Öffentlichkeit bekannt sind?

ABS: Ja, ich möchte nennen Badisch Anilin und Soda, Siemens, Daimler-Benz, die Lufthansa, die Deutsche Bundesbahn, Dortmund Hörde Hüttenunion, RWE (Rheinisch-westfälisches Elektrizitätswerk) und manche andere.

GAUS: Das ist eine ganze Menge, und nun gelten Sie nach eigenem Eingeständnis als ein Mann, der monatelang sehr angestrengt arbeiten kann, ohne einmal zu unterbrechen, von acht Uhr morgens bis spät am Abend, und der von sich sagt, daß er auch nach einer zwölfstündigen Konferenz noch nicht völlig erschöpft ist. Dennoch drängt diese Ämterfülle mir eine Frage auf. Ihre Bereitschaft, noch immer ein Mandat mehr anzunehmen, wenn es Ihnen – nach dem Alphabet – angetragen wird, und damit eine weitere

Einflußmöglichkeit zu gewinnen: Sind Sie mit dieser Bereitschaft praktisch der Gefangene Ihrer eigenen mächtigen Position, bei der ein Amt das andere nach sich zieht, oder befriedigt Sie diese große Einflußfülle auch?

ABS: Selbstverständlich, meine gesamte berufliche Tätigkeit löst eine Befriedigung aus, sonst könnte man ihr nicht mit diesem, ich möchte fast sagen, Übereifer nachgehen. Aber Sie dürfen nicht vergessen, daß wichtige Mandate oft mit besonders viel Arbeit und Sorge verknüpft sind. Ich denke an die Tätigkeit für so etwas wie den Hauptagenten der Entwicklungshilfe, die Kreditanstalt für Wiederaufbau, ein Institut, das ich selbst von Beginn an organisiert habe. Oder die Bereitschaft vor wenigen Jahren, als finanzielle Nöte sich bei der Deutschen Lufthansa abzeichneten, dort den Vorsitz zu übernehmen. Oder eine Tätigkeit bei der Deutschen Bundesbahn, einem Sorgenkind Nummer eins von heute, wahrscheinlich auch von morgen.

GAUS: Wenn Sie diese Befriedigung, die Ihnen diese Arbeitsfülle verschafft, erläutern müßten, wie würden Sie das tun?

ABS: Ich würde sagen, es ist in erster Linie das Bedürfnis, Dinge, die der Ordnung bedürfen, in Ordnung zu halten oder zu bringen. Bei einigen dieser Gesellschaften, die ich gerade genannt habe, ist das In-Ordnung-Bringen sogar das Wichtigste, ehe man sie dann in Ordnung halten kann. Ich bin fast geneigt, diese Art der Tätigkeit mit dem Paciencespiel zu vergleichen, wenn es gut geht, wenn alles aufgeht, und das ist eigentlich eine Hauptfunktion. Daneben aber: die Kontrolle der Tätigkeit des aktiven Vorstandes, denn dafür trägt ja der Aufsichtsrat die Verantwortung, also: den Vorstand in seiner Funktion zu überwachen, für den Nachwuchs zu sorgen, den nahtlosen Übergang zum nächsten, der einmal die Tätigkeit übernimmt, Ausschau halten nach solchen, die eine Position wirklich erfüllen können – das ist die Hauptaufgabe. Ich würde fast geneigt sein, obwohl diese Definition nicht alles wiedergibt, die Ordnungsfunktion als die wichtigste zu bezeichnen.

GAUS: Wie ist Ihr Verhältnis, Ihr persönliches Verhältnis zur Macht? Befriedigt diese Ämterfülle, die Sie im Wirtschaftsleben der

Bundesrepublik einnehmen, auch einen Machthunger bei Hermann Josef Abs?

ABS: Ich glaube ... vielleicht habe ich mir darüber nicht genug Rechenschaft gegeben. Was in diesen Ämtern an Macht liegt, ist eigentlich nicht unbeschränkt, das ist nicht sehr viel an Macht.

GAUS: Aber vielleicht die Kombination?

ABS: Vielleicht die Summe. Es gibt Leute, die über ein großes Vermögen verfügen und eigene Unternehmen haben, die erfolgreich sind, und die sich geäußert haben, sie beneideten mich um die Machtfülle, die ich hätte. Ich bin geneigt, das als eine Verkennung anzusehen. Ich mag mich täuschen. Selbstverständlich und unabhängig »Ja« zu etwas zu sagen oder »Nein« zu sagen – es ist wie ein Symbol der Freiheit, und es ist ein Machtgefühl, gebe ich zu.

GAUS: Und ein befriedigendes?

ABS: Ein befriedigendes! Aber doch nicht in dem Sinne, um etwas Bestimmtes, in mir selbst Ruhendes zu suchen. Das doch nicht.

GAUS: Sie glauben nicht, daß Sie zu dieser Ämterfülle gekommen sind auf der Suche nach Macht?

ABS: Nein. Ich glaube, dann hätte ich die meisten Berufungen gerade nicht bekommen.

GAUS: Sie sind von Hause aus, Herr Dr. Abs, ein Glied dessen, was man gewöhnlich das gute und das wohlsituierte Bürgertum genannt hat. Ihr Vater war Justizrat und Wirtschaftsjurist in Bonn, wo Sie 1901 geboren wurden. Dieses gute Bürgertum, das als weitgespannter Mittelstand den Kern der Gesellschaft gebildet hat, ist durch zwei Weltkriege und die nachfolgenden Inflationen als gesellschaftliche Einheit fast zerbrochen. Ich würde dennoch gerne wissen, ob dieser gesellschaftliche Hintergrund des guten Bürgertums, aus dem Sie stammen, heute noch Wertmaßstäbe für Sie setzt, nach denen Sie sich richten – und welche Wertmaßstäbe das sind?

ABS: Ich will versuchen, dieser weitreichenden Frage gerecht zu werden. Zunächst sind meine Eltern aus zwei Kreisen stammend: meine Mutter aus einem gutsituierten Bürgertum, mein Vater aus kleinsten Verhältnissen.

GAUS: Der aber zum gutsituierten Bürger aufstieg.

ABS: Aufstieg, ja, nachdem er jahrelang im Ausland als Hauslehrer tätig war. In dieser Doppelgleisigkeit eines an Bildungseifer gewachsenen Mannes und einer aus den besten Kreisen stammenden Mutter, die aber beide dem christlichen Gedanken völlig hingegeben waren, ergab sich für mich die Frage, die Sie gerade nennen. Ich machte meine Schule, beendete sie unmittelbar nach dem Ersten Weltkrieg, März 1920. Damals glaubte ich, das Richtigste sei, erst einmal eine Banklehre zu machen. Danach wollte ich studieren. Wenn das Ihre Frage bedeutete.

GAUS: Nicht ganz. Ich würde gern wissen, ob dieses bürgerliche Elternhaus Ihnen, unabhängig vom Beruf, den Sie dann ergriffen haben, Wertmaßstäbe allgemeiner Art für das Verhalten im Leben mitgegeben hat und welche das sind?

ABS: Etwas ja. Weil ich glaubte, daß der materielle Bau einer gesellschaftlichen Ordnung etwas hatte, was mit 1918 erschüttert worden war, und was eigentlich wieder Bestand zurückgewinnen sollte.

GAUS: Sie meinen also auch heute, daß die Wiederherstellung einer solchen klaren gesellschaftlichen Ordnung ein wünschenswertes gesellschaftspolitisches Ziel des Staates sein müßte?

ABS: Ich glaube, das, was vor 1914 oder vor 1918 war und was im Zuge der Restitution wiederherstellen zu können oder zu sollen viele in den zwanziger Jahren glaubten – das ist eine Welt, die nicht wiederbringbar ist.

GAUS: Bedauern Sie das?

ABS: Nein, keineswegs. Denn ich glaube, eine Welt, die nur so geordnet ist wie vor 1914, die würde genauso zerstören und die würde sich selbst zerstören, wie sie sich 1914 zerstört hat.

GAUS: Worin sehen Sie den wichtigsten Unterschied zwischen der neuen, sich bildenden Gesellschaft in der Bundesrepublik und der Gesellschaft vor 1914, in die Sie hineingeboren wurden?

ABS: 1914 spielten die Akademiker in bestimmten Kreisen eine besondere, oft überbetonte Rolle. Ich denke an die fast Verachtung, mit denen sich jene Kreise dem Nichtakademiker zuwandten. Ich gehörte einem berühmten humanistischem

Gymnasium an, und ich habe darum kämpfen müssen, daß man mir in meinem Abgangszeugnis die Berufswahl Kaufmann zuließ. Ich wurde regelrecht bearbeitet – das waren noch die letzten Ausläufer einer kaiserlichen Vorkriegszeit –, daß ich der Schule diese Schmach, ja, so wurde fast gesagt, nicht antun dürfe. Ich sollte doch als Berufswunsch wenigstens schreiben »Nationalökonom« oder eine dieser modernen Wissenschaften studieren, wenn ich schon nicht eines der klassischen Studien aufnehmen wolle.

GAUS: Kaufmann war zu unakademisch?

ABS: Das war zu unakademisch. Aber ich habe darauf bestanden, weil ich Trotz hatte. Und es steht also drin: «... um Kaufmann zu werden». Und es wurde mir gesagt, daß dies das erste Mal in dieser berühmten humanistischen Schule sei.

GAUS: Haben Sie diesen Trotz auch etwas später gebraucht, um das zu tun, was mir in Ihrem Leben fast ein wenig außerhalb jener Ordnung zu liegen scheint, die Sie mehrmals schon in diesem Gespräch so beschworen haben? Ihr Vater war zu einem führenden Wirtschaftsjuristen im Rheinland aufgestiegen, es lag nahe, daß Sie Jura studieren würden. Sie haben damit begonnen, und Bankiers lieben ja wohl wirklich – und Sie haben es schon mehrmals gesagt – Ordnung und ordnungsgemäßes Verhalten, weil das ihr risikoreiches Gewerbe etwas weniger risikoreich macht. Dennoch haben Sie dieses juristische Studium nicht beendet, sondern ohne Examen die Universität verlassen und eben eine Banklehre in einem kleinen Privatbankhaus in Bonn begonnen. Warum?

ABS: Es liegt etwas anders, aber es ist sehr schnell, mit wenigen Worten zu erklären. Ich habe zunächst nach dem Abitur die Banklehre hinter mich gebracht.

GAUS: Sie begannen dann aber Jura zu studieren.

ABS: Ja, ich habe dann gleichzeitig belegt und ein weiteres aktives Semester an der Universität in Bonn studiert. Ich habe dabei erkannt, daß man nicht in seiner Vaterstadt ernsthaft studieren kann – weil die Ablenkungen so zahlreich sind. Ich wandte mich nach München, und es traten Umstände in der persönlichen Sphäre meiner Familie ein – eine schwere Erkrankung meiner seit jener Zeit vollinvaliden Schwester –, die meine Eltern veranlaßten mich zu bitten, mindestens noch ein Jahr in Bonn zu bleiben.

GAUS: Und dann wollten Sie nicht mehr an die Universität?

ABS: Ich habe gesagt, dann nicht an die Universität, dann melde ich mich zu einer Bank, und so ging ich nach Köln.

GAUS: Was sagte Ihr Vater dazu?

ABS: Er sagte: Bitte, wenn du das ein Jahr machen möchtest, du solltest eigentlich studieren. Wir einigten uns dann auf ein weiteres Jahr Banktätigkeit als Angestellter in Köln, und da traf ich einen Mentor, einen bekannten Bankier – berühmt als Sammler, nun schon seit über 20 Jahren tot –, der mich aufforderte, seinem Weg ins Ausland zu folgen. Und so ging ich mit 22 ins Ausland und blieb dann der Bankkarriere treu und habe aufs Studium verzichtet.

GAUS: Sie haben eine sehr steile Karriere genommen, Sie erwähnten die Auslandstätigkeit, Sie waren in London, in Amsterdam, in Paris, in den Vereinigten Staaten von Amerika und kamen zurück, um in das Berliner Privatbankhaus Delbrück, Schickler und Co. einzutreten, wo Sie als relativ junger Mann, 1935, Teilhaber wurden. Noch erstaunlicher muß gelten, daß Sie zwei Jahre später, im Jahre 1937, bereits in das Direktorium der Deutschen Bank übernommen wurden, als Leiter der Auslandsabteilung. Zu dieser steilen Karriere habe ich mehrere Fragen, Herr Dr. Abs. Zunächst: Wie erklären Sie sich selber Ihren Aufstieg?

ABS: Meinen Sie jetzt den Aufstieg weg von Delbrück-Schickler hin zur Deutschen Bank, oder schon vorher?

GAUS: Vorher.

ABS: Vorher ... ich glaube, das war eine recht eifrige, erfolgreiche Tätigkeit. Ich bin zu Delbrück, Köln im Jahre 1921, Schwesterinstitut des bekannten, damals bekannten Berliner Bankhauses Delbrück-Schickler. Ich erinnere mich noch, wie ich mich vorstellen und mein Lehrzeugnis vorzeigen mußte, als ich mich um eine Stellung beworben hatte. Und daß mich der Chef in Köln eine dreiviertel Stunde warten ließ, und ich las im Wartezimmer die Geschichte des Bankhauses der Gebrüder Schickler, das 1712 gegründet wurde, später bekannt als Privatbank Friedrichs des Großen. Ich hatte also Zeit, die nicht ohne Oberflächlichkeit zum 200jährigen Jubiläum geschriebene Geschichte zu lesen. Und es reizte mich, in diesem Haus Teilhaber zu werden. Und das habe ich dann, vierzehn Jahre später, auch tatsächlich geschafft.

GAUS: Haben Sie einen Sinn für historische Verbindungen?

ABS: Durchaus. Achtung vor etwas, das lange Bestand gehalten hat und über Generationen hinweg Bestand behielt, das es wert war, erhalten zu werden – das ja.

GAUS: Was halten Sie für die wichtigsten Tugenden, die Sie mitgebracht haben für Ihren Aufstieg bis zur Deutschen Bank?

ABS: Ich würde sagen, durch die langjährige Tätigkeit im Ausland, fast sieben Jahre, betrachte ich die Erwerbung von Kenntnis von Sprachen als etwas Elementares, als ein Hilfsinstrument – aber nicht als das wesentliche –, um sich in die Lage des anderen zu versetzen, vor allem bei internationalen Verhandlungen, und für die Ausprägung der drei typischen Bankiereigenschaften, die ich immer versucht habe anzustreben.

GAUS: Welche?

ABS: Das eine ist eben jene Gabe, sich in den Interessenstandpunkt des Kunden zu versetzen, zweitens der Mut zum Engagement und drittens das Maß des Risikos.

GAUS: Das rechte Maß einzuhalten?

ABS: Ja. Und ich glaube, daß dies ein wesentlicher Beitrag war, um den Weg über Holland – das war wiederum ein Schwesterngebilde jenes Delbrück-Schickler-Komplexes, unabhängig, aber doch schwesterähnlich verbunden – an das älteste und angesehenste Haus damals, Delbrück-Schickler in Berlin, zu kommen. Wo ich nach der Bankkrise, sonst wär's vielleicht noch etwas früher eingetreten, auch Teilhaber unter persönlicher Haftung wurde.

GAUS: Hat Sie irgendeine dieser drei Eigenschaften, die Sie für die Kardinaltugenden des Bankiers eben ausgegeben haben, in irgendeinem wichtigen Falle einmal im Stich gelassen, so daß Sie wirkliches Lehrgeld zu zahlen hatten? Haben Sie das Maß des Risikos einmal überschätzt, unterschätzt?

ABS: Ich glaube, ich habe es gesehen, wie es von anderen unterschätzt wurde, und ich war an wesentlichen Reorganisationen beteiligt. Ich möchte einen Fall nennen, die Rudolph-Karstadt-

Aktiengesellschaft. Da habe ich gesehen, wie dieses Maß des Risikos von führenden Bankleuten und Finanziers Deutschlands in der Zeit vor 1931 unterschätzt worden war.

GAUS: Halten Sie es für möglich, daß es heute in der Bundesrepublik eine solche Gefährdung, ganz allgemein gesprochen, für die Wirtschaft, für die einzelnen Unternehmen, auch wieder gibt?

ABS: In ausgesprochenem Maße, ja. Das ist eines der Dinge, die mir in manchen Überlegungen sogar nicht ohne große Sorge ist.

GAUS: Wenn ich Sie recht verstehe, definieren Sie Ihre ganz persönlichen Eigenschaften und damit auch die wichtigsten Eigenschaften eines Bankiers allgemein als die rechte Mischung von Unternehmensgeist, auch der Bereitschaft, etwas zu riskieren, und der Fähigkeit, die Grenze, die man nicht überschreiten darf, früh genug zu erkennen.

ABS: In Verbindung mit der vielfältigen Wahrnehmung der Interessen des Kunden. Es ist ja nicht Unternehmungsgeist, Wagemut und Maß für eigene Risiken allein, im Streben für seine eigene Bank oder für sein eigenes Unternehmen ...

GAUS: Es ist ja auch mit fremdem Geld.

ABS: ... sondern gerade mit fremden Geld. Es geht darum, fremde Interessen in der Förderung dieses unternehmerischen Geistes zu unterstützen.

GAUS: Haben Sie ein Rezept – wenn es denn dafür ein Rezept gibt –, wonach Sie sich prüfen? Haben Sie sich immer in der Hand, um sich zu kontrollieren, daß Sie sich nicht einmal, weil Sie etwas vom Wagemut her reizt, über die Grenze hinauswagen? Wie kontrolliert Abs sich selber?

ABS: Ich würde sagen: gelernt in einer Privatfirma, wo es fünf aktive Teilhaber gab. Da durfte keiner ein Engagement eingehen, ohne daß alle zustimmten. Ein Grundsatz, den es heute unverändert im Vorstand der Deutschen Bank gibt. Wenn zu einem Engagement einer von zehn »Nein!« sagt, darf es nicht gemacht werden. Die Notwendigkeit, sich also ständig mit seinen Kollegen bei allen wichtigen Engagements zu verständigen, zwingt zu dieser Kontrolle – so lange keinem Übergewicht eines Einzelgängers in einem Team Raum gelassen wird.

GAUS: Man müßte annehmen, daß Sie dieses Übergewicht bereits darstellen. Wie vermeiden Sie diese Gefahr?

ABS: Indem ich besonders ängstlich bin, die Zustimmung meiner Kollegen einzuholen – um jene Kontrolle sicherzustellen.

GAUS: Man sagt Ihnen nach, Herr Dr. Abs, daß Sie sich gelegentlich Feinde machten, weil Sie lieber einen guten Freund verlieren, als auf eine gute Pointe zu verzichten. Haben Sie sich damit manchmal selber im Wege gestanden?

ABS: Das habe ich sicher, obwohl ich fast glaube: langsam etwas weniger. Weil man ja mit dem Alter auch etwas reifer wird. Ich weiß nicht: Wer keine persönlichen Feinde hat, hat auch keine persönlichen Freunde.

GAUS: In der Nähe von Remagen, Herr Dr. Abs, besitzen Sie ein Gut, das Ihr Sohn bewirtschaftet. Sie haben außer dem Sohn eine Tochter, und es heißt, daß Hermann Josef Abs klassische Musik, vor allem die Musik Johann Sebastian Bachs, sehr liebt. Ich würde gern wissen, ob in diesen beiden privaten Neigungen, Gutsherr zu sein und Förderer klassischer Musik, die Spuren zweier möglicher anderer Berufe für Sie stecken oder ob an Ihrer Berufung zum Finanzmann nie ein Zweifel bei Ihnen selbst herrschte?

ABS: Eigentlich hat an Letzterem nie ein ernsthafter Zweifel bestanden.

GAUS: Sie wollten Bankmann werden?

ABS: Mit fünfzehn Jahren schon. Ich hatte zwei Alternativen, und das wollte ich eigentlich kombinieren. Aber das Kriegsende mit der materiellen Not, so wie man sie sah, vielleicht übertrieben sah, hat mich dieses Ziel nicht verfolgen lassen. Das war: Mathematik und Musik zu studieren.

GAUS: Beides?

ABS: Beides. Das hätte ich wahrscheinlich am liebsten getan. Wahrscheinlich wäre ich ein ebenso schlechter Mathematiker wie Musiker geworden, so daß ich keinen Grund und keinen Anlaß sah zu bereuen, daß ich nicht das als Studium gewählt habe, was ich einmal träumerisch für mich ausgedacht hatte.

GAUS: Sie müssen mir erklären, warum Sie bereits in so jungen Jahren sich so sicher darin fühlten, daß Sie, wenn Sie nicht Mathematik und Musik studieren, dann ganz gewiß Bankkaufmann werden sollten.

ABS: Das kam sicher durch allerlei Fragen, die zu Hause von meinem Vater mit mir erörtert wurden, Probleme, die in in jene Finanzwelt zielten. Sicher ein Gebiet, das nicht zu den Stärken meines Vaters gehörte, und das hat mir, so schien es mir, eine Chance gegeben, mich gleichsam zu früh mit Finanzproblemen und Fragen des Geldwertes zu befassen, zu einer Zeit, als ich sogar noch in der Schule war.

GAUS: Gerade weil Ihr Vater dafür wenig Sinn hatte?

ABS: Nach meinem persönlichen, etwas kritischen Geschmack, ja, etwas zu wenig.

GAUS: Standen Sie in Opposition zu Ihrem Vater?

ABS: Selbstverständlich! Was wäre ein Sohn, wenn er nicht in Opposition zu seinem Vater stünde, in einem bestimmten Alter, ehe er die Reife der Achtzehn erreicht hat. Manche erreichen die Reife etwas früher, manche etwas später.

GAUS: Wie standen Sie denn der etwaigen Opposition Ihres Sohnes gegenüber, als Sie nun die Vaterrolle zu spielen hatten? Hat es eine solche gegeben?

ABS: Na selbstverständlich! Er war bloß wesentlich heftiger als ich in meiner Jugend.

GAUS: Sind Sie da sicher, oder haben Sie es vergessen?

ABS: Ob ich sicher bin?

GAUS: Daß er heftiger war, als Sie es gewesen sind?

ABS: Na, da bin ich sicher. Bin ich sicher, ja.

GAUS: In einer englischen Zeitung, Herr Dr. Abs, habe ich ein Zitat gefunden, das von Ihnen stammen soll. Danach sollen Sie auf die Frage, wie Sie sich in einem etwaigen Interessenkonflikt zwischen Ihren religiösen Überzeugungen als gläubiger Katholik und Ihrer Eigenschaft als nationalgesinnter Deutscher verhalten würden, geantwortet haben: »Das ist ein Problem, das es für mich nie geben wird, ich bin immer zuerst Christ und dann erst Deutscher". Bestätigen Sie oder dementieren Sie bitte dieses Zitat, das ich gefunden habe, und erläutern Sie mir bitte auf jeden Fall Ihre Einstellung zu den hergebrachten nationalen Vorstellungen.

ABS: Das Zitat stimmt wörtlich, und das ist von mir gefallen in einer internationalen Konferenz im Jahre 1941 in der Schweiz, wo bestimmte Probleme behandelt wurden, die mit den Auslandsschulden Deutschlands zusammenhingen.

GAUS: Sie waren ein Fachmann für Stillhalteabkommen?

ABS: Das war genau in einem solchen Rahmen. Und die Vorgänge in Deutschland beschäftigten naturgemäß die Schweiz, Vorgänge, die man unter dem Titel »Auschwitz und ähnliches« bezeichnete, und da kam dieses Thema hoch. Ich wurde danach gefragt, und das war meine Antwort. Weil es genau meiner Überzeugung entsprach. Wenn ich die Frage recht verstehe, wie ich mir die nationalen Dinge vorstelle ...

GAUS: Welchen Wert sie für Sie haben ...

ABS: Welchen Wert sie für mich haben ... so glaube ich in der Tat, daß eine Bevölkerung im Nationalen wurzelt, aber ich begrüße eine Entwicklung, die mehr und mehr dazu angetan scheint – denn so sicher kann man noch nicht sein, daß das Nationale oder vielmehr das Nationalistische überwunden wird –, also die dazu angetan scheint, daß ein Europa entsteht, eine europäische Gemeinschaft, eine atlantische Gemeinschaft. Dinge, die etwa vergleichbar sind dem alten Kulturzentrum der römisch-griechischen Zeit vor 2000 Jahren oder 1800 Jahren. Die Überwindung des Nationalen – ob das aber gelingt, da bin ich mir manchmal freilich im Zweifel.

GAUS: Sie stammen aus einem prononciert katholischen Elternhaus. Sagen Sie mir bitte, was ist Ihre Einstellung zu Bismarck und zu Bismarcks Deutschem Reich?

ABS: Ja, das ist ein Thema, das uns in der Jugend sehr bewegt hat. Wir haben alle Bücher jener Zeit gelesen, die pro Bismarck waren und gegen Bismarck waren. Bismarck hat ja auch verschiedene Perioden gehabt, solche, die man bedenkenlos bejaht, und solche, die nachher Ausdruck fanden in den schauerlichen Bismarcktürmen und die irgendwie typisch waren für jene Vorkriegszeit, da man mit einem talentierten Kaiser unzufrieden war und sich nach dem Eisernen Kanzler zurücksehnte. Ich würde sagen, ich bin geneigt, mehr Positives zu sehen, vor allem in dem jüngeren Bismarck, der es als Kanzler verstanden hat, die Konflikte entweder schnell zu beenden, wie mit Frankreich, oder sie zu vermeiden, etwa mit Rußland. Oder: die berühmte Berliner Konferenz – der ehrliche Makler zu sein. Das sind die Momente, wo er, glaube ich, auch meine persönliche Bewunderung verdiente. Aber in manchem, was vor allem in den Kulturkämpfen Ausdruck fand, gibt es auch eine erhebliche Kritik. Es mag da mitgesprochen haben, daß mein Vater eine Hauslehrerstelle in einer Adelsfamilie in England annahm. Die Familie wanderte dorthin aus, weil man die Söhne nicht in Preußen hat erziehen lassen wollen; diese Freiheit des Auswanderns gab es in den sechziger, siebziger Jahren des vorigen Jahrhunderts, aber dennoch wollte man dem Sohn eine deutsche Erziehung geben, und folglich engagierte man einen Deutschen als Lehrer. Und diese Gedanken, die sehr oft das Thema der Diskussionen zu Hause waren, mit meinen Eltern, Brüdern, besonders mit meinem Vater, die haben sicher eine bestimmte Prägung vorgenommen in mir, ohne daß ich mir darüber in jener Zeit schon deutlicher hätte Rechenschaft geben können.

GAUS: Hat die Arbeit Ihres Vaters in England in Ihnen eine Neigung für England zurückgelassen? Wenn man den katholischen Hintergrund nun wieder bedenkt, nicht unbedingt etwas Selbstverständliches.

ABS: Mein Vater legte auf Sprachen großes Gewicht. Er hat seine geringen Einkünfte dadurch zu verbessern versucht, daß er von England zurückkam, ein Dolmetscherexamen in Französisch und Englisch machte, um am Gericht, in meiner Vaterstadt Bonn, zusätzlich als amtlicher Dolmetscher agieren zu können. Das war sowohl Französisch als auch Englisch, das hat sich naturgemäß mitgeteilt und in mir frühzeitig den Wunsch entstehen lassen, das Ausland draußen kennen zu lernen, Sprachen zu lernen.

GAUS: Ohne eine besondere Vorliebe für bestimmte Gesellschaftsordnungen?

ABS: Ganz ohne Vorliebe für bestimmte Gesellschaftsordnungen, denn dazu war der Vorgang 1918 zu umstürzlerisch, verglichen mit jener Zeit vor 1914. Ich nenne es das Modell 1910, etwas voll Friedensmäßiges mit all den heuchlerischen Seiten des sogenannten guten Bürgertums: Fassade und einander belügen sowie andere belügen! Also, das war keine Idealwelt.

GAUS: Das ist ein sehr kritisches Urteil jetzt gewesen. Aus dem Munde eines, seiner Funktion nach und nach landläufiger Vorstellung, eher zum Konservatismus neigenden Mannes – einigermaßen erstaunlich. Wann hat sich denn bei Ihnen diese kritische Einstellung zur Welt, nach dem Modell 1910, vollzogen? Vor der Inflation?

ABS: Ich würde die Inflation... also die habe ich, in der wildesten Zeit, schon nicht mehr in Deutschland verbracht. Ich bin einem für die Inflation sehr erregendem Gewerbe nachgegangen, ich war nämlich Devisenhändler in Amsterdam. Ich sah in der ganzen Nachkriegszeit diesen Niedergang einzelner Familien, diese Umkehr all dessen, was vor 1914 Gültigkeit zu haben schien. Das hat sich in den zwanziger Jahren vollzogen, und ich kam 1929 mit einem Weltbild wieder nach Berlin, das war anders als das derjenigen, die in Deutschland geblieben waren. Dann kam sehr schnell jene Wirtschaftskrise, die nachher dann zu den politischen Krisen führte, zur Arbeitslosigkeit des Jahres '32 mit all den Folgen, die wir alle noch so deutlich in Erinnerung haben.

GAUS: Wie vertrug sich Ihr Weltbild mit dem Nationalsozialismus?

ABS: Es ist selbstverständlich, vielleicht heute billig, zu sagen, daß der Nationalsozialismus mir als der Inbegriff des Verbrecherischen erschien. Wobei für mich das Nationale im Nationalsozialismus keinerlei bestechende Größe darstellte, also das Nationalistische. Und dann ging die Entwicklung ja sehr schnell, 30. Juni 1934, die verschiedenen Schritte zur Macht, zur Stärkung der Macht, dann die Brüskierung des Auslands. Aber freilich: Hatte nicht das Flottenabkommen mit England eine noch größer Bedeutung für die Festigung der Macht? Oder jener äußere Erfolg der Berliner Olympischen Spiele im Jahre 1936?

GAUS: Warum sind Sie nicht, nachdem Sie Verbindung im Ausland hatten, wieder hinausgegangen?

ABS: Weil ich schon in der Wirtschaftskrise eine Angestelltentätigkeit in einer von der Krise bedrohten privaten Bank übernommen hatte – was dann folgerichtig dazu führte, nach Überwindung der Schattenseite der Krise, als Teilhaber begrüßt zu werden. Dieser Aufgabe habe ich mich verschrieben gehabt und habe andere Berufungen oder etwa die Idee, wieder ins Ausland zu gehen, fallen lassen. Inzwischen hatte ich eine Familie gegründet, Kinder waren in Berlin geboren, mich hielt die Aufgabe aufs engste gebunden.

GAUS: Dies bringt mich zu einer allgemeinen Frage, Herr Dr. Abs. Man hat nach dem Kriege die Hochfinanz und die Industrie gelegentlich den Schrittmacher des Nationalsozialismus genannt und, zu einem bestimmten Punkte, einen Nutznießer des Nationalsozialismus. Würden Sie sagen, daß es eine Art natürliches Grundverhalten der Wirtschaft gibt, politisch-sittliche Fragen so lange gering zu achten, solange der Schornstein raucht?

ABS: Ich glaube, das nicht bejahen zu können. Und wenn Sie sich die Struktur der deutschen Wirtschaft vorstellen, wie sie vor dem Kriege, in den 20er und 30er Jahren war oder auch jetzt wieder ist, so möchte ich glauben, daß man sich hüten müßte, eine Verallgemeinerung über das Verhalten der Wirtschaft als Schluß zu ziehen. Ich habe sehr große Unterschiede gefunden. Ich habe oft betont, daß die Schwerindustrie eine andere Einstellung hatte, eine aus einer Krise herausgehende, mehr positive Einstellung zu jenem Phänomen der 30er Jahre, als etwa jene ganz anders strukturierte Wirtschaft in Württemberg, oder nehmen Sie die an der Wasserkante oder jene wiederum anders betonte, weltoffenere Wirtschaft, wie sie in den Hansestädten Bremen und Hamburg zu Hause war. Oder nehmen Sie Sachsen, was wieder etwas Besonderes ist, eine Sprache, die wir jetzt so ungern vernehmen, weil sie einen ganz bestimmten Charakterzug zu haben scheint. Ich glaube also, man sollte sich hüten zu sagen, das war ein Verhalten der Wirtschaft schlechthin.

GAUS: War der durchschnittliche deutsche Unternehmer ... ich akzeptiere, daß ein solcher Durchschnittsunternehmer konstruiert wirken muß, aber konstruieren wir ihn einmal ... war der durchschnittliche deutsche Unternehmer apolitisch? War er desinteressiert, solange die Geschäfte gut gingen, an politischen Vorgängen in Deutschland?

ABS: Ich glaube, wenn man den Versuch macht, auf den Urgrund eines mangelnden politischen, eines apolitischen Verhaltens zu kommen, also da bin ich etwas zögernd, das zu akzeptieren. Ich will aber sagen: Einen Mangel an politischem Verständnis, an einem politischen sich-Einsetzen-wollen, an einer politischen Mitverantwortung für den Zustand des Tages oder für eine Entwicklung – den möchte ich eher weiter zurückverlegen. Beginnend bei den Karlsbader Depeschen, der Beschränkung der Pressefreiheit und der Zensur des vorigen Jahrhunderts. So weit gehe ich zurück, wo sie begann, die Spaltung des Deutschen schlechthin, der bereit ist, zwischen der Tagestätigkeit und seiner privaten Sphäre und der politischen Welt einen zu deutlichen Unterschied zu machen. Und er hat es immer wieder versäumt – übrigens, das ist meine persönliche Meinung, auch heute noch –, aus den drei Ebenen, in denen er eigentlich tätig sein sollte – oder vielleicht sind es vier, vielleicht fünf –, etwas Ganzes, eine einheitliche Persönlichkeit zu formen. Also Politik, Gesellschaftspolitik, die Tätigkeit des Wirtschaftens und die Hobbys und das Leben, was er zuhause führt, und wo er solchen Dingen nachgeht wie Literatur oder Kunst oder anderen Interessen.

GAUS: Glauben Sie, daß dieses ein Nachteil des deutschen Unternehmers auch heute noch ist?

ABS: Ja, glaube ich.

GAUS: Das ist ein Vorwurf, den Sie erheben möchten?

ABS: Jawohl. Aber der trifft nicht nur den Unternehmer, ich möchte ihn auch anderen Kategorien zuschreiben, gewissen akademischen Berufen, vielleicht. Aber da bitte ich wieder um Entschuldigung: Ich möchte es nicht verallgemeinernd dem Deutschen schlechthin zuschreiben. Er hat mehr Mühen als andere Angehörige von Nationen, die Einheitlichkeit seiner Persönlichkeit zu festigen, zu sichern und sie in all den eben angesprochenen Ebenen zuwege zu bringen.

GAUS: Führende Männer des Kreisauer Kreises, der zum Widerstand des 20. Juli 1944 gehörte, waren Ihre Freunde, Herr Dr. Abs. Sie selbst standen in Verbindung zu Ihnen, haben aber am 20. Juli selbst nicht mitgewirkt. Warum nicht? Sahen Sie keinen Sinn darin?

ABS: Nein, das will ich nicht sagen. Ich sah wohl einen Sinn, auf Grund der Entwicklung, die etwa seit Frühjahr '42 deutlich wurde, und der Kreisauer Kreis hatte ja schon einen Zusammenschluß gefunden in den Tagen vor September '39. Ich war sowohl mit Peter Yorck aufs Engste befreundet, der noch am 17.

Juli '44 bei mir zu Hause war, um Abschied zu nehmen, als auch mit Helmuth Moltke, der im Februar '44 verhaftet wurde. Aber das Schwanken zwischen einem Bild, Held zu sein, zu dem man berufen sein muß, oder einer Don Quichotterie, – das heißt, etwas zu beginnen, ohne sicher zu sein, daß es zum Erfolge führt –, zudem die Verantwortung, an verantwortlicher Stelle in einem Institut zu arbeiten, wo so viel fremde Interessen verankert waren, also Vorstandsmitglied der Deutschen Bank zu sein, dann die Vorsicht wegen meiner eigenen Frau – das alles veranlaßte mich, besonders vorsichtig zu sein. Immerhin hatte ich mich kurz vorher verpflichtet, mich bei jenen Verhandlungen mit den westlichen Alliierten – damals nicht Alliierten Deutschlands, sondern Alliierten der westlichen Ordnung – zur Verfügung zu stellen. Wozu es ja dann nach dem Scheitern des 20. Juli nicht gekommen ist.

Dazugehört zu haben ... zu dem Thema kann ich nur erzählen, was ein amerikanischer Generalkonsul, der mir im Jahre '49 das Visum nach Amerika geben wollte, mich fragte: »Sie haben in dem Fragebogen angegeben, daß Sie keiner Widerstandsbewegung gegen Hitler angehört haben. Das entspricht nicht unseren Informationen. Warum haben Sie ›Nein‹ gesagt?« Daraufhin habe ich ihm gesagt: Jemand, der nicht von den Nazis gehängt oder erschossen worden ist, hat nach meinem Gefühl nicht das Recht, sich auf den Widerstand gegen Hitler zu berufen. Das sagte ich, weil ich zu viele rechts und links sah, die sich in der Nachkriegsperiode, nur weil sie mal einen Röhm-Witz erzählt hatten und deshalb von der Gestapo vernommen worden waren, als Widerstandskämpfer bezeichneten. In jene Gruppe wollte ich nicht eingereiht werden.

GAUS: An Ihrer Antwort, Herr Dr. Abs, fällt mir eines auf, was mir schon mehrmals im Verlauf unseres Gesprächs aufgefallen ist: Sie haben als ein Hemmnis, sich dem Kreisauer Kreis ganz zur Verfügung zu stellen, erneut Ihre Verantwortung betont, das Verantwortungsgefühl gegenüber jener Bank, der Sie verbunden waren. Gehört diese starke Konzentration des Verantwortungsgefühls auf die Firma, der man sich verbunden weiß, auch zu den Kardinalstugenden, die Sie haben?

ABS: Sicher. Ich betrachte dies aber, so möchte ich fast sagen, nicht als eine Tugend, sondern als eine Selbstverständlichkeit. Eine Tugend ist eigentlich mit einer gewissen Anstrengung, mit einer Mühe verknüpft. Ich betrachte Treue zu einem Institut, dem man sich mit all seiner Kunst, ich möchte fast sagen: verkauft hat, als eine Selbstverständlichkeit.

GAUS: Sie haben nach 1945, Herr Abs, praktisch einen zweiten, wiederum steilen Aufstieg genommen. Sie waren vorübergehend als führender Bankmann aus der Zeit vor 1945 interniert, waren aber vor der Internierung und vor allem nach der Internierung Finanzberater – und zwar der britischen Militärregierung, in deren Internierungslager Sie aber auch gesessen hatten. Dies – interniert zu sein und sehr kurz danach Finanzberater zu sein bei denselben Leuten – gehört ein bißchen, vielleicht, zu den rätselhaften Vorgängen jener Welt der Einflußnehmer, zu jenen Vorgängen, von denen die breite Öffentlichkeit gerne sagt: Na ja, die Großen fallen immer wieder auf die Füße. Ich würde gerne wissen, Herr Dr. Abs, wie weit Sie Ihren Aufstieg nach dem Krieg im Besonderen und die wirtschaftliche Erholung Westdeutschlands im Allgemeinen tatsächlich darauf zurückführen, daß die Großen in der Wirtschaft sich nach 1945 wieder gefunden und auch wieder befunden haben in den alten Positionen? Und sich also wiederum ein Kreis bildete, in dem jeder jeden kennt.

ABS: Ich glaube, da muß ich doch einiges richtig stellen. Erstens war ich Ratgeber der Engländer im britischen Hauptquartier, und ich wurde dazu berufen schon im Juni 1945. Zu den Empfehlungen, die ich aussprach, gehörte die Währungsordnung. Dazu habe ich ganz bestimmte Vorstellungen erhoben, auch was die Institutionalisierung angeht, und da stand die englische Auffassung konträr der amerikanischen gegenüber. Die amerikanische Auffassung wollte als Höchstes länderweise eine Neuordnung haben, Sie kennen das Landeszentralbanksystem, was damals geschaffen wurde. Das Bild, das ich den Engländern empfohlen habe, nämlich eine Reichsbankleitstelle in Hamburg zu errichten – für die ich dann aufgefordert wurde, zwei Leute meines Vorschlags zu engagieren –, erregte den Zorn der Amerikaner. Und die Amerikaner insistierten bei den Engländern, forderten den Vollzug des sogenannten automatischen Arrests, der bei mir nicht angewandt worden war. Ob die Engländer das übersehen hatten, laß ich dahingestellt sein. Und so wurde ich auf Druck der Amerikaner von den Engländern jene berühmten neunzig Tage eingesperrt. Meine Erinnerung an das miserable Loch des Altonaer Gefängnisses ist noch deutlich, das hat aber bei mir niemals zu einer Bitterkeit geführt. Die Zeit gab wundervoll Gelegenheit, Mitgefangene in ihrer Nacktheit, ihrem miserablen Charakter und auch in ihrer Charakterstärke kennenzulernen. Nach dieser Periode haben die Engländer nur in Einzelfragen noch von meinem Rat Gebrauch gemacht. Im Gegenteil, ich wurde aus allen Tätigkeiten entlassen, und ich lebte zufrieden und von ihnen in Ruhe gelassen auf meinem eben von Ihnen genannten Hof bei Remagen. Die Franzosen interessierten sich für mich und wollten mich als Ratgeber haben. Ich habe gesagt, nur mit Zustimmung der Engländer. Die gaben diese nicht. Und die Amerikaner wollten mich gern als Zeugen in Nürnberg haben, und das ist später dann auch geschehen, ich war da als sogenannter freiwilliger Zeuge für bestimmte Prozesse, die in Nürnberg vor sich gingen.

GAUS: Warum glauben Sie, daß die Engländer Sie nicht freistellen wollten als Ratgeber für die Franzosen?

ABS: Weil die Amerikaner nicht die Zustimmung gegeben haben, als ich Ratgeber der Engländer war. Die mangelnde Einigkeit der Alliierten war ja eines der Phänomene der Nachkriegszeit. Ich wurde dann am 1. April 1948 zum ersten Präsidenten der Bank deutscher Länder gewählt, eine Berufung, die nicht durchging, weil ich vier Bedingungen stellte. Davon wurde eine von den Alliierten, hauptsächlich von den Amerikanern, abgelehnt, und damit ging die Berufung nicht durch – weil ich auf die Bedingungen nicht verzichtete. Und dann erfolgte der Auftrag, im Zusammenhang mit dem Marshallplan die Kreditanstalt für Wiederaufbau zu organisieren, und damit habe ich begonnen.

GAUS: Damit sind wir vielleicht doch dabei, daß Abs wieder da war, wie alle auch.

ABS: Wenn man so will.

GAUS: Die Großen fallen auf die Füße.

ABS: Ich fing mit der Kreditanstalt an, mit einem Angestellten und einer Sekretärin und einem Faktotum, und ich begann, langsam aus nichts was zu machen. Denn die Länder waren sehr zögernd, hier ihr Kapital einzuzahlen. Am schnellsten zahlte das arme Land Schleswig-Holstein, zuletzt und nur auf Drängen das reiche Land Nordrhein-Westfalen. Daraus entwickelte sich dann die Distribution der Gegenwertkonten aus dem Marshallplan.

GAUS: Dennoch meine Frage: Wie hoch muß veranschlagt werden der Wert der Kontakte in diesem kleinen, überschaubaren Kreis der wirklichen Wirtschaftsführer – der der gleiche Kreis geblieben ist wie der Kreis vor 1945, vor 1933, im Großen und Ganzen jedenfalls?

ABS: Ja, war es nicht im ganzen Nachkriegsleben so? Hat man nicht selbst Politiker aus der alten Mottenkiste der SPD, der Zentrums- und der Volkspartei geholt, um wieder eine Verfassung gebende Versammlung, später den Bundestag aufzustellen? Wo sollte man denn überall die Männer hernehmen, denen man doch immerhin nachsagen konnte, daß sie eine gewisse Erfahrung, ein gewisses handwerkliches Können in den Fragen der Wirtschaft aufweisen konnten? So möchte ich das fast sagen. Dann kam der Auftrag über die Schuldenregelung, und das hat mich ja zwei Jahre beschäftigt. Und erst danach bin ich, das wird oft vergessen, zur Deutschen Bank zurückgekehrt.

GAUS: Die es ja zunächst erst gar nicht wieder gegeben hat.

ABS: Richtig, aber dann gab es die Süddeutsche und die Norddeutsche und dergleichen mehr.

GAUS: In Ihrer jetzigen Position und Funktion, jedenfalls als wichtigster Mann in dieser größten Bank, dürfen Sie als der klassische Repräsentant einer kapitalistischen Wirtschaftsordnung gelten. Ich habe dazu eine Frage. Im Zusammenhang mit Plänen zur Vermögensbildung ist in der letzten Zeit die Frage häufig diskutiert worden, ob die Gerechtigkeit bei dem wirtschaftlichen Wiederaufbau zu kurz gekommen ist. Nach Ihrer Auffassung, Herr Dr. Abs: Kann die Forderung nach Gerechtigkeit in diesem Wirtschaftssystem, das wir haben, mehr als eine ehrenwerte, aber stets platonische fromme Bitte sein?

ABS: Das möchte ich nicht sagen. Ich möchte die Gerechtigkeit zunächst einmal in der Einkommensentwicklung sehen. Immerhin, wenn Sie meine Bank nehmen, so sind die Tarifangestellten in den letzten sieben Jahren um 70 Prozent in ihren Bezügen gestiegen, die Oberbeamten um etwa 50, die Unterschriftsträger um 40, die Direktoren um 33, der Vorstand um null Prozent. Es ist also eine echte Entwicklung. Sie können sagen, der mit null Prozent hat vorher schon zu viel verdient, und folglich ist es ganz gerecht.

GAUS: Ich wollte nicht sagen: zu viel, aber wollte sagen: so viel, daß vielleicht die Steigerung null möglich erscheint, während bei den anderen das Nachholbedürfnis vorhanden war.

ABS: Gebe ich ohne weiteres zu. Das ist ja typisch für die ganze Nachkriegszeit, dieses gewaltige Nachholbedürfnis, und ich finde, ein Teil der Lohnsteigerung ist nichts anderes als eine Korrektur, und man sollte es nicht als eine außergewöhnliche und übertriebene Forderung der Lohnempfänger oder Gehaltsempfänger ansehen. Ich glaube also, zunächst wäre das Streben nach gerechterem Ausgleich in der Einkommenssphäre zu suchen. Es sollte aber auch in der Vermögensbildung und damit in der Vermögensverteilung gesucht werden.

GAUS: Und Sie halten diese Erfüllung der Forderung nach Gerechtigkeit für möglich?

ABS: Nicht nur für möglich, sondern ich halte sie für legitim, und man sollte das Beste tun, einer solchen Forderung zur Erfüllung zu verhelfen.

GAUS: Halten Sie unter diesen Umständen Pläne, wie sie, gestützt auf ganz konkrete gesellschaftspolitische Vorstellungen, etwa von der Baugewerkschaft Georg Lebers vorgetragen werden, für vernünftig?

ABS: Ich halte sie für sehr beachtlich. Ich möchte bloß zwei Stellungnahmen zu einer solchen Frage, die einer gründlicheren Beantwortung wert wäre, herausstellen. Das eine ist: Jeder Zuschlag geht in die Kosten ein, das wird geleistet vom Arbeitgeber oder vom Unternehmer. Das mag man gering schätzen, wenn es sich nur, wie in diesem Vorschlag, um anderthalb Prozent handelt. Und das zweite ist, daß ich grundsätzlich kein Anhänger von kollektiven Institutionen bin. Wenn man also der Einrichtung der Vermögensfonds und der Verwaltung den Stachel des Kollektivgedankens nehmen könnte und sich auf der anderen Seite bewußt wäre, daß jede Leistung in die Kosten eingeht, dann möchte ich diesen Plan als sehr beachtlich und persönlich positiv bewerten.

GAUS: Was halten Sie von der Forderung der Gewerkschaften nach Mitbestimmung?

ABS: Dazu habe ich mich schon positiv geäußert. Ich habe selbst in drei oder vier Gesellschaften die Rolle, nicht nur Vorsitzender des Aufsichtsrates, sondern zugleich der Neutrale zu sein. Ich stehe positiv zur Betriebsverfassung und bin auch, im Blick auf die Geschichte des niedergeschlagenen Bergbaus und der Stahlindustrie, positiv zur weitergehenden Mitbestimmung in diesem Sektor der Industrie eingestellt.

GAUS: Und für die Gesamtwirtschaft?

ABS: Für die Gesamtwirtschaft bin ich nicht ohne Bedenken, aber ich glaube, die Bewährung ist bei manchen Gesellschaften schon vor sich gegangen. Daß sie funktioniert, muß aber auf zwei Elementen beruhen. Das eine sind die beiden Partner. Vertreter des Kapitals und die Vertretung der Arbeit müssen von einer wechselseitigen Achtung diktiert sein und an die Lösung, an die Diskussion der Probleme gemeinsam herantreten. Jeder sei bereit, mit besseren Argumenten den anderen zu überzeugen, oder auch bereit, sich von besseren Argumenten der anderen Seite überzeugen zu lassen. Indem diejenigen, die doch tätig sind, auf Grund ihrer eigenen Stellung sich Urteile bilden und Meinungen aussprechen, ohne auf Weisungen von außen hören zu müssen – nur so ist die Mitbestimmung zum Erfolg zu führen. Solche Beweise, daß sie erfolgreich ist, sind schon zahlreich. Und unter diesen Vorzeichen gehöre ich zu den positiven Anhängern der Mitbestimmung.

GAUS: Herr Dr. Abs, Sie haben bereits Ihre Tätigkeit auf der Londoner Schuldenkonferenz erwähnt, 1952, und das ist nur ein Beispiel für die häufige Verwendung, die Sie gefunden haben als Finanzdiplomat der Bundesregierung. Sie haben auch auf einem CDU-Parteitag einmal das wirtschaftspolitische Grundsatzreferat gehalten, und Ihre Verbindung zur Politik war so eng, daß Sie mehrmals als Ministerkandidat genannt worden sind. Warum sind Sie nicht ganz in die Politik gegangen?

ABS: Erstens: Die Politik ... also die Regierung, wenn Sie von einem Ministeramt sprechen, sollte eigentlich entsprechend der demokratischen Ordnung aus der Fraktion des Parlaments hervorgehen. Ich gehöre zu jener Kategorie, die noch nie in ihrem Leben

Mitglied irgendeiner Partei gewesen sind, weder in der Gegenwart noch in der Vergangenheit. Sie möchten sagen, das ist eine der vielen Eitelkeiten, die ich verfolge. Ich weiß es nicht. Aber wenn für einen Fachminister eine Aufforderung ernsthafter Natur ergangen wäre, wenn eine Lage eingetreten wäre, bei der von mir ein Beitrag zu erwarten gewesen wäre zur Lösung von Problemen, die für Deutschland wichtig sind – so hätte ich mich sicher einer solchen Aufforderung nie entzogen.

GAUS: Definieren Sie doch bitte Ihre Auffassung über das Verhältnis von Politik und Wirtschaft. Glauben Sie an ein Primat der Wirtschaft über die Politik oder hielten Sie dies wenigstens für wünschenswert? Glauben Sie, daß die Politik nichts anderes ist als eine von der Wirtschaft weitgehend, nicht ganz, aber weitgehend abhängige Größe?

ABS: Das möchte ich klar und deutlich verneinen. Ich glaube nicht an ein solches Primat.

GAUS: Sie wünschen es auch nicht?

ABS: Ich wünsche es auch nicht, und ich würde es auch nicht für gut halten. Die Wirtschaft hat in sich selbst ein Gewicht. Sie wandelt sich. Dinge, die vor fünfzig und hundert Jahren von einer sehr großen Bedeutung waren, haben inzwischen anderen Disziplinen der Wirtschaft Platz machen müssen. Vor hundert Jahren gab es praktisch keine chemische Industrie, die heute ein sehr wichtiges Moment darstellt. Also sie ist dem Wandel unterworfen, und ich bin geneigt, alle Verallgemeinerungen zu vermeiden. Daher kann ich also nicht sagen, die Wirtschaft solle ein Primat über die Politik haben.

GAUS: Ich verstehe.

ABS: Ich glaube, daß die Politik eigentlich das Primat haben soll, wobei man dann darüber anfangen könnte zu reden, was ist Politik, und wie hat sie auszusehen.

GAUS: Sie repräsentieren eine Macht, Herr Dr. Abs, von der man sagen muß, daß sie vom politischen Gewicht ist, ohne daß sie von politischen Instanzen kontrolliert werden kann. Akzeptieren Sie diese Behauptung, und wenn ja, sehen Sie darin nicht eine Gefahr?

ABS: Wenn ich sie bejahen würde, würde ich zugleich zugeben müssen, daß ich darin eine Gefahr sehe.

GAUS: Aber Sie bestreiten, diese Macht zu haben?

ABS: Ich bestreite, diese Macht zu haben, denn ich brauche nur anzuschauen, daß ich in absehbaren Monaten meine Altersgrenze erreiche und damit, wie einer Guillotine zum Opfer fallend, bei der Deutschen Bank in Pension gehe. Auch sehr viele andere Tätigkeiten einstelle, Zeit gewinne, gewissen Hobbys nachzugehen, die ich noch mehr liebe als die Ausübung der Macht. Folglich sehe ich es nicht ganz so, wie man manchmal, von außen gesehen, nicht ohne Unrecht vermuten könnte.

GAUS: Erlauben Sie mir eine letzte Frage, Herr Dr. Abs. Sie sind ein wohlhabender Mann, Sie gehören zu den, vorerst noch, und wohl doch noch geraume Zeit, wichtigsten Einflußnehmern der Bundesrepublik, aber Sie sind dann doch nur der Hausmeister fremden Kapitals. Sie sind Manager, Sie hinterlassen kein Imperium, das den Namen Abs weiterträgt. Wenn Sie mir diese letzte Frage erlauben: Bedauern Sie das manchmal, daß sie diese Funktion und nicht die Funktion des Gründers einer Industriedynastie gehabt haben?

ABS: Ich weiß nicht, ob meine materiellen Möglichkeiten, mit aller Phantasie, ausgereicht hätten, eine solche Dynastie zu errichten. Das wage ich etwas zu bezweifeln.

GAUS: Ja, bedauern Sie das?

ABS: Nein, ich möchte Ihnen eigentlich sagen, daß ich ... ich wurde von den Amerikanern mal vernommen: Aus den Akten ergibt sich, daß Sie, als Mitinhaber eines privaten Bankhauses, mehr verdienten, das Doppelte als jetzt, als Vorstandsmitglied der Deutschen Bank – warum haben Sie den Übergang akzeptiert? Das ist für uns unerklärlich ... Ich habe ein Bild gewählt in der Antwort, das fällt mir gerade ein bei Ihrer Frage, ein Bild, das es vielleicht am treffendsten, wie mir scheint, wiedergibt. Ich habe in meiner Jugend, als mein Musiklehrer in den Vierzehner Krieg ziehen mußte, mich mit seinem jüngeren Bruder in die Aufgaben des Organisten geteilt. Die Privatbanktätigkeit war sozusagen die Organistentätigkeit, an einer Orgel mit 36 Registern, und dann wurde mir plötzlich eine zwar schlechter bezahlte Stelle als Domorganist angeboten, aber an einer wundervollen Orgel mit 72 lebenden Registern, mit einer wundervollen Disposition. Die Sehnsucht eines Orgelspielers war es, und ich habe also diese Berufung in den Dom angenommen – weil das größere Instrument ein mir angemesseneres Instrument schien. Das möchte ich einfach wiederholen, warum ein Hausmeistertum meiner Vorstellung genügte. Es war die Organistenstelle in einer Kathedrale. Dem kann ich eigentlich, zur Illustrierung, nicht viel noch beifügen.

Ich würde sagen: Einen Sohn eines berühmten Vaters, für den das, was Sie beschreiben, nicht unter anderem auch eine Last gewesen wäre, werden Sie in der gesamten Geschichte kaum finden. Daß ein kleiner Baum im Schatten eines großen Baumes Wachstumsschwierigkeiten hat, nicht wahr, das ist ja bekannt aus der Naturkunde, und das gilt sicher auch für die menschliche Psychologie. Aber daß ich das Werk meines Vaters, in Quantität und Qualität, nie werde erreichen können – das ist mir keine besondere Belastung gewesen.

GOLO MANN:
Ich hasse alles Extreme

Golo Mann, geboren am 27. März 1909 in München, gestorben am 7. April 1994 in Leverkusen.
War nach Erika und Klaus das dritte von sechs Kindern des Schriftstellers Thomas Mann und dessen Frau Katharina (Katia) Pringsheim. Studierte Philosophie in München, Berlin und Heidelberg, Promotion bei Karl Jaspers über Hegel (1932). 1933 folgte er seiner Familie in die Emigration nach Frankreich, in die Schweiz und die USA. Bis 1935 Lektor in St. Cloud und Rennes, 1937 bis 1940 Redakteur für die Zeitschrift »Maß und Wert« in Zürich. 1942 bis 1943 Geschichtsprofessor am Olivet College/ USA. Nach mehrjähriger Tätigkeit im Dienst der US-Regierung war er 1947 bis 1958 Geschichtsprofessor am Claremont Men's College in Claremont/Kalifornien. Ende der 50er Jahre Rückkehr nach Europa, nach Kilchberg bei Zürich, dem letzten Aufenthaltsort von Thomas und Katia Mann. 1960 bis 1964 Professor für Politische Wissenschaften an der Technischen Hochschule Stuttgart. Fortan Arbeit als literarischer Historiker. Erhielt 1974 seine eigene Fernsehsendung in der ARD (»Golo Mann im Gespräch mit ...«). Ende der 80er Jahre votierte Mann dafür, die nationalsozialistische Vergangenheit endlich als abgeschlossen zu betrachten – weswegen der Bundespräsident im September 1989 zum 50. Jahrestag des Angriffs von Nazi-Deutschland auf Polen nicht nach Polen fahren sollte, wie der Schriftsteller meinte. Diese Art der öffentlichen Äußerung – so auch das Plädoyer, die Einwanderungsquote zu senken und den RAF-Terroristen nur noch Pflichtverteidiger zu gestatten – hat Freunde und Bewunderer Manns oftmals ratlos gemacht, weil

sie nicht passen wollte zu einem Wissenschaftler, der mit seinen differenzierenden Betrachtungen Maßstäbe in der Zunft gesetzt hatte.
Veröffentlichungen u.a.: »Friedrich von Gentz« (1947), »Deutsche Geschichte des 19. und 20. Jahrhunderts« (1958), »Wallenstein« (Biographie, 1971), »Eine Jugend in Deutschland« (Autobiographie, 1987), »Wir alle sind, was wir gelesen« (Reden, Aufsätze, 1989).
Das Gespräch wurde gesendet am 4. März 1965.

GAUS: Herr Professor Golo Mann, Sie sind der Ausbildung nach Philosoph und Historiker. Sie promovierten 1932 bei Karl Jaspers. Bis vor einigen Monaten waren sie dem Berufe nach Professor für Politische Wissenschaft an der Technischen Hochschule in Stuttgart. Diesen Lehrstuhl haben Sie aufgegeben, aber Sie sind weiterhin gelegentlich vielbeachteter politischer Publizist. Ihrer Fachwissenschaft, der Historie, dienen Sie als Herausgeber einer vielbändigen Weltgeschichte. Dies alles ist eine breite Skala: Philosoph, Historiker, bis vor kurzer Zeit Hochschullehrer. Wenn Sie diese Skala verkürzen könnten, wenn Sie ein Leben, auch ein Arbeitsleben, einrichten würden ganz nach Ihrem Geschmack, wie würde es aussehen, was würden Sie betreiben?

MANN: Der goldene Mittelweg ist ja im Leben schwer zu finden. In meinem eigenen Leben war die Erfahrung die – und das wird auch die Erfahrung vieler anderer Menschen sein –, daß die Welt zunächst und lange Zeit zu wenig von einem will, sie also auch zu wenig von mir wollte, und nun, in später Zeit, ist es oft eher ein bißchen zu viel. Ich würde mich gern viel mehr konzentrieren auf eine große Arbeit, als ich es heute kann. Ich würde also gern den größeren Teil des Jahres auf dem Lande verbringen und ein Buch hinbringen, das sich sehen lassen kann und das meiner eigenen Seele und vielleicht ein paar anderen Seelen gut tut.

Nebenbei würde ich wohl gern auch ein bißchen nach außen wirken, würde gern von den Medien, die nun einmal da sind, zum Beispiel vom Medium Fernsehen, ein wenig Gebrauch machen, ein paar Artikel, ein paar Aufsätze schreiben ... Aber alles nicht so dicht, wie es gegenwärtig der Fall ist. Da Sie von der Breite der Skala sprechen: Es gab wohl Zeiten, da die Skala noch breiter war. Als ich in Amerika zu unterrichten anfing und Dinge unterrichten mußte, von denen ich überhaupt keine blasse Ahnung hatte, stand ich einen Winter lang jeden Morgen um drei Uhr auf und paukte von drei bis acht, was ich dann zu unterrichten hatte – in Fächern, die ich lieber nicht erwähnen will.

GAUS: Erwähnen Sie sie mal.

MANN: Ach, es waren Geschichte und Geographie und amerikanische Politik ...

GAUS: Sie haben gesagt: Vielen wird es so gehen, und Ihnen sei es so gegangen – daß die Welt zuerst gar nicht so sehr viel und vielleicht sogar zu wenig von einem zu wissen wünsche, und dann zu viel. Hat es Sie geschmerzt, daß man vielleicht jahrelang von Ihnen nicht so viel wissen wollte, wie Sie zu geben bereit waren?

MANN: Nicht bewußt geschmerzt, da es ja in jenen Jahren anders überhaupt nicht zu erwarten war. Mal davon abgesehen, daß ich wohl auch selber noch zu unreif war. Aber ich würde sagen, daß es hart war.

GAUS: Brannten Sie darauf, sich mitzuteilen?

MANN: Ja, ein bißchen mehr, als ich mich viele Jahre lang mitgeteilt habe.

GAUS: Sie sind als politischer Schriftsteller vor allem in den Vordergrund gerückt, Herr Professor Mann, teils gelobt, teils gescholten, weil Sie den Politikern der Bundesrepublik eine beweglichere Ostpolitik empfohlen haben, einschließlich einer nüchternen Betrachtung der deutschen Grenzfrage. Wir werden darauf sicherlich noch kommen in diesem Gespräch. An dieser Stelle interessiert mich zunächst eines: Ist die Beschäftigung mit der Politik für Golo Mann auch ein Lebenselexier, ein Bedürfnis, eine Notwendigkeit oder eine selbstauferlegte Pflicht?

MANN: Beides. Ich habe, seit ich ein junger Mensch war, also seit meinem 16. Lebensjahr etwa, Politik mit starkem, oft leidenschaftlichem und manchmal leidendem Interesse verfolgt. Ich habe auch zwischen meinen historischen Interessen und Bemühungen sowie dem Politischen oft eine Verbindung gesehen, das heißt, ich habe meine Anteilnahme am Gegenwärtigen sozusagen in die Vergangenheit übertragen, in gewissen meiner Schriften.

GAUS: Nicht umgekehrt? Die Anteilnahme gehörte dem Gegenwärtigen, und Sie übertrugen dieses Engagement in die Vergangenheit, nicht umgekehrt?

MANN: Es geht wohl in beide Richtungen, aber die von mir zuerst erwähnte ist wohl die stärkere gewesen. Das ist eine Seite der Sache. Aber man wird ja älter, und die Wiederholung der Dinge wird manchmal ermüdend und ein wenig deprimierend. Ich würde sagen, wenn ich mich heute gelegentlich, sehr gelegentlich, politisch äußere, dann ist das in der Tat mehr aus Pflicht und Schuldigkeit, denn zu meinem Vergnügen.

GAUS: Sie haben einmal in einer Unterhaltung – und das paßt zu dem, was Sie eben äußerten – über Ihre politische Publizistik gesagt: »Sie macht keine Freude, nein, mir nicht und anderen nicht.« Ich finde, dies klingt doch recht pessimistisch. Sie haben seinerzeit erklärend hinzugefügt, Sie betreiben das politische Kommentieren nur, weil Sie nicht noch einmal den Vorwurf hören wollten, Ihre Generation – Sie sind 1909 geboren – habe sich politisch zu passiv verhalten. Ich möchte gerne von Ihnen wissen, Herr Professor, ob die Art der Kritik, die Sie als politischer Publizist in der letzten Zeit gelegentlich auf sich gezogen haben, Sie verletzt hat?

MANN: Das kommt drauf an. Es gibt eine Art von Kritik, die mich an die Verse von Goethe denken läßt: »Wanderer gegen solche Not, wolltest du dich sträuben, Wirbelwind und trockner Kot, laß sie dreh'n und stäuben«. Es gibt Dinge, die ich überhaupt nicht lese, sondern sofort wegwerfe, von denen mir aber wohlmeinende Bekannte dann doch berichten, also indirekt weiß ich dann davon. Und da möchte ich auf österreichisch sagen: Die können mir gar net meinen, nicht wahr, das berührt mich nicht weiter. Es gibt ernstere Kritik, die mich zwar nicht kränkt, aber die mir zu denken gibt und die mir oft auch Ursache ist, das eigene Denken zu überprüfen. Ich habe Diskussionen gehabt, etwa mit Vertretern von gewissen Vertriebenenorganisationen, und habe von diesen Menschen gelernt, wie tiefernst ihre Argumente sind. Das gab mir also die Pflicht auf – und die Chance! –, mein eigenes Denken zumindest zu überprüfen. Mitunter, das gebe ich offen zu, bin ich auch ein klein wenig deprimiert, wenn das Echo auf Äußerungen, die ich in aller Bescheidenheit für maßvoll und gutwillig halte, ein sehr gehässiges und verzerrendes ist. Dann fragt man sich manchmal: Willst du nun noch auf deine älteren Tage deine Zeit und deine Kraft wieder und wieder in dieser Wirrsal verbrauchen?

GAUS: Neigen Sie zur Resignation, und bedeutet der Entschluß zu kämpfen und für etwas einzustehen, eine Überwindung?

MANN: Ja, das würde ich sagen. Die Resignation ist eine schwere Versuchung für mich, der ich Widerstand leisten muß.

GAUS: Bewußt Widerstand leisten?

MANN: Ja, bewußt Widerstand leisten.

GAUS: Sie würden es für ein Vergehen gegen Ihre Pflicht ansehen, wenn Sie dieser Versuchung, zu resignieren, leichtfertig nachgeben würden?

MANN: Ja, das wäre in der Tat ein Verrat an der eigenen Pflicht, nebenbei auch an Menschen; es mögen nun wenige sein oder viele, die zu meiner Überraschung etwas von mir erwarten, im Bereich der politischen Kritik.

GAUS: Herr Professor Mann, wie beurteilen Sie den Stil, die Sitten sozusagen, nach denen die politische Auseinandersetzung in Westdeutschland geführt wird? Würden Sie, aufgrund eigener Erfahrungen, eine Verwilderung dieser Sitten in den jüngsten Jahren konstatieren wollen?

MANN: Bis zu einem gewissen Grade, ja. In den ersten Jahren nach 1945 waren diese Sitten fast zu gut, fast zu maßvoll, um dauerhaft wahr zu sein. Ich habe mir damals gesagt, so kann das nicht immer sein, es wird auch in Deutschland wieder, wie schließlich auch anderswo, irgendwann auf scharf gehen. Ja, auch anderswo, denn glauben wir doch nicht, daß die politischen Sitten, etwa in Amerika, so sehr sanfte und zuverlässig faire wären. Das sind sie keineswegs. In den letzten Jahren, zumal im letzten Jahr, hab ich also eine gewisse, ja, man kann sagen Verwilderung, zumindest eine Verschärfung wahrgenommen. Eine Verschärfung, die über das hinausgeht, was ich für normal hielte in einer Demokratie.

GAUS: Worauf führen Sie das zurück?

MANN: Darauf, daß im Grunde im Jahre 1945 nichts gelöst worden ist. Daß der deutschen Nation nur eine äußere, eine militärische, eine physische Niederlage beigebracht wurde, die freilich zunächst Beweiskraft hatte, die aber das, was in Deutschland so lange gewesen war, doch nicht einfach eliminiert hat. Mit der wiederkehrenden Macht, mit den Säften der Hochkonjunktur und auch mit dem Schwächerwerden der politischen Führung in der Bundesrepublik fühlen gewisse Kräfte nun, daß es für sie wieder Frühling werden könnte.

GAUS: Sie sagen »gewisse Kräfte«, und mich würde in dem Zusammenhang interessieren, wie Sie selbst Ihre Generation einschätzen. Ich habe im Zusammenhang mit Ihrer politischen Publizistik bereits erwähnt, daß Sie einmal Bezug genommen haben auf eben Ihre Generation, indem Sie ihr vorwarfen, sie sei politisch zu passiv gewesen. Ihr persönliches Schicksal, Herr Mann, ist gewiß nur bedingt generationstypisch gewesen, aber dennoch würde ich von Ihnen gern eine Charakteristik jener Generation erfahren, zu der Sie gehören. Das sind also die Leute, die heute zwischen 55 und 65 Jahre alt sind, die also die Weimarer Republik als Heranwachsende noch erlebt haben und die in die Mannesjahre gelangten nach 1933. Gibt es da durchgehende, allgemeine Vorzüge und Schwächen?

MANN: Von Vorzügen kann ich nicht reden, von Schwächen schon eher. Es ist eine Generation, die historisch kein Glück gehabt hat – mit Ausnahme derer, die stark genug waren, sowohl in Deutschland als auch außerhalb, in der sogenannten Emigration, all den Versuchungen zum Verzweifeln Widerstand zu leisten. Hier in Deutschland ist diese Generation durch den Zweiten Weltkrieg sehr stark aufgerieben worden. Sie fehlt heute weitgehend. Und in der Emigration ist ihr der Mut zwar nicht immer gebrochen, aber doch stark beeinträchtigt worden. Weil man eben sehr lange unter harten und schweren und wenig hoffnungsvollen Bedingungen gelebt hat. Es ist eine Generation, die historisch erfahren ist, und von der man – ich spreche noch nicht vom Individuum – wohl durchaus etwas lernen könnte.

Aber sie steht wohl auch in der Gefahr, zu resigniert oder zu pessimistisch zu sein oder wieder und wieder die Wiederholung schlimmer Dinge zu befürchten, die sie einmal erlebt hat. Ich würde übrigens sagen: Ich wollte, ich wäre einige Jahre früher oder einige Jahre später geboren als etwa mein jüngerer Bruder, der zehn Jahre jünger ist. Für den hat der Aufstieg Hitlers nichts bedeutet. Der ist damals nicht seelisch verwundet worden wie unsereiner. Wiederum: Wäre ich zehn Jahre älter gewesen, dann wäre ich in Deutschland schon fest verwurzelt gewesen und hätte nach dem Krieg zurückkehren können, hätte also etwas vorgefunden, hätte weitermachen können ... Nun, ich war 23, als Hitler zur Macht kam, das allerbiegsamste Alter, möchte ich sagen, aber auch eines, in dem man eigentlich wenig Widerstand leisten konnte; man hatte noch wenig zu bieten, nicht wahr, und wurde dann also hinausgewirbelt. Das lag nicht glücklich, generationsmäßig.

GAUS: Neigt Ihre Generation zur Selbstbemitleidung?

MANN: Das kommt nun ganz auf den persönlichen Fall an. Das könnte ich für die Generation nicht verallgemeinern.

GAUS: Zur Person Golo Mann?

MANN: Ich würde ehrlich glauben, nicht zum Selbstmitleid zu neigen, wohl aber manchmal zum Reflektieren über das eigene Schicksal und darüber, was aus meinem Leben unter einem günstigeren Stern vielleicht hätte werden können.

GAUS: Sie haben einmal gesagt, bei durchaus ebenfalls vorhandener Kritik an jener Zeit, Sie hätten ganz gern im wilhelminischen Zeitalter gelebt. Was wären Sie dann gewesen, ein Privatgelehrter?

MANN: Ja, wenn ich Geld gehabt hätte! Ja, ich wäre ganz gern ein Privatgelehrter, ein Schriftsteller und Publizist gewesen. Aber diese Bemerkung, die Sie anführten, die galt eigentlich nicht so sehr meiner eigenen möglichen Stellung in diesem Zeitalter, als vielmehr dem Zeitalter als solchem. Das eben trotz tiefer innerer Schwächen, die ja dann später zum bitteren Ende führten, mehr Leichtigkeit, mehr Heiterkeit hatte als unseres. Man konnte es sich noch leisten, sich um Politik überhaupt nicht zu kümmern. Das war doch schön, nicht?

GAUS: Haben Sie ein Bedürfnis nach Leichtigkeit und Heiterkeit?

MANN: Ja. Man bedarf ja oft dessen, was man nicht so sehr besitzt, nicht wahr?

GAUS: Sie würden von sich sagen, Sie besitzen es nicht in dem Maße, in dem Sie es sich wünschen?

MANN: Ungefähr so.

GAUS: Daß Sie, Golo Mann, nur ein bedingt generationstypischer Zeitgenosse sind, dies ergibt sich wohl schon aus dem familiären Hintergrund. Sie sind, Herr Professor, am 27. März 1909 in München als Sohn des Dichters Thomas Mann geboren worden, was sicherlich Besonderheiten geschaffen hat. Ich meine, daß aus einer solchen Sohnschaft sich eine Reihe von Fragen ergibt. Zunächst also: Der Sohn eines berühmten Vaters zu sein – hat darin für Sie jemals auch eine Last gelegen, etwa in dem Sinne, daß sich jemand wie Sie, der selbst schreibt, als Sohn von Thomas Mann Maßstäbe setzt, an denen man schier verzweifeln möchte?

MANN: Ich würde sagen: Einen Sohn eines berühmten Vaters, für den das, was Sie beschreiben, nicht unter anderem auch eine Last gewesen wäre, werden Sie in der gesamten Geschichte kaum finden. Daß ein kleiner Baum im Schatten eines großen Baumes Wachstumsschwierigkeiten hat, nicht wahr, das ist ja bekannt aus der Naturkunde, und das gilt sicher auch für die menschliche Psychologie. Aber daß ich das Werk meines Vaters, in Quantität und Qualität, nie werde erreichen können – das ist mir keine besondere Belastung gewesen. Zumal ich ja vielleicht mit einem gewissen Instinkt mir eben doch einen Gegenstand, eine Kunstform zur rechten Zeit gewählt habe, die von der meines Vaters wesensverschieden war. Ich bin ja kein Romanschriftsteller. Wäre ich das, dann wäre die Belastung sicher eine direktere.

GAUS: Halten Sie es für denkbar, daß Historiker zu werden – wenn auch mit einem ganz erheblichen und beträchtlichen Schreibtalent – ein Ausweg war, ein Ausweg aus der Not, eventuell zu stark unter der Last des Vaters zu leiden?

MANN: Das ist denkbar, aber eigentlich hinge die Antwort auf diese Frage doch davon ab, ob ich Talent zum Romancier gehabt hätte oder nicht. Und das weiß ich nicht, da ich es ja nie versucht habe.

GAUS: Würden Sie es mal ausprobieren mögen?

MANN: Vielleicht, vielleicht. Man soll nie »nie« sagen. Aber es wird noch ein Weilchen dauern.

GAUS: Es klingt so, als hätten Sie darüber schon nachgedacht?

MANN: Mitunter.

GAUS: Was für ein Roman sollte es nach Ihrem bisherigen Nachdenkensergebnis sein?

MANN: Da gäbe es nur zwei Möglichkeiten: entweder ein historischer Roman oder wieder ein äußerst subjektiver Roman, also mehr oder weniger autobiographischer Roman. Ein dritte Möglichkeit, also etwas Kritisches der Gesellschaft gegenüber, würde ich für mich überhaupt nicht sehen.

GAUS: Wenn es ein historischer Roman wäre, welches wäre der bevorzugte Stoff?

MANN: Das könnte ich Ihnen auf Anhieb nicht sagen, da gäbe es manches. Ich glaube aber, optimistischerweise, ohne es noch eigentlich bewiesen zu haben, daß man Geschichte so schreiben kann, daß es sich beinahe so fließend, so unterhaltend liest wie ein Roman – und trotzdem wissenschaftlich ist. Das hinzukriegen, das wäre mein Ehrgeiz.

GAUS: Erlauben Sie mir, daß ich Ihnen dieses Kompliment für Ihre »Deutsche Geschichte des 19. und 20. Jahrhunderts« mache.

MANN: Ich danke Ihnen, Herr Gaus, aber ich hoffe ..... es noch besser machen zu können. *(lacht)*

GAUS: Sind Sie mit sich selbst unzufrieden?

MANN: Immer.

GAUS: Warum?

MANN: Weil's nie so gut ist, wie es sein sollte und vielleicht sein könnte.

GAUS: Woran fehlt's, am Stilistischen oder am Wissenschaftlichen?

MANN: Ja, an beidem, und oft fehlt es auch an der äußersten Anspannung, die nur bei äußerster Konzentration und Ruhe möglich ist. Die eben erwähnte »Deutsche Geschichte« – da wollte man in Deutschland noch kaum was von mir, da saß ich am Bodensee zwei Jahre lang in erstaunlicher Ruhe. Ich denke oft mit Wehmut an diese Zeit zurück, wo man noch wochenlang ohne einen Brief, ohne ein Telefonanruf sitzen und lesen und schreiben konnte. Das ist vorbei. Vielleicht kommt es wieder.

GAUS: Welches von den Werken Ihres Vaters ist Ihnen das liebste?

MANN: Kann ich nicht eigentlich beantworten, weil sie zu verschieden sind. Ich könnte einige nennen, die mir ausgesprochen unlieb oder weniger lieb sind, wie etwa die Novelle »Unordnung und frühes Leid«, die vielen so sehr gefallen hat. Auch »Tonio Kröger«, abgesehen von der Kindheit, ist mir eigentlich fremd.

GAUS: Warum?

MANN: Weil es mir zu übertreiben scheint, weil mir die Askese und die Herzenskälte des Künstlers zu abstrahiert und zu übertrieben scheint. Ich meine, so war er doch selber in Wirklichkeit gar nicht, der Autor von »Tonio Kröger«, und so ist doch generell ein Künstler nicht. Kurz und gut, es spricht mich nicht sehr an. Aber ob ich nun »Buddenbrooks« oder »Felix Krull« oder »Königliche Hoheit« lieber mag oder »Der Tod in Venedig«, das könnte ich nicht sagen. Ich würde allenfalls sagen, daß ich von den ganz großen Romanwerken den »Zauberberg« vergleichsweise noch für das am wenigsten geglückte halten würde. Ja, verglichen mit »Buddenbrooks«, den Joseph-Romanen und »Doktor Faustus«, würde ich den »Zauberberg« für den am wenigsten geglückten Roman halten.

GAUS: Ich hätte gemeint, daß »Lotte in Weimar« für Sie sehr viel bedeutet.

MANN: Ja, tut es auch. Das Buch liebe ich sehr, das liebe ich sehr, ja.

GAUS: Ihr älterer Bruder, Herr Professor, Klaus Mann, der 1949 aus dem Leben schied, hat in seiner Autobiographie »Der Wendepunkt« das Leben in Ihrem gemeinsamen Elternhaus beschrieben: den Vater, den die Kinder ob seiner Entrücktheit – bei gelegentlicher zärtlicher Aufmerksamkeit für die Kinder – den Zauberer nannten; die Mutter, die ein strahlender Mittelpunkt der Familie gewesen ist und vielleicht noch ist; und die Kinder selbst, die sechs Kinder, das älteste Paar Klaus und Erika, das mittlere Paar Golo und Monika und das nachgeborene Paar, Elisabeth und Michael. Dies alles scheint in einem halb großbürgerlichen, halb künstlerisch-literarischen Rahmen sich abgespielt zu haben. Wenn Sie selbst zurückdenken, Herr Professor Golo Mann, zurückdenken an diese Ihre Kindheit und an das Heranwachsen – welches ist Ihr stärkster Erinnerungseindruck an das Elternhaus?

MANN: Eine freilich schier unerschöpfliche Frage für jeden Menschen. Hinzu kommt, daß ich mit einem, glaube ich, besonders scharfen und lebendigen Kindheitsgedächtnis belastet bin. Viele hunderte oder tausende von Eindrücken aus der Kindheit und frühen Jugend sind also heute noch in meinem Geist lebendig.

GAUS: Darf ich dazwischenfragen? Könnten Sie eine genauere Autobiographie schreiben als Klaus?

MANN: Ich will nicht sagen, daß seine ungenau war. Meine könnte genauer auf eine andere Art sein, ich will nicht sagen: genauer an sich. Aber noch heute wird unter meinen Angehörigen mein Gedächtnis immer zu Hilfe gerufen, wenn es irgendeine Person, irgendeinen Vorfall aus dem Jahre 1914 zu erinnern, zu identifizieren gibt.

GAUS: Damals waren Sie fünf Jahre alt.

MANN: Ja, und das reicht nun vom Allerunbedeutendsten bis zum Bedeutenden, also etwa die häufigen Vorlesungen meines Vaters, wenn er aus einem werdenden Werk uns abends in seinem Arbeitszimmer vorlas, also die typische Atmosphäre und die Art seines Vortrages, da raucht seine Zigarre ... und da ist dann eben die einzelne Vorlesung, das einzelne Kapitel, ob es aus dem »Zauberberg« war oder später aus dem »Felix Krull« ... das ist mir alles unvergeßlich. Oder die Qualen der Emigration, nicht wahr, als mein Vater schon in Südfrankreich war, im Frühsommer '33, und ich war noch in Deutschland – da besuchte ihn ein paarmal, und es wurde immer wieder darüber gesprochen, ob er zurückkehren solle oder nicht. Die Qual dieser Diskussionen ist mir ein unvergeßlicher Eindruck. Oder irgendeine Bemerkung zur Politik des Tages oder zur Kriegslage im Jahre 1914/15, als ich zum ersten mal den Namen Hindenburg oder Tannenberg hörte – das ist mir auch unvergeßlich. Also da gäbe es sehr viele und sehr verschiedene Arten von Erinnerung, vom Heitersten bis zum recht Ernsten ...

GAUS: Ist es, alles in allem, eine gute Erinnerung?

MANN: Nicht immer, wie sollte es das sein.

GAUS: Sie haben in Ihrem schon erwähnten Buch, Herr Professor, »Deutsche Geschichte des 19. und 20. Jahrhunderts« im Hinblick auf die politische Haltung Ihres Vaters geschrieben, ich darf zitieren: »Sein Ja« – wobei Sie sein Ja zur Weimarer Republik meinen –, »sein Ja war immer nur ein halbes, von Kritik und Selbstkritik geschwächtes gewesen, sein Nein« – Sie meinen das Nein gegenüber der Diktatur Hitlers –, »sein Nein war eindeutig und stark«. In welcher Weise hat Ihr Vater Sie selbst als jungen Mann politisch beeinflußt? Welche Wertmaßstäbe für das öffentliche Leben haben sie vom Tisch Thomas Manns mitgenommen?

MANN: Ich denke, in den 20er Jahren doch die humanitäre, die liberale, die halbdemokratische Wertung, der er nun huldigte. Ich war als ganz kleiner Junge in Opposition und im Deutsch-Nationalen Jugendbund und bei den Pfadfindern und tat alles, was man im königlichen Wilhelmsgymnasium in München im Jahre 1919 eben tat. Und davon wurde ich doch wohl recht schnell losgeeist oder irgendwie befreit, wenn Sie so wollen, ich wurde weggelockt durch die Atmosphäre in meinem Elternhaus.

GAUS: Der Eintritt in den Deutsch-Nationalen Jugendbund im Wilhelmsgymnasium in München, war das Opposition gegenüber dem Elternhaus?

MANN: Weiß ich nicht. Jedenfalls war es Sehnsucht, so zu sein wie die anderen. Ich kann mich erinnern, im Jahre '19 oder '20 oder '21 bekam ich zu Weihnachten eine Pfadfinderjoppe, ein Speer und die Werke von Theodor Körner geschenkt, und mein älterer Bruder höhnte über dieses reaktionäre Weihnachten. Davon kam ich dann weg, zu einem Teil durch den Einfluß der Gespräche, die ich zu Hause bei Tisch hörte, ganz ohne Frage.

GAUS: Diese Wertmaßstäbe also wären, wie Sie gesagt haben, Humanität, Liberalismus, Toleranz.

MANN: Toleranz, Friede vor allen Dingen, also deutsch-französische Versöhnung, diese Dinge, an die wir doch in den 20er Jahren so sehr glaubten, auf die wir so sehr hofften.

GAUS: War dies ein Schlüsselwort auch für Ihren Vater?

MANN: Oh ja, oh ja! Dann, in den späten 20ern, kam schon Paneuropa und kamen diese Dinge, die damals ja leider Illusionen waren. Dieses Träumen habe ich von meinem Vater, ganz ohne Zweifel, und ich hätte es ohne ihn vielleicht nicht gehabt.

GAUS: Was danken Sie ihm noch?

MANN: Auch wieder eine fast unerschöpfliche Frage. Ich würde sagen: den Respekt vor der Sprache, Liebe zur Sprache, den Respekt vor dem Stil, die Anstrengung, einen Stil zu schreiben, den man verantworten kann. Ob mir das immer gelungen ist, weiß ich nicht, aber die Anstrengung habe ich geleistet. Vielleicht auch dies noch: einen ausgeprägten Ekel vor dem Gemeinen, den hatte er nämlich, sehr stark sogar, und ich könnte mir denken, daß ich da auch etwas von ihm abbekommen habe. Auch Bildung natürlich. Das ist vielleicht nicht ganz so wichtig, aber die Art meiner Bildung im Literarischen ist doch stark von der Kenntnis seiner Werke, seiner Essays geprägt. Ich bin eben den Dingen nachgegangen, die auch er kannte und liebte, Tolstoi oder Flaubert zum Beispiel.

GAUS: Sind Sie diesen Dingen nachgegangen, um vielleicht das Gegenteil zu beweisen?

MANN: Nein, das glaube ich nicht. So weit ist meine söhnliche Opposition doch wohl nie gegangen.

GAUS: Ihr Onkel Heinrich Mann – ist er auch für Sie ein Beeinflusser und Anreger gewesen?

MANN: Kaum. Er war uns lange Zeit fremd, also gerade im äußerst bildsamen Alter, da er und mein Vater sich während des Ersten Weltkrieges und danach nicht gut standen. Es ist ja etwas hart, es zu sagen, aber seine Romane wie auch seine Essays haben mich nie so recht angesprochen. Es gibt Ausnahmen, »Der Untertan« bleibt meisterhaft.

GAUS: Wie ist es mit »Die kleine Stadt«?

MANN: Ja, das ist ein ganz schönes Buch, der »Henri Quartre« ist auch ein schönes Buch. Also, er war schon jemand, die Klaue des Löwen merkt man auch oft bei geringeren Sachen. Nichts gegen ihn. Ich sage nur, daß er mir nicht, oder richtiger gesagt, ich ihm nicht sehr nahe stand. Ich hielt seine politischen Bemühungen für illusionär, für fiktiv. Er hatte da etwas geradezu Kindliches, ja eine Mischung aus Intuition und Naivität, die ich jedoch durchschaute. Ich traf ihn ja im Jahre '40 in Frankreich, inmitten des damaligen Chaos, und wir machten zusammen unseren Weg nach Spanien und dann nach Amerika und kamen uns da menschlich durchaus nahe. Kurz gesagt, ein geistiger Führer ist er mir niemals gewesen.

GAUS: Ihre älteren Geschwister, Klaus und Erika, haben in den zwanziger Jahren als Literaten und Kabarettisten und auch, so will mir scheinen, als bewußt Wilde viel von sich reden gemacht. Sie selbst sind von Ihrem Bruder Klaus stets als ein ernsthafter Typ geschildert worden. Fast mit Bosheit, so habe ich den Eindruck, hat er einmal in der frühen Fassung seiner Autobiographie von Ihrer skurrilen Ernsthaftigkeit gesprochen und gemeint, Sie seien als Kind geradezu würdevoll gewesen wie ein Gnomenkönig. Ich habe dazu einige Fragen. Haben Sie manchmal das Gefühl gehabt, im Schatten Ihrer älteren Geschwister zu stehen?

MANN: Im Schatten ein bißchen. Daß ich aber neidisch gewesen wäre, glaube ich nicht. Im Schatten ja. Sie waren älter, der Altersunterschied wirkte in der frühen Kindheit nicht sehr wesentlich. Aber als ich ein 15jähriger Schuljunge war, und mein Bruder war ein eleganter junger Schriftsteller, da war natürlich eine tiefe Kluft. Sie waren auch ungleich aktiver, vor allem mein Bruder. Es waren elegante, äußerst unterhaltsame, attraktive junge Leute, begehrt auf allen Parties, und ich war nun fast das genaue Gegenteil davon, vielleicht auch ein bißchen aus Trotz, das weiß ich nicht. Also, daß ich anfangs ein bißchen in ihrem Schatten stand, will ich zugeben. Aber sie waren beide, gerade damals, nett und hilfreich zu mir. Das möchte ich betonen.

GAUS: Eine ganz kleine Frage zwischendurch. Sie sind auf den Namen Gottfried getauft worden, ist es richtig, daß die Form Golo die Verballhornung durch Ihre Geschwister ist?

MANN: Also das wuchs mir zu, ehe ich sprechen konnte oder als ich sprechen lernte. Es kommt nicht von Gottfried, sondern von Angelus, was mein erster Name war. Ich wurde von meiner Kinderfrau Gelo genannt, und ich lallte Golo, na ja, dann blieb's dabei. Ich möchte sagen, ich habe es versäumt, zur rechten Zeit von diesem Namen wegzukommen, und jetzt ist es nun nicht mehr möglich, jetzt muß ich halt dabei bleiben.

GAUS: Sie sind, um zurückzukommen auf die Frage der älteren Geschwister, schon als junger Mann auf eine bürgerliche, auf die akademische Laufbahn ausgewesen. Wie war und wie ist Ihr Verhältnis zur Ungebundenheit einer bestimmten Art literarischen Lebens und Betriebs, einer Art, für die Ihre älteren Geschwister zeitweilig durchaus zum Beispiel geworden sind, einer Art, die sich manchmal zum gewollten Bürgerschreck steigerte? Was halten Sie davon?

MANN: Was Sie eben sagten, würde eher für meinen verstorbenen Bruder gelten als für meine Schwester. Aber das nur nebenbei. Ich würde sagen, daß dies Treiben mir fremd war. Ich war nicht dagegen, aber dieser äußere Lebensstil der Bohéme, also viele Stunden in einer schlechtgelüfteten Bar zu verbringen, was man damals ein Nachtlokal nannte oder so – ich habe nie Freude dabei empfunden. Ich hab's einfach nicht ausgehalten. Das war mir fremd, und ich war nie in der Versuchung, es mitzumachen. Mein Bruder Klaus war ganz entschieden ein Großstädter oder Weltstädter, der eigentlich nur in Berlin oder Paris oder zum Schluß in New York leben konnte.

GAUS: Sie sind das nicht?

MANN: Nein. Ich bin das Gegenteil. Ich würde in einer solchen Stadt früher oder später eingehen. München, so wie es in der guten alten Zeit war, vor 30 Jahren, war mir noch gerade so recht, nicht zu groß, verstehen Sie. Aber am liebsten lebe ich auf dem Land.

GAUS: Könnten Sie versuchen, die Umgebung, in der Sie leben möchten, einmal zu skizzieren?

MANN: Kaum abstrakt, aber ich kann Ihnen die Gegenden nennen, die mir die liebsten sind: Das wäre etwa die Landschaft zwischen der oberen Donau und dem Bodensee, also Oberschwaben, und dann das angrenzende Badener Land. Da wären weiter gewisse Gebiete in Oberbayern, nicht so sehr das Hochgebirge, eher so auf 1000 m Höhe oder 800 m Höhe. Und dem entsprechendes Land in der Schweiz. Das ist die Landschaft und die Kultur, die mir die liebste ist.

GAUS: Und darin ein kleines Haus und ein Garten?

MANN: Ja, das wäre schön.

GAUS: Sie haben die vornehme und exemplarische Internatsschule Schloß Salem am Bodensee besucht, Herr Professor, und es will scheinen, daß dies eine angemessene Ausbildungsstätte für den Sohn eines höchst erfolgreichen Schriftstellers und für den Enkel einer sehr wohlhabenden Familie gewesen ist. Später an der Universität sind Sie nach eigener Bekundung zu einer Gruppe eher linksgerichteter Studenten gestoßen. Ich würde gern wissen: War dies ein Ausbruchsversuch aus dem Herkömmlichen, aus dem Familiären, oder aus welchen anderen Motiven ergab sich diese politische Haltung?

MANN: Nein, das waren die Sozialdemokraten und deren Studentengruppe an der Universität, und das tat ich im Kampf gegen den aufsteigenden Nationalsozialismus. Aus keinem anderen Grunde. Damals nannten wir uns noch Genossen, der Ausdruck ist ja nun erfreulicherweise weggefallen. Ich sagte damals den Genossen, ich sei kein Marxist, und ich habe also schon damals immer gegen den Marxismus gesprochen. Aber ich sagte mir, man muß auch in der Sphäre der Hochschule tun, was man kann, und viel konnte ich freilich nicht tun gegen den Aufstieg dieser Gefahr. Jedenfalls war diese Studentengruppe für mich die geeignetste Möglichkeit. Darum habe ich es getan.

GAUS: Dies ist erstaunlich, so will mir scheinen. In einer Zeit, in der die jungen Leute zu den linken und rechten Extremen drängten, also in der Endzeit der Weimarer Republik, sind Sie bei einer Partei geblieben, die faktisch doch zur gemäßigten Mitte, links von der Mitte, gehörte. Woraus haben Sie diese Vernunft, diesen Sinn für Maßhalten empfangen?

MANN: Das weiß ich nicht. Ich würde glauben, daß ich ihn einfach habe, diesen Sinn. Solche Temperamentsneigungen oder Neigungen des Denkens kann man, glaube ich, ganz beliebig und mit ebensoviel Recht negativ und positiv interpretieren. Man kann sagen, es kommt aus Friedfertigkeit, es kommt aus Schwachheit, es kommt aus Scheu vor dem Kampf, nicht wahr, oder man kann sagen, es kommt aus gutem Willen, es kommt aus Vernunft ... Mir wär's im Grunde ganz egal, wie man es benennt, die Sache bleibt nämlich immer die Gleiche, wie sie auch benannt wird. In der Tat: Maß ist für mich in der Politik immer sehr wesentlich gewesen. Freilich würde ich hinzufügen, daß wir jungen Leute in Heidelberg damals die offizielle Politik der SPD doch scharf kritisiert haben, vor allem ihr ohnmächtiges Tolerieren

GAUS: Sie fanden die SPD zu sehr im Detail verhaftet?

MANN: Ja, und zu ohnmächtig. Die haben mitgemacht und waren doch nicht an der Macht, also die haben Brüning möglich gemacht.

GAUS: Trotzdem schlossen Sie sich ihr an?

MANN: Ja, aber nicht nur ich. Wir als Gruppe schickten Telegramme an den Parteivorstand nach Berlin, nicht wahr, mit Warnungen, die gar nicht so dumm waren – die aber so beantwortet wurden, wie Sie sich's ja vorstellen können. Wir sollten erst mal lernen, was Politik ist und dergleichen mehr.

GAUS: Dennoch würde ich gern die Frage wiederholen: Was war die Barriere für Sie vor dem Verfall ans Extreme?

MANN: Ich hasse das Extreme, temperamentsmäßig. Ich habe es immer gehaßt, wo immer es mir in Büchern auftrat, also ich habe eine Figur wie Calvin gehaßt oder eine Figur wie Robespierre, eine Figur wie Trotzki oder Lenin. Gehaßt. Das Extreme in jeder Erscheinung ist mir immer verhaßt gewesen. Ich war nie in der Versuchung, mich den Kommunisten zuzuwenden. Da kam vieles zusammen: Instinkt, Temperament und auch Analyse. Ich habe nämlich den Karl Marx schon ein bißchen studiert und habe ohne viel eigenen Genius herausfinden können, wo die Denkirrtümer bei diesem Mann waren – der mir auch rein menschlich von vornherein äußerst unsympathisch war. Kurz und gut, in der Versuchung war ich nie, selbst nicht in Zeiten, als es populär war, also in den 30er Jahren, als eine Volksfront die Hoffnung, das Idol vieler meiner Schicksalsgenossen war. Ich bin nie drauf reingefallen.

GAUS: Wenn Sie sagen müßten, worin Sie Ihrem Vater, Thomas Mann, am ähnlichsten sind – können Sie es für möglich halten, daß Sie sagen würden: in der Unlust am Extremen?

MANN: Ja, das würde mir einleuchten. Ich würde eine völlig andere Sache hinzufügen: die Liebe zu Gedichten und das Auswendigkönnen von Gedichten. Mein Vater konnte sehr viel auswendig, aber ich glaube, ich habe ihn darin übertroffen.

GAUS: Können Sie mir sagen: Gibt es ein absolutes Lieblingsgedicht von Golo Mann?

MANN: Nein, es gibt zwanzig.

GAUS: Nennen Sie mir die ersten zwei, wenigstens.

MANN: Nein, das kann ich auf Anhieb nicht. Es reicht nicht sehr weit in die Gegenwart, da nur etwa bis Hofmannsthal oder Ricarda Huch, von da ab bin ich leider Gottes gedichtblind. Es fängt mit dem Barock an, also das Abendgedicht von Claudius, ich denke an Gryphius oder an Günther, dann an Brentano und Heine und Eichendorff, Rückert vor allem, also den liebe ich besonders. Kurz und gut: Ich könnte eine ganze Anthologie von Gedichten erheben, die ich auswendig kann. Es gäbe ein paar Hundert, glaube ich, und das habe ich, nebenbei bemerkt, von meinem Vater wohl eher geerbt als gelernt.

GAUS: Lernen Sie immer noch Gedichte auswendig?

MANN: Immer noch, ja. Ich halte es für eine ausgezeichnete Gewohnheit.

GAUS: Welche Vorbilder haben Sie in Ihrer Jugend gehabt? Welche Figuren der Geschichte sind es gewesen, die Sie begeistern konnten?

MANN: In meiner späten Jugend – nein, das kann man nicht mehr Jugend nennen –, also in meinen frühen Mannesjahren habe ich mich sehr ausführlich mit einem deutschen Politiker und Schriftsteller befaßt, Friedrich von Gentz.

GAUS: Es ist Ihr erstes Buch gewesen.

MANN: Ja.

GAUS: War das ein Vorbild für Sie?

MANN: Nicht in jeder Beziehung.

GAUS: Er war nicht so unbedingt liberal.

MANN: Zweifelsfrei. Er war auch ein klein wenig ... nun, ich will nicht sagen korrupt, aber er nahm doch Geld, wo er es kriegen konnte.

GAUS: Und er war auch nicht ausgesprochen liberal.

MANN: Das bin ich auch nicht durchweg. Kurz und gut, es ist der Schriftsteller, glaube ich, von dem ich politisch am meisten gelernt habe und den ich also manchmal stilistisch auch ein wenig nachgeahmt habe.

GAUS: Durchaus bewußt?

MANN: Ja, bewußt. Ich glaube, daß ein Schriftsteller einen Meister haben muß, an dem er sich übt. Ich habe manche gelesen, habe mich sehr viel mit Hegel befaßt, gottlob bin ich von dessen Stil wohl nicht sehr beeinflußt worden. Ich habe andere Dichter und Schriftsteller wie etwa Heine geliebt, der nun wieder völlig anders war, aber Gentz ist der, von dem ich am meisten gelernt zu haben glaube. Und dann gab es Figuren, die mich in gewissen Lebensphasen fasziniert haben. Der allererste, als ich neun Jahre war, war Wallenstein. Zu dem möchte ich auch auf meine älteren Tage zurückkehren.

GAUS: Ich habe gehört, Sie möchten eine wissenschaftliche Biographie über Wallenstein schreiben.

MANN: Das würde ich gerne, aber dieser Plan ist nun buchstäblich schon etwa 45 Jahre alt.

GAUS: Können Sie erklären, warum es gerade Wallenstein ist?

MANN: Nein, das war Liebe auf den ersten Blick. Ich las Schillers »Dreißigjährigen Krieg«, und sobald ich zu Wallenstein kam, fing ich fast an zu zittern. Von da an war ich hingerissen. Es gibt wirklich sonderbare Begegnungen.

GAUS: Sie vermuteten eben von sich, Sie seien durchaus nicht in allen Punkten liberal, und das scheint mir richtig zu sein. Denn Ihre heutigen historischen und zeitkritischen Betrachtungen verraten dem Leser eine Hinwendung zum Konservativen. So haben Sie zum Beispiel in einem Vortrag gesagt, ich zitiere: »Ohne Bindung, ohne Treue, von nichts anderem getrieben als dem ökonomischen Interesse kann keine Gesellschaft bestehen«. Und Sie haben in diesem Zusammenhang mit deutlicher Sympathie die bindende, stilgebende Rolle etwa des Adels und anderer konservativer Gesellschaftskräfte erwähnt. Versuchen Sie bitte, mir den sinnvollen Konservativismus, zu dem Sie sich bekennen möchten, zu skizzieren.

MANN: Ja, da bin ich nun beinahe im Doktorexamen. Ich glaube im allgemeinen nicht sehr an Ismen.

GAUS: Sie haben eine Abneigung gegen Ideologie?

MANN: Ja, und in diesem Sinne auch gegen das Konservative, insofern es ein Ismus ist und seine Vertreter behaupten, sie hätten die Weisheit mit Löffeln gegessen. Ich mag das nicht. Es ist ja so, daß meistens der Vertreter jedes Ismus, ob es nun ein Konservativer oder ein liberaldemokratischer Sozialist ist, für sich in Anspruch nimmt, alle guten Eigenschaften und die Fähigkeit zum einzig richtigen Handeln zu besitzen. Also abgesehen von der Gefahr der Ismen: Es scheint mir trotzdem sinnvoll, gewisse Denkneigungen und gewisse fundamentale Einschätzungen des menschlichen Treibens als konservativ zu bezeichnen. Das wäre etwa: Liebe zur Vergangenheit und Respekt vor der Vergangenheit; Scheu, sie auszurotten, wo es nicht unbedingt notwendig ist. Das ist die eine Seite. Dann: Skeptizismus. Nicht Zynismus, aber ein gewisser maßvoller Pessimismus dem Menschen und seinem Treiben gegenüber. Also ich meine die Ablehnung eines Glaubens an die zuverlässige Güte oder Vernunft des Menschen. Von daher plädiere ich auch für die Wertschätzung von Bindungen, und seien sie auch irrationaler Art. So lange sie den Menschen binden und ihm ein moralisches und geistiges Heim geben, ist es gut. Also das scheint mir eine konservative Haltung zu sein.

GAUS: Sind Sie eigentlich immer ein Konservativer gewesen, selbst in der Zeit, in der Sie, äußerlich betrachtet, ein eher linksgerichteter Student waren? Oder was hat Sie veranlaßt, konservativ zu werden?

MANN: Wahrscheinlich Temperament und Studium der Geschichte und gewisser Schriftsteller. Ich wäre heute sehr wohl imstande, sozialdemokratisch zu wählen, dies nebenbei bemerkt, und ich würde darin keinen Widerspruch zu gewissen konservativen Grundtendenzen in mir sehen. Ich sah ihn jedenfalls im Jahre 1932 nicht.

GAUS: Warum sind Sie nicht bei der Philosophie geblieben, sondern Historiker geworden?

MANN: Weil ich kein schöpferischer Philosoph werden zu können glaubte, weil ich also das Ingenium in mir nicht spürte, und weil bloße Philosophiegeschichte und Benachbartes mich nicht befriedigte. Ich würde aber glauben, daß sich ein klein wenig Philosophie in meinen historischen Schriften findet. Ich jedenfalls finde sehr viel Philosophie in der Geschichte und ihren Problemen.

GAUS: Sind Sie ein Moralist, Herr Professor? Sie haben einmal geschrieben, nur ein Narr könne sich weigern, die Notwendigkeit moralischer Begriffe anzuerkennen. Welches sind bitte, in Ihren Augen, die moralischen Kategorien, derer die Öffentlichkeit bedarf?

MANN: Ja, auf diese Frage war ich nicht recht vorbereitet. Es ist wieder eine unerschöpfliche.

GAUS: Ich lege Wert auf die Feststellung, daß wir auf keine Frage vorbereitet waren.

MANN: Gut, das trifft zu, aber die anderen Fragen waren biographischer Art, und daher war die Antwort gewissermaßen aus dem Ärmel zu schütteln. Nun, ich weiß natürlich, daß Politik immer ein, teilweise wenigstens, schmutziges Geschäft war und wohl bleiben wird. Selbst entschieden moralisch denkende Staatsmänner schrecken häufig nicht vor solchen Kompromissen mit der anderen Seite der Politik zurück, die sie vermeiden konnten. Ich gebe mich also betreffs des Handwerks der Politik keinen Illusionen hin. Ich würde mich da ungefähr als einen Schüler von Immanuel Kant denken. Politik wird niemals ein ganz sauberes Geschäft sein können, aber sie sollte es sein, und sie muß es sein, obwohl sie es nicht sein wird, weil der Mensch eben aus krummem Holz geschnitzt ist, was ja wieder eine konservative Grundeinsicht ist. Nun, im menschlichen Bereich kommt aber alles auf den Grad⌊ an, nicht wahr. Ein bißchen Unmoral, die Leute mitun¹ wenig betrügen, Kompromisse schließen, nicht wahr, Vergangenheit ein klein wenig Gewalt anwenden – so ⌊⌊⌊. Politik immer. Es gab aber Leute, die gingen in diesen Dingen halt sehr, sehr weit und irgendwann viel zu weit, und gerade dies Erlebnis hat uns doch alle gezwungen, die moralischen Grundlagen und Bedingungen des Politischen neu zu überdenken. Und entschieden festzustellen, daß Mord schlecht ist, daß Lüge schlecht ist, daß Unterdrückung schlecht ist. Darin stimmen wir doch wohl überein.

GAUS: In diesem Zusammenhang würde ich gerne auf jenen Punkt kommen, bei dem Sie in jüngster Zeit die meiste Kritik auf sich gezogen haben: zur Möglichkeit nämlich, Moral in die Politik zu tragen, bei gleichzeitiger Anerkenntnis, daß die Politik bis zu einem gewissen Grade und zwangsläufig ein unsauberes Geschäft ist. Sie haben gesagt, Deutschland werde die Veränderungen in Osteuropa, einschließlich seiner eigenen neuen Grenzen, als das anerkennen müssen, was sie seien, nämlich Tatsachen. Sie haben also zum Beispiel eine Anerkennung der jetzigen Oder-Neiße-Linie angemahnt, und man hat Ihnen vorgeworfen, Sie seien ein Illusionist. Nicht die Politiker, die Sie tadeln, hingen Illusionen nach, sondern Sie seien Illusionist, weil Sie meinten, daß die Anerkennung unserer Ostgrenzen politisch sinnvoll und nützlich sei. Dazu habe ich zwei Fragen, Herr Professor. Wie sind Sie, ganz allgemein gefragt, zu dieser Auffassung in Sachen Ostgrenzen überhaupt gelangt? Warum meinen Sie, daß die Anerkennung sinnvoll wäre? Kamen Sie als Moralist zu dieser Ansicht?

MANN: Nein, jedenfalls nicht nur als Moralist. Ich habe während des Krieges auf einen vernünftigen Frieden gehofft, also auf das Gegenteil eines Rachefriedens. Selbst mein Buch über den alten Gentz hat ja diesem Zweck gedient: Es sollte zeigen, wie man nach einer solchen Katastrophe mit dem schuldigen und besiegten Staat einen Frieden schließt, der dauern kann und das Ganze befriedet.

GAUS: Es war eine wahrhaft andere Zeit, und es waren wahrhaft andere Menschen.

MANN: Ja, ja ... also jedenfalls war dies der Zweck dieses Buches, und in meiner nun äußerst niedrigen und ohnmächtigen Sphäre habe ich also damals der Vernunft das Wort zu reden versucht: Ich wußte freilich sehr bald, daß es nicht so wie erhofft ausgehen würde, und ich sah nun diesen teils elementaren und teils von den Kabinetten gebilligten oder ausgeheckten Rückschlag und Racheakt, die Vertreibung der Deutschen aus diesen Ostgebieten. Damals glaubte ich, aus Schlechtem sei halt Schlechtes gekommen, und aus diesem Schlechten kann nur wieder neues Schlechtes kommen. Das ist damals mein Urteil gewesen. Mittlerweile haben die Dinge sich ja ein wenig konsolidiert. Wir haben auf der einen Seite die unglaublichen Erfolge Westdeutschlands gehabt, und wir haben auf der anderen Seite den Wiederaufbau sowie die Besiedlung dieser Gebiete, vor allen Dingen durch die Polen, als vollzogene Tatsache.

Da muß sich der denkende Mensch doch fragen, was soll nun eigentlich daraus werden? Mehr habe ich ja nie gefragt. Meine Äußerungen sind, wie das eben so geht, im politischen Kampf oft vergröbert oder vereinfacht worden. Ich freue mich doch nicht nur über diese Lösung, ich habe sie furchtbar gefunden, und ich suche auch heute noch nach der Wiederherstellung des Rechtes auf beiden Seiten. Das heißt: Ich würde es sehr begrüßen, wenn auch die andere Seite irgendwelche Gesten zeigen könnte – was sie aber bestimmt nie tun wird, solange man auf der deutschen Seite auf dem Recht der Grenzen von 1937 besteht, nicht wahr? Ich habe immer nur gesagt, wir müssen die vollzogenen Tatsachen als eine historische Grundlage anerkennen, von der man auszugehen hat. Gewisse Veränderungen besonders im Falle Böhmens würde das doch keineswegs ausschließen.

GAUS: Die zweite Frage in diesem Zusammenhang: Es wird also gern gegen Sie ins Feld geführt, Sie befänden sich nicht auf dem Boden der sogenannten Realpolitik. Sagen Sie mir bitte, Herr Professor Golo Mann, gibt es Positionen, die auch entgegen den Bedürfnissen der wirklichen oder angeblichen Realpolitik behauptet werden müssen? Gibt es trotz allem, was Sie gesagt haben über das Unsaubere der Politik, es eine Möglichkeit der moralisch fundierten Außenpolitik? Oder ist dies ein schöner Traum? Ist es ein Luxus, den sich zwar der Historiker leisten kann, der Politiker jedoch nicht?

MANN: Es ist ja heute so, daß eine moralische Außenpolitik, das heißt eine Außenpolitik, die das eigene Recht und die eigenen Lebensnotwendigkeiten mit dem Recht und den Lebensnotwendigkeiten der Gegner zu versöhnen sucht, die also gewissermaßen zugleich Partei und über den Parteien ist, daß eine solche Außenpolitik zur praktischen Notwendigkeit geworden ist. Denn alle bisherige Außenpolitik, die nur leidenschaftlich, listig, blind für die eigene Partei kämpfte, hat noch immer zu Kriegen geführt. Der Krieg war die Ultima ratio, und nun kann doch Krieg, ausgewachsener Krieg in Europa nicht mehr sein! Folglich sind doch die politischen Künste eines Bismarck veraltet. Weil es Krieg nicht mehr geben kann, weil der Krieg nichts mehr lösen kann. Folglich muß doch was anderes versucht werden, folglich müssen wir doch zu einem echten Frieden mit diesen gegnerischen Leuten kommen, so oder so. Auch die müssen das wollen, und ich mache mir über die Polen und Tschechen durchaus nicht die Illusion, die man mir gelegentlich vorgeworfen hat. Daß das hinter dem Vorhang des Kommunismus arge Nationalisten sind, weiß ich nur zu gut. Je freier sie von Moskau werden, desto freier werden sie wieder in ihrem Nationalismus werden. Das weiß ich nur zu gut.
GAUS: Gibt es dennoch, trotz solcher Widrigkeiten, geradezu die Pflicht des Politikers, sich hoch gesteckte Ziele zu setzen, auch wenn die Gegebenheiten der Gegenwart dem entgegenstehen? Würden Sie zum Beispiel meinen, daß in diesem Zusammenhang de Gaulle ein solcher Politiker wäre?
MANN: Das würde ich glauben, aber de Gaulle weiß wie jeder große Staatsmann – und ich würde ihn alles in allem einen sehr großen Staatsmann nennen –, daß das große Ziel, sogar jenes Illusionäre, das in jeder großen Politik wohl sein muß, mit einer äußerst realen Beurteilung der Dinge verbunden werden muß. Denken Sie an die Art, wie er Algerien geräumt hat. Denken Sie an die Art, wie er heute das deutsche Problem beurteilt. Er beurteilt es so real, daß er buchstäblich gleichzeitig von Bonn, von Warschau und von Peking gelobt worden ist. Ein Meisterwerk, nicht wahr?
GAUS: Noch einmal allgemein gefragt: Gibt es die Pflicht für Politiker, sich Ziele zu setzen, die größer sind als die Gegenwart es zu erlauben scheint?

MANN: Ja, das glaube ich. Aber sie müssen gleichzeitig den Funken des Realismus in sich haben. Es gibt da kein sicheres Rezept, beide Elemente müssen drin sein. Die Gründung des Deutschen Reiches wäre im Jahre 1862 noch eine äußerst schwierige Sache gewesen, als Bismarck begann, darauf hinaus zu wollen. Bismarck hat aber damals – später nicht mehr, als sein Werk anfing, völlig unidealistisch und untransparent zu werden – in jenen wenigen Jahren Ziel und Realismus großartig zu verbinden gewußt.

GAUS: Kehren wir zurück zum Porträt Golo Mann. Herr Professor, im Jahre 1933 – Sie waren sozusagen frisch promoviert – begab sich die Familie Mann in die Emigration. Dies war ein Schritt, der zunächst gar nicht zwingend geboten schien, der aber allmählich von Ihrem Vater Thomas Mann zu einer konsequenten Stellungnahme gegen die nationalsozialistische Herrschaft gedeutet und ausgebaut wurde. Ihr eigener Emigrationsweg, Herr Professor, führte über Frankreich, wo sie als Lehrer arbeiteten, über die Schweiz, wo Sie bei der Zeitschrift »Maß und Wert« tätig waren, nach Amerika – wo Sie bis zum Eintritt ins amerikanische Heer an einem kalifornischen College als Geschichtsprofessor arbeiteten. Der Entschluß zu emigrieren – wie war er begründet bei Ihnen selbst? Sind Sie nur Ihrem Vater gefolgt oder gab es eigene Gründe?

MANN: Ich war in den Winter- und Frühlingsmonaten 1933 in Deutschland tief unglücklich, vereinsamt, verzweifelt, habe mich also ein bißchen in der Rolle von Kassandra in dem Gedicht von Schiller gefühlt, also: verzweifelt inmitten des Jubels, der damals auf den Straßen herrschte. Das ist mir unvergeßlich, dieser Jubel über den Triumph einer Macht, die ich für eine gemeine hielt. Dies Erlebnis habe ich niemals völlig überwunden, nebenbei bemerkt. Ich blieb aber ein halbes Jahr länger in Deutschland als meine Eltern, wurde schließlich von Freunden nach Südfrankreich geschickt, um meinem Vater zu bewegen, zurückzukehren. Ich habe diesen Auftrag zunächst mit Feuereifer erfüllt. Aber in der dortigen Atmosphäre ist der Wille zur Erfüllung des Auftrags sehr schnell weggeschmolzen.

GAUS: Hätten Sie sich, als Sie noch in Deutschland waren, bevor Sie sich auf die Reise begaben, von einer Rückkehr Ihres Vaters auch politisch etwas versprochen? Hatten Sie diese Illusion?

MANN: Ich habe das doch damals im Detail nicht alles so richtig beurteilt. Nein, politisch allerdings keineswegs, aber ich wußte und sah, wie furchtbar hart ihn die Emigration traf und wie sehr schwer sie ihm fiel. Ich dachte: Wenn er wieder in seinem schönen Haus in München säße und in Ruhe arbeiten könnte, im Lande seiner Muttersprache usw., so wäre das doch das Beste für ihn. Und er selber hat ja, ich glaube zwei Jahre lang, geschwankt. Der endgültige Entschluß, nicht zurückzukehren, ist, wenn ich mich nicht täusche, erst im Jahre 1935 erfolgt.

GAUS: So lange haben Sie selbst nicht geschwankt?

MANN: Nein, dann nicht mehr. Ich wollte zunächst nicht heraus, bin aber heraus, bin mit meiner Familie, dem Clan, wie mein verstorbener Schwager das zu nennen pflegte, sozusagen hinausgeschwemmt worden. Ich konnte nicht anders, ich hätte mich von all meinen Angehörigen ja endgültig trennen müssen, wenn ich in Deutschland geblieben wäre. Folglich bin ich mit. Aber als ich draußen war und die Dinge nun von außen sah und aufgrund der auswärtigen Informationen erfuhr, was in Deutschland vor sich ging – da war ich entschlossen, nicht zurückzukehren, solange Hitler an der Macht war. Und so wurde ich dann ein willentlicher Emigrant, was ich zunächst nicht war. Wurde Emigrant, ohne je zu glauben, daß die Emigration politisch viel leisten könnte. Da war ich von vornherein äußerst pessimistisch. Das habe ich gelegentlich auch publizistisch ausgedrückt.

GAUS: Das ist richtig. Es gibt aus den 30er Jahren Essays von Ihnen, in denen Sie – bedenkt man Ihre damalige Situation – viel Verständnis für Deutschland bewiesen, nicht für die Nationalsozialisten, aber doch für Deutschlands Weg durch die Geschichte. Haben Sie Heimweh gehabt, Herr Professor?

MANN: Furchtbar! Heimweh, das mich zu Zeiten von Krisen, während derer ich glaubte, das Naziregime würde zusammenbrechen, vollkommen verzehrte. Dann tat ich wochenlang nichts außer Zeitung lesen. Das war so während der sogenannten Rheinland-Krise, also im Jahre '36, nach der Besetzung des Rheinlandes durch Hitler, als die Franzosen ein paar Tage so taten, als würden sie dagegen agieren. Ich dachte, nun stürzt Hitler, und in einer Woche bin ich wieder in München. So weit ging das, und ich bin, mein Gott, sechs, sieben Jahre immer um Deutschland gekreist und in der Nähe der deutschen Grenze gewesen.

GAUS: Frankreich, Schweiz.

MANN: Frankreich, Schweiz, Böhmen.

GAUS: Erklären Sie dies Heimweh, wenn Sie es können. Was war der Grund? Die Sprache?

MANN: Ja, die Sprache – und weil ich doch überhaupt nichts anderes kannte. Vielleicht wissen Sie nicht einmal mehr, generationsmäßig, wie, ich möchte sagen provinziell unsere Erziehung gewesen war damals in Deutschland.

GAUS: Auch im Hause Ihres Vaters?

MANN: Im Grunde auch, ja. Ich kam ins nichtdeutsche Europa ohne wesentliche Sprachkenntnisse, ohne Kenntnisse irgendeines Landes, sei es Frankreich, sei es auch nur die Schweiz, sei es England. Ich kannte überhaupt nur Deutschland, nicht wahr, und konnte mich ohne Deutschland eigentlich nicht denken.

GAUS: Die Liebe zu Deutschland – haben Sie sie stets empfunden?

MANN: Ja, aber mitunter – ich leugne es nicht – mit dem Gegenteil vermischt; zu gewissen Zeiten.

GAUS: Dennoch neigen Sie dazu, wenn man das aus der Lektüre Ihrer geschichtlichen Arbeiten schließen will, viel zu verstehen und viel zu verzeihen. Ist das so?

MANN: Das würde ich glauben. Ob zu sehr, will ich nicht entscheiden.

GAUS: Liegt darin die Gefahr, daß Standpunkte verwischt werden? Weil man zuviel relativiert?

MANN: Die Gefahr ja, aber die Geschichtsschreibung ist immer ein Lauf auf dem Seil. Man ist immer in Gefahr, nach der einen oder anderen Seite herunterzufallen, nicht wahr?

GAUS: Sie sind 1940 von der Schweiz nach Frankreich zurückgegangen, um in der französischen Armee zu kämpfen. Es ist nicht so weit gekommen, Sie sind stattdessen in ein Internierungslager in Frankreich gelangt, von wo aus Sie über einige Umwege nach Amerika kamen. Aber Ihr Entschluß, gegen das damalige Deutschland mit der Waffe in der Hand zu kämpfen – was hat dieser Entschluß für Sie bedeutet? Was mußte dem vorausgehen?

MANN: Da wäre zu unterscheiden zwischen der sentimentalen Situation und der Theorie. Rein gefühlsmäßig war es einfach so, daß ich in der Schweiz todunglücklich war, nachdem der Krieg einmal begonnen hatte. Todunglücklich, weil die Schweiz damals ein Igel geworden war, also völlig mobilisiert, und alle meine Bekannten, alle meine Freunde nun einberufen waren oder irgendwas taten, was potentiell gegen Hitler gerichtet war. Denn die Schweiz erwartete ja jeden Monat, gelegentlich jede Stunde, angegriffen zu werden. Und ich war ausgeschlossen davon. Ich war mit knapper Not geduldet, aber ausgeschlossen.

Es ging so weit, daß ein altes Mütterchen mal an mich herantrat und fragte: »Warum sind Sie nicht im Dienst?« Ich habe das nicht ausgehalten. Einmal wurde ich, dies nebenei gesagt, als deutscher Spion verhaftet. Ich habe es einfach nicht ausgehalten: Ich wollte mittun können, und weil ich's in der Schweiz nicht konnte und man mir sagte, ich könnte es in Frankreich, ging ich dorthin. Es war die eine Seite der Sache und die wirklich entscheidende. Gedanklich würde ich es aber damit rechtfertigen, daß Hitler der böse Mann war, er war eine teuflische Macht. Aber die Macht Hitlers war das deutsche Heer. Man konnte also Hitler nicht beseitigen, ohne das deutsche Heer zu besiegen. Nun zu wünschen, daß die deutsche Wehrmacht besiegt würde, aber zu sagen, persönlich kann ich da nicht mitmachen, weil ich ein geborener Deutscher bin – das hätte ich für falsch gehalten. Also es war eine Kriegslotterei, wenn Sie wollen, aber ich bereue sie nicht.

GAUS: Sie müssen Ihre Haltung nicht rechtfertigen. Sie sind Ende der 50er Jahre, Herr Professor, nach Deutschland zurückgekehrt, zunächst für eine Gastprofessur an der Universität Münster, dann als ordentlicher Professor für Politische Wissenschaft an der Technischen Hochschule in Stuttgart. Diese Professur haben Sie aufgegeben. Sie sind, wie man gelegentlich hört, auf der Suche nach einer kleinen Wohnung in München, aber es ist nicht ganz sicher. Ihr Wohnsitz jedenfalls ist Kilchberg bei Zürich, wo Ihr Vater die letzten Jahre seines Lebens verbrachte. Haben Sie eine Scheu, in Deutschland Wurzeln zu schlagen?

MANN: Nein, das nicht, aber, wenn ich ganz offen sein soll, hätte ich gern einen Fuß in Deutschland und einen Fuß woanders.

Wenn man solang in der Welt umhergetrieben wurde, wie unsereiner ...

GAUS: Was Sie beklagen?

MANN: Was ich beklage, was mir nicht in der Wiege gesungen war, da ich im Grunde als ein provinzieller Mensch gemeint war. Was mir nun einmal geschehen ist, ob ich es wollte oder nicht, das erbrachte halt eine Scheu, sich völlig an einen Ort zu binden. Also ich möchte schon in Deutschland sein, aber nicht ganz mit Haut und Haaren.

GAUS: Gilt diese Scheu Deutschland allein oder dem Wurzelschlagen im Ganzen?

MANN: Dem Wurzelschlagen im Ganzen. Ich habe zeitweise einen redlichen Versuch gemacht, in Amerika Wurzeln zu schlagen, und ich habe viel Grund, den Amerikanern dankbar zu sein. Aber es ist mir nicht gelungen. Es ist mir nirgends so ganz gelungen. Das würde ich im übrigen teilweise einfach für ein Zeitschicksal halten, es hat mit der radikalen und schnellen Veränderung aller Dinge zu tun. Ich könnte mir denken, daß auch vielen Deutschen, die immer in Deutschland geblieben sind, sehr vieles, was wir heute haben und ja haben wollen und also gar nicht vermeiden können, doch fremd wird. Also, ich komme da auf das berühmte Wort Entfremdung. Ich mag es nicht, aber Sie verstehen, was ich damit andeute, nicht wahr? Es trifft nicht nur auf Emigranten zu, zurückgekehrte Emigranten. Es trifft auf uns alle zu, glaube ich.

GAUS: Wir haben, Herr Professor, davon gesprochen, daß die politischen Sitten in Deutschland vielleicht – bis zu einem gewissen Grade und in manchen Kreisen – wieder verwildert sind. Lassen Sie mich von einer ganz anderen Seite her fragen, als letzte Frage, die Sie mir erlauben: Hat die Bundesrepublik nach Ihrer Auffassung der Dinge politische Gesinnungen entwickelt, die Rückfälle in unglückliche deutsche Verkrampfungen in der Politik verhindern könnten? Und welche Gesinnungen, die das verhindern könnten, wären dies?

MANN: Eine ganze Menge Bindungen – an Westeuropa und Amerika; dann: Weltoffenheit, eine Offenheit gegenüber West- und Südeuropa und Nordeuropa und Amerika. Konkret gesprochen: eine Reiselust aller Menschen nahezu, die eine provinzielle, sich ganz auf sich selbst zurückziehende Verstocktheit, wie sie gerade der frühe Hitlerismus darstellte, mit unmöglich zu machen scheint. Ich meine einen Zustand, bei dem junge Leute schon als Lehrlinge oder als Gymnasiasten eben Frankreich oder Sizilien oder England kennenlernen und da Bekanntschaften und Freundschaften schließen. So scheint mir eine Wiederholung jener bösen Dinge unmöglich. Man soll zwar nie »unmöglich« sagen, aber erschwert könnte es dem Bösen auf solche Weise schon werden. Das ist sicher ein Bollwerk dagegen, und das Gleiche gilt natürlich für die großen wirtschaftlichen Neuerungen, gilt etwa für die EWG, die doch für den Kaufmann und Industriellen auch eine Gesinnung bedeutet oder früher oder später eine werden muß. Die EWG, das ist ja nicht nur ein toter Apparat, sondern setzt ja Gesinnungen voraus.

Ich würde auch glauben, daß innerhalb Deutschlands eine viel größere Entspanntheit herrscht als zu meiner Jugend, und daß die konkurrierenden Parteien sich doch mit viel größere Fairness behandeln als ebenfalls in meiner Jugend. Was da heute vorgeht, ist alles in allem keineswegs schlimmer als das, was in Amerika vorgeht. Das gehört nun mal zur demokratischen Politik. Die Art, wie heute Gewerkschafler und Unternehmer oder Menschen von der SPD und der CDU zusammensitzen und einander persönlich schätzen – das ist neu, und das ist eine Leistung der Bundesrepublik, nicht wahr?

Ich bin damals nach Moskau hingefahren mit einer Delegation ... Und die Verhandlungen in Moskau waren zuerst sehr heftig. Chruschtschow war ein sehr temperamentvoller Mann. Aber wenn man mir eine Faust entgegenhielt, habe ich auch eine Faust entgegengehalten. Und schließlich war das Klima dort nicht schlecht. Dann war mir angeboten worden die Freigabe aller Gefangenen, die die Russen noch hatten. Die Russen behaupteten zuerst, sie hätten überhaupt keine Gefangenen mehr; was sie zurückgehalten hätten, seien wegen Kriegsverbrechen Verurteilte. Aber es sind dann später 38.000 geworden, die zurückgekommen sind. Und ich darf hier doch wohl eines sagen: Die Russen haben das mir gegebene Versprechen sehr korrekt eingehalten.

KONRAD ADENAUER:
Ich habe mich nie
beirren lassen

Konrad Adenauer, geboren am 5. Januar 1876 in Köln, gestorben am 19. April 1967 in Rhöndorf.
Sohn des Kanzleirats Konrad Adenauer. Studium der Rechtswissenschaft und der Volkswirtschaft. 1906 Beigeordneter der Stadt Köln und Mitglied der Zentrumspartei. 1917 bis zum 12. März 1933 Oberbürgermeister von Köln.
Mehrfach war er als Kandidat für das Amt des Reichskanzlers genannt worden, ehe ihn die Nazis absetzten. Von 1920 bis 1933 Mitglied und Präsident des Preußischen Staatsrates. Rückzug von der Politik. Nach dem 20. Juli 1944 vorübergehend verhaftet.
Nach 1945 Gründungsmitglied der CDU. Im Mai 1945 zum Oberbürgermeister von Köln ernannt, im Oktober 1945 »wegen Untätigkeit« entlassen. 1948 Vorsitzender des Parlamentarischen Rates – damit einer der »Väter des Grundgesetzes« und der »Kanzlerdemokratie«.
Am 15. September 1949 zum ersten Bundeskanzler gewählt, 1963 von Ludwig Erhard abgelöst. Komrad Ademauer gilt als der entschiedenste Verfechter der deutschen Wiederbewaffnung und des Beitritts zur NATO.
Forcierte die europäische Einigung als Antwort auf die US-amerikanische Entspannungspolitik (seit 1959/60).
Vorsitzender der CDU bis zu seinem 90. Lebensjahr 1966, danach Ehrenvorsitzender der Christlich-Demokratischen Union und Mitglied des Deutschen Bundestags bis zu seinem Ableben..
Das Gespräch wurde gesendet kurz vor Adenauers 90. Geburtstag, am 29. Dezember 1965.

GAUS: Herr Dr. Adenauer, man hat Sie oft »Kanzler der einsamen Entschlüsse« genannt; ein Beiname, den Sie sich gleich zu Anfang Ihrer Kanzlerschaft durch die Art Ihrer Verhandlungen mit den Hohen Kommissaren der drei westlichen Besatzungsmächte erwarben: Es waren Verhandlungen, die Sie von deutscher Seite weithin selbständig und sozusagen als Alleinvertreter der Westdeutschen führten. Halten Sie den Beinamen »Kanzler der einsamen Entschlüsse« für zutreffend, oder lehnen Sie ihn ab?

ADENAUER: Ich halte ihn nicht für zutreffend. Ich habe in allen wichtigen Fällen mich vorher der Zustimmung versichert, entweder des Parteivorstandes oder der Bundestagsfraktion oder auch des Bundestages. Allerdings, die Verhandlungen mit den Hohen Kommissaren mußte ich allein führen. Die Herren wünschten nicht, daß so viele anwesend waren, und es wäre auch nicht gut gewesen. Es war gut, daß sie einem geschlossenen und entschlossenen Willen gegenüberstanden.

GAUS: Und Sie glauben, daß dieser geschlossene und entschlossene Wille sich eher herbeiführen ließ, weil Sie allein waren? Sind Sie ein Bundeskanzler gewesen, der, wann immer er in die Lage kam, allein entscheiden zu müssen, sich am sichersten fühlte?

ADENAUER: Wenn ich in die Lage kam, mich allein entscheiden zu müssen, und die Überzeugung hatte, daß ich das Material, das zum Treffen einer Entscheidung nötig war, wirklich vor mir gehabt hatte, war ich ruhig im Treffen einer Alleinentscheidung.

GAUS: Die Charakterisierung also, Kanzler der einsamen Entschlüsse zu sein, hat Sie nie als Vorwurf berührt? Sie haben das mit Gelassenheit getragen?

ADENAUER: Herr Gaus, Sie schreiben ja Bücher. Sind Sie da nicht ein Mann der einsamen Entschlüsse? Fragen Sie vorher Kollegen, was Sie schreiben sollen?

GAUS: Sie wollen den Schriftsteller mit dem Regierungschef in dieser Frage gleichsetzen?

ADENAUER: Ja, oder mit irgend jemand anderem. Der Arzt, der Rechtsanwalt oder wer es auch immer ist, der muß auch seine Entschlüsse fassen.

GAUS: Und es hat für Sie nie eine Last bedeutet, Entschlüsse fassen zu müssen?

ADENAUER: Nein.

GAUS: Herr Bundeskanzler, wie mußten Ihre Mitarbeiter beschaffen sein, welche Eigenschaften, welche Talente mußten sie vor allem haben, damit sie für den Bundeskanzler Adenauer die geeigneten Helfer waren?

ADENAUER: Sie mußten natürlich klug sein und mußten fleißig sein, und sie mußten auch eine Meinung haben. Aber sie mußten sich anpassen können, denn alle wichtigen Sachen wurden im Kabinett vorgetragen. Und im Kabinett muß schließlich eine Meinung die des Kabinetts sein. Und dann haben alle sich dieser Meinung anzupassen.

GAUS: Hätten Sie einen Mitarbeiter, der sich auch am Ende nicht anpassen konnte, nicht gebrauchen können?

ADENAUER: Wenn das wiederholt vorgekommen wäre, hätte ich ihn gebeten, doch auf seine Dienste verzichten zu können, denn schließlich muß – das ist eine der wesentlichen Aufgaben – der Bundeskanzler dafür sorgen, daß das Kabinett geschlossen ist.

GAUS: Man hat Sie gern, Herr Dr. Adenauer, den großen Vereinfacher der Politik genannt. Halten Sie diese Charakterisierung für lobend oder für abwertend?

ADENAUER: Das halte ich für ein ganz großes Lob, denn in der Tat, man muß die Dinge auch so tief sehen, daß sie einfach sind. Wenn man nur an der Oberfläche der Dinge bleibt, sind sie nicht einfach; aber wenn man in die Tiefe sieht, dann sieht man das Wirkliche, und das ist immer einfach. Ob das angenehm ist, das ist eine andere Frage.

GAUS: Angenehm für wen?

ADENAUER: Für den, der überlegt.

GAUS: Haben Sie selbst gelegentlich unter dieser Ihrer Vereinfachungsgabe gelitten, wenn das, was Sie dann erkannten, bitter und schmerzlich war?

ADENAUER: Nein. Wenn ich nachdenke, wüßte ich Ihnen nicht zu sagen, warum ich darunter hätte leiden sollen. Man mußte mit den Dingen als Kanzler umzugehen wissen, und je klarer und einher man sie sah, desto mehr Aussicht auf Erfolg hatte man, oder man ließ seine Finger davon.

GAUS: Haben Sie das Kanzleramt jemals als Last empfunden?

ADENAUER: Das ist eine sehr nachdenklich stimmende Frage. – O ja, es waren auch oft bittere Enttäuschungen damit verbunden, und dann war man wirklich sehr niedergedrückt.

GAUS: Was war die bitterste Enttäuschung, die Sie in Ihrer Zeit als Regierungschef erlebt haben?

ADENAUER: Die bitterste Enttäuschung und der größte Rückschlag für die gesamte Politik war nach meiner Meinung der Rückschlag in der Frage der Europäischen Verteidigungsgemeinschaft. Wie Sie wissen, war der Vertrag in der französischen Kammer schließlich ohne Diskussion ad acta gelegt worden ...

GAUS: ... im Jahre 1954 ...

ADENAUER: ... und das war ein sehr harter Schlag. Schuld daran trägt die französische Kammer. Aber Schuld daran trägt auch der Bundestag. Diese ganze Frage hat mehrere Jahre im Bundestag verbracht, es waren die größten Schwierigkeiten, man hatte auch den Bundespräsidenten Heuss dagegen eingenommen. Er wollte ein Verfassungsgutachten einholen. Und wenn Sie sich vorstellen, welchen Eindruck das auf der französischen Seite machen mußte, wenn sie sah, daß auf der deutschen Seite solche Schwierigkeiten herrschten, wie sie zutage traten: Daß sie dann schließlich der ganzen Sache nicht mehr rechten Glauben schenkte, muß man verstehen. Wenn Sie sich jetzt aber vorstellen, wie anders es in Europa gekommen wäre, wenn der Vertrag seinerzeit von allen Beteiligten angenommen worden wäre! Die Annexverträge zu dem Vertrag, die mit England und mit den Vereinigten Staaten abgeschlossen waren, waren lange ratifiziert, da schwebte es noch immer zwischen den Hauptbeteiligten – das waren Frankreich und Deutschland – und schließlich zerbrach das Ganze. Das war ein furchtbarer Schlag.

GAUS: Weil Sie der Meinung sind, daß durch das Scheitern der EVG die gesamte europäische Entwicklung eine Kehrtwendung erfahren hat? Ist das der Grund, warum es für Sie besonders bitter war?

ADENAUER: Es waren ja zwei Probleme, um die es sich handelte: erstens die Wiederbewaffnung Deutschlands und zweitens einen ganz großen Schritt nach vorn in der Richtung einer Bildung Europas. Eden und Foster Dulles sind dann dafür eingetreten, daß wir in die NATO gekommen sind, und dem hat sich Frankreich dann auch gefügt, während ursprünglich Frankreich darauf bestehen wollte, daß wir überhaupt keine Waffen bekommen sollten. Und die Frage Europa, die europäische Entwicklung: Nun, in dem EVG-Vertrag waren ja alle die Fragen, um die man sich jetzt streitet seit Jahr und Tag, enthalten und wären gelöst gewesen.

GAUS: Herr Adenauer, Sie haben jetzt gesagt, was die bitterste Enttäuschung für Sie war während Ihrer Kanzlerzeit. Sagen Sie mir nun bitte, welche von den Entscheidungen, die getroffen worden sind, war für Sie die schwerste? Das Angebot der Bewaffnung der Bundesrepublik etwa oder die Aufnahme diplomatischer Beziehungen mit Moskau?

ADENAUER: Keine von den beiden Entscheidungen war irgendwie schwierig für mich.

GAUS: Ich stelle mir doch vor, daß die Aufnahme diplomatischer Beziehungen mit Moskau für Sie eine sehr schwierige Entscheidung war, und ich bin überrascht, daß Sie sagen, sie sei nicht schwierig gewesen.

ADENAUER: Ich bin damals nach Moskau hingefahren mit einer Delegation, bestehend aus Mitgliedern der Regierung und aus Mitgliedern des Bundestags. Und die Verhandlungen in Moskau waren zuerst sehr heftig. Chruschtschow war ein sehr temperamentvoller Mann. Aber wenn man mir eine Faust entgegenhielt, habe ich auch eine Faust entgegengehalten. Und schließlich war das Klima dort nicht schlecht. Dann war mir angeboten worden die Freigabe aller Gefangenen, die die Russen noch hatten. Die Russen behaupteten zuerst, sie hätten überhaupt keine Gefangenen mehr; was sie zurückgehalten hätten, seien wegen Kriegsverbrechen Verurteilte. Aber es sind dann später 38.000 geworden, die zurückgekommen sind. Und ich darf hier doch wohl eines sagen: Die Russen haben das mir gegebene Versprechen sehr korrekt eingehalten in der Freilassung der Gefangenen, außerordentlich korrekt und gewissenhaft.

GAUS: War also die Aufnahme diplomatischer Beziehungen der Preis, den Sie zahlen mußten für die Freigabe der Gefangenen, und ist Ihnen das schwergefallen?

ADENAUER: Aber ich bitte Sie, wie kann man von Preis sprechen. Wenn man etwas haben will von einem Land, mit dem man keine diplomatischen Beziehungen unterhält, bekommt man doch sicher nichts. Und ich habe eigentlich gar nicht eingesehen, warum wir nicht die diplomatischen Beziehungen eingehen sollten.

GAUS: Sind seinerzeit alle Ihre Ratgeber dieser Meinung gewesen?

ADENAUER: Nein, einige Mitglieder der Regierung, aber auch einige Parlamentarier waren anderer Meinung. Aber ich habe mich dadurch nicht beirren lassen.

GAUS: Ist das vielleicht ein einsamer Entschluß gewesen?

ADENAUER: Nein, ich hatte ja einige Gefährten dabei. Aber es hätte ruhig ein einsamer Entschluß werden können.

GAUS: Sagen Sie mir bitte eines, Herr Dr. Adenauer: Bei allem politischen und gesellschaftlichen Wandel, den Sie in Ihrem langen Leben gesehen und mitgemacht haben – welche Prinzipien haben Sie über all die Jahre hinweg als die dauerhaftesten und wichtigsten bewahrt?

ADENAUER: Sie werden vielleicht erstaunt sein über meine Antwort: Alle politischen Verhandlungen können nur zu einem fruchtbaren Ergebnis führen, wenn man sich gegenseitig vertraut. Man vertraut sich aber nur gegenseitig, wenn man den Gegner, den Vertragsgegner, den Verhandlungsgegner kennengelernt hat als einen Mann, der ehrlich ist und wahrhaftig ist. Also nach meinen Erfahrungen ist Ehrlichkeit und Wahrhaftigkeit die Grundlage des Vertrauens, des gegenseitigen Vertrauens, und das gegenseitige Vertrauen ist wieder die Grundlage zu fruchtbaren Verhandlungen.

GAUS: Nun sagt man, daß ein Politiker nicht in allen Fällen immer der vollen Wahrheit die Ehre geben kann, Herr Dr. Adenauer. Und Sie selbst haben einmal von drei Arten der Wahrheit gesprochen. Wenn also das gegenseitige Vertrauen herzustellen für Sie das wichtigste Prinzip bei allem war, wie haben Sie das immer vereinbaren können mit den Tageserfordernissen der Politik? Hat Sie das manchmal beschwert?

ADENAUER: Nun, ich muß Sie etwas korrigieren: Diese dreifache Art von Wahrheit habe nicht ich erfunden, sondern mein verstorbener Freund Robert Pferdmenges. Und als Scherz haben wir manchmal dann die Redewendung von ihm gebraucht. Nun werden Sie sagen, der Politiker kann nicht immer alles sagen; da haben Sie recht. Aber das, was er sagt, muß wahr sein. Natürlich kann er nicht alles immer sagen; das ist so selbstverständlich, daß ich kein Wort dazu zu sagen brauche. Aber der Politiker soll in dem, was er sagt, ehrlich sein.

GAUS: Er soll nicht schwindeln, meinen Sie.

ADENAUER: Er soll nicht schwindeln. Lügen haben kurze Beine.

GAUS: Notlügen sind erlaubt?

ADENAUER: Notlügen gibt es dabei nicht. Man ist immer in Not und würde dabei immer lügen, wenn Notlügen erlaubt wären.

GAUS: Sie haben nie geschwindelt als Bundeskanzler vor der Öffentlichkeit? Es war nie nötig? Sie sind mit Verschweigen immer durchgekommen?

ADENAUER: Mit Schweigen, nicht mit Verschweigen. Ich bitte doch festzuhalten, was da für ein Unterschied ist. In der Politik versteht jeder, wenn der Vertragspartner zu hören bekommt: Ich bitte um Entschuldigung, wenn ich hierauf keine Antwort gebe.

GAUS: Ein großer Einschnitt im Leben Ihrer Generation war politisch und gesellschaftlich der Zusammenbruch des wilhelminischen Kaiserreichs 1918. Hat das für Sie viel bedeutet?

ADENAUER: Ich war damals Oberbürgermeister von Köln, und ich sah und fühlte fortwährend, daß das ganze System schon seit einiger Zeit am Zusammenbrechen war. Wir waren in Köln. Köln war die nächste große Festung bei der Grenze, überfüllt mit Deserteuren. Und als nun der Zusammenbruch kam, da hatte ich alle Hände voll zu tun, damit Ruhe und Ordnung in der Stadt herrschten, so daß ich gar nicht dazu kam, lange Reflexionen anzustellen, ob Wilhelm II. richtig gehandelt habe oder nicht, als er nach Holland gegangen ist.

GAUS: Den gesellschaftlichen Wandel, der damit verbunden war im Laufe der nächsten Jahrzehnte, haben Sie im großen und ganzen gutgeheißen? Oder haben Sie die gesellschaftliche Ordnung vor 1918, die stärkere Bindung an gesellschaftliche Gruppen als sympathischer empfunden?

ADENAUER: Sie gebrauchen den Ausdruck »gesellschaftliche Bindung«. Ich würde sagen: die Kastenbildung. Und Kastenbildung ist schlecht. Natürlich habe ich diese Entwicklung zur Demokratie hin außerordentlich begrüßt.

GAUS: Herr Dr. Adenauer, ich möchte Sie nun nach Ihrem Verhältnis zu einigen Menschen befragen, die in Ihrem politischen Leben eine besondere Rolle gespielt haben. Zunächst bitte: Worauf gründete sich, weit über die Politik hinaus, Ihr besonders gutes Verhältnis zu John Foster Dulles, dem amerikanischen Außenminister?

ADENAUER: John Foster Dulles und mich verband schon nach relativ kurzer Zeit eine wirkliche Freundschaft. Ich glaube nicht, daß Dulles mich irgendwann einmal belogen hat, ebensowenig wie ich ihn belogen habe Wir waren sehr offen miteinander. Aber das wichtigste war, daß auch seine Politik ebenso wie die meinige auf ethischer Grundlage beruhte, und daher fanden wir uns immer verhältnismäßig schnell und kamen auch über Gegensätze hinweg. Daraus entwickelte sich diese echte Freundschaft.

GAUS: Könnten Sie diese ethische Grundlage einmal skizzieren?

ADENAUER: Das war die christliche Grundlage. John Foster Dulles war ein sehr christlich denkender Mensch. Ich hoffe, daß ich es auch war. Und so fanden wir uns leicht.

GAUS: Sie haben Dulles Ihren Freund genannt und haben vorhin schon in unserem Gespräch einen anderen Freund erwähnt: den Bankier Robert Pferdmenges. Wie mußte ein Mensch beschaffen sein, damit er Ihr Freund werden konnte, zum Beispiel Pferdmenges?

ADENAUER: Ja, wie soll ich Ihnen eine solche Frage beantworten? Freundschaft im späteren Alter ist sehr selten, da entsteht sie sehr selten. Aber Freundschaft entsteht aus einer Harmonie in den beiderseitigen Überzeugungen und aus dem Vertrauen, das man gewinnt. Robert Pferdmenges war namentlich mir gegenüber immer ein sehr ehrlicher und zuverlässiger Mensch, und so wurden wir Freunde. Und ich habe auch dafür gesorgt, daß er in die Politik eingetreten ist. Er wollte zuerst nicht, hat mir dann nachgegeben. Und ich habe seinen klugen und guten Rat namentlich in den letzten Jahren häufig vermißt.

GAUS: Herr Dr. Adenauer, ist es nicht auch so: Ein Mann in Ihrer hohen Position wird von vielen Menschen um etwas gebeten, viele wollen etwas von ihm; und war da nicht Pferdmenges beispielsweise jemand, der persönlich nichts von Ihnen wollte? Ist das nicht die Voraussetzung für Sie gewesen, Freundschaften zu schließen?

ADENAUER: Pferdmenges hat für sich jedenfalls nie etwas von mir gewollt. Wenn er sonstige Wünsche hatte oder Ratschläge, dann waren diese Ratschläge wirklich immer begründet und gut fundiert und wurden auch so von ihm entwickelt.

GAUS: Muß nicht ein Mensch in Ihrer Position zu einem Menschenverächter werden, wenn er die vielen sieht, die sich um ihn drängen, die etwas werden wollen, die etwas haben wollen?

ADENAUER: Nun, ich würde den Ausdruck »Menschenverächter« nicht gebrauchen. Aber natürlich, daß man die Schwächen der Menschen, mit denen sie nunmal behaftet sind, als Kalkül bei allen Überlegungen einschaltet, das ist wohl klar.

GAUS: Und das haben Sie getan?

ADENAUER: Das habe ich getan.

GAUS: Darf ich nach einem weiteren Mann fragen, mit dem Sie besonders verbunden waren, wenn auch in Gegnerschaft? Was bestimmte Ihr Verhältnis zu Kurt Schumacher, dem ersten Nachkriegsvorsitzenden der SPD?

ADENAUER: Man kann das sehr schwer Verhältnis nennen. Wir waren Gegner. Und diese Gegnerschaft erwuchs nicht allein aus entgegengesetzten Anschauungen, sondern sie erwuchs auch daraus, daß Herr Dr. Schumacher nicht einsehen konnte, daß die Sozialdemokratie nicht die größte Partei geworden war. Ich erinnere mich, daß uns zuerst zusammengebracht hat der spätere Ministerpräsident von Niedersachsen ...

GAUS: Hinrich Kopf ...

ADENAUER: ... und zwar im Zonenbeirat Hamburg. Schumacher und ich, von Kopf dazu veranlaßt, setzten uns zusammen und tauschten unsere Meinungen aus, über wichtige Dinge natürlich. Und zum Schluß sagte Herr Schumacher: Ich freue mich sehr, daß wir übereinstimmen, ich habe jetzt noch etwas. Sie sind eine sehr junge Partei, und wir sind eine sehr alte Partei, und wir sind eine sehr große Partei. Sie werden doch also darin beipflichten, daß wir die Führung haben müßten. Ich habe ihm darauf geantwortet: Herr Dr. Schumacher, daß Sie eine sehr alte Partei sind, weiß ich, daß Sie eine sehr große Partei sind, weiß ich, ob wir nicht größer sind, darüber wollen wir uns nach der ersten Wahl einmal aussprechen. Das hat Herr Schumacher mir sehr übelgenommen, zumal weil die erste Wahl danach zeigte, daß wir stärker waren als die SPD.

GAUS: Und Sie meinen, dies habe verhindert, daß Sie zu dem Führer der zweitstärksten Partei in ein rechtes Verhältnis kamen? Haben Sie das beklagt?

ADENAUER: Er war ein sehr subjektiver Mann. Er hat auch, glaube ich, schwer körperlich zu leiden gehabt. Und er war – Sie werden erstaunt sein, wenn ich das sage – ein Nationalist, und das war ich nicht.

GAUS: War dies eine prinzipielle Schranke?

ADENAUER: Eine ganz prinzipielle Schranke, jawohl.

GAUS: Sagen Sie mir bitte: Wie charakterisieren Sie den französischen Staatspräsidenten Charles de Gaulle? Was ist er für ein Mensch nach Ihren Eindrücken?

ADENAUER: Herrn Charles de Gaulle habe ich in Colombey-les-deux-Eglises besucht auf seine Einladung hin, nachdem ich vorher seine Einladung, nach Paris zu ihm zu kommen, abgelehnt hatte, da ich als Vertreter eines besiegten Volkes ihn nicht in Paris aufsuchen könnte. Wir sind dann vierundzwanzig Stunden ganz allein zusammengeblieben, haben uns – nicht nach einem bestimmten Programm – über alle möglichen politischen Fragen unterhalten. Und de Gaulle hat eine ausgezeichnete Bibliothek, ich habe sie mir angesehen in Colombey-les-deux-Eglises. Er ist ein sehr kluger Mann, ist ein sehr weitblickender Mann und ein sehr erfahrener Mann. Ich habe also mit Herrn de Gaulle die denkbar besten Erfahrungen gemacht.

GAUS: Kann er in die Gefahr geraten, einem politischen Phantom nachzulaufen? Ist er ein Realist nach Ihren Erfahrungen?

ADENAUER: Herr de Gaulle ist durchaus ein Realist, sogar sehr realistisch.

GAUS: Herr Adenauer, ihr politisches Lebensziel ist die Versöhnung Deutschlands und Frankreichs und, wie Sie oft betont haben, die Versöhnung zwischen dem deutschen und dem jüdischen Volk gewesen. Was hat Sie veranlaßt, diese beiden Aufgaben als vorrangig zu behandeln, und wie glauben Sie, daß im Hinblick auf diese beiden Aufgaben die Zukunft aussieht?

ADENAUER: Ich war und ich bin der Auffassung, daß ohne Lösung dieser beiden Aufgaben die Zukunft für das deutsche Volk ganz außerordentlich schwer wird. Frankreich und Deutschland sind Nachbarn, und wir werden immer Nachbarn bleiben. Wir haben Krieg gegeneinander geführt. Ich habe auf einem Schlachtfeld gestanden, wo Gräber von französischen und deutschen Soldaten aus dem Kriege 1870/71, aus dem Kriege 1914-18 und aus dem letzten großen Krieg sind. Und wir beide haben dann den Vorbeimarsch abgenommen.

GAUS: De Gaulle und Sie?

ADENAUER: De Gaulle und ich. Wir beide haben den Vorbeimarsch abgenommen, der französischen Truppen und der deutschen Truppen. Das hat auf mich einen ungewöhnlich tiefen Eindruck gemacht. Das war symbolisch für das Ganze. Wir werden das selbe Schicksal haben. Wir haben, wie ich eben schon sagte, jahrelang Krieg geführt. Das muß vorbei sein, aber nicht nur das muß vorbei sein, wir müssen auch echte und wahre Freunde werden, die zusammen Politik machen. Denn gegenüber der ungeheuren Macht, die Sowjetrußland, das doch bis mittem in Deutschland steht, auf das ganze westliche Europa ausübt, werden wir nicht bestehenbleiben, wenn wir nicht fest zusammenhalten.

Und was nun die Judenfrage angeht – ich darf vielleicht Ihre Frage so verstehen: Warum haben Sie die Judenfrage als eine ungemein wichtige Frage immer bezeichnet und sich danach auch verhalten? Erstens aus einem Gefühl der Gerechtigkeit. Wir hatten den Juden so viel Unrecht getan, wir hatten solche Verbrechen an ihnen begangen, daß sie irgendwie gesühnt werden mußten oder wiedergutgemacht werden mußten, wenn wir überhaupt wieder Ansehen unter den Völkern der Erde gewinnen wollten. Und weiter: Die Macht der Juden auch heute noch, insbesondere in

Amerika, soll man nicht unterschätzen. Und daher habe ich sehr überlegt und sehr bewußt – und das war von jeher meine Meinung – meine ganze Kraft daran gesetzt, so gut es ging, eine Versöhnung herbeizuführen zwischen dem jüdischen Volk und dem deutschen Volk.

GAUS: Wie beurteilen Sie die Entwicklung des deutsch-französischen Verhältnisses seit Ihrem Rücktritt als Bundeskanzler?

ADENAUER: Ich will Ihnen Ihre Frage beantworten. Leider hat das deutsch-französische Verhältnis sich nicht so entwickelt, wie ich mir das so gedacht hatte. Aber wir dürfen nicht nachlassen. Wenn zwei, die an sich von Natur aus dazu bestimmt sind, zusammen zu handeln – und das sind, wie ich eben schon sagte, Frankreich und Deutschland –, nicht zusammenkommen, soll man den Fehler nicht bei einem suchen, sondern gewöhnlich sind alle beide mit schuld daran; und beide sollen sich überlegen, wie sie es besser machen könnten.

GAUS: Erlauben Sie mir eine letzte Frage, Herr Adenauer. Wie beurteilen Sie die politische Reife des deutschen Volkes?

ADENAUER: Das deutsche Volk hat in den letzten Jahrzehnten zu viel erleben müssen, vom Kriege '14 angefangen. Erst dieser Krieg, dann der Sturz der ganzen Monarchie in Deutschland, der Übergang in das republikanische Staatswesen, dann kam der Nationalsozialismus, der ja doch grauenhafte Verwüstungen auch moralischer Art in unserem Volke hervorgerufen hat; dann kam der letzte große Krieg; dann kam der deutsche Zusammenbruch, dann der deutsche Wiederaufbau. Wenn man einmal diese ganzen Erlebnisse sich klarmacht und die Reihenfolge, wie das über das deutsche Volk bald gut, bald schlecht hergegangen ist, dann wird man verstehen können, daß das deutsche Volk eben noch nicht aus dieser inneren Unruhe zu einer inneren Festigkeit und Stetigkeit gewachsen ist.

Es fehlt uns auch, und das ist sehr wichtig, ein großer Teil der Männer im Alter zwischen 35 bis 55 Jahren, eventuell bis 60 Jahren. Sie sind im Kriege gefallen, sie sind früher gestorben, als sie unter normalen Verhältnissen gestorben wären. Und diese Schicht ist eben die Schicht, die einem Staatswesen doch Stetigkeit gibt, und die fehlt. Und Stetigkeit in der politischen Haltung ist doch ein

Grundelement des politischen Erfolges. Und das deutsche Volk muß alles tun, was in seiner Kraft steht, um eine stetige Politik zu treiben. Ich kann das nicht oft genug wiederholen und darauf hinweisen, daß Stetigkeit in der Politik die Grundlage für das Vertrauen ist und damit auch die Grundlage für den Erfolg.

Bittere Gefühle hat man zuweilen in der Politik, aber das Gefühl, in die falsche Partei eingetreten zu sein, hat mich niemals beschlichen. Ich bin in der Gefangenschaft Sozialdemokrat geworden, unter dem Einfluß älterer Offiziere. 25 Jahre später, also heute, klingt es für manche Ohren gar nicht sehr angenehm, wenn ich sage, daß für mich das Erlebnis der Kameradschaft im Kriege einer der Werte ist – bei vielen schlimmen Dingen, die man auch mitgebracht hat aus dem Krieg –, die ich glaubte, mitgebracht zu haben. Und ich habe dann im Gefangenenlager eigentlich entdeckt, daß letztlich ähnliche Grundprinzipien diesem Erlebnis der Kameradschaft zugrunde lagen wie den Prinzipien des Sozialismus.

HELMUT SCHMIDT:
Ein Mindestmaß an Ehrgeiz ist notwendig

Helmut Schmidt, geboren am 23. Dezember 1918 in Hamburg-Barmbek.
Absolvierte die Oberschule und wurde 1937 zum Arbeitsdienst, später zum Militär eingezogen. War bei Kriegsende Oberleutnant der Luftwaffe. Studium der Staatswissenschaften und der Volkswirtschaft. 1949 Diplom-Volkswirt. 1946 Beitritt zur SPD, 1947/58 Vorsitzender des Sozialistischen Deutschen Studentenbundes (SDS). 1953 Wahl in den Bundestag, ab 1957 Vorstandsmitglied der SPD-Bundestagsfraktion, ab 1958 Vorstandsmitglied der SPD. Von 1961 bis 1965 Innensenator in Hamburg (galt seit seinem Einsatz bei der Sturmflutkatastrophe 1962 als »Macher«). Ab 1965 wieder im Bundestag und stellvertretender Fraktionsvorsitzender, ab 1967 Fraktionsvorsitzender und Mitglied des SPD-Präsidiums, ab 1968 Stellvertretender Parteivorsitzender. 1969 wurde er Verteidigungsminister im ersten Kabinett Brandt, 1972 nach dem Rücktritt von Schiller Wirtschafts- und Finanzminister. Im Mai 1974 nach dem Rücktritt von Brandt wurde er zum Bundeskanzler gewählt. Und in diesem Amte 1976 und 1980 bestätigt. Im Februar 1982 stellte er im Bundestag angesichts zunehmender Auseinandersetzungen in der Koalition die Vertrauensfrage, die er gewann; im September 1982 kam es dann zum Bruch der Koalition mit der FDP und zum erfolgreichen Mißtrauensvotum gegen ihn; er wurde durch Helmut Kohl als Bundeskanzler abgelöst. Für 1987 verzichtete er auf eine weitere Kandidatur zum Bundestag. Schmidt ist seit 1983 Herausgeber der Hamburger Wochenzeitung »Die Zeit«.
Das Gespräch wurde gesendet am 8. Februar 1966.

GAUS: Herr Schmidt, Sie haben nach der Bundestagswahl im Herbst 1965 Ihr Amt als Hamburger Innensenator aufgegeben und sind als Abgeordneter in die sozialdemokratische Bundestagsfraktion zurückgekehrt, zurückgekehrt also in die Opposition. Wie groß ist Ihre ganz persönliche Bitterkeit darüber, daß Sie aus der handfesten Arbeit des Regierens – wenn auch nur auf Länderebene – in die relative Ohnmacht der parlamentarischen Opposition in Bonn zurückkehren mußten?

SCHMIDT: Ja, Sie sagten »mußten«, Herr Gaus; ich mußte ja nicht, ich habe ja gewollt. Aber der Ausdruck Bitterkeit ist vielleicht gleichwohl gerechtfertigt. Ich würde nicht sagen eine sehr große Bitterkeit, aber immerhin: Mit ein wenig Wehmut bin ich aus Hamburg weggegangen. Zum einen, weil es in Hamburg eine Arbeit war, die mir sehr viel Spaß gemacht hat, eine sehr handfeste Arbeit. Und zum anderen, weil ich, wie ich in Hamburg gerne im Spaß sage, von Geburt und von Gesinnung Hamburger bin und in meiner Vaterstadt besonders gerne gearbeitet habe. Ja, das harte Brot der Opposition ... So hart ist es nun auch wieder nicht. Ich hatte es ja schon einmal acht Jahre mitgemacht.

GAUS: Aber ein bißchen Enttäuschung, daß es nicht weitergegangen ist mit dem Regieren?

SCHMIDT: Ja, ich weiß nicht, ob der Ausdruck Enttäuschung richtig ist. Ich habe mich ja dazu entschlossen, nicht wahr; aber es ist mir nicht ganz leicht gefallen.

GAUS: Sie gelten als ein Mann mit nüchternem Tatsachensinn, als ein Pragmatiker; haben Sie an einen sozialdemokratischen Wahlsieg 1965 geglaubt?

SCHMIDT: Nein, ehrlich gesagt, das habe ich nicht geglaubt. Ich habe damit gerechnet, daß wir – eine relativ zurückhaltende Rechnung hatte ich mir aufgemacht, Wetten abgeschlossen –, daß wir ungefähr 42 Prozent der Mandate bekommen würden.

GAUS: Warum haben Sie sich bereit gefunden, in das Schattenkabinett Willy Brandts einzutreten, wenn Sie an den Wahlsieg nicht glaubten?

SCHMIDT: Weil das notwendig war. Es müssen sich immer, auch wenn eine Sache nicht außerordentlich aussichtsreich steht und außerordentlich hoffnungsreich ist, Leute finden, die das machen.

GAUS: Was sind nach Ihrer Meinung die wichtigsten Gründe gewesen, die zu dem neuerlichen Mißerfolg der SPD geführt haben?

SCHMIDT: Da gibt es tief liegende Gründe und welche, die mehr an der Oberfläche sind. Zu den tief liegenden Gründen würde ich zählen, daß große Teile der deutschen Wählerschaft nach wie vor zwar zwischen den Wahlen durchaus mit der Sozialdemokratie liebäugeln – zum Teil aus Verärgerung über etwas, was die Regierung tut oder was sie läßt, zum Teil deswegen, weil die Sozialdemokratie manches sagt oder tut, was ihnen besonders gefällt –, die aber dann gleichwohl in dem Augenblick, wo sie an die Wahlurne gehen, letzte Hemmungen nicht überwinden können. Das sitzt wahrscheinlich tief im gefühlsmäßigen Bereich, und das kann man deshalb auch durch einen besonders guten Wahlkampf und durch besonders gute Kandidaten, durch eine besonders gute Mannschaft, durch einen besonders guten Kanzlerkandidaten keineswegs überwinden. Das ist eine Sache, die im Laufe der Zeit erst überwunden werden muß. Da stecken auch sehr alte Vorurteile drin, die den Leuten vielleicht nicht klar bewußt sind. Zum anderen gibt es Gründe, die mehr an der Oberfläche liegen, die man ohne besonderen psychologischen Scharfblick erkennen kann.

GAUS: Ist der Wahlkampf so geführt worden, wie Helmut Schmidt ihn geführt sehen wollte?

SCHMIDT: Nein, ich hätte mir den Wahlkampf etwas anders gewünscht. Ich würde die Substanz der sozialdemokratischen Politik, die dargeboten worden ist, nicht wesentlich verändert haben, wenn ich die Richtlinien der Politik dieser Mannschaft hätte bestimmen können. Aber ich hätte wahrscheinlich die Verpackung wesentlich geändert. Ich hätte auch sehr viel deutlicher gemacht die Punkte, an denen nun wirklich bedeutsame Unterschiede zur CDU/CSU, zur bisherigen Regierung gegeben waren; die hätte ich versucht, sehr viel deutlicher in Erscheinung treten zu lassen.

GAUS: Herr Schmidt, die Politiker Ihrer Generation – Sie wurden im Dezember 1918 in Hamburg geboren –, die Politiker Ihrer Generation, die erst nach dem Zweiten Weltkrieg in die Politik geraten sind, haben die einst schier unübersteigbaren ideologischen Schranken zwischen den Parteien nicht mehr recht kennengelernt. Die westdeutschen Parteien sind in vielen Grundauffassungen heute eines Sinnes. Unter diesen Umständen könnte sich doch ein Mann Ihrer Generation sehr wohl einmal sagen, so ganz für sich selber sagen: Wärst du nach 1945 nicht in die bisherige Verliererpartei, sondern in die Gewinnerpartei gegangen, nicht in die SPD, sondern in die CDU, dann wärst du heute vielleicht Mitregierender in Bonn, du könntest deine politischen Vorstellungen in die Wirklichkeit umsetzen. Direkt gefragt, Herr Schmidt: Haben Sie gelegentlich das bittere Gefühl: Ich habe falsch optiert, als ich 1946 in die SPD eingetreten bin?

SCHMIDT: Bittere Gefühle hat man zuweilen in der Politik, aber das Gefühl, in die falsche Partei eingetreten zu sein, hat mich niemals beschlichen. Vielleicht soll ich in dem Zusammenhang sagen, wie es überhaupt kam, daß ich zur Sozialdemokratie gekommen bin. Ich bin lange Soldat gewesen wie alle Leute meines Jahrgangs, von 1937 bis 1939 aktive Wehrpflicht, dann anschließend kam der Krieg und dann noch eine kurze Gefangenschaft. Ich bin in der Gefangenschaft Sozialdemokrat geworden, unter dem Einfluß älterer Offiziere. Und da spielt das Kriegserlebnis eine große Rolle.

Manches von dem, was wir als junge Soldaten, vorher in der Hitlerjugend, später als junge Soldaten während des Krieges, an Idealen vorgesetzt bekommen hatten, haben viele meines Alters, so auch ich, sehr schnell als nicht ernstzunehmend, als vorgetäuscht, als Mache empfunden. Aber manches haben wir doch auch sehr ernst genommen. 25 Jahre später, also heute, klingt es für manche Ohren gar nicht sehr angenehm, wenn ich sage, daß für mich das Erlebnis der Kameradschaft im Kriege einer der Werte ist – bei vielen schlimmen Dingen, die man auch mitgebracht hat aus dem Krieg –, die ich glaubte, mitgebracht zu haben.

Und ich habe dann im Gefangenenlager eigentlich entdeckt, daß letztlich ähnliche Grundprinzipien diesem Erlebnis der Kameradschaft – das ja gleichzeitig eine Maxime war – zugrunde lagen wie den Prinzipien des Sozialismus. Deswegen kam für mich eine andere Wahl überhaupt nicht in Betracht, als ich schließlich wieder zu Hause war.

GAUS: Was sind für Sie die stärksten Vorbehalte gegenüber der anderen großen Partei, der CDU, nach dem Kriege gewesen?

SCHMIDT: Nach dem Kriege? Ja, ich stand also gar nicht vor der Wahl, für mich gab es gar keine Wahl. Das war eine selbstverständliche Entwicklung. Ich habe nie überlegt, ob eine andere Partei in Frage kam. Und ich habe also damals auch keine allzu starken Vorbehalte gehabt gegen die CDU. Die FDP war mir nicht so geläufig und deutlich, die hat ja auch lange Jahre gebraucht, bis sie ein einigermaßen einheitliches, deutliches Profil bekam. Aber ich habe gegen die CDU keine allzu großen Vorbehalte gehabt, die haben sich dann erst später herausgestellt.

GAUS: Und welche späteren sind das?

SCHMIDT: Lassen Sie mich darüber einen Augenblick nachdenken. Ich glaube, daß die CDU eine Partei ist, die über einen großen Fundus ausgezeichneter Leute verfügt, verschiedenen Charakters, verschiedener menschlicher Entwicklung, verschiedener Auffassung. Ich sehe sehr viel Positives bei dieser Partei. Aber was mich letztlich häufig wieder sehr stört, das ist das Beiseiteschieben von Überzeugungen, von Grundsätzen, die man eigentlich nicht beiseite schieben darf. Die schwersten Vorwürfe, die ich in all den Jahren unter Adenauer, in den vierzehn Jahren, der CDU machen würde, das sind der bisweilen allzu legere Umgang mit der Wahrhaftigkeit, der bisweilen nicht bis ins äußerste penible Umgang mit dem Prinzip der Gerechtigkeit. Sie werden sagen, das hat mit Politik gar nichts zu tun.

GAUS: Ich sage es nicht.

SCHMIDT: Aber das sind eigentlich die Dinge, die mich am meisten stören bei der CDU.

GAUS: Nun sind ein Teil der Vorbehalte, die Sie jetzt als Sozialdemokrat gegen die CDU vorgetragen haben, auch genau jene Vorbehalte, die Christliche Demokraten gegenüber der SPD vorbringen. Wie ist es mit dem Opportunismus heutzutage in der Politik überhaupt, und wie steht Helmut Schmidt dazu?

SCHMIDT: Opportunismus ist ein sehr schwierig zu behandelndes Wort, weil jeder, der das Wort hört, sofort sehr negative Einstellungen damit verbindet. Auf die Gefahr hin, daß das jetzt auch geschieht, wenn Sie diese Frage so stellen und ich also antworten soll, was ich vom Opportunismus hielte, will ich zunächst einmal als eine Teilantwort sagen, daß ein gehöriges Gefühl für das, was opportun ist, notwendigerweise jedem Politiker eigen sein muß, sonst ist er nicht zu gebrauchen für seine Berufung.

GAUS: Diese Portion haben Sie?

SCHMIDT: Ich bin nicht immer ganz sicher, ob ich sie habe. Ich habe mich auch schon bisweilen in die Nesseln gesetzt. Die zweite Hälfte der Antwort lautet aber: Das, was landläufigerweise Opportunismus genannt wird, nämlich das allzu wendige Einstellen auf jeweilige Verhältnisse, um nicht aufzufallen, um nicht anzuecken, um sich durchzulavieren, davon halte ich nicht viel.

GAUS: Hat sich die SPD nach diesem Gesetz, wie Sie es jetzt aufgestellt haben, verhalten in den letzten Jahren?

SCHMIDT: Die Partei als Ganzes – sie ist ja eine Summe aus dem Wirken vieler einzelner Menschen, bedeutender und weniger bedeutender –, die Partei als Ganzes ist sicherlich frei von Opportunismus. Und das, was ihr als Opportunismus angekreidet wird, was ihr als Opportunismus unterstellt wird, würde ich anders sehen wollen und würde ich anders nennen. Es ist zum großen Teil Anpassung an die tatsächlichen Verhältnisse und das Abgehen von Vorstellungen, die in der Realität nicht mehr vorgefunden werden. Das würde ich nicht Opportunismus nennen. Aber sicherlich hat es, wie bei Politikern aller Richtungen, auch opportunistische Handlungen einzelner gegeben. Aber ich würde gerne in dem Zusammenhang auf einen mir sehr wichtigen Akt kommen, nämlich auf das Godesberger Programm von 1959.

GAUS: Ich wäre darauf gekommen, aber bitte ...

SCHMIDT: Ja, das Godesberger Programm steht ja bei vielen, die den Sozialdemokraten Opportunismus vorwerfen, oder stand bei vielen im Vordergrund. Viele haben das zunächst mißverstanden als eine opportunistische Anpassung an die neue psychologische oder massenpsychologische Situation. Das war völlig abwegig. Ich habe ja selber, als zunächst ganz junger Mann, fünfzehn Jahre daran teilgehabt, wie all diese Gedanken sich entwickelten und wie sie dann schließlich im Godesberger Programm, das eine Art Summe war, die gezogen wurde, sich niedergeschlagen haben. Das war keine opportunistische Anpassung, sondern das war der schließliche und endliche Vollzug, das Sichtbarmachen einer Entwicklung, die wahrscheinlich in manchen einzelnen schon in der

Weimarer Zeit angefangen hat; die während des Dritten Reiches, in den Konzentrationslagern, in der Emigration, auf manche Weise während des Krieges, auch von manchen Leuten, die gar nicht zur Sozialdemokratie gehört hatten vordem, fortgesetzt worden war und die dann schließlich und endlich zwangsläufig eines Tages in ein solches Programm einmünden mußte.

GAUS: Herr Schmidt, was hat Sie denn nun überhaupt bewogen, 1946 in eine Partei einzutreten? Wieso hatten Sie nicht, gerade aus der Kriegsgefangenschaft, aus langer Militärzeit zurück, sozusagen die Nase voll?

SCHMIDT: Ja, da haben Sie recht, ich hatte durchaus die Nase voll.

GAUS: Warum dann in eine Partei?

SCHMIDT: Meine Frau und ich und einige Freunde, die dazugehörten, haben während des Krieges und insbesondere in den letzten Kriegsjahren eigentlich gar keinen Zweifel mehr daran gehabt, daß das alles in einem schrecklichen, äußeren und inneren und moralischen Zusammenbruch enden würde. Ich muß gestehen, wir haben uns den Zusammenbruch sogar noch schlimmer vorgestellt, als er gekommen ist. Und bei dieser Vorstellung von der Sinnlosigkeit, in die all unser damaliges Tun und Lassen einmünden würde, haben wir wohl manchmal gesagt, nie im Leben wollten wir etwas mit Politik zu tun haben.

Unsere Idealvorstellung war – damals gab es ein Buch von Ernst Wiechert, »Das einfache Leben«; ich weiß, daß viele Leute damals ähnlich empfunden haben wie wir auch; dies wäre unser Ideal gewesen, ganz zurückgezogen zu leben von dem Getriebe der Welt. Und als man dann aus der Gefangenschaft nach Hause kam und sah, was alles an entsetzlichen Dingen da war und was ja änderbar war, man konnte ja etwas dagegen tun, da fand ich mich wie viele meiner Altersgenossen herausgefordert, daran mitzuwirken. Wir haben schon 1945 in Hamburg eine Gruppe sozialistischer Studenten gegründet.

GAUS: Sie waren an der Universität und studierten Volkswirtschaft?

SCHMIDT: Ja, an der Hamburger Universität. Und das waren fast alles Soldaten, die heimgekehrt waren, die alle das selbe Gefühl harten, hier muß man irgend etwas tun, das kann man nicht einfach so sich selber überlassen, das Chaos.

GAUS: Nun gut. Nun waren Sie also in der SPD. Und die Sozialdemokratie hatte zwar immer gute Soldaten gestellt, aber nach der damals vorherrschenden Parteimeinung galten mindestens Offiziere theoretisch doch als suspekt. Ich würde gerne wissen, wie reagierte denn der traditionell gebundene Genosse auf den Offiziersledermantel-Genossen Schmidt, der da nun plötzlich auftauchte?

SCHMIDT: Zunächst gar nicht so ganz freundlich. Aber nachdem er dann merkte, daß der andere es ernst meinte und auch trotz Hänseleien und gelegentlicher Flachserei und gelegentlicher böser Bemerkungen gleichwohl dabeiblieb, hat sich das dann im Laufe der Jahre abgerieben. Das ist ja nicht nur mir so gegangen, das ist manchem anderen auch so gegangen.

GAUS: Was waren das für böse Bemerkungen?

SCHMIDT: Nun, es gab Leute, die allen Ernstes zunächst uns, die wir als ehemalige Offiziere aus dem Krieg nach Hause kamen, nicht ganz abnehmen wollten, daß wir uns innerlich für die Sozialdemokratie und in der Sozialdemokratie engagierten. Sie hielten das für irgendeine Art von Mache oder Opportunismus oder sonst was. Das gab es schon. Das wurde dann bisweilen auch in bösen Bemerkungen gesagt.

GAUS: Wie haben Sie das durchgestanden? Sie gelten als ein harter Debattierer. Das muß nicht dasselbe sein wie ein unempfindlicher Politiker. Ich würde gern wissen, wie reagieren Sie auf Widerstand gegen Ihre Person und Ihre Absichten: Gleichgültig, sofern es nicht ein Widerstand wird, der die Position gefährdet, oder wachsen Sie am Widerstand, oder deprimiert Sie Widerstand, wenn er persönlich gefärbt ist, weil Sie sich dann verkannt fühlen?

SCHMIDT: Nein, das letzte wollen wir erst mal ausschalten. Deprimiert habe ich mich nie gefühlt, wenn ich mich mit jemand streiten mußte oder wenn andere sich mit mir streiten wollten. Das Wort, daß man am Widerstand wächst, dem man gegenübersteht, das kommt mir ein bißchen hochgestochen vor, das würde ich nicht gerne gebrauchen.

GAUS: Sie würden es aber sachlich nicht ausschließen?

SCHMIDT: Nein, ich würde das nicht ausschließen, im Gegenteil.

GAUS: Sie würden es eigentlich doch für sich in Anspruch nehmen wollen?

SCHMIDT: Ja, ich würde es anders ausdrücken: Manche Fähigkeiten entfalten sich erst in der Auseinandersetzung. Das ist sicherlich bei vielen Menschen so, nicht nur bei mir.

GAUS: Haben Sie eine Scheu vor bestimmten Formulierungen, die Ihnen hochgestochen erscheinen, obwohl Sie den Tatbestand, der damit bezeichnet wird, für sich in Anspruch nehmen?

SCHMIDT: Oh ja. Ich glaube, das ist für meine ganze Generation ziemlich weitgehend kennzeichnend, daß wir uns in der Ausdrucksweise gerne herunterspielen oder, wie man in Hamburg sagt, aus dem Englischen importiert, wir lieben eigentlich das Understatement mehr als die Übertreibung, und nichts ist meiner Generation verhaßter als die Phrase.

GAUS: Ich möchte das mit dem Widerstand gegen Helmut Schmidt, und wie er darauf reagiert, gerne noch genauer wissen. Lassen Sie mich einen Vergleich ziehen: Der Vorsitzende der SPD, Willy Brandt, ist in seinen Wahlkämpfen als Kanzlerkandidat häufig persönlich verunglimpft worden, und Brandt wurde offensichtlich dadurch tief verletzt. Wie weit sind Sie nun, Herr Schmidt, im Gegensatz zu Brandt bei politischen Auseinandersetzungen von Gefühlen frei?

SCHMIDT: Von Gefühlen frei bin ich sicher nicht. Aber daß ich verletzt würde, das kann ich auch nicht sagen. Das gehört ja gewissermaßen zu dem Beruf des Politikers dazu, daß er im Laufe der Zeit, wenn es ihm nicht von Natur aus mitgegeben ist, sich selber dazu erzieht, eben nicht allzuleicht verletzt zu sein. Willy Brandt hatte übrigens allen Grund, verletzt zu sein.

GAUS: Das ist nicht in Zweifel gezogen. Mich interessiert hier die Frage: Wie wäre Helmut Schmidt zu verletzen? Gibt es etwas, was Helmut Schmidt verwunden würde?

SCHMIDT: Wenn ich an Brandts Stelle gewesen wäre, mit demselben Lebensweg wie er, möchte ich glauben, es hätte mich auch verletzt. Ich hätte mich allerdings resolut zur Wehr gesetzt. Willy Brandt hat gemeint, darüber mit einer gewissen Großzügigkeit hinweggehen zu sollen. Ich hätte wahrscheinlich anders reagiert.

GAUS: Wie hätten Sie reagiert?

SCHMIDT: Scharf.

GAUS: Sie hätten geklagt?

SCHMIDT: Nein, in offener Feldschlacht hätte ich mich auseinandergesetzt mit diesen Leuten.

GAUS: Kommen Sie sich niemals zu fein vor, um irgendeine Auseinandersetzung zu führen?

SCHMIDT: Das ist wieder so ein hochgestochener Ausdruck, Herr Gaus, nicht? Nein, ich möchte nicht gerne sagen, ich käme mir zu fein vor, aber es gibt Leute, mit denen ich mich nicht einlassen würde, einfach weil ich das Gefühl habe, es steht nicht dafür, weil sie zu kleinkariert sind oder weil sie zu gehässig sind. Die gibt es nicht unbedingt im Parlament, aber man begegnet im Leben Leuten, die einen ärgern wollen, und man sagt sich dann, da schieben wir was ein, da kümmern wir uns nicht drum.

GAUS: Und das können Sie auch wirklich, da müssen Sie sich nicht zwingen? Sie haben sich immer unter Kontrolle?

SCHMIDT: Ich glaube, das kann man nicht sagen, daß man sich immer unter Kontrolle hat, aber ziemlich, das glaube ich schon, ja.

GAUS: Kommen wir einmal auf den Debattenredner Schmidt zu sprechen. Sie haben sich im Parlament, im Bundestag, dem Sie zunächst von 1953 bis 1961 angehörten, den Beinamen »Schmidt-Schnauze« zugezogen oder verdient, wie immer Sie wollen. Würden Sie mir sagen: mehr zugezogen oder mehr verdient?

SCHMIDT: Beides.

GAUS: Sie haben sich den Beinamen »Schmidt-Schnauze« verdient, und es hat Debatten gegeben, bei denen Sie offensichtlich Ihren Gegner in Rage bringen wollten. Ich erinnere mich an eine, in der Sie dem Baron Guttenberg, dem CSU-Abgeordneten, dem Sinne nach vorgehalten haben, daß Großgrundbesitzer wie er allzu oft übriggeblieben seien und dazu beigetragen hätten, daß manche Verhältnisse in Deutschland nicht so geordnet seien, wie Sie sie sich wünschten. Meine Frage: Sind Sie dann auch in Rage, oder behalten Sie dabei einen ganz kühlen Kopf?

SCHMIDT: Zwar gereizt, aber ganz kühlen Sinnes. Ich erinnere mich sehr gut an diese Auseinandersetzung. Wenn Sie gerade diese Gelegenheit jetzt in Erinnerung rufen, dann muß ich wohl sagen dürfen, daß eine sehr scharfe, bewußt provozierende Rede Guttenbergs unmittelbar vorhergegangen war. Er griff die innere Glaubwürdigkeit der Sozialdemokraten an; und das nach meinem Empfinden arrogant und überheblich. Wir sind inzwischen ganz gute Kollegen geworden, das ist ja nun auch acht Jahre her, wir können sehr freundlich und nett miteinander umgehen, obwohl wir sehr verschiedener Meinung sind. Aber meine ganze Fraktion hat damals als eine Ungeheuerlichkeit empfunden, mit ganz kaltem Blut dargestellt zu werden als Leute, die bewußt etwas anderes sagen, als sie denken. Und ich hatte das Gefühl, daß darauf eine deutliche, scharfe, kämpferische Erwiderung notwendig war. Übrigens war meine Erwiderung nur fünf Minuten lang, und ich habe dann in den nächsten 50 Minuten ganz sachlich ein schwieriges Problem auseinandergesetzt. Sie können das auch nachschlagen.

GAUS: Sie sehen, es sind mir in Erinnerung geblieben die fünf Minuten, als ich nach einem Beispiel suchte.

SCHMIDT: Ich habe sie nur improvisiert aus der Situation heraus.

GAUS: Ich stelle meine Frage noch einmal: Kühlen Bluts, so sagen Sie, hatte Guttenberg die SPD attackiert. Helmut Schmidt ging hinauf und schlug zurück. Kühlen Bluts oder doch in Rage?

SCHMIDT: Gereizt, wie ich schon sagte, aber ...

GAUS: Kontrolliert?

SCHMIDT: Das passiert mir niemals im Parlament, daß ich etwas anderes sage, als ich sagen will.

GAUS: Sie wissen, wenn Sie hinaufgehen, was Sie sagen wollen, und wenn Sie herunterkommen, wissen Sie, was Sie gesagt haben?

SCHMIDT: Nein, das wäre falsch. Manche Gedanken fliegen ja eigentlich dem Redner zu, während er spricht, und manches bildet sich in Gedanken, indem er in den Gesichtern, die vor ihm sitzen, die Reaktion der Zuhörer sieht; dies ist ganz wesentlich für das, was man sagt. Man muß manchmal eine Sache noch vertiefen, noch nachstoßen, weil man sieht, daß sie nicht ganz verstanden wurde oder noch nicht ganz verstanden wurde, oder daß man sich nicht deutlich genug ausgedrückt hat; oder man sieht, daß eine Pointe vielleicht gar keine war, von der man dachte, sie sei eine gewesen, und muß das dann noch einmal verschärfen. Man weiß nicht unbedingt vorher, was man sagen will. Man weiß im großen und ganzen, was man sagen will.

GAUS: Man kennt den Inhalt, aber nicht die Formulierung.

SCHMIDT: So ist es. Man kennt den Inhalt, aber keineswegs die Formulierung – mit Ausnahmen allerdings. Es gibt manchmal natürlich auch in Debatten Sätze, die man im Kopf oder vielleicht sogar auch auf dem Papier vorformuliert hat. Das gibt es auch.

GAUS: Gehören Sie zu den Debattenrednern, die lieber vorformulieren, oder zu jenen, die es darauf ankommen lassen, daß ihnen die richtige Formulierung einfällt?

SCHMIDT: Das letztere. Ich bin gehandikapt und kann in große Verlegenheit geraten, wenn ich, wie ich es schon einmal gemacht habe – es ist schon viele Jahre her –, eine Rede vorformulieren würde. Dann verliere ich den Faden zum Papier, weil ich mich inzwischen davon löse und mir alle möglichen Dinge einfallen, die ich auszudrücken versuche. Und wenn ich mit diesem Gedanken, der mir eingefallen ist, zu Ende bin, dann muß ich ja eigentlich wieder auf das Papier zurückkommen, aber ich finde den Faden nicht mehr. Also, ich hasse diese vorformulierten Reden. Auf der anderen Seite ist es vielleicht notwendig, in dem Zusammenhang zu sagen, daß ja bei großen Debatten ein technischer Zwang auf den Redner ausgeübt wird, vorzuformulieren; und zwar einfach über die Technik der Presse, die einen gewissen Druck ausübt, damit sie rechtzeitig noch ihre Nachrichten durchgeben kann, vorher von ihm zu wissen, was der Mann nun eben sagen wird. Und wenn er diesem Zwang nachgibt und das vorher aufschreibt und formuliert, dann darf er nicht oben nachher etwas völlig anderes sagen als das, was vorher an die Presse gegangen ist. Das ist eine gewisse Kalamität.

GAUS: Kommen wir noch einmal zurück auf die ersten Vorstellungen, die Sie bewogen haben, 1946 in die SPD zu gehen. Hatten Sie eine Art Frontsozialismus mit nach Hause gebracht? Wollten Sie eine gänzlich erneuerte Gesellschaft?

SCHMIDT: Nein, das möchte ich nicht sagen. Sehen Sie, mir ist es so gegangen, daß ich während des Krieges immer deutlicher spürte und mir immer klarer wurde, bewußter und klarer wurde, daß das ein schlechtes Regiment war, unter dem wir lebten, eine schlechte Regierung, ein schlechter Staat. Mir ist sogar auch, was vielen Frontsoldaten verborgen bleiben mußte, klargeworden, daß es eine verbrecherische Regierung war und ...

GAUS: Warum ist Ihnen das klargeworden?

SCHMIDT: Weil ich während einer Zeit des Krieges in Berlin im Luftfahrtministerium tätig sein konnte und dadurch mehr Einblick gekriegt habe in manche Dinge, als man an der Front hat kriegen können, und auch mehr gehört habe. Ich wußte ganz genau, daß ich dagegen war. Ich wußte aber nicht, wofür ich hätte sein sollen. Das hat in meiner Erziehung nicht drin gelegen. Ich war im Jahre 1933, als die Nazis kamen, vierzehn Jahre alt gewesen. Mir hatte niemand gesagt, wie ein Staat eigentlich beschaffen hätte sein sollen. Ich hatte gar keine positive Vorstellung von der Demokratie. Mir war nur klar, daß die höhnische Herabsetzung der westlichen Demokratien durch das Dritte Reich nicht ganz stimmen konnte; daß das wohl falsch war. Aber wie es denn nun wirklich war in einer Demokratie, wie ein Rechtsstaat wirklich geordnet sein sollte, davon hatte ich keine positive Vorstellung. Und aus diesem Gefühl heraus, einerseits genau zu wissen, so darf es hier nicht sein in Deutschland, andererseits aber nicht genau zu wissen, wie es denn statt dessen sein sollte, ergab sich diese Wißbegierde, wie übrigens in vielen anderen Gefangenenlagern ja auch, die unter uns Kriegsgefangenen zu endlosen Vorträgen und nächtlichen Gesprächen geführt hat. Eigentlich habe ich meine positive Vorstellung, wie ein Staat wohl sein sollte, ich sagte es schon, in der Gefangenschaft gebildet. Und jene Parallelität zwischen dem sozialistischen Prinzip der Solidarität – übrigens nicht nur ein sozialistisches Prinzip, genauso gut kommt es im katholischen Naturrecht vor –, zwischen diesem sozialistischen Prinzip der Solidarität und dem im Kriege erlebten Prinzip der Kameradschaft hat dann ein übriges getan.

GAUS: Ihr Vater war Studienrat in Hamburg gewesen. Haben Sie von ihm in irgendeiner Weise eine politische Vorbildung genossen?

SCHMIDT: Mein Vater war alles andere als ein Nationalsozialist; er war kein Widerstandskämpfer, aber alles andere als ein Nationalsozialist.

GAUS: Er war auch kein Sozialdemokrat?

SCHMIDT: Nein, er war auch kein Sozialdemokrat. Ich nehme an, er hat zeit seines Lebens gependelt zwischen Deutscher Volkspartei und der Deutschen Demokratischen Partei der Weimarer Zeit. Aber er war vorsichtig, und er hatte vielleicht auch Grund, vorsichtig zu sein. Jedenfalls hat er vor 1933, als wir beiden Jungs in der Schule und später in der Hitlerjugend waren, sehr sorgfältig vermieden, uns gegenüber dem, was wir dort lernten, nun zu Hause in Konflikte zu bringen, so daß ich also von meinem Vater her zwar atmosphärisch gegen das Dritte Reich beeinflußt worden bin, aber nicht für irgendwelche Dinge.

GAUS: Sie haben vorhin von den nächtelangen Diskussionen gesprochen, die bald nach dem Kriege in den Gefangenenlagern und in Westdeutschland geführt wurden. Teilen Sie die ein wenig sentimentale Sehnsucht vieler Westdeutscher Ihrer Generation nach den ersten Nachkriegsjahren, nach der unermüdlichen Debattierlust jener Zeit, als alles noch ungeordnet war und die Chance zu bergen schien, neu geordnet zu werden?

SCHMIDT: Nein, Sehnsucht würde ich nicht sagen. Wohl aber empfinde ich sehr deutlich aus der Erinnerung heraus, daß manche der Debatten, die man damals geführt hat, zu den schönsten und fruchtbarsten Debatten und Gesprächen gehört haben, die ich überhaupt erlebt habe – einschließlich der ganzen späteren zwanzig Jahre als Politiker.

GAUS: Sie haben vorhin schon vom Godesberger Programm gesprochen, das sich die SPD 1959 gegeben hat und das nach Vorstellung der SPD ausdrücken soll, daß die Sozialdemokratie heute eine weithin entideologisierte Volkspartei ist. Haben Ideologien jemals etwas für Sie bedeutet, oder haben Sie sie immer als Ballast für die praktische Politik verstanden?

SCHMIDT: Das sind zwei Fragen. Lassen Sie mich zunächst einmal versuchen, die erste zu beantworten, ob Ideologien je für mich etwas bedeutet hätten. Ich glaube nein. Zweitens würde ich aber nicht sagen, daß die Ideologien, die andere vortrugen oder die andere aus früheren Zeiten mitgebracht hatten, daß mir die als Ballast erschienen wären. Das will ich nicht sagen, sondern doch als etwas historisch Gewachsenes, was als solches zu respektieren war.

GAUS: Auch etwas Respektables kann Ballast sein.

SCHMIDT: Man mußte versuchen, den Menschen zu zeigen, daß diese Ideen, diese Ideologien nicht recht in Übereinstimmung standen mit der Wirklichkeit und mit den wirklichen Problemen, die es zu lösen galt.

GAUS: In welchen grundsätzlichen Auffassungen haben Sie seit Beginn ihrer politischen Laufbahn am gründlichsten umlernen müssen?

SCHMIDT: Innerhalb meiner politischen Tätigkeit?

GAUS: Ja, also nach 1945.

SCHMIDT: Ja, da muß ich einmal einen Augenblick nachdenken. Ihre Formulierung »am meisten umlernen« klingt so, als ob man in vielen Punkten habe umlernen müssen. Umlernen ist für mich nicht ein sehr zutreffender Ausdruck, lernen ja, eine ganze Menge, aber umlernen, das weiß ich nicht. Eines will ich sagen, Herr Gaus: In den ersten Jahren nach dem Kriege war in meinen politischen Vorstellungen die sozialistische Komponente viel gewichtiger, heute ist die demokratische viel gewichtiger. Das würde ich aber nicht als einen Umlern-Prozeß bezeichnen.

GAUS: Einen Lernprozeß.

SCHMIDT: Ja, einen Entwicklungsprozeß.

GAUS: Ein Lernprozeß, der wodurch ausgelöst wurde? Durch die pragmatische Erkenntnis, daß die sozialistische Komponente die Sozialdemokratie noch weiter von der Macht fernhalten würde, als sie es noch immer ist, oder durch objektive Einsichten, die zur Relativierung des Sozialismus führten?

SCHMIDT: Beides, und vor allem drittens, daß ich im Laufe der Zeit erfahren habe, daß das Funktionieren der Demokratie und das Funktionieren des Rechtsstaates unendlich viel wichtiger ist nach meiner Vorstellung, als manches an zu weit getriebener sozialistischer Akribie, was wir uns damals vorgestellt hatten. Ich bin auch heute der Meinung, daß zum Beispiel Sozialpolitik, daß soziale Gerechtigkeit schlechthin ein Prinzip ist, ohne das eine moderne Demokratie nicht existenzfähig wird: Ich halte es für grundlegend. Gleichwohl meine ich, noch wichtiger ist, daß Demokratie und Rechtsstaat funktionieren.

GAUS: Sie glauben nicht, daß das eine vom anderen abhängt?

SCHMIDT: Oh ja, das ist ineinander verwoben, eine Demokratie könnte nicht funktionieren, wenn es in dem Lande keine soziale Gerechtigkeit gäbe. Dann bliebe auch die Demokratie nicht funktionsfähig.

GAUS: Nennen Sie mir die Ideale, die Sie in der Politik, oder auch das Ideal, das Sie in der Politik am höchsten anstreben.

SCHMIDT: Ich will auf Ihre Frage mit beispielhaften Personen antworten. Als ein Vorbild für einen Politiker ist mir zum Beispiel immer Thomas Jefferson erschienen, einer der frühen amerikanischen Präsidenten.

GAUS: Können Sie begründen warum?

SCHMIDT: Aus mancherlei Gründen. Einmal hat mich immer angezogen die umfassende Bildung an dem Manne, der eben nicht nur auf sein politisches Geschäft starrte und von allem übrigen nichts wußte, sondern der von einem ganz weiten Horizont her sich den politischen Problemen seines Landes zu widmen wußte. Zum zweiten haben mich an ihm angezogen die feststehenden moralischen Grundsätze. Und damit komme ich vielleicht zur nächsten Person, die ich nennen will – aus unserer Zeit, ich habe das auch in Versammlungen vor jungen Leuten schon gerne einmal gesagt. Aus unserer Zeit finde ich, daß Johannes XXIII. ein Vorbild ist und auch für Politiker sein sollte, übrigens nicht nur für Politiker, sondern auch für andere Menschen, insbesondere für junge Menschen, weil er in so überaus überzeugender Weise, weit über den Bereich seiner katholischen Kirche hinaus, allen Menschen auf der Welt die Notwendigkeit der Toleranz vor Augen führte, die sittliche Notwendigkeit der Toleranz, wenn Menschen im Lande überhaupt sollen miteinander leben können.

Und als Dritten möchte ich jemanden nennen, der gerade für Deutschland etwas geleistet hat, was notwendig war, aber nicht nur für Deutschland: Das ist Kennedy, der den Menschen in der ganzen Welt den Mut zum Ideal zurückgegeben hat. Es war eine Zeitlang und ist auch heute noch unter manchen Menschen in Deutschland etwas Suspektes, Ideale zu haben. Ich finde das gar nicht suspekt. Und ich finde, der Kennedy hat hier zum Beispiel darin etwas geleistet, daß er vielen, vielen jungen Menschen auf der Welt den Mut wiedergegeben hat zum Ideal – ohne dabei auf der anderen Seite die

Füße vom Boden zu verlieren. Wenn ich also in diesen drei Beispielen Ihre Frage beantworten darf, dann würde ich sagen, solche Eigenschaften, wie ich sie hier eben hervorgehoben habe an diesen drei Personen, solche Eigenschaften würde ich schon für vorbildlich und ideal auch für einen Politiker halten.

GAUS: Sie haben im Blick auf Jefferson von dem tiefen Eindruck gesprochen, den Ihnen seine umfassende Bildung macht. Beklagen Sie manchmal, daß Sie eingespannt sind in politische Verpflichtungen, die Ihnen ...

SCHMIDT: Ja, ja, ganz zweifellos, man hat so furchtbar viel zu tun und um die Ohren, und manches davon ist einem selber gar nicht so wichtig, aber es ist unvermeidlich, so daß man nicht soviel lesen kann und nicht sich mit so vielen Dingen beschäftigen kann, wie man eigentlich möchte.

GAUS: Sie wollten einmal vor dem Kriege – Sie haben in Hamburg die Lichtwark-Schule, eine Versuchsoberschule mit stark musischem Charakter, besucht –, Sie wollten Architekt und Städtebauer werden, eine Absicht, die der Krieg vereitelt hat. Gibt es Bemühungen, Anstrengungen, trotz allem das Musische im Leben des Politikers Schmidt nicht ganz verkümmern zu lassen?

SCHMIDT: Ich würde nicht sagen Bemühungen und Anstrengungen – das wäre ein falscher Ausdruck, aber verkümmert ist es keineswegs.

GAUS: Sie malen zum Spaßvergnügen?

SCHMIDT: Ja, nur ein ganz klein bißchen.

GAUS: Sie spielen im Urlaub manchmal Orgel.

SCHMIDT: Ja, das ist richtig, wenngleich ich nicht so viel Orgel spiele, wie in den Zeitungen darüber zu lesen steht. Ganz gelegentlich ja. Gelegentlich spiele ich Klavier.

GAUS: Ihre Frau ist Lehrerin, Ihre Tochter hat gerade das Abitur gemacht; was will sie werden?

SCHMIDT: Ja, wenn man das bei einer 18- oder knapp 19jährigen Tochter so genau wüßte. Einstweilen will sie Psychologin werden. Ob sie dabei bleibt, wird man sehen.

GAUS: Das ist Ihnen recht?

SCHMIDT: Ich muß gestehen, es ist mir nicht ganz recht.

GAUS: Warum nicht?

SCHMIDT: Ich meine, daß, so wie unsere Gesellschaft, wie alle Gesellschaften sich in der westlichen Welt nun einmal entwickelt haben, es für eine Frau nötig ist im Leben, jederzeit auch sich selber erhalten zu können. Ich bin nicht ganz sicher, ob Psychologie der richtige Beruf für eine Frau ist. Aber das muß sie selber herausfinden.

GAUS: Sind Sie nach Ihrer Selbsteinschätzung, Herr Schmidt, ein kontinuierlicher und konsequenter Arbeiter, oder fühlen Sie sich von einer Aufgabe bald gelangweilt, und suchen Sie dann nach einer neuen?

SCHMIDT: Nein, ich würde mich eher für die erste Kategorie halten.

GAUS: Sie glauben, Sie sind fleißig und konsequent im Arbeiten.

SCHMIDT: Das würde ich glauben, ja.

GAUS: Als Sie 1953 zum erstenmal in den Bundestag kamen, haben Sie sich anfangs mit verkehrspolitischen Fragen beschäftigt, so wie Sie vorher in Hamburg zuletzt Leiter der wirtschaftspolitischen Abteilung der Behörde für Wirtschaft und Verkehr gewesen waren. Sie sind dann aber sehr schnell als Verteidigungsexperte der sozialdemokratischen Opposition neben Fritz Erler getreten. Zu dieser Parlamentskarriere habe ich mehrere Fragen. Zunächst: Wieweit haben Sie in der Beschäftigung mit verteidigungspolitischen Fragen die ganz persönliche Chance gesehen, voranzukommen, weil das ein Gebiet war, um das viele Sozialdemokraten aus traditionellen Gründen einen Bogen machten?

SCHMIDT: Nicht als eine Chance voranzukommen, aber als eine Chance überhaupt, sich zu betätigen. Jemand, der neu in den Bundestag kommt, das dürfte heute nicht anders sein als damals vor zwölf Jahren, der findet in seiner jeweiligen Fraktion so ziemlich alle Arbeitsgebiete bereits mit alten Hasen besetzt vor, die das schon alles kennen, die sich um ihr Arbeitsgebiet schon lange gekümmert haben und die das auch viel besser können als er; denn er ist ja ganz neu, bringt zwar einige Kenntnisse mit, aber andere fehlen ihm auch.

Es ist also für jeden jungen Abgeordneten relativ schwierig, sich innerhalb seiner Fraktion im Bundestag ein eigenes Arbeitsgebiet zu schaffen. Ich habe damals sicherlich – Fritz Erler kümmerte sich schon mehr und mehr um Außenpolitik und konnte sich nicht auf die Verteidigungspolitik allein beschränken, konzentrieren –, ich habe damals sicherlich auch empfunden, daß hier ein offenes Feld war, eine Lücke sozusagen, die mir die Möglichkeit geben würde, zu arbeiten und selbst etwas zu tun und nicht nur zuzuhören, wenn andere sprachen. Auf der anderen Seite habe ich die Lücke aber auch noch in einem ganz anderen Sinne empfunden. Das fing etwa 1955 an, nein, 1954 im Zusammenhang mit der großen, ganz Europa damals beschäftigenden EVG-Debatte. Ich habe damals die Notwendigkeit empfunden, gemeinsam mit anderen die Partei aus einer zu stark emotionalen Betrachtung der damit aufgeworfenen Probleme zu einer mehr rationalen, das heißt politischen Betrachtung der Probleme hinzuführen. Ich habe das für eine politische Aufgabe angesehen. Das war es auch. Es war keine sehr angenehme und keine sehr leichte Aufgabe.

GAUS: Ich würde darauf gerne noch kommen. Zwischendurch aber: Warum haben Sie die Formulierung »voranzukommen« im Zusammenhang mit Ihrer Betätigung als Wehrexperte zurückgewiesen? Scheuen Sie das Eingeständnis, daß ein junger Politiker, der Sie damals waren, auch den Wunsch haben kann – wie ich finde, haben muß –, voranzukommen, oder …

SCHMIDT: Nein, das kann er gerne eingestehen. Ein erhebliches Mindestmaß an Ehrgeiz ist notwendig, wenn der Mann überhaupt etwas leisten soll.

GAUS: Sie würden also die Formulierung »voranzukommen« auch für Helmut Schmidt als eine Überlegung gelten lassen, die er in sein Kalkül miteinbezieht?

SCHMIDT: Grundsätzlich ja. Für die damalige Zeit, nach der Sie gefragt hatten, aber war es noch kein Kalkül.

GAUS: Jetzt also zu dem, was Sie eben sinngemäß Befreiung von Gefühlsballast genannt haben. Ich habe in Ihrem Buch »Verteidigung und Vergeltung« ein, wenn Sie so wollen, Schuldbekenntnis Helmut Schmidts gefunden. Sie haben eingeräumt, daß Sie mit beteiligt und mit schuldig gewesen seien an der Belastung der Wiederbewaffnungsdebatte durch Gefühlsmomente und durch Vorurteile; so haben Sie geschrieben. In welcher Weise haben Sie daran Schuld getragen, was waren die Gründe, die Sie zu diesen Fehlern veranlaßt haben?

SCHMIDT: Lassen Sie mich zunächst einmal sagen, daß das, was Sie da aus diesem Buch zitieren, ja nicht eine Art von Selbstkritik ist. Es ist eine Fußnote in dem Buch an einer Stelle, wo allgemein beklagt wird, daß im Bundestag zwar gegenüber militärischen, gegenüber rüstungspolitischen Problemen sehr viel guter Wille, aber relativ sehr wenig Sachverstand vorhanden war.

GAUS: Man muß auch die Fußnoten lesen.

SCHMIDT: Das ist geschrieben 1960 im Sommer, und darunter steht dann eine Fußnote, die sagt: Übrigens, ich bin auch daran mit schuld, daß die Emotionen bei manchen Bundestagsdebatten den Sachverstand überwogen haben. Nun, mir schien das einfach aus Gründen der intellektuellen Redlichkeit notwendig, diese Fußnote anzubringen.

GAUS: Worin lag Ihre Schuld?

SCHMIDT: Ja, ob der Ausdruck Schuld ganz richtig ist? Wir haben eben alle nicht genug gewußt. Der einzige, der damals wirklich schon sehr viel wußte zu jener Zeit 1958, war Strauß. Alle übrigen Politiker waren relativ schlecht informiert über die militärischen Probleme, tasteten sich hinein, hatten bis dahin gar keinen richtigen Zugang zu dem Fundus an Literatur, den es darüber bereits gab. Und ob man das nun Schuld nennen will oder wie immer, das bleibe dahingestellt, würde ich sagen. Tatsache ist, daß auf allen Bänken des Bundestages in jenen Atomdebatten zum Beispiel des Jahres 1958 mehr guter Wille und ehrliche Überzeugung als Sachverstand gewaltet hat.

GAUS: Haben Sie bei den seinerzeitigen Debatten auch Rücksicht genommen auf die Gefühle, die die sozialdemokratische Mehrheit in diesen Fragen noch hatte?

SCHMIDT: Nein, nein. Ich stand bei dieser viertägigen Atomdebatte des Jahres 1958 – Strauß und ich haben uns später noch häufig deswegen gehakt und miteinander gestritten und auch freundschaftlich unterhalten –, ich stand damals unter dem Eindruck, daß die Regierung tatsächlich darauf aus war, Verfügungsgewalt über atomare Waffen zu erlangen, wenngleich sie es nicht sagte. Das hielt ich damals und halte ich übrigens auch heute noch; in der damaligen wie auch in der gegenwärtigen Situation, für eine höchst gefährliche und auf jeden Fall abzulehnende Politik. Nur daß es damals in der Regierung Leute gab, die das wirklich wollten, das würde ich heute nicht mehr beweisen wollen. Strauß hat es seither immer wieder konstant abgestritten. Und die übrigen haben wahrscheinlich viel weniger gewußt, wovon sie sprachen, als er.

GAUS: Sie haben eben schon gesagt, Strauß sei vielleicht der einzige im Parlament überhaupt gewesen, der genau begriffen habe, worum es geht. Das ist ein respektables Kompliment, das Sie dem ehemaligen Bundesverteidigungsminister machen. Strauß ist ein Politiker Ihrer Generation wie etwa auch Erich Mende und Barzel. Sagen Sie bitte, was ist das Gemeinsame – Sie haben vorhin schon die Scheu vor den großen pathetischen Ausdrücken erwähnt – dieser Generation? Wie unterscheidet sie sich von Älteren und von Jüngeren? Denn so ganz jung ist diese Generation ja auch nicht mehr.

SCHMIDT: Jung kann man, wenn man auf die 50 oder auf die Silberne Hochzeit zugeht, ja nun nicht gerade sagen.

GAUS: Eben.

SCHMIDT: Ich bin nicht ganz sicher, daß man zwischen Männern, wie Sie sie eben genannt haben – Strauß, Mende, Barzel, ich selber –, ich bin nicht ganz sicher, ob man da Gemeinsamkeit der Generation ohne weiteres auffinden kann. Ich empfinde das Generationenproblem innerhalb der Sozialdemokratie viel deutlicher. Und lassen Sie mich zum Beispiel sagen, daß zwei Freunde von mir, die ich sehr schätze und in ihrer Leistung auch sehr respektiere – Willy Brandt nämlich und Fritz Erler –, nur wenige Jahre älter sind als ich, vier oder fünf Jahre. Gleichwohl empfinde ich sie als einer anderen Generation zugehörig, weil sie nämlich noch geprägt sind von dem bewußten Miterleben der ersten Demokratie in Deutschland, der Weimarer Demokratie. Sie waren damals zwar noch nicht volljährig, aber immerhin doch in einem Alter, in dem man bewußt miterlebte, auch Partei nahm, sich engagierte für diese Demokratie, während ich einfach zu jung war. Um vier Jahre, fünf Jahre war ich einfach zu jung. Ich war etwa vierzehn. Daraus resultiert ein Generationsunterschied. Den zweiten Unterschied empfinde ich bei denjenigen, die so viel jünger sind als beispielsweise ich, daß sie jenen Konflikt nicht mehr selber miterlebt haben, unter dem wir im Kriege gestanden hatten: den Konflikt, einerseits zu wissen, daß man sein Land verteidigen muß, was wir ja auch taten und willig taten, und andererseits zu wissen, daß jeder Tag und jede Woche, um die auf diese Weise die endgültige Niederlage hinausgezogen wurde, doch nur der Verlängerung eines letztlich eindeutig zu verurteilenden Regimes galt.

Dieser Konflikt ist manchen Leuten in meiner Generation sehr, sehr bewußt gewesen. Wir haben darunter auch gelitten. Dagegen jemand, der zehn Jahre jünger ist, sagen wir, 1928 geboren, der war 1945 gerade noch Flakhelfer oder für ein Vierteljahr Soldat, der kann das eigentlich gar nicht empfunden haben, es sei denn im Ausnahmefall; denn normalerweise hatte der damals – geprägt durch die Hitlerjugend oder wo immer er erzogen war – gar nicht das Gefühl, daß dies eine verbrecherische Clique war, die uns da führte. Insofern empfinde ich da einen zweiten Generationsbruch, obwohl es gar keine dreißig Jahre Abstand sind, wie man normalerweise im Leben zu denken pflegt, daß von Generation zu Generation 30 Jahre Unterschied wären. Um auf Strauß zurückzukommen und auf Mende: Ich weiß nicht, ob ich da typische Gemeinsamkeiten der Generation finden würde.

GAUS: Wie beurteilt der Politiker Helmut Schmidt den Politiker Franz Josef Strauß?

SCHMIDT: Strauß ist ein ungeheuer begabter Mann, ein Mann mit großen Fähigkeiten, ein Mann mit einer großen Palette von Fähigkeiten: eine ganz gute Bildung, ein gutes Gedächtnis, eine glänzende Beredsamkeit – er kann ein Gremium von Professoren genauso hinreißen wie eine riesenhafte Volksversammlung –, Entschlußkraft, Energie, auch wohl Mut. Auf der anderen Seite steht dieser großen Zahl von Fähigkeiten, die an und für sich alle schon wünschenswert sind für einen Politiker und die den Strauß eben auch zu diesem Energiebündel machen, das er ist, ein Mangel an Selbstkontrolle gegenüber. Da bin ich eben nicht ganz sicher, ob der Strauß vorher weiß, was er sagt. Aber Sie haben mich nicht gefragt, wie ich ihn beurteile, sondern was ich von ihm halte. Da will ich Ihnen sagen, manchmal bin ich auf den Mann sehr zornig gewesen, und manchmal habe ich ihn für eine ganz gefährliche Kraft gehalten, und ich glaube, daß er auch in Zukunft, wenn er Fehler macht, gefährlich sein kann. Andererseits sehe ich, daß er sich Mühe gibt, sich in den Griff zu kriegen. Und ich muß gestehen, daß mir in all diesen vielen Jahren doch eine gewisse Antenne für den Charme geblieben ist, den er bisweilen hat.

GAUS: Was sind nach Ihrer Selbsteinschätzung Ihre vorherrschenden Eigenschaften, Herr Schmidt? Gelegentlich sind Ihre Talente mit militärischen Talenten gleichgesetzt worden; etwa durch die Art, wie Sie manche Probleme als Hamburger Senator für Inneres anpackten.

SCHMIDT: Also das, finde ich, ist eine etwas zudringliche Frage, Herr Gaus. Ich denke nicht, daß ich ein guter Militär wäre. Ich glaube schon, daß manches von dem, was ein Militär braucht, bei mir vorhanden ist: rasches Urteil über eine Lage, rasches Erkennen der Lage und Beurteilung dessen, was aus ihr entstehen kann, Entschluß, dieser Lage oder ihrer Entwicklung abzuhelfen, und dann auch das Vermögen, den Entschluß durchzusetzen. Auf der anderen Seite glaube ich – das ist jedenfalls meine Erfahrung aus den acht Jahren, in denen ich tatsächlich Soldat war –, daß ich mich vielleicht nicht sehr gut anpassen würde an den militärischen Organismus.

GAUS: Sind Sie nicht diszipliniert?

SCHMIDT: Das will ich nicht sagen. Ich selber würde mir keinen Mangel an Disziplin attestieren wollen, aber ich muß mir leider attestieren, daß ich, wenn ich anderer Meinung bin als andere, das ganz gerne sage. Und das würde im Militär nicht unbedingt gerne gesehen – weder in der Bundeswehr noch sonstwo auf der Welt.

GAUS: Sie haben als einer der ersten oder als der erste bekannte Sozialdemokrat überhaupt, 1958 – glaube ich –, an einer Reserveoffiziersübung der Bundeswehr teilgenommen. Das hat Ihnen in der Fraktion zwar damals ein wenig geschadet, aber andererseits hat es Ihnen auch in der Öffentlichkeit genutzt. Denken Sie bei dem, was Sie tun, auch immer ein wenig an den Eindruck Ihres Tuns in der Öffentlichkeit?

SCHMIDT: Wenn das damals, bei meiner Reserveübung, so gewesen wäre, müßte ich aber schon eine sehr feine Nase gehabt haben. Nein, das ist in dem Zusammenhang sicherlich falsch. Eher würde ich zugeben wollen, daß es mich gereizt hat, meiner Überzeugung gemäß eine Übung zu absolvieren, obwohl die meisten meiner politischen Freunde in diesen Fragen damals anderer Meinung waren.

GAUS: Bei der Vorbereitung auf dieses Interview, Herr Schmidt, habe ich verschiedentlich von Leuten, die Sie sehr gut kennen, gehört, daß es manchmal Spuren von Resignation bei Helmut Schmidt gibt. Sie sind im vergangenen Dezember siebenundvierzig Jahre alt geworden. Sie sind ein führender Sozialdemokrat, Sie gehören zur engsten Führungsspitze; aber Sie sitzen, nachdem Sie aus dem Hamburger Senatorenamt ausgeschieden sind, wieder auf der Oppositionsbank. Ist es richtig, daß Sie gelegentlich zur Resignation neigen, denken Sie manchmal an andere Karrieren, die man hätte machen können oder noch machen könnte in der Wirtschaft?

SCHMIDT: Der Ausdruck Resignation ist falsch, aber sonst ist etwas Richtiges dran an dem, was Sie fragen. Nein, ich denke nicht an andere Karrieren, das ist es nicht. Aber was mich bisweilen beschäftigt und worüber ich wohl auch einmal gerne mit Freunden rede, was offenbar bis zu Ihnen gedrungen ist, das ist die Frage, ob es eigentlich gesund ist, wenn ein Politiker, der bis zum normalen Pensionsalter von 65 Jahren eben keine volle zwei Jahrzehnte mehr vor sich hat, sondern etwas weniger, ob es eigentlich gesund ist, wenn er auf die Dauer, um mit Max Weber zu reden, nicht nur für die Politik, sondern auch von der Politik lebt. Zur Zeit, so bilde ich mir ein, kann ich das Risiko, das darin liegt, noch leicht auf mich nehmen.

Ich bilde mir ein, daß, wenn aus irgendwelchen politischen Umständen heraus ich in Auseinandersetzungen geraten sollte und Konsequenzen ziehen wollte – Politiker müssen immer damit rechnen, daß sie irgendwann Konsequenzen zu ziehen haben, Minister zum Beispiel können ohne eigenes Verschulden gezwungen werden, Konsequenzen zu ziehen –, ich bilde mir also ein, wenn ich in irgendeine solche Lage käme, dann würde ich mit meinem jetzigen Alter und mit den Erfahrungen und Fähigkeiten, die man im Laufe seines Lebens erworben hat, sicherlich ganz gut eine Arbeit in der Wirtschaft übernehmen können, die mir Spaß machen würde und die nicht nur den Mann, sondern auch die ganze Familie, die dazugehört, ernähren würde.

Aber ich muß Ihnen bekennen, daß ich manche Beispiele von Kollegen im Bundestag erlebt habe, die sechzig, fünfundsechzig, siebzig Jahre alt geworden waren und eben kein Vermögen hatten, auch keinerlei Pensionsansprüche, die dann in eine Abhängigkeit gerieten; sie mußten wieder aufgestellt werden, damit sie weiterhin ihren Lebensstandard behielten. Das finde ich eine ganz, ganz schreckliche Sache. Ich möchte mein ganzes Leben lang, solange ich politisch tätig bin, unabhängig sein. Und diese Unabhängigkeit, glaube ich, verliert man, wenn man an die Sechzig rankommt und immer noch kein Vermögen oder keine Pension oder, was weiß ich, keinen anderen Rückhalt hat. Früher in Preußen konnten sich die Herren dann auf ihre Klitsche zurückziehen, das waren die guten alten Zeiten. Wir haben keine Klitschen mehr, nur die wenigsten von uns. Das alles, meine ich, ist eine ganz legitime Erwägung, und die hat mit Resignation nicht unbedingt etwas zu tun.

GAUS: Erlauben Sie mir eine letzte Frage, Herr Schmidt: Würden Überlegungen, wie Sie sie jetzt angestellt haben, hinfällig werden, wenn Sie sozialdemokratischer Kanzlerkandidat würden?

SCHMIDT: Lassen Sie mich zu dieser in der Öffentlichkeit bisweilen beredeten Frage eines vorweg sagen: Ich glaube nicht, daß die Zeit heute reif ist – weder für die Sozialdemokratische Partei noch für mich –, eine solche Entscheidung schon zu treffen. Aber auf den eigentlichen Kern Ihrer Frage will ich antworten: Es gibt durchaus nach meiner Vorstellung Aufgaben in vieler Menschen Leben, auch in meinem, die so bedeutsam sind, daß man dafür vieles opfern oder aufs Risiko stellen muß. Das schon. Das gilt für jeden, der zum Beispiel ein Ministeramt annimmt. Etwas anderes ist es, wenn man vor Aufgaben steht, von denen man glaubt, viele andere könnten sie auch erfüllen; dann muß man nicht unbedingt ein Risiko auf sich nehmen.

Ich war schon im Gefängnis, und keiner von uns hat Angst davor. Es bedeutet nicht mehr sehr viel, wenn wir etwas tun, und wir werden angeklagt und gehen dann ins Gefängnis. Dann gibt es am nächsten Tag 100, 200, 300, vielleicht auch mehr, Selbstanzeigen der Freunde, die daran mitbeteiligt waren, so daß der Einzelne als Einzelner nie vereinzelt, daß er – wie in der Vergangenheit – einfach von der Bürokratie, von der staatlichen Exekutive vereinnahmt werden kann, kaputtgemacht werden kann. Wir sind nicht mehr so, daß wir Angst hätten, das Gefängnis nicht in Kauf zu nehmen. Es ist für uns keine Alternative, wir führen unseren Kampf, das Gefängnis steckt mit drin; wenn es sein muß, werden wir auch das nehmen, aber das hindert uns nicht, den Kampf weiterzuführen.

RUDI DUTSCHKE:
Eine Welt gestalten, die es noch nie gab

Rudi Dutschke, geboren am 7. März 1940 in Schönefeld (DDR), gestorben am 24. Dezember 1979 in Arhus (Dänemark).
1958 Abitur, Industriekaufmann, verweigerte den Wehrdienst in der Nationalen Volksarmee und studierte in Westberlin Soziologie. Eintritt in den Sozialistischen Deutschen Studentenbund (SDS). Bald dessen führender Kopf beim Kampf der APO und in der Studentenbewegung. Zahlreiche Interviews, Reden und Aufsätze. Im April 1968 wurde gegen Dutschke ein Mordanschlag verübt, in dessen Gefolge es zu schweren Krawallen kam. Sie richteten sich vor allem gegen den Springer-Zeitungskonzern, dem wegen seiner Berichterstattung über die APO Mitschuld an der Tat angelastet wurde. Dutschke war später Lehrbeauftragter in Arhus, wo er an den Spätfolgen der Schußverletzung starb.
Das Gespräch wurde gesendet am 3. Dezember 1967.

GAUS: Sie sehen heute Abend ein Interview mit Rudi Dutschke, das ich schon vor einigen Wochen aufgezeichnet habe. Rudi Dutschke, 27 Jahre alt, vor geraumer Zeit aus der DDR aus politischen Gründen weggegangen, heute Student der Soziologie an der Freien Universität Berlin. Dieser Rudi Dutschke ist der bekannteste Wortführer jener radikalen Studenten, die nicht nur Westdeutschlands Hochschulen reformieren wollen, sondern unsere ganze Gesellschaftsordnung umstülpen möchten.
Diese Studenten sind eine kleine Minderheit. Darüber kann der Lärm, den sie machen, nicht täuschen. Der größere Teil der Studenten ist wahrscheinlich noch immer apolitisch, nicht einmal an Hochschulreformen in dem Maß interessiert, wie wir es uns wünschen

sollten. Und innerhalb jener Minderheit, die an Hochschulreformen, an bitter notwendigen, überfälligen Hochschulreformen interessiert ist, innerhalb dieser Minderheit sind die Anhänger Dutschkes wiederum eine kleine Gruppe nur. Kann das ein Grund sein, sich nicht mit ihm zu beschäftigen? Er muß es – er und seine Freunde müssen es hinnehmen, daß die Art ihrer Argumente sie gelegentlich nicht mehr als Gesprächspartner ernsthaft in Betracht kommen läßt. Das – wie ich meine – kann uns nicht hindern, zu versuchen dahinterzukommen, was denn wohl diese jungen Leute, diese Revolutionäre, was sie sein wollen, ganz bewußt sein wollen, in einer Zeit, in der man an Revolutionen nicht mehr glauben kann – was denn wohl diese jungen Revolutionäre wirklich vorhaben.

Dies ist der Grund – so meine ich – warum es sich lohnt, ein Interview mit Rudi Dutschke zu machen, bei dem es nicht so sehr um aktuelle Bezüge geht, sondern darum, was die Leitlinien seiner Überlegungen sind, jene Leitlinien, die er versucht, dieser Gesellschaft aufzuzwingen. Sehen Sie jetzt »Zu Protokoll – Rudi Dutschke«.

Herr Dutschke, Sie wollen die Gesellschaftsordnung der Bundesrepublik verändern. Alles soll von Grund auf anders werden. Warum?

DUTSCHKE: Ja, 1918, um damit zu beginnen, erkämpften die deutschen Arbeiter- und Soldatenräte den 8-Stunden-Tag. 1967 arbeiten unsere Arbeiterinnen und Arbeiter und Angestellten lumpige vier, fünf Stunden weniger pro Woche. Und das bei einer ungeheuren Entfaltung der Produktivkräfte, der technischen Errungenschaften, die eine wirklich sehr, sehr große Arbeitszeitreduzierung bringen könnten, aber im Interesse der Aufrechterhaltung der bestehenden Herrschaftsordnung wird die Arbeitszeitverkürzung, die historisch möglich geworden ist, hintangehalten, um Bewußtlosigkeit – das hat etwas mit der Länge der Arbeitszeit zu tun – aufrechtzuerhalten. Ein Beispiel: Nach dem Zweiten Weltkrieg begann ununterbrochen das Gerede der Regierungen über Wiedervereinigung. Nun haben wir schon 20 und mehr Jahre keine Wiedervereinigung, wir haben aber systematisch immer wieder Regierungen bekommen, die man gewissermaßen bezeichnen könnte als institutionalisierte Lügeninstrumente, Instrumente der Halbwahrheit, der Verzerrung, dem Volk wird nicht die Wahrheit gesagt. Es wird kein Dialog mit den Massen hergestellt, kein kritischer Dialog, der erklären könnte, was in dieser

Gesellschaft los ist. Wie es plötzlich mit dem Ende des Wirtschaftswunders zustande kam, warum die Wiedervereinigungsfragen nicht vorankommen? Man spricht von menschlichen Erleichterungen im Verkehr und meint Aufrechterhaltung der politischen Herrschaft.

GAUS: Warum meinen Sie, Herr Dutschke, daß die Veränderungen, die Sie wünschen, durch Mitarbeit in den bestehenden Parteien nicht erreicht werden kann?

DUTSCHKE: Es gibt eine lange Tradition der Parteien, in der sozialdemokratischen, der konservativen, den liberalen Parteien; ohne die jetzt geschichtlich aufzurollen, haben wir nach 1945 eine sehr klare Entwicklung der Parteien, wo die Parteien nicht mehr Instrumente sind, um das Bewußtsein der Gesamtheit der Menschen in dieser Gesellschaft zu heben, sondern nur noch Instrumente, um die bestehende Ordnung zu stabilisieren, einer bestimmten Apparatschicht von Parteifunktionären es zu ermöglichen, sich aus dem eigenen Rahmen zu reproduzieren, und so also die Möglichkeiten, daß von unten Druck nach oben und Bewußtsein nach oben sich durchsetzen könnte, qua Institution der Parteien schon verunmöglicht wurde – ich meine, viele Menschen sind nicht mehr bereit, in den Parteien mitzuarbeiten, und auch diejenigen, die noch zur Wahl gehen, haben ein großes Unbehagen über die bestehenden Parteien. Und ... bauen sie noch ein Zwei-Parteien-System, und dann ist es endgültig vorbei.

GAUS: Wir kommen auf die Vorstellungen von einer politischen Gesellschaft, die Sie haben, sicherlich noch zu sprechen. Ich möchte vorerst noch dabei bleiben, was Sie also vom bestehenden politischen System abhebt. Studiert man, was Sie, Herr Dutschke, bisher geschrieben und gesagt haben, so gelangt man – jedenfalls ging es mir so – zu der Feststellung, daß die Opposition von Ihnen und Ihren Freunden im SDS nicht nur außerparlamentarisch, sondern antiparlamentarisch ist. Eine Frage: Stimmen Sie diesem Befund zu? Halten Sie das parlamentarische System für unbrauchbar?

DUTSCHKE: Ich halte das bestehende parlamentarische System für unbrauchbar. Das heißt, wir haben in unserem Parlament keine Repräsentanten, die die Interessen unserer Bevölkerung – die wirklichen Interessen unserer Bevölkerung – ausdrücken. Sie können jetzt fragen: Welche wirklichen Interessen? Aber da sind Ansprüche da. Sogar im Parlament. Wiedervereinigungsanspruch, Sicherung der Arbeitsplätze, Sicherung der Staatsfinanzen, in Ordnung zu bringende Ökonomie, all das sind Ansprüche, die muß aber das Parlament verwirklichen. Aber das kann es nur verwirklichen, wenn es einen kritischen Dialog herstellt mit der Bevölkerung. Nun gibt es aber eine totale Trennung zwischen den Repräsentanten im Parlament und dem in Unmündigkeit gehaltenen Volk.

GAUS: Wir sind uns einig, daß Sie vorerst Behauptungen aufstellen, die wir jetzt nicht diskutieren, sondern zu Protokoll nehmen. Sagen Sie mir, wie soll jene Gesellschaft, die Sie anstreben, sich gliedern, verwalten und regieren?

DUTSCHKE: Die Gesellschaft, die wir anstreben, ist ein sehr langfristiges Prozeßresultat, das heißt wir können jetzt kein großartiges Gebilde der Zukunft entwerfen, wir können aber Gliederungsstrukturen sagen. Gliederungsstrukturen, die sich von den jetzigen prinzipiell unterscheiden.

GAUS: Wodurch?

DUTSCHKE: Und zwar in der Hinsicht, daß unter heutigen Bedingungen Wahlen durchgeführt werden in jedem vierten Jahr, und man hat die Chance, die bestehenden Parteien zu bestätigen. Immer weniger die Chance, Wahlen durch neue Parteien – und damit neue Alternativen zur bestehenden Ordnung ...

GAUS: Die NPD ist ein Gegenbeweis.

DUTSCHKE: Ist kein Gegenbeweis, denn die Entstehung der NPD ist nicht zu trennen von dem Unbehagen über die bestehenden Parteien auf der einen Seite und dem Ende der Rekonstruktionsperiode – unkritisch: des sogenannten Wirtschaftswunders – auf der anderen Seite. Die beiden Elemente ermöglichten ein Aufkommen der NPD. Aber das heißt nun nicht, daß die NPD Chancen hätte, Mehrheiten in diesem Volk zu gewinnen ...

GAUS: Zurück zu Ihrer Idealvorstellung der Gesellschaft, die Sie politisch bilden möchten.

DUTSCHKE: Grundsätzlicher Unterschied, daß wir begonnen haben, Organisationen aufzubauen, die sich von den Parteistrukturen unterscheiden dadurch, daß in unseren Organisationen keine Berufspolitiker tätig sind, daß bei uns kein Apparat entsteht, daß bei uns die Interessen und die Bedürfnisse der an der Institution Beteiligten repräsentiert sind, während in den Parteien ein Apparat vorhanden ist, der die Interessen der Bevölkerung manipuliert, aber nicht Ausdruck dieser Interessen ist.

GAUS: Wenn Ihre revolutionäre Bewegung groß wird und sich selbst jenem Apparat angliedert, der von einer bestimmten Größe an zu jedem Organismus gehört, wie wollen Sie das verhindern?

DUTSCHKE: Das ist eine Behauptung von Ihnen – ich meine, das ist kein ewiges Naturgesetz, daß sich entwickelnde Bewegungen Apparate haben müssen. Es hängt von der Bewegung ab, ob sie in der Lage ist, die verschiedenen Stufen ihrer Entfaltung mit den verschiedenen Bewußtseinsstufen ihrer Bewegung zu verbinden. Genauer: Wenn wir es schaffen, den Transformationsprozeß – einen langwierigen Prozeß – als Prozeß der Bewußtwerdung der an der Bewegung Beteiligten zu strukturieren, werden die bewußtseinsmäßigen Voraussetzungen geschaffen, die es verunmöglichen, daß die Eliten uns manipulieren. Daß es eine neue Klasse gibt ...

GAUS: Sie gehen davon aus, daß der Mensch absolut bildungsfähig ist, daß der Mensch besser werden kann.

DUTSCHKE: Ich gehe davon aus, daß der Mensch nicht dazu verurteilt ist, dem blinden Spiel der Zufälle in der Geschichte unterworfen zu bleiben.

GAUS: Er kann die Geschichte selbst in die Hand nehmen?

DUTSCHKE: Er hat sie schon immer gemacht. Er hat sie bloß noch nicht bewußt gemacht. Und jetzt muß er sie endlich bewußt machen – unter Kontrolle nehmen.

GAUS: Wie regiert sich dieser Mensch, wer führt ihn, wie bestimmt er, wer ihn führt, wie wählt er diesen Mann ab?

DUTSCHKE: Er führt sich – und dieses Problem der Selbstorganisation ist nicht, daß ich jetzt wieder Fremde für mich entscheiden lasse. Wenn ich sage, die Menschen haben ihre Geschichte schon immer gemacht, aber noch nicht bewußt gemacht, dann soll das bedeuten, wenn sie sie bewußt machen, dann stellt sich das Problem der verselbständigten Eliten, der verselbständigten Apparate nicht mehr. Denn das Problem besteht darin, gewählte Repräsentanten wieder abzuwählen – sie jederzeit abwählen zu können – und das Bewußtsein der Notwendigkeit der Abwahl zu haben.

GAUS: Welche Eigenschaften müssen aus den Menschen herausoperiert werden, damit sie das leisten, was Sie von Ihnen erwarten?

DUTSCHKE: Nicht eine einzige. Es müßten die unterdrückten endlich frei werden können. Die unterdrückten Fähigkeiten der gegenseitigen Hilfe, der Fähigkeit des Menschen, seinen Verstand in Vernunft zu transformieren und die Gesellschaft, in der er lebt, zu begreifen und sich nicht von ihr manipulieren zu lassen.

GAUS: Auf welche Weise wollen Sie und Ihre Freunde diesen Bewußtseinsstand des Menschen herbeiführen?

DUTSCHKE: Wir haben angefangen, eine Methode zu entwickeln, die sich dadurch auszeichnet, daß wir Aufklärung über gesellschaftliche Tatbestände in der ganzen Welt und in der eigenen Gesellschaft verbinden mit Aktionen. In der Vermittlung und in der Verbindung von Aufklärung – systematischer Aufklärung – über das, was geschieht, was uns tagtäglich in den Zeitungen, in den Rundfunkorganen, auch im Fernsehen, vorenthalten wird; es gibt 122 Länder auf dieser Erde – wenn man die BILD-Zeitung aufschlägt, erfährt man, daß es ein Land gibt – im Höchstfalle – und nicht mal, was in diesem Lande geschieht. Dieses Phänomen, nicht des Informationsüberflusses, sondern der systematischen Hintanhaltung der Informationen und der nicht vorhandenen Strukturierung von Informationen wollen wir aufbrechen. Eigene Informationen geben über das, was in der Welt geschieht, aufklären und Aktionen machen, um eine Öffentlichkeit zu produzieren, die diese Informationen zur Kenntnis nimmt und begreift, daß es eine andere Öffentlichkeit gibt als die bestehende.

GAUS: Worin unterscheidet sich Ihre revolutionär-aufklärerische Absicht, Ihr politischer Wille zur totalen Umgestaltung der Welt von früheren Revolutionsbewegungen? Wo liegt der Unterschied?

DUTSCHKE: Ich würde sagen, der entscheidende Unterschied ist die geschichtliche Situation, in der wir unsere Arbeit machen. In vergangenen Epochen machten die Revolutionäre ihre Arbeit im wesentlichen unter nationalstaatlichen Bedingungen. Wir machen unsere Arbeit heute unter weltgeschichtlichen Bedingungen, in einem ganz realen Sinne. Heute ist die Bundesrepublik absolut nicht mehr als Nationalstaat zu begreifen, wir stecken in einem System von internationalen Zusammenhängen. Wir stecken in der NATO. Unsere Bevölkerung weiß nicht, was das bedeutet für die Zukunft. 1970 wird die Hälfte der Weltbevölkerung ein Sechstel aller

Dienstleistungen in Gütern haben. In den verschiedenen Kontinenten arbeiten Revolutionäre daran, ihr Elend zu beseitigen. Nun in diesem Zusammenhang stecken wir drin, und wir brauchen einen internationalen Weltmarkt, der nicht die eine Hälfte der Welt ständig mehr verelendet, um so die Konflikte weiter zu produzieren. Das muß abgebaut werden, da stecken wir drin, und insofern unterscheiden wir uns prinzipiell von den verschiedenen Situationen ...

GAUS: Die kommunistische Revolution wollte mindestens in der Theorie auch international sein.

DUTSCHKE: Ja, sie konnte es realgeschichtlich nicht, denn 1919 zu Beginn der Gründung der Kommunistischen Internationale gab es natürlich die Idee des internationalen Klassenkampfes. Aber real gab es nicht einmal eine wirkliche Bewegung in den verschiedenen Kontinenten ...

GAUS: Sie glauben, daß der Nationalstaat als Hemmnis für eine internationale Bewegung heute allenthalben auf der Welt überwunden ist?

DUTSCHKE: Der Nationalstaat als Hemmnis ist nicht überwunden. Er steckt im Bewußtsein der Menschen drin. Und unser Problem besteht grade, dieses ideologische Hemmnis zu beseitigen, um die internationale weltweite Vermittlung sichtbar zu machen, wie wir drinstehen und wie wir ...

GAUS: Das ist aber doch dasselbe Problem, das die Kommunisten 1919 hatten.

DUTSCHKE: Sie konnten es aber nicht lösen, während wir es heute lösen können, innerhalb des weltweiten Kommunikations- und anderen Zusammenhangs.

GAUS: Va bene. Ich gehe davon aus, Herr Dutschke, daß das Bewußtsein der Menschen in den hoch entwickelten Industriestaaten heute von der Einsicht in die Vergeblichkeit von Revolutionen bestimmt ist. Wohlgemerkt: in den Industriestaaten, nicht in den Entwicklungsländern. Ohne Zweifel haben die beiden großen europäischen Revolutionen – die französische und die russische – die politisch-gesellschaftlichen Verhältnisse entscheidend verändert, aber die von den Revolutionären verhießene quasi paradiesische Endstufe – das Fernziel – haben sie nicht erreicht. Sie sind vorher erstarrt, zum Teil unter schrecklichen Begleiterscheinungen. Worauf stützen Sie

Ihr Vertrauen, Herr Dutschke, daß Ihre Revolution anders, sozusagen kompletter sich verwirklichen wird? Wie wollen Sie vermeiden, daß Ihr Fernziel, bevor man es erreicht, in der Ferne verschwindet?

DUTSCHKE: Die Bedingungen, daß die russische Revolution scheiterte, kennen wir, es ist ein historisches Problem, wir können es erklären, warum es nicht gelang. Warum die Parteitheorie Lenins sich 1921 als eine entscheidende Schranke stellte. Warum das Zurückbleiben der industriellen Entwicklung in Rußland eine Voraussetzung auch für das Scheitern war. Das sind Faktoren, die wir nennen können. Es gibt keine Sicherheit für die Zukunft, daß wir nicht scheitern. Aber wenn die freie Gesellschaft sehr unwahrscheinlich ist, bedarf es um so größerer Anstrengungen, die historische Möglichkeit zu verwirklichen, ohne die Sicherheit zu haben, daß es wirklich gelingen wird. Es hängt vom Willen der Menschen ab, daß sie es schaffen, und wenn wir es nicht schaffen, dann haben wir eine historische Periode verloren. Als Alternative steht vielleicht Barbarei!

GAUS: Herr Dutschke, das ist der Punkt, auf den ich jetzt komme: auf dem Marsch zu Ihrem Fernziel, einem menschenfreundlichen, gutgesinnten Ziel, kann es Ihnen doch passieren, daß Sie höchst menschenfeindlich reagieren müssen. Sie können doch nicht vermeiden, möglicherweise Gefängnisse und Konzentrationslager errichten zu müssen, damit Sie auf Ihrem Marsch zu Ihrem paradiesischen Fernziel nicht unterbrochen werden.

DUTSCHKE: Das mußten Revolutionen leisten, die Minderheitsrevolutionen waren. Der Unterschied zu den vergangenen Revolutionen besteht unter anderem darin, daß unser Prozeß der Revolution sehr lang sein wird, ein sehr langer Marsch sein wird. Und innerhalb dieses sehr langen Marsches wird sich das Problem der Bewußtwerdung stellen und gelöst werden, oder wir werden scheitern.

GAUS: Sie glauben – wenn ich Sie recht verstehe –, Ihre Revolution wird sich in sehr langen Etappen entwickeln, und es wird jeweils eine Etappe erst abgeschlossen sein, wenn die Menschheit den Bewußtseinsstand, den sie für diese Etappe braucht, erreicht hat. Wenn sie das aber erreicht hat, dann bedarf es keiner Gefängnisse und keiner Konzentrationslager. Richtig?

DUTSCHKE: Ja. Das ist die Voraussetzung, um Gefängnisse als Gefängnisse beseitigen zu können.

GAUS: Wie lang wird dieser Marsch sein? Wann sind Sie da, 1980?
DUTSCHKE: Sehen Sie, es gibt ein Datum, 1871 gab's mal die Pariser Commune ...
GAUS: Ja. Ein Vorbild für Sie!
DUTSCHKE: ... ein Vorbild für uns. Eine Herrschaft der Produzenten über ihre Produkte. Keine Manipulation, ständige Wahl und Abwahl und so weiter ...
GAUS: Ich weiß. Es war eigentlich von allen Parallelerscheinungen das entscheidende ...
DUTSCHKE: ... das entscheidende Modell für die Zukunft immer wieder zu erreichen. Und die Länge der Zeit wird uns nicht hindern, den Kampf zu führen. Es wird lang sein. Aber viele Menschen sind dabei, ihn schon zu führen, und nicht nur mit den etablierten Institutionen.
GAUS: Auf die Größe Ihrer Bewegung kommen wir noch. Vorerst gefragt: Der Unterschied zwischen Ihrer Generation, Herr Dutschke, Sie sind Jahrgang 1940, zwischen Ihrer Generation und der Generation der heute 40- bis 50jährigen, scheint mir darin zu bestehen, daß Sie, die Jüngeren, die aus den vergangenen Jahrzehnten gewonnene Einsicht in die Verbrauchtheit der Ideologien nicht besitzen. Sie sind ideologiefähig. Akzeptieren Sie diesen Generationsunterschied?
DUTSCHKE: Ich werde ihn nicht als Generationsunterschied begreifen, ich würde sagen, es sind verschiedene Grunderfahrungen. Aber das ist nun nicht ohne weiteres ein Generationsunterschied. Grunderfahrungen können verschieden verarbeitet werden. Und die verschiedene Verarbeitung der Grunderfahrung wäre für mich die spezifische Differenz. Und so also vor 1914 gab es sicherlich auch eine Grunderfahrung, aber die wendete sich nicht gegen die politischen Institutionen. Wir wenden uns gegen diese.
GAUS: Ich behaupte nun aber, daß jede ideologisch geprägte Politik in unserer heutigen Zeit, in unseren Industriestaaten, im Grunde menschenfeindlich ist. Sie zwingt den Menschen auf eine vorgezeichnete Bahn, der er folgen muß, damit es den späteren Menschen einmal besser geht.
DUTSCHKE: Nein, es wird nichts vorgezeichnet. Das Vorzeichnen ist ja gerade das Kennzeichen der etablierten Institutionen, die den Menschen zwingen, etwas anzunehmen. Unser Ausgangs-

punkt ist Selbstorganisation der eigenen Interessen und Bedürfnisse, so stellt sich das Problem der ...

GAUS: Dieses setzt aber eine Bewußtseinsanhebung des Menschen voraus. Zu dieser Bewußtseinsanhebung müssen Sie ihn mindestens überreden. Freiwillig tut er das ja nicht. Dazu müssen Sie ihn bringen. Wenn er das nun nicht will, weil er sagt, ich will lieber abends in Ruhe dasitzen und den Krimi im Fernsehen sehen, und will nicht Herrn Dutschke und seine Freunde mein Bewußtsein schulen lassen, was machen Sie dann?

DUTSCHKE: Wir erheben nicht den Anspruch, die Gesamtbevölkerung aufklären zu wollen. Wir wissen, daß im Augenblick Minderheiten aufgeklärt werden können, aber Minderheiten, die geschichtlich die Chance haben, Mehrheiten zu werden. Heute sind wir nicht sehr viele. Aber das schließt doch nicht aus, daß immer mehr Menschen, besonders jetzt am Ende des sogenannten Wirtschaftswunders, besonders jetzt, wo international viele Ereignisse anstehen, die also bewußtseinsfördernd sind, warum soll das ausschließen, daß viele Menschen vielleicht unsere Einsichten als richtige begreifen.

GAUS: Ich habe zwei Bemerkungen dazu zu machen. Erstens: Wie wollen Sie es vermeiden, daß auch Sie in der Gefahr untergehen, als Minderheiten-Revolutionsbewegung Mehrheiten unterdrücken zu müssen, wenn Sie jemals an die Macht kommen würden? Wie wollen Sie die Gefahr vermeiden, der die anderen Revolutionen nach Ihrer eigenen Definition unterlegen sind? Nachdem Sie zugeben müssen, daß Sie ja jetzt nur mit einer Minderheit operieren können.

DUTSCHKE: Heute können Minderheiten – heute können nur rechte Minderheiten siegen, aber nicht linke Minderheiten. In Griechenland konnte eine rechte Minderheit siegen. Aber es wird keinen Sieg linker Minderheiten heute im organisierten Spätkapitalismus geben können, wo die internationale Konterrevolution alle Bedingungen eingebaut hat, um Minderheitenrevolutionen zu vermeiden. Das ist gut, das ist richtig.

GAUS: Das heißt, die konterrevolutionäre Bewegung erspart Ihnen die Gefahr ...

DUTSCHKE: ... so zu werden wie die Bolschewiki.

GAUS: Verstehe. Zweite Frage in dem Zusammenhang: Was gibt Ihnen den Mut, anzunehmen, daß die etwa verstört werdenden Menschen, durch eine Rezession, durch Wirtschaftsniedergang, durch Arbeitslosigkeit aufgeschreckten Menschen, zum Beispiel der Bundesrepublik, Ihren Appellen folgen werden, einem Appell, der da lautet: Du mußt lernen, dich selbst besser zu verstehen und deine Lage, anstatt dem bequemeren Weg zu folgen, nämlich Parteiführern etwa der NPD, die nicht verlangen, daß man lernt, sondern die das fertige Rezept anbieten.

DUTSCHKE: Sie bieten keine fertigen Rezepte. Sie bieten irrationale und emotionale Erscheinungsformen.

GAUS: Das ist die Gefahr, von der ich spreche.

DUTSCHKE: Ja, das ist die Gefahr, aber gerade die Gefahr ist unser Ausgangspunkt der Arbeit. Der Prozeß unserer Arbeit baut immer mehr die Chancen ab, daß NPD-mächtige Führer Massen erfassen können, baut vielmehr immer mehr die Chance auf, daß also Bewußtwerdung, vielleicht Ausgangspunkt linker Minderheiten im Sinne Unterrichtung der Mehrheiten, entstehen kann. Was gegenwärtig noch nicht der Fall ist.

GAUS: Herr Dutschke, die bürgerliche deutsche Jugend im großen Frieden von 1914 – wie ich das gerne nenne – war der damals herrschenden Verhältnisse so überdrüssig, daß sie literarisch nach einem Stahlbad gerufen hat, was sie dann in Langemark auch erhielt. Heute gibt es unter Ihren Freunden den Ruf nach zwei, drei und weiteren Vietnams, aus denen dann der neue Mensch, der die Welt rettet, hervorgehen soll. Ist das eine Parallele?

DUTSCHKE: Nein, das ist keine Parallele, das ist ein Ruf der Revolutionäre in der Dritten Welt, in der unterentwickelten Welt. Wir rufen: Raus aus der NATO, um zu verhindern, daß wir in dieses »Stahlbad« hineinkommen. Das heißt, wenn wir 1969 weiter mitmachen, wird das unter anderem bedeuten, daß wir 1970/71 dabei sind, innerhalb der internationalen Konterrevolution, die niederschlagen muß Bewegungen in der Dritten Welt, auch in Lateinamerika, Afrika und Asien. Amerika allein ist nicht mehr in der Lage, die internationale Niederschlagung der sozialrevolutionären Bewegung zu leisten, Griechenland steht vor der Tür. Irgendwann – er ist nicht so weit, dieser Weg – wird die Bundesrepublik in diesem Schlamassel drin sein, wenn sie die NATO weiterhin als das entscheidende Konstituens ihrer politischen Herrschaft begreift.

GAUS: Sie schließen aus, Herr Dutschke, daß ein Teil Ihrer Anhängerschaft sich einfach langweilt im Wohlfahrtsstaat und deswegen Ihnen folgt?

DUTSCHKE: Bei uns kann Langeweile ein Ausgangspunkt politischen Bewußtseins werden. Aber Langeweile bewußt gemacht, warum Langeweile, was stört einen an diesem Staat und was kann verbessert werden, was muß abgeschafft werden – macht aus Langeweile Bewußtheit. Und entwickelt politische Produktivkraft gegen diese Gesellschaft.

GAUS: Herr Dutschke, Sie stammen aus der Mark Brandenburg, haben in der DDR gelebt und gehörten als Schüler zur Jungen Gemeinde der Evangelischen Kirche, die in der DDR gelegentlich hart bedrängt wurde. Sie haben sich selbst einmal als ziemlich vom christlichen Sozialismus beeinflußt gezeichnet, wie ich das nachlesen konnte – und Sie waren couragiert genug, den Wehrdienst in der DDR zu verweigern. Würden Sie für Ihre revolutionären Ziele notfalls auch mit der Waffe in der Hand eintreten?

DUTSCHKE: Klare Antwort: Wäre ich in Lateinamerika, würde ich mit der Waffe in der Hand kämpfen. Ich bin nicht in Lateinamerika, ich bin in der Bundesrepublik. Wir kämpfen dafür, daß es nie dazu kommt, daß Waffen in die Hand genommen werden müssen. Aber das liegt nicht bei uns. Wir sind nicht an der Macht. Die Menschen sind nicht bewußt sich ihres eigenen Schicksals, und so, wenn 1969 der NATO-Austritt nicht vollzogen wird, wenn wir reinkommen in den Prozeß der internationalen Auseinandersetzung – es ist sicher, daß wir dann Waffen benutzen werden, wenn bundesrepublikanische Truppen in Vietnam oder in Bolivien oder anderswo kämpfen – daß wir dann im eigenen Lande auch kämpfen werden.

GAUS: Dieses wollen Sie tun?

DUTSCHKE: Wer hat das Leid dann heraufbeschworen? Nicht wir, wir versuchen es zu vermeiden. Es liegt bei den bestehenden Mächten, dieses Leid der Zukunft zu vermeiden und politische Alternativen zu entwickeln.

GAUS: Warum treten Sie aus der Politik nicht aus? Wäre das nicht ein größeres Mitleid mit den armen Teufeln, mit den Menschen, für die Sie so schreckliche Zeiten heraufkommen sehen? Warum sagen Sie nicht: Wir können es nicht ändern, laß es doch laufen!

DUTSCHKE: Wir können es ändern. Wir sind nicht hoffnungslose Idioten der Geschichte, die unfähig sind, ihr eigenes Schicksal in die Hand zu nehmen. Das haben sie uns jahrhundertelang eingeredet. Viele geschichtliche Zeichen deuten darauf hin, daß die Geschichte einfach nicht ein ewiger Kreisel ist, wo nur immer das Negative triumphieren muß. Warum sollen wir vor dieser geschichtlichen Möglichkeit Halt machen und sagen: Steigen wir aus, wir schaffen es doch nicht. Irgendwann geht es mit dieser Welt zu Ende. Ganz im Gegenteil. Wir können eine Welt gestalten, wie sie die Welt noch nie gesehen hat, eine Welt, die sich auszeichnet, keinen Krieg mehr zu kennen, keinen Hunger mehr zu haben, und zwar in der ganzen Welt. Das ist unsere geschichtliche Möglichkeit – und da aussteigen? Ich bin kein Berufspolitiker, aber wir sind Menschen, die nicht wollen, daß diese Welt diesen Weg geht, darum werden wir kämpfen und haben wir angefangen zu kämpfen.

GAUS: Und werden Sie notfalls Menschen, die aussteigen möchten, zwingen, nicht auszusteigen ...

DUTSCHKE: Niemand macht bei uns mit, der nicht mitmacht aus der eigenen Bewußtheit. Diejenigen, die Leid heraufbeschwören ... die Höhe der Gewalt wird bestimmt von der anderen Seite, nicht von uns. Und das ist der Ausgangspunkt unserer eigenen Einschätzung – der Rolle der Gewalt in der Geschichte.

GAUS: Glauben Sie, daß Lenin – wenn ich ihn 1907 oder besser 1903 vor der ersten Revolution hätte interviewen können, nicht ganz ähnlich argumentiert hätte wie Sie?

DUTSCHKE: Nein, ich meine nicht. Lenin hätte bestimmt nicht so argumentieren können. Er war in der glücklicheren Lage, ein klares – oder relativ klares Bild – der Klassengesellschaft vor sich zu haben und eine proletarische Klasse, die in Bewegung zu setzen ist. Das Bild haben wir nicht. Können wir nicht haben, unser Prozeß ist viel komplizierter, schwieriger und länger.

GAUS: Das ist richtig. Aber in einem Punkte hätte er doch möglicherweise so argumentiert wie Sie, nämlich in jenem, daß das Ziel seiner Revolution die Friedbarmachung der Welt sein sollte.

DUTSCHKE: Ganz sicher war es ein Ziel des Sozialismus, solange er existiert, eine Welt zu schaffen, die sich dadurch auszeichnet, daß sie den Krieg beseitigt hat.

GAUS: Ja. Also Lenin hätte in diesem Punkte so argumentiert wie Sie.

DUTSCHKE: Nur in der Kontinuität des internationalen Sozialismus, der lange vor Lenin begonnen hat.

GAUS: Richtig. Und Sie sagen, daß es Ihnen nicht so ergeht, wie es Lenin und seiner Revolution ergangen ist, liegt darin, daß Sie niemals als Minderheit Mehrheiten vergewaltigen wollen.

DUTSCHKE: Wir können nie als Minderheit an die Macht kommen, wollen es nicht, und darin liegt unsere große Chance.

GAUS: Das stimmt. Was hat Sie von der christlichen, von der evangelischen Basis Ihres ersten gesellschaftspolitischen Engagements, der Zugehörigkeit zur Jungen Gemeinde, weggeführt?

DUTSCHKE: Die Religion, die für mich in der Tat eine große Rolle spielte, ist vielleicht 'ne phantastische Erklärung des Wesens des Menschen und seiner Möglichkeiten. Aber diese phantastische Erklärung muß ja nun realgeschichtlich verwirklicht werden. Und so geht also das, was ich in der Vergangenheit als Christ begriffen habe, ein in meine politische Arbeit auf dem Wege zur Realisierung vielleicht doch des Friedens auf Erden. Wenn Sie so wollen.

GAUS: Sie sind nach wie vor ein Christ?

DUTSCHKE: Was heißt Christ? Heute sind Christen und Marxisten in diesen entscheidenden Grundfragen, in diesen geradezu emanzipatorischen Interessen – Friede, und es gibt noch andere –, da sind wir uns einig. Wir kämpfen für gemeinsame Ziele. Der Pater in Kolumbien, der an der Spitze der Guerillas steht und mit der Waffe in der Hand kämpft, ist ein Christ! Und der revolutionäre Marxist anderswo ist auch ein ...

GAUS: Welche Rolle spielt aber für Sie das Transzendente?

DUTSCHKE: Ja, für mich war die Gottesfrage nie eine Frage. Für mich war immer die entscheidende, schon realgeschichtliche Frage: Was hatte Jesus da eigentlich getrieben? Wie wollte er seine Gesellschaft verändern und welche Mittel benutzte er? Das war für mich immer schon die entscheidende Frage. Die Frage der Transzendenz ist für mich auch 'ne realgeschichtliche Frage, wie ist die bestehende Gesellschaft zu transzendieren, einen neuen Entwurf zu machen einer zukünftigen Gesellschaft, das ist vielleicht materialistische Transzendenz ...

GAUS: Glauben Sie, daß Mitleid die herrschende Triebfeder Ihres politischen Handelns ist?

DUTSCHKE: Ich denke, daß Mitleid nicht die entscheidende ist, ich meine, es gibt nicht nur ein geschichtliches Gesetz des gegenseitigen Kampfes, sondern vielleicht auch ein geschichtliches Gesetz der gegenseitigen Hilfe und Solidarität. Und dieses Gesetz zur realen Wirklichkeit zu machen, daß die Menschen als Brüder wirklich miteinander leben, scheint mir eine wichtige Triebkraft meines Handelns zu sein.

GAUS: Was hat an den Berliner Verhältnissen – Sie studieren in West-Berlin an der Universität – und an den bundesrepublikanischen Verhältnissen den stärksten Abscheu bei Ihnen hervorgerufen?

DUTSCHKE: Ja – vielleicht war es die Unfähigkeit der Parteien, mir etwas zu zeigen, was attraktiv gewesen wäre. Attraktiv in einem spezifischen Sinne, was mich betrifft, was mich engagiert hätte. Aber das ist doch das Schlimme bei unseren Parteien, daß sie unfähig sind, sogar der Parteibevölkerung – ganz zu schweigen von der Gesamtbevölkerung – Interessen, Bedürfnisse sichtbar zu machen, mit denen zu arbeiten, die Menschen zu betreffen, sie zu engagieren, ein eigenes ...

GAUS: Sie beklagen jetzt den Mangel an einer gesellschaftspolitischen Utopie. In allen Ehren gesagt.

DUTSCHKE: Ja – eben das verstehe ich. Nicht nur gesellschaftliche Utopie, vielmehr die Fähigkeit – die Unfähigkeit – der Parteien, das, was sie als Politik bezeichnen, als etwas herauszuarbeiten, was die Menschen betrifft. Warum sind die Wahlversammlungen so langweilig? Warum gibt es Wahlen, die sich in nichts unterscheiden von stalinistischen Parteitagswahlen? Warum ist da etwas in den Wahlen, was eigentlich nur bedeutet: Na, ja, man geht halt an diesem Tag hin. Es ist aber bedeutungslos für den einzelnen Menschen, denn er weiß, er entscheidet damit nicht über das Schicksal dieser Nation. Er hat eigentlich schon Ja gesagt zu diesem Schwindel, weiß aber im Grunde, daß es ein Schwindel ist.

GAUS: Aber man läßt ihn gewähren, er lebt, nachdem er so lange überfordert worden ist.

DUTSCHKE: Er ist nicht überfordert worden.

GAUS: Ich würde sagen: bis 1945 auf eine schreckliche Weise überfordert worden.

DUTSCHKE: Wir können auch dafür Gründe nennen, warum es zu einem Scheitern der Parteien der 20er und 30er Jahre, der SPD und KPD kam. Warum es der NSDAP eben möglich war, gerade die Massen in die faschistische Richtung zu lenken und die Keimformen des antikapitalistischen Bewußtseins in Faschismus, in die höchste Perversion des Antisemitismus zu führen. Das können wir erklären ...

GAUS: Infolge einer durch und durch ideologisierten Politik. Und meine Sorge bei Ihren Wünschen ist die ideologische Grundlage.

DUTSCHKE: Nein, nicht ideologisierte Politik, sondern bestimmte Prinzipien politischer Tätigkeit. Nicht Entfaltung der Selbsttätigkeit der Massen, sondern Führerprinzip und terroristischer Druck auf alle Menschen. Das waren die entscheidenden Komponenten faschistischen Handelns. Bei uns sind die entscheidenden Komponenten: Selbsttätigkeit, Selbstorganisation, Entfaltung der Initiative und der Bewußtheit des Menschen und kein Führerprinzip ...

GAUS: Wir sind uns einig, Sie sprechen von Ihren Absichten ...

DUTSCHKE: ... und von dem, was vielleicht schon in Ansätzen sich ...

GAUS: ... ob sie sich realisieren lassen, wollen wir abwarten. Wie groß ist Ihr Anhang heute in West-Berlin und in der Bundesrepublik?

DUTSCHKE: Ich sage es in Relation. Wir haben in West-Berlin 15 bis 20 Menschen, die wirklich hart arbeiten. Das heißt, sie sind nicht Berufspolitiker, sie sind aber Menschen, die denken, daß sie ihre gesamte Zeit und Tätigkeit und ihr Studium für diese Arbeit der Bewußtwerdung zur Verfügung stellen.

GAUS: Darin liegt doch eine schreiende Ungerechtigkeit. Sie sagen: Diese 15 Menschen widmen – wofür ich jeden Respekt habe – ihre ganze Arbeitskraft dieser politischen Bildungsarbeit, von der Sie sagen, sie ist die Voraussetzung für Ihre Bewegung. Sie sagen aber auch: Berufspolitiker sind sie nicht. Das ist ungerecht gegen Berufspolitiker.

DUTSCHKE: Ja, aber wir kennen die Berufspolitiker vielleicht seit Jahrhunderten, was sie getrieben haben...

GAUS: Wie unterscheiden sich Berufspolitiker – und jetzt nennen Sie da auch den Idealtyp – von diesen 15 Leuten, zu denen Rudi Dutschke gehört?

DUTSCHKE: Wenn Sie den Berufspolitiker als Idealtyp – nehmen Sie einen Kennedy, einen Rathenau oder was auch immer – das sind Leute, deren materielle Grundlage, Reproduktion, finanzielle Grundlage etc. von vornherein durch eigene Tradition der Familie absolut abgesichert war.

GAUS: Können Sie für Erich Mende nicht sagen.

DUTSCHKE: Den habe ich auch nicht genannt.

GAUS: Aber es war ein Berufspolitiker.

DUTSCHKE: Es war ein Berufspolitiker. Aber diese Berufspolitiker, und gerade wenn Sie Mende nehmen – vielleicht ein typisches Beispiel dafür –, die zeichnen sich gerade dadurch aus, daß sie in ihrem Leben nie den Versuch unternommen haben, den Begriff des Berufspolitikers zu kombinieren mit dem Begriff der geschichtlichen Wahrheit und der Notwendigkeit, dem Volk, das sie repräsentieren wollen, immer zu sagen, wo es steht. Was eigentlich los ist ... was verbessert werden ...

GAUS: Ich glaube, daß das Mende bestreiten würde.

DUTSCHKE: Ja, das glaube ich auch.

GAUS: Aber wie groß ist Ihr Anhang über die 15 hinaus?

DUTSCHKE: Sehen Sie – wir haben vielleicht 150 bis 200 Aktive, vielleicht ist die Relationszahl interessant, Sie kennen in Amerika die Black-Power-Bewegung, dort gibt es 90 ganz Aktive und vielleicht 300, 400 Aktive. Die Relationszahl – also West-Berlin, 15, 150, 300 Mitglieder und alles in allem – da der SDS die Bewegung nicht repräsentiert, vielleicht der bewußteste Teil der Bewegung ist, können wir sagen an der Universität vier- bis fünftausend wirklich engagierte Menschen, die mitmachen in den Aufklärungsveranstaltungen, die teilnehmen an den Aktionen und bereit sind, dafür auch Konsequenzen zu ziehen.

GAUS: Wie viel Menschen können Sie in welcher Zeit in der Bundesrepublik auf die Straße bringen, um eine Demonstration – etwa gegen Vietnam, gegen die amerikanische Vietnampolitik ...

DUTSCHKE: Wir sind keine leninistische Kaderpartei, wir sind eine ganz dezentralisierte Organisation – das ist ein großer Vorteil

– ich kann also nicht sagen, was wir von heute auf morgen in der Bundesrepublik mobilisieren können, ich kann sagen, daß es sehr schnell bei uns geht, weil wir gerade dezentralisiert aufgebaut sind und jederzeit in der Lage sind, die Bewegung in Bewegung zu setzen, das heißt die Menschen sind bereit, immer mitzumachen, wir brauchen sie nicht zu zwingen, es ist eine freiwillige Angelegenheit.

GAUS: Sie brauchen eine längere Anlaufzeit, Sie müssen die Leute überzeugen. Wenn Sie sie überzeugt haben, wie viel können Sie auf die Straße bringen?

DUTSCHKE: In West-Berlin können wir von heute auf morgen vier- bis sechstausend auf die Straße bringen. Und welche Partei kann heute – und das wäre nicht uninteressant – welche Partei kann in der Bundesrepublik auf vier- bis sechstausend bewußte Menschen zurückgreifen.

GAUS: Wer finanziert Sie? Woher kriegen Sie und Ihre Freunde das Geld für die Aktionen?

DUTSCHKE: Natürlich gibt es noch immer, in der Springer-Presse speziell, den Hinweis, daß wir doch – irgendwie doch – ostfinanzierte Leute sind.

GAUS: Ich habe das nicht gesagt, darf ich das ausdrücklich erwähnen?

DUTSCHKE: Ja, das müssen Sie sogar erwähnen. Ich denke, daß dieses Vorurteil, was nach unten immer wieder weitergegeben wird, und von dort reproduziert wird, absolut unhaltbar ist. Wir reproduzieren unsere Finanzen aus eigener Kraft. Wir haben Mitgliedsbeiträge und bekommen Spenden von Liberalen, von Linken, die im Apparat ein bißchen vereinsamt sind, Angst haben, Rückversicherer, Schuldgefühle, die Sympathien mit uns haben, geben Spenden, und so können wir uns über Wasser halten. Aber es ist da – und da sehen Sie den Unterschied zu den Berufspolitikern – unser Rückgriff auf das, was als Basis bei uns ist; es sind die Menschen, die bereit sind, mitzumachen.

GAUS: Hat Augstein schon mal gespendet?

DUTSCHKE: Sicherlich hat Augstein auch schon gespendet.

GAUS: Ich habe gehört, daß Sie im Wahlkampf 1969 keine Partei gründen wollen – nicht als Partei sich beteiligen wollen. Was werden Sie tun im Wahlkampf 1969?

DUTSCHKE: Wenn wir bis dahin noch etwas tun dürfen – ist ja nicht auszuschließen, daß das bis dahin anders sein wird –, werden wir versuchen, den Wahlkampf zu benutzen, um zu zeigen, daß durch Wahlen in diesem Lande sich nichts ändern kann. Daß also unsere Aktivitäten innerhalb des Wahlkampfes uns die Möglichkeit geben sollen, durch Bewußtseinsprozesse und durch Aktionen unsere Basis zu verbreitern und das Potential, das wir gewinnen, nicht in die bestehenden Institutionen hineinzubringen, sondern in unsere eigenen Institutionen, unsere politischen Clubs, unsere kleinen Ansätze von Selbstorganisation.

Dort werden wir es versuchen hineinzubringen und so etwas vielleicht wie eine Subkultur – ein Gegenmilieu – soll heißen eine Gesamtheit von Zusammenhalten zu schaffen, wo die Menschen miteinander vielleicht besser leben, eben gemeinsam bestimmte Sachen tun, eigene Einrichtungen haben, ob nun Kinos oder eigene Stätten, wo wir uns treffen, uns ausbilden, wo wir zusammen mit jungen Arbeiterinnen und Arbeitern und Angestellten politische Diskussionen und Vorbereitungen für andere Aktionen treffen, das ist unser Weg, der außerhalb der bestehenden Institutionen vor sich geht.

GAUS: Erlauben Sie mir eine letzte Frage, Herr Dutschke: Würden Sie gern die etablierten Kräfte der Bundesrepublik soweit provozieren, daß Sie ins Gefängnis gesperrt werden?

DUTSCHKE: Ich war schon im Gefängnis, und keiner von uns hat Angst davor. Es bedeutet nicht mehr sehr viel, wenn wir etwas tun, und wir werden angeklagt und gehen dann ins Gefängnis. Dann gibt es am nächsten Tag 100, 200, 300, vielleicht auch mehr, Selbstanzeigen der Freunde, die daran mitbeteiligt waren, so daß der Einzelne als Einzelner nie vereinzelt, daß er – wie in der Vergangenheit – einfach von der Bürokratie, von der staatlichen Exekutive vereinnahmt werden kann, kaputtgemacht werden kann. Wir sind nicht mehr so, daß wir Angst hätten, das Gefängnis nicht in Kauf zu nehmen. Es ist für uns keine Alternative, wir führen unseren Kampf, das Gefängnis steckt mit drin; wenn es sein muß, werden wir auch das nehmen, aber das hindert uns nicht, den Kampf weiterzuführen.

Es gab ja doch viel Widerspruch gegen die Wiederaufrüstung. Nun gut, wir sind widerlegt worden. Die Stimmen, die wir bei der Bundestagswahl 1953 erreicht haben, ließen an Kläglichkeit nicht viel zu wünschen übrig. Aber ich bin trotzdem der Meinung, dies im nachhinein: daß der Weg zur Wiederherstellung deutscher Einheit, so wie ihn Dr. Adenauer ansetzte, ja nun erklärterweise nicht zum Ziel geführt hat. Ob der andere Weg zum Ziel geführt haben würde, ist deshalb kaum auszudiskutieren, weil ja nie versucht worden ist, auf die damaligen Angebote etwa der Moskauer Seite auch nur ein einziges Mal einzugehen.

GUSTAV HEINEMANN:
Eine Partei ist keine Heimat

Gustav W. Heinemann, geboren am 23. Juli 1899 in Schwelm, gestorben am 7. Juli 1976 in Essen.
Nach kurzer Teilnahme am 1. Weltkrieg Studium der Rechtswissenschaften, Volkswirtschaft und Geschichte in Münster, Marburg, München, Göttingen und Berlin. 1922 Promotion in Marburg zum Dr. rer. pol. 1926 Eintritt in das renommierte Anwaltsbüro Niemeyer in Essen, 1929 in Münster Dr. jur. Jurist und Prokurist der Rheinischen Stahlwerke Essen.
1945 wurde er als Bergwerksdirektor Chef der Hauptverwaltung und ordentliches Vorstandsmitglied der Rheinischen Stahlwerke. Während der NS-Herrschaft war er einer der führenden Männer der Bekennenden Kirche. Von 1946 bis 1949 Oberbürgermeister in Essen, 1947/48 Justizminister von Nordrhein-Westfalen (CDU). Im September 1949 Innenminister im 1. Kabinett Adenauer, im Oktober 1950 demonstrativer Rücktritt.
1951 gründete er die »Notgemeinschaft für den Frieden Europas«, in der er die Gegner der Remilitarisierung sammeln wollte. Im November 1952 Austritt aus der CDU, Gründung der »Gesamtdeutschen Volkspartei«, die sich im Mai 1957 wieder auflöste. Seit Herbst 1957 war er wieder, diesmal für die SPD, Mitglied des Bundestages. Mitglied des SPD-Vorstandes. Vertrat als Anwalt 1962 den »Spiegel« gegen Minister Strauß. 1966 Bundesjustizminister.
Am 5. März 1969 als Nachfolger Heinrich Lübkes und im Sieg gegen den CDU-Kandidaten Gerhard Schröder Wahl zum Bundespräsidenten. Im April 1971 Attentatsversuch eines 20jährigen Hamburgers auf Heinemann. Im Juli 1974 Nieder-

legung des Amtes (neuer Bundespräsident: Walter Scheel). Im Dezember 1974 Appell Heinemanns an Ulrike Meinhof, den Hungerstreik der Baader-Meinhof-Gruppe zu beenden. Das Gespräch wurde gesendet am 3. November 1968.

GAUS: Gustav Heinemann ist von der Sozialdemokratischen Partei als Kandidat für das Amt des Bundespräsidenten nominiert worden. Unter diesen Umständen erschien es mir richtig und reizvoll, den Versuch zu machen, in Frage und Antwort ein Porträt des Kandidaten zu entwerfen, ihn mehr zur Person zu befragen als zur Sache seines jetzigen Ministeriums, des Bundesjustizministeriums. Nichts war verabredet, Gustav Heinemann kannte keine der Fragen des nun folgenden Interviews. Ich würde mich freuen, wenn wir auch mit dem Kandidaten, den die CDU demnächst aufstellen wird, ein solches Interview veranstalten könnten. Aber sehen Sie heute abend »Zu Protokoll – Gustav Heinemann«.

Herr Minister Heinemann, Leute, die Ihnen nicht wohl wollen, politische Gegner, die ein bestimmtes negatives Image von Ihnen zu schaffen versuchen, die behaupten: Sie könnten nicht lachen, Sie seien stets unterkühlt, es fehle Ihnen an persönlicher Ausstrahlung. Ich will von Ihnen nicht wissen, ob Sie lachen können, vielleicht erweist sich das noch im Verlauf dieses Interviews. Meine Frage ist: Was ist Ihre Reaktion, was ist Ihr Gefühl, was ist Ihr Empfinden gegenüber solchen Behauptungen, daß Sie nicht lachen könnten? Wie reagieren Sie auf dieses Seite des politischen Geschäfts?

HEINEMANN: Ja, diese Mär, daß ich nicht lachen könnte – es ist schon eine sehr alte Mär. Für ihren Erfinder halte ich den hochverdienten Bonner Heimatdichter Walter Henkels, der ja bekanntlich Bonner Köpfe in Zeitungen porträtiert. Als er das vor etlichen Jahren einmal im Bezug auf mich getan hat, hat er das, was Sie fragen, da hineingebracht. Und wie das dann so ist: Wenn sowas nun mal in der Welt ist, übernehmen es andere, schreiben es ab. Kurz und gut: Daraus ist ein Klischee entstanden. Dieses Schicksal, daß einem ein Klischee angehängt wird, teile ich sicherlich mit vielen Politikern. Ich kann nur sagen, mich regt das nicht auf. Also: Wer mich kennt, wird's besser wissen. *(lacht)*

GAUS: Gut, ich kenne Sie immerhin gut genug, um zu wissen, daß Sie durchaus lachen können. Aber wissen würde ich gerne, ob Sie die ganz zweckbewußte, ganz absichtliche Verbreitung dieses Klischees, die Verfestigung dieses Klischees, die in den letzten Wochen und Monaten betrieben worden ist, für etwas Unanständiges halten oder ob Sie bereit sind, das als etwas Selbstverständliches in der Politik in Kauf zu nehmen.

HEINEMANN: Ich nehme das hin als ein Stück des politischen Kampfes. Da sind solche Dinger nun mal üblich. Ob sie schön sind oder nicht – was sollen wir darüber Werturteile machen? Ich mach darüber kein Werturteil.

GAUS: Es bedeutet Ihnen nichts?

HEINEMANN: Nein.

GAUS: Sie waren 1945, Herr Dr. Heinemann, Mitbegründer der CDU und gehören heute zum Vorstand der Sozialdemokraten. Auf die Gründe, die Sie zum Parteiwechsel bewogen haben, kommen wir noch zu sprechen. Zunächst nur: Was bedeuten Ihnen Parteien grundsätzlich? Sind Parteien für Sie eine mehr oder weniger wertfreie Organisation zur Durchsetzung bestimmter politischer Ziele, oder sind Parteien darüber hinaus auch der Zusammenschluß von Menschen gleichen Sinnes und gleicher Grundhaltung gegenüber Staat und Gesellschaft?

HEINEMANN: Ich meine, daß man Politik sinnvollerweise überhaupt nur in Mannschaften, also in Parteien, betreiben kann. Ich würde meinen, daß einer, der ganz allein Politik betreiben will, alsbald eine extravagante Figur wäre, vielleicht sogar eine Kabarettfigur. Politik ist Mannschaftskampf, und von daher gehört es sich, daß man sich in eine Partei eingliedert, auch die Kameradschaftlichkeit wahrt, die mit einer Partei verbunden ist. Aber ich bin der Meinung, daß eine Partei darüber hinaus, das heißt über die Ziele hinaus, die man gemeinsam erreichen will, keine Weltanschauungsgemeinschaft sein kann oder sein sollte. Es genügt, daß man – aus welchen Ansätzen, aus welchen letzten Motivierungen auch immer – gleiche Ziele verfolgt, um diese Kameradschaft eingehen zu können und sie durchzuhalten, soweit es eben geht.

GAUS: Keine gemeinsame Grundhaltung von der Wiege bis zur Bahre?

HEINEMANN: Nein, nein. Ich muß ja oft jungen Leuten auf die Frage »Sollen wir denn in die Politik gehen?« antworten, und dann sagen sie, eine Partei betreffend: Aber ich fühle mich da noch nicht so recht zu Hause. Ich mache ihnen Mut, indem ich sage: Habt doch nicht den Ehrgeiz, wenn ihr jetzt als 20jährige in eine Partei eintretet, als 70- oder 80jährige unter derselben Parteifahne beerdigt zu werden. Das mag sich finden, von Schritt zu Schritt, ob ihr darin verbleibt oder ob ihr auch einmal – bitte, es ist ja nicht unbedingtes Programm – woanders hin überwechselt.

GAUS: Bedeutet diese Ihre pragmatische Einstellung zu den Parteien, daß alle ethischen und sittlichen Fragen Ihrer Überzeugung nach stets nur vom einzelnen Individuum beantwortet werden können, und daß diese Einzelverantwortung auf keine Gruppe, auf keine höhere Instanz übertragen werden kann?

HEINEMANN: Ja, das würde ich haargenau so bejahen. Ich meine, daß derjenige, der politisch handelt, dies aus seiner Fundierung heraus tut, aus seiner letzten Verwurzelung, aus seiner letzten gewissenhaften Überzeugung.

GAUS: Aus der Verwurzelung als Individuum?

HEINEMANN: Als Individuum, ja. Ja, als Individuum, das natürlich eine Nähe sucht zu ähnlichen Individuen. Das darüber auch ein Gespräch führt, um von gleichen Grundhaltungen her und nach bester Möglichkeit zu gemeinsamen politischen Übereinstimmungen zu kommen.

GAUS: Aber es gibt keine Ideologie? Es gibt – immer nach Ihrer Überzeugung gefragt – keine Grundhaltung, die verbindlich für jedes Parteimitglied einer Partei sein könnte, sein sollte und sein dürfte?

HEINEMANN: Ja, wenn Sie mit Grundhaltungen in diesem Zusammenhang jetzt eine bestimmte weltanschauliche oder religiöse Grundhaltung meinen?

GAUS: Das meine ich.

HEINEMANN: Ja, dann würde ich sagen: Das paßt da nicht hin. Die Grundhaltung muß sein, ich wiederhole es, daß man die gleichen Ziele hat. Also meinetwegen die Basis eines Parteiprogramms. Das ist eine Grundhaltung, von der aus Menschen verschiedener Herkunft, verschiedener weltanschaulicher oder religiöser Verwurzelung zu einem gemeinsamen politischen Handeln finden können.

GAUS: Dies sind aber konkrete, zeitbedingte Ziele, auf die sich eine solche Gruppe, eine solche Partei einigt. Nicht Ewigkeitswerte.

HEINEMANN: Nein, eben nicht.

GAUS: Gibt es eine christliche Politik als Ausdruck einer Partei?

HEINEMANN: Dem würde ich heftig widersprechen. Ich widerspreche deshalb heftig, weil gerade auch für Christen eine Meinungsverschiedenheit zu ein und der selben politischen Frage durchaus möglich ist, ohne daß man daraus herleiten könnte, die Beteiligten würden ihre christliche Grundhaltung dabei verletzen oder verlieren. Ich habe oft gesagt: Die Bibel ist doch kein Rezeptbuch, bei dem man hinten im Sachregister ein Stichwort sucht – und vorne findet man, was denn nun zu tun sei. So eben ist es ganz und gar nicht.

GAUS: Ist dies eine Überzeugung, die Sie durch die mehr als zwanzig Jahre politische Betätigung im Nachkriegsdeutschland gewonnen haben? Oder war das auch schon Ihre Überzeugung, als Sie 1945 zu den Mitbegründern der CDU gehörten?

HEINEMANN: Das war ganz gewiß meine Überzeugung. Sehen Sie... wenn Sie nun also jetzt von meinem Übergang von der CDU zur SPD sprechen: Ich bin ja im Verlauf meines Lebens in fünf Parteien gewesen. Ich habe mal angefangen als junger Student in einer deutsch-demokratischen Studentengruppe, war dann Ende der 20er Jahre in der Christlich-Sozialen Volkspartei – und habe übrigens, das jetzt mal in Klammern gesagt, bei der Reichstagswahl im März 1933 SPD gewählt, weil mir das damals die einzige Chance zu sein schien, gegen Hitler noch ein Gegengewicht zu entwickeln. Dann bin ich 1945 in die CDU gegangen, habe sie in Essen, meinem Wohnsitz, mitgegründet, hab dann ihren Weg begleitet bis 1952. Dann kam ein Zeitraum, da eine gesamtdeutsche Volkspartei ...

GAUS: Wir kommen darauf. Sagen Sie mir jetzt nur bitte, Herr Dr. Heinemann, die Überzeugung, daß keine Partei Anspruch darauf erheben kann, die sittlichen, ethischen, moralischen Postulate für die einzelnen Mitglieder aufzustellen – diese Überzeugung ist nicht eine durch Erfahrung gewonnene, sondern eine Grundüberzeugung von Anbeginn an?

HEINEMANN: Das würde ich so sagen, ja. Politik ist doch etwas Vordergründiges, nichts Letztliches. In dieser Vordergründigkeit kann man sich nicht weltanschaulich fixiert fühlen. Eine Partei ist doch nicht Heimat in dem Sinne. Manche fragen danach, suchen sogar diese Heimat in einer Partei – dem habe ich immer widersprochen.

GAUS: Jetzt gehören Sie einer Partei an, der Sozialdemokratischen Partei, die aus einer sehr ehrwürdigen und sehr ehrenhaften Vergangenheit bestimmte Rituale, mal mehr und mal weniger, mit sich herumschleppt – Genosse, Du und ähnliches. Was ist Ihr Verständnis, und was ist Ihre Haltung gegenüber diesem Ritual?

HEINEMANN: Ja, ich verstehe es allerbestens und beteilige mich auch daran, daß man, wenn man nun schon längere Zeit in einer Gemeinschaft gewirkt hat, allmählich übergeht zum Du. Vielleicht ist es sogar, wenn man in solch eine Gemeinschaft eintritt, irgendwie auch selbstverständlich. Aber die Anrede »Genosse«, die praktiziere ich meinerseits nicht, weil ich meine, die Sozialdemokratische Partei hat sich mindestens seit dem Godesberger Programm zu einer allgemeinen Volkspartei entwickelt, und sie will doch ganz andere Schichten für sich gewinnen als in ihren Ursprüngen vor hundert Jahren. Ich erachte es – zumindestens, wenn man's in einer öffentlichen Versammlung tut – als eine Barriere gegenüber denen, die man gewinnen will, wenn da von »Genosse« gesprochen wird.

GAUS: Sie haben nicht das Bedürfnis, sich eine Art Heimatgefühl, eine Ersatzheimat durch die Nestwärme einer Partei zu schaffen?

HEINEMANN: Nein, meine Nestwärme, die hätte ich ganz woanders, nicht in einer politischen Partei *(lacht)*. Ich komme aus einer ganz anderen Nestwärme, bitte, wenn ich den Ausdruck in dem Zusammenhang mal aufgreifen darf: Ich komme aus der christlichen Gemeinde in die Politik. Weil es mit zur christlicher Verantwortung gehört, meine ich, daß man im öffentlichen Leben mithilft, mit dabei ist, entsprechend der Gaben, die man hat oder die man sich zuschreibt.

GAUS: Ich verstehe. Sie sind derzeit zum zweiten Mal Bundesminister. Jetzt sind Sie Bundesjustizminister der Großen Koalition. Ihren ersten Bundesministerposten haben Sie wegen sachlicher

Meinungsverschiedenheiten mit dem Bundeskanzler Adenauer aufgegeben. Sie haben Adenauer seinerzeit, im Herbst 1950, vorgeworfen, die Wiederbewaffnung der Bundesrepublik den Westalliierten angeboten zu haben, ohne auch nur einmal mit dem Bundeskabinett vorher darüber gesprochen zu haben. Aus diesem Komplex ergeben sich für mich mehrere Fragen. Zunächst: Fällt es Ihnen schwer, Kompromisse zu schließen? Haben Sie, wenn Sie zu einem Kompromiß genötigt worden sind, am Ende sozusagen, ein schlechtes Gewissen?

HEINEMANN: Nein, das habe ich ganz und gar nicht. Es gehört zu einer Demokratie, daß man über verschiedene Meinungen diskutiert, und dann muß sich ein Parallelogramm von Kräften oder Übereinstimmungen entwickeln, um gemeinsam weiterzukommen. Aber sicherlich, es gibt letzte Grenzen, wo man einen Kompromiß nicht mitmachen kann. Also, wenn Sie an den Konflikt, den ich mit dem Bundeskanzler Dr. Adenauer im Herbst 1950 gehabt habe, erinnern, so stand da eine Frage vor mir, in der ich einen Kompromiß nicht einzugehen vermochte. Das war einfach die Frage, ob es gut ist, wieder in Remilitarisierung, wie es damals hieß, also wieder in neue Aufrüstung hineinzusteuern. Es wurde zur Begründung gesagt: Drüben gibt es eine Volkspolizei, angeblich 90.000 Mann.

Ich wäre bereit gewesen, eine Bundespolizei von gleicher personaler Stärke und gleicher Bewaffnung zu organisieren, aber ich war nicht bereit, mit militärischer Dienstpflicht, mit Kriegswaffen, mit militärischen Bündnissen darauf zu antworten. Warum? Weil ich darin ein Nicht-gelten-lassen-Wollen der Konsequenzen aus dem Hitler-Reich sah. Weil ich darin eine Vertiefung der Spaltung Deutschlands sah. Weil ich darin die Bemühungen um den Ausgleich mit allen Nachbarn vermißte, mit allen Nachbarn, eben nicht nur mit den westlichen, sondern auch mit den östlichen. Das war so ungefähr der Kern des Konfliktes, und es kam natürlich hinzu, daß Dr. Adenauer diese westdeutsche Aufrüstung dem damaligen amerikanischen Hochkommissar anbot, ehe das überhaupt in der Bundesregierung durchdiskutiert und ehe darüber überhaupt ein Beschluß herbeigeführt war. Das ist ja auch eine Art gewesen! Dr. Adenauer pflegte gerne einstimmige Beschlüsse zu fassen, das heißt: Er faßte den Beschluß ganz allein, und andere sollten dann zustimmen. Also auch rein von der Methode her war mir das unerträglich.

GAUS: Kann man sagen, Kompromisse sind für Sie ein Kunstmittel der Politik, das Sie keineswegs verabscheuen, sondern für notwendig und sogar für wünschenswert ansehen – bis zu der Grenze, wo das Gewissen sein Recht fordert?

HEINEMANN: Ja, so würde ich das genau formulieren, wie Sie es jetzt in Ihrer Frage tun. Irgendwo ist der Mensch gewissensmäßig gebunden. Er kann nicht alles mitmachen, sondern nur das, was erträglich ist. Man soll aber auch nicht zu eilig mit der Gewissensfrage kommen: Ob ein Steuersatz so oder so genommen wird, ob man Straßenverkehrsregeln so oder so macht – das sind keine Gewissensfragen. Gewissensfrage würde für mich sein: atomare Bewaffnung. Gewissensfrage würde für mich sein: Wiedereinführung einer Todesstrafe. Das sind so gewisse letzte Grenzfragen. Da würde ich keine Kompromisse machen.

GAUS: Sie haben, Minister Heinemann, zwei Jahre noch dem Zerwürfnis mit Adenauer die CDU verlassen und die Gesamtdeutsche Volkspartei gegründet, mitbegründet, gemeinsam mit Helene Wessel – eine Partei, deren Ziel eine Ausgleichspolitik Deutschlands nach Westen und Osten war, auf der Basis der Neutralität. Es ist Ihnen jedoch nicht gelungen, für diese Politik und für Ihre neue Partei einen nennenswerten Anhang in der Bundesrepublik zu finden. Daraus meine Frage: Sind Sie ein Mann, der dies von Anfang an voraussah, aber dennoch aus Gewissensgründen das Unmögliche, das er erkannte, versuchen wollte? Oder hatten Sie Illusionen über die Resonanz, die Ihre politische Auffassung in dieser Zeit finden würde?

HEINEMANN: Wir waren damals optimistisch. Es gab ja doch viel Widerspruch gegen die Wiederaufrüstung, und von daher schien es nicht ganz aussichtslos, das auch parteipolitisch oder wahlmäßig zum Austrag zu bringen. Nun gut, wir sind widerlegt worden. Die Stimmen, die wir bei der Bundestagswahl 1953 erreicht haben, ließen an Kläglichkeit nicht viel zu wünschen übrig *(lacht).* Aber ich bin trotzdem der Meinung, dies im nachhinein: daß der Weg zur Wiederherstellung deutscher Einheit, so wie ihn

Dr. Adenauer ansetzte, ja nun erklärterweise nicht zum Ziel geführt hat. Ob der andere Weg zum Ziel geführt haben würde, ist deshalb kaum auszudiskutieren, weil ja nie versucht worden ist, auf die damaligen Angebote etwa der Moskauer Seite auch nur ein einziges Mal einzugehen.

GAUS: Im März 1952.

HEINEMANN: Ja, März 1952; das hat sich ja dann hingezogen bis in den Winter 54/55. Die allerletzten Äußerungen der Sowjets waren doch damals: »Wir bieten euch an, gesamtdeutsche Wahlen unter internationaler Kontrolle.« Ja, und was war die Antwort von Dr. Adenauer? Der sagte, laßt uns erst mal die Verträge unter Dach und Fach bringen, die Sowjets kommen doch auch hinterher noch und wollen mit uns verhandeln. Und genau das ist eben nicht eingetreten. Und der ganze Rüstungswettlauf: Bitte, was hat der erbracht?

GAUS: Ich stimme mit Ihnen ganz überein. Ich habe zwei Fragen daraus. Zunächst einmal: Sie haben sich Illusionen gemacht, Sie hatten die Hoffnung ...

HEINEMANN: Die Hoffnung, ja.

GAUS: ... die Hoffnung, Sie würden einen Anfang finden. Sie scheuen Sich etwas davor, daß man es Illusionen nennt?

HEINEMANN: Na ja gut, also ...

GAUS: Wie auch immer ... Meine erste Frage aber: Wenn Sie von Anfang an gewußt hätten, daß dieses eine eitle Hoffnung ist, daß Sie keinen Anhang finden würden, wie hätten Sie sich verhalten?

HEINEMANN: Ja, also das ist jetzt eine irrreale Situation, in die ich mich hineindenken soll. Ich hab's damals anders gesehen. Was trotz des Mißerfolges im Kernpunkt vielleicht doch ein Stück Erfolg war: daß damals Menschen an die Politik herangeführt worden sind, die sonst vielleicht nie wirklich davon erfaßt worden wären. Es kamen viele Frauen und Männer, die heute noch aus solcher Anregung in der damaligen Zeit heraus in der SPD tätig sind. Also das ist immerhin geblieben.

GAUS: Das, was Sie jetzt gesagt haben, bringt mich zu einer weiteren Frage, zusätzlich zu den zwei angekündigten: Fällt es Ihnen schwer, einen Mißerfolg zuzugeben?

HEINEMANN: Nein, nein, nein. Das ganz gewiß nicht. Ich habe nun wirklich viele Mißerfolge erlebt *(lacht)*, wenn ich etwa noch weiter zurückdenke, an Weimarer Zeiten – ach, was ich da unternommen habe, in jungen Jahren oder im Kirchenkampf und auch nach 1945 ... nein, man muß nicht meinen, man hätte die absolute Weltweisheit, das liegt mir nicht.

GAUS: Die nächste Frage: Sie sind also vom westdeutschen Wählervolk im Stich gelassen worden?

HEINEMANN: Hmm.

GAUS: Enttäuscht bis zu einem gewissen Grade, oder?

HEINEMANN: Ja, enttäuscht. Aber nicht im persönlichen Sinne, sondern anders: Ich beklage, daß dieses deutsche Volk die Dinge so wenig gründlich gesehen hat, wie sie sich nun mittlerweile doch darstellen. Es wäre meines Erachtens gerade nach diesem schrecklichen Dritten Reich und diesem Krieg eine viel tiefer greifende Besinnung notwendig gewesen. Nicht aber, daß man so leicht wieder in alte Bahnen hineinging, die uns doch nun wirklich auf lange Zeit hätten verschlossen sein müßten.

GAUS: Diese Enttäuschung, daß man allzu früh wieder oder überhaupt wieder in solche Bahnen hineinging – hat diese Enttäuschung Sie irgendwann einmal zu der Meinung gebracht, ach, laß doch die Finger von der Politik? Oder haben Sie unverdrossen immer gemeint, weitermachen zu müssen?

HEINEMANN: Ja, sehen Sie mal ... wenn ich erwähnen darf, daß zu den Männern, von denen ich viel gelernt habe, ein Max Weber gehört. Ich habe dessen letzte Vorlesungen als junger Student in München 1920 gehört. Max Weber ging mit dem Satz um: »Politik ist das zähe Bohren von harten Brettern, mit Leidenschaft und Augenmaß zugleich«. Dieses zähe Bohren, so würde ich sagen, das steckt irgendwie in mir drin.

GAUS: Es macht Ihnen auch Spaß?

HEINEMANN: Ja, ja, sicher. Daher bin ich Anwalt geworden – weil das einfach ein freier Beruf ist, in dem es darum geht, etwas durchzusetzen. Das hat mich denn auch in der Politik tiefer Wurzeln schlagen lassen, als ich für mich vorgesehen hatte.

GAUS: Wie erklären Sie sich, daß die Westdeutschen Ihnen nicht gefolgt sind?

HEINEMANN: Die Westdeutschen sind überaus anfällig für das Stichwort »Sicherheit«. Natürlich wäre der Weg, so wie er mir damals vorschwebte, nicht ohne Risiken gewesen. Aber ich kann nur sagen: Die Risiken, die sich aus dem anderen Weg heute darstellen – sind die nicht auch wahrlich schwerwiegend? Es gibt, glaube ich, keinen risikofreien Weg, zumal, wenn man wie Deutschland einen solchen Krieg selbst provoziert, so scheußlich geführt und total verloren hat.

GAUS: Gehen Sie davon aus, daß die Deutschen ein politisch weniger begabtes Volk sind als andere, oder haben es Westdeutschlands Politiker nach 1945 versäumt, das politische Bewußtsein der Wählermehrheit anzuheben?

HEINEMANN: Wir tun uns in der Politik sicherlich schwerer als meinetwegen die Engländer, weil wir durch Jahrhunderte obrigkeitlich erzogen worden sind. Das heißt also: zu einem Hinnehmen, zu einem unkritischen Hinnehmen sogar, und zwar dessen, was eine Obrigkeit vorgibt. Sich selbst mitverantwortlich zu fühlen, selbst politisch mit einzusteigen – über Rathaus, Schule, Landes-, Bundespolitik –, selber aktiv mitzudenken und zu handeln, das ist das, was uns immer noch nicht so recht gelingt.

GAUS: Sie erklären es aus der Geschichte?

HEINEMANN: Ja.

GAUS: Sie glauben nicht daran, daß dieses Volk in jedem Falle politisch weniger begabt ist?

HEINEMANN: Ach, das würde ich nicht sagen.

GAUS: Sie halten es für eine Erziehungsaufgabe?

HEINEMANN: Ja, das halte ich sehr stark für eine Erziehungsaufgabe. Ein pauschales Urteil über ein Volk zu fällen, noch dazu über das eigene Volk, das würde ich nicht gerne mögen – aber eine Erziehungsaufgabe steckt da ganz bestimmt drin, um den Menschen diese unsere besondere Geschichte bewußt zu machen. Ich halte zum Beispiel gern einen Vortrag unter dem Thema »Demokratie, Diktatur, Kirche«. Was hat die Kirchengeschichte in unserem Volk dazu beigetragen, daß wir von dieser obrigkeitsfrommen Haltung geprägt worden sind? Damit verbindet sich die Frage: Wie kommen wir weiter, wie kommen wir da heraus?

GAUS: Ich komme auch darauf noch. In einer berühmten Bundestagsrede, um bei dem Adenauer-Komplex zu bleiben, am 23. Januar 1958, haben Sie in während einer Debatte über die Atombewaffnung der Bundeswehr mit Konrad Adenauer abgerechnet. Sie haben ihm vorgeworfen, daß durch die einseitige Bindung Westdeutschlands an den Westen und die Illusion von einer Politik der Stärke die Ausgleichsmöglichkeiten mit dem Osten zugeschüttet worden seien. In dieser Rede haben Sie gesagt, ich darf zitieren: »Herr Bundeskanzler, für mich persönlich bedeutet dies alles an Sie die Frage, ob Sie nicht nachgerade zurücktreten wollen«.

Ich würde nun gern von Ihnen wissen, Herr Heinemann, ob diese Frage, diese Forderung nach dem Rücktritt Adenauers ein rhetorisch gemeinter Höhepunkt Ihrer Rede war, oder ob Ihr Vertrauen in die Überzeugungskraft von Argumenten und Gegenargumenten so weit geht, anzunehmen, daß ein Mensch durch einen solchen Appell tatsächlich zur Einkehr, in diesem Falle zum Rücktritt, bewogen werden kann?

HEINEMANN: Ja, dann müssen wir noch mal daran zurückdenken, daß Dr. Adenauer gesagt hat, und zwar von Mal zu Mal, es stehe heute viel ernster um uns als je zuvor.

GAUS: So haben Sie Ihre Rede begonnen, ja?

HEINEMANN: Ja. Solches hatte er ja gerade mal wieder um jene Zeit gesagt, und wenn denn nun ein Staatsmann, ein Bundeskanzler, sozusagen von Station zu Station seiner politischen Bemühungen selber sagen muß, es stehe wieder mal ernster als beim vorigen Mal – dann kommt doch schließlich zwangsläufig die Frage an ihn auf: Ja, willst du denn immer noch weitermachen? Ist es nicht allmählich doch Zeit, jetzt einmal einen Kurswechsel eintreten zu lassen, den du wohl nicht zustande bringst, aber den andere unternehmen können?

GAUS: Herr Heinemann, Sie sind jetzt 69 Jahre alt. Sie haben viel erlebt. Ich möchte von Ihnen wissen: Geht Ihr Vertrauen in die Einsichtsfähigkeit des Menschen so weit, daß Sie es für möglich halten, daß ein Mann – aufgefordert nachzudenken und vielleicht dann zurückzutreten – tatsächlich zurücktritt oder geht Ihre Erfahrung dahin, daß dieses nicht der Fall ist und daß Sie also in Wahrheit hier einem Menschenbild Tribut zollen, das aus lauter schönen Idealen, aber wenig Realität besteht?

HEINEMANN: Ich glaube, man müßte hier unterscheiden zwischen der allgemeinen Erwartung und der dennoch gebotenen

Zumutung an einen anderen, nun endlich einmal die richtige Konsequenz aus seinem Handeln zu ziehen. Wir können, meine ich, niemanden aus dieser Zumutung entlassen. Er muß an diese Frage herangeführt werden, ob er nun nicht endlich eine Konsequenz ziehen will aus dem Fehlschlag dessen, was er unternommen hat. Daß die Erfahrung nicht gerade sehr viele Beispiele für den Erfolg solcher Zumutung liefert, mag wohl so sein – aber ich würde das Beharren auf die Konsequenz nicht gleich als ein falsches Menschenbild interpretieren. Es kommt aus der Mitverantwortung für das, was der andere tut.

GAUS: Das Quantum Zynismus, das die meisten Menschen mitbekommen, hat sich bei Ihnen im Lauf des Lebens nicht vergrößert?

HEINEMANN: Nein. Ich wüßte nicht, wo ich das, bei aller Bereitwilligkeit, bestätigen könnte.

GAUS: Viele junge Leute, Herr Minister Heinemann, viele junge Leute in Deutschland lehnen heute die Glanzlosigkeit der Tagespolitik ab. Sie verlangen nach einem größeren Konzept für die Entwicklung der Gesellschaft. Dabei geraten Sie nach meinem Eindruck gelegentlich in die Gefahr, Ideologien oder Pseudoideologien neu zu beleben und als Richtschnur des politischen Handelns zu nehmen. Wie weit geht Ihr Verständnis für diese Haltung, und wo findet dieses Verständnis seine Grenze?

HEINEMANN: Ich glaube, ich habe viel Verständnis dafür, daß manche, gerade auch junge Menschen, sich an den Gegebenheiten stoßen. Aber wenn sie nun aus diesem Anstoß ein Idealbild entwickeln, den Wunsch einer Radikalkur, ein völliges Entweder-Oder, dann möchte ich ihnen sagen: So geht es nicht, Ihr müßt von den Gegebenheiten her die jeweils kleinen Schritte hin zu relativen Besserungen ernster nehmen und nicht gleich so aufs große Ganze hingehen. Konzeptionen zu haben, ist gar nicht so schwer. Aber die Wege zur Verwirklichung zu wissen, das ist der eigentliche Kernpunkt, die eigentliche Aufgabe des politischen Handelns. Aber wenn man sich die Lage ansieht, kommt die Jugend ja ganz von selbst dazu, daß man sich Schritt für Schritt an eine letzte Zielvorstellung heranarbeitet.

GAUS: Das heißt, Ihr Verständnis erlahmt dort, wo Sie die jungen Leute sich verlieren sehen an eine Idealvorstellung, die mit der Wirklichkeit nichts zu tun hat?

HEINEMANN: Ja, es setzt meine Bemühung ein, ihnen zu sagen, gut, ihr habt diese Idealvorstellung, aber so, wie ihr meint sie verwirklichen zu können, seid ihr auf einem Weg, der sich nicht austrägt. Ihr werdet, wie das nach den Tumulten ja auch wahrlich geschehen ist, zuviel Widerspruch in der öffentlichen Meinung auf euch laden, statt daß ihr etwas leichter an diese Dinge herangeht und eure Gegenspieler möglichst durch Überzeugung zu gewinnen versucht. Nicht aber dadurch, daß ihr sie mit all diesen drastischen Dingen abschreckt, bis hin zu Brandstiftung und dergleichen, daß ihr sie sozusagen überfallt und ihnen eins über den Kopf haut.

GAUS: Sie entstammen einem eher konservativen, in jedem Falle bürgerlichen Elternhaus. Ihr Vater war Direktor der Betriebskrankenkasse bei Krupp, er war Prokurist bei Krupp. Sie selbst gehörten zum Vorstand der Rheinischen Stahlwerke. Nach landläufigen Verständnis bedingt dies einen, politisch gesehen, eher rechten Standpunkt. Gewöhnlich sagt man nun, daß Menschen mit dem Älterwerden sich von links nach rechts bewegen. Sie gehören heute, als 69jähriger, ich sagte es schon, zur SPD. Haben Sie sich von rechts nach links bewegt, oder haben Sie eigentlich immer denselben Standpunkt eingenommen und dann immer nur die Gruppe gesucht, die Ihrem Standpunkt am ehesten zur Durchsetzung verhelfen konnte?

HEINEMANN: Ich würde dazu neigen, das letztere zu bejahen. Ich habe in meiner Familie sozusagen ein Stück erblicher Belastung in Bezug auf Politik erlebt. Mein Vater war politisch tätig, nicht in einer konservativen Gruppe, er war Stadtverordneter. Wir würden heute sagen, das war so eine fortschrittliche, freisinnige Gruppierung.

GAUS: Aber in jedem Falle eine eindeutig bürgerlich bestimmte Gruppe.

HEINEMANN: Eindeutig bürgerlich. Mein mütterlicher Großvater, an den ich noch sehr viel Erinnerung habe, führte viele politische Gespräche mit meinem Vater, also seinem Schwiegersohn, die habe ich mir aufmerksam angehört. Dieser Großvater war auf eine ähnliche Weise politisch tätig und stammte seinerseits aus einer Familie, die in der 48er Zeit ganz gründlich mitgemischt hat. Das waren drei Brüder, darunter also mein Urgroßvater. Einen dieser Brüder haben die Preußen im Badischen Aufstand in Rastatt erschossen. Ein anderer ging, um dem gleichen Schicksal zuvorzukommen, nach Amerika, und der dritte Überlebende hatte dann für alle Familien zu sorgen. Ja, dieser mütterliche Großvater nahm mich als kleinen Jungen gerne auf den Schoß und sagte: So, jetzt sprich mir mal nach. Und dann hat er mir das Hecker-Lied beigebracht. »Du hängst an keinem Baume, du hängst an keinem Strick, du hängst nur an dem Traume der schwarz-rot-goldenen Republik«. Solche Einfärbungen, von Familie her, sind eben auch vorhanden gewesen.

GAUS: Er hatte nicht die Kehrtwendung mitgemacht ins Nationale?

HEINEMANN: Nie, nie. Sowohl dieser Großvater als auch mein Vater waren ganz harte Ablehner des kaiserlich-wilhelminischen Gehabes. Absolut! Das hat mich immer sehr stark beeindruckt.

GAUS: Insofern würden Sie für sich selbst gar keinen wirklichen Wandel sehen?

HEINEMANN: Nein

GAUS: Sondern eigentlich ein Festhalten an der Grundhaltung?

HEINEMANN: Ein Festhalten an dieser Grundhaltung, die, wenn wir es so ausdrücken wollen, einfach eine 1848er Haltung oder Tradition ist. Also: das Durchbrechen zu einem freiheitlich-demokratischen Staat.

GAUS: Während der nationalsozialistischen Zeit gehörten Sie zur Bekennenden Kirche, die sich gegen die Übergriffe des NS-Regimes bewußt und entschieden zur Wehr setzte, anders als andere Teile der Kirche. Seither sind Sie, auch von Kirchenämtern her, ein führendes Mitglied der Evangelischen Kirche geblieben, wenn Sie auch in der Nachkriegszeit gelegentlich unter Beschuß gerieten und nicht wiedergewählt wurden, als Präses etwa. Gelegentlich wird heute gesagt, die Evangelische Kirche habe ihren Frieden mit den Verhältnissen und den herrschenden Gewalten der Bundesrepublik gemacht. Natürlich gibt es auch Gegenstimmen. Ich möchte von Ihnen wissen, ob nach Ihrer Vorstellung die Protestanten Westdeutschlands die Ideale, die sie nach 1945 hatten, im Stich gelassen haben, ob sie faule Kompromisse geschlossen haben.

HEINEMANN: Von ihrer Geschichte her, also von der Reformation her, hat die Evangelische Kirche immer eine Nähe zum Staat gehabt, sie war ja Staatskirche. Als solche ist sie weithin entstanden, und sie ist bis 1918 formell Staatskirche geblieben. In der Weimarer Zeit war das Bedrückende, daß die Evangelische Kirche aus der Rückbesinnung auf die königlich-preußische Zeit, auf die schwarz-weiß-rote Zeit des Patriarchalismus nicht herauskam. Durch das Dritte Reich hindurch ist aber auch die Evangelische Kirche weithin auf ganz andere Wege gekommen. Nach 1945 hat es eigentlich niemandem vorgeschwebt, das noch mal wieder so aufleben zu lassen, da spielten natürlich auch die gemeinsamen Erlebnisse der Bedrängung eben in diesem Kirchenkampf eine Rolle.

GAUS: Hat sich das geändert?

HEINEMANN: Ja, das hat sich geändert, aber es hat sich, würde ich sagen, nicht durchgreifend genug geändert, bis etwa hin zum Übergang in eine völlige Selbständigkeit bei der Kirche ...

GAUS: Hin zu einer staatsfernen Kirche?

HEINEMANN: Ja, hin zu einer größeren Distanzierung zum Staat. Ich hab gar nichts dagegen, daß Staat und Kirche sich bei uns hier freundlich gegenüberstehen. Das sollten sie im Grunde genommen überall. Aber trotzdem müßte von der Kirche her ein größerer Anstoß zur Weiterentwicklung, na ja, wir sagen, zum Fortschritt hin erfolgen. Anstatt daß man sich selbst mit eingebunden sieht in das, was nun mal da ist, was nun mal geworden ist.

GAUS: Worin hat Sie Ihre Kirche nach 1945 enttäuscht?

HEINEMANN: Enttäuscht ... Das ist eben dieses zu nahe Dranbleiben an einer bestimmten politischen Partei. Diese tendenzielle Nähe zu der sich christlich nennenden Partei war ja auch in der Evangelischen Kirche immer sehr stark im Schwange. Das hat sich gelockert. Mittlerweile wählen Tausende von Pfarrern eben nicht mehr diese sich christlich nennende Partei. Ich würde es gerne noch lebendiger, noch etwas flotter in dieser Richtung vorangehen sehen. Ein besonderer Kummer bleibt für mich immer, daß die Evangelische Kirche nach diesem Krieg den Militärseelsorgevertrag abgeschlossen hat. Es ist ja nicht einleuchtend, meine ich, daß die Seelsorger der Soldaten Pfarrer im Staatsamt sein müssen. Das könnte wirklich auch anders sein. Sie hätten also kirchliche Pfarrer bleiben sollen. Das wäre mir lieber gewesen. Das ist so ein konkreter Vorgang in dieser Gesamtlinie.

GAUS: Gott, so haben Sie gesagt in einer Rede, sitzt im Weltregiment. Wer dies glaube, und Sie tun es – für den gäbe es keine Zwangsläufigkeiten in der Politik, auf die er sich herausreden könne, um die eine oder andere Haltung zu begründen. Gott im Weltregiment – welche konkreten Forderungen erhebt das an den handelnden Politiker?

HEINEMANN: Ich würde zunächst einmal sagen, das gibt eine ganz große Ruhe, bei all dem Trouble, den Tagespolitik und sogenannte Weltpolitik immer wieder verursachen. Diese Ruhe alleine ist schon wichtig, um, ja nun, um Kurs zu halten, also dabei zu bleiben, das als richtig Erkannte trotz aller Wirrnis und trotz aller Widerstände durchzuhalten. Ja, ist das zu primitiv ausgedrückt, wenn ich sage, Gott ist da, Gott kann eingreifen, so er will? Zum Beispiel dadurch, daß er einen Menschen aus seiner Funktion abberuft. Wie schnell geschieht ein Szenenwechsel. Ich bin nicht so aufgeregt in der Politik, bin ich wirklich nicht.

GAUS: Gelassenheit ist überhaupt, nach Ihrer Meinung, ein vorherrschender Charakterzug von Ihnen?

HEINEMANN: Ja, vielleicht ...*(lacht)*

GAUS: Woraus rechtfertigt sich eine Stellungnahme der Evangelischen oder Katholischen Kirche zu aktuellen politischen Fragen?

HEINEMANN: Ich denke, daß wir gerade als Christen, vom Evangelium her, aufgerufen sind zu einer Mitverantwortung für unsere Mitmenschen, und das führt dann einfach auch in das politische Hantieren hinein.

GAUS: Immer mit der Möglichkeit, noch Christ zu sein, auch wenn man mit der jeweiligen politischen Stellungnahme einmal nicht übereinstimmt?

HEINEMANN: Ja, mit der jeweiligen Stellungnahme einer Partei etwa.

GAUS: Oder der Kirche.

HEINEMANN: Oder auch der Kirche. Politische Differenzen dürfen oder können im Grunde genommen eine Kirche nicht spalten. Das darf nie ein Grund für eine Separation in der Kirche sein. Da muß man eben brüderlich miteinander so lange umgehen, bis man sich findet oder mindestens so lange, bis man sich versteht.

GAUS: Selbst wenn das Verstehen nur darin besteht, daß man den abweichenden Standpunkt in der politischen Frage hinnimmt?

HEINEMANN: Hinnimmt, jawohl. Und durchhält! Alles in der Hoffnung, daß sich doch noch mal bessere Übereinstimmungen ergeben.

GAUS: Liegt nicht im folgendem eine Gefahr, was die Stellungnahmen der Kirchen zu aktuellen politischen Fragen angeht? Muß man nicht davon ausgehen, daß zwar der Anteil der Taufscheinchristen unter den Gemeindemitgliedern immer größer wird, Menschen, die nur aus Gewohnheit ein unverbindliches Ritual praktizieren, daß aber der Staat und seine Repräsentanten genau die gleiche Heuchelei betreiben? Indem sie jede Stellungnahme aus kirchlichen Kreisen wichtiger nehmen, als diese genommen werden dürfte – wenn man sie denn wertete nach dem, was an wirklicher Gemeindeüberzeugung der Gemeindemitglieder dahintersteht?

HEINEMANN: Ja, ja. Das statistische Rechnen damit, daß 90 oder 95 Prozent der Menschen hierzulande Christen seien, ist keine gültige Aussage über die wirkliche christliche Substanz. Aber es ist doch auch der Kirche nirgendwo in der Bibel verheißen, daß sie hier triumphiere, daß sie die große Herde sei. Das Gegenteil ist da zu lesen. Infolgedessen habe ich oft gesagt, hier laufen die Kirchen rum, mit einem Hut, viel zu groß, der rutscht ihnen über die Ohren runter. Jene Entblätterung der Volkskirche, die wir in dem anderen Teil Deutschlands sichtbar vor Augen haben, weil da die Kirche sehr stark bedrängt wird – die vollzieht sich hier ähnlich, aber auf eine sehr stille Weise, durch das Heraustreten von vielen Menschen aus der christlichen Überzeugung oder Bindung, durch ihr Übertreten zu einer, wie wir zu sagen pflegen, säkularen Haltung. Der wahre Zustand der Kirche ist viel ernster, als er sich äußerlich darstellt.

GAUS: Ich komme jetzt auf die von Ihnen vorhin genannte Überzeugung von der Wünschbarkeit einer demokratischen freiheitlichen Gesellschaft. In einem Vortrag über die Strafrechtsreform haben Sie gesagt, der Leitgedanke der Reform müsse sein, ich zitiere wieder: »Schutz der Gesellschaft vor dem Verbrechen, durch den Einsatz von Mitteln, die den Bedingungen unserer Zeit angepaßt sind. Begriffe wie Rache, Vergeltung, auch Sühne können in einem so gefaßten kriminalpolitischen Konzept nicht mehr die beherrschende Rolle wie früher spielen.« Soweit das Zitat. Dies ist nun kein Interview über die Strafrechtsreform, sondern der Versuch, Gustav Heinemann zu porträtieren, daher frage ich an dieser Stelle, ob Sie daran glauben, daß die Menschen durch Erziehung, Bildung und Bewußtseinsanhebung instand gesetzt werden können, atavistische Vorstellungen wie Rache und Vergeltung zu überwinden? Ist der Mensch besserungsfähig, nach Ihrer Meinung?

HEINEMANN: In diesem allerletzten Sinne, sich zu einem besseren oder höheren Wesen zu entwickeln, würde ich das nicht bejahen können. Ich meine, daß wir vom Evangelium zu einer sehr realistischen Beurteilung des Menschen angehalten sind. Wir wissen um seine Gefangenheit, Befangenheit, und daß es ihm nicht verheißen ist, da völlig herauszutreten. Das schließt aber nicht aus, daß wir an die Erziehung des Menschen trotzdem eine große Mühe wenden. Es kann nicht angehen, daß man denjenigen, der aus der Rechtsordnung herausgefallen ist, in eine möglichst schikanöse Freiheitsentziehung strafhaft hineinversetzt und schmoren läßt Jahr und Tag. Es geht darum, gerade ihm nach bester Möglichkeit aufzuhelfen zu besseren Einsichten, zu einer stärkeren Willenskraft. Wir nennen das Resozialisierung. Das ist ein Gebot dieses unseres Sozialstaates.

GAUS: Lassen Sie uns wegbleiben vom straffällig gewordenen Menschen. Der nicht straffällig gewordene Mensch, der Durchschnittsmensch – ist er in der immer komplexer werdenden Gesellschaft noch imstande, mit den Mitteln der parlamentarischen Demokratie sein Geschick selbst zu bestimmen? Ist er so bildungsfähig?

HEINEMANN: Das ist eine ganz ernste Frage. Wir kommen ja immer mehr in die Verkennung der Möglichkeiten einer Mitverantwortung des einzelnen für das große Ganze. Der einzelne durchschaut das nicht. Alles ist viel zu komplex. Man hat nur die Gelegenheit, durch Mittelsmänner, durch Repräsentanten seinen Willen dort geltend zu machen, wo letzte Entscheidungen fallen. Das ist alles sehr schwierig, aber ich weiß keinen anderen Weg. Ich sehe keine Möglichkeit, die parlamentarische Demokratie abzulösen.

GAUS: Ich sehe auch keinen anderen Weg. Aber enthebt uns das dem Zwang, vor uns selber ehrlich zu bleiben – wenn wir fragen, ob dieses System, komplex wie es geworden ist, noch funktionsfähig bleibt?

HEINEMANN: Ich glaube, daß es funktionsfähig bleiben muß, weil keine andere Lösung da ist. Die Demokratie ist ganz gewiß ein außerordentlich schwieriges Geschäft, nicht nur in einem Bundestag oder in einer Regierung, sondern überhaupt in der Bemühung um Willenskontakt mit den Menschen draußen im Lande, um deren Schicksal es immer wieder geht. Das ist schwierig, aber bitte, ich weiß nichts anderes.

GAUS: Worin sehen Sie die Funktion des Bundespräsidenten in unserem Staat?

HEINEMANN: Die Funktion des Bundespräsidenten, ja, nun ... ich würde meinen, daß er fern aller parteipolitischen Darstellung seiner eigenen Überzeugungen dafür sorgen müßte, Überbrückungen zu schaffen zwischen den Streitern in der unmittelbaren politischen Arena. Daß er sich dem Volke darzustellen hätte als einer, der gewillt ist, über die Parteigrenzen hinweg eine Aussage zu machen zu dem, was die Menschen bewegt.

GAUS: Sie sind in Ihrer politischen Laufbahn oft diffamiert worden. Bedeutet das für Sie eine späte Genugtuung, daß Sie inzwischen als einer der möglichen Kandidaten für das Amt des Bundespräsidenten genannt werden?

HEINEMANN: Ach, so herum nicht. Ich würde mich viel mehr darüber freuen, wenn man nachträglich würdigen würde, was ich einmal in früheren Jahren politisch anzubringen versucht habe. Die Diffamierung, ach ... *(lacht)*

GAUS: Erlauben Sie mir eine letzte Frage. Alle Bedenken, Grübeleien, Sorgen, ob das Bundespräsidentenamt das Ihnen gemäße wäre, und Ihre eigenen Sorgen und Grübeleien beiseite gelassen: Würden Sie es gerne übernehmen?

HEINEMANN: Ja, mit viel Zagen, wirklich mit viel Zagen. Wegen der Größe der Aufgabe, die darin liegen mag, sicherlich aber auch wegen der unwahrscheinlichen Erwartungen, die viele Menschen an einen Bundespräsidenten stellen. Ich erlebe ja solche Erwartungen jetzt auch schon im Amt des Bundesjustizministers. Was wird mir nicht alles zugetragen an Bedrängnissen, an Nöten, und es ist doch gar nicht in meiner Befugnis, einzugreifen in alle Prozesse, in alle Dinge in Strafanstalten usw. Ich stelle mir vor, daß auf einen Bundespräsidenten, wer immer das ist, noch viel, viel mehr von derartigen Sorgen und Nöten und Bedrängnissen zukommt. Die Möglichkeiten, auch nur annähernd das zu verwirklichen, was erwartet wird, sind auch in einem solchen Amt viel zu bescheiden.

Die Sache mit dem Antikommunismus ist ja eine Geschichte, die mich unglaublich aufregt, weil es eben diesen ungebrochenen Boden gibt, vom Antikommunismus der Weimarer Republik über Hitler, ohne jede Pause in unsere Zeit hinein. Man kann bestimmte Reden aus den Jahren 1947 und 1948 von einem so verehrungswürdigen Mann wie Ernst Reuter nur mit Erschrecken lesen. Und das hat sich so festgesetzt, daß jeder, der da nur ein bißchen differenziert, dann plötzlich selber zu der Minderheit gehört.

HEINRICH ALBERTZ:
Man wälzt den Stein immer wieder nach oben

Heinrich Albertz, geboren am 22. Januar 1915 in Breslau, gestorben am 18. Mai 1993 in Bremen.
Theologiestudium in Breslau, Halle und Berlin. Ab 1939 als Vikar und Pfarrer der Bekennenden Kirche in Breslau und im Kreis Kreutzburg/O.S. tätig. Er wurde von den Nazis mehrmals verhaftet und verhört.
1941 an die Front geschickt, erhielt er 1943 wegen eines Fürbitte-Gottesdienstes für Pastor Martin Niemöller eine längere Freiheitsstrafe. 1947 als erster Flüchtlingsabgeordneter in den niedersächsischen Landtag gewählt, ab 1948 Flüchtlingsminister der Regierung. 1955 Senatsdirektor beim Senator für Volksbildung in Westberlin und Bundesvorsitzender der Arbeiterwohlfahrt.
1966, als Willy Brandt nach Bonn wechselte, war Albertz dessen Nachfolger als Regierender Bürgermeister von Berlin. In seine Amtszeit fielen der Besuch des Schahs von Persien in Berlin, die Protestdemonstrationen und der Tod des Studenten Benno Ohnesorg, der am 2. Juni 1967 von einem Polizisten erschossen wurde.
Dies war Anlaß für Albertz, am 26. September 1967 zurückzutreten.
Im Herbst 1970 verließ er die Berliner SPD und wurde Mitglied des SPD-Bezirksverbandes Rheinland-Hessen-Nassau. Im August 1971 übernahm er im Kirchenkreis Berlin-Neukölln eine Kreispfarrstelle, und ab 1974 war er Pfarrer der evangelischen Gemeinde von Berlin-Schlachtensee. Im März 1979 trat er auf eigenen Wunsch mit 64 Jahren vorzeitig in den Ruhestand.

Als »Vermittler zwischen Politik und Gegenkultur« (»Der Spiegel«) flog er 1975, als die anarchistische »Gruppe 2. Juni« den Berliner CDU-Vorsitzenden Lorenz entführt hatte, mit den freigepreßten fünf Terroristen nach Aden.
Veröffentlichungen u. a.: »Dagegen gelebt«, »Warum ich ein Christ bin«, »Störung erwünscht – meine Worte zum Sonntag«, »Blumen für Stukenbrock. Biographisches«, »Die Reise ... Bericht über eine Fahrt nach Breslau 1984«, »Am Ende des Weges«.
Das Gespräch wurde gesendet am 29. Dezember 1985.

GAUS: Mein heutiger Partner ist ein Mensch, der durch sein Handeln und Reden und Schreiben die anderen, die übrigen Zeitgenossen polarisieren kann. Entweder ist er Vorbild oder erklärter Feind: Heinrich Albertz, im Januar 1915 in Breslau geboren, evangelischer Theologe, sozialdemokratischer Politiker und Rücktritt vom Regierenden Bürgermeisteramt von Berlin nach dem Tod des Studenten Benno Ohnesorg, jemand, der mit den Terroristen nach Aden geflogen ist, als Peter Lorenz entführt war, jemand, der hoch unbequeme Meinungen über uns, unsere Gesellschaft, den Zustand unseres Staates fällt – der Deutsche Heinrich Albertz. – Sie haben, Herr Pastor Albertz, vor einigen Tagen noch einmal mit einigen Freunden vor einer amerikanischen Raketeneinrichtung bei Heilbronn gegen weitere Aufrüstung demonstriert. Es ist darüber in unserer Öffentlichkeit kaum noch berichtet worden. Es wirkte auf uns wie ein letztes Aufflackern der vor zwei Jahren, 1983, so großen westdeutschen Friedensbewegung. War es für Sie, was nicht wenig wäre, nur noch das persönliche Bekennen einer Überzeugung, ohne daß man noch an politische Wirkung glaubt?
ALBERTZ: Nein, das war mehr. Also, natürlich ist es ein bißchen wie die Geschichte – jetzt fang ich gleich mit 'ner biblischen Geschichte an, es ist schlimm...
GAUS: Bitte, Herr Pastor.
ALBERTZ: Also nach der Auferstehung gibt es noch eine solche Geschichte. Wie am See Genezareth die Fischer, die fischen wieder nichts ... Da ist ein Mann und sagt, fahrt noch mal hin ... Also, das »Trotzdem« spielt eine gewisse Rolle. Aber letztes Aufbäumen?

Das stimmt doch gar nicht! Wir sind dort völlig eingebettet gewesen in ganz aktive Friedensgruppen. Richtig ist, daß es sehr viel schwieriger war als vor zwei Jahren, Öffentlichkeit dafür zu gewinnen. Ich habe heute, zwei Tage später, Gott sei Dank in einigen Zeitungen was darüber gelesen.

GAUS: Sie haben, Herr Albertz, vielen Menschen helfen können, als evangelischer Flüchtlingspfarrer gleich nach dem Krieg in der Lüneburger Heide, als sozialdemokratischer Flüchtlings- und Sozialminister in Niedersachsen in der Gründerzeit der Bundesrepublik Ende der 40er, Anfang der 50er Jahre. Aber fürchten Sie nicht manchmal, es sei geradezu das Grundmuster Ihres politischen Lebens, zwar im Einzelnen sinnvoll, hilfreich tätig gewesen zu sein, auch als Person Farbe bekannt zu haben und damit für manche ein Vorbild zu werden, aber gleichzeitig aufs Ganze gesehen nicht haben verhindern zu können, daß die Dinge, jedenfalls nach Ihrer Meinung, einen bösen Verlauf nehmen. Ist das ein Grundmuster Ihres politischen Lebens, im einzelnen zufriedenstellend, im Ganzen gescheitert?

ALBERTZ: 50 Jahre ... Ich weiß nicht, ob das richtig ist, die Einschätzung. Sicher, man hat viel helfen können. Richtig ist, daß alle Vorstellungen, um nicht zu sagen Utopien oder Träume, die man 1945 hatte – noch bis zur Verabschiedung des Grundgesetzes –, daß davon ganz wenig Realität geworden ist und daß es mir immer gefährdeter erscheint, auch was im Grundgesetz steht. Und die berühmte Geschichte, die uns die Studenten 1967/68 ja bis zum Überdruß gesagt haben, man müsse die Strukturen ändern – das war ja damals das Schlagwort –, das ist ja nur sehr zögernd, wenn nicht gar nicht passiert. Es ist ja Restauration überall.

GAUS: Also: Im Ganzen gescheitert.

ALBERTZ: Gescheitert würde ich nicht sagen. Es ist wieder dieselbe Frage, ich kann Ihnen jedesmal mit Sisyphos kommen: Man wälzt den Stein immer wieder nach oben. Bloß: Es ist mir völlig bewußt, daß Caritas, das Helfen im einzelnen, nicht ausreicht.

GAUS: Ich werde darauf noch kommen. Diese Fähigkeit, den Stein immer wieder nach oben rollen zu wollen und auch streckenweise zu rollen, zäh und unverdrossen zu sein, das kann viele Wurzeln haben, Herr Albertz. Die Zähigkeit und Unverdrossenheit, mit der Sie sich, bei aller Skepsis, immer wieder engagieren, wurzeln diese Zähigkeit, diese Unverdrossenheit bei Ihnen in Ihrem christlichen Glauben?

ALBERTZ: Sicher auch. Aber da spielt ja vieles mit, also auch ein sehr altmodisches Pflichtbewußtsein, das nicht Aufgeben sollen oder dürfen. Ich weiß es nicht. Aber sicher die Grundwurzel ist es. Der Staeck hatte jetzt so ein herrliches Karikaturenbuch rausgegeben, wo wir alle ganz häßlich abgebildet sind. Er nennt das Staeck-Brief, und da steht bei mir drunter: Gefährlicher Wiederholungstäter.

GAUS: Glauben, den eigenen persönlichen Glauben, Herr Pastor, kann man ja wohl nicht erklären. Aber kann man vielleicht die Art, in der jemand glaubt, charakterisieren? Wenn man Predigten von Ihnen oder Fernsehworte zum Sonntag nachliest, da kann man meinen, ich jedenfalls meine es, Ihr Glaube an Jesus Christus sei ebenso naiv wie in einem Kinderkatechismus geradezu, als auch konkret handfest, ohne komplizierten theologischen Überbau. Würden Sie eine solche Charakterisierung für Ihren Glauben akzeptieren?

ALBERTZ: Ja, und ich glaube, das ist nicht das Schlechteste. Also meine theologischen Kollegen sind immer ein bißchen ärgerlich, wenn ich öffentlich sage, daß ich von dem theologischen Überbau nicht so sehr viel halte. Er kann helfen, sogar beim Predigen. Aber der, von dem wir hier sprechen, hat ja selber gesagt, man solle werden wie die Kinder. Und was Sie Naivität nennen und was man ruhig so nennen kann, es schreckt mich nicht, es ist für mich einfach Ausdruck eines Grundvertrauens. Glauben ist für mich ein Stück Grundvertrauen, und da ich nicht weiß, wie Gott aussieht und seinen Namen nicht kenne und das alles ja in allen Religionen unsichtbar ist, halte ich mich also an den, dessen Namen, den wir, glaube ich, schon drei Mal im Gespräch genannt haben.

GAUS: Ist diese Naivität mit dem Alter stärker geworden?

ALBERTZ: Ja. Das sagt man ja auch abgesehen vom christlichen Glauben: daß man, wenn man älter wird, ein bißchen näher wieder an die Kindheit rückt.

GAUS: Für viele Leute, für viele Zeitungen rechts von der Politikmitte der Bundesrepublik sind Sie, Herr Albertz, in den vergangenen zehn, fünfzehn Jahren immer wieder einmal der erklärte Feind gewesen, der Protestant Albertz, ähnlich wie der jüngst verstorbene Katholik Böll. Gelten dann und wann als Verfassungsfeind, als Sympathisant von Terroristen – was immerhin einiges heißen will, denn Sie waren ja doch mal auch Regierender Bürgermeister von Berlin, also Ministerpräsident des Quasi-Bundeslandes Berlin-West. Wie erklären Sie sich die Feindseligkeit, die Ihnen von manchen entgegenschlägt.

ALBERTZ: Ja, das ist sehr schwer zu erklären. Erstens schmerzt es. Ich habe ja gar nichts gegen politische Kritik, aber es ist weitgehend böswillig gewesen, gerade auch Böll gegenüber, und so sinnlos. Also woher es kommt, ich weiß es nicht. Vielleicht, weil man einer von wenigen ist, um bei der folgenden Frage noch mal fortzusetzen, die auf der einen Seite ziemlich naiv bestimmte Dinge sagen, von denen andere nicht reden, und die sich eine gewisse Unabhängigkeit haben bewahren können. Einer, von dem man weiß, daß er jedenfalls versucht, dieser deutsch-nationalen Welle immer gegenzuhalten. Am meisten haben sich die Leute ja aufgeregt – das hat ja was auch mit dieser Terrorismussache zu tun –, als ich unmittelbar danach gesagt habe, nun regt euch mal nicht so furchtbar auf: Jeder von uns Älteren muß sich selber sagen, es könnten unsere Söhne und Töchter sein. Das wollen die Leute nicht hören.

GAUS: Sie entstammen, Herr Albertz, einem konservativ preußischen Pastorenhaus. Ihr Vater war Oberkonsistorialrat in Breslau. Zum Familienhintergrund Ihrer Mutter, einer Lehrerin, gehörten mehrere Generationen pommerscher Geistlicher. Der junge Heinrich Albertz, im Jahre 1915 geboren, hatte gerade Abitur gemacht und schickte sich an, Theologie zu studieren, als Adolf Hitler Anfang 1933 die Macht in Deutschland übernahm. Für eine kurze Dauer, Herr Albertz, für etwa zwei Monate, sind Sie damals in Breslau mitgelaufen mit der SA. Was hat Sie dazu veranlaßt? War das der Versuch einer Selbstfindung in einem nationalen Rausch?

ALBERTZ: Nein, das war zunächst mal äußerlich, ja sogar Zwang. Also jeder, der das erste Semester in Breslau anfing, mußte in die sogenannte Studenten-SA. Aber ich gebe zu …

GAUS: Sie liefen mit …

ALBERTZ: Ja, wir liefen mit, und ich war in dieser Welle mit drin. Das war also vor dem Hintergrund dieses deutsch-nationalen Hauses ein Gefühl der Befreiung, ein Gefühl, plötzlich unter vielen Menschen zu sein. Meine Mutter hat das ja auch zunächst gebilligt. Ich war sehr auf meine Mutter fixiert. Sie war eine große Verehrerin von Hindenburg, und sie hat immer gesagt, wenn der alte Herr das für richtig hält, dann muß es doch richtig sein. Sie hat dann auch sehr viel früher als andere gemerkt, worum es sich handelte. Am 30. Juni 1934, von da an war der Hitler für sie ein Mörder.

GAUS: Sie waren erst mal für zwei Monate dabei.

ALBERTZ: Ja, und verdanke es nur einem...

GAUS: Darauf will ich kommen. Sie verdanken die Abkehr Ihrem sehr viel älteren Bruder, dem um eine ganze Generation älteren Halbbruder. Ihr Mutter war die zweite Frau Ihres Vaters. Die erste Frau war gestorben. Dieser Bruder war Pfarrer in Berlin, und Sie haben auch geschrieben, daß Sie mit ihm im Sommer 1933 ein langes Gespräch geführt haben und daß Sie von Stund an, vom Sommer 1933 an, nach diesen kurzen wenigen Monaten, immun waren gegen die nationalsozialistische Verführung. Das klingt ganz einfach. Es ist aber für mich so noch nicht ausreichend erklärt, wenn ich das nachlese bei Ihnen. Was hat der Bruder Ihnen gesagt? Was hat er Ihnen für Gründe vorgeführt, daß er Ihnen die Augen öffnen konnte und daß Sie nicht wieder in Versuchung geführt wurden?

ALBERTZ: Ja, also so weit ich mich daran erinnere, hat er mir in sehr massiver Weise eigentlich alles vor Augen geführt, was dann eingetreten ist. Er hat mir vorgeführt: Wir kommen hier in eine Zeit von Gewalt und Rechtsbruch und Auflösung von aller Menschlichkeit. Und er hat mir natürlich als ein Christ, als ein Pfarrer und als mein Bruder und in dieser Familie gesagt, das wird eine Sache, die letzten Endes auf das erste Gebot zuläuft. Die werden sich an die Stelle Gottes setzen, und du hast das und das gelernt. Damals spielte nämlich das erste Gebot in allen meinen Predigten zum Lächeln meiner Gemeinde eine zentrale Rolle: Du sollst keinen anderen Gott haben neben mir.

GAUS: Aber ich bin immer noch nicht ganz zufrieden. Sie waren 18 Jahre alt. Sie waren für kurze Zeit mitgelaufen bei der Breslauer SA. Ich kann es mir nur sehr schwer vorstellen, wie ein 18jähriger durch die Ausführungen, die Sie eben skizziert haben, eines um mehr als 30 Jahre älteren Halbbruders zur Besinnung kommen kann. Können Sie sich genauer daran erinnern oder ist das etwas, was Sie einfach inzwischen als ein gütiges Geschick dieses Gespräch im Sommer 1933 hinnehmen und auf sich berufen lassen wollen?

ALBERTZ: Nein, ich will das gar nicht auf sich beruhen lassen. Ich meine, es ist so gewesen. Aber ich sage freimütig, und mein Bruder war ja klug, heute wäre das moderne Psychologie, was er machte: Er hat mich gleich beschäftigt, er hat gesagt, wir brauchen dich jetzt. Er hat mir gesagt, in Breslau gibt es solche kleinen Gruppen, geh' da mal hin, tu mal was. Das hat mich dann auch sehr schnell fasziniert. Diese ganze Zugehörigkeit eines 18-, 19-, 20-jährigen Studenten zu diesen ersten Schritten der Bekennenden Kirche war ja auch, ganz offen gesagt, ein Stück aufregendes Abenteurertum, nicht ganz ungefährlich. Das hat mich sehr stark gleich in Anspruch genommen. Da ich Gott sei Dank schon im ersten Semester, nein, im zweiten Semester die erste Rüge von der Universität bekam, weil ich Flugblätter der Bekennenden Kirche in der Universität verteilt hatte, hat das auch geholfen.

GAUS: Also Bekennende Kirche, jene evangelischen Christen, zu denen Martin Niemöller gehörte, die ihren Widerstand gegen nationalsozialistische Eingriffe und Übergriffe – in das kirchliche Leben, in das kirchliche Regiment – leisteten. Aber es war doch wohl ein thematisch eng begrenzter Widerstand. Sie selber, Herr Pastor Albertz, schreiben in der Erinnerung darüber: »Wir saßen auf den Inseln des Glaubens und des Gebets.« Ende des Zitats. Meinen Sie heute, die Opposition der Bekennenden Kirche wäre nicht politisch genug gewesen und leiten Sie daraus Selbstvorwürfe ab?

ALBERTZ: Ja, also nicht direkt politisch ... Sie hat unglaubliche indirekte politische Wirkung gehabt. Das war der einzige akademische Stand – das ist die Ehre, die an diesem Vorgang hing –, der in die Illegalität gegangen ist, einfach dadurch, daß er sich den Behörden entzogen hat, den kirchlichen und den staatlichen. Aber: Der eigentliche Widerstand, und hier gebrauche ich das Wort, es war ja schon ein Stück Widerstand – sonst bin ich sehr vorsichtig bei diesem Wort –, der hatte ja doch angefangen gegenüber einem

Eingriff des Staates in die kirchlichen Strukturen und der Zumutung, staatliche Gesetze in der Kirche anzuwenden. Auch sehr ehrenvoll, das war der »Arierparagraph«.

GAUS: Gegen den sich die Bekennende Kirche wandte.

ALBERTZ: Nicht gegen den »Arierparagraphen« im Ganzen, das ist ja nun der Punkt, sondern auf den Pfarrer gesetzt, auf die kirchlichen Mitarbeiter.

GAUS: Das ist Ihnen heute ein zu eng begrenzter Widerstand?

ALBERTZ: Das ist ein ganz eng begrenzter Widerstand gewesen, das wird inzwischen auch durch unzählige historische Arbeiten belegt. Es ist eine Legende, zu meinen, daß die Bekennende Kirche nun gegen Konzentrationslager und alle Unrechtshandlungen und Judenverfolgungen massiv und bei Kriegsanfang jedes Mal den Mund aufgemacht hat. Das waren immer nur Einzelne, ein paar tapfere Gruppen. Und der, der der Heilige ist in der Bekennenden Kirche, Dietrich Bonhoeffer, der den Rubikon überschritten hatte zum wirklichen politischen Widerstand mit allen Konsequenzen – der ist immer ein Außenseiter gewesen.

GAUS: Heute wird wieder darüber gestritten, wie weit das öffentliche, das weltliche, das politische Engagement der Kirchen gehen soll oder darf. Seit es in der Bundesrepublik unter den Kanzlern Schmidt und Kohl eine Rückbesinnung aufs Konservative gegeben hat, hört man öfter, die Kirche möge bitte bei ihrer religiösen Verkündigung bleiben und die Politik den Fachleuten, den Politikern, überlassen. Es ist nun bekannt, daß Sie dem nicht zustimmen, Herr Albertz, aber gehen Sie so weit zu argwöhnen, die vielfach geforderte Entpolitisierung sei bewußt oder unbewußt ein Appell an die Kirchen, bequeme, brave Staatsbürger mit heranzuziehen?

ALBERTZ: Ich glaube sogar, das ist bewußt. Die Formeln sind ja so vertraut. Es ist ein bißchen erschreckend, denn es läuft ja letzten Endes auf die Rezepte heraus, die auch die Nazis und die Kommunisten anwenden. In dem Fall sind sie ja sehr ähnlich. Die Kommunisten machten es ein bißchen geschickter: Konzentrierung oder Einschluß der Kirche in ihre eigenen Gebäude – du bist für die Seele oder für das Jenseits da. Das sind alles ganz alte Hüte. Und die wurden wieder vorgeholt, nachdem deutlich war, daß insbesondere in der evangelischen Kirche sich da ein politischer Sinneswandel vollzogen hat, der atemberaubend ist. Es war ja eine deutsch-nationale Pastorenkirche, und es ist heute weitgehend bei den jüngeren Pastoren und Mitarbeitern, jetzt mal politisch gesehen, eine eher nach links, in die liberale Ecke gehörende Gemeinschaft geworden. Das ist unbequem. Das will man nicht hören. Im übrigen kann ich das alles gar nicht mehr hören, es langweilt mich ... daß Sie mich jetzt gefragt haben, daß es immer wieder öffentlich vorkommt ...

GAUS: Aber: Woraus rechtfertigen Sie das weltliche Engagement der Kirche? Verkürzen Sie damit nicht doch einigen Gemeindemitgliedern das, was sie in der Kirche erwarten?

ALBERTZ: Aber lieber Herr Gaus, wenn ... Also, soll ich nochmal das erste Gebot aufsagen?

GAUS: Wann immer Sie wollen!

ALBERTZ: Wenn ich das ernst nehme und wenn ich Leben und Lehre Jesu ernst nehme und wie er geendet ist, dann gibt es doch überhaupt gar keine andere Antwort auf diese Frage, als daß das Himmelreich, ich sage es jetzt mal so altmodisch, nicht eine Sache ist, die irgendwo nach dem Jüngsten Tage beginnt. Und wenn das auch ein bißchen überstrapaziert worden ist mit der Bergpredigt und den Seligpreisungen und allen möglichen rigorosen Forderungen – es gibt ja viele andere Beispiele auch –, dann kann ich doch das trotzdem gar nicht lesen, ohne mich zu fragen: Wie ist das heute hier, jetzt für mich und für die Gemeinde anzuwenden, dort wo ich lebe? Der Stachel ist da, und wenn ich das Alte Testament lese, dann ist das ein wirklich hochpolitisches Buch.

GAUS: Was ist Ihr Urteil politisch wie kirchenpolitisch, Herr Albertz, über Johannes Paul II., den Papst Wojtila aus Polen?

ALBERTZ: Also, als er gewählt wurde, an dem Abend, als die Nachricht kam – ich bin ja ein sentimentaler Ostdeutscher mit vielleicht etwas slawischem Blut ...

GAUS: Wenn man Ihre Bücher liest, Ihre Erinnerungen, hat man den Eindruck, Sie haben nahe am Wasser gebaut.

ALBERTZ: Das wollte ich jetzt sagen: Da haben meine Frau und ich geheult. Ein Pole ist Papst! Dann habe ich ihn bei seiner ersten Karfreitag-Liturgie in St. Peter erlebt, als er Papst geworden war, und er hat mir einen unglaublichen Eindruck gemacht, als Mensch, wie er dort am Altar stand. Dann gab der deutsche Botschafter beim Vatikan ein kleines Frühstück für mich, das war ein höflicher Mann, ich war ja ohne jedes Amt, und da kamen Leute aus der Kurie und haben mir gesagt, Herr Albertz, wir verstehen ja, daß Sie so berührt sind, aber Sie wissen doch, da kommt einer, der wird es uns ganz schwer machen, das, was Johannes XXIII. wollte, fortzusetzen und zu entfalten. Die haben Recht behalten. Und seitdem bin ich oft sehr traurig und bedrückt über vieles, was nun dieser polnische Papst da tut.

GAUS: Herr Albertz, als Sie Mitte der 50er Jahre von Hannover nach Berlin-West gingen, war Ihre weitere politische Karriere eng mit Willy Brandt verbunden. Und es gibt dazu viele Fragen, eine nach der anderen. Sie wurden, als Brandt Ende 1966 als Außenminister der Großen Koalition aus CDU/CSU und SPD in die Bundesregierung in Bonn eintrat, der Nachfolger als Regierender Bürgermeister von Berlin. Viele Fragen, die dramatischste, die mit tragischem Hintergrund zuerst gestellt: Am 2. Juni 1967, als Sie Regierungschef von Westberlin waren, wurde bei Demonstrationen gegen Ihren Staatsgast, den Schah von Persien, der Student Benno Ohnesorg von einem Westberliner Polizisten erschossen. Wenige Monate danach, Ende September 1967, traten Sie als Regierender Bürgermeister zurück und kehrten in der Folge in den Pastorenberuf zurück, freilich stets mit einem sehr politischen Engagement. Vor dem Rücktritt hatten Sie bereits massive Schwierigkeiten mit dem rechten Flügel Ihrer Partei, der SPD, in Berlin bekommen. Die dramatische Frage nun also: Können Sie selber aufrichtig auseinander halten, ob Sie damals aus einer Mischung aus eigenen Schwierigkeiten resignierten oder ob der entscheidende Grund der Tod des jungen Menschen war, vor dessen Hintergrund Ihnen die politischen Sachzwänge, die dauernde Suche nach Kompromissen, um Mehrheiten zu finden, als allzu nichtig und unwichtig erschienen?

ALBERTZ: Ja, das könnte eine mögliche Beschreibung der damaligen Situation sein. Natürlich ist durch den Tod dieses Studenten, der formal mit mir ja nichts zu tun hatte ... übrigens frage ich mich, wie lange wir noch bei diesem 2. Juni sind, nachdem so viele andere durch Staatsgewalt ums Leben gekommen sind – kein Hahn kräht danach ... Also: Das war damals für mich eine furchtbare Belastung und eine im engen und weiten Sinne zugleich politische Verantwortung – obwohl ich direkt damit nichts zu tun hatte. Der Rücktritt ist allerdings dann auf einer doppelten Ebene eigentlich zu Stande gekommen. Erstens dieser Hintergrund, diese Wunde, die damals noch furchtbar schmerzte, und daß man der eigenen Fraktion nicht klar machen konnte: Dieses alles ist jetzt nicht weiter mit Polizeigewalt zu erledigen. Aber andererseits waren natürlich auch die ganzen Proteste, die innere Lage der Westberliner SPD, die ja immer mehr eine Laufbahnpartei des öffentlichen Dienstes geworden war, und die Kleinkarierten, im bösen Sinne, die mir dann ja auch Personalien aufzwingen wollten, die ich nicht verantworten konnte. Das war dann wirklich so zweitrangig und drittrangig, daß ich nicht mehr konnte und nicht mehr wollte.

GAUS: Diese skeptisch traurige Sicht auf die Berliner SPD, haben Sie die immer noch?

ALBERTZ: Ja, die habe ich immer noch, und zwar bin ich sehr traurig darüber, daß alles nichts geholfen hat, die Zeit mit Jochen Vogel und jetzt nach den großen Niederlagen schon gar nicht. Ich weiß nicht, wie in Berlin eine ernsthaftere Opposition zustande kommen kann. Ich rede jetzt bewußt nur von Opposition für die nächsten Jahre. Von der Regierung ganz zu schweigen.

GAUS: Wie erklären Sie die weit verbreitete Parteienverdrossenheit im Land, allgemein, nicht nur auf die Berliner SPD beschränkt?

ALBERTZ: Ich meine, das ist doch wohl einfach so zu erklären, daß für viele, insbesondere für die Jüngeren, Gesagtes und Getanes, Geschriebenes und dann Wirklichkeit Gewordenes so weit auseinander klafft, daß man nicht mehr – jetzt sage ich das mal in einem anderen Zusammenhang, dies Wort »Glauben« – daß man nicht mehr glauben kann, was da passiert. Die Ansprüche sind Gott sei Dank doch bei vielen höher, als sie dann erfüllt werden können. Ich habe das Gefühl, daß sich das politische Handeln bei uns im Lande – ich weiß nicht, wie es anderswo ist, wir reden ja von uns – immer mehr entfernt von dem, was wirklich geschieht.

GAUS: Das heißt, die Politik lebt in einer Art Ghetto, weit weg vom real existierenden Leben?

ALBERTZ: Das ist sehr viel schlimmer geworden als zu den Zeiten, da ich noch dabei war. Wobei ich auch ehrlich zugebe, das hat auch einen ganz äußeren Grund: Wenn ich mir vorstelle, ich würde Tag und Nacht von Sicherheitskräften bewacht bis ins eigene Haus hinein, könnte keinen Schritt mehr gehen ... Es gibt ja gar keinen normalen Kontakt mehr.

GAUS: Nach dem Tod Benno Ohnesorgs, nach Ihrem Rücktritt, hatten Sie da auch für sich eben den Eindruck: Ich, Heinrich Albertz, wenn ich im politischen Amt bleibe, kann die Kluft zwischen meinem selbst erhobenen Anspruch und dem, was ich als Politiker leisten kann, nicht mehr schließen?

ALBERTZ: Ja. Also ich habe wirklich das empfunden, was man ja heute auch mit einem inzwischen mißbrauchten Wort »Identitätskrise« nennt. Das war es damals. Oder um es deutsch zu sagen: Ich hatte wirklich die Angst – jetzt verlierst du endgültig dein Gesicht. Es hingen da 20 Jahre dran, wir reden jetzt immerzu nur von dem Regierenden Bürgermeister.

GAUS: Ja, natürlich. Sie waren Minister gewesen. Sie waren Chef der Senatskanzlei unter Brandt gewesen. Sie waren Innensenator gewesen.

ALBERTZ: All diese Ämter meine ich jetzt gar nicht so sehr. Es war einfach die Länge der Zeit, und es lagen unendlich viele Geschichten schon hinter einem. Von 1947 bis 1967 waren es 20 Jahre. Da muß man dann mal wieder raus aus der Politik.

GAUS: Würden Sie es gut finden, wenn es für Politiker sozusagen eine gesetzlich begrenzte Zeit gebe, in der sie Politik machen?

ALBERTZ: Ja, ja. Die Grünen haben es ja nun überzogen mit der Rotation. Das halte ich für unmöglich. Aber daß es immer mehr diesen Typ – wo gibt es denn noch was anderes? – des Berufspolitikers gibt und daß sich das dann so festläuft und daß es immer mehr sind, die wissen, wenn sie aus dem politischen Geschäft herauskommen, dann fallen sie ins Leere, weil sie oft nichts anderes gelernt haben, im Höchstfalle Politologie – das ist schlimm. Ich weiß nicht, was man da machen kann. Man kann das sicher nicht verhindern.

GAUS: Natürlich nicht. – Ich komme auf einen Punkt zurück, den Sie ziemlich am Anfang unseres Interviews berührt haben. Nach Kriegsende 1945 gab es manchen guten politischen Vorsatz unter den Deutschen. Wenn diese nicht in seinerzeit erhofftem, beschworenem Umfang verwirklicht worden sind, um es zurückhaltend auszudrücken – liegt das etwa vor allem daran, daß die Menschen inzwischen zusammen mit den wirtschaftlichen Verhältnissen sozusagen wieder normal geworden sind? Ist mehr, als sie jetzt mehrheitlich an Engagement, an Nachdenklichkeit, an Skrupeln aufbringen, ist mehr normalerweise eben nicht von ihnen zu erwarten?

ALBERTZ: Meine These ist ja: Die Schwierigkeiten, nach denen Sie jetzt noch mal fragen, die haben ihren Grund wohl darin, daß es uns zu schnell so gut gegangen ist, daß also das Ganze so gut gehen konnte. Das Wechselbad, in dem wir damals waren, vom diffamierten, völlig an den Rand gestellten, mit Recht mit aller Schuld belasteten Volk innerhalb von drei Jahren plötzlich auf die Seite der Sieger zu rutschen – das ging alles so schnell, daß von Besinnung schon gar keine Rede sein konnte. Durch alle die bekannten Vorgänge des Wirtschaftswunders hat die erreichte Normalität eben dazu geführt, daß neue Anfänge ganz schwierig waren. Ich habe überhaupt keinen Vorwurf gegen die Mehrheit dieses Volkes. Daß das so gelaufen ist, das wäre vermutlich in jedem anderen Volk genauso gelaufen. Aber es ist tief traurig, weil die große Chance, die diese entsetzliche Niederlage uns eigentlich hätte bringen können, eben nicht die Befreiung hin zu einem wirklichen Anfang wurde.

GAUS: Wenn Sie so barmherzig sind in Ihrem Verständnis für die Menschen, hadern Sie manchmal mit dem lieben Gott, Herr Pastor, daß er den alten Adam und wohl auch die alte Eva so manipulierbar, so beschränkt geschaffen hat, als wie sie sich immer wieder erweisen.

ALBERTZ: Ja, ich hadere oft mit ihm, von dem ich nicht weiß, wie er heißt und wie er aussieht.

GAUS: Hadern Sie aber auch deswegen mit ihm?

ALBERTZ: Auch deswegen.

GAUS: Würden Sie sagen, weswegen Sie gelegentlich noch mit ihm hadern?

ALBERTZ: Wenn man es ernst nimmt, was man sagt und als Vertrauen auch vermitteln will: Bei jeder schrecklichen Gewalttat, bei jedem Unglück, bei eben auch so viel Dummheit fragt man, wie kann das kommen, wie ist der Mensch angelegt? Da ich ja sage, er ist ein Geschöpf Gottes und sage, man sollte in jedem Menschen ein Stück dieses Antlitzes wiedererkennen können, ist das oft sehr schwierig. Aber wir wollen jetzt keine Theologie betreiben.

GAUS: Noch eine Frage in diesem Zusammenhang, ganz auf Ihr eigenes Leben bezogen, Herr Albertz: Politisch, protokollarisch, von der Macht her, hatten Sie ein stärkeres Gewicht in Berlin als in Hannover, wo Sie sozusagen in kleinen politischen Verhältnissen 1948 bald nach Berlin kamen. Aber wenn Sie nun als ein alter Mann zurückblicken, wo sehen Sie Ihre tiefere politische Spur und Erfüllung, in Celle oder Hannover oder in Berlin?

ALBERTZ: Nicht in Berlin.

GAUS: Nicht in Berlin, wo Sie Regierender Bürgermeister waren?

ALBERTZ: Nein. So wichtig das alles war, aber für mich ist diese Zeit von 1945 bis '55, sind diese zehn Jahre – wenn ich jetzt als alter Mann zurückdenke, ich lasse Krieg und alles vorher weg – die wichtigste Zeit meines Lebens. Gerade auch wegen der politischen Arbeit, weil damals die, Sie sagen »kleinen Verhältnisse« ... was heißt hier übrigens »kleine Verhältnisse«! Für mich sind fast alle wichtigen Dinge vor der Gründung der Bundesrepublik passiert. Da waren ja auch noch Männer da! Die Ministerpräsidenten der Länder waren damals noch gestandene Leute.

GAUS: Es war bei Ihnen Hinrich Wilhelm Kopf.

ALBERTZ: Der großartige Wilhelm Kopf. Ich will sie nicht alle aufzählen, das hat jetzt gar nichts mit den Parteien zu tun, bis hin zu Leo Wohle, den ich sehr geliebt habe, den heute außerhalb der Grenzen bei uns niemand kennt. Daß diese unglaubliche Sache sich vollzog in der Situation, in der wir damals waren, und ich beteiligt sein konnte an den besonderen Problemen der Integration von Millionen Menschen, die zu uns gekommen waren ...

GAUS: Als Flüchtlingspfarrer und Flüchtlingsminister ...

ALBERTZ: Ja, das war eine Sache, die schon ganz groß war und die ja auch letzten Endes – wenn man als Mensch so weit zurückblicken kann – gelungen ist. Bis auf die verrückten Hupkas und Czajas und leider ihre Mitredner auch in bestimmten Ecken der Regierungsfraktion ist doch dieses Zusammenwachsen gelungen. Die Flüchtlinge – sie sind da, sie sind Deutsche in der Bundesrepublik Deutschland geworden und haben eingebracht von drüben, was sie mitbringen konnte und keiner will zurück.

GAUS: Halten Sie dieses, Ihr Mitwirken an dieser Integration, am Ende für Ihre befriedigendste politische Leistung?
ALBERTZ: Ja.
GAUS: Sie haben oft gesagt, ein schlimmes Übel unter uns Deutschen sei, daß wir mit unseren Minderheiten, mit Außenseitern, mit Abweichlern nicht zurecht kämen. In Blick auf die Bundesrepublik führen Sie in solchem Zusammenhang zum Beispiel den Radikalenerlaß an und auch einen geradezu irrationalen Antikommunismus. Haben Sie eine Erklärung für solche deutsche Art?
ALBERTZ: Ja, ich weiß nicht. Ist es deutsche Art?
GAUS: Sie können sagen: »Nein.« Sie können sagen: Es ist Menschenart.
ALBERTZ: Es ist wohl weitgehend Menschenart, nach allem, was man so hört, aus England oder ich weiß nicht woher.
GAUS: Ich meine, das entbindet uns ja nicht.
ALBERTZ: Die Sache mit dem Antikommunismus ist ja eine Geschichte, die mich unglaublich aufregt, weil es eben diesen ungebrochenen Boden gibt, vom Antikommunismus der Weimarer Republik über Hitler, dies und das, ohne jede Pause in unsere Zeit hinein. Man kann bestimmte Reden aus den Jahren 1947 und 1948 von einem so verehrungswürdigen Mann wie Ernst Reuter nur mit Erschrecken lesen. Und das hat sich so festgesetzt, daß jeder, der da nur ein bißchen differenziert, dann plötzlich selber zu der Minderheit gehört.
GAUS: Als der Berliner CDU-Politiker Peter Lorenz 1975 entführt und dann gegen inhaftierte Terroristen ausgetauscht wurde, verlangten die Entführer, daß Sie, Herr Albertz, die Freigepreßten auf dem Fluggelände im Nahen Osten begleiteten, als eine Vertrauensperson, die sicherstellen sollte, daß die Polizei, der Staat kein falsches Spiel treiben. Sie flogen also mit. Peter Lorenz kam danach frei. Dazu zwei Fragen. Zunächst diese: Fanden Sie die damalige Entscheidung der Bonner Regierung richtig, die Forderung der Terroristen zu erfüllen, und hätte man das nach Ihrer Meinung aus humanitären Gründen auch im späteren Fall Schleyer tun sollen?
ALBERTZ: Ich fand das damals natürlich richtig. Es hat mir großen Respekt abgenötigt, daß die politisch Verantwortlichen im

Falle Lorenz so entschieden, denn das konnte sich ja jeder ausrechnen: Wenn das einmal passiert, hat das bestimmte Konsequenzen. Ich kritisiere niemanden, das war ja Ihre Fortsetzungsfrage, so schrecklich das war, daß im Fall Schleyer anders entschieden wurde. Es war ja nicht nur der Fall Schleyer. Es ging ja schon in der Deutschen Botschaft in Stockholm los. Aus diesen Gründen ..., aber ich sehe natürlich mit Entsetzen, wohin wir inzwischen gekommen sind ... das ist nun kein deutscher Vorgang, aber das hängt ja alles zusammen. Bei der letzten terroristischen Entführung eines Flugzeugs sind ja wieder über 50 Menschen ...

GAUS: Haben Sie eine andere Antwort?

ALBERTZ: Ich habe auch keine andere Antwort. Ich bin überhaupt nicht klüger als die, die das zu entscheiden haben. Aber ich bin umgekehrt nicht ganz sicher: Wenn man den Mut gehabt hätte, die Entscheidung im Falle Lorenz so oder ein wenig differenziert nochmal anzuwenden, und – das gehört allerdings dazu – wenn man denen, die sich lösen aus der terroristischen Szene, dann faire Prozesse machen würde – wer weiß ... Und nicht wie im Fall Peter Boock: diese unmöglichen Urteile. Der Mann hat nicht einmal geschossen. Jedem SS-Mörder muß nachgewiesen werden, daß er selber mit der Pistole jemand erschossen hat, sonst wird er nicht wegen Mord verurteilt, weil die SS keine kriminelle Vereinigung ist ... Dort aber passiert das ... Aber ich bin da sehr zurückhaltend. Es ist sehr viel leichter, von außen darüber zu urteilen. Ich bin nur glücklich, daß ich bei dem einzigen Mal, wo man anderes versucht hat, meinen Beitrag habe leisten können.

GAUS: Die zweite Frage dazu: Sie haben immer sich gegen Gewalt ausgesprochen. Dies vorweg geschickt, frage ich: Wie viel begreifen Sie, Herr Pastor Albertz, welches Verständnis haben Sie für die jungen Menschen, die, beginnend etwa mit Ulrike Meinhof, sich ins terroristische Abseits begeben haben?

ALBERTZ: Ich habe ein gewisses Verständnis. Aber wenn ich das sage, gelte ich ja schon wieder als ein Gewalttäter. Ich sage es trotzdem: Es hat Situationen gegeben, in denen aus Verzweiflung diese irrsinnigen Reaktionen kamen. Mir haben ja die Leute im Flugzeug die Abfolge gesagt, wie sie sich das vorstellten, diese irrationale Geschichte: daß sie die Systeme verändern wollen, und weil sich nichts ändert, wenden sie Gewalt an – dann wird aus diesem Staat ein Polizeistaat. Gewisse Züge dieses Polizeistaates sind ja durch Gesetzesänderungen und Praktiken auch unübersehbar. Aber nun kommt eben der Irrsinn, die Hoffnung, dann würde sich das deutsche Volk erheben ...

GAUS: Was haben Sie den Freigepreßten in dem Flugzeug nach Aden gesagt?

ALBERTZ: Ich habe mit denen keine großen politischen Diskussionen geführt. Dazu hatten wir ja keine Zeit. Ich habe da, glaube ich, ganz schlicht gesagt, ihr seid verrückt.

GAUS: Sie sind in Breslau geboren, Ihre Frau ist wie Sie aus Schlesien, die beiden ersten ihrer drei Kinder sind in Schlesien zur Welt gekommen. Es gibt einen Bericht von Ihnen, Herrn Albertz, über eine Reise in das, wie Ihr Text verrät, tief geliebte, verlorene Land, die Sie unlängst als 70jähriger noch einmal gemacht haben. Was bedeutete in Ihrem Leben der Verlust der Heimat?

ALBERTZ: Ein ganz, ganz schmerzlicher und immer weiter schmerzlicher Vorgang. Es ist wirklich ein bißchen, wie wenn die Mutter stirbt. Ich habe das dort auch sehr offen beschrieben. Kein Lächeln über die, die darüber heute noch traurig sind. Sie sterben ja nun. Die Generation stirbt jetzt. Auf der anderen Seite der Unsinn, daraus nun solche irrsinnigen Formeln abzuleiten: Schlesien ist unser! Oder: Recht auf Heimat! – das ist genau die falsche Reaktion. Abgesehen davon, daß die, die da hingekommen sind, wo andere vertrieben wurden, ja auch ihre Heimat verloren hatten. Aber: Wenn wir nicht diese irrsinnige Spaltung in Europa hätten, dann würde ich gerne – das ist ja aber faktisch einfach unmöglich – meine letzten Jahre in Breslau verbringen.

GAUS: Erlauben Sie mir eine letzte Frage: Was heißt es für Sie, ein Deutscher zu sein?

ALBERTZ: Ja, ich bin es. Ich habe auch gar keine Angst, das zu sagen in allem, was das bedeutet. Das sind meine Kinder und meine Enkel, und das waren Väter und Mütter, und in diesem Zusammenhang lebt man. Ich werde immer zurückhaltender, wenn ich manchmal merke, wie schnell man darüber weggeht, indem man sagt, nun sei doch ein Europäer oder einfach nur ein Mensch, das spielt doch alles keine Rolle. Nein, du kannst nur in deinem Volk und in deiner Nation – auch wenn sie gespalten ist oder gerade dann – das andere auch sein. Und dem lieben Gott, von dem wir nun so viel geredet haben, ist es ja so eingefallen, uns ein bißchen unterschiedlich auf die Welt zu bringen.

Anmerkungen

Die Interviews, die Günter Gaus führt, sind trotz ihres Erkundungscharakters sehr selbstverständliche Verortungen in Geschichte und politischer Gegenwart. Die folgenden lexikalischen Notizen sind Produkt der Neugier, einigen Namen und Begriffen, die in den jeweiligen Gesprächen auftauchen, eine stichpunktartige nähere Erläuterung beizugeben. Nicht mit dem Anspruch auf Vollständigkeit, nicht mit dem Willen zu wissenschaftlicher Definitionsendgültigkeit, nicht mit der Anmaßung zu interpretatorisch-analytischer Ausleuchtung. Die Anmerkungen mögen eher ein Staunen verstärken – darüber, mit welch kräftigem Sog die Interviews in Geschichte hineinziehen und wie sehr doch jedes einzelne Leben durch unsichtbare Fäden der Erinnerung, der Bildung und des praktischen Handelns mit Vergangenem, mit epochal und national Prägendem verbunden ist.

Zum Gespräch mit Ludwig Erhard

Freisinnige Partei: 1884 aus der Deutschen Fortschrittspartei und den Sezessionisten der Nationalliberalen gebildete liberale Partei; zerfiel 1893 in die Freisinnige Vereinigung und die Freisinnige Volkspartei – beide gingen 1910 in der Fortschrittlichen Volkspartei auf.

Eugen Richter (1838-1906): Politiker und Jurist, 1867 bis 1906 als einer der ersten Berufspolitiker Mitglied im Reichstag. Scharfer Kritiker Bismarcks und gleichzeitig Gegner der Sozialdemokratie. Führer der Deutschen Fortschrittspartei, ab 1884 der Deutschen Freisinnigen Partei.

Deutsche Demokratische Partei: eine Partei des liberalen Bürgertums, im November 1918 unter starker Mitwirkung Friedrich Naumanns gegründet. Die »Demokraten« waren wesentlich an der Ausarbeitung der Weimarer Verfassung und 1919 bis 1932 an fast allen Reichsregierungen beteiligt. 1930 in Deutsche Staatspartei umgewandelt, nach Zustimmung zum Ermächtigungsgesetz 1933 aufgelöst.

Deutsche Arbeitsfront: Größte nationalsozialistische Organisation, gegründet 1933 nach der Zerschlagung der Gewerkschaften. Initiierte die »NS-Gemeinschaft Kraft durch Freude«, die Freizeit- und Reiseprogramme organisierte.

Carl Friedrich Goerdeler (1884-1945): Der konservative Gegner der Weimarer Republik und 1930 bis 1937 Oberbürgermeister von Leipzig trat aus Opposition gegen das NS-System von seinem Amt zurück und beteiligte sich ab 1939 maßgeblich am bürgerlichen Widerstand gegen Hitler (Goerdeler-Kreis). Im Falle eines Umsturzes hätte er dessen Nachfolger im Reichskanzleramt werden sollen. Er erstrebte eine Rückkehr zum Parlamentarismus unter Beibehaltung der deutschen Großmachtrolle. Nach dem Attentat vom 20. Juli 1944, das er allerdings abgelehnt hatte, wurde er in Berlin hingerichtet.

Lucius D. Clay (1897-1978): Ab 1945 war er Stellvertreter General Dwight Eisenhowers und von 1947 bis 1949 Militärgouverneur in der US-amerikanischen Besatzungszone Deutschlands. Mitinitiator und Organisator der Luftbrücke während der Berliner Blockade 1948/49. Der Transport von 1,8 Millionen Tonnen Versorgungsgütern bewog die UdSSR zum Einlenken und bewahrte die Freiheit West-Berlins. 1961/62 war Clay persönlicher Beauftragter von US-Präsident John F. Kennedy für Berlin-Fragen.

Zum Gespräch mit Gustaf Gründgens

Marianne Hoppe (geb. 1911): Schauspielerin. Von 1936 bis 1946 mit Gründgens verheiratet. Seit ihrem Engagement am Staatstheater Berlin (1935 bis 1945) eine der stilsicheren Charakterdarstellerinnen des deutschen Sprachraums. Engagements am Deutschen Theater Berlin, in Frankfurt und München. 1947 bis 1955 Düsseldorf, wieder unter dem Intendanten Gründgens. Unter der Regie von Heiner Müller spielte sie in den 90er Jahren am Berliner Ensemble.

Hans Brausewetter (1900-1945): Berliner Theater- und Filmschauspieler, der in der Schlacht um Berlin im April 1945 von einer Granate tödlich getroffen wurde.

Leopold Jessner (1878-1945): Schauspieler und Regisseur in Graudenz, Cottbus, Breslau, Hannover, Dresden, Königsberg und am Thalia-Theater Hamburg – Entwicklung eines symbolistischen, antinaturalistischen Regiestils. Von 1919 bis 1930 Intendant des Preußischen Staatstheaters Berlin. Den Nazis galt er als Inbegriff der »Verjudung« und »Bolschewisierung« des

Berliner Theaterlebens. 1933 Emigration, 1936 Gastregisseur am Habima-Theater Tel Aviv, danach lebte er resigniert und zurückgezogen in Los Angeles.

Max Reinhardt (1873-1943): österreichischer Theaterregisseur (eigentlich Max Goldmann). Wurde zunächst bekannt als Berliner Charakterdarsteller des Deutschen Theaters. Mit seinen opulenten, phantasievollen Inszenierungen, einer Abkehr vom Naturalismus, wurde er zum Begründer des modernen Regietheaters. 1905 Direktor des Deutschen Theaters. Später leitete er die Berliner Volksbühne und das Große Schauspielhaus. 1920 gründete er mit Richard Strauss und Hugo von Hofmannsthal die Salzburger Festspiele. 1923 Direktor des Wiener Theaters in der Josefstadt. 1924 Eröffnung der Komödie am Kurfürstendamm, erneut Direktor der Berliner Bühnen. 1937 emigrierte er in die USA, nachdem die Nazis bereits 1933 die Berliner Bühnen enteignet hatten.

Alexander J. Tairow (1885-1950): Schauspieler und Regisseur, einer der großen Theatermacher Anfang des 20. Jahrhunderts. 1914 Gründung des Kammertheaters Moskau. Sein pantomimisch orientierter Inszenierungsstil wandte sich gegen den psychologischen Naturalismus Stanislawskis als auch gegen die Technisierung und Stilisierung in den Arbeiten von Meyerhold. Zwischen 1923 und 1930 Aufsehen erregende Tourneen durch Westeuropa und Lateinamerika. Ende der 20er Jahre sah er sich dem Vorwurf ausgesetzt, sein »entfesseltes Theater« sei reaktionär und abstrakt; er mußte zu konventionellen Formen übergehen

Jewgeni B. Wachtangow (1883-1922): Moskauer Schauspieler, Regisseur und Intendant. Mitarbeiter von Stanislawski am Moskauer Künstlertheater. 1917 übernahm er die Leitung des Moskauer hebräischen Theater-Sudios Habima, das 1922 von einer seiner Reisen nicht mehr in die Sowjetunion zurückkehrte (später Habima-Theater Tel Aviv). Wachtangow vereinigte in seinen Inszenierungen Commedia del' arte und chinesisches Theater, Artistik und Burleske, Märchen und Stegreifspiel (»Der Naturalismus auf dem Theater muß sterben!«).

Sergei M. Eisenstein (1898-1948): sowjetischer Filmregisseur (»Streik«, »Panzerkreuzer Potemkin«, »Oktober«, »Alexander Newski«, »Que viva Mexiko«, »Iwan der Schreckliche«). Der gelernte Bauingenieur verzichtete in seinen frühen Produktionen über den revolutionären Kampf in Rußland auf individuelle Helden und entwickelte eine Montagetechnik, die ihn berühmt machte (Niederschlagung eines Streiks, kontrastiert mit der Schlachtung eines Ochsen, in »Streik«; Massaker auf der Odessa-Treppe in »Panzerkreuzer Potemkin«).

Wsewolod I. Pudowkin (1893-1953): sowjetischer Filmregisseur, der in den 20er und 30er Jahren neben Eisenstein zu den bedeutenden Filmemachern des Landes gehörte. 1914 Kriegsfreiwilliger und deutsche Gefangenschaft. Werke u.a. »Mutter« (nach Gorki), »Sturm über Asien«, »Verräter«, »Suworow«.

Otto Klemperer (1885-1973): deutscher Dirigent, der das klassische Repertoire entromantisierte. Als Chef der Berliner Kroll-Oper (1927 bis 1931) führte er vor allem zeitgenössische Komponisten auf (Hindemith, Schönberg, Strawinsky). 1933 Leiter des Philharmonic Orchestra Los Angeles. Nach dem Zweiten Weltkrieg Dirigent in Budapest und London. 1970 wurde er israelischer Staatsbürger.

Erika Mann (1905-1969): Schauspielerin, Kabarettistin, Kinderbuchautorin, Journalistin und Kriegskorrespondentin. »Verwöhnte und verrückte« Tochter von Katia und Thomas Mann. Ausbildung bei Max Reinhardt, mit frühen Stücken ihres Bruders Klaus Mann ging sie auf Tournee (Regie Gustaf Gründgens). Am 1. Januar 1933 eröffnete sie in München das Kabarett »Die Pfeffermühle«, das unter der Regie von Therese Giehse bis Februar 1933 in Deutschland spielte und anschließend im Schweizer Exil. Ein Kabarett-Start 1936 in den USA mißlang. Kalter Krieg und McCarthyismus brachten der engagierten antifaschistischen Vortragsrednerin das Aus in Amerika. Nach der Rückkehr in die Schweiz, 1952, wurde sie engste Mitarbeiterin ihres Vaters.

»M«: Klassischer Film von Fritz Lang (1931) mit Peter Lorre, Gustaf Gründgens und Otto Wernicke. Ein Kindermörder wird nicht nur von der Polizei, sondern auch von der Unterwelt gejagt; ein makabres Tribunal (Vorsitz Gründgens) verurteilt ihn zum Tode. Zahlreiche Details verweisen auf das gesellschaftliche Klima im aufkommenden Nationalsozialismus.

Heinz Hilpert (1890-1967): deutscher Theaterregisseur, der ab Mitte der 20er Jahre bis Kriegsende als Regisseur und Intendant in Berlin und Wien das deutschsprachige Theater mit prägte. 1934 bis 1945 leitete er das Deutsche Theater, ab 1938 zugleich das Theater in der Josefstadt Wien. Zu seinen großen Regieleistungen gehören Uraufführungen von Stücken Carl Zuckmayers (»Der Hauptmann von Köpenick« 1931 in Berlin, »Des Teufels General« 1946 in Zürich). Nach dem Zweiten Weltkrieg Intendant in Frankfurt am Main, Konstanz und Göttingen.

Jürgen Fehling (1885-1968): deutscher Theaterregisseur, 1922 bis 1939 Spielleiter am Berliner Staatstheater, 1940 bis 1944 am Staatlichen Schauspielhaus Berlin. Nach dem Zweiten Weltkrieg Arbeit in München,

Zürich und am Schiller Theater in Westberlin. Fehling war ein Regisseur, der expressionistische Elemente und eine suggestive, auf Musikalität drängende Wortregie miteinander verband.

Veit Harlan (1899-1964): deutscher Regisseur und Schauspieler, der den antisemitischen Hetzfilm »Jud Süß« (1940) drehte sowie den Durchhaltestreifen »Kolberg« (1944). Nach 1945 wegen Verbrechen gegen die Menschlichkeit angeklagt, aber freigesprochen. Ab 1950 wieder Regisseur, drehte 1957 den Anti-Homosexuellenfilm »Anders als du und ich".

Peter Suhrkamp (1891-1959): deutscher Verleger, gründete 1950 in Frankfurt am Main den Suhrkamp Verlag. Nach der Vertreibung der Verlegerfamilie Fischer hatte Suhrkamp 1936 die Leitung des S. Fischer Verlages in Berlin übernommen und diesen weitgehend von nationalsozialistischen Einflüssen freihalten können. 1950 wurden die rechtmäßigen Besitzer wieder eingesetzt.

Carl Zuckmayer (1896-1977): deutscher Schriftsteller und einer der erfolgreichsten deutschen Dramatiker. 1933 Aufführungsverbot in Deutschland, 1938 emigrierte der Büchner-Preisträger in die Schweiz, 1939 bis 1945 Exil in den USA, Rückkehr als Zivilbeauftragter für Kulturfragen der US-Regierung. Werke u.a. »Der fröhliche Weinberg«, Drehbuch zu »Der blaue Engel«, »Der Hauptmann von Köpenick«, »Des Teufels General«.

Theo Otto (1904-1968): deutscher Bühnenbildner. 1930 bis 1933 Ausstattungsleiter der Berliner Staatstheater, 1933 bis 1960 Bühnenbildner in Zürich. Arbeit mit Gründgens, Kortner und Strehler. Er hatte Anteil an der Weltgeltung, die das Züricher Staatsschauspiel nach dem Zweiten Weltkrieg erlangte.

Zum Gespräch mit Thomas Dehler

Heinrich II. (973-1024): Letzter Herrscher aus dem sächsischen Haus, seit 1002 deutscher König, 1014 zum Kaiser gekrönt. Baute das Reichskirchensystem aus, förderte die Klosterreform und gründete 1007 das Bistum Bamberg. 1146 heilig gesprochen.

Pius X. (1835-1914): Ab 1903 Papst, unter ihm verschärfte sich der Konflikt zwischen Reformkatholizismus und Amtskirche. Pius ließ die wissenschaftliche Theologie zensieren, brandmarkte den Modernismus und schritt gegen christlich-demokratische Bewegungen in Deutschland ein.

Deutsche Demokratische Partei: s. Gespräch mit Ludwig Erhard.

Franz von Papen (1879-1969): Von Juni bis November 1932 Reichskanzler, der Erzkonservative setzte die sozialdemokratische preußische Regierung ab und bildete ein sogenanntes Kabinett der nationalen Konzentration, das nicht vom Vertrauen des Parlaments, sondern nur vom Gutdünken Hindenburgs getragen war. Er forderte die Ernennung Hitlers zum Reichskanzler; 1933/34 dessen Vizekanzler. Er löste am 17. Juni 1934 mit seiner Marburger Rede die Verfolgungen des Röhm-Putsches aus. 1934 bis 1944 Botschafter. 1947 zu acht Jahren Arbeitslager verurteilt, 1949 Freilassung.

Edgar Julius Jung (1894-1934): Publizist, Berater des Reichskanzlers und späteren Hitler-Vizes Papen. Schrieb jene Marburger Rede, die Anlaß der Morde des Röhm-Putsches war. SA-Stabschef Ernst Röhm und andere SA-Führer waren erschossen worden, weil sie angeblich einen Anschlag auf Hitler vorhatten. Hintergrund waren Bemühungen der SA, sich – in Konkurrenz zu der von Hitler favorisierten Reichswehr – zu einem Volksheer zu entwickeln. Auch Jung fiel den Fememorden zum Opfer.

Paul von Beneckendorff und von Hindenburg (1847-1934): Generalfeldmarschall, Reichspräsident. Nachdem er als General bereits seinen Abschied genommen hatte, wurde er im August 1914 Oberbefehlshaber der 8. Armee und landete Siege bei Tannenberg und an den Masurischen Seen (Rückzug der Russen aus Ostpreußen). Befürwortete 1918 die Abdankung des Kaisers. 1925 ließ er sich als Kandidat der Rechtsparteien zum Reichspräsidenten wählen. Berief nach den gescheiterten Regierungen von Papen und Schleicher im Januar 1933 Hitler zum Reichskanzler. Trug wesentlich zur Akzeptanz der NS-Diktatur in nationalkonservativen Kreisen bei.

Erich Ludendorff (1865-1937): General, Stabschef Hindenburgs. Mitverantwortlich für die Aufnahme des uneingeschränkten U-Boot-Krieges 1917 und der vollständigen Mobilisierung. Hauptverfechter der Dolchstoßlegende, nach welcher der 1. Weltkrieg durch den Verrat der Linken im Lande verloren worden sei; die Politik sei der siegreichen Wehrmacht in den Rücken gefallen. Das wurde zum Hauptbestandteil der nationalistischen Agitation gegen die Novemberrevolution und später gegen die Weimarer Republik.

Wittelsbacher: Herrschergeschlecht, seit 1115 benannt nach der Stammburg Wittelsbach bei Augsburg. Die Wittelsbacher waren von 1806 bis 1918 Könige von Bayern.

Ludwig II. (1845-1886): bayerischer König seit 1864. Anhänger Richard Wagners. Wurde 1886 für geisteskrank erklärt.

Friedrich Naumann (1860-1919): Theologe und Politiker. Suchte eine Verbindung von christlichem Sozialismus und Sozialdemokratie. 1907 bis 1918 Mitglied des Reichstages. Entwarf 1915 ein viel beachtetes Programm für eine föderalistische, mitteleuropäische Wirtschaftsgemeinschaft. 1918/19 Mitbegründer und Vorsitzender der Deutschen Demokratischen Partei.

Theodor Heuss (1884-1963): 1918 Gründungsmitglied der Deutschen Demokratischen Partei, warnte 1932 in einem Buch vor den Nazis, konnte aber trotz Behinderungen als Journalist weiterarbeiten. 1945 Kultusminister von Baden-Württemberg, 1948/49 Vorsitzender der FDP, 1949 bis 1959 erster Bundespräsident, er war ein christlich-sozial geprägter Liberaler, der an demokratische Traditionen der Weimarer Republik anzuknüpfen suchte.

Ernst Lemmer (1898-1970): 1945 Mitbegründer der CDU in Berlin, 1952 bis 1970 Bundestagsabgeordneter. War Postminister, Minister für gesamtdeutsche Fragen und Bundesvertriebenenminister.

Carlo Schmid (1896-1979): Professor für Völkerrecht in Tübingen, 1947 bis 1973 im Parteivorstand der SPD, maßgeblich beteiligt am Godesberger Programm. Gilt als einer der »Väter« des Grundgesetzes. 1949 bis 1966 und 1969 bis 1972 Bundestagsvizepräsident. Einer der wenigen, die Wissenschaft und Kunst mit der Politik zu vereinen wußten. Er war Goethe-Preisträger und PEN-Mitglied. Übersetzte Charles Baudelaire und Machiavelli ins Deutsche.

André Francois-Poncet (1887-1978): französischer Diplomat und Politiker. Germanist und Deutschlandkenner, war 1931 bis 1938 deutscher Botschafter in Berlin. Während des Zweiten Weltkrieges von den Deutschen interniert. 1953 bis 1955 Botschafter in Bonn. Der engagierte Europapolitiker hatte während dieser Zeit Anteil an der deutsch-französischen Aussöhnung. Später Präsident des französischen Roten Kreuzes.

Zum Gespräch mit Martin Niemöller

Karl I. der Große (wahrscheinl. 742-814): seit 768 König, seit 800 Kaiser. Einer der bedeutendsten Herrscher Europas. Er begründetete politisch, kirchlich und kulturell die Einheit der abendländischen Welt.

Johann Heinrich Wichern (1808-1881): evangelischer Theologe, der sich stark für die evangelische Sozialarbeit einsetzte. Er trug maßgeblich zur Entwicklung der Inneren Mission bei, gründete in Hamburg ein Haus für verwahrloste Kinder (das »Rauhe Haus«).

Innere Mission: 1849 von Wichern gegründet. Institutionalisierte die evangelische Sozialarbeit. Einrichtung zahlreicher Anstalten für Kinder, Kranke und Arme. Seit 1919 staatlich anerkannt und gefördert. Die Innere Mission war während der NS-Zeit am Kampf gegen die »Euthanasie« beteiligt. 1957 Zusammenschluß mit dem Hilfswerk der EKD zum Diakonischen Werk.

Adolf Stöcker (1835-1909): Hof- und Domprediger in Berlin, gründete 1878 die gegen Juden und die Sozialdemokratie gerichtete Christlich-Soziale Partei.

Friedrich Naumann: s. Gespräch mit Thomas Dehler.

Kaiser Wilhelm II. (1859-1941): 1888 Deutscher Kaiser und König von Preußen. Galt als unstet, geltungsbedürftig, großsprecherisch. Floh nach Ausbruch der Novemberrevolution 1918 in die Niederlande und dankte als Deutscher Kaiser ab.

Friedrich von Bodelschwingh der Jüngere (1877-1946): Folgte seinem Vater Friedrich von B. als Leiter der Anstalten für Epileptiker in Bethel nach (Bodelschwing'sche Anstalten). Wurde 1933 zum Reichsbischof gewählt, jedoch am Amtsantritt gehindert. Er verhinderte die Durchführung des »Euthanasie«-Programms der Nazis in Bethel.

Ludwig Müller (1883-1945): evangelischer Theologe; Oberhaupt der regimefreundlichen Deutschen Christen in der NS-Zeit. 1933 Reichsbischof. Selbstmord nach Kriegsende.

Otto Hahn (1879-1968): entdeckte die radioaktiven Isotope Radiothorium, Thorium, Radioactinium. Gemeinsame Arbeit mit Lisa Meitner (Entdeckung des Protactiniums 1917/18); gemeinsam mit Fritz Straßmann erstmals Spaltung von Urankernen in zwei Bruchstücke mittleren Atomgewichts – damit Schaffung der Grundlage für die Nutzung der Atomenergie. Nobelpreis für Chemie 1944. 1955 Mainauer Deklaration, mit der er gemeinsam mit anderen Nobelpreisträgern vor den Gefahren der Kernspaltung warnte.

Zum Gespräch mit Edward Teller

Niels Bohr (1885-1962): Der Däne ist einer der großen Wegbereiter der Kernphysik. Er entwickelte das nach ihm benannte Atommodell. Seine Arbeit führte 1922 zur theoretischen Erklärung des Periodensystems, wofür er den Nobelpreis für Physik erhielt. 1953 bis 1945 Emigration in die USA, Mitwirkung am dortigen Atombombenprojekt. 1955 organisierte er in Genf die erste »Atoms for Peace Conference« in Genf.

Carl-Friedrich von Weizsäcker (geb. 1912). Der Bruder Richard von Weizsäckers ist Physiker und Philosoph. 1936 bis 1942 Mitarbeiter von Otto Hahn. Internationale Anerkennung als Atomforscher erwarb er durch die nach ihm benannte »W-Formel« für Energiesubstanz in der Kernschmelzung. 1970 bis 1980 Direktor des Max-Planck-Instituts in Starnberg. Einer der ersten Befürworter der friedlichen Nutzung von Kernenergie. Er gehört zu den Wissenschaftlern, die Naturwissenschaft und Philosophie in einem ganzheitlichen Weltbild zu vereinen suchen.

Leo Szilard (1898-1964): US-amerikanischer Physiker ungarischer Herkunft. 1925 bis 1932 Dozent in Berlin, 1933 Emigration nach London und Chicago. Ab 1946 dort Professor für Biophysik. Er war 1942 an der erstmaligen Realisierung einer kontrollierten nuklearen Kettenreaktion beteiligt und befaßte sich später mit biophysikalischen Fragen der Genetik von Bakterien und Viren.

Werner Heisenberg (1901-1976): Professor in Leipzig, Göttingen, München. Mit seinem Namen ist eine der größten Entdeckungen seit Bestehen der Quantentheorie verbunden: die Unschärferelation. Damit wurde die prinzipielle Unbestimmtheit physikalischer Zustandsgrößen von Elementarteilchen formuliert. Ab 1953 machte der Nobelpreisträger von 1932 die Suche nach der »Weltformel« zu seinem Ziel einer einheitlichen Theorie der Materie, die alle Grundgesetze der Natur erfassen sollte. Im Zweiten Weltkrieg beteiligt an Kernspaltungsversuchen und der deutschen Atombombenentwicklung.

Albert Einstein (1879-1955): Physiker und Philosoph. 1902-1909 Beamter am Eidgenössischen Patentamt in Bern, 1909 bis 1933 Professor in Zürich, Prag und Berlin. Nach Exil 1933 bis 1955 in Princeton (USA). Er veränderte mit seiner Relativitätstheorie (1905) die Raum-Zeit-Lehre und den Materiebegriff der Newtonschen Mechanik grundlegend (Lichtgeschwindigkeit als größte überhaupt mögliche Geschwindigkeit; Abhängigkeit der Zeit von der Bewegung; Ableitung der Masse-Energie-Äquivalenz, wonach Masse lediglich eine Form der Energie sei). Die theoretisch formulierte Beziehung zwischen Masse und Energie fand 1945 in den ersten

Atombomben ihren brutalen Ausdruck. Einstein wurde zum großen Mahner vor dem politisch-militärischen Mißbrauch wissenschaftlicher Forschungsergebnisse. 1921 Nobelpreis für Physik.

Franklin Roosevelt (1882-1945): 32. und einziger US-Präsident, der viermal in dieses Amt gewählt wurde (1933, 1936, 1940, 1944). Während der großen Weltwirtschaftskrise setzte er zahlreiche Gesetze durch, die eine Abwendung vom unbeschränkten Wirtschaftsliberalismus markierten. Er bemühte sich um ein gutes Verhältnis zu Lateinamerika und nahm diplomatische Beziehungen zu Moskau auf. Ab 1939 unterstützte er, den Krieg ahnend, Großbritannien, schloß mit Churchill 1941 die Atlantikcharta. Auf den Konferenzen von Teheran (1943) und Jalta (1945) versuchte er zu einer neuen Weltordnung zu gelangen, die die Garantie der im Krieg gewonnenen Macht umfassen sollte.

Julius Robert Oppenheimer (1904-1967): Leitete ab 1943 in Los Alamos das »Manhattan Project« – den Bau der ersten US-amerikanischen Atombombe. Der Konstruktion der Wasserstoffbombe widersetzte sich der »Vater der Atombombe« aus technischen und moralischen Gründen. 1953/54 wurde er einem Untersuchungsverfahren wegen angeblicher kommunistischer Gesinnung unterworfen. Er verlor den Zugang zu allen Staatsgeheimnissen und seine Position in der Atomenergiebehörde. 1963 durch Präsident John F. Kennedy rehabilitiert.

Zum Gespräch mit Herbert Wehner

Syndikalismus: Gegen Ende des 19. Jahrhunderts entstandene Lehre einer gewerkschaftlich getragenen revolutionären Arbeiterbewegung – ohne Staat, ohne Partei, ohne jeden Parlamentarismus. Die Syndikalisten, dem Anarchismus eng verbunden, vertraten das Prinzip direkter Aktionen (Betriebsbesetzung, Generalstreik) im ökonomischen Bereich; Klassenkampf durch Syndikate (Gewerkschaften).

Gustav Landauer (1870-1919): Schriftsteller, Politiker. Pazifist, gründete 1906 mit Martin Buber und Erich Mühsam den »Sozialistischen Bund«. 1919 Mitglied der Münchner Räterepublik, wurde von Freikorpssoldaten ermordet.

Martin Buber (1878-1965): Israelisch-österreichischer Religionsphilosoph. Lehrte bis 1933 in Frankfurt/Main, emigrierte dann nach Palästina, bis 1951 Professur in Jerusalem. Vertreter eines »unpolitischen Zionismus«. Sein Bemühen galt der Erneuerung des abendländischen

Judentums im Geist der Bibel und des Chassidismus, dessen Schrifttum er akribisch sammelte. Brillanter jüdischer Bibelexeget. Entsprechend seines »dialogischen Prinzips« setzte er sich für die Versöhnung zwischen Juden und Deutschen und für ein friedliches Miteinander von Juden und Arabern ein.

Fürst Pjotr. A. Kropotkin (1842-1921): Haupttheoretiker des sogenannten Anarchokommunismus, bei dem die menschliche Gesellschaft in freiwilligen Genossenschaften und durch vollständige Gütergemeinschaft zur staatsfreien Lebensform gelangt. Er war Offizier und nahm an Abenteuerexpeditionen nach Sibirien, Nordskandinavien und Nordasien teil. 1874 bis 1876 in politischer Haft.

Pierre Joseph Proudhon (1809-1865): französischer Sozialist, einer der Begründer des Anarchismus, propagierte ein System gegenseitiger Dienstleistungen (»Eigentum ist Diebstahl«).

Ernst Thälmann (1886-1944): KPD-Politiker, ab 1923 in der Führung der Partei, 1925 Vorsitzender. Brachte die KPD auf stalinistischen Kurs. 1924 bis 1933 Mitglied des Reichstages, mehrfach KPD-Kandidat für die Wahl des Reichspräsidenten. Im März 1939 Festnahme, Zuchthaus- und KZ-Haft, in Buchenwald erschossen.

Ferdinand Lassalle (1825-1864): Sozialist, 1848/49 Mitarbeiter der von Karl Marx gegründeten »Neuen Rheinischen Zeitung«, 1863 Präsident des Allgemeinen Deutschen Arbeiter-Vereins, dessen Programm er verfaßte. Vertrat die »kleindeutsche Lösung«, in der Frankfurter Nationalversammlung 1848/49 entstandene Bezeichnung für die Einigung Deutschlands ohne Österreich, unter Führung Preußens. Erstrebte den Sozialismus über eine friedliche Vereinnahmung des Staates, damit Wegbereiter der praktischen Sozialdemokratie. Tod infolge eines Duells.

Kurt Schumacher (1895-1952): Im Ersten Weltkrieg Freiwilliger, Verlust des rechten Armes. Ab 1918 Mitglied der SPD und des Berliner Arbeiter- und Soldatenrates. Bis 1930 Arbeit als Redakteur. 1930 bis 1933 Reichstagsabgeordneter der SPD, danach bis 1945 fast ständig in Haft. 1946 bis 1952 Vorsitzender der SPD, 1948/49 auch Mitglied des Parlamentarischen Rates. 1949 Beinamputation. 1949 bis 1952 Mitglied des Bundestages und Vorsitzender der SPD-Fraktion. Scharfer Gegner Adenauers, da er in der Westintegration der Bundesrepublik eine Gefahr für die deutsche Wiedervereinigung sah. Er hatte nach dem Zweiten Weltkrieg jede Zusammenarbeit mit der KPD abgelehnt und widersetzte sich dem Zusammenschluß von SPD und KPD zur SED.

Ernst Wiechert (1887-1950): deutscher Schriftsteller, Pseudonym: Barany Bjell. Schrieb Erinnerungsbücher, Dramen und schwermütige Prosa (»Die Majorin«, »Die Jerominkinder«, »Missa sine nomine«).

Internationale Arbeiter-Assoziation: syndikalistische Internationale, 1922 in Berlin gegründet.

Titoismus: Benannt nach Jozip Broz Tito (1892-1980), dem jugoslawischen KP- und Staatsführer. Bezeichnet den national-selbstverwalterischen Widerstand gegen die sowjetische Einflußnahme auf Belgrads Politik – durch Abweichung vom orthodoxen Marxismus, einen föderativen Staatsaufbau innerhalb eines Einparteiensystems, Verbindung der dezentralisierten Planwirtschaft mit Elementen der Marktwirtschaft. Tito wurde zu einem Sprecher der blockfreien Staaten.

Godesberger Programm: Grundsatzprogramm der SPD, angenommen 1959 in Bad Godesberg bei Bonn. Es definiert die endgültige Ablösung von marxistisch geprägten Programmen; die SPD sieht sich seither nicht mehr als Arbeiter-, sondern als Volkspartei; eine Umsetzung der sozialistischen Ideale Freiheit, Gerechtigkeit und Solidarität müsse auf demokratischem Wege erfolgen (»demokratischer Sozialismus«).

Georg Leber (geb. 1920): langjähriger erster Vorsitzender der IG Bau-Steine-Erden; er suchte die Gewerkschaft aus dem Klassenkampf herauszuführen und zur Säule der freien Marktwirtschaft zu machen. Von 1962 bis 1986 war er Mitglied des Parteivorstands der SPD. Als einer der Wegbereiter der Großen Koalition gehörte er ab Dezember 1966 dem Kabinett Kiesinger/Brandt als Bundesverkehrsminister an. 1972 bis 1978 Bundesverteidigungsminister. Seine Skepsis gegenüber der Entspannungspolitik wie auch sein anfänglicher Widerstand gegen eine erleichternde Modifizierung der behördlichen Gewissensprüfung von Wehrdienstverweigerern brachte Leber von seiten der Partei-Linken den Vorwurf ein, er handle zuerst als Wehrminister, dann als Sozialdemokrat. Mit seinem Rücktritt 1978, nach Bekanntwerden von »Wanzen«-Operationen, übernahm Leber die politische Verantwortung für Lauschangriffe durch den Militärischen Abschirmdienst MAD. Im März 1983 schied er aus dem Parlament aus. Von 1979 bis 1983 Vizepräsident des Bundestages.

Walter Ulbricht (1893-1973): 1919 Mitbegründer der KPD, 1828 bis 1933 Mitglied des Reichstages, danach Emigation, 1938 bis 1945 in der Sowjetunion, Mitbegründer des Nationalkomitees Freies Freies Deutschland. Kehrte 1945 als Leiter der Gruppe Ulbricht nach Berlin zurück. Diese Gruppe von zehn Funktionären löste im Auftrag Moskaus die an vielen Orten enstandenen antifaschistischen Ausschüsse und Komitees auf und initiierte den Aufbau eines streng kommunistisch gesicherten Verwaltungsapparates. Seit 1950 Generalsekretär und ab 1953 Erster Sekretär der SED. War nach dem Bau der Mauer 1961 um größere Unabhängigkeit der DDR von Moskau bemüht; erreichte durch einen effizienteren Ausbau der Volkswirtschaft eine Stabilisierung der DDR. Rücktritt 1971 auf Grund des Drucks von Erich Honecker.

<u>Nikita S. Chruschtschow (1894-1971):</u> Nachfolger Stalins als KPdSU-Generalsekretär. Leitete die »Tauwetterperiode« der Entstalinisierung ein, aber bereits 1957 wurde Stalin wieder rehabilitiert. Außenpolitisch warb Chruschtschow um friedliche Koexistenz mit dem Westen und drohte zugleich mit Atomwaffeneinsatz (Errichtung von Raketenbasen 1962 auf Kuba). Wegen zunehmender wirtschaftlicher Mißerfolge und dem sich verschärfenden Konflikt mit China wurde er 1964 abgesetzt. Leonid Breshnew wurde sein Nachfolger.

<u>Paul Lücke (1914-1976):</u> CDU-Politiker, 1957 bis 1965 Wohnungs- und Städtebauminister, 1965 bis 1968 Innenminister, Rücktritt auf Grund des gescheiterten Versuchs, ein Mehrheitswahlrecht zu verwirklichen. Der »Lücke-Plan« führte in den sechziger Jahren zur Einführung eines sozialen Miet- und Wohnrechts und zum Ausbau des Mieterschutzes.

<u>Ernst Reuter (1889-1953):</u> Ab 1912 Mitglied der SPD, 1914 bis 1916 Soldat, danach in russischer Kriegsgefangenschaft Mitglied der Bolschewiki, Kommissar bei der Selbstverwaltung der Wolgadeutschen. 1921 Sekretär der KPD in Berlin, ein Jahr später wieder SPD, 1931 bis 1933 Oberbürgermeister von Magdeburg. Emigrierte 1935 nach London, dann in die Türkei. Professor für Kommunalwissenschaft in Ankara. 1948 bis 1951 Oberbürgermeister der drei westlichen Sektoren Berlins, bis 1953 erster Regierender Bürgermeister von Westberlin. Wurde während der Berliner Blockade 1948/49 weltweit bekannt (»Schaut auf diese Stadt!«)

Zum Gespräch mit Franz Josef Strauß

<u>Bayerische Volkspartei (BVP):</u> Im November 1918 gegründet, eine Nachfolgerin der mit dem Zentrum vereinigten Bayerischen Patriotenpartei: antisozialistisch, christlich-konservativ, stark föderalistisch. 1922/23 und 1925 bis 1932 Regierungspartei im Deutschen Reich. Im Juli 1933 Auflösung.

Sudetenkrise: Von Hitler 1938 bewußt heraufbeschworener außenpolitischer Konflikt mit der Tschechoslowakei um das Sudetenland (nach dem 1. Weltkrieg Bezeichnung für die österreichisch-ungarischen deutschsprachigen Gebiete, die an Prag fielen). Durch das Münchner Abkommen 1938 Anschluß ans Deutsche Reich. 1945/47 Vertreibung der Sudetendeutschen aus Böhmen und Mähren.

Baltasar Gracián (1601-1658): Spanischer Schriftsteller. Prediger, Feldgeistlicher. Wurde wegen unerlaubter Veröffentlichungen verbannt und zum Fasten bei Wasser und Brot verdammt. Später Versöhnung mit den Jesuiten. Am bekanntesten: »Orculo manual«, aphoristischer Leitfaden der Weltklugheit.

Max Weber (1864-1920): Der Nationalökonom und Soziologe lehrte in Berlin, Freiburg, Heidelberg, Wien und München. Er gilt als Pionier der Religions-und Wissenschaftssoziologie, war Mitbegründer der Deutschen Demokratischen Partei.

Carl von Clausewitz (1780-1831): Preußischer General, Militärtheoretiker. 1812 bis 1815 in russischen Diensten. 1818 bis 1830 Verwaltungsdirektor der Allgemeinen Kriegsschule in Berlin. Mit seinem Hauptwerk »Vom Kriege« (1832-1934 posthum) schuf er wichtige Grundlagen der modernen Militärtheorie.

Leopold von Ranke (1795-1886): Historiker, ab 1841 war er Historiograph des preußischen Staates. Vertreter des Individualprinzips (»jede Epoche ist unmittelbar zu Gott«) sowie des Objektivitätsanspruchs, d.h. der wertfreien Darstellung der Geschichte (»zeigen, wie es eigentlich gewesen«).

Carlo Schmid: s. Gespräch mit Thomas Dehler.

Bayernpartei: 1947 gegründete Partei mit starken monarchistischen und föderalistischen Zügen. Plädierte u.a. für ein autonomes Bayern, ab 1953 nicht mehr im Bundestag, nach Ausscheiden aus dem bayerischen Landtag 1966 politisch bedeutungslos.

Adam Stegerwald (1874-1945): Von 1919 bis 1929 Vorsitzender des Gesamtverbandes christlicher Gewerkschaften und des DGB. 1929/30 Reichsverkehrsminister, danach bis 1932 Reichsarbeitsminister. Beteiligte sich 1945 an der Gründung der CSU.

Gruppe 47: Im September 1947 gegründeter, lockerer Zusammenschluß von Schriftstellern und Kritikern (u..a. Ilse Aichinger, Ingeborg Bachmann,

Günter Grass, Martin Walser, Heinrich Böll). In jährlichen Herbsttreffen diskutierte die Gruppe, die die gesellschaftliche Verantwortung des Schriftstellers in den Vordergrund stellte, über Tendenzen zeitgenössischer Literatur. Die letzte offizielle Sitzung war 1968. Letzte nicht offizielle Treffen: 1972 und 1977.

»Spiegel«-Affäre: Nach Veröffentlichung eines Artikels über die Bundeswehr bei der NATO-Stabsübung »Fallex 61« (»Bedingt abwehrbereit«) im Nachrichtenmagazin »Der Spiegel« am 10. Oktober 1962 wurden Herausgeber Rudolf Augstein und einige Redakteure des Landesverrats beschuldigt und verhaftet, die Redaktion wurde polizeilich überwacht. Nach heftiger Kritik im In- und Ausland an diesem Verstoß gegen die Pressefreiheit trat Verteidigungsminister Strauß zurück.

Gerhard Schröder (1910-1989): Der CDU-Politiker war von 1961 bis 1966 Außenminister, setzte das KPD-Verbot durch. 1966 bis 1969 Verteidigungsminister. Unterlag 1969 dem SPD-Kandidaten Gustav Heinemann bei der Wahl zum Bundespräsidenten

Zum Gespräch mit Arthur Koestler

Carl Gustav Jung (1875-1961): Schweizer Psychiater und Psychologe. Begründer der sogenannten analytischen Psychologie.

Fjodor M. Dostojewski (1821-1881): Der russische Schriftsteller wurde 1849 wegen revolutionärer Tätigkeit zum Tode verurteilt, dann aber zur Zwangsarbeit in Sibirien begnadigt.

Francisco Franco (1892-1975): Stürzte 1936 mit einem Putsch die spanische Volksfrontregierung, führte einen fast dreijährigen blutigen Bürgerkrieg, Diktator ab 1938, erklärte 1947 das Land zu einer »katholischen Monarchie«, ab 1957 Staats- und Regierungschef, bis 1973 militärischer Oberbefehlshaber und Führer der Einheitspartei.

Ludwig Wittgenstein (1889-1951): Der österreichische Philosoph, der in Manchester und Cambridge studiert hatte, war 1920 bis 1929 nach Schenkung seines Millionenvermögens Dorfschullehrer in Trattendorf und Gärtner in einem Kloster. Danach Rückkehr nach England, 1938 britischer Staatsbürger.

Mohandas Karamchand »Mahatma« Gandhi (1869-1948): Symbolfigur der Askese und des passiven Widerstandes gegen Gewalt. Insgesamt verbrachte der indische Politiker 2089 Tage im Gefängnis. Studierte Jura in London, war Syndikus in Südafrika, gründete die indische Kongresspartei. Setzte sich ein für die Milderung der Gegensätze zwischen Moslems und Hindus. Wurde von einem hinduistischen Fanatiker erschossen.

Johannes Kepler (1571-1630): deutscher Astronom, nach Tycho Brahes Tod dessen Nachfolger als Kaiserlicher Mathematiker in Prag. Fand die nach ihm benannten Gesetze der Planetenbewegung.

Alexander Döblin (1878-1957): Der Schriftsteller, Sozialist jüdischer Herkunft, hatte großen Anteil an der Entwicklung des Expressionismus und der Romantheorie des 20. Jahrhunderts (»Berlin Alexanderplatz«, »November 1918«). Von 1905 bis 1930 war Döblin Psychiater. Er war Mitglied der UPD, dann der SPD. 1930 Emigration nach Paris. 1933 Aberkennung der deutschen Staatsbürgerschaft. 1940 Flucht in die USA., 1941 Konversion zum Katholizismus. 1945 Rückkehr nach Deutschland.

Zum Gespräch mit Erich Mende

Reichswehr: In der Weimarer Republik und bis zur Wiedereinführung der Wehrpflicht 1935 Bezeichnung der Streitkräfte.

Thomas Morus (1478-1535): englischer Staatstheoretiker und Humanist, Lordkanzler Heinrichs VIII. Legte 1532 seine Ämter nieder aus Opposition gegen die antipäpstliche Politik des Königs, wurde hingerichtet. In seiner satirischen Schrift »Utopia« schilderte er eine auf Gemeineigentum aufgebaute Gesellschaft, zugleich eine Sozialkritik gegenwärtiger Zustände. Seine Schrift gab dieser Literaturgattung (»Utopien«) den Namen.

Henning von Treskow (1901-1944): Generalmajor, plante am 13. März 1943 Attentat auf Hitler, das durch Zündversagen der im Flugzeug versteckten Bombe mißlang. Nach Scheitern des Attentats vom 20. Juli 1944 Selbstmord.

Erwin von Witzleben (1881-1944): Generalfeldmarschall, von den Beteiligten des 20. Juli 1944 als neuer Oberbefehlshaber der Wehrmacht vorgesehen. Nach dem Scheitern des Staatsstreichs zum Tode verurteilt und hingerichtet.

Deutsche Zentrumspartei: 1870 von Katholiken gegründet. Bekenntnis zum föderalistischen Reichsaufbau, zum Schutz kirchlicher Rechte und staatsbürgerlicher Freiheiten, trat für soziale Fürsorge ein. Wurde in der

Weimarer Republik zur eigentlichen Regierungspartei, bis 1932 an allen Kabinetten des Reiches wie auch Preußens beteiligt. 1933 Selbstauflösung, 1945 neu gegründet, seit 1957 nicht mehr im Bundestag.

Deutschnationale Volkspartei: Im November 1918 als Zusammenschluß der Rechten gegründet, verfolgte monarchistische und nationalistische Ziele; war ungeachtet ihrer Gegnerschaft zur demokratischen Weimarer Republik mehrfach an Koalitionsregierungen beteiligt. Unter Hugenberg ab 1928 Radikalisierung, Konkurrent der NSDAP und zugleich Partner im Geiste. Im Juni 1993 Auflösung.

Theodor Heuss: s. Gespräch mit Thomas Dehler.

Kurt Schumacher: s. Gespräch mit Herbert Wehner.

Demosthenes: (384-322 v. Chr.): griechischer Politiker, einer der berühmtesten Redner des Altertums.

Charles de Gaulle (1890-1970): einer der großen Staatsmänner des 20. Jahrhunderts. 1940 Gründer des Französischen Komitees der Nationalen Befreiung (CFLN) gegen die faschistischen Besatzer. 1944 an der Spitze einer provisorischen Regierung, 1946 nach Streit mit den neuen Parteiführern Rücktritt. 1958 bis 1969 Staatspräsident, er beendete den Algerienkrieg und entließ die französische Kolonie 1962 in die Unabhängigkeit. Mit Adenauer legte er den Grundstein der deutsch-französischen Versöhnung. Gleichzeitig Forcierung des Aufbaus einer eigenen Atommacht und Austritt aus den militärischen Organisationen der NATO. Er strebte ein »Europa der Vaterländer« unter Führung Frankreichs an. Als ein Referendum zur Neuordnung der Provinzen und des Senats in Paris abgelehnt wurde, trat er zurück.

Eisernes Kreuz: Preußischer, dann deutscher Kriegsorden, 1813 von Friedrich Wilhelm II. gestiftet. Wurde als Großkreuz, EK I und EK II verliehen. Das im Zweiten Weltkrieg verliehene EK darf in der Bundesrepublik seit 1957 (ohne Hakenkreuz) wieder getragen werden.

Oswald Spengler (1880-1936): Schriftsteller und Kulturphilosoph. Sein Werk »Der Untergang des Abendlandes« (1918-1922) beschreibt menschliche Kulturen in einem Modell, ähnlich einem biologischen Organismus, mit zyklischen Entwicklungsstadien von Blüte, Reife und Verfall. Seine Prognose einer bevorstehenden Katastrophe der abendländischen Kultur, die zu einer Zeit der »imperialistischen« Diktaturen führen werde, fand beim enttäuschten deutschen Bürgertum nach dem Ersten Weltkrieg großen

Widerhall. Spengler, zutiefst Antidemokrat, war Gymnasiallehrer in Hamburg, ab 1911 Privatgelehrter in München.

Makarios III. (1913-1977): Griechisch-zypriotischer Geistlicher. Ab 1960 erster Staatspräsident Zyperns.

Andreas Papandreou (1919-1999): Als Ministerpräsident versuchte er in den 80er Jahren, Griechenland mit einer Mischung aus Sozialismus und Nationalismus zu einem modernen Staat westeuropäischen Zuschnitts zu machen. Der Jurist und Ökonom war, nach Emigration, von 1943 bis 1964 US-amerikanischer Staatsbürger. 1961 Rückkehr nach Griechenland, 1968 bis 1974 erneut im Exil (Prof. in Stockholm und Toronto). 1974 Begründer der Panhellenischen Sozialistischen Bewegung PASOK. 1981 bis 1989 Premier und Verteidigungsminister, seit 1993 erneut Ministerpräsident.

Anastas I. Mikojan (1895-1978): seit 1955 Erster stellvertretender Premier, 1964 Staatsoberhaupt der UdSSR.

Zum Gespräch mit Eugen Gerstenmaier

Oswald Spengler: s. Gespräch mit Erich Mende.

Karl Barth (1886-1968): Der Schweizer ist Begründer der dialektischen Theologie. Seine Wiederentdeckung der reformatorischen Botschaft (im »Römerbief«) 1919 führte in den 30er Jahren zum Kirchenkampf und zum Widerstand gegen die kirchliche Anpassung an den Nationalsozialismus. 1930 Professor an der Universität Bonn, 1935 Amtsenthebung, von 1935 bis 1962 Professor an der Universität Basel.

Helmuth James Graf von Moltke (1907-1945). Jurist, seit 1939 im Oberkommando der Wehrmacht als juristischer Sachverständiger. Rittergutsbesitzer. Seit 1940 zusammen mit Graf Yorck von Wartenburg Bildung des Kreisauer Kreises (Schlesien); mit seiner Frau Freya Gastgeber für dessen regelmäßiges Zusammentreffen. Der Kreis umfaßte bürgerliche, christliche und sozialistische Regimegegner. Im Januar 1944 verhaftet, zum Tode verurteilt und hingerichtet.

Jakob Kaiser (1888-1961): erster Bonner Minister für Gesamtdeutsche Fragen (CDU), setzte sich, gegen Adenauers Westintegration, für eine deutsche Wiedervereinigung ein. Die Rückgliederung des Saarlandes gilt als sein Verdienst. In der NS-Zeit gehörte Kaiser der Widerstandsbewegung um Wilhelm Leuschner an. Nach dem Zweiten Weltkrieg Mitbegründer der

CDU in der Sowjetischen Besatzungszone, 1947 als ihr Vorsitzender wegen seiner Ablehnung der Volkskongreß-Bewegung abgesetzt. 1950 bis 1958 stellvertretender Vorsitzender der bundesdeutschen CDU und 1958 bis 1961 Ehrenvorsitzender. Prägte entscheidend den christlichen Sozialismus der CDU, ein wirtschaftspolitisches Konzept, das sozialethische Forderungen des Christentums mit wirtschaftspolitischen Forderungen des Sozialismus vernüpfte.

Roland Freisler (1893-1945): NSDAP-Politiker, Jurist. Im Ersten Weltkrieg russischer Kriegsgefangener, zeitweise Kommunist und sowjetischer Kommissar. 1925 Eintritt in die NSDAP. Ab 1933 Staatssekretär. Teilnehmer der Wannseekonferenz. Seit 1942 Präsident des so genannten Volksgerichtshofs, der ca. 5200 Todesurteile fällte. Freisler wurde auf Grund seiner rücksichtslosen Prozeßführung und Aburteilung »Blutrichter« genannt. Starb bei einem Luftangriff.

Ernst Kaltenbrunner (1903-1946): Österreichischer Jurist, NSDAP-Politiker. Ab 1937 Führer der österreichischen SS, 1943 Nachfolger Heydrichs als Chef des Reichssicherheitshauptamts. Er war maßgeblich an der Judenverfolgung beteiligt, im Nürnberger Kriegsverbrecherprozess zum Tode verurteilt und hingerichtet.

Otto Dibelius (1880-1967): deutscher evangelischer Theologe, 1925 bis 1933 Generalsuperintendent der Kurmark, aus politischen Gründen amtsenthoben, 1934 Tätigkeit im Brandenburger Bruderrat der Bekennenden Kirche. 1945 bis 1966 Bischof der Evangelischen Kirche Berlin-Brandenburg. 1949 bis 1961 Vorsitzender des Rates der EKD, 1954 bis 1961 erster deutscher Präsident des Ökumenischen Rats der Kirchen. Wegen seiner Forderung nach Eigenständigkeit der Kirchen wurde ihm von den DDR-Behörden 1960 die Ausübung seines Amtes im Osten seiner Diözese untersagt.

Winston Churchill (1874-1965): Im Zweiten Weltkrieg britisches Symbol des Durchhaltewillens gegen die deutschen Faschisten und politischer Motor der »Grande Allianz« zwischen Großbritannien, den USA und der UdSSR. In den über 60 Jahren seiner Karriere Handelsminister, Innenminister, Marineminister, Munitionsminister, Kriegsminister, Kolonialminister, Schatzkanzler, von 1940 bis 1945 sowie von 1951 bis 1955 Premierminister.

Franklin Roosevelt: s. Gespräch mit Edward Teller.

Altonaer Blutsonntag: Blutiger Zusammenstoß am 17. Juni 1932 zwischen der wieder zugelassenen SA, die provokativ durchs »Rote Altona« in Hamburg zog, und kommunistischen Gegendemonstranten. Zwei SA-

Männer wurden getötet; als die Polizei eingriff, starben 16 Zivilisten. Daraufhin erfolgte ein reichsweites Demonstrationsverbot, ein Sondergericht sprach auf Grund manipulierter Beweise und Aussagen vier Todesurteile gegen Kommunisten aus; in weiteren Prozessen bis 1937 wurden Zuchthausstrafen von insgesamt 315 Jahren verhängt.

Carlo Mierendorff (1897-1943): SPD-Politiker, 1933 bis 1938 KZ-Haft. Teilnehmer des Kreisauer Kreises (s. Gespräch mit Eugen Gerstenmaier), kam bei einem Luftangriff ums Leben.

Otto Haubach (1896-1945): SPD-Mitglied und Mitarbeiter des Reichsbanners »Schwarz-Rot-Gold«. Mitte der 30er Jahre KZ-Haft, ab 1943 Mitglied des Kreisauer Kreises, im August 1944 verhaftet, zum Tode verurteilt und hingerichtet.

Adolf Reichwein (1898-1944): Pädagoge, bis 1933 Professor in Halle, danach Dorfschullehrer und Mitarbeiter im Berliner Volkskundemuseum. Mitglied des Kreisauer Kreises, Kontakt zum kommunistischen Widerstand. 1944 verhaftet, gefoltert und nach Todesurteil hingerichtet.

Peter Graf Yorck von Wartenburg: s. Gespräch mit Martin Niemöller.

Paul Sethe (1901-1967): Publizist, 1934 bis 1943 Redakteur der Frankfurter Zeitung, 1949 bis 1955 Mitherausgeber der Frankfurter Allgemeinen Zeitung, danach Redakteur der »Welt« und der »Zeit«.

Georg Frost Kennan (geb. 1904): US-Politiker und Diplomat, entwarf nach dem Zweiten Weltkrieg im Planungsstab des Außenministeriums die US-amerikanische Politik der »Eindämmung« Moskaus. Seit Mitte der 60er Jahre setzte er sich für die Entspannung ein. War Dozent in Princeton sowie Botschafter in Moskau und Belgrad.

Zum Gespräch mit Willy Brandt

Sozialistische Arbeiterpartei: 1931 gegründete linke Abspaltung der SPD, propagierte die Einheitsfront der Arbeiterparteien gegen den erstarkenden Nationalsozialismus, nach 1933 bis Kriegsbeginn eine der führenden Organisationen des Arbeiterwiderstands.

Leo Trotzki (1879-1940): Begründer der Roten Armee, entwickelte die Theorie von der permanenenten Revolution (Trotzkismus). Wurde 1898 nach Sibirien verbannt, Flucht 1902. Arbeitete mit G. W. Plechanow in

London zusammen und wurde 1908 Herausgeber des späteren Parteiorgans »Prawda«. 1927 schloß sich der einstige Menschewik den Bolschewiki an. Teilnehmer an der Oktoberrevolution, Volkskommissar. Da er den »Export« der Revolution propagierte, geriet er nach Lenins Tod in Konflikt mit Stalin und dessen Konzeption vom Aufbau des Sozialismus in einem Land. 1927 Ausschluß aus der KPdSU, 1929 Ausweisung aus der Sowjetunion. Exil in Frankreich und Mexiko, 1938 Gründung der IV. Internationale. 1940 in Mexiko ermordet.

<u>Walter Ulbricht</u>: s. Gespräch mit Herbert Wehner.

<u>Julius Leber (1891-1945)</u>: Seit 1924 Mitglied des Reichstages (SPD), 1933 bis 1937 im KZ Oranienburg. Teilnehmer des Kreisauer Kreises, nach dem 20. Juli 1944 (er sollte nach Hitlers Tod Vizekanzler werden) zum Tode verurteilt und hingerichtet.

<u>Kurt Schumacher:</u> s. Gespräch mit Herbert Wehner.

<u>Ernst Reuter:</u> s. Gespräch mit Herbert Wehner.

<u>Otto von Bismarck (1815-1898)</u>: In den Jahren 1859 bis 1862 Gesandter Preußens in St.Petersburg. Mit Auflösung des Deutschen Bundes 1866 und Gründung des Norddeutschen Bundes 1867 erreichte er für Preußen die Vormachtstellung in Deutschland. 1867 bis 1871 Bundeskanzler, ab 1871 bis 1890 Reichskanzler. Er schuf ein Bündnissystem, das Frankreich isolieren und gleichzeitig das europäische Gleichgewicht der Mächte sichern sollen. Verschärfung der innenpolitischen Spannungen durch Kulturkampf und Sozialistengesetz. 1890 durch Kaiser Wilhelm II. entlassen.

<u>Charles de Gaulle</u>: s. Gespräch mit Erich Mende.

<u>Nikita Chruschtschow:</u> s. Gespräch mit Herbert Wehner.

Zum Gespräch mit Hannah Arendt

<u>Plato (427-347 v. Chr.)</u>: griechischer Philosoph, Schüler des Sokrates. Seine Philosophie, die klassische Form des Idealismus, ist in einer Reihe von »Dialogen« ausgearbeitet. Nur den »Ideen« (unveränderlichen Urbildern) kommt seiner Ansicht nach, im Gegensatz zu den wahrnehmbaren Dingen (Abbildern der »Ideen«), wirkliche Existenz zu. Höchste Idee ist die des Guten, aus der die anderen Tugenden abgeleitet werden.

Reichstagsbrand: Am 27. Februar 1933 zündete der Niederländer van der Lubbe das Reichstagsgebäude in Berlin an. Hitler nutzte den Fall zur sofortigen Kommunistenverfolgung. Reichspräsident Hindenburg wurde zum Erlaß einer Notverordnung »zum Schutz von Volk und Staat« gedrängt, in deren Folge viele Grundrechte ausgehebelt wurden und der Weg zur Diktatur geebnet wurde.

Zionismus: Bezeichnung für eine Bewegung im Judentum, die die Rückkehr der Juden ins »Land der Väter« (Palästina) mit dem religiös-politischen Mittelpunkt Jerusalem zum Ziel hat.

Karl Jaspers (1883-1969): Philosoph, Psychologe. Lehrverbot 1937 bis 1945 durch die Nazis, ab 1943 Publikationsverbot. Mit Heidegger Begründer der Existenzphilosophie: Alles ist einmalig, jedes Weltbild uneinheitlich, absolute Toleranz daher oberstes Gebot. In »Grenzsituationen« wie Leiden, Kampf, Tod und Schuld wird sich der Mensch des »Umgreifenden« (Transzendenten) bewußt. Als Gegner von Marxismus und Psychoanalyse engagierte sich Jaspers nach 1945 als politischer Schriftsteller und lehnte die Doktrin einer atomaren Abschreckung der Weltmächte ab. Mit dem Argument der politischen Haftung lehnte er in seinem Buch »Die Schuldfrage« (1949) die These der deutschen Kollektivschuld ab.

Martin Heidegger (1889-1976): Philosoph. 1928 bis 1952 Professor in Freiburg. 1933 Rektor, ein Jahr später Rücktritt. 1946 bis 1951 Entzug der Lehrbefugnis durch die französische Besatzungsmacht; Rehabilitation. Interpretierte in seiner Fundamentalontologie den Menschen als ein in seiner entfremdeten Lebenspraxis der Natur gegenüberstehendes Subjekt.

Immanuel Kant (1724-1804): deutscher Philosoph, lebte in Königsberg. Hauptwerke: « Kritik der reinen Vernunft«, »Kritik der praktischen Vernunft«, »Kritik der Urteilskraft«. Kant band Erkenntnis an sinnliche Anschauung, also an Erfahrung. Erhob den »Kategorischen Imperativ« praktischen, vernünftigen, verantwortungsbewußten Handelns zum unbedingten Sittengesetz.

Sören Kierkegaard (1813-1855): dänischer Philosoph, machte das Verhältnis von Angst, Existenz und Zeitlichkeit für die Theologie fruchtbar. Von beträchtlichem Einfluß auf die späteren Existenzialisten.

Rahel Varnhagen (1771-1833): Schriftstellerin, Tochter eines jüdischen Kaufmanns, trat zum Christentum über. Wurde bekannt durch ihren von besonderer Goethe-Verehrung geprägten Berliner Salon, in dem sie Künstler und Philosophen versammelte.

Adolf Eichmann (1906-1962): SS-Obersturmbannführer. 1938/ 39 Leiter der Zentralstelle für jüdische Auswanderung in Wien. Ende 1939 zum Reichssicherheits-Hauptamt in Berlin, seine Dienststelle wurde zentraler Befehlsort zur Organisation der Deportation und Vernichtung der Juden im deutschen Machtbereich. 1946 Flucht aus US-amerikanischer Kriegsgefangenschaft, 1960 vom Geheimdienst Israels in Argentinien festgenommen, in Jerusalem als einer der Hauptverantwortlichen für die »Endlösung der Judenfrage« zum Tode verurteilt und hingerichtet. Der Eichmann-Prozeß erregte weltweites Aufsehen und löste eine Debatte über die deutsche Vergangenheitsbewältigung aus.

Leo Trotzki: s. Gespräch mit Willy Brandt.

Homer: nach antiker Überlieferung der Dichter der griechischen Epen »Ilias« und »Odysseus«, der als Vorbild aller abendländischen Epik gilt. Als historische Person nicht faßbar, nach der Legende ein blinder Rhapsode an ionischen Fürstenhöfen.

Herodot (etwa 485 v. Chr – 425 v. Chr.): gilt als Begründer der kritischen Geschichtsschreibung.

John F. Kennedy (1917-1963): Journalist, Träger des Pulitzerpreises (1957). 1961 bis zu seiner Ermordung in Dallas 35. US-Präsident. Symbolfigur für einen Aufbruch in eine stärkere Sozialisierung des Gemeinwesens. Aber er schickte auch Spezialeinheiten nach Vietnam und unterstützte die exilkubanischen Rebellen (1961 Landung in der Schweinebucht). Nach der Stationierung sowjetischer Raketen auf Kuba kam es zu einer kriegsnahen Krise. Sie wurde zum Ausgangspunkt für eine erste Zusammenarbeit der Großmächte und brachte 1963 ein begrenztes Verbot von Atomwaffentests. Kennedys Ermordung ist bis heute nicht aufgeklärt.

Zum Gespräch mit Josef Hermann Abs

Deutsche Bank: Größtes privates Kreditinstitut Deutschlands. Gegründet 1870. Die Rolle der Deutschen Bank bei der Finanzierung des Zweiten Weltkriegs veranlaßte die Besatzungsmächte dazu, im Rahmen der Enflechtung der deutschen Wirtschaft die Aufteilung der Deutschen Bank in mehrere Regionalbanken anzuordnen. Unter dem Einfluß von Abs wurde sie 1957 aus drei Nachfolgeinstituten als AG wiedergegründet. 1998 hat die Deutsche Bank mit der Vorlage des Berichts einer von ihr beauftragten Historiker-Kommission erstmals eingeräumt, daß ihrer Führungsspitze, namentlich dem damals für die Auslandsgeschäfte zuständigen Abs, vermutlich bekannt war, daß von ihr zur Zeit des Nationalsozialismus gehandeltes Gold aus dem Besitz ermordeter Juden stammte.

Friedrich II. der Große (1712-1786): Als König (1740) Schöpfer des preußischen Staatsdenkens. Wurde vom Vater Friedrich Wilhelm I. militärisch hart erzogen. Eroberung von Schlesien, begann 1756 mit dem Einmarsch in Sachsen den Siebenjährigen Krieg, der Preußens europäische Großmachtstellung sicherte. Reform der Rechtspflege, Einführung eines Steuersystems, Verbesserung der allgemeinen Versorgungslage, Förderung von Industrie, Wissenschaft und Bildung.

Rudolph Karstadt (1856-1944): Unternehmer, eröffnete 1881 in Wismar ein »Tuch-, Manufactur- und Confectionsgeschäft«, errichtete 1920 eine Warenhauskette, die er 1932 an ein Bankenkonsortium veräußern mußte.

Otto von Bismarck: s. Gespräch mit Willy Brandt.

Kulturkampf: Der Begriff wurde vom Abgeordneten und Mediziner Rudolf Virchow geprägt. Der Kulturkampf begann mit der Aufhebung der katholischen Abteilung im preußischen Kultusministerium (1871), dies eröffnete die Auseinandersetzung zwischen preußischem Staat und der katholischen Kirche. Der Kulturkampf führte zu Jesuitengesetz, einem Gesetz gegen die geistliche Schulaufsicht, zur Einführung der obligatorischen Zivilehe und zum Kanzelparagraphen, der geistliche Einmischung in die Dinge des Staates ahndete. 1878 brach Bismarck den Kampf ab, der die Identifikation weiter Bevölkerungsteile mit dem neuen Reich beeinträchtigte. Einige Gesetze – außer den oben genannten – wurden in Etappen abgebaut.

Karlsbader Beschlüsse: 1819 veranlaßte Metternich eine Ministerkonferenz, die Beschlüsse gegen die liberale und nationale Bewegung in Deutschland faßte: Überwachung der Universitäten, Zensur aller Druckschriften unter 20 Bogen, Einführung einer zentralen Untersuchungskommission gegen »demagogische Umtriebe«. 1848 wieder aufgehoben.

Helmuth James Graf von Moltke: s. Gespräch mit Gerstenmaier.

Graf Peter Yorck von Wartenburg: s. Gespräch mit Martin Niemöller.

Kreditanstalt für Wiederaufbau: Über dieses Institut wurden über insgesamt 20 Milliarden DM Gegenwert-Gelder aus der US-Marshallplan-Hilfe für Investitionskredite an die deutsche Industrie verteilt.

Marshallplan (European Recovery Program, ERP): europäisches Wiederaufbauprogramm, vom US-Außenminister George C. Marshall 1947 als »Hilfe zur Selbsthilfe« angekündigt – mit dem Ziel der Stabilisierung und

Befriedung Europas durch ökonomische Vernetzung der europäischen Staaten. Die Sowjetunion beharrte auf auf bilateraler Wirtschaftshilfe, was die USA ablehnten. Daraufhin Beschränkung des Plans auf 16 westeuropäische Staaten, bis 1951 Vergabe von 12,4 Milliarden US-Dollar zum Erwerb von Lebensmitteln und Rohstoffen, zumeist aus den USA.

Londoner Schuldenkonferenz: Auf dieser Konferenz zur Regelung der Auslandsschulden in London (1951 bis 1953) erreichte Abs in einer aussichtslos erscheinenden Position ein Abkommen (Londoner Schuldenabkommen vom 27. Februar 1953), das die deutsche Wirtschaft im Ausland rehabilitierte und mit dem die internationalen Grundlagen für die Souveränität und für das Alleinvertretungsrecht der Bundesrepublik gelegt wurden.

Georg Leber: s. Seite 507

Zum Gespräch mit Golo Mann

Karl Jaspers: s. Gespräch mit Hannah Arendt.

Thomas Mann (1875-1955): Der Schriftsteller – herausragender Analytiker des Großbürgertums – emigrierte 1933, ging 1938 in die USA (1944 US-amerikanischer Staatsbürger) und kehrte 1952 nach Europa zurück. Lebte in der Schweiz. Nobelpreisträger 1929.

Klaus Mann (1906-1949): Begann als Theaterautor, spielte mit seiner Schwester Erika und Gründgens in eigenen Stücken. 1933 Exil (Holland, USA). War im spanischen Bürgerkrieg US-Berichterstatter, 1942 bis 1945 US-Soldat (u.a. in Deutschland). Beging Selbstmord in Cannes. Sein Roman »Mephisto« (1936) spielt auf die umstrittene Rolle von Gründgens im Dritten Reich an, wurde auf Betreiben von dessen Adoptivsohn 1966 in der Bundesrepublik verboten. Neuauflage 1981.

Erika Mann: s. Gespräch mit Gustaf Gründgens.

Paul von Beneckendorff und von Hindenburg: s. Gespräch mit Thomas Dehler.

Theodor Körner (1791-1813): Der Dichter trat 1813 ins Lützowsche Freikorps ein, verfaßte patriotische Stimmungsbilder aus den Befreiungskriegen (»Reiterlied«, »Lützows wilde verwegene Jagd«). Fiel bei Gadebusch (Mecklenburg).

Leo Tolstoi (1828-1910): Der Dichter konfrontiert fiktive Gestalten mit historischen Persönlichkeiten auf dem Hintergrund einer ausgearbeiteten Geschichstheorie: Im Volk, nicht in dessen Führern, sieht er den Geschichtslenker. Vergebliche Versuche einer Selbstläuterung durch einfaches, naturnahes Leben unter Bauern. 1890 verzichtete er auf das Copyright all seiner Werke. 1901 Exkommunikation, 1910 Flucht aus dem Familiengut. Tod durch Lungenentzündung im Haus eines Bahnwärters.

Gustave Flaubert (1821-1880): Hauptvertreter des französischen Realismus (»Madame Bovary«).

Heinrich Mann (1871-1950): Schriftsteller. Ging 1931 ins französische Exil, 1940 Flucht in die USA. 1949 erster Nationalpreisträger der DDR. Starb kurz vor der Übersiedlung nach Ostberlin.

Heinrich Brüning (1885-1970): Wurde im März 1930 Reichskanzler der Zentrumspartei. Da hinter seinem Kabinett der bürgerlichen Mitte keine Reichstagsmehrheit stand, versuchte er mittels Notverordnungen der ökonomischen Krise Herr zu werden. Deflationspolitik jedoch verstärkte diese nur. 1932 Entlassung, 1934 Emigration in die USA. Professor an der Harvard University. 1952 bis 1954 kurzzeitig Professur in Köln, danach wieder USA. Bekannte sich in seinen Memoiren als antiparlamentarisch eingestellter Monarchist.

Maximilian de Robespierre (1758-1794): französischer Revolutionär, seit Juli 1793 maßgebender Kopf des Wohlfahrtsausschusses, erstrebte die radikale Demokratisierung, bediente sich zunehmenden Terrors, wurde hingerichtet.

Johannes Calvin (1509-1564): Schweizer Reformator, führte in Genf eine strenge, auf die Bibel gegründete Kirchnordnung ein. Im Calvinismus sind Erlösung oder Verdammung des Menschen vorherbestimmt. Calvinistische Kirchen entstanden in Westeuropa und Nordamerika.

Leo Trotzki: s. Gespräch mit Willy Brandt.

Hugo von Hofmannsthal (1874-1929): Der österreichische Schriftsteller gehörte zu den Begründern der Salzburger Festspiele. Mit seinem »Jedermann« werden die Festspiele seit 1920 alljährlich eröffnet.

Ricarda Huch (1864-1947): Die Schriftstellerin war 1892 eine der ersten Frauen, die promovierten. Blieb während des Nationalsozialismus in Deutschland und wandte sich offen gegen das Regime. 1930 erstes weibliches Mitglied der Preußischen Akademie der Künste (1933 Austritt). Leitete die allmähliche Überwindung des Naturalismus in der deutschen Literatur ein.

Matthias Claudius (1740-1815): Lyriker und Schriftsteller, schrieb auch unter dem Pseudonym Asmus.

Andreas Gryphius (1616-1664): zählt zu den bedeutendsten Dichtern des Barock, seit 1650 Syndikus der Stände des Fürstentums Glogau.

Clemens Brentano (1778-1842): Lyriker und Erzähler, Bruder Bettina von Arnims, gab mit Achim von Arnim die Volksliedersammlung »Des Knaben Wunderhorn« heraus. Wichtiger Vertreter der Hochromantik.

Heinrich Heine (1797-1856): bedeutendster Schriftsteller zwischen Romantik und Realismus. Ab 1831 ständiger Aufenthal in Paris. 1835 Verbot seiner Schriften in Deutschland.

Joseph Freiherr von Eichendorff (1788-1857): einer der bekanntesten Vertreter der Romantik. Novellen, Erzählungen, zahlreiche Lieder.

Friedrich Rückert (1788-1866): Dichter und Orientalist. Lehrte orientalische Philologie in Erlangen und Berlin. Verschwand nach 1848 aus dem öffentlichen Bewußtsein. Gustav Mahler vertonte Anfang des 20. Jahrhunderts seine »Kindertotenlieder«.

Friedrich von Gentz (1764-1832): Politiker und Publizist. Setzte sich für die Zusammenarbeit von Österreich und Preußen ein, gegen die Französische Revolution und Napoleon. Ab 1803 in Wien, ab dem Wiener Kongreß 1814/15 bedeutender Repräsent der antinationalen und antiliberalen Politik Metternichs.

Georg Wilhelm Friedrich Hegel (1770-1831): Hauslehrer, Philosoph. Schuf eine am organismischen Leben sich orientierende Philosophie des Werdens, welche Logik, Natur, Geschichte und Bewußtseinsformen als Erscheinungsformen und Entwicklungsstufen eines absoluten Geistes zu begreifen suchte.

Albrecht von Wallenstein (1583-1634): einer der größten Grundbesitzer in Mähren, erwarb, u.a. durch geschickte Finanzspekulationen, Ländreien in Böhmem und schuf ein geschlossenes Territorium, das spätere Herzogtum Friedland. Stellte im Dreißigjährigen Krieg 1625 aus eigenen Mitteln ein Heer für den Kaiser auf, ebnete den Weg zur Durchsetzung eines kaiserlichen

Absolutismus im Reich und wurde daher, auch wegen zu großer Machtfülle, 1630 auf Veranlassung der Kurfürsten entlassen. 1632 wieder kaiserlicher Befehlshaber, verhandelte eigenmächtig mit Schweden, Brandenburg und Sachsen, als kaiserlicher Hochverräter abgesetzt, von kaisertreuen Offizieren ermordet.

Immanuel Kant: s. Gespräch mit Hannah Arendt.

Oder-Neiße-Linie: Staatsgrenze zwischen Deutschland und Polen entlang der Flüsse Oder und Neiße – festgelegt im Potsdamer Abkommen, von der DDR 1950, von der Bundesrepublik 1970 anerkannt, endgültig im deutsch-polnischen Grenzvertrag 1990 geregelt.

Otto von Bismarck: s. Gespräch mit Willy Brandt.

Rheinland-Krise: Am 7. März marschierten deutsche Truppen in das nach Versailles entmilitarisierte Rheinland ein und bezogen linksrheinisch Stellung, trotz Völkerbund-Protestes. Dadurch weiterer Prestigegewinn Hitlers.

Zum Gespräch mit Konrad Adenauer

Theodor Heuss: s. Gespräch mit Thomas Dehler.

John Foster Dulles (1888-1959): US-Außenminister 1953 bis 1959, der den Kommunismus als »moralisches Übel« bekämpfte; er setzte der UdSSR ein Netz von Militär- und Sicherheitspakten entgegen. Seine Politik des Eingrenzens und der Eindämmung (Drohung mit dem Atomschlag) stieß selbst bei Verbündeten auf Kritik.

Sir Robert Anthony Eden (1897-1977): britischer Außenminister (1951 bis 1955) und Premier (1955 bis 1957), war maßgeblich am Aufbau eines westlichen Bündnissystems beteiligt und an der Ausarbeitung des Indochina-Abkommens (1954) beteiligt.

Nikita Chruschtschow: s. Gespräch mit Herbert Wehner.

Robert Pferdmenges (1880-1962): Bankier, sein Großonkel war Friedrich Engels. Von 1931 bis 1953 Teilhaber des Bankhauses »Salomon Oppenheim jr. & Co.« in Köln. Während des Dritten Reiches Mitglied des Zentralbeirats der Reichsbank. Nach dem 2. Weltkrieg lange Jahre Bundestagsmitglied der CDU, im Aufsichtsrat zahlreicher führender Unternehmen der Schwer- und Textilindustrie.

Friedrich Wilhelm II. (1744-1797): Seit 1786 König, überließ die Regierung seinen Günstlingen und Ratgebern, für die er das gesamte Staatsvermögen aufbrauchte. Erließ 1794 das Preußische Allgemeine Landrecht. Baute Berlin im klassizistischen Stil aus.

Kurt Schumacher: s. Gespräch mit Herbert Wehner.

Hinrich Wilhelm Kopf: (1893-1961): Ministerpräsident von Niedersachsen von 1946 bis 1955 und 1959 bis 1961.

Charles de Gaulle: s. Gespräch mit Erich Mende.
Zum Gespräch mit Helmut Schmidt

Godesberger Programm: s. Gespräch mit Otto Brenner.

Ernst Wiechert: s. Gespräch mit Herbert Wehner.

Deutsche Volkspartei: Im November 1918 aus dem rechten Flügel der Nationalliberalen Partei und Mitgliedern der Fortschrittlichen Volkspartei gegründet; ursprünglich, unter Führung von Stresemann, in Opposition zur Republik, dann aber in mehreren Reichsregierungen beteiligt. Vertrat das Besitzbürgertum und die Großindustrie. Auflösung nach Zustimmung zum Ermächtigungsgesetz im Juli 1933.

Deutsche Demokratische Partei: s. Gespräch mit Ludwig Erhard.

Thomas Jefferson (1743-1826): Verfaßte die Unabhängigkeitserklärung der USA. Von 1801 bis 1809 war er der 3. US-Präsident. Als politischer Denker verfocht er das Gesellschaftsideal des genügsamen, unabhängigen Farmers.

Papst Johannes XXIII (1881-1963): Papst ab 1958, Wegbereiter einer Öffnung der Kirche zur Welt. Forderte soziale Gerechtigkeit durch wirtschaftlichen Ausgleich. Unter seinem Pontifikat wurden die Bischöfe in ihrer Unabhängigkeit gestärkt.

Fritz Erler (1913-1967): SPD-Politiker, war von 1933 bis 1945 wegen Untergrundtätigkeit in Haft, ab 1964 Vorsitzender der Bundestagsfraktion und stellvertretender Parteichef. Am Godesberger Programm und an der Schaffung der Bundeswehr beteiligt.

Europäische Verteidigungsgemeinschaft (EVG): 1952 in Paris von westeuropäischen Staaten vereinbarte Zusammenführung der nationalen

Streitkräfte unter gemeinsamem Oberbefehl. 1954 vom französischen Parlament abgelehnt.

Rainer Barzel (geb. 1924): CDU-Politiker, 1962/63 Minister für gesamtdeutsche Fragen, 1964 bis 1973 CDU-Fraktionsvorsitzender im Bundestag, 1972 Kanzlerkandidat. 1983/84 Bundestagspräsident. Rücktritt wegen Verdachts der Verstrickung in die Flick-Parteispendenaffäre.

Max Weber: s. Gespräch mit Franz Josef Strauß.

Zum Gespräch mit Rudi Dutschke

Sozialistischer Deutscher Studentenbund (SDS): 1946 als Hochschulorganisation der SPD gegründet, wandte sich nach dem Godesberger Programm zunehmend von der Partei ab und wurde in den 60-er Jahren Zentrum der sich radikalisierenden Studenten. 1970 Zerfall in diverse marxistische und sozialistische Gruppen.

Nationaldemokratische Partei Deutschlands (NPD): rechtsextreme Partei, 1964 unter Friedrich Thielen grgündet. Seit 1990 Landesverbände in den neuen Bundesländern.

Wirtschaftswunder: Bezeichnung für den ökonomischen Wiederaufbau Westdeutschlands nach dem Zweiten Weltkrieg.

NATO: 1949 gegründet, als Verteidigungsbündnis mit gegenseitigen Beistandsverpflichtungen; gebildet vor dem Hintergrund der Blockkonfrontation. 1955 Beitritt der BRD (Pariser Verträge).

Kommunistische Internationale: 1919 in Moskau gegründet (Komintern). Vereinigung der kommunistischen Parteien aller Länder unter Moskaus Führung, im bewußten Gegensatz zur sozialistischen 2. Internationale; Ziel war die sozialistische Weltrevolution und die Diktatur des Proletariats; 1943 durch Stalin aufgelöst.

Bolschewiki: Die »Mehrheitler« – Gegenbegriff zu den gemäßigten Menschewiki, den »Minderheitlern« – spalteten sich 1903 auf dem II. Kongreß der Russischen Sozialdemokratischen Arbeiterpartei ab und wurden unter Lenin 1912 zur eigenständigen Kaderpartei ausgerufen.

Langemark: Ort in Westflandern. Im Ersten Weltkrieg wurde er Schauplatz einer Schlacht um Ypern im November 1914, bei der mehr als

2000 schlecht ausgerüstete Kriegsfreiwillige getötet wurden. Dies wurde zum nationalistischen Mythos ausgebaut: Die Soldaten seien das Deutschlandlied singend gestorben.

Black Power: »Schwarze Macht«, Schlagwort der schwarzen Bürgerrechtsbewegung in den USA; erlebte ihren Höhepunkt in den 60er Jahren.

Springer-Verlag: Als Buchverlag 1945 von Axel Cäsar Springer (1912-1985) in Hamburg gegründet, seit 1967 in Berlin. Der Pressekonzern wurde für die Studentenbewegung 1967/68 zum Symbol kapitalistischer Manipulation und reaktionärer Propaganda.

Rudolf Augstein (geb. 1923): Verleger, seit 1947 Geschäftsführer und Herausgeber des »Spiegel«. Veröffentlichungen u. a.: »Konrad Adenauer«, »Preußens Friedrich und die Deutschen«

Zum Gespräch mit Gustav Heinemann

Gerhard Schröder: s. Gespräch mit Franz Josef Strauß.

Walter Henkels (1906-1987): Journalist und Schriftsteller. Ab 1949 ständiger Mitarbeiter der »Frankfurter Allgemeinen Zeitung«. Für diese und für eine ganze Reihe anderer deutscher Blätter war er vornehmlich in Bonn als Beobachter tätig und wurde »als bundeshauptstädtischer Historiograph«, »Hofchronist« und Porträtist politischer Köpfe zu einer Bonner Institution (»Bonner Köpfe«, »Doktor Adenauers gesammelte Schwänke«, »Ganz im Gegenteil – Adenauer und Erhard in der Karikatur«, »Bonn – Bilder aus der Bundeshauptstadt«, »Bonn für Anfänger«).

Christlich-Soziale Partei: 1878 gegründet – religiös, national-konservativ, antiliberal; setzte sich für soziale Reformen ein, war aber strikt gegen die Sozialdemokratie gerichtet.

Max Weber: s. Gespräch mit Franz Josef Strauß.

Badischer Aufstand: Es gab drei badische Demokratenaufstände: den Heckerputsch im April 1848, eine Auflehnung vorrangig der Bauern gegen Großgrundbesitzer; den Aufstand im September 1848, der durch badische Truppen niedergeschlagren wurde, und den Aufstand im Mai 1849, eingeleitet durch eine Meuterei in der Bundesfestung Rastatt. Endete mit der Eroberung Rastatts durch die Preußen. 80 000 Badener emigrierten.

Friedrich Hecker (1811-1881): Badischer Politiker, Radikaldemokrat, der 1848 die Revolution in Baden organisierte. Flucht in die Schweiz und in die USA. Dort Teilnahme an den Sezessionskriegen auf Seiten der Nordstaaten.

Bekennende Kirche: Erneuerungs- und Widerstandsbewegung im Protestantismus während des Dritten Reiches. Entstand u.a. aus Martin Niemöllers Pfarrernotbund gegen die Gleichschaltung der Landeskirchen durch die regimefreundlichen Deutschen Christen, die sich 1932 unter Nazieinfluß gegründet hatten.

Zum Gespräch mit Heinrich Albertz

Benno Ohnesorg (1941-1967): Der Berliner Student wurde bei einer Demonstration gegen den Besuch des persischen Schahs am 2. Juni 1967 in Berlin von einem Polizisten erschossen. Beginn der Radikalisierung der Studentenproteste. In Anlehnung an diesen Tag nannte sich eine terroristische Gruppe »Bewegung 2. Juni«.

Peter Lorenz (1922-1987): CDU-Politiker und Jurist. 1946 bis 1949 der erste Vorsitzende der Jungen Union in Berlin. 1948 wurde er als einer der Mitbegründer der Freien Universität Vorsitzender des Studenten-Parlaments und studierte bis 1952 an der FU Jura. Ab 1958 gehörte er dem Vorstand der CDU Berlin an. Von 1967 bis 1975 war er Vizepräsident des Abgeordnetenhauses. Ab April 1969 Landesvorsitzender der Berliner CDU. Am 27. Februar 1975 wurde er von Mitgliedern der Terroristengruppe »Bewegung 2. Juni« auf dem Weg in sein Büro entführt und fünf Tage in einem Kellerraum in Berlin-Kreuzberg festgehalten. In der Nacht zum 3. März 1975 wurde er wieder freigelassen, nachdem die Bundesregierung den Forderungen der Entführer nach Freilassung der Terroristen Ingrid Siepmann, Rolf Pohle, Gabriele Kröcher-Tiedemann und Rolf Heissler in den Südjemen nachgegeben hatte. Im März 1975 Präsident des Abgeordnetenhauses (bis 1980).

Friedensbewegung: Erstarkte Anfang der achtziger Jahre infolge des NATO-Doppelbeschlusses. Zahlreiche Massendemonstrationen gegen die geplante Stationierung US-amerikanischer Mittelstreckenraketen in der Bundesrepublik. Am 10. Oktober 1981 größte Demonstration in der Geschichte Westdeutschlands: 300.000 Menschen plädieren im Bonner Hofgarten »Für Abrüstung und Entspannung in Europa«.

Grundgesetz: Die Verfassung der Bundesrepublik wurde am 8. Mai 1949 vom Parlamentarischen Rat beschlossen. Seit dem 23. Mai 1949 in Kraft.

Mit dem Namen »Grundgesetz« statt Verfassung sollte der provisorische Charakter des Dokuments bis zur erstrebten Wiedervereinigung betont werden.

Studentenbewegung: Proteste, beginnend in der Mitte der 60-er Jahre und in Westberlin, die sich zunächst gegen Mißstände in den Hochschulen richteten. Mit dem Vietnamkrieg, den Notstandsgesetzen und dem Tod Benno Ohnesorgs steigerte sich die Bewegung zur grundsätzlichen Systemkritik. Es formierte sich eine Außerparlamentarische Opposition (APO) unter Führung des SDS (s. Gespräch mit Rudi Dutschke). Straßenblockaden und Kaufhausbrände nach dem Attentat auf den Studentenführer Rudi Dutschke. Anfang der 70er Jahre verebbte der Protest, eine kleine Gruppe wurde zur Keimzelle des Linksradikalismus der RAF.

Klaus Staeck (geb. 1938): Grafiker und Plakatgestalter. Mit seinen Fotomontagen, seinen Postkarten- und Plakataktionen Verfechter einer politisch eingreifenden Kunst.

Heinrich Böll (1917-1985): Mitbegründer der Gruppe 47, Nobelpreis für Literatur 1972, Präsident des bundesdeutschen PEN-Zentrums (1970/72) und des Internationalen PEN-Clubs (1971/74). Wirkte aktiv in der Friedensbewegung. Wichtigste Werke: »Wo warst du, Adam?«, »Ansichten eines Clowns«, »Gruppenbild mit Dame«, »Die verlorene Ehre der Katharina Blum«.

Bekennende Kirche: s. Gespräch mit Gustav Heinemann.

Arierparagraph: Bezeichnung für die im April 1933 erlassene Bestimmung, wonach Angestellte und Beamte »nichtarischer Abstammung« aus dem öffentlichen Dienst zu entfernen waren.

Papst Johannes Paul II. (geb. 1920): eigentlich Karel Woityla. Prof. für Ethik in Lublin, 1964 Erzbischof von Krakow, 1967 Kardinal. Seit 1978 Papst und damit seit Hadrian VI (1522/23) der erste Nichtitaliener in dieser Funktion. Stärkte die hierarchisch-zentralistischen Kirchenstrukturen und eine theologisch restaurative Richtung.

Papst Johannes XXIII.: s. Gespräch mit Helmut Schmidt.

Hans-Jochen Vogel (geb. 1926): SPD-Politiker. 1960 bis 1972 Münchener Oberbürgermeister, 1981 Regierender Bürgermeister von Westberlin, 1983 bis 1991 Vorsitzender der SPD-Bundestagsfraktion, 1987 bis 1991 SPD-Vorsitzender. Wirkte zusammen mit Oskar Lafontaine auf die Ausarbeitung einheitlicher Positionen seiner Partei vor allem in wirtschafts- und sozialpolitischen Fragen sowie in der Außenpolitik hin.

Hinrich Wilhelm Kopf: s. Gespräch mit Konrad Adenauer.

Radikalenerlaß: Beschluß des Bundeskanzlers Brandt und der Ministerpräsidenten der Bundesländer vom Januar 1972 zur Überprüfung der Verfassungstreue von Beamten im öffentlichen Dienst. Der Erlaß blieb, nach einer Entscheidung des Bundesverfassungsgerichts 1975, umstritten. Unterschiedliche Auslegung in den einzelnen Bundesländern.

Hubert Hupka (geb. 1915): Journalist und CDU-Politiker, aufgewachsen im oberschlesischen Ratibor. Seine Mutter war als »rassisch Verfolgte« von 1944 bis Kriegsende im KZ Theresienstadt inhaftiert. Er war 1943 aufgrund der »Nürnberger Gesetze« ein Jahr im Wehrmachtsgefängnis. In den 60er Jahren Pressereferent des Kuratoriums »Unteilbares Deutschland« in Bonn. 1948 hatte er die »Landsmannschaft Schlesien, Nieder- und Oberschlesien e. V.« mitbegründet, deren Bundesvorsitzender er seit 1968 ist.

Herbert Czaja (1914-1997): Nach dem Ersten Weltkrieg kam seine zunächst österreichische Heimat zu Polen, und 1920 wurden die Czajas polnische Staatsangehörige. Zugleich wurden sie in die Volksliste deutscher Minderheitsangehöriger aufgenommen. Ab 1938 war der fließend polnisch sprechende Czaja als Lehrer in Mielec tätig. 1939 wurde er Universitätsassistent für Germanistik an der Universität Krakau. Von 1943 bis 1945 Soldat in der deutschen Wehrmacht. Nach dem Zweiten Weltkrieg Lehrer in Stuttgart. 1970 bis 1994 Präsident des Bundes der Vertriebenen. Einer der leidenschaftlichsten Kritiker der Ostverträge der sozialliberalen Koalition.

Ernst Reuter: s. Gespräch mit Herbert Wehner.

Hans-Martin Schleyer (1915-1977): Manager. Präsident der Bundesvereinigung der Deutschen Arbeitgeberverbände (seit 1973) und des Bundesverbandes der Deutschen Industrie (1977). Wurde 1977 von Terroristen der Rote-Armee-Fraktion ermordet.

Biografie Günter Gaus

1929 am 23. November in Braunschweig als Sohn eines Kaufmanns geboren

1949 Abitur an der Gauß-Schule Braunschweig

1950 bis 1952 Studium der Geschichte und Germanistik an der Universität München. Absolvent der »Deutschen Journalistenschule« München

1953 politischer Redakteur bei verschiedenen Tages- und Wochenzeitungen, so bei der »Badischen Zeitung«, Freiburg, und der »Deutschen Zeitung und Wirtschaftszeitung«, Stuttgart.

1958 bis 1961 Redakteur beim Nachrichtenmagazin »Der Spiegel«, Hamburg

1961 bis 1965 Redakteur der »Süddeutschen Zeitung«, München; regelmäßiger Mitarbeiter beim Zweiten Deutschen Fernsehen (ZDF)

1963 bis 1966 Interviewreihe »Zur Person – Porträts in Frage und Antwort« im ZDF, Mitarbeiter weiterer Zeitschriften, u.a. »Der Monat« und »Merkur«, München

1965 bis 1969 Programmdirektor für Hörfunk und Fernsehen sowie stellvertretender Intendant des Südwestfunks Baden-Baden; außerdem Kommentator

1966 Fortsetzung der Interviewreihe bei der ARD (»Zu Protokoll«)

1969 bis 1973 Chefredakteur »Der Spiegel«, Hamburg

1973 im Juni Ernennung zum Staatssekretär. Arbeit im Bundeskanzleramt unter Willy Brandt

1974 bis 1981 erster Ständiger Vertreter der Bundesrepublik Deutschland bei der Deutschen Demokratischen Republik. Mitglied des PEN-Zentrums der BRD

1976 Eintritt in die SPD

1981 (Januar bis Juni) Senator für Wissenschaft und Forschung beim Senat von Berlin (West)

1981 Berufung durch Willy Brandt zum Mitglied der »Kommission

Internationale Beziehungen und entwicklungspolitische Fragen« beim Parteivorstand der SPD, Deutschland- und außenpolitischer Berater des SDP-Vorstandes. Publizistische Tätigkeit »Vorwärts«, Bonn, »Die Zeit«, Hamburg, und »Stern«, Hamburg

1984 Interview-Reihe »Deutsche« im Westdeutschen Rundfunk (WDR). Mitglied der Arbeitsgruppe »Deutschlandpolitik beim Parteivorstand der SPD«

1990 Im Zweiten Programm des DDR-Fernsehens Fortsetzung der Reihe »Zur Person«

1991 Mitglied im neugeschaffenen Rundfunkbeirat der fünf neuen Bundesländer. Aufgabe dieser Funktion im Juni desselben Jahres mit dem Hinweis auf die zu geringen Kompetenzen des Gremiums.

Mitherausgeber der Wochenzeitung »Freitag«

Veröffentlichungen (Auswahl):

»Zur Person. Porträts in Frage und Antwort« (1964, 1966; 2 Bände)
»Bonn ohne Regierung? Kanzlerregiment und Opposition« (1965)
»Gespräche mit Herbert Wehner: Staatserhaltende Opposition oder hat die SPD kapituliert?« (1966)
»Wo Deutschland liegt – Eine Ortsbestimmung« (1983)
»Deutschland und die NATO – Drei Reden« (1984)
»Industrialisierung des Bewußtseins« (1985; Co-Autor)
»Die Welt der Westdeutschen. Kritische Betrachtungen« (1986)
»Deutschland im Juni« (1988)
»Deutsche Zwischentöne – Gesprächsporträts aus der DDR« (1990)
»Wendewut. Eine Erzählung« (1990; als Tanztheater in einer Choreographie von Johann Kresnik in Bremen 1993 uraufgeführt)
»Porträts in Frage und Antwort« (1991-1993; 4 Bände)
»Günter Gaus – Zur Person« (5 Bände, 1997-1999)
»Kein einig Vaterland. Texte von 1991 bis 1998« (1998)

Auszeichnungen:

Adolf-Grimme-Preis (1964, 1965),
Autor des politischen Buches des Jahres (1987),
Besondere Ehrung des Adolf-Grimme-Preises (1988),
Deutscher Kritikerpreis (1991).